中国的边疆及边疆治理

周 平 等著

CHINA'S FRONTIERS AND FRONTIER GOVERNANCE

中国社会科学出版社

图书在版编目（CIP）数据

中国的边疆及边疆治理 / 周平等著 . —北京：中国社会科学出版社，2021.1（2025.3重印）
ISBN 978 - 7 - 5203 - 7818 - 5

Ⅰ.①中… Ⅱ.①周… Ⅲ.①边疆地区—行政管理—研究—中国　Ⅳ.①D63

中国版本图书馆 CIP 数据核字(2021)第 020523 号

出 版 人	赵剑英
责任编辑	孔继萍
责任校对	李　莉
责任印制	李寡寡

出　　版	中国社会科学出版社
社　　址	北京鼓楼西大街甲 158 号
邮　　编	100720
网　　址	http://www.csspw.cn
发 行 部	010 - 84083685
门 市 部	010 - 84029450
经　　销	新华书店及其他书店

印刷装订	北京君升印刷有限公司
版　　次	2021 年 1 月第 1 版
印　　次	2025 年 3 月第 4 次印刷

开　　本	710×1000　1/16
印　　张	37
插　　页	2
字　　数	606 千字
定　　价	198.00 元

凡购买中国社会科学出版社图书，如有质量问题请与本社营销中心联系调换
电话:010 - 84083683
版权所有　侵权必究

序

马大正

《中国的边疆及边疆治理》出版在即，周平教授嘱我为序，想到长期以来周平教授和他的研究团队对我的垂爱，而我从他们的研究成果中也获得了诸多启迪，写几句对本书的读后之感也是责之所应。

依我愚见，《中国的边疆及边疆治理》如下三点值得读者关注。

一 研究视点的高而宽

所谓高，即是将边疆及边疆治理置于国家视域中考察，从国家治理全局的层面研究边疆治理，并在此基础上构建了关于边疆和边疆治理的阐释系统，开拓了边疆研究新的视角和新的领域；

所谓宽，其一是中国历史发展全过程的历史视野，中国边疆全局的视野，即所谓上下五千年、东西南北中，且做到古今贯通、重在当今、展望未来；其二是具有世界视野，研究中能努力避免把中国的边疆孤立起来作为个别考察，而是努力将其置于中国国家活动覆盖的整个地理空间来考察，并注重借鉴其他国家的经验和理论。

二 研究内容的广而深

所谓广，从地域言，包括中国的陆疆和海疆；从治理内容言，则包括了政治、经济、军事、外交、安全、社会（含民族）、文化（含宗教）等方方面面的内容；

所谓深，即是对一些边疆治理中重大理论和政策的阐释，诸如崛起的中国必须要有一个完整的边疆战略，陆地边疆治理由"族际主义"转向"区域主义"，边疆日趋严重的反恐、防恐任务，有效的海疆治理是国家崛起的必要条件等，极具理论的创新性，治理实践的针对性，具有不可轻视的资政价值。

三 研究理论和方法的多学科综合利用

历史学是中国边疆学的基础学科，而中国边疆治理研究当以政治学为基础，辅以历史学及其他学科，才能保证研究有所创新，本书从政治学的学科视角来考察中国边疆问题，特别是中国边疆治理问题，弥补了以往这方面研究之不足。"以政治学为学科取向，突出政治学与边疆研究的学科交叉性，同时，研究兼具历史的纵深感和现实感问题，其边疆治理研究不仅挖掘边疆的政治内涵，还研究边疆治理模式，探讨边疆形态发展趋势，为国家的边疆治理提供了理论支撑"[①]，是一个成功的学术实践范例，对于学界正在进行的中国边疆学构筑具有实践的推动意义。

总之，本书是当前国内第一部从国家治理层面，全方位、多视角阐释中国边疆治理理论和实践的学术专著，具有十分重要的学术价值、历史价值、理论价值和现实价值！

是为序。

2017 年 12 月 1 日
于中国社会科学院中国边疆研究所

---

① 李陶红：《周平：多民族国家中的族际政治整合研究》，《民族论坛》2014 年第 6 期。

前　言

中国是世界上最早建立边疆制度的国家。历史上的边疆观念、边疆治理方略及其相关著述的内容十分丰富，并成为中国传统政治文化和国家治理文化的重要组成部分。当代学者对其所作的研究持续进行，并取得了丰硕的成果。然而，既定的边疆和边疆治理的观念和理论，是在王朝国家的条件下形成的。而历史上的王朝，都是站在其统治的核心尤其是王朝中央所在地来看待和确定边疆的，因而不仅将边疆视为核心区之外围的边远地区，也将其看作少数民族生活的区域。在此条件下构建起来的边疆，被赋予了丰富的文化和道德内涵，在政治和文化的差序等级中处于亲疏关系的远端。这样的观念长期延续，影响极其深远。中华人民共和国成立以来的相当长时期，我们都把边疆界定为"边疆民族地区"或"民族地区"，把边疆治理置于服从和服务于核心区治理的地位，甚至还将边疆治理置于民族问题的框架下谋划，对边疆和边疆治理都重视不够。

中国实施改革开放以来，现代化在改革开放的推动下快速推进，并取得了举世瞩目的成就。国家发生了巨大而深远的变化。在世纪之交达成了现代化建设第二阶段的目标和基本实现小康以后，尤其是 2010 年中国经济总量超越日本而居于世界第二位，国家崛起的事实浮出水面以后，全面增强综合国力并最终完成崛起成为国家发展的核心目标。与此同时，中国也越来越融入世界，国家的活动已经覆盖全球并向外层空间拓展，国家的海外利益迅速增长并日益成为国家的核心利益。在此背景下，把国家的核心区与边缘区结合起来，把陆地边疆与海洋边疆结合起来，在领土范围通过对边疆的全面开发和治理来创造新的增长极，尤其是加大对海洋边疆的开发和建设而建设海洋强国，已经成为必然和紧迫的任务。而且从维护海外利益的角度来看待和界定自己的边疆和谋划边疆治理，也成为攸关国家崛起目标能否实现的必然选择。在中国的发展已经处于一个前所未有的巨大的空间场域的条件下，能否基于这样一个全新地理空间而对中国的边疆进行合理界定，进而在一个宏大地域空间中谋划国家的边疆治理，直接关系到中国的崛起和中国梦的实现。

中国崛起是"全球体系中除了 19 世纪末 20 世纪初美国崛起后的最伟大事件"，也是当今时代"最伟大的事件之一"。[①] 中国在快速发展和全面崛起的过程中，国家的边疆已经以前所未有的姿态赫然凸显在世人的面前，边疆治理也成为国家治理中重要而特殊的部分。习近平总书记"治国必治边"的论断，更是彰显了党和国家加强边疆治理的决心和意志。可是，既有的边疆及边疆治理理论却无法满足现实的需要。从总体上看，在边疆理论和边疆治理理论领域，"现有"与"应有"之间存在着巨大的反差。为了对现实需要作出积极回应，推动我国边疆及边疆治理理论的研究，国家社会科学基金于 2011 年设立了重大项目《中国的边疆及边疆治理理论研究》。我们在激烈的竞争中获得了该项目，并在此特定的背景下开展研究。该项研究旨在全面梳理中国历史上边疆及边疆治理的观念和理论，总结当代中国边疆治理的经验和教训，借鉴国外边疆和边疆治理的做法和理论，开展边疆及边疆治理理论创新，构建适应国家发展需要的边疆及边疆治理理论。

目前，中国边疆和边疆治理问题的凸显，与国家治理和国家发展的要求和目标不可分割地联系在一起。如果把边疆与边疆治理与国家的治理和发展割裂开来，既无法全面理解和把握中国的边疆和边疆治理中的各种问题，更不可能达成创新边疆及边疆治理理论的目标。而且放眼全球那些边疆范围广大且边疆治理卓有成效的国家，大都从国家政治地理空间的角度来看待和界定自己的边疆，进而从国家治理和国家发展的角度来谋划和部署边疆治理。面对这样的形势，我们也必须从国家的角度来看待和研究中国历史与现实中的边疆和边疆治理，不仅要把边疆视为国家疆域的边缘性区域，全面地认识中国各种形态的边疆，而且要把边疆治理置于国家治理的总体格局中，将其视为国家治理的有机组成部分，纳入国家治理体系和

[①] [英] 罗丝玛丽·福特：《中国与亚太的安全秩序："和谐社会"与"和谐世界"》，余潇枫译，《浙江大学学报》（人文社会科学版）2008 年第 1 期。

治理能力现代化的总体框架中来考察。

为了回应现实的需要，本项研究着重于理论上的梳理和创新，以求形成一个全面阐释中国的边疆理论和边疆治理的理论体系。因此，项目要涉及历史上的边疆观念、制度和治理，却并不着重于历史上的边疆和边疆治理研究，更在意于总结历史上边疆治理的经验教训，挖掘历史上边疆和边疆治理的文化资源，以求达成古为今用的目标；要研究若干具体的边疆问题，却不局限于具体的边疆问题，更在意于通过对具体问题的研究来提升和阐述理论；要考察其他国家尤其是西方大国的边疆和边疆治理理论，却并不着重于对这些理论的形成和发展进行系统梳理，更在意于由此而拓展我们对边疆和边疆治理的认识，并注重发现有益的启示和借鉴；要全面梳理历史和现实中边疆和边疆治理的理论，却不注重于对此进行总结和概括，更在意于在此基础上进行理论创新，进而形成中国特色中国风格中国气派的边疆及边疆治理理论。

基于特定的背景、目标和任务，本项目在研究中努力凸显以下几个特点：一是国家视野。项目研究从国家的角度来看待和审视中国的边疆和边疆治理，因而在研究中突出边疆的政治地理空间性质，把边疆治理纳入国家治理的总体框架中考察；二是世界眼光。项目研究努力避免把中国的边疆孤立起来而作个别考察，不仅将中国的边疆置于整个领土空间中，而且努力将其置于中国国家活动覆盖的整个地理空间来考察，并注重借鉴其他国家边疆治理的经验和理论；三是创新理论。项目研究十分注意理论创新，不论是考察中国历史的边疆构建和边疆治理，还是考察其他国家的边疆和边疆治理理论，还是总结当代中国边疆和边疆治理的经验教训，皆着眼于通过理论创新而构建适应国家发展需要的边疆和边疆治理理论；四是服务现实。本项目虽为"理论研究"，但十分注重把理论研究与国家治理和发展的现实结合起来，致力于回应中国崛起过程中对边疆和边疆治理理论的需求，努力通过全面研究基础上的理论创新，为新形势的边疆和边疆治理提供理论支持，以理论来服务于现实。

本著作就是该国家社科基金重大项目的最终成果。项目在研究的过程中形成了一个多学科、多领域专家组成的研究团队，持续开展多学科联合攻关，取得了一系列的阶段性成果。本成果在项目阶段性成果的基础上完成，既对项目研究中取得的一系列阶段性成果进行了总结和概括，又在整体性研究的基础上对其进行了提炼并增添了新的内容。从总体上看，它在全面研究的基础上提出一系列新的观点和理论，构建了一个关于边疆和边疆治理的理论体系，实现了有效的知识供给和理论供给，并开拓了边疆研究新的视角和新的领域。

目 录

第一章 国家视域中的边疆及边疆治理 …………………………（1）
  第一节 国家的疆域 …………………………………………（1）
    一 疆域是国家形成和存在的前提 ……………………………（2）
    二 疆域是一种变动着的存在 …………………………………（6）
    三 当前国家疆域的多种存在形态 ……………………………（10）
  第二节 国家的边疆 …………………………………………（13）
    一 国家为治理的需要而构建边疆 ……………………………（14）
    二 边疆是不断发展变化的 ……………………………………（17）
    三 边疆对于国家发展的意义 …………………………………（21）
    四 边疆的争夺与国际秩序 ……………………………………（25）
  第三节 边疆的治理 …………………………………………（28）
    一 边疆是一个特殊的区域 ……………………………………（28）
    二 国家面临诸多的边疆问题 …………………………………（31）
    三 国家须对边疆进行治理 ……………………………………（37）
  第四节 国家的边疆架构 ……………………………………（40）
    一 边疆架构的基本构成 ………………………………………（40）
    二 边疆架构的类型 ……………………………………………（43）
    三 边疆架构与国家发展的互动 ………………………………（46）

第二章 王朝国家的疆域、边疆与边疆观念 ……………………（49）
  第一节 中国的历史疆域与边疆 ……………………………（50）
    一 清前期的版图是古代中国的范围 …………………………（50）
    二 中国的疆域、边疆经历形成巩固的过程 …………………（53）

三　对边疆的有效统治与遥相羁縻 …………………………………（58）
第二节　历代王朝的疆域与边疆 ……………………………………………（62）
　　一　秦汉晋时期的疆域与边疆 …………………………………………（62）
　　二　隋唐宋时期的疆域与边疆 …………………………………………（66）
　　三　元明清时期的疆域与边疆 …………………………………………（71）
第三节　王朝国家的边疆观念 ………………………………………………（75）
　　一　中原王朝的边疆观 …………………………………………………（75）
　　二　中原王朝边疆观的发展演变 ………………………………………（79）
　　三　中原王朝边疆观与治边实践的关系 ………………………………（81）
　　四　中原王朝治边的主要经验 …………………………………………（85）

第三章　传统边疆治理的思想、方略与制度 …………………………（91）
第一节　传统边疆治理的思想 ………………………………………………（91）
　　一　中原王朝治边的认识论基础 ………………………………………（92）
　　二　中原王朝的"守中治边"与"德泽治夷"思想 …………………（100）
　　三　中原王朝的"以夷治夷"与"重北轻南"思想 …………………（108）
　　四　边疆王朝治边的思想 ………………………………………………（114）
第二节　传统边疆治理的方略 ………………………………………………（118）
　　一　中原王朝经营边疆与应对外邦的方略 ……………………………（119）
　　二　中原王朝治边的文化软实力方略 …………………………………（121）
　　三　中原王朝治边的地缘政治方略 ……………………………………（127）
　　四　中原王朝治边的博弈谋胜方略 ……………………………………（131）
　　五　边疆王朝治边的方略 ………………………………………………（135）
第三节　传统边疆治理制度 …………………………………………………（138）
　　一　秦汉晋隋唐宋诸朝的边疆治理制度 ………………………………（138）
　　二　元明两朝的边疆治理制度 …………………………………………（143）
　　三　清朝的边疆治理制度 ………………………………………………（147）
　　四　边疆王朝的边疆治理制度 …………………………………………（151）

第四章　民族国家构建与边疆架构的转型 ……………………………（157）
第一节　民族国家构建对传统边疆架构的挑战 ……………………………（157）

一　中国民族国家构建的背景与历程 …………………… (158)
　　二　民族国家对边疆架构的影响 ………………………… (160)
　　三　传统边疆架构面临的困境 …………………………… (163)
第二节　边疆观念由文化性向政治性转变 …………………… (169)
　　一　民族国家时代政治性边疆观念的凸显 ……………… (169)
　　二　强调政治地理空间属性的边疆观念 ………………… (171)
　　三　注重区域治理内涵的边疆观念 ……………………… (174)
　　四　体现地缘政治思维的边疆观念 ……………………… (179)
　　五　边疆观念转换对边疆及边疆治理的影响 …………… (182)
第三节　边疆形态由碎片化向整体性转变 …………………… (183)
　　一　疆域异质性与边疆碎片化的凸显 …………………… (184)
　　二　国族构建过程中的边疆整合 ………………………… (185)
　　三　主权体制建设与边疆领土化 ………………………… (189)
　　四　地方政治变革与边疆一体化 ………………………… (192)
第四节　边疆治理由松散性向紧密性转变 …………………… (195)
　　一　边疆治理价值取向的国家化 ………………………… (195)
　　二　边疆治理结构的专门化 ……………………………… (197)
　　三　边疆治理功能的复杂化 ……………………………… (200)
　　四　边疆治理范围的扩散化 ……………………………… (202)
　　五　边疆治理方式的专项化 ……………………………… (206)
第五节　民族国家边疆及边疆治理时代的开启 ……………… (209)
　　一　边疆观念的整体转变 ………………………………… (209)
　　二　边疆治理的全面展开 ………………………………… (213)
　　三　边疆现实的深刻变化 ………………………………… (216)

第五章　当代中国的陆地边疆及其治理 ………………………… (219)
　第一节　中华人民共和国成立初期陆地边疆的巩固与治理 … (219)
　　一　陆地边疆的总体面貌 ………………………………… (220)
　　二　陆地边疆治理面临的主要问题 ……………………… (222)
　　三　陆地边疆治理的方略及举措 ………………………… (227)
　　四　陆地边疆治理的成效 ………………………………… (230)

第二节 全面建设社会主义时期的陆疆治理 (231)
一 陆疆治理面临的基本形势 (232)
二 陆地边疆问题的特殊化 (234)
三 陆地边疆治理的主要措施 (237)
四 陆地边疆治理的得失 (241)

第三节 新时期的陆地边疆治理 (243)
一 陆地边疆治理的拨乱反正 (243)
二 新时期的陆地边疆问题 (244)
三 新时期陆地边疆治理的举措 (247)
四 陆地边疆区域的现代化 (251)

第四节 国家崛起与陆地边疆治理 (253)
一 国家崛起进程中的陆地边疆形势 (254)
二 国家崛起进程中陆疆问题的凸显 (256)
三 国家崛起中的陆地边疆治理 (259)
四 陆地边疆治理的现代转型 (260)

第五节 当代中国陆地边疆治理的特点及面临的挑战 (262)
一 追求稳定的陆地边疆治理理念 (262)
二 政府主导型的陆地边疆治理结构 (263)
三 族际主义取向的陆地边疆治理路径 (264)
四 碎片化的陆地边疆治理手段 (266)
五 陆地边疆治理面临的全新挑战 (268)

第六章 海洋利益的凸显和海洋边疆的治理 (272)
第一节 民族国家的海疆和海洋主权 (272)
一 民族国家海洋疆域的构建 (273)
二 国家视域中的中国海疆观 (276)
三 中国传统海洋疆域到现代海疆的演变 (279)
四 中国现代海洋疆域安全面临的挑战 (282)

第二节 海洋边疆与海洋治理观念的重构 (284)
一 全球化时代的海洋边疆 (284)
二 国家崛起背景下海洋利益的凸显 (287)

三　民族国家新型海洋观的构筑 …………………………………（290）
　　四　民族国家海洋边疆治理体系的重构 …………………………（293）
第三节　国家发展中的海洋战略构建 …………………………………（296）
　　一　海洋战略与国家发展战略 ……………………………………（296）
　　二　国家发展中海洋战略实施的举措 ……………………………（299）
　　三　国家发展背景下海上力量的构建 ……………………………（302）
　　四　国家发展中海洋战略边疆的构建 ……………………………（305）
第四节　国家发展中的海疆及海疆治理战略 …………………………（308）
　　一　海疆及海疆治理战略的内涵 …………………………………（308）
　　二　国家视野下的海疆战略 ………………………………………（311）
　　三　国家视野下的海疆治理战略 …………………………………（314）
　　四　世界海洋强国的海疆及海疆治理战略的启示 ………………（317）
第五节　从海洋大国到海洋强国 ………………………………………（320）
　　一　从陆上大国到海洋大国 ………………………………………（320）
　　二　民族国家的海疆与海洋利益 …………………………………（323）
　　三　国家视域下的海洋边疆 ………………………………………（326）
　　四　由海洋大国走向海洋强国 ……………………………………（329）

第七章　国家利益外溢与海外利益的维护 ………………………………（333）
　第一节　国家利益与海外利益 …………………………………………（333）
　　一　国家利益与国家利益的外溢 …………………………………（334）
　　二　国家利益外溢的背景和途径 …………………………………（337）
　　三　海外利益的含义与分类 ………………………………………（341）
　第二节　海外利益的分布及其对国家发展的意义 ……………………（343）
　　一　海外利益的分布 ………………………………………………（343）
　　二　利益边疆的形成 ………………………………………………（345）
　　三　海外利益对国家发展的意义 …………………………………（347）
　第三节　中国主要海外利益及其维护情况 ……………………………（349）
　　一　海外公民与驻外机构的安全 …………………………………（349）
　　二　海外投资利益 …………………………………………………（355）
　　三　能源与资源及其通道的保障 …………………………………（359）

四　对外援助与国际责任 …………………………………………（362）
　　　五　国际制度的构建 ……………………………………………（366）
　第四节　海外利益的维护 …………………………………………（368）
　　　一　国内措施与海外利益维护 …………………………………（369）
　　　二　外交手段与海外利益维护 …………………………………（371）
　　　三　武力运用与海外利益维护 …………………………………（374）
　　　四　主权及不干涉原则与海外利益维护 ………………………（377）

第八章　国家疆域安全与边疆风险防控 ……………………………（381）
　第一节　国家疆域总是面临着多元的安全风险 …………………（381）
　　　一　疆域安全是国家生存发展的基础性前提 …………………（381）
　　　二　国家疆域安全的环境发生了根本性变迁 …………………（383）
　　　三　疆域安全环境的变迁与安全问题的凸显 …………………（385）
　　　四　化解疆域安全问题需要长期艰苦的努力 …………………（387）
　第二节　边疆是国家安全风险的首当其冲之地 …………………（388）
　　　一　地缘政治视域中的边疆安全困境 …………………………（389）
　　　二　地理空间视域中的边疆安全风险 …………………………（391）
　　　三　民族政治视域中的边疆安全难题 …………………………（394）
　　　四　边疆安全风险态势的总体性特征 …………………………（397）
　第三节　国家崛起过程中的边疆安全形势 ………………………（399）
　　　一　地缘政治格局变迁中的边疆挤压 …………………………（400）
　　　二　周边国家生存理性下的边疆争夺 …………………………（402）
　　　三　境外势力越境渗透中的边疆威胁 …………………………（404）
　　　四　当代社会急遽变迁中的边疆隐患 …………………………（407）
　第四节　边疆日趋繁重的反恐防恐任务 …………………………（409）
　　　一　边疆恐怖主义的现行态势与主要特点 ……………………（410）
　　　二　边疆恐怖主义的发展趋势与基本走向 ……………………（412）
　　　三　边疆恐怖主义的形成根源与思想基础 ……………………（415）
　　　四　边疆反恐防恐的历史使命与基本任务 ……………………（419）
　第五节　边疆安全呼唤强大的军事保障 …………………………（422）
　　　一　陆地边疆的安全依赖陆地边防的巩固 ……………………（423）

二　海洋边疆的安全期待海防力量的强大 …………………… (425)
　　三　空中边疆的安全需要空防能力的提升 …………………… (427)
　　四　利益边疆的安全呼唤军事实力的保障 …………………… (429)
　第六节　完善全方位的边疆安全建构体系 …………………… (432)
　　一　总体边疆安全理念的形成发展 …………………………… (432)
　　二　中国特色边疆安全话语的创制 …………………………… (435)
　　三　边疆全域立体防卫范式的建构 …………………………… (438)
　　四　边疆安全风险防控能力的提升 …………………………… (441)

第九章　国外边疆理论的新发展及其启示 …………………… (444)
　第一节　国家疆域形态流变及其对边疆理论的影响 ………… (444)
　　一　全球化之前的疆域形态 …………………………………… (444)
　　二　全球化时代的疆域形态 …………………………………… (448)
　　三　疆域形态变化对边疆理论的影响 ………………………… (451)
　第二节　二战后疆域与边疆理论的演变 ……………………… (452)
　　一　二战对国际边疆格局的影响 ……………………………… (453)
　　二　冷战期间边疆理论的发展 ………………………………… (455)
　　三　冷战后边疆理论面临的冲击 ……………………………… (459)
　　四　当前边疆理论的进一步调整 ……………………………… (461)
　第三节　西方主要国家和地区的边疆理论 …………………… (463)
　　一　美国的边疆理论 …………………………………………… (463)
　　二　苏联—俄罗斯的边疆理论 ………………………………… (470)
　　三　欧盟的边疆理论 …………………………………………… (475)
　　四　日本的边疆理论 …………………………………………… (478)
　第四节　疆域与边疆理论调整的重要影响 …………………… (480)
　　一　边疆在国家发展中的意义更加凸显 ……………………… (480)
　　二　边疆形态和边疆范围进一步拓展 ………………………… (482)
　　三　边疆治理成本的急剧增加 ………………………………… (483)
　　四　世界地缘政治格局的深刻变化 …………………………… (485)
　第五节　疆域及边疆理论调整对于中国的启示 ……………… (487)
　　一　对西方边疆理论的客观审视 ……………………………… (488)

二　创新边疆观念 …………………………………………… (490)
三　更新边疆理论 …………………………………………… (491)
四　构建新形态边疆 ………………………………………… (492)
五　形成边疆及边疆治理战略 ……………………………… (494)

第十章　构建中国特色的边疆及边疆治理理论 ………………… (496)
第一节　中国的疆域形势已经发生根本性变化 ……………… (497)
一　国内现行的疆域理论存在误区 ………………………… (497)
二　全球化时代的疆域具有新的特点 ……………………… (501)
三　疆域实践已走在疆域理论的前头 ……………………… (504)
四　崛起的中国须重新审视自己的疆域 …………………… (509)

第二节　边疆及其治理对国家发展的意义凸显 ……………… (513)
一　中国的边疆已经具有新面貌 …………………………… (513)
二　边疆关乎国家的核心利益 ……………………………… (516)
三　国家发展须挖掘边疆潜力 ……………………………… (520)
四　边疆治理的地位空前凸显 ……………………………… (523)

第三节　国家发展呼唤边疆架构的创新与发展 ……………… (525)
一　传统型边疆架构的面貌和特点 ………………………… (525)
二　现行边疆架构滞后于国家发展的要求 ………………… (529)
三　边疆架构须进行改革和创新 …………………………… (533)

第四节　新型边疆及边疆治理理论的基本内容 ……………… (536)
一　边疆是国家疆域的边缘性区域 ………………………… (537)
二　国家因治理的需要而划定和调整边疆 ………………… (539)
三　边疆需要运用国家力量去维护 ………………………… (541)
四　边疆治理在国家治理中不可或缺 ……………………… (544)
五　边疆治理须不断创新和发展 …………………………… (546)
六　陆地边疆治理应采取"区域主义"取向 ……………… (548)
七　崛起的中国需要一个完整的边疆战略 ………………… (550)
八　国家发展需建"边缘—核心"双向互动模式 ………… (553)

第五节　在国家治理中凸显政治地理空间谋划 ……………… (555)
一　地理空间规划已成为国家治理的重大课题 …………… (556)

二　国家治理体系现代化须有地理空间的内涵 ……………（558）
三　国家治理中地理空间谋划的若干重要向度 ……………（560）

参考文献 ……………………………………………………………（563）

后记 ……………………………………………………………………（575）

第 一 章

国家视域中的边疆及边疆治理

中国在秦汉王朝的时便将自己疆域的边缘部分区分出来，采取专门的政策和措施进行有针对性的统治和治理，因而开边疆制度的先河，成为世界上最早建立边疆制度的国家。历史上形成的边疆观念、边疆制度和边疆治理方略，既是传统的国家治理的重要组成部分，也是传统政治文化的重要内容，还为今天的边疆治理提供了宝贵的历史资源。然而，不同的时代对边疆的认识和治理之间存在着相当大的差异，国家实现了王朝国家到民族国家的转变以后，边疆观念和边疆治理都随之而发生了重大的变化。今天，国家在全球化的背景下实现了快速的现代化以后，国家的面貌和与世界的关系都彻底改变了，边疆的界定和边疆治理都已处于一个全新的环境之中，并有了新的内涵和特点。因此，不论是基于古为今用的目的而全面审视历史上的边疆和边疆治理，还是立足现实而探寻边疆治理的有效方式，都必须将过往的边疆和边疆治理置于一个宏大且具有概括能力和整合能力的框架中来考察和讨论。边疆是在国家疆域中划定的，边疆治理是国家治理的重要组成部分；无论是边疆的确定还是边疆治理的实践，主体都是国家。离开了国家这个主体，边疆和边疆治理都不可理解。因此，国家及其治理便成为全面审视中国边疆和边疆治理的历史和现实的最佳视角。换言之，将边疆及边疆治理置于国家视域中考察和讨论，是正确认识中国边疆及边疆治理的必由之路。

第一节 国家的疆域

古往今来，国家的边疆总是以多样性的形态呈现出来，人们对边疆的界定也多种多样，并在与时俱进的过程中不断增添新的内容。多种多样的边疆界定和对边疆的言说，反映了不同社会历史条件下边疆的现实以及人们对边疆的认识。但无可否认的是，各种形态的边疆都是在国家疆域范围内界定的，处于国家核心区的外围，都是国家疆域的边缘部分。所有的边疆观念和边疆理论，也都是从不同的角度对国家疆域之边缘部分进行认识和论述的结果。总而言之，国家疆域是边疆制度的构建、边疆的界定和边疆理论形成的物质基础，从根本上决定和制约着边疆形态的划分和边疆治理的论述。脱离了国家疆域这个客观基础，一切的边疆和边疆理论都无从谈起；抛开国家疆域及疆域理论，各种边疆理论和边疆治理理论都将成为无稽之谈。

一 疆域是国家形成和存在的前提

在今天的许多人看来，"疆域"似乎是一个只存在于历史上并且已经远去的概念，早已被"领土"概念取代了。基于这样的认识，英文中的"Territory"，也被直接和简单地翻译为"领土"[①]。然而，这样的看法似是而非，或者直接就是对"疆域"的误解。领土指的是国家主权管辖的地理空间范围，疆域则指国家占据和控制的地理空间范围，二者具有本质的区别。领土以及与领土不可分割地联系在一起的边界等，都是民族国家时代的产物，与国家主权不可分割地联系在一起。而作为一种国家体制的主权，不过是17世纪的产物。在主权体制甚至主权概念形成时，国家的疆域已经存在数千年了，"疆域"概念也早已存在。随着民族国家时代的到来，尤其是第二次世界大战后民族国家世界体系的形成，国家的主权受到高度重视，并成为划定国家疆域的根本标准，所以，"领土"概念日益凸显并得到广泛运用。"疆域"概念反而很少被提及了，以至于逐渐被人淡忘。但是，随着全球化时代[②]的形成和全球化的不断深化，国家活动的范围超越于领土的现象越来越普遍，超越于国家主权的国际规则的地位和数量日益凸显，国家占据和控制的地理空间范围超越于领土的现象也日渐增

---

① Territory 一词，具有土地、地区、区域，以及土地范围、领域等多种含义。只有当它与近代以来的民族国家结合在一起并用来指称民族国家拥有主权的区域时，它才特指民族国家的领土。

② 20世纪90年代以后，由于世界两极格局的解体、科技革命的迅猛发展和国家间经济贸易联系日渐紧密，全球各个国家和地区间的相互依存度大幅提升，超国家的治理成为现实，因而形成了一个全球化的时代。不过，导致全球化迅速发展的各种因素和规则，都是在第二次世界大战后形成的，因此可以说，全球化时代肇始于第二次世界大战结束。

多。某些国家尤其是某些西方大国所控制的地理空间已经远远超越于其领土的范围。在此条件下，要准确地界定和描述国家占据或控制的地理空间范围，基于国家主权的"领土"概念就越来越难以适应，自身的局限性越来越突出，"疆域"概念反而具有更强的适应性，能够大显身手，所以就被越来越多地使用。

在人类迄今为止的政治历史中，国家一直都是十分重要的政治现象，并受到高度的重视和进行了长期的研究。可是，今天的知识体系基本上是在近代民族国家、工业革命和科技革命基础上建立起来的。因此，对国家现象的描述、分析和理论阐释，皆以民族国家为基本的理论预设，针对近代以来民族国家的成分一直居于主导地位。许多文献甚至教科书中关于国家的定义和国家理论，基本上都基于近代以来的民族国家。《中国大百科全书》就说："在现代政治学中流传最普遍，最广泛的国家定义，是以主权为中心的三要素说。国家的主权、领土、人口三个要素，是国家存在的前提。"[①] 然而，民族国家只不过是欧洲国家形态演进过程中的一种形态。[②] 仅从欧洲国家形态的演进过程来看，在民族国家以前就有城邦国家、罗马帝国、基督教普世世界国家、王朝国家等多种国家形态，而且民族国家也终将被其他国家形态所取代，超越民族国家的政治形式——欧盟——也已经浮出了水面。所以，那些基于民族国家而对国家所作的定义、分析和论述并不能全面地揭示国家的本质和特征。

在人类的发展历史上，国家并不是自然形成的，它是人类创造的一种管理社会的政治形式。在不同的文明和社会环境中，国家具有不同的形式和特征。[③] 人类最早的国家，大多数是在氏族或部落的基础上建立的。作为一种取代氏族或部落组织的政治形式，国家最为根本的特征便是建立以暴力为支撑的公共权力——国家权力，并运用这个以暴力为后盾的公共权

---

① 《中国大百科全书》第 8 卷，中国大百科全书出版社 2009 年版，第 437 页。
② 关于民族国家的形成及性质、特点问题，可参阅周平的《对民族国家的再认识》和《国家建设与国族建设》两篇文章，分别载于《政治学研究》2009 年第 4 期和《政治学研究》2010 年第 2 期。
③ 古代国家的形式尽管多种多样，但都是在某种文明的基础上建立起来的。该文明不仅构成了国家这种政治共同体的基本底蕴，而且支撑着国家的发展。可是，国家反过来又巩固了这种文明，为文明的发展和传播提供政治保障。近现代国家从古代国家发展而来，文明对国家的影响不可低估。从总体上看，国家的建立、治理和发展，文明都发挥着十分重要的影响。

力对社会进行管理或治理。的确,"将国家与其他社团组织区分开来的很多重要原则都源于这样一个简单但又是最基本的事实:国家必须使用暴力,否则将不成其为国家"。而且国家还必须垄断暴力。"首先,因为国家必须实施暴力,不可避免地它就要试图垄断暴力。因为任何不被国家控制的暴力都会给国家的行为带来限制,成为潜在的抵抗势力,为了在实施安全职能时不受任何阻碍,国家就要成为强制技能的唯一拥有者。另一方面,一旦暴力可以被社团而不是国家,或者被个人而不是政府使用,国家和政府就会有被取代的危险。"①

作为国家形成之前提和基础的氏族或部落组织,就在一定的地域范围内活动并同时也占据着一定的地域范围。而占据或控制一定地域范围的这个本质特征,在国家这种政治形式中得到了进一步的巩固、强化并逐渐固化。作为一种政治形式的国家的根本特性,是建立以暴力为后盾的国家权力,并运用此种特殊的公共权力对社会进行管理。而国家权力的作用,必须有一个特定的范围;国家权力作用的对象,是一定地理范围内的社会或民众。因此,国家的地域特征便不可避免地凸显出来了。恩格斯指出:国家是在氏族组织解体的基础上形成的,"国家和旧的氏族组织不同的地方,第一点就是它按地区来划分居民。……这种按照居住地组织国民的办法,是一切国家共同的"②。在长期的历史发展中,国家的这种地域特征更是被不断地强化。"一个国家存在并被承认,就必须有一个边界分明的区域,在其中进行管辖与仲裁。这已是普遍的规则。"③

人类在发展的过程中创造了国家这种政治形式之后,置身于该政治形式作用范围之内的民众也被组织起来而成为一个团体。因此,国家既是政治形式,也是一种政治共同体。同时,由于国家这种政治形式占据或控制着一定的地理范围,国家政治共同体也存在于一定的地理范围之内,因此,国家同时也是一个政治地理空间单位。政治形式、政治共同体和政治地理空间单位,是国家的三重基本的属性。

---

① [美]莱斯利·里普森:《政治学的重大问题——政治学导论》,刘晓译,华夏出版社2001年版,第52页。
② 《马克思恩格斯选集》第4卷,人民出版社2012年版,第187页。
③ [美]莱斯利·里普森:《政治学的重大问题——政治学导论》,刘晓译,华夏出版社2001年版,第265页。

国家所占据或控制的地理范围,便是国家的疆域。换句话说,某个地理空间范围被国家占据或控制,从而具有了国家的属性,便成为国家的疆域。疆域问题的核心是国家的占据或控制。正是有了国家的占据或控制,某个地理空间才能为国家的疆域。疆域既是国家形成的基础和前提条件,也是国家发展[1]的重要条件。正如有的学者指出的那样:"疆域是国家构成的第一要素。没有疆域就不成为国家。"[2] 从人类历史长河中的各种国家现象来看,国家疆域的大小决定着国家的体量,而国家的体量则在一定程度上反映着国家的实力,进而决定着一个国家在激烈的国家竞争中的竞争能力;从一个国家内部的发展来看,国家的疆域决定着国家拥有的自然资源的数量和质量,并且往往与国家的财富联系在一起;从国家的外部竞争来看,国家自形成起便不可避免地与其他国家相互竞争,而且国家间的竞争具有愈演愈烈之势。而国家疆域的范围、特点以及承载的资源,又决定着国家的国际竞争能力和地缘政治形势。概而言之,国家的疆域是影响国家发展的根本性因素。

国家疆域在国家发展中产生的实际利益以及潜在的影响,引发并构成了国家拓展疆域的原始冲动。正是在这样的冲动促动下,拓展疆域往往成为重要的国家行动。纵观人类的国家发展史,历史上国家为拓展自己的疆域而展开的政治活动比比皆是,既有国家间的合纵连横,也有兵戎相见时的大打出手。国家为争夺疆土的战争更是不胜枚举,有的时代甚至是连绵不绝。今天对世界格局具有重要影响的国家,哪个没有在历史上发起过开疆拓土的行动?美国从独立时居于大西洋东岸的13个州发展到太平洋西岸,俄罗斯从俄罗斯公国发展成为庞大的国家,中国的疆域自秦统一中国后的不断拓展,都是其中的典型。欧洲在建立民族国家后,更是出现了殖民扩张的普遍化,欧洲的民族国家凭借自己强大的国家能力公开强占其他国家的疆土和掠夺其财产,是通过强盗手段来拓展疆域的典型。

---

[1] "国家发展"是周平为了描述和分析国家政治单位的整体进步状态而构建的一个概念,指国家通过有效的内部和外部治理而稳定政权、增加社会财富、提升公共利益、建立必要的安全保障,以及获得较好的外部环境和产生国际影响力而达成的整体性进步。关于此概念的论述,可参阅周平的《边疆在国家发展中的意义》一文,载《思想战线》2013年第2期。

[2] 郑汕:《中国边疆学概论》,云南人民出版社2012年版,第5页。

不过，虽然拓展疆域的行为与历史上的国家发展总是如影随形地出现，但在国家主权原则和相应的主权制度建立前后，尤其是以主权国家为基础的民族国家世界体系建立前后，国家的疆域拓展行为以及受到的评价等，往往存在着巨大的差别。在主权原则和相应的国家主权制度建立以后，通过对主权国家疆域的侵占而获取疆土或拓展疆域的做法，受到了普遍的抑制和批判。但是，这并没有阻止主权国家以其他方式拓展疆域，如通过割让、购买的方式获得领土，以及通过专属经济区、控制太空、维护国家的利益范围等方式获得超领土的疆域。尤其是后者，已经成为今天一些国家拓展疆域的重要方式而不断推行。

在疆域对国家发展的作用日渐凸显的情况下，关于国家疆域的认识、观念和思维之综合的国家疆域观，也就成为国家治理中不可回避的重要的问题。这方面的具体内容也成为一个国家政治文化的重要内容。在这样的情况下，一个国家具有什么样的疆域观，以及能否根据形势的变化而实现国家疆域观念的变革和创新，对该国的治理以及国家发展等，都会产生十分重要的影响。因此，与时俱进地调整和充实国家的疆域观，在国家疆域问题上建立与形势发展相适应的思维和观念，并用创新的国家疆域观指导国家的治理和建设，是那些自强不息并力图在新的世界格局中大有作为的国家必须面对的重大的理论和现实问题。

二 疆域是一种变动着的存在

作为国家占据或控制的地理空间范围，国家疆域的形成和发展不可避免地受到两个因素的深刻影响：一是人类活动的范围。人类已经脱离了动物界，但却必须生活于自然之中，并与自然界形成了一种复杂的关系。在人与自然的关系中，随着人类自身生产能力和创造能力的增强，人类在自然空间中的活动范围也呈现出逐步延伸和拓宽的趋势。二是国家的形态。自然的地理空间范围由于国家的占据或控制而成为国家的疆域，具有了政治的内涵。可是，国家本身也处于发展变化的过程中，并因此而形成了国家发展演变的过程。在不同的社会历史条件下，国家的性质、结构和内部治理形式及外部关系等，都存在着重大的差别。这样的变化和差异，也给国家占据和控制地理空间范围的方式以及广度、深度等打上了深深的烙印。在这两个方面因素的共同影响下，国家的疆域在不同社会历史条件下具有不同的内涵和形态,从而呈现出不断发展和演变的过程。不过,由于自然的地理空间范围是通过国家的占据或控制才成为国家的疆域的,国家在疆域的形成和演变过程中发挥着主导性的影响。对国家疆域的演变的考察,也主要以国家发展和演变的过程为主线。

近代以来,世界范围的主导性国家形态是民族国家。民族国家既是基本的、主导性的国家形态,也是现存世界体系的基本政治单元和法律单元。今天的世界仍然处于民族国家时代,所谓的世界体系实际上就是民族国家的世界体系。尽管民族国家及民族国家世界体系自身的不足或弊端已经显现并广为诟病,否定民族国家存在和构建超越民族国家的政治形式的呼声和努力从未停止并愈加突出,但人类至今还尚未找到和构建起超越并取代民族国家的新的政治形式。除了最早构建民族国家的欧洲和北美之外,世界范围内的大多数国家还在努力建设民族国家,尽可能地挖掘民族国家的制度内涵,努力发挥民族国家的制度功能。既然如此,我们就不得不站在民族国家的历史基点上来看待人类国家形态的演变过程。从这样的角度来看,民族国家的构建在人类国家演变历史上具有划时代的意义。而且在国家疆域演变的过程中,民族国家的构建及民族国家世界体系的形成,具有重大的和根本性的影响。

纵观人类历史,国家的构建具有普遍性,但处于不同文明中的人们所构建的国家之间存在着巨大的差异,并因此而形成了各具特色的国家形态演进过程。在民族国家成为主导性的国家形态和民族国家世界体系形成以后,人类的国家形态演进才进入了一个相对一致的框架之中。前民族国家的各种国家类型,其纷繁复杂的程度可谓叹为观止。从国家疆域演变的角度来看,由于没有主权制度和国际规则体系的约束,各个国家完全凭借自己的国家意志和国家能力来占据和控制地理空间范围,构建国家的疆域。就一个个具体的国家来看,疆域的拓展并不受规则的限制,国家疆域的大小完全取决于其国家意志和国家能力。与此相适应,国家疆域的界限并不固定——国家往往在国力强盛时扩大疆域,也会在国力衰弱时收缩自己的地理控制范围,从而缩小其疆域。

进入民族国家时代以后,国家疆域的拓展不可避免地受到了主权原则和制度的限制。诚然,国家的主权是王朝国家时代由1648年10月签订的《西荷和约》所确认的威斯特伐利亚体系而确立的,该体系确认了每个国家的主权以及主权争端的解决方式。但是，取代王朝国家的民族国家不仅继承了国家主权的原则，而且通过民族国家的普遍化及民族国家世界体系的建立而巩固了国家主权原则，进而通过不断丰富的国际规则构建起了完整的国家主权制度。随着国家主权原则和主权制度的形成，国家的疆域便与主权有机地联系在一起，从而使疆域从一般意义上的国家占据或控制的地理范围演变成由国家主权管辖的地理空间范围，即国家的领土。① 领土的范围是由边界确定的，而体现国家主权界限的边界，则是由相关主权国家通过条约确定的。在此基础上，先占、时效、添附等领土变更方式逐渐形成。②

然而，那些最早建立民族国家的西欧和北美国家，并没有将国家主权原则运用于尚未构建民族国家制度框架的其他国家。相反，它们在构建民族国家以后，不仅通过民族国家这种政治形式进一步整合国内居民，增强了国族（nation）的凝聚程度，而且充分运用民族国家制度③与民族相得益彰而产生的动力促进国家发展。随后，这些国家便凭借其强大的实力进行殖民扩张，将自己的国家疆域拓展于或覆盖于其他国家的领土之上，形成对殖民地的占领和统治。19世纪末到20世纪初，整个世界已被英、法、俄、德、美、日、比利时、荷兰等国分割完毕。在国家领土的变更中，征服、时效、割让、委任统治、租借地、势力范围等领土变更方式④逐步出现，形成了民族国家时代特殊的领土变更方式。

第二次世界大战以后，亚洲、非洲、拉丁美洲的民族解放运动风起

---

① 在英文中，表示国家占有或控制的地理范围的词是 territory。但是，在国家的主权原则和相应的制度确立之前，territory 指的是国家占有或控制的地理范围；而在国家主权原则和相应的制度确立以后，territory 指的才是主权管辖的地理范围，即领土。从这个意义上说，民族国家时代的 territory 与前民族国家的 territory 之间存在着根本性质的差别。因此，在翻译为中文的时候，前民族国家时代的 territory，应翻译为"疆域"；民族国家时代的 territory，才应翻译为"领土"。

② 参见［英］詹宁斯、瓦茨修订《奥本海国际法》第1卷第2分册，王铁崖译，中国大百科全书出版社1998年版，第74—258页。

③ 从形式上看，民族国家给民族披上了国家的外衣，具有了国家的形式，同时也使国家具有了民族的内涵，从而实现了民族与国家的有机结合。但就其本质而言，民族国家则是一套保障民族——国内居民凝聚而成的群体——认同于国家的制度安排。正是通过这样的制度安排，民族才与国家有机地结合在一起。

④ 参见［英］詹宁斯、瓦茨修订《奥本海国际法》第1卷第2分册，王铁崖译，中国大百科全书出版社1998年版，第74—258页。

云涌。在民族解放运动的强烈冲击下,帝国主义的殖民体系土崩瓦解了。获得民族解放的殖民地人民陆续收回了被占领土的主权,纷纷按照民族国家的制度框架构建自己的民族国家,并在开展民族国家建设的过程中推动了政治发展。在这样的条件下,体现国家主权制度的国家领土制度和领土争端解决机制才逐渐在全球范围内普遍建立起来,具有了全球的意义。

新兴的民族国家获得独立后,在努力收复失去的领土和维护国家主权和领土完整的同时,纷纷在自己领土的范围内推动了现代化的进程。而那些对外实施殖民统治的帝国主义国家,在失去了殖民扩张中强占的疆域以及由疆域扩张给国家发展带来的红利后,也转而谋划拓展疆域的新的途径。另外,随着民族国家数量的大幅度增加,民族国家的数量发展到了前所未有的程度。迄今为止,全世界已有的190多个主权国家中的绝大部分都是在第二次世界大战后建立或获得独立的。如此众多的国家在地球这个有限的地理空间内追求着无限的发展,于是便导致了国家拥挤。而且这样的拥挤现象还会随着时间的推移而越来越凸显。在这样的情况下,各个国家基于扩张疆域冲动的边疆争夺也日渐激烈,国家间的领土争夺达到了前所未有的程度。这样的争夺不仅出现在岛屿主权以及由岛屿主权带来的领海和专属经济区问题上,也发生于对南极和北极土地的争夺上。一些国家还将这样的争夺拓展到了外太空。从目前的形势来看,外太空正在逐步成为一些国家拓展疆域的新热点。

20世纪后期以来,以跨国公司为主要形态的资本跨国流动、新的科学技术革命浪潮以及苏联解体后世界两极格局土崩瓦解等因素结合在一起而导致的全球化在深度和广度两个方面的快速发展,进一步加强了国家间的领土或疆域的争夺。全球化是一股影响巨大而深远的世界性力量,它导致了国家发展的外部依存度大幅上升。国家利益的形成和发展在相当程度上取决于国家领土之外的因素。在这样的形势下,一些西方国家在传统的疆域拓展方式受阻而难以实施的情况下,根据全球化深化过程中出现的国家对外依存度提高的现实情况,往往在本国领土的范围之外拓展国家的利益疆域、战略疆域和文化疆域。在此条件下,国家疆域问题再度受到关注并日渐突出,国家疆域观也突破了传统而具有了新的内涵。于是,超越于领土的疆域形态逐渐形成并受到认可。这些所谓的超领土疆域的构建或形成，已经使疆域概念超越了地理空间范围的范畴，形成了基于地理空间范围又超越于地理空间的软性疆域。具体来说，这样的疆域是在传统的地理空间范围的基础上形成的，却又超越了地理空间范围，是一种利益范围及军事控制或军事力量的影响范围。地理空间范围意义上的疆域是排他性的，而这种软的疆域则是非排他性的，并且往往还存在一定程度的重叠。

回顾国家疆域的演变，我们便可看到国家疆域由国家占据或控制的地理范围演变为国家主权管辖的领土，再出现超越领土范围的超主权疆域的整个演变过程，同时也可看到国家的疆域由平面拓展为立体，再发展到外太空的过程。从总体上看，国家的疆域是变动着的，把国家疆域视为一成不变的观点并不符合实际。

三 当前国家疆域的多种存在形态

国家疆域是变动着的，不同时代的疆域变动又各有其特点。当前时代，对疆域变动具有明显影响的因素有三个：一是随着科学技术的迅猛发展，人类开拓和利用的自然地理空间范围迅速扩大，不仅扩大到南极和北极，而且进入了外层空间，甚至还深入地层的深处和海洋的深部，人类在自然环境中活动的范围在广度和深度上都达到了前所未有的程度；二是在全球化快速推进的背景下，国家发展的外部依存度迅速提升，一个国家争取、实现和维护自身利益的活动越来越超越其领土的范围，日渐具有全球性特征；三是在现代化带来的巨大利益的诱导下，各个国家发展的冲动被充分唤醒，国家间的竞争在全球范围内全面展开并日趋激烈。在国家拥挤现象日渐突出的情况下，国家期望通过疆域拓展而促进发展的愿望日渐强烈，并将这样的冲动付诸实践。在这样的背景下，国家疆域具有了新的形态，从而形成多种形态并存的复杂局面。

在国家疆域形态的研究中，有的学者主张将国家的疆域划分为地理疆域和非地理疆域。诚然，今天不断被提及的利益疆域、战略疆域、文化疆域和网络疆域等，都是疆域的非地理形态。但是，一定的空间范围是由于国家的占据或控制才成为国家的疆域的。在疆域形成和演变过程中，国家才是根本性的因素。因此，在国家疆域形态的划分问题上，也必须突出国家因素。而在这其中，国家主权处于核心地位并具有本质的意义和影响。第二次世界大战以来,在海洋疆域的划分、南极和北极的领土争端及外层空间的控制等问题的讨论中,援引的也都是国家主权原则。[①] 因此,从国家主权的角度来分析国家疆域的形态,才符合疆域的本质要求和历史的逻辑。而从国家主权的角度来看,今天的疆域形态虽然呈现纷繁复杂的特点,但总的来看,无外乎主权性疆域和非主权性疆域两种基本类型。

1. 国家的主权性疆域。主权性疆域是与国家主权联系在一起的疆域形态,除了国家主权直接管辖的领土以外,还包括国家享有主权权利的区域。具体来看,包括以下具体形态。

(1) 领土。领土是国家主权管辖的地理空间,国家对其拥有完全的和排他的主权,即领土主权。根据国际法,国家的领土由多个部分组成,它包括主权管辖的陆地、水域、上述陆地和水域的底土以及上述陆地和水域之上的空气空间,即领陆、领水、领空和领底土。其中,领陆是国家领土的陆地部分,包括大陆(含飞地)和岛屿;领水是国家领土的水域部分,指位于陆地疆界以内(内水)或与领陆邻接的水域,包括内陆水域(河流、湖泊、运河)、内海水域(内海、内海湾、内海峡、港口水域)、群岛国的群岛水域和领海海域;领空是国家领土的上空部分,指处于国家主权管辖之下的领陆、领水之上的空气空间;领底土是国家领土的地下层部分,包括领陆的底土、领水的水床及底土。

(2) 主权权利区。主权权利区是邻近某国领土并由该国通过行使主权权利而进行管理、管控的区域。这样的区域只存在于海洋,并由国际海洋法进行规范。沿海国对于这样的区域并不拥有主权,但却在行使领土主权和维护自身利益的过程中对邻近海域或海域中的某些事项形成实际的控制或管理。这样的控制和管理得到国际海洋法认可后,便演变成为主权权利。享有主权权利的国家,对这样的区域进行着实际的管制,从而使其成为既非领海也非公海的区域。目前,这样的国家管制区域主要

---

① 1959 年 12 月 1 日在华盛顿签署的《南极条约》,是以不得提出主权要求的方式冻结相关国家的领土要求的;1963 年 12 月 13 日联合国大会第 1962 号决议《各国探索和利用外层空间的法律原则宣言》为保证外层空间的探索和利用服务于全人类的目的,规定"外层空间和天体决不能通过主权要求、使用或占领、或其他任何方法,据为一国所有"。

有毗连区①、专属经济区②和大陆架③。

2. 国家的非主权性疆域。非主权性疆域，是国家对其形成某种程度的控制但却不享有主权管辖的地理空间区域和基于地理空间范围的其他形态的空间范围。具体来看，又可分为两种形态。

（1）国家控制的非主权地理范围。通过控制更大的地理空间范围（主要着眼于其蕴藏的资源）而为国家发展创造有利条件，这几乎是国家的本能性冲动。在地球上的国家越来越拥挤的条件下，国家对新的地理空间的探索和争夺愈演愈烈。因此，在地球上没有主权归属的陆地南极、国际海底区域、外层空间等已经有人类活动并且对国家的发展和安全的影响越来越突出而又未归属于具体国家的地理空间中，④一些区域已经逐渐被某些国家实际地控制。而且随着这些领域内的人类活动的加剧，这些领域的重新分配的可能性不能排除。各个国家实际控制的这些区域，已经成为相关国家的非主权性疆域，天疆、海底疆、太空疆等名词已经广泛地出现于各种文献之中，而且逐渐进入了实际操作的层面。

（2）国家具有实质性影响的基于地理范围的利益范围。在国家利益的对外依存度达到较高程度的条件下，国家间的利益交融也日渐广泛、深入、复杂和突出。在此背景下，国家争取、实现和维护自身利益的活动就

---

① 1982年通过的《联合国海洋法公约》第33条规定："沿海国可在毗连其领海称为毗连区的区域内，行使为下列事项所必要的管制：（a）防止在其领土或领海内违犯其海关、财政、移民或卫生的法律和规章；（b）惩治在其领土或领海内违犯上述法律和规章的行为。""毗连区从测算领海宽度的基线量起，不得超过24海里。"

② 《联合国海洋法公约》第56条规定："沿海国在专属经济区内有：（a）以勘探和开发、养护和管理海床上覆水域和海床及其底土的自然资源（不论为生物或非生物资源）为目的的主权权利，以及关于在该区内从事经济性开发和勘探，如利用海水、海流和风力生产能等其他活动的主权权利；（b）本公约有关条款规定的对下列事项的管辖权：（i）人工岛屿、设施和结构的建造和使用；（ii）海洋科学研究；（iii）海洋环境的保护和保全；（c）本公约规定的其他权利和义务。""专属经济区从测算领海宽度的基线量起，不应超过200海里。"

③ 《联合国海洋法公约》第76条规定："沿海国的大陆架包括其领海以外依其陆地领土的全部自然延伸，扩展到大陆边外缘的海底区域的海床和底土，如果从测算领海宽度的基线量起到大陆边的外缘的距离不到200海里，则扩展到200海里的距离。"第77条"沿海国为勘探大陆架和开发其自然资源的目的，对大陆架行使主权权利"。这里"所指的权利是专属性的，即：如果沿海国不勘探大陆架或开发其自然资源，任何人未经沿海国明示同意，均不得从事这种活动"。

④ 由于国际法的相关规定，南极、国际海底区域和外层空间等并无主权归属。对其探索和利用，只能服务于全人类的利益。

会大量地在领土之外展开，并呈不断增强之势。于是，国家基于维护自身利益的需要而凭借自己的力量在领土外控制一定的范围，或对这样的范围施加根本性影响以便维护和实现本国利益的活动也就日渐频繁。这样一种国家通过自身能力去施加影响或进行控制的利益范围或战略范围，往往被视为"利益边疆"或"战略边疆"，实际上就是国家对领土外区域的非主权性控制的范围，可称为利益疆域或战略疆域——这是今天这个时代国家疆域的新的存在形态。它们虽然不是明确的地理空间范围，但却依附于地理空间范围之上；相关国家对其进行的控制，并不是主权性的占有，只是对影响国家利益的其他主体施加影响，从而能够在一处特定区域内有效地维护本国利益。这样的影响并不是实际的占据，但实施这种影响的国家却会在自身利益受到损害的情况下通过包括军事手段在内的强力方式去维护自身的国家利益。因此，国家对此种区域的控制是非排他性的、弹性的。对于拥有此种疆域的国家来说，这样的区域已经超越领土的范围，具有某种虚拟的性质。但是，如果这样的区域覆盖于其他国家的领土之上，也会对相关国家的领土主权造成一定的影响。

随着人类活动范围的扩大和国家活动方式的不断变化，国家的疆域形态还会发生新的变化。但是，从目前的情况来看，国家疆域的形态已经呈现一种复杂和多样化的特征，某些形态的疆域已经超越了传统的地理范围的范畴。而且国家疆域形态的新变化，已经对今天的人类自身以及国家治理、国际关系、地缘政治格局等造成了深刻的影响。因此，世界格局、国际关系、地缘政治和国家治理的研究，也必须对国家的疆域形态给予高度的关注。

第二节 国家的边疆

疆域是国家存在和发展的前提条件。国家在特定疆域的基础上形成，同时也必须对自己拥有的疆域进行统治和治理。对于疆域规模较大的国家来说，国家统治的传统区域往往成为国家的核心区域，也是国家的立国之本。而核心区的外围，也就是国家疆域的边缘性区域，虽然对国家的发展具有重要意义，但却与核心区存在着巨大的差异性，因而需要采取不同于核心区的方略和方式进行统治和治理。国家为了实现有效的统治和治理而在客观形势基础上划定的疆域之边缘部分，就是国家的边疆。边疆是国家疆域的边缘地区，因国家治理的需要而划定，因此，边疆的形成、存在以及边疆的形态和特点等，都蕴含着突出的国家属性。

一 国家为治理的需要而构建边疆

每一个具体的国家在发展的过程中，都面临着如何处理国家与社会的关系及本国与其他国家之间的关系这两对基本的矛盾。前一对矛盾需要通过有效的治理来处理，后一对矛盾则是在国家间的外部竞争中展开的。国家通过有效的治理和外部竞争来稳定政权，增加社会财富，提升公共利益，建立必要的安全保障，获得较好的外部环境，发挥国际影响力，从而达成一种整体性的进步，即国家发展。国家发展是国家治理水平和国家参与国际竞争所取得的成果的综合体现。谋求自身发展，是所有国家追求的目标。

国家发展离不开有效的治理。在谋求发展的过程中，那些疆域规模较大的国家，往往将国家疆域内与核心区存在差异的边缘性部分区分出来，有针对性地采取特定的方式（包括军事战略和军事部署）加以治理。国家疆域中这个因为治理的需要而有意划定并对其采取特殊的方略和政策进行治理的边缘性区域，就是国家的边疆。因此，边疆既与地理范围有关，也与国家权力不可分割地联系在一起，是国家因素与地理因素相结合的产物；边疆并非纯客观的存在，而是在客观基础上主观认定的存在。边疆不完全是自然形成的，还是构建起来的，具有丰富的历史文化内涵。[①]

各个国家边疆构建的社会历史条件不同，构建的方式也各有特点，但本质上都是基于国家治理的需求，目的在于实现国家的有效治理。不过，并不是每一个国家都会把疆域的边缘性部分认定为边疆。疆域规模太小的国家，既没有必要也没有可能把疆域的边缘性区域划定为边疆。即使是疆

[①] 边疆与边界、边境紧密联系，但又不等同于后者。边界与主权直接相关，是国家行使其主权的界线，一般指划分一国领土与他国领土，或一国领土与未被占领的土地、与公海以及国家领空和外层空间的想象的界线。边疆与边界紧密联系，但它是一个区域、一个地理范围。边境是国家为了管理的需要而划定的与边界相连的区域。边境属于边疆，但只是陆地边疆的一个部分。

域规模较大的国家,如果其边缘性区域与核心区没有本质的或明显的差别,也没有必要将这样的区域区划出来采取特殊的措施加以治理,当然也就无边疆可言。在疆域规模较大的国家中,有些区域在历史上曾经被认定为边疆,但随着这些区域在发展的过程中逐步丧失了原先的特点和异质性,从而与其他区域相比无异甚至比其他区域发展程度更高,这样的区域也就逐步丧失其边疆的特性,慢慢地就不再被作为"边疆"看待。只有在那些疆域规模较大的国家,而且疆域的边缘性区域与核心区之间存在较大差异,具有明显的异质性,国家才会将那些边缘性的特定区域视为边疆,并采取特殊的方式加以治理。而且在不同的社会历史文化环境中,人们对边疆的看法也不尽相同。这样的事实表明,边疆是由于国家治理的需要而被确定的特定区域。边疆的形成离不开客观的地缘性条件,即要以客观的地缘性条件为基础,同时还要受人们对国家的边缘性区域的认识所制约,渗透着浓厚的历史文化内涵。

在西方的历史上,罗马帝国是历史上最早把疆域的边缘性区域界定为边疆的国家。[①] "从公元前3世纪开始,罗马开始向海外扩张,并于公元前1世纪完成了由共和国制到帝国的转化,形成了一个环绕地中海的大帝国。"[②] 罗马帝国在凭借强大军事实力而扩张的过程中,其兵锋所至的区域都被纳入了罗马的版图,但这些由军事占领而获得的新的区域,不仅处于原有疆域的"前方",而且与传统的统治区域相比十分特殊。于是,当时的人们便以专指"人的前额"和泛指"任何事物之前端"的"frons"一词来凸显该区域的特点,因而便创造了"frontier"——边疆一词。此后,该概念一直用来指称"一国领地之最边远的外沿地带,那里直接面向另一国的领地"[③]。

中国历史上边疆的形成,与中央集权制的王朝国家的形成和治理有着不可分割的联系。秦统一六国并建立起庞大的中央集权制国家之后,便面

---

① 历史上最早的边疆概念出现于罗马帝国时期。帝国的统治者从统治的需要出发,把帝国统治范围内那些远离罗马的区域认定为边疆。当时所谓的边疆,不过是罗马帝国统治范围的边缘性地带。

② 穆立立:《欧洲民族概论》,中国社会科学出版社1998年版,第49页。

③ 王邵励:《美利坚式的"边疆":词义源流及历史学家特纳的再解释》,《社会科学战线》2012年第8期。

临着如何对疆域内差异巨大的不同区域采取专门政策进行治理的问题。为了解决对疆域边缘性区域针对性治理的问题，秦便在实行郡县制的过程中将处于核心区外围的其他民族群体生活的区域确定为"边郡"或"道"，以区别于核心区的"郡"和"县"，并采取不同的政策进行统治和治理，从而开了把疆域的边缘与其他部分区分开来治理的先河。但是，秦王朝仅存在了十余年，日渐凸显的疆域内不同区域如何实现有效治理的问题并没有得到彻底的解决。继之而起的汉王朝，将先秦存在的"一点四方"和"五服"、"九服"观念，与以中原为政治、经济和文化中心及把外围区域划分为"四夷"（东夷、北狄、西戎、南蛮）的观念和做法结合起来，将中原视为国家的核心区，将中原之外王朝国家统治能力所及的区域视为边缘区——夷狄区，采取特殊的方式对其进行治理，并逐渐将这样的治理架构固定下来。这个被特别区分出来的边缘性的夷狄之区，就是边疆的最早形态。正如有学者指出的那样："在中国历史上，'边疆'是一个在很长的历史时期形成的概念。它最初只是泛指相对于中原地区的'四夷'，其地域并不确定。"[①] 这样一种将区别于核心区的边缘性区域区分出来并采取特殊措施进行治理的做法，在此后的各个王朝中得到了继承和发展。这个边缘性的区域，逐渐被明确地称为"边疆"。

20世纪，美国学者弗雷德里克·杰克逊·特纳在其著名的《边疆在美国历史上的重要性》一文中，对边疆（frontier）作出了最具创意的解说，并由此而开美国边疆史研究的先河。特纳认为："边疆是向西方移民浪潮的前沿——即野蛮和文明的会合处。""边疆是一条极其迅速和非常有效的美国化的界限。"[②] "开初，边疆是大西洋沿岸。真正说起来，它是欧洲的边疆。向西移动，这个边疆才越来越成为美国的边疆。"[③] "从这些接连改变的边疆里，我们发现作为标志、甚至构成边疆特点的自然界线，最初是'瀑布线'；其次是阿勒格尼山脉；其次是密西西比河；其次是流向大致从北到南的密苏里河；再其次是大约处在西经90°的干旱地带；最

[①] 成崇德：《清代前期边疆通论（上）》，《清史研究》1996年第3期。
[②] 杨生茂：《美国历史学家特纳及其学派》，商务印书馆1984年版，第5页。
[③] 杨生茂：《美国历史学家特纳及其学派》，商务印书馆1984年版，第6页。

后是落基山脉。"① 毫无疑问,特纳关于边疆的论述,是在特定历史条件下对美国边疆的解释,但却对美国和整个西方世界具有广泛的影响,并成为西方世界对边疆的典型性解释。不过,这样一个影响深远的边疆定义,指的仍然是相对于国家的传统区域来说的边缘性区域。

二 边疆是不断发展变化的

国家为了实现有效治理和持续发展而构建边疆,但边疆一旦被构建起来,就不是一成不变的,而是一种变动着的存在。从总体上看,边疆会随着国家疆域形态的变化而变化,呈现出一种随着国家疆域形态的多样化而日益丰富的趋势。就拥有边疆的具体国家来看,边疆总是在适应国家治理和发展需要的过程中而不断地变化、调整和再构建,不断改变自己的样式和形态,从而体现为一个动态的过程,并在此过程中逐渐丰富了自身的内涵。

从总体上看,边疆的变化主要体现在两个基本的向度上:一是在国家既定疆域或领土的范围内,边疆在范围上发生盈缩变化,以及逐渐由陆地边疆拓展到海洋边疆,再由平面边疆拓展为立体边疆;二是在领土边疆的基础上形成超领土的边疆形态,在硬性的排他性领土边疆的基础上构建软性的可重叠的边疆,导致边疆形态的多样化。

既定边疆的盈缩和调整,是边疆变化的传统形态。历史上边疆的变化,就主要地体现为这样的范围变化上。国家边疆范围的此种变化,具体体现在三个基本的方面:首先,随着国家疆域的变化(扩大或缩小),边疆的外部边际线向外拓展或向内收缩,于是便形成了边疆范围的盈缩变化。这样的现象在历史上曾经常出现和长期存在。不论是在王朝国家中还是在帝国中,这样的现象都曾经相当普遍。历史上的许多国家共同体,也是由于大规模的边疆拓展而被称为"帝国"的。到了民族国家时期,尤其是民族国家的早期,这样的现象也普遍存在。其次,在国家治理尤其是边疆治理不断推进的过程中,随着治理成效的显现和逐渐积累,国家疆域内边疆与核心区(或腹地)的分

---

① 杨生茂:《美国历史学家特纳及其学派》,商务印书馆1984年版,第11页。

界线会逐渐向外推移①，从而导致边疆范围的逐渐缩小。再次，国家在发展的一定阶段，为了实现有效治理的目标，也会在对疆域或领土的地理空间进行全面规划的基础上，将国家的疆域或国土的边缘性区域重新划定为边疆②，并采取有针对性的政策和措施加以治理，从而形成对领土边疆的调整或重新划定。

早期的边疆大都是在陆地上构建起来的，很少涉及海洋。在此情况下，所谓的边疆，基本上都是陆地边疆。中国的传统边疆就是如此。但是，随着舰船制造技术和航海技术的发展，海洋在人类活动范围中的地位日渐凸显。马汉的海权论（《海权对历史的影响（1600—1783）》，1890年）的提出，更是将海洋对国家发展的影响和战略意义充分地揭示和凸显了出来，从而使海洋备受重视。在这样的条件下，海洋逐渐被纳入国家边疆考虑的范畴。1930年海牙国际法编纂会议界定了领海概念并提出领海主权的问题后，海洋国土的概念逐渐明晰。1958年《领海与毗连区公约》和1982年《联合国海洋法公约》确认海洋主权以后，海洋作为边疆的组成部分就以制度的形式被固定下来了。

在飞行器被发明出来和飞行技术不断提高的基础上，国家的空中边疆也受到越来越多的关注。第一次世界大战后，世界各国逐渐开始了划定"空中疆界"的实践。1919年的《巴黎航空公约》（《关于航空管理的公约》）规定，缔约各国承认"每一国家对其领土上的空间具有完全的和排他的主权"③，从而确定了各国空中的疆界。杜黑的"制空权"理论（《制空权》，1921年）的提出，进一步促进了各个国家对自己的"空中

---

① 在国家治理取得成效的基础上，边疆与核心区或内地的分界线相邻的区域，会随着与核心区或内地的同质性的增多而不被当作或确定为边疆，这样的分界线会呈现出一种逐步向外推移的趋势，从而导致传统边疆范围的缩小。这一点在当代中国体现得最为突出。中华人民共和国成立之初被界定为边疆的许多区域，如今都已经不被作为边疆看待了。在国家民委推动的"兴边富民"行动中，边疆仅被界定为与边界相连的136个陆地边境县（旗、市、市辖区）和新疆生产建设兵团58个边境团场。

② 在许多情况下，国家并不把这种重新划定的区域称之为边疆。但这种重新划定并采取特殊措施治理的区域，完全符合传统的边疆的定义，事实上就是重新划定的边疆。中国正在实施的西部开发战略中的所谓西部，就具有突出的边疆特征。

③ ［英］詹宁斯、瓦茨修订：《奥本海国际法》第1卷第2分册，王铁崖等译，法律出版社1998年版，第54页。

疆界"和"空中领土"的重视。在此背景下,空中边疆逐渐被纳入国家边疆的范畴。

20世纪80年代,美国为了抢占新的利益空间,提出了"高边疆"战略,把外层空间也纳入边疆的范畴,从而导致了太空边疆概念的广泛运用和相关实践。在人类活动范围不断扩大和领土受到全方位关注的情况下,国家领土的地下部分也由于蕴藏着丰富的资源和对国家安全具有深刻影响而备受关注。于是,"底土边疆"的概念随之出现,并为一些国家所强调并付诸实践。

在传统的领土边疆逐渐由平地拓展到空中、高空和地底,从而形成一个立体化边疆的基础上,随着20世纪后期全球化的快速推进,国家间在经济联系基础上形成的全面联系日渐紧密和深化,国家利益和国家发展的外向度日渐提高,国家利益外溢和超越领土范围的现象越来越普遍,国家的海外利益迅速凸显。于是,一些全新的边疆概念逐渐被创造了出来,并被一些国家迅速地付诸实践,在对相关国家的治理和发展产生重要影响的同时,也深刻地影响着国际格局和地缘政治格局,并构成地缘政治格局变化的关键性因素。如果说,那些建基于领土的边疆形态都属于传统边疆范围的话,那么,近年来出现的超越于领土边疆的边疆形态就是全新的边疆形态。这样的新形态边疆,不仅丰富了传统边疆的内涵,也对传统的边疆观造成巨大的冲击。

战略边疆是最早凸显的新形态边疆,通常被看作"一国国力和影响力所能达到的、可控制的地理与空间区域,它是国家实力、战略意志以及国家战略能力的投射范围"[①]。战略边疆是从国家发展外部(全球)战略角度拓展传统的领土边疆而构建起来的,虽属于新形态边疆的范畴,但与传统的领土边疆的联系十分密切,具有明显的由传统边疆到新形态边疆过渡的特征。但利益边疆出现后,战略边疆又与利益边疆紧密联系在一起。"如果说利益边疆回答的是国家利益的范围,战略边疆则是回答国家利益的战略要求。"[②]

---

① 陈迎春:《战略边疆:助推中国和平发展的切入点》,《世界地理研究》2011年第6期。
② 于沛等:《全球化境遇中的西方边疆理论研究》,中国社会科学出版社2008年版,第351页。

利益边疆是新形态边疆的典型。"20世纪80年代中期，美国等西方大国从维护自身利益的需要出发确定战略控制范围，首先使用了'利益边疆'概念"①，并将这些理论逐渐地付诸实践。近年来，利益边疆由于受到持续关注而不断升温。正如有的学者所说的那样，"'利益边疆'的存在已是事实，并成为全球化时代维护国家主权和制定国家战略的重要基点"②，但利益边疆涉及的相关因素非常多，难以明确界定。所以，虽然利益边疆概念使用的频率越来越高，但大多还只是将其作为一种分析工具来使用，尚未将其作为一个严谨的概念来界定。

信息边疆也是近来逐渐流行起来的概念。"国家主权在信息时代面临的突出问题之一，就是信息得不到传统的国家边界的保护。""哪个国家掌握了信息控制权，就可以随意地侵占他国的信息资源。如果一个国家的信息控制权丧失了，那就意味着这个国家主权的丧失，后果不堪设想。"在这样的情况下，"主权国家为了保护自身的信息资源同时获取和创造新信息的空间和领域"③，便提出了"信息边疆"的概念。信息边疆的内涵不仅难以界定，而且在实际操作中的难度也很大。该概念更多是一个阐述国家利益、国家安全和国家治理面临现实问题的概念。

上述新形态边疆的形成，并未终结边疆形态的创新，"文化边疆""经济边疆"等概念也逐渐出现在了边疆研究的相关文献中。随着人类与自然关系的不断改变，国家发展中对疆域的认识也在改变，边疆观念也会随之改变，提出新的边疆概念和构建新形态的边疆，将是一个不断持续的过程。

基于领土的传统边疆由于受主权原则的保护，具有独享性、排他性和固定性的特点，因而是一种硬性的边疆。而新形态边疆，超越于领土的范畴且不受主权的保护和约束，具有多样性、共享性、重叠性的特点，因而是一种软性的边疆。

---

① 于沛：《从地理边疆到"利益边疆"——冷战结束以来西方边疆理论的演变》，《中国边疆史地研究》2005年第2期。

② 于沛：《从地理边疆到"利益边疆"——冷战结束以来西方边疆理论的演变》，《中国边疆史地研究》2005年第2期。

③ 于沛：《从地理边疆到"利益边疆"——冷战结束以来西方边疆理论的演变》，《中国边疆史地研究》2005年第2期。

从传统的陆地边疆到海洋边疆，从平面边疆到立体边疆，从领土边疆到新形态边疆，从硬性边疆到软性边疆，不仅充分体现了边疆的国家属性，也充分体现了边疆的变动性，从而将边疆凸显为一个围绕国家治理而展开的流变的过程。从今天的现实来看，"边疆"概念用来指称国家疆域的边缘性区域这个本质没有变化，但边疆的形态已经越来越丰富，范围也越来越广泛。这样的事实也表明，只有在一个流变的过程中，才能把握边疆的本质。

三 边疆对于国家发展的意义

国家的边疆之所以会向外拓展，尤其是新形态边疆之所以快速且密集地被构建起来，从根本上说，都是因为边疆在国家发展中扮演着重要的角色，而且边疆对国家发展的影响有越来越突出之势，或者反过来说，国家发展对边疆的依赖性从总体上看是越来越突出了。到了全球化时代，边疆对于国家发展的意义更显突出，边疆变化、拓展和新形态边疆构建的速度也就越来越快。

边疆之所以在国家发展中发挥着举足轻重的作用，是由于国家发展中普遍存在着一个"核心—边缘"模式。"国家疆域有大有小，总有'中心'与'边缘'区域之分。"[①] 纵观古今中外的国家，除极少数袖珍国家外，绝大多数国家都拥有（或占据着）一个庞大的地理空间，而该地理空间又处于由其他国家围合而成的更大的地理空间中。因此，国家在发展中往往会划定核心区域和边缘地带，并从国家发展的需要出发，对核心区域和边缘地带采取不同的治理措施，制定不同的发展战略，从而构建起一个"核心—边缘"模式。该"核心—边缘"模式，始终伴随着国家的发展。古老的国家是这样，现代国家也是如此，不论何种形态的国家发展都普遍存在着这样一个模式。

在这个"核心—边缘"结构中，核心区域乃国之根本，不仅是国家建立的根基，也是国家积聚力量的基本条件，是国家经济、政治和文化的中心地带，决定着国家的存续和发展。一个国家一旦失去这个核心区域，或者这个核心区域被其他力量控制、摧毁，这个国家就灭亡或名存实亡

---

① 郑汕：《中国边疆学概论》，云南人民出版社2012年版，第5页。

了。而边缘地带则是国家核心区域的外围地带,拱卫着国家的核心区域,为国家核心区域的稳定和发展提供条件和安全保障,支撑着国家的发展。

边疆就是这样的边缘性地带。正是由于边疆对国家发展发挥着如此重要的影响,所以,古往今来的绝大多数国家,都具有开疆拓土、拓展边疆的内在冲动。历史的事实也表明,拓展边疆是国家发展中的一种十分普遍性现象。古往今来,拓展边疆都是普遍性的国家行为。只不过有的国家不仅成功地捍卫了自己的边疆,也实现了边疆的拓展,而有的国家则在激烈的国家竞争中失去了边疆,或由于经营不善而导致边疆崩塌。

边疆的有效拓展,极大地支持了国家发展,这方面的例子不胜枚举。但若论其典型,美国首当其冲。美国学者特纳,就是以1893年在芝加哥"美国历史协会"上发表题为《边疆在美国历史的重要性》的论文而著名的。他在文中指出:"美国的发展不仅表现为一个单线的前进运动,而且是在一个不断前进的边疆地带上回复到原始状态,并在那个地区有新的发展的运动。美国的社会发展就是这样在边疆连续地、周而复始地进行着。"[①] 正如有的学者指出的那样:"一部美国历史,是不断拓展'边疆'的历史。从大西洋西岸向太平洋东岸的移动、从北美大陆向海外进而向地球各个角落的延伸、从地球表面向外层空间的发展,是美国从北美'大陆边疆'向'全球边疆'的发展过程。"正因为如此,"美国能够在短短的两百多年里,从英属北美13个殖民地壮大为一个独立的民主共和国、从一个位于大西洋西岸的孤立国家演进为一个影响巨大的世界大国、从一个并不先进的农业国发展成为一个世界顶级的工业强国"[②]。

边疆对国家发展具有重要的影响,在中国的发展过程中也表现得极为突出。中国历史上的第一个中央集权制王朝——秦——建立时,其疆域东至海,西至陇西,南至岭南,北至河套、阴山、辽东。此后的相当长的历史时期,王朝国家周边未出现能够与之匹敌或抗衡的政治共同体。王朝国家的统治者又多有开疆拓土、扬威德于天下的雄心。与此同时,王朝国家强大的国力和辉煌的文明,不仅对周边的其他民族群体产生了政治上的吸

[①] 杨生茂:《美国历史学家特纳及其学派》,商务印书馆1984年版,第3—38页。
[②] 石庆环:《从"大陆边疆"到"全球边疆"——美国走向世界的历史进程》,《辽宁大学学报》(哲学社会科学版)2005年第4期。

引力、军事上的威慑力，也具有经济上的影响力和文化上的感召力，从而导致周边的其他民族群体纷纷内附、归附、臣服、降服于中原王朝。如此这般，王朝国家的疆域总体上呈现一个逐渐拓展的趋势，王朝国家的边疆也逐渐拓展。而拓展的边疆又有力地支持了国家发展。那些国家发展成效显著的强盛的王朝，都拥有广阔的边疆。代表着清王朝发展顶峰的清代乾隆时期，其边疆的范围也在中国历史上达到了顶峰。[①]"清朝政府在继承中国历代疆域的基础上，进一步完成了对边疆地区的统一，对边疆地区行使主权，进行有效的管辖"，将"一个清晰完整的中国边疆展现在世界面前"，"在近代以前奠定了中国疆域的版图"。[②]

从历史和现实两个方面来看，遵循"核心—边缘"模式发展的国家中，边疆对国家发展的影响主要表现为以下几个方面：一是影响国家的规模。历史已经表明，许多规模较大的国家，其疆域面积的扩大、人口的增加，都是通过边疆拓展实现的。二是提供物质财富。拓展边疆而获得的物质财富，往往增强了国家的实力和竞争力。三是扩大资源供给。由于地理构造和开发程度的原因，边疆蕴藏着丰富的自然资源，尤其是战略资源，能够为国家发展持续提供资源供给。四是为核心区提供安全保障。拱卫核心区的边疆，不仅是军事设防之地，是国家军事安全屏障，而且为国家的军事安全提供战略纵深，在外敌入侵时为国家提供战略回旋余地。五是影响国家发展的外部环境。领土边疆常常与邻国接壤，利益边疆等新形态边疆，甚至会覆盖到其他国家的疆域。因此，边疆的经营和变动，会影响到地缘政治格局乃至国际关系形势，对国家发展造成直接影响。

从动态历史过程的角度来看，一个国家边疆的现行状态，是该国长期治理、经营的结果，是国家发展的现实成果；边疆的实际状况反过来又会对国家的未来发展产生深远的影响。从总体上看，广阔、稳定和巩固的边疆，往往能够为国家发展提供良好的条件和有力的支撑。从一定意义说，边疆决定国家的未来。

但是，国家的边疆如果治理不当，经营不善，也会对国家发展造成负

[①] 1762年，清王朝在分区测绘的基础上绘制完成了著名的《乾隆内府舆图》。根据此图，中国的疆域面积达1270万平方千米。其中的大部分，为边疆地区。

[②] 成崇德：《清代前期边疆通论（上）》，《清史研究》1996年第3期。

面影响，不仅会滞后国家发展、拖累整个国家，甚至会拖垮整个国家，导致国家的败亡。这也是国家发展中"核心—边缘"模式发挥作用的另一种表现。纵观历史，边疆不稳、边疆动荡、边疆崩塌导致国家衰亡的例子比比皆是。

前几年有一本名为《帝国兴衰与帝国边疆的崩塌》的书，基于"大国衰落的标志是对边疆控制的萎缩，大国边疆转移了中心地带的政治经济是大国衰落的结果"①的认识，讲述了许多古今中外边疆的崩塌导致帝国衰亡的例子。其中的一些例子还十分典型，而且在历史上广为流传。在中国的唐朝，"'安史之乱'虽然是边疆省份的节度使之乱，但它引爆了唐帝国的内部矛盾"，最终导致王朝的瓦解。整个唐王朝，"兴也边疆，废也边疆"。②庞大的罗马帝国，广阔的边疆是其分裂的重要原因。而东罗马帝国的最终瓦解，与边疆的丧失直接相关。"在它的政治生命晚期，边疆急剧萎缩，边界大规模地倒退回原始状态，直至只剩下一个孤单的城堡"，最终被彻底摧毁。③而"在英帝国的世界里，边疆就是它苦心经营的殖民地"④。但由于各种原因丧失殖民地这个海外边疆后，退回本土的英国便失去了"日不落帝国"的辉煌。苏联的解体也与边疆问题连在一起。"正是边疆的民族矛盾导致了民族共同体的分离。苏联因为民族分裂而分裂，因为边疆独立而弱小。"⑤

从边疆动荡或崩塌导致国家衰亡的事实中，可以概括出边疆动荡或崩塌影响国家发展的几种情况：一是边疆动荡或危机引爆了国内矛盾，造成国家动荡；二是边疆的丧失、被蚕食或分裂，导致国家的衰弱或分裂；三是边疆的社会和政治制度与国家的制度不一致，引发边疆与核心区之间的矛盾；四是边疆萎缩导致重要资源地的丧失，削弱国家的发展能力；五是边疆危机导致地缘政治环境恶化，影响国家的发展。上述这些情况，都会对国家发展造成根本性的影响，甚至导致国家的衰亡。

边疆矛盾激化或崩塌会导致国家衰亡的事实，不仅从反面说明边疆对

---

① 徐亮：《帝国兴衰与帝国边疆的崩塌》，法律出版社2011年版，第7页。
② 徐亮：《帝国兴衰与帝国边疆的崩塌》，法律出版社2011年版，第45、41页。
③ 徐亮：《帝国兴衰与帝国边疆的崩塌》，法律出版社2011年版，第75页。
④ 徐亮：《帝国兴衰与帝国边疆的崩塌》，法律出版社2011年版，第122页。
⑤ 徐亮：《帝国兴衰与帝国边疆的崩塌》，法律出版社2011年版，第173页。

于国家发展的影响，也说明边疆治理对于国家发展的影响。只有得到有效治理的巩固而稳定的边疆，才能对国家发展产生积极的推动作用。

四 边疆的争夺与国际秩序

边疆对国家发展具有重要的影响，这是一种必然性的现实。然而，边疆对国家发展的意义又是通过一个个具体的事实而显露出来的，并日渐成为普遍的现象。随着边疆对国家发展意义的显现，必然导致国家的边疆意识的普遍觉醒和升温，促使相关国家加强边疆治理，甚至催生国家拓展边疆的冲动。于是，重视边疆并努力拓展边疆、加强边疆治理，成为绝大多数国家理性的选择。纵观历史可以看到，古往今来几乎所有的国家都十分重视边疆，努力拓展自己的边疆，竭力扩大自己的生存和发展空间，努力去占据战略要冲，营造有利于自己国家发展的外部环境，同时也对竞争的对手国的边疆拓展进行限制，或设置各种障碍。但是，各个国家的治理水平和竞争能力是非均等的，往往存在着明显的差异甚至巨大的悬殊。因此，有的国家有条件和能力维护并拓展自己的边疆，有的国家则在这方面显得力不从心，甚至完全无能为力，只能望"疆"兴叹。

在历史上，国家拓展自己的疆域、扩大国家边疆的方式多种多样。其中，先占、添附、征服、交易、割让、租借、委任统治、确立势力范围等，由于经常性使用而被视为典型的领土变更方式和边疆拓展方式。但是，第二次世界大战后，形势发生了根本性的变化。首先，随着帝国主义殖民体系的瓦解，以占领和殖民方式建立殖民地边疆的做法受到国际社会的普遍反对；其次，在勃兴于第二次世界大战后的声势浩大的民族解放运动中，一大批殖民地半殖民地国家获得国家独立和民族解放后建立了自己的民族国家。[①] 在国家主权受到尊重的同时，领土也受到了重视，并且被视为国家主权的具体表现。在这样的背景下，不仅传统的领土变更和拓展边疆的方式受到遏制，而且那些曾经失去领土的国家，纷纷将夺回被占领土作为维护和拓展边疆的手段。于是，在确认利益边疆的基础上，凭借国

---

① 民族国家是实现了民族与国家统一的主权国家。它通过一系列的制度安排，保障民族认同国家，并以这样的方式实现民族与国家的统一。具体论述，可参阅周平《对民族国家的再认识》一文，载《政治学研究》2009年第4期。

家的军事实力控制国际公共地理空间，将其确立为自己的战略边疆，就成为边疆拓展的重要途径。

国家发展是在国家间的竞争中实现的。边疆争夺不仅是国家间竞争的必然现象，而且直接就是国家间竞争的具体表现。相对于人类的发展来说，地球的地理空间范围并不算宽广。地球上适合人类生存和发展的地理空间以及可资利用的资源，都是十分有限的，而国家发展却具有无限性。各个国家在发展中，边疆意识逐渐觉醒并努力拓展自己边疆的行为日渐普遍，因而就不可避免地导致了国家间的边疆争夺。今天美国重返亚太，一般都将其解读为，美国不愿意看到中国的迅速崛起，因此要加强在亚太地区的军事存在，意在遏制中国的发展。其实，美国的意图和目标并非如此简单。美国的确已经看到亚太地区的经济增长和巨大的发展潜力，以及在此基础上的影响力的提升。美国将军事部署的重心转向亚太地区，更多的是为了未雨绸缪，确保美国在这一地区的优势地位和影响，巩固美国的利益边疆和战略边疆，进而为美国主导的国际秩序提供支撑。这其实就是典型的边疆争夺行为。

国家间的边疆争夺，在第二次世界大战以来表现得最为突出，而且呈现愈演愈烈之势。二战以后，随着民族解放运动的蓬勃兴起，帝国主义的殖民体系迅速瓦解，主权独立的民族国家急剧增加。全世界现有的190多个主权国家中，绝大部分是在二战后建立或获得独立的。如此众多的国家在地球这个有限的地理空间内追求着无限的发展，于是便导致了国家拥挤现象的凸显。而且这样的拥挤现象还会随着时间的推移而越来越显示其影响。国家本来是生活在地球上的人类创造的治理社会的方式，但现在有了如此众多的国家，各个国家各自为政，并在分别治理的过程中争夺有利的地理空间和资源，必然会使地球上的国家过分拥挤。在如此拥挤的国际社会中，绝大多数国家都有拓展边疆或夺回所失边疆的意愿，而尚未属于某个国家的"自由土地"却日渐稀少。新的力量的崛起，也对边疆有着强烈的诉求。于是，国家间边疆争夺就愈演愈烈。① 纵观当今世界，国家间的边疆争夺从陆地扩展到海洋，从传统的大陆扩展到北极和南极，从地面

---

① 国家拥挤和国家间的激烈争夺也表明，加强国家间的联合和与合作，尤其是探讨超国家的治理方式，已经是一个全球性的根本问题。

扩展到空中再到太空，从地球表面扩展到地球的内部，从本国的领土扩展到国际公共空间再到其他国家的领土。也许，有朝一日，国家间的边疆争夺还会发展到其他星球，并引发真正的星球大战。

国家间的边疆争夺，实质上就是一场"战争"，即国家间的"边疆战争"。战争的形式多种多样，但本质上是一种有组织地互相使用暴力的集体行为，是国家或其他组织之间解决争端的形式。此外，战争一词的含义也被引申到较大规模的集体性冲突中，从而形成"石油战争""能源战争""货币战争"等概念。国家间的边疆争夺，不仅是国家之间为了争夺边疆地区的领土或疆域的集体冲突，而且卷入争端的国家常常直接使用军事手段，或者直接引爆一定规模的战争，形成炮火连天的军事对抗，或者以武力相威胁，形成一种以军事力量为后盾的高压态势，致使实际的战争一触即发，目的在于维护或拓展国家的边疆，或维护和获得对某个边疆地区的控制。今天国家间的边疆战争，不仅直接使用武力或以武力为后盾，而且大量使用具有极大破坏力的高科技军事武器，同时，边疆战争在新的"合纵连横"形势下进行，往往是多个国家直接或间接卷入边疆战争，从而使边疆战争更加激烈、复杂。

国家间的边疆战争是一种延续数千年的现象。不同历史时期的边疆战争，不仅表现形式多样，而且争夺的对象也有差异。传统的边疆战争，主要是对土地的争夺。而今天的边疆战争，既有领土之争（如岛屿的争夺、资源地的争夺等），也有对太空的争夺、利益边疆的争夺和战略边疆的争夺、信息边疆的争夺。其中，尤其对战略边疆的争夺最为突出。通过对战略要冲（包括航道、运河、能源供应地、水源地）的控制，获得战略上的优势，或对某些国家形成围困之势，以维护国家的利益边疆，实现本国的重大利益。

国家间的边疆争夺、边疆战争，必然会对地区的地缘政治格局及国际秩序造成影响，甚至改变现行的地缘政治格局和国际秩序。地缘政治格局、国际秩序的变化，都是相关国家间力量对比关系改变的结果。就一个地区而言，地缘政治格局往往是由相关国家间的力量对比关系造成的。相关国家，尤其是主要国家间的边疆争夺以及相应的国家疆域的变化，不可避免地会对既定的地缘政治格局造成影响，甚至导致地缘政治格局的改变。自从地缘政治理论及相应的分析范式建立以来，地区内的边疆争夺都给地缘政治格局造成了重大的影响。而从国际秩序来看，国际秩序往往以大国和大的国家集团为基础。大国之间或以大国为背景的边疆争夺，必然会对国际秩序造成深刻的影响，甚至导致国际秩序的调整。事实上，现今的某些日益凸显的边疆争夺，就正在表明或预示着国际秩序的调整或重新构建。因此，边疆是在国家治理中构建起来的，但边疆形成以后就对国家治理和国家发展产生着越来越突出的影响，同时也会对以国家力量为基础的地缘政治格局和国际秩序造成深刻的影响。在这样的条件下，不论是国家治理还是国际秩序的调整，都必须更加重视边疆因素。

第三节　边疆的治理

作为国家疆域的重要组成部分，边疆对于国家发展的意义突出而重大，而且还会越来越突出。但是，边疆也会由于在国家疆域中的特殊性而产生一系列的矛盾和问题。这些矛盾和问题产生并存在于边疆，却会对整个国家产生根本性的影响。这样的矛盾和问题往往具有突出的复杂性和多样性，且难以彻底根除，不仅会长期存在下去，还会在演变的过程中出现新的特点。对于拥有边疆且边疆范围广大的国家来说，如果边疆的矛盾和问题不能得到有效的控制和处理，边疆问题凸显或泛滥，就会对国家的发展形成拖累。因此，国家必须积极地应对边疆问题，开展边疆治理。只有对边疆进行有效的治理，使边疆问题得到妥善的处置，边疆才能在国家发展中扮演积极的角色。

一　边疆是一个特殊的区域

边疆是国家疆域的边缘性部分。国家之所以将其疆域的边缘性区分出来并界定为边疆，就是因为它相对于核心区来说，具有明显的特殊性，需要采取不同于核心区的专门的针对性措施来进行治理。从这个意义上说，边疆的特殊性是天然的，并且会长期存在。只要边疆存在，这样的特殊性就不可避免。

不论边疆如何定义或具有什么形态，它作为国家疆域边缘性部分的本质特征始终存在。这样一种地理空间位置上特质，是边疆特殊性的本源。然而，在这样一个特殊本质的基础上，边疆的特殊性又在历史发展中被赋予了更多的内容。从边疆的主体即国家自身来看，国家本身也处于发展和变化的过程中，并在不同的历史条件下以不同的形态体现出来。而不同形态的国家，占有或控制疆域的方式并不相同，国家活动的地理空间范围也不相同。从社会历史文化的角度来看，边疆由于处于核心区的外围，远离国家的经济、政治和文化中心，往往形成不同于核心区的文化，以及承载和分享此种文化的人群，因而具有突出的历史文化方面的特殊性。中国历史上边疆的认定，就十分强调边疆的文化因素。这样的认识和做法还一直影响到今天。从国家治理的角度来看，不同历史时期的国家对于边疆的认识和界定又各有侧重，有时看重的是边疆的军事或战略因素，有时强调的是边疆的经济因素，有时强调的是边疆对于疆域规模的意义，有时强调的是边疆的民族因素。

现实中的边疆，也处于一个不断演变的过程之中。随着国家疆域形态的变化和日渐多样性、立体化，边疆的形态也越来越多样化，并且还会朝着这个方面继续发展。因此，边疆的形态也逐渐从陆地边疆发展到海洋边疆，从平面边疆发展为立体边疆，在实体边疆的基础上又形成了虚拟边疆，呈现出一个形态日渐多样的过程和发展趋势。各种形态的边疆相对于国家的核心来说，都具有明显的特殊性。同时，各种形态的边疆之间的特殊性也是十分突出的。

在传统形态的边疆中，陆地边疆最为古老和典型。然而，该区域之所以在国家疆域中被划定或界定为边疆，就是因为它具有区别于核心区的诸多特点。陆地边疆形成以后，经历了漫长的发展过程，长期是唯一的边疆形态。在边疆形态日渐多样化的今天，陆地边疆仍然是主要的边疆形态，并在多样性、立体化的边疆结构中处于基础性的地位。从这个意义上说，陆地边疆的特殊性本身，也具有典型性。

国家的陆地边疆，除了处于国家陆地疆域的边缘以外，还有大量的本国人口生于此，往往形成独特的边疆社会，并生成和流行着不同于核心区的特殊的文化，这样的文化形成和流行于边疆，因而可以界定为边疆文化。同时，这样的文化也是多样性的，分享不同文化的人群又被称为民族群体，因而也可以界定为民族文化。这样文化的因素与地理空间、国家治理因素和社会因素结合在一起，就会成为一股深厚的力量，不仅勾勒出陆地边疆的整体面貌，也刻画出了陆地边疆一系列的特殊性。

陆地边疆的特殊性是多方面的，比较典型的表现有以下几个方面：一是"边"。它处于国家疆域的边缘地带并紧邻边界，深受复杂的地缘政治形势影响。二是"远"。它远离国家经济、政治和文化中心，处于国家经济、政治和文化能量和信息传导的末梢。三是"异"。这里流行着与核心不同的文化，并形成了相关的社会生活方式和人口结构。四是"杂"。这里除了本国居民外，往往还生活着相当数量的他国居民，甚至还会有为数不少的难民，渗透着复杂的境外因素。而且本国居民中又包含着复杂的民族成分，一些民族群体还是跨境而居的，族际关系十分复杂。五是"贫"。边疆地区大多自然条件较差，生态环境脆弱，资源有限，而且国家出于战略安全的考虑在推进其发展方面持审慎态度，所以这里的发展程度大都低于核心区，甚至存在着巨大的差距，经济和文化贫困现象较为严重。六是"特"。边疆社会的社会机制、社会发育程度、社会文化以及面临的社会问题等，都有明显的特殊性，需要采取特殊的措施来加以治理。七是"变"。陆地边疆的范围会因为国家疆域的外部边际线以及边疆与核心区的内部边际线的变动而变化，其在国家治理中的地位也会经常变动。

传统边疆的其他形态，各自也都显示出突出的特殊性。海洋边疆由国家拥有主权的岛礁、领海和拥有主权权利的毗连区、专属经济区和大陆架等构成，除了一些岛屿有人居住以外，其他更大的范围是无人居住的茫茫大海。国家疆域的这样一个区域，除了与陆地相区别外，远离国家的核心区是其最为显著的特点。由于如此，它在国家疆域和国家治理中的地位，往往取决于国家对海洋开发和管控的水平。空中边疆被认识到和确认，都以领空的形成为基础。领空是国家主权管辖之下的领陆、领水之上的空气空间，它被以"边疆"的概念来进行描述和分析，不仅是由于它直接与国家的主权、安全联系在一起，而且它也是国家重要的地理空间资源，在开发和利用的过程中需要国家的管控。底土边疆，指的是国家的领底土，即国家领土的地下层部分，包括领陆的底土、领水的水床及底土。这样的区域之所以被纳入边疆的视野，是因为随着科学技术的快速发展，一个国家的这些区域不仅能够被开发和利用，而且也会受到其他国家的威胁，需要运用国家力量去维护和管控。

利益边疆、战略边疆和太空边疆等新形态边疆，是全球化条件下国家疆域形态变化和多样化背景下出现的边疆样式。随着国家间利益交融程度的加深、国家海外利益的拓展,以及国家活动空间范围的拓展,这些新的边疆形态必然地凸显出来,并成为国家维护自身利益和拓展国家发展空间的有效形式。从总体上看,这些新形态边疆,尤其是利益边疆、战略边疆等,都具有突出的虚拟性,而且其中的相当部分还会与其他国家的疆域或边疆重叠。

二 国家面临诸多的边疆问题

国家拥有了疆域,疆域的各个区域都会产生、存在矛盾和问题,需要政府运用国家权力去加以控制、协调和解决,从而形成了国家治理。国家治理的本质便是运用国家权力去解决国家面临的各种矛盾和问题。边疆作为国家疆域的特殊部分,它不仅存在许多共性的矛盾和问题,也会形成和存在由于自身的特殊性而产生的矛盾和问题,即边疆问题。边疆问题形成并存在于边疆,但它本质上并不是区域性的问题,而是国家全局性的问题;它的影响首先在边疆但又不限于边疆,而是整体性的,甚至直接攸关国家的整体利益和国家发展。因此,任何一种边疆问题,都具有突出的国家意涵,都是国家治理必须面对的问题。从这个意义上说,所谓的边疆问题,就是国家的边疆问题。

国家的边疆问题难以根除,它往往长期存在并在不同的条件下具有不同的表现形式,需要国家持续地去面对。对于那些拥有边疆的国家来说,边疆问题是多种多样的,依边疆的类型不同而各有自身的特点,并且会随着时代的变化而具有新的内涵和表现形式。从总体上看,以下几个方面的问题具有普遍性并持续存在,具有典型的意义,可视为一般性的边疆问题。

1. 边疆巩固问题

边疆的巩固问题,即国家如何巩固自己边疆的问题。这是国家面临的首要边疆问题。在传统形态的边疆中,陆地边疆、海洋边疆的某些区域,都有可能在国家间的边疆争夺或边疆战争中被他国夺占。在利益边疆、战略边疆和太空边疆等新形态边疆出现以后,一个国家的新形态边疆由于相关国家的争夺、排斥、挤压和攻击等而失去的情形更是经常出现。因此,对于拥有边疆的国家来说,如何巩固自己的边疆,是一个重大的现实问题。而边疆巩固问题的实质,就是已经拥有边疆的国家能否继续保持对该区域的占有或控制，也就是一个是否有能力保持对现有边疆的占有和控制的问题。

作为国家疆域之边缘地带的边疆，总是处于一个国家经济、政治和文化影响力的末端，并且与其他国家直接接触。因此，拥有该边疆区域的国家，对边疆的管控能力往往会受到挑战，其他国家也往往会抱有侵占其边疆的某些区域的企图，甚至常常将这样的企图转变为实际的行动。在国家疆域的非主权时代，作为边疆之主要形态的陆地边疆，就由于远离国家的传统统治区域或者远离本土而常常处于被其他国家觊觎或以军事力量为后盾而施加的压力之下，边疆得而复失的情况也屡屡发生。在国家疆域的主权时代，甚至在国家主权在全球范围内得到公认的情况下，一个国家的陆地边疆、海洋边疆受到其他国家侵占的例子也大量存在。在全球化时代，利益边疆、战略边疆、太空边疆等日渐普遍。但是，在边疆争夺日渐激烈的情况下，一个国家拥有的利益边疆、战略边疆和太空边疆得而复失的可能性始终存在。

对于拥有边疆的国家来说，能否形成对自己拥有的边疆的管控能力，能否将各种形态的边疆置于自己的有效控制之下并使其充分发挥作用，是国家治理中的一个重大问题，直接关系到国家的稳定和发展，尤其是关系到国家发展的可持续性，以及国家在地区和全球格局中的地位。因此，边疆巩固是一个攸关国家整体性重大利益的问题。

2. 边疆安全问题

对于拥有边疆的国家来说，边疆安全问题始终存在，而且对国家的发展产生着根本性的影响。因此，边疆安全往往成为拥有边疆的国家必须审慎对待的重大问题。对于拥有边疆的国家来说，如果自己的边疆并没有受到外部的干扰、威胁并能正常运行和发展，那么，边疆就处于安全的状态。而当边疆的正常发展受到某种外部力量的干扰、威胁而处于矛盾激化或冲突状态，边疆的安全问题就出现了。如果这样的干扰和威胁持续存在、逐渐增强并达到严重的程度，导致边疆安全问题全面升级，就会形成所谓的"边疆危机"。从这个意义上说，边疆的安全问题，就是边疆受到某种力量的干扰、威胁，影响边疆正常发展的各种矛盾和问题显现和激化的状态。

对于边疆来说，安全问题是一个常态性问题。一个国家领土范围内的陆地边疆、海洋边疆，都处于国家领土的边缘。因此，它们也就处于国家力量的末端，复杂的人口结构、异质性的文化和经济社会发展的滞后，以及处于复杂的地缘政治环境之中，容易受到外部势力的影响和干扰等，都使边疆地区容易产生安全问题。而超越于领土的利益边疆、太空边疆等，不仅处于相关国家激烈竞争所形成的压力之下，而且超越于国家主权的管辖范围，拥有该边疆的国家要将国家力量施加其上会面临很多的困难，因而更容易产生安全问题。因此，边疆受到威胁、发生军事冲突甚至战争的情况往往比较普遍。从总体上看，边疆的安全风险都会比较高。

对于拥有边疆的国家尤其是边疆范围广大的国家来说，安全问题不仅直接影响着边疆的巩固和发展，攸关国家的领土主权和海外利益、地缘政治利益，直接影响国家发展的进程，决定国家发展的能力和水平，还影响到本国在地区和全球的地位。

3. 边疆稳定问题

稳定问题是长期困扰边疆的重大社会政治问题。边疆地区的社会政治领域难免有矛盾和冲突，但如果边疆地区社会政治领域的矛盾和冲突被控制在一定的度的范围内，社会政治生活保持有序和连续运行，那么，边疆的社会政治就是稳定的。如果边疆地区社会政治生活中的矛盾和冲突超过了一定的度的范围，出现了成规模的政治动荡和社会骚乱，公民用非法手段参与政治或表达诉求，社会政治生活的秩序被打破，政府必须用强制手段来维护政治和社会秩序，那么，边疆地区的社会政治就处于不稳定之中，就会出现稳定问题。

边疆地区容易出现稳定问题，而边疆的稳定问题常常是困扰边疆和国家的重大问题。边疆的稳定问题，是由边疆地区特殊的社会历史因素造成的。边疆处于国家疆域的边缘，远离国家政治经济文化中心，而且在边疆形成和演变的过程中往往牵涉诸多复杂的历史因素，区域的文化多样性，人口结构的复杂性，族际关系和宗教关系复杂且对社会生活发挥着根本性的影响，经济社会发展滞后会导致民众普遍性的心理落差，社会现代化过程由于利益关系的调整导致的矛盾不时出现，境外势力的蓄意干扰难以避免，当下的矛盾又往往与历史上的矛盾纠缠，如此等等，都会导致边疆地区出现并长期存在稳定问题。而且稳定问题与经济社会发展之间的消极互动，还会使产生稳定问题的因素更难消除。

边疆地区稳定问题的长期存在，不仅会使边疆社会处于某种无序或动荡状态、正常的生产和生活状态无法正常进行、人民的安居乐业受到影响的压力之下，而且边疆的稳定问题也会传导到其他地区，甚至引起连锁反应，给整个国家的稳定和发展造成消极影响。另外，边疆的稳定问题还与安全问题直接相关，甚至转化为安全问题，直接危及边疆的安全。

4. 边疆发展问题

发展问题与边疆的其他问题紧密地联系在一起。边疆的发展问题，是指边疆地区的经济社会发展水平较之于核心区显得滞后，因而面临着如何推进或促进发展的更大压力的问题。相对于国家的核心区，边疆的经济社会发展水平往往比较低，甚至严重落后于核心区的发展水平，人民生活水平低于核心区或贫困问题普遍存在，而且在经济社会发展中面临的困难或障碍较多，促进经济社会发展的动力明显不足，因此便出现发展问题。

边疆经济社会发展较之于核心区显得滞后，是一个普遍的现实。或者说，边疆的发展问题具有普遍性。而导致边疆经济社会发展滞后的因素是多方面的：一是自然条件的限制。在一个国家的范围内，导致边疆与核心区相区别并需要将其区分出来采取专门措施加以治理的因素中，自然条件的因素始终存在。这就是受制于当时的社会历史条件下的生产力水平，某些地理因素会成为经济社会发展的障碍，如高山、峡谷、陡坡、草原、沙漠、岛礁远离大陆且被大海环抱等，从而影响了边疆的经济社会发展。二是历史因素的影响。相对于核心区来说，边疆在历史上成为或纳入国家疆域的条件往往十分复杂，其经济社会发展水平的滞后是在长期历史发展过程中形成的，并且难以在较短的时间内改变。三是文化因素的影响。边疆地区文化的多样性及其与核心区的差异，不仅导致其生产方式和生活方式与核心区不同，而且复杂的族际关系、宗教影响又十分深厚，这些因素都会对经济社会的发展形成制约。四是国家治理的影响。在国家治理中边疆治理的地位是独特的，国家从整体发展角度的考虑也受制于资源和能力的限制，往往不会将边疆治理置于与核心区同等的地位，投入的资源往往十分有限，甚至常常将边疆治理的发展置于服从和服务于核心的地位。这也是导致边疆经济社会发展滞后的重要原因。

边疆的经济社会发展滞后，又会成为其他边疆问题凸显甚至激化的背景性因素，对其他的边疆问题发挥着基础性的影响。换句话说，其他边疆问题的产生、存在和发展，都同边疆的发展滞后存在着直接或间接的联系。而边疆的发展滞后，还会成为国家发展整体格局中的短板，制约国家综合实力的提升和整体发展水平提高。

5. 文化冲突问题

文化冲突是边疆社会的深层次问题。边疆处于国家疆域的边缘地带，存在和流行着多种文化。在长期的交流过程中，一方面，多种文化的涵化、融合在无声息地进行着；另一方面，多种文化之间的矛盾和冲突也不可避免。而这样的矛盾冲突往往又以民族群体之间、不同宗教或教派之间的矛盾和冲突的形式体现出来，进而给边疆地区乃至整个国家的稳定和发展造成影响。边疆的文化冲突问题，本质上就是边疆地区的多种文化之间的对立。

生活于不同环境中的人们，在适应环境而生存的过程中创造了自己独特的生产方式、生活方式、价值观念和生活习俗。当人们为适应环境而生存的过程中创造的这些东西，在历史发展的过程逐渐沉淀下来而稳定化并成为深刻影响分享它的人们的思想和行为的时候，它便成为所谓的文化。边疆处于核心区的外围甚至远离核心区，自然存在着与核心区不同的文化；边疆自身环境条件也具有复杂的多样性，还深受其他国家文化的影响，因此便形成了复杂多样的文化形态。边疆地区的多元文化之间既有相互影响、相互借鉴和相互吸收的一面，也有建立在差异基础上的碰撞和冲突的一面。这样的碰撞和冲突，常常又以族群矛盾、宗教矛盾或教派冲突的形式体现出来。

隐性的文化冲突，会影响不同文化的人群或族群对国家法律、政策和主流价值观的认知和心态，从而削弱政府的权威和规则的形成。直接的显性的文化冲突，如族际冲突、教派冲突等，会导致边疆乃至国家的不稳定，直接引发社会动荡，甚至成为滋生分裂主义、极端主义的土壤或温床。边疆地区常常出现的民族矛盾、宗教矛盾、分裂主义的行为和势力，都与文化冲突有着千丝万缕的联系。

6. 国家认同问题

认同问题即政治认同问题，是涉及边疆能否保留于国家整体中的重大问题。"政治认同"是 20 世纪中叶政治学家分析政治文化的一个重要概念。① 政治认同，指的是人们对某种政治对象的归属感，具体表现为人们对某个政治共同体的归属和效忠。但政治认同成为一个普遍关注的问题，无疑与塞缪尔·亨廷顿对美国的国家认同问题的研究直接相关。而在政治学们的眼中，政治认同都是以"问题"的形式出现的。② 边疆的认同问题，是指边疆人民对国家的认同出现了问题，主要表现为边疆人民对国家认同的程度处于较低的水平，或者对自己民族群体的认同与国家之间处于某种对立状态，甚至保持着对其他国家政治共同体的认同。

边疆之所以会出现并普遍存在认同问题，与多种因素有关，但其中的三个方面显得十分突出：一是边疆流行的文化与核心区或国家占主导地位的文化之间存在差异，甚至存在一定程度的冲突；二是边疆地区在历史上曾经建立过自己的政权，或者曾经受到其他民族群体的统治，甚至曾经属于其他的政权或国家；三是边疆远离国家的政治、经济和文化中心，处于国家政治统治以及各种政治、经济、文化信息传导的远端，历史上曾长期游离于国家的政治核心。

边疆的认同问题长期存在并持续发挥影响，轻则会削弱民众对国家的法律、政策的接受和支持，给国家法律、政策在边疆地区的实施造成障碍，增加国家政治统治的难度和成本；重则会酿成民族分裂主义或地方分裂主义的思想和行动，对边疆的稳定造成严重的影响，对国家的统一形成直接威胁。

---

① 在国家的层面上讨论认同问题，进而将国家认同作为一个问题来看待，与政治文化理论的形成和研究直接相关。在出版于 1966 年的《比较政治学：体系、过程和政策》一书中，加布里埃尔·A. 阿尔蒙德、小 G. 宾厄姆·鲍威尔首先论述了"国家的认同意识"问题，并将其界定为"对政治共同体的支持问题"（[美]加布里埃尔·A. 阿尔蒙德、小 G. 宾厄姆·鲍威尔：《比较政治学：体系、过程和政策》，曹沛霖等译，上海译文出版社 1987 年版，第 38 页）。国家认同概念的凸显，则与鲁恂·W. 派伊在 1966 年出版的《政治发展面面观》一书直接相关。派伊在书中指出：政治发展中遇到的"第一个也是最根本的一个危机是由认同感的获得引发的"（[美]鲁恂·W. 派伊：《政治发展面面观》，任晓、王元译，天津人民出版社 2009 年版，第 81 页）。在 20 世纪末期的政治发展研究热潮中，认同危机概念屡屡被使用。于是，"国家认同"就逐渐成为重要的描述概念和分析概念。

② 关于认同问题的研究状况，可参阅周平《多民族国家民族认同与国家认同的整合研究》一文，载《政治学研究》2013 年第 1 期。

三 国家须对边疆进行治理

国家的边疆问题与边疆的特殊性不可分割地联系在一起，是边疆特殊性的具体表现。边疆的特殊性是边疆存在的基础和前提，边疆或其中的某个区域一旦失去了特殊性，就不会被作为边疆看待了。边疆问题总是存在并与边疆始终伴随。这样的情形表明，边疆对于国家的意义和作用的发挥并不是绝对的和无条件的，边疆对国家发展的作用的发挥是有条件的。只有在边疆的各种矛盾和问题得到有效处置，或被控制于一定的度的范围之内的情况下，边疆才能维持和谐稳定，并发挥其蕴涵的积极作用。反之，如果边疆问题得不到有效的控制，边疆处于衰弱状态或危机频现，那么，边疆的意义就无法得到发挥，甚至会成为国家发展的累赘，持续消耗国家力量，迟滞国家的发展进程，甚至还会将国家拖垮。因此，为了解决各种边疆问题，促进边疆的巩固和稳定，充分发挥边疆的积极作用，国家就必须将自己的力量施加于边疆，充分运用国家权力并广泛动员和调配资源，着力解决各种突出的边疆问题。这样的行为和过程，就是边疆治理。

"边疆治理"概念，是描述性的也是分析性的，是边疆研究中的一个基础性概念，也是边疆研究中不可缺少的重要概念工具。边疆治理概念的基本含义是：国家运用政权的力量，在力所能及的范围内动员和调配资源，专门去解决或控制国家面临着并凸显出来的边疆问题，以实现边疆的巩固和稳定，保障边疆的正常运行，并促成边疆对国家发展意义的最大化。

边疆治理是国家治理的有机组成部分。现实的边疆治理，是由国家发动的，目的在于解决国家面临的边疆问题。国家是边疆治理的基本主体。不过，在治理变革不断拓展和深入的当下，企业、社会组织甚至公民都会参与到各种治理活动之中，成为治理的参与者甚至是治理的主体。边疆治理自然也会将这些因素纳入解决现实问题的过程中，并充分发挥其积极作用，以实现边疆治理效益的最大化，从而使边疆治理主体多元化。但是，国家政权或政府始终是边疆治理的发动者和主导力量。没有国家力量或政府的推动和主导，边疆治理就不会形成。在既定的边疆治理行动中，如果国家或政府力量不足或缺失，边疆治理就无法取得应有的效果，更不会达成既定的目标。

边疆治理的对象或客体，就是国家面临着的并凸显出来的各种边疆问题。边疆问题的存在是长期的，边疆问题还会依环境的变化和自身的逻辑而不断地演变。然而，并不是所有的边疆问题都会在同一时间段内突出出来。相反，虽然边疆问题会长期存在，但在特定的历史条件下，某些边疆问题会处于潜在的或隐性的状态，而某些边疆问题会突出出来并发挥其影响。在这样的条件下，国家的边疆治理就是运用国家力量，调配国家资源，去解决或控制那些突出出来并对边疆的巩固和稳定产生现实影响的矛盾和问题。

面对着突出的边疆问题，国家或政府往往依托国家权力并采取多种手段来推进和实施对边疆的治理。比较常见的边疆治理手段主要是这样几种：一是政治的方式。这是国家或政府协调各种利益关系，制定边疆治理的国家战略，推动出台边疆治理的法律，制订并实施边疆治理的政策，把更多的国家力量引向边疆治理的一种边疆治理方式。二是行政方式。这是政府在实施边疆治理的法律和政策的过程中，运用行政力量去具体地动员、调配和使用国家资源，具体地解决边疆问题的方式。三是经济的方式。这是在国家或政府有力量或可能直接调配经济资源的条件下，运用直接投资、财政、税收和金融手段去解决边疆问题，促进边疆发展的方式。四是外交的方式。这是在边疆治理涉及相关国家的情况下，国家或政府通过外交途径和手段与相关国家协调，共同解决本国所面临的边疆问题的方式。五是军事的方式。在边疆治理中，军事的手段很少使用，但却不能排除。在国家维护边疆和边界的安全，打击国外或境外敌对势力对边疆安全和稳定进行的破坏，维护领土主权的安全和维护海外利益聚积区和节点环节的过程中，都难免会动用军事手段或以军事力量为后盾。国家运用军事力量来解决边疆问题，就形成了边疆治理的军事方式。

随着国家疆域的变化和疆域形态的多样性，边疆的形态也呈现一种日渐多样化的趋势。每一种具体形态的边疆，其蕴涵着的和凸显出来的边疆问题又各有特点。因此，国家针对这些边疆问题进行治理的方式和手段也有所不同。从大的或基本的方面来看，国家主权管辖范围内的边疆治理与超越于主权的边疆治理就存在着根本性的差别。

在民族国家时代，国家疆域的主要形态是在国家主权管辖之下的领土。国家的边疆，首先是在领土的范围内确定的，由此形成的边疆为主权性的领土边疆。在国家可以行使主权管辖的领土的范围内，不论是陆地边疆还是海洋边疆，国家都可以充分运用自己的国家权力来进行治理。这与前主权时代的边疆治理并无根本性的不同。边疆治理研究，也主要是针对民族国家的边疆治理。

但在全球时代，随着超主权疆域的出现，以此为基础的利益边疆、战略边疆、太空边疆等新形态边疆日渐凸显。而这些超越于国家主权的新形态边疆，它并不在将其作为边疆来看的国家的主权管辖范围之内，对其进行治理就面临着一系列复杂的问题。从现有的情形来看，拥有这些新形态边疆的国家在对其进行治理的过程中，主要是运用国家力量（包括硬实力、软实力和巧实力）去进行强力影响，以维护国家的现有利益并实现利益最大化。

对于拥有边疆的国家来说，边疆治理既是国家治理中一个十分重要的方面，也体现为一个长期的过程。一个国家在治理的过程中把疆域的边缘性部分区分出来并采取专门的方式进行治理，就将这个特定的区域界定为边疆。而只要有边疆存在就会有边疆问题，就需要开展边疆治理。一劳永逸地解决边疆问题的愿望虽然美好，但却难以做到，甚至完全不现实，因而只能是一个良好的愿望。

那些拥有边疆尤其是边疆面积广大的国家，不论是历史上的罗马帝国、中国历史上的王朝国家，还是近代以来的西方列强，以及今天的西方大国和以民族国家的姿态屹立于世界东方的当代中国，都充分地运用国家力量去对自己的边疆进行治理。

古往今来的大国，边疆治理在国家治理中都占据着十分重要的位置，是国家治理的重要内容。诚然，在规模庞大和复杂的国家治理中，边疆治理并非处于核心和主导地位，事实上它总是处于从属的地位，要服从于国家治理的总体规划和安排，但在某些特殊的情况下，尤其是在边疆危机爆发并对国家的整体发展造成直接影响的时候，国家也会提升边疆治理的地位，或将边疆治理置于国家治理的突出位置，集中力量进行边疆治理。边疆治理的水平，体现着国家治理的水平，并对国家发展发挥着直接的影响。

第四节 国家的边疆架构

回顾或纵观人类历史上的边疆和边疆治理，边疆从来都不是以今天的各种论述所表现的那样赤裸裸地暴露或显现在人们面前的。相反，疆域规模较大的国家，往往是根据在当时流行的文化观念基础上形成的边疆观念来看待边疆的，统治者或政府则根据特定的边疆观念把疆域的特定部分划定或界定为边疆，进而采取有针对性的政策来对边疆进行治理。因此，特定历史条件下的国家和人民如何看待边疆、如何划定边疆、如何调整边疆、如何巩固边疆、如何治理边疆等问题，是不可分割地联系在一起的。而且这些方面并不是孤立的存在，它们相互影响、相互支撑、相互制约，共同把边疆、边疆治理凸显出来并稳定下来，从而使边疆及其治理成为现实的存在，并在其中继续发挥自己的作用。为了全面且简明地讨论国家的边疆和边疆治理，可以把一个国家由关于边疆的认识和看法、有关边疆的制度体系以及由此确定的边疆范围，以及国家对边疆进行治理的方略和体系等因素构成并体现着一个国家边疆面貌的基本框架，称为"国家的边疆架构"。对于拥有边疆的国家来说，边疆架构就是其边疆和边疆治理的现实存在状态，体现着该国边疆的总体面貌，并对国家发展发挥着具体的影响。

一 边疆架构的基本构成

就每个具体国家的边疆架构而言，各自形成的社会历史条件不同、时代背景各异，因而其具体内容不仅十分丰富，也各有自己的特点。但任何一个国家的边疆架构，都包含着如何看待边疆或认识边疆，如何确定和调整边疆，如何管控边疆和治理边疆等基本的内容。从这个意义上来看，边疆认知、边疆制度和边疆治理，成为一个国家的边疆架构的核心要素。

1. 边疆认知

回顾边疆形成和发展的过程就能看到，边疆并不是一种先天性的存在，即并非已经天然地存在一个叫作"边疆"的区域，然后人们才去认识边疆并形成关于边疆的观念和理论。相反，边疆是在国家疆域的基础上，人们把那些处于疆域边缘的部分，看作与核心区存在差别或差异的区域,并采取专门的针对性的措施去进行治理,才逐渐形成并稳定下来的。因此,在边疆的形成和边疆治理的实践中,如何看待边疆就成为具有深远影响的重要问题。一个国家内为政府所提出或支持的并且占据着主导地位的关于边疆的各个观念和理论,就是边疆认知。它是一个国家边疆架构的重要组成部分。

古代的罗马帝国,在凭借其强大军事实力拓展疆域的过程中,把那些通过军事占领而获得的远离核心区或本土的土地,看作疆域的"前端",进而才在"frons"一词的基础上创造了"frontier"(边疆)概念的。中国历史上的秦王朝,在统一了此前存在的六国后便面临着对统一的前所未有的庞大疆域如何进行统治的问题。为了实现对国家的有效统治和治理,王朝便根据早已存在的"一点四方"和"五服""九服"观念,将核心区以外的广大地区区分出来,采取专门的措施进行治理。这个区域随后便逐渐被认定为"边疆"。在1890年的美国人口调查报告中,"边疆"被定义为"每平方英里两人或两人以上六人以下这样一个人口密度的定居地"[1]。特纳在《边疆在美国历史上的重要性》一文中,则在"边疆是向西方移民浪潮的前沿——即野蛮和文明的会合处","边疆是一条极其迅速和非常有效的美国化的界限"[2]的看法的基础上,提出了边疆"不需要明确的界说"[3]的移动的边疆的思想。20世纪末,在全球化时代国家占有和控制的地理空间超越于主权——国家疆域已经延伸到领土之外——的基础上,"高边疆""利益边疆"和"战略边疆"等理论逐渐出现,进而成为现实。

现实中的边疆,都是在一定的认识指导下而根据国家治理的需要划定的,边疆是构建的产物。从这个意义上说,一个国家或社会占主导地位的关于边疆的认知,是其边疆形成的关键性、先导性因素,对边疆的划定和调整具有决定性的意义。而具体的边疆认知,又可区分为两个紧密联系的部分:一是边疆观念。这是一个国家在特定历史文化观念、国家观念、国家地理空间观念(疆域观念)、国家治理观念的基础上形成的并占主导地位的关于边疆的主流思想和观点。二是边疆理论。这是一个国家在特定的

---

[1] 何顺果:《美国边疆史——西部开发模式研究》,北京大学出版社1992年版,第10页。
[2] 杨生茂:《美国历史学家特纳及其学派》,商务印书馆1984年版,第5页。
[3] 杨生茂:《美国历史学家特纳及其学派》,商务印书馆1984年版,第5页。

边疆观念的基础上，通过对各种边疆认识的提升而形成的关于边疆的较为完整的理论论述。边疆认知范畴内的边疆观念和边疆理论，对一个国家的边疆的划定、调整、重构和边疆治理等都发挥着引导的作用。

2. 边疆制度

在一个国家的疆域内，那些被确定为边疆并采取专门的边疆政策去治理的区域，大抵是由国家确定的。不仅如此，国家或政府还会根据边疆的具体情况的变化而对需要采取专门的边疆政策进行治理的区域进行调整，扩大、缩小或重新划定边疆区域，从而导致边疆范围的调整或边疆重构。正是由于如此，边疆与国家治理不可分割地联系在一起，因国家治理的需要而划定。那些关于边疆划定或确定边疆范围的稳定的规定或规则，便构成了国家的边疆制度。

国家的边疆制度，直接关系到将国家疆域的特定区域确定为边疆，并在这些区域实施专门的有针对性的边疆政策。从这个意义上说，国家的边疆制度，不仅直接导致现实边疆的形成和调整，而且与现实的边疆不可分割地结合在一起。

中国历史上的边疆，肇始于秦代把那些因远离王畿之地而处于统治区域之边缘的县确定为道，并采取特殊的措施进行治理，随后又由于汉代把疆域的核心区认定为中原和把边缘区认定为夷狄区并采取"内诸夏而外夷狄"的政策而巩固。美国在特纳提出"移动的边疆"的理论以后，先是把西部新开垦的土地确定为边疆，继而又把新占据或控制的地理空间确定为边疆。20世纪80年代，美国又通过"星球大战"计划而把太空确定为自己的"高边疆"。中国在改革开放推动的快速现代化的过程中，不仅通过"兴边富民"行动计划将有陆地边界的136个县、旗、市和58个有边境的新疆生产建设兵团的团场确定为特定边疆政策调整的范围，因而将其划定为陆地边疆，而且在实施西部大开发计划的过程中把西部的12个省区确定为开发的对象，从而将其确定为新的陆地边疆。

历史和现实的情况表明，一个国家形成了什么样的边疆制度，便会有什么样的边疆。国家的边疆制度的改变，也意味着现实边疆的调整或改变；国家边疆制度的变化趋势，则表明了这个国家边疆现实的走向。

3. 边疆治理

疆域规模较大的国家，之所以把疆域的边缘性区域区分出来，将其确定为国家的边疆，就是为了采取有针对性的措施来对其进行治理。但是，边疆确定下来以后，国家采取专门的措施对这些区域进行治理，又是对边疆的再次确认，从而使那些已经成为边疆的区域再以"边疆"的名义继续存在和发展。从这个意义上看，正是不断进行的边疆治理，最终延续了边疆的现实存在。

国家对边疆的治理，又具体体现于国家边疆治理的方略、政策和具体地解决边疆问题的实践过程之中。其中，边疆治理的方略和政策具有稳定性，并具体地体现着一个国家边疆治理的总体特征。因此，通过一个国家边疆治理的方略和政策，也可从总体上把握一个国家边疆治理的基本面貌。

总而言之，对于那些拥有边疆的国家来说，关于边疆的认知、较为稳定的边疆制度和正在进行的边疆治理过程，构成了具有稳定性并体现着一个国家边疆面貌的边疆架构。其中，边疆认知尤其是占主导地位的边疆观念，是边疆架构的灵魂；稳定的边疆制度，是边疆架构的核心；现实的边疆治理，是边疆架构的支撑。对于国家的边疆架构来说，这三个方面缺一不可。

二 边疆架构的类型

古往今来，拥有边疆并长期致力于边疆治理的国家，都构建了内容丰富且较为稳定的边疆架构，并通过各具特色的边疆架构展现自己国家在边疆问题上的总体态势。纵观人类的国家边疆发展史，各个国家的边疆架构各有特点并处于不断变化的过程之中，因而具有复杂的多样性。但为了对这些多样性的边疆架构作整体性的分析和讨论，可以从历时态和共时态两个基本的角度，把边疆架构划分成为不同的类型。

1. 历时态的边疆架构

在迄今为止的人类历史长河中，尽管边疆的样式丰富多彩，但都处于国家疆域的边缘，具有突出的国家属性。脱离国家这个主体，边疆便无从谈起。而国家不过是人类社会创造的一种政治组织，它本身也处于不断发展和演变的过程中，因而便形成了内容丰富的国家形态演变过程。而在国家形态演变的不同阶段，国家的边疆架构具有不同特点。

现有的国家形态研究，基本上是在欧洲近代以来民族国家的框架下进行的，皆以民族国家作为基本的理论预设，因而便以欧洲的国家形态演变过程为主线。按照这样的研究，欧洲的国家形态演变大致经历了城邦国家、罗马帝国、中世纪普世世界国家、王朝国家和民族国家五个阶段。但是，每一个具体的国家都处于与其他国家的相互关系之中，国家间的关系反过来对国家本身产生着重大且深刻的影响。而在国家的发展史上，国家主权的建立，无疑具有划时代的意义和深刻的影响。国家主权对于国家的疆域形态来说，也发挥着根本性的影响。因此，从国家主权的角度来划分国家的边疆架构的类型，有利于从人类历史进程的角度来把握国家边疆架构的类型。

在前主权时代，由于约束国家行为的主权体制尚未出现，国家在行为的过程中奉行强权原则并凭借实力而相互争雄。在这样一个以力为雄的时代，国家凭借经济实力和军事实力来拓展疆域。于是，那些实力强大的国家往往形成一种帝国式的边疆架构。具有这样的边疆架构的国家，在国家实力强大时便以实力为基础而拓展边疆，在国家实力衰弱时则因为力有不逮而收缩边疆。当它们凭借实力将自己的统治范围覆盖于其他国家的范围之上或将其他国家纳入自己统治范围的时候，便形成了帝国。帝国就是一个国家将其他国家的统治范围纳入自己的统治范围而形成的国家形态。

国家主权出现以后，国家发展便进入主权时代。在主权时代，由于国家主权体制确立并已成为国家间关系的基本准则，国家的行为受到了主权的约束。从国家的边疆所依赖的疆域的角度来看，国家的疆域须按主权来界定，以主权管辖的领土为疆域的基本形态。因此，边疆就成为领土的边缘地带。这样的体制，也给国家的边疆架构打上了深深的烙印。诚然，在主权时代，传统的帝国并没有因此就退出历史舞台，它们仍然存在了相当长的时间，帝国的边疆架构仍然延续了相当长的时间。那些率先建立民族国家制度的西方列强，虽然建立了民族国家制度，但却仍然对外实行帝国主义政策，以帝国的方式对外拓展疆域，对其他国家实施殖民统治，从而把别的国家的领土或疆域置于自己的统治之下，纳入自己疆域的范围内，因此建立了以殖民统治为特征的边疆架构。但是，随着主权体制的巩固和其具有的全球性的影响，以领土主权为特征的边疆架构逐渐地占据主导地位，并取代了帝国的边疆架构。

第二次世界大战后，随着把全球各个国家和地区紧密联系在一起的规则和体制的建立，人类逐渐步入了全球化时代。在全球化时代，随着科学技术的迅猛发展，国家的活动能力和活动范围大幅提升。在经济、科技以及日益便利的交通和通信条件的支持下，国家间的互动日渐密切和深入，国家间的利益交融日渐深化，一个国家将自己的国家活动覆盖于其他国家的领土之上的可能性大大提高。与此同时，超越于主权国家的国际规则在全球治理中发挥着越来越重要的作用，并对相关国家行为体造成了深刻的影响。在这样的条件下，一些国家将自己的疆域拓展到主权范围之外的现象日渐增多并得到多数国家默认式的接受。于是，一种以超主权边疆为主要特征的边疆架构逐渐浮出水面，不仅已经对国家的边疆形态和疆域形成造成了实质性的影响，而且这种影响还会更加突出。由于此类边疆的非排他性，并有可能覆盖于其他国家的领土之上，也被称为"软边疆"。在此背景下，边疆观念、边疆制度和边疆治理都出现了新的特点和面貌，从而使全球化时代的边疆架构与以往的边疆架构相区别。

2. 共时态的边疆架构

从今天各个国家的边疆架构来看，虽然同处于全球化时代并打上了全球化的深刻印记，但仍然各自具有鲜明的特点。从总体上看，现在的各种边疆架构，大致可划分为内敛式的和开放式的两种类型。

内敛式的边疆架构，最为显著的特点是，仅在领土的范围内来看待和划定边疆，并谋划边疆治理。具体来说，这样的边疆架构，一方面，仅从领土的内部来划定边疆，没有从地区或全球的角度来看待和划定本国的边疆；另一方面，仅在领土内谋划国家的治理和国家发展。具体来说有以下几个方面的内容：一是从领土的范围内来划定边疆，谋划边疆治理；二是立足于国家的核心区，从国家政治、经济和文化中心的角度来看待边疆及边疆治理；三是没有给予边疆及边疆治理足够的重视，使边疆治理服从于和服务于核心区的治理；四是不把边疆及其治理视作国家治理和国家发展的重要区域，仅将其置于国家的区域治理层面。从 1949 年中华人民共和国成立开始，中国就以民族国家的姿态屹立于世界的东方，并按民族国家的体制来构建边疆架构。但是，在半个多世纪的时间内，其边疆架构一直就是内敛式的。

开放式的边疆架构，也有一个显著的特点，那就是对国家的边疆持一个开放的态度，以一种开放的态度并从领土之外甚至全球的角度来看待和划定国家的边疆，谋划边疆治理。具体来说有以下几个方面的内容：一是从区域或全球的角度来看待和界定国家的边疆，进而谋划自己的边疆治理；二是从国家整体的角度来看待边疆和边疆治理，把边疆和边疆治理置于国家治理和国家发展的重要位置；三是将国家的核心区和边缘区同等重视，构建一个"核心—边缘"的双向互动模式，在某些时候甚至把边疆及其治理置于高于核心区以及核心区治理的地位；四是把边疆及其治理视为国家治理和国家发展的特别重要的区域。美国自立国以来，尤其是特纳提出移动的边疆理论以后，其所构建的边疆架构就一直是开放式的，最大的特点就是坚持移动边疆的观念，把边疆拓展于自己的领土之外，并以边疆的拓展和有效治理带来的巨大红利来支撑国家的发展。

三 边疆架构与国家发展的互动

边疆架构是国家治理总体结构的重要组成部分。从一个国家的角度来看，边疆架构的建立、运行和调整，旨在维护国家的边疆，巩固和强化国家对边疆的治理，促进国家发展。从这个意义上说，边疆架构最终总是与国家发展紧密地联系在一起的，并通过对国家发展的促进来凸显自己的意义。然而，边疆架构与国家发展之间并不是一种单向度的关系，而是一种双向的互动关系。

1. 国家发展水平支撑边疆架构

在每一个具体的国家中，边疆架构与国家发展的互动，首先是边疆架构的构建和调整要以国家发展的程度和水平为依托，国家发展水平构成了边疆架构的基础，并从根本上影响着边疆架构的建立和运行。

从各个国家的边疆和边疆治理的实践来看，其构建什么样的边疆架构，必然要受到两个方面因素的根本性制约：一是国家发展的状况；二是统治者或治国者的治理思维和治理方略。

诚然，国家的统治者或治理者的治理思维、治理气魄、治理的总体方略等，对国家治理方式具有根本的影响。特定条件下的国家治理方式，又决定着边疆架构构建和调整的实现和走向。而统治者或治国者在对边疆架构进行调整或构建新的边疆架构的时候，还要受到基于主流文化的政治文化和边疆观念等的影响。而且从各国边疆架构调整的实践来看，这些因素在边疆架构的构建和调整中也的确发挥着重要影响，这样的影响还是延续和绵长的。但是，对边疆架构的调整和构建发挥着基础性和根本性影响的，却是国家发展的状况。

国家发展状况对边疆架构的构建和调整的影响是刚性的。首先，每一个国家都有自己促进国家发展的机制，差别在于有的国家的发展机制是完备的和高效的，有的则是不完备的和低效的，甚至是无效的。而不同形态的国家，其促进国家发展的机制往往大相径庭。仅就民族国家与王朝国家相比，各自的发展机制之间就存在着质的差别。国家的发展机制直接决定着国家发展的能力。其次，基于一定的发展机制，国家发展还以其发展所达到的程度和水平来体现。而国家发展的程度和水平，直接表现为国家的实力，或国家的综合国力，其中又包括硬实力和软实力，前者主要是经济发展水平和军事实力，后者则主要是文化、秩序和价值观。国家发展的能力和水平，都直接并根本性地影响着统治者或治国者在边疆问题上的雄心和气魄，并直接导致他们或延续原来的边疆架构，或调整甚至重建新的边疆架构，实现边疆架构的转型。

2. 边疆架构助推国家的发展

国家的边疆架构，包含着对边疆的认知、对边疆的谋划和治理的方式，体现着国家开发和利用边疆，以及通过边疆的治理和发展来促进国家发展的思路和气魄。而边疆处于国家疆域的边缘，是国家疆域中变化性最为显著的部分，因此，边疆架构实际上是国家对整个疆域、对国家发展的地理空间条件进行谋划的思维、能力和水平的集中反映。

如前所述，国家不仅是一种政治形式，也是政治共同体，还是政治地理空间单位。一定的地理空间，不仅是国家形成和存在的基础，也是国家发展的重要条件。有利的地理空间条件，会极大地助推国家的发展，使其达到较高的发展水平，甚至成为大国、强国。而这样一种有利的地理空间条件的形成或创造，是通过疆域尤其是边疆治理来体现的，与国家的边疆架构直接相关。

从国家发展的现实来看，适应国家发展要求的边疆架构一旦形成，就会导致或促使国家的边疆现实出现新的面貌或重构，并在国家开拓和充分利用地理空间方面发挥重要作用。具体来说，适应国家发展条件和要求的边疆架构，能够导致国家深化对边疆的认识，制定恰当的边疆制度，加强对边疆的治理，从而充分发挥边疆在国家发展中的作用。边疆对于国家发展的意义，就是通过具体的边疆架构而实现的。

近代以来，美国的边疆架构在推进美国的崛起和成为全球大国的过程中发挥了重要作用，具有典型性。具体来说，在1776—1898年，陆地边疆架构推动美国成为北美陆权强国；1898—1945年，海洋边疆架构催生世界海权霸主；1945—1991年，立体化边疆架构助推美国称霸全球；1991年至今，超主权性边疆架构支撑起美国的单极时代。[1]

边疆架构对中国国家发展的意义也是十分突出的。在中国的历史上，在国家统一和国力强大的时候，统治者扬威于天下、披声教于四方的雄心被激发起来，往往构建起一种开拓性的边疆架构，并以国家力量来支持边疆架构，进而充分发挥了边疆的作用，使边疆架构为国家发展助力。而当国力不济的时候，边疆架构也随之弱化甚至形同虚设，结果便导致边疆的衰弱甚至收缩，最终又拖累了国家的发展。当代中国在实现了王朝国家向民族国家的根本性转变以后，受制于有限的国力，一直秉持传统的边疆观念，维持着一个内敛式的边疆架构，边疆架构在国家发展中的作用也较为有限。中国经过改革开放推动下的现代化30多年的快速发展，不仅国家能力和实力大幅提升，而且越来越融入世界，使自己的发展处于一个前所未有的巨大空间场域之中，因此便十分需要构建开放式的边疆架构，以此来助推国家发展，最终完成国家的崛起。

---

[1] 参见李朝辉《美国的边疆架构与国家发展》，博士学位论文，云南大学，2015年。

第二章

王朝国家的疆域、边疆与边疆观念

秦统一中国并建立中央集权的王朝以后，中国便进入了王朝国家时代。辛亥革命推翻了最后一个王朝，开启了构建民族国家的历史进程。在秦至清两千多年的王朝国家时代，王朝国家一直是主导性的国家形态。王朝国家是一种以王朝为国家政权的组织形式，以王朝统治范围为国家疆域的国家形态。在漫长的王朝国家时代，政权的构成是多元的，既有占主导地位并且影响较大的中原王朝①，也包括参与构建中国历史上边疆地区的王朝与政权；整个国家除了以王朝的形式及相应制度进行统治外，还包括王朝经历了多次的分裂、局部统一再到持续统一的发展过程；王朝国家的统治主体及相应形态，曾出现曲折的变动与演化，最终形成海纳百川的中华文明。另外，王朝国家主体居民的构成，同样经历了从复杂多元到多元一体的演变过程。在这样一个长期的历史过程中，国家的疆域及边疆也经历了漫长的发展和演变的过程。王朝国家的疆域、边疆及边疆观念，对替代王朝国家的民族国家具有深刻的影响。只有对王朝国家时代的疆域、边疆与边疆观念有了一定的认识和把握，才能对当代的边疆及边疆治理形成正确的认识。

---

① 中国古代的政治实体，包括中原王朝、边疆王朝、边疆政权、局部政权等不同的类型。"中原王朝"指以传统农业为基本经济形态，以儒家文化为主要意识形态，以黄河中下游或长江中下游为核心区域的王朝。中原王朝既包括全国统一王朝，也包括具有以上特征的宋朝、东晋等局部王朝。

第一节　中国的历史疆域与边疆

在中国历史上，疆域、边疆这两个概念各具特定的含义，而且存在着明显差别，不能将它们混淆起来。"疆域"一般指具有古代国家性质的重要政权，所进行有效管控的地域范围。中国的历史疆域经历了逐渐形成和巩固的过程，参与中国历史疆域构建的既有中原王朝，也有边疆王朝与边疆政权。"边疆"通常是指重要政权之腹心地区的外围区域。如中原王朝视华夏地区的外缘为边疆，认为华夏文明从腹地向外部辐射，因此边疆即核心区的外缘或外部延伸。边疆王朝与边疆政权也有自己的边疆，其边疆观与中原王朝的不尽相同。因此，要划定古代边疆的范围，是十分困难的。因为中原王朝的边疆经历了逐渐形成并趋稳定的演变过程。将疆域、边疆两者相比，"疆域"主要是指王朝与政权管辖的区域范围，"边疆"则是指统治地区之腹地的外缘部分，并看重由"边疆"所衍生的复杂关系。

一　清前期的版图是古代中国的范围

自秦朝统一全国以来的两千余年间，中国的疆域经历了形成与巩固的演变过程。在此过程中，不同时期"中国"有不同的含义，在中国历史发展过程中起主导作用的中原王朝的疆域，也经常出现扩展或内收的变化；参与历史疆域创造过程的边疆王朝与边疆政权，其疆域也经常发生复杂的改变。另外，"中国的疆域"并不单指中原王朝或边疆王朝的疆域，中国的历史疆域曾是一个众说纷纭的问题。

20世纪50年代中期，毛泽东主席提出，要对清代学者杨守敬等编绘的《历代舆地图》进行重编和改绘。随后，复旦大学的谭其骧教授接受了领衔修改的任务。[①] 此项工作开始不久，便发现杨守敬等人的疆域观存在严重的问题。《历代舆地图》仅绘制中原王朝的直辖版图，除西汉附有一幅西域地图以外，《历代舆地图》的其余部分连中原王朝的羁縻地区都没有画入其中，更遑论边疆王朝与边疆政权的疆域。《历代舆地图》从春

---

① 谭其骧：《历史上的中国和中国历代疆域》，《中国边疆史地研究》1991年第1期。

秋时期一直至明代，基本上仅画清代内地十八省的建置，并未包含有新疆和青、藏、吉、黑、内蒙古等边疆地区。问题是，中国是由汉族和少数民族共同缔造的，仅把中国等同于主要是汉族建立的中原王朝是不符合历史事实的。因此，围绕着全国专家参与的《中国历史地图集》编绘工作，学术界展开了关于正确疆域观的深入讨论。

讨论中各种观点纷呈，但概括起来主要是三种意见。第一种意见认为，中原王朝便是历史上的中国。第二种意见认为，中华人民共和国的版图便是中国的历史疆域。这两种观点不仅都简单化，而且明显存在错误。就第一种观点来说，历代中原王朝的版图有很大的变化，既不能以幅员广阔的唐朝为中国，也不能以辖地仅占现今中国版图约五分之一土地的宋朝为中国，根本无法确定哪个王朝是所谓的中原王朝。更为严重的问题是，这种观点否认边疆少数民族在缔造中国疆域方面作出的重要贡献，因此是不可取的。第二种观点，否认中国的疆域经历了动态变化及逐渐形成的过程，若采纳这种意见，便回避了近代资本主义列强、沙俄侵占中国部分领土的事实。清代沙俄通过与清政府签订《瑷珲条约》与《北京条约》，强迫清政府割让了乌苏里江以东、黑龙江以北的广大领土，这是不能否认的。另外，将现今中国的范围等同于中国的历史疆域，也不符合现今邻国的某些土地，在历史上曾属于中国这一基本事实。

谭其骧教授提出的观点为第三种意见。谭其骧教授认为，中原王朝与边疆少数民族的关系，随着时间的推移越来越密切。至17、18世纪，历史的发展使中国迫切需要形成一个统一的政权，将中原地区与边疆地区统一到一个政权之下，清朝顺应了这一历史发展趋势，最终完成了统一历史疆域的重任。清朝的统一，主要体现在对满、蒙、汉三个地区的统一上。首先统一的是满族地区即广义上的满洲，其次是明朝的故土，也包括南方的一些少数民族地区，最后统一的是内外蒙古、青海、西藏以及南疆的维吾尔地区。南疆的维吾尔地区本来在厄鲁特蒙古的统治之下，后来被准噶尔势力吞并，准噶尔还侵占了外蒙古地区。经过康熙、雍正、乾隆三帝约70年的艰苦斗争，终于打败了准噶尔势力，收复了原本属于中原王朝的上述地区。因此，公元1840年鸦片战争爆发以前清朝的版图，是中国历史发展的必然结果，鸦片战争爆发以前清朝的版图，可代表历史时期中国的基本范围。很显然，第三种意见较为合理，并有充分的历史根据，因此也得到大部分学者的赞同。

谭其骧教授提出的标准确定以后，在这一地域范围内活动的民族，皆被认为是中国历史上的民族；在这一地域范围内建立起来的政权，都是中国历史上的政权。若超出上面所说的范围，那就不是中国的民族，也不是中国的政权。当然，历史上的情况十分复杂。属于中国历史上的政权，其中一些的统治范围，超过了公元1840年以前清朝的版图，也不能说这些政权所有的统治地域都属于中国。如汉代的匈奴，唐代的突厥、吐蕃和南诏，宋代的辽，便是较典型的例子。通常的处理是承认这些政权是中国历史上的政权，在公元1840年以前清朝版图内的地区可以算中国的疆域，在公元1840年以前清朝版图以外的地区，则根据具体的情况处理，因为此时中国的疆域还处于形成和变动的过程之中。对于元、清两个王朝在中国历史版图缔造过程中的突出贡献，谭其骧教授指出："我们今天还能够继承下来这么大的一个中国，包括这么多的少数民族在内，不能不归功于清朝。所以我们绝不能把中国看成汉族的中国，我们中国是各族人民共同的中国。很多少数民族对我们中国历史发挥了很大的作用，没有元朝，没有清朝，今天的中国是什么样子？"①

我们也应看到，曾纳入中原王朝版图现今属于邻国的某些土地，在特定的时期曾属于中原王朝的范围。以古代所称"交州""安南"的今越南北部为例。秦统一中国，所设的郡县南面进入交州地区。汉朝在全国设十三刺史部监察区，其中有交州刺史（治今越南河内）。唐朝在交州设安南都护府，交州刺史、安南都护府是这两个朝代重要的统治机构。五代时期中国内乱，安南权贵曲承美等割据其地。宋朝建立后承认安南独立，以安南为列藩，元明清三朝大致沿袭宋朝的做法。在曲承美割据之前，历代中原王朝十分重视对交州地区的统治，并积极经营交州至内地的水陆交通线，也开发了交州地区。这一时期交州属于中原王朝的版图，国内外对此并无争议，越南也称这一时期为越南北部"北属"的时期。自宋朝起今越南北部独立并成为中国的邻国，这也是公认的事实，以上变化在以后编成的《中国历史地图集》中得到正确的反映。类似的情形还见于其他的边疆地区。因此，我们谈到某一时期中国的疆域，若当时属于中原王朝管

---

① 谭其骧：《历史上的中国和中国历代疆域》，《中国边疆史地研究》1991年第1期。

辖的范围，仍应承认这一事实。若其地以后脱离中原王朝的管辖，则从脱离之时起归为邻邦的一部分。还有一点需要指出，中华人民共和国的地域范围，也不同于公元1840年以前清朝的版图，前者缺少的部分，是近100余年来资本主义列强、帝国主义侵略和宰割中国部分领土的结果。

汇集了全国学术界的力量，根据谭其骧教授提出的疆域观编绘的《中国历史地图集》，于20世纪80年代正式出版，从先秦至清代共有八本。这一套反映中国学术界关于历史疆域观点的《中国历史地图集》，出版以后在国内外产生了很大的影响，成为研究中国历史者的案头必备书。《中国历史地图集》出版发行至今，并未听说有因其疆域观导致争议的情形。这也证明谭其骧教授提出的疆域观，得到了学术界和广大读者的普遍认可。

二 中国的疆域、边疆经历形成巩固的过程

所谓"中国疆域"，首先与"中国"的观念及其演变的过程有关。

"中国"一词最早出现在先秦时期。初期的"中国"并非指一个政权或是一个国家，而主要是一个地域概念，或是指在该地域形成的一种文化。春秋战国时期的"中国"，是周朝以及晋、郑、齐、鲁、宋、卫等诸侯国的自称，以表明对自己华夏身份的认同。秦汉人所说的"中国"，大致是指秦汉两代受华夏文化主导而且被秦汉王朝统一的区域。南北朝时期南朝、北朝都自称"中国"，而把对方称为"索虏"或"岛夷"，也反映了与秦汉王朝类似的中国观。唐朝人的见解有所变化，即把南朝、北朝都视为中国的一部分，称唐代人编撰的南朝史、北朝史为"南史""北史"。宋朝将同一时期的辽朝、金朝、夏朝都视为夷狄。但元朝人的看法不同，将上述王朝均视为中国，称所撰上述政权的历史为"宋史""辽史"和"金史"。可见"中国"这一称呼，随着华夏与周围夷狄逐渐趋于融合，华夏的范围不断扩大，含义也相应发生了改变。同时表明随着统一多民族国家的逐渐形成，其称呼"中国"也被各民族渐次接受。

直至鸦片战争爆发后的一段时间，国人对"中国"的理解尚未固定并取得一致，仍主要是作为地理及文化上的概念来使用。清人魏源所撰《圣武记》，在谈到蒙古、西藏时将其归入中国，而将相邻的俄国、印度归于外国。但谈到内地十八省与新疆、西藏、蒙古的关系，又称内地十八

省为"中国",反映出清初国人对"中国"的看法尚不统一。以"中国"二字表示中国主权行使的范围,这一观念是鸦片战争以后才逐渐形成的。其时西方的国家、主权等概念不断传入中国,兼之清朝遭受西方列强的侵略和欺凌,激发了朝野人士的爱国热情,"中国"传统的含义也相应发生改变。此时的"中国",转而指以清中央政府为代表的近代意义上的国家,清中央政府所统辖的版图,也就是中国臻于成熟和稳定的疆域。公元1911年辛亥革命以后中华民国成立,中华民国简称"中国"。"中国"从一个地理及文化上的概念,最终演变为一个政治地理的概念及对一个国家的简称。

关于"中国疆域"应说明的第二个问题是,中原王朝与周边的边疆王朝、边疆政权共同缔造的古代国家中国,其形成与巩固经历了曲折发展的复杂过程。在中国形成与巩固的演变过程中,经历了几次较大范围的统一,也出现过几次严重的分裂。从元代起至清朝被推翻,中国出现了近650年的持续统一,有利于统一多民族国家的最终形成,中国的历史疆域也进入成熟和巩固的时期。

公元前221年,秦国统一六国,中国首次出现较大范围内统一的中央集权国家。继秦朝之后的两汉统治,进一步发展了秦朝形成的全国统一局面,基本上奠定了中原王朝的疆域。同时,也标志着在各民族的相互关系中,华夏族处于明显领先的地位,因此具有开创性的意义。秦朝、两汉以黄河中下游为立国的基础,表明早期中央集权国家发源于这一地区,周边的地区、长江流域及其以南的区域,尚处于相对滞后的发展阶段。秦汉对中国历史的另一贡献,是建立起中央集权的国家制度,对后世产生了深远的影响。秦汉时期,中原王朝面临北方游牧民族不断南下的巨大压力,出现了中国历史上第一次大规模的人口迁徙。从晋代江统的《徙戎论》等记载来看,从东汉开始,北方蒙古高原的游牧人口持续迁入黄河中下游,与当地居民形成一次大规模的民族融合,以汉族为核心的新的民族融合体由此产生。另外,因居住地域、生产资料的重新分配等出现尖锐的矛盾,而且愈演愈烈。在西晋的短暂统一后,中国出现了第一次大分裂的局面。

在西晋以后全国大分裂的时期,占据东北部的有夫余、勿吉、高句丽等地方势力。活动在蒙古高原的匈奴、敕勒、柔然、鲜卑等游牧势力,一些人口先后迁入中原并建立政权，并形成南朝、北朝对峙的局面。在这一时期，各政权统治的区域在南北方都有扩展，推动了统治地区的发展。华夏周边的少数民族发展壮大，以及华夏周边地区得到进一步开发，对中国历史疆域的形成产生了重要影响。一些少数政权还兼营农业、游牧业等不同的经济区域，并逐渐适应农牧两种文明的结合及互补的关系，为新的统一王朝的建立奠定了基础。

公元581年隋朝建立，再次实现了全国范围的统一。38年后隋朝被唐朝取代。唐朝统治290年间，是继秦汉之后中国历史上的鼎盛时期。唐朝皇帝有鲜卑的血统，古人说："唐人多胡气"，反映出在东晋、南北朝民族融合基础上建立的唐朝，既坚持了秦汉以汉族为核心的文化传统，同时吸收了夷狄的成分，具有朝气蓬勃、包容开放等特点。隋和唐朝前期（公元581—755年）是中原王朝的疆域对外扩展的时期。活动在蒙古高原的突厥势力，于公元552年攻灭柔然汗国建突厥汗国，疆土西达里海，北至贝加尔湖，南至阴山一带，与中原王朝为邻。以后突厥分裂为东西两个汗国。东突厥衰落求援，隋朝乘机取得河套之地，置五原、榆林等郡，以后扩展至今新疆东部与青海一带，在北部疆域发展史上有重要意义。在南部边疆，隋朝平定东晋以来割据今云贵地区的爨氏大姓，并恢复对岭南和海南岛的统治。唐朝初年出兵灭了东突厥，将漠南地区收入版图。646年唐朝又击破漠北的薛延陀，拥有大漠南北的广大地区。公元659年唐朝平定西突厥，西突厥及其属国的辖地尽入其版图。在隋唐初年的朝鲜半岛，高丽、百济、新罗三国鼎立。隋朝四次远征高丽均告失败。公元667年唐朝攻下高丽，于其地置都督府州县。开元后期唐朝在东北的辖境缩小，渭水（今朝鲜大同江）以南为新罗所有。

唐代后期和五代，是中原王朝疆域收缩以及边疆王朝疆土扩展的时期。8世纪中叶回纥汗国崛起于漠北地区，以后因内讧而分裂。公元916年契丹建国，以后建国号"辽"。辽朝强盛之时疆域东至大海，西达西域。公元7世纪初，松赞干布统一青藏高原的吐蕃诸部，多次与唐朝争夺安西四镇，成为唐朝的一大劲敌。唐初恢复了前代对今云贵地区的统治，管辖范围从今云南的东北部、中部扩展到云南西部，并设置安南都护府（治今越南河内）。为抵御南下洱海地区的吐蕃军队，唐朝扶持地方势力南诏统一洱海地区。以后南诏扩展与唐朝的利益出现冲突，公元750年南诏攻下姚州都督府（治今云南姚安），与唐朝正式决裂。唐朝三次出兵征讨失败，南诏转与吐蕃结盟，发展为强大的地方政权。

公元755年发生的安史之乱，成为唐朝由盛而衰的转折点。安史之乱引爆了酝酿已久的深层矛盾，唐朝的边疆也出现了严重危机。除被南诏赶出云南等地、对这一地区130余年的经营付诸东流外，唐朝在边疆各地设置的羁縻府州也纷纷放弃，唐朝的疆界全面内收。更严重的是镇守边疆的节度使拥兵自重，唐中央政权对此鞭长莫及。唐朝终结后，中国进入历史上第二次严重分裂的时期。五代十国虽仅约70年，却是战乱频繁、人民饱受摧残的时代。据研究，[①] 受安史之乱的破坏，唐朝后期有人口约5300万，较天宝末年减少2000余万人。五代末年，整个中国的人口约有2900万人，较唐朝后期又减少2400万。

安史之乱后唐朝由盛转衰，固然有唐朝统治趋于腐败、施政屡次失误等方面的原因，同时也表明中原王朝周边的少数民族有了很大发展，形成挑战中原王朝甚至相鼎立的局面。唐朝之后中国进入局部统一的时期。与同一时期北部边疆的辽朝、金朝、夏朝和蒙古相比，宋朝在疆域、综合实力等方面未占优势，何况西南地区还被大理国、吐蕃诸部所统治。在中华大地，乃形成诸多政权之间疆土交错、边疆王朝或政权向中部挤占的形势。这种形势既说明周边的少数民族仍在继续发展，同时也为新的、更高水平的统一奠定了基础。换言之，边疆王朝及边疆政权对辖地的统一与经营，边疆王朝及边疆政权向中部地区挤占，为以后元朝实现更大范围内的统一，尤其是完成北方游牧文明与中原农耕文明较大范围的交融，创造了必不可少的条件。宋代影响疆域形成出现一个重要的因素，即长江中下游地区兴起，取代黄河中下游而成为中国的腹心地带。自元代起，中原王朝对疆域、边疆的关注逐渐转向南方，与中国政治、经济、文化重心的改变有关。

元朝实现了中国历史上第三次全国性的统一。蒙元先后兼并西辽、西夏、金、大理国和南宋，将这些王朝或政权的疆土纳入版图，并设宣政院管理今西藏地区，致使元朝的疆域十分广阔，甚至超过汉唐这两个统一王朝。元朝在全国实行行省制度，将基本疆域纳入行省的管辖之下，在管理

---

① 路遇等：《中国人口通史》，山东人民出版社2000年版，第419、444页。

方面内地、边疆的差别缩小，因此有利于边疆地区的发展。元朝建立之初，仍继续用兵以满足封赏将士的需要。其时北部疆域包括今西伯利亚，西北面疆域与四大汗国相连，因此元朝将用兵的方向选在西南面。元朝积极经营今云贵地区、广西和相邻的中南半岛，出现经营边疆的重点从西北向西南面的转变。元朝统治边疆地区的又一变化，是顺应宋朝周边地区逐渐分化为边疆与邻邦的趋势，对边疆与邻邦采取不同的应对之策。进一步来说，元朝收回了汉唐两朝初步形成、以后一度被周边政权占据的疆土，而且元代的边疆较前代更为明确和稳定，为中国疆域在清代鸦片战争以前的最终形成，作出了不可磨灭的贡献。

元朝享国不足百年。算上蒙古汗国对汉地的经营，蒙元统治中原王朝旧地约一百五六十年。时间虽然不长，却实现了范围较广、影响较大的一次民族交融。据明末人估计，在入主中原初期，进入中原的蒙古人约有40万人。[①] 这些蒙古人连同家眷以军人、官吏的身份定居各地。除蒙古人以外，还有数十万中亚地区的色目人，随同西征归返的蒙古军来到中国，融合汉族等民族在中国形成回族。唐代以来进入中国的沙陀、吐谷浑、党项、契丹、渤海等族人，自元代起也与汉人融为一体，元朝可说是一个民族大熔炉。长达百余年各民族的广泛杂居和混血，密切了各民族的联系，减弱了彼此间的隔膜，同时使内地与边疆紧密地结合在一起。

明朝建立，北部草原的蒙元后裔鞑靼、瓦剌诸部经常骚扰边境，并曾在土木堡之变中俘虏明朝皇帝英宗。明朝则广修长城，构建起一条东起山海关，西迄嘉峪关的长城防线，借以抵御蒙古诸部的进攻。明朝虽面临来自北部边患的巨大压力，仍在西南边疆驻扎重兵。这些驻军人数众多，以卫所的形式携家带口驻守各地，卫所与在蛮夷地区实行的土司制度互为表里，对稳定西南边疆发挥了重要作用。

清朝形成了较明确的国土观与国防观。通过施行近300年的满蒙联姻，清朝统治者与蒙古上层建立了良好的姻亲关系。清朝还在北部草原积极传播佛教并大量迁入汉人，密切了内地与北部草原的合作关系，有效地解决了游牧势力南下威胁中原地区安全的问题。清朝还多次用兵边疆，抵御了沙俄等外部势力的侵略，有效地维护了疆土的安全。以边疆的相对稳

[①] 转引自韩儒林主编《元朝史》上册，人民出版社1986年版，第5页。

定为基础，为安置内地过多的人口以及获取有色金属等资源，清朝加大经营边疆尤其是西南边疆的力度。雍正朝通过大规模的改土归流，初步实现了对南方土司地区的制度化治理。这些做法既促进了边疆地区的发展，同时加强了边疆与内地的联系，有效地巩固了中国的疆域。如果说蒙元时期的民族交融，主要表现在游牧文明与农业文明的交集与汇合，清代的民族融合则更进一步，大体上实现了农业文明、游牧文明与渔猎文明三者的融合。正是在以上几大文明交集与融合的基础上，中国统一多民族国家得以形成和巩固，并在鸦片战争以前正式形成中国的基本疆域。

三　对边疆的有效统治与遥相羁縻

中国历史疆域的形成和巩固，是一个缓慢发展的渐进过程。具体来说，在中国历史上地位重要的中原王朝，以及参与中国疆域缔造的边疆王朝与边疆政权，各自的统辖范围都经历了一个形成和变化的过程。另外，中原王朝、边疆王朝与边疆政权共同形成古代的中国，古代中国的疆域又经历了共同融合、渐次形成与趋于巩固的发展过程。

在上述的演变过程中，中原王朝、边疆王朝、边疆政权对边疆的有效统治，对有效统治地区周边区域的遥相羁縻，以及中原王朝逐渐将羁縻地区纳入有效统治的范围，最后形成中国的历史疆域，其过程不可谓不复杂。但有一点可以肯定，中国历史疆域的形成和巩固过程，并非如一些外国研究者所声称，是中原王朝对周边夷狄地区进行蚕食或殖民化的结果。事实是中国历史疆域的形成，是中原王朝、边疆王朝、边疆政权历史发展的必然结果。古代中国包括其疆域，是中国的各民族共同缔造的，其形成与巩固经历了从量变到质变的漫长过程；中国的历史疆域，拥有数千年发展演变的历史。古代中国对疆土有效统治的范围不断扩大，遥相羁縻的地区逐渐缩小，最终融合为一个牢固的整体。

秦汉是中国统一多民族国家奠基和初期发展的时期。秦朝统治仅十余年，但创立了中央集权的统治制度，把国家最高权力集中于中央的同时，又将全国划分为若干郡县，为中央王朝统治下的行政区域。秦初分全国为36郡，以后郡数增至40余郡。在边疆和夷狄聚居的地区，秦朝设与县同级的"道"。在周边夷狄地区，汉朝设置有别于内郡的"边郡"。据史籍记载，西汉、东汉在东北、北方、西北、西南、南方设置了多处边郡。据

《史记·平准书》，边郡的特点是"以其故俗治，毋赋税"。即不企望改变夷狄的社会与生活方式，沿用夷狄旧俗，对其进行较宽松的统治。另外，朝廷在边郡不征收赋税，边郡的日常费用由周边的内郡支付。可见，汉朝对周边夷狄实行类似牵住马牛套绳的"羁縻之治"，唯此才能维系夷狄不脱离朝廷，但控制的程度必然微弱。汉朝又授降附的夷狄首领以王、侯、邑君和邑长等封号，许其"复长其民"；但未言明王、侯、邑君、邑长的职责和义务。稍不如意，王、侯、邑君、邑长便可能被朝廷废除甚至诛杀。两晋在周边地区的治策类似秦汉，因社会动荡、矛盾尖锐，两晋对周边夷狄的控制较汉朝更为松懈。

隋朝享国日短，治边的成效和影响都不大。唐朝达至鼎盛，以安史之乱为界可分为前后两期。前期为实现太宗"四海如一家"的设想，朝廷"多事四夷"，积极拓边和营边，主要表现在于边疆及其以远地区广置羁縻府州。所置羁縻府州范围之大，设置之快速和随意，都令人瞠目。贞观四年（公元630年）唐朝平定东突厥，在其地大规模设羁縻府州。在突利可汗所统地区，置顺、桔、化、长四州都督府，又分颉利可汗之地为六州，左置定襄都督府，右置云中都督府。以后形成由都护府、羁縻府、羁縻州组成的羁縻府州制度，并推广到全国。唐朝的都护府从汉朝的西域都护府发展而来，管理辖区的边防、行政与夷狄事务。各地都护府虽名称相同，类型却有差异。汉化较明显地区的都护府属正式政区，夷狄聚集区域的都护府则仅有监护性质，仍以故俗管理夷狄。至于羁縻府、羁縻州则专为夷狄而设。开元年间（公元713—741年），唐朝在东北、北方、西南与岭南共设850余处羁縻府州。唐朝全盛时直辖地区的版图虽小于汉朝，但论羁縻府州的范围则远超两汉。

唐朝初期，所置羁縻府州并无固定的制度，正州与羁縻州也少有区别，而是根据设治地区的具体情况处置，做法是依据内附夷狄部落的大小设置，大者为府，小者为州。羁縻府州的都督、刺史由部落首领担任，许可世袭，但对都督、刺史的权利、义务等并无规定，朝廷对都督、刺史统辖的番兵无权过问，通常也不能随意调动。唐代后期羁縻府州的都督、刺史明显坐大，番兵失控成为安史之乱的源头。五代时以番兵为基础形成分裂割据的局面，骄兵悍将使朝廷亦须承颜候色。羁縻府州不纳赋税，所有开销来自国库，因此蕴藏了成本与效益倒挂的危机。

唐代羁縻府州具有的特点，是设置羁縻府州的范围甚广，凡前来朝贡声言归属者，均有可能被设置羁縻府州。另外，唐朝设置的羁縻府州，如同秦朝的道、汉朝的边郡，在形式、内容方面都整齐划一，并无东南西北地区的差别。唐朝的羁縻府州大致分三种情形：第一种是始终处于唐朝的控制之下；第二种是前期为唐朝据有，后来发生了变化；第三种是仅名义上与唐朝有羁縻关系，甚至还有夷狄自作主张设置的。由此可见唐朝所设的羁縻府州，仅是用于羁縻边疆及其以远地区夷狄的一种手段，这也与唐代中国的疆域尚不明确，并处于经常变动之中的状况相适应。另外，唐朝在未能有效管辖的地区也设羁縻府州，拓边、营边及羁縻府州的开支均取自国库，乃使大量羁縻府州的维持出现困难。安史之乱后羁縻府州纷纷脱离，唐朝的疆界明显内收，与羁縻府州制度存在明显的缺陷有关。

从中唐开始，吐蕃、南诏、辽、金、夏、大理国、蒙古等边疆势力崛起，对中原王朝构成严峻的挑战。受形势的影响，宋朝在边疆地区设置的管理机构发生变化。宋朝视辽、金、夏、蒙古为敌国，以大理国、安南等为外藩，与之划界而治。对接受统治的广西则设治收税，实行与敌国、外藩接界地区有别的羁縻州县制度。两宋北有强敌，治边的重点放在北面。前期在广西等地沿袭唐代的做法，即对归附的蛮夷首领以原官授之，沿用传统方式管辖其地。庆历八年（公元1048年），广西羁縻州首领侬智高发动大规模起事，占领广西多地并围攻广州数月。起事被镇压后，宋廷感到有加强对蛮夷统治及警惕安南的必要，乃改革羁縻州县制度。内容如下：一是明确土官的职权和义务，加强了土官的权威和作用；二是组建平时耕作、战时入伍的"峒丁"，组成朝廷可调用的地方武装；三是征收赋税以裨国用。改革后的羁縻州县制度具备以后元朝土官制度的某些特征，但在信用土官和施行的范围等方面，较之元朝仍有明显差距。宋朝在南方蛮夷地区共设羁縻州260余处，羁縻县20余处。

蒙古军平定大理国后，起初在云南等地实行传统的万户制度。但流行于北部草原的下马即牧养、上马即战斗的万户制度并不适用，云南等地动乱不止。赛典赤·赡思丁奉命至云南建立行省，因招降宋朝的广西土官，而得知羁縻州县设置的情形，乃吸收其合理因素创立土官制度，在云南等地获得成功后在南方蛮夷地区推广。对安南、缅国、占城等邻国，元朝实行经过改革的藩属国制度，要求这些藩属国履行接纳朝廷所派达鲁花赤

(掌印官)、君王亲朝、定期朝贡、遣送人质等义务。

元朝在南方蛮夷地区实行万户制度,从国家制度的层面,肯定了宋朝废止在各地边疆实行整齐划一的政策,而分别实行不同的治理制度,以及因区分边疆、邻邦而采取不同应对之策的做法,实则肯定了宋代以来中国边疆与邻邦基本形成并趋明确的趋势。元朝在全国推行的行省制度,有利于疆域的统一和巩固,也促进了边疆地区的发展。至于元朝在南方蛮夷地区推行万户制度,在北部草原及类似地区仍实行万户制度,则是顺应已经形成的边疆地区需要更深入的统治,以及深入统治边疆地区,相关制度必须适合当地的社会状况与文化传统的要求。因此,元朝的上述做法,不仅有利于整体统治的巩固,也说明经过宋元中国的疆域与边疆进一步形成,不仅体现在观念发生了改变,而且中央政府采取了切合实际的统治政策,因此具有重要的意义。

元朝作出历史性的贡献,既因元朝实现了更高水平的全国统一,以及有游牧文明与农耕文明进行大范围交融等时代背景,也与蒙古人较少"内华夏、外夷狄"的传统观念,以及处事灵活、善于吸收其他政权的统治经验有关。由于元朝的做法符合客观实际,并在实践中取得良好成效,乃为明清两朝所沿袭,并进一步得到发展。

明朝大致沿袭元朝对边疆与邻邦的划分,对两者采取不同的治策。明朝承受了北部草原瓦剌等蒙古势力侵扰的压力,治边的主要精力放在北方。另外,明朝继承元朝对南部边疆的积极经营,在南部边疆驻扎了大量军队,形成以驻军为主要形式的大规模移民浪潮。明朝对吐蕃地区的统治亦较深入,为清朝实行更有效的金瓶掣签制度奠定了基础。明朝治边虽重视相关制度的补充完善,但后期出现吏治腐败,在处理中央与地方的关系、行政管理的有效性等方面也存在问题。在南部边疆地区,朝廷未能有效遏制麓川土司反叛势力,以及反叛土司与境外势力的勾结及争夺,导致原属明朝版图的中南半岛北部脱离。

清朝统治者强调疆域的重要性,认为对疆域的安全负有历史责任。清朝在疆域、边疆的形成和巩固方面作出的突出贡献,是坚定地维护王朝疆土的安全,并努力将羁縻地区转化为巩固的国土。为此朝廷不惜动用国家的重要资源,使用软硬兼施的策略,坚定地维护王朝版图和边疆的安全。清朝还通过法治治理的途径,促进羁縻地区向正式国土转变。清朝在内外蒙古地区实行盟旗制度，在维吾尔族地区实行政教分离的政策，并对伯克制度进行改革；在西藏地区则实行政教合一的封建农奴制度。这些制度的共同特点，是遵循因地制宜与因时制宜的原则，因此在实践中获得良好效果，推动了羁縻地区向巩固国土的转变。

清朝对边疆各地的治理，以对南方土司地区的经营最为成功。元明两朝在南部蛮夷地区实行土官土司制度，将这些地区初步纳入国家有效管控的范围。在南部蛮夷地区，清初出现因土司违法及恶夷猖獗，致使朝廷丧失管控权的情形。为恢复并强化对上述地区的法治化管理，对这些地区实现有效管控，雍正朝组织了大规模的改土归流。从记载来看，这次改流有明确的目标和预期设计，事前经过周密的调查研究，施行过程中注意策略与政策，因此较圆满达到预期目标。在一些情况特殊的地区，清朝不仅保留各级土司，还进行必要的调整，使之继续发挥积极作用。为实现朝廷的有效管控，清朝在改流地区酌行保甲制度，建立严密的统治机构，惩办危害蛮夷的违法官吏和"汉奸"，同时注意处理新出现的社会矛盾，对改流地区实现社会稳定、持续发展经济起到了积极作用。可以说，中国的版图在鸦片战争以前基本形成，边疆地区明显稳定，既是历史发展的必然，也与清朝的努力经营分不开。清朝制定的边疆管理制度，在历代堪称最为系统、完整和成熟，对中国历史疆域的形成和巩固，发挥了十分重要的作用，也产生了广泛而深远的影响。

第二节 历代王朝的疆域与边疆

这里说的历代王朝，包括中原王朝以及边疆王朝和边疆政权。在发展过程中，历代王朝的疆域与边疆不仅有扩展或收缩的变化，而且经历了控制程度的改变乃至统治权的变更。另外，中原王朝的疆域与边疆，还出现了边疆内外关系的改变，以及边疆与内地关系渐趋紧密、最终结为一个整体的嬗变过程。以下将秦至清代划分为三个阶段，分别叙述各个阶段疆域与边疆演变的大致情形。

一 秦汉晋时期的疆域与边疆

公元前221年秦始皇统一六国，中国首次出现中央集权的统一国家。

统一六国后七年（公元前214年），秦始皇派50万军队逾过五岭，统一南越和西瓯之地，置桂林、南海、象郡三郡，范围包括今广东、广西、云南的东南部与越南北部。以后又派将军蒙恬率30万人北攻匈奴，取得河套以南地区。后令蒙恬率军渡黄河进至阴山一带，并沿黄河筑城，在河套地区设九原郡，迁徙内地罪人充实其地，匈奴势力被逐至阴山以北的地区。秦朝开通由今四川宜宾至云南曲靖的五尺道，在今滇东北设官守，但未能深入今云贵地区。据《史记·秦始皇本纪》：秦朝的疆域东至海及朝鲜，西至临洮（今甘肃岷县）、羌中，南至北向户（北回归线以南），北以（黄）河为要塞，并达阴山、辽东一带。

汉朝初立，中原战乱不止，北部边防因此松懈。匈奴乘机渡黄河南下，重新占有秦朝夺据的地区。匈奴以今宁夏固原、陕西榆林、山西左云至大同一线与汉朝分界，河套内外地区复为其所有。[①] 秦亡，镇守官吏赵佗割据南海郡，西并桂林、象郡之地，建立割据岭南的南越国。汉武帝即位，先后击败匈奴，平定南越，开拓西南夷（今云贵地区）之地，使汉朝的疆域空前扩大。西汉的疆域东抵日本海和黄海，东至朝鲜半岛中北部，北逾阴山，西至中亚地区，西南至云南的高黎贡山和哀牢山，南面达今越南中部与南海。

公元前127年，汉将卫青进攻匈奴，收复陇西、北地、上诸郡的北部，又收复河南之地，置朔方、五原二郡，将汉朝的北部疆界推进到河套、阴山以北的区域。汉朝用兵河西走廊，并驱逐诸羌和匈奴，先后置酒泉、张掖、敦煌、武威、金城五郡，并首次将河西走廊纳入中原王朝的版图。在南面，汉朝攻灭闽越，迁一部分百姓于江淮一带。汉军突袭南越国，在其地设南海、郁林、苍梧、合浦、交趾、九真、日南、象郡八郡。以后又在海南岛设珠崖、儋耳二郡，后因经营困难而撤销。乘攻南越回军之机，汉军突袭并平定西南夷，置犍为、牂牁、越嶲、沈黎、汶山、武都、益州七郡，南部疆界达今云南保山的东部。在东北部，西汉攻灭卫氏朝鲜，在其地置乐浪、玄菟、真番、临屯四郡，将疆界推至朝鲜半岛的中部。在西北地区，汉武帝两次派张骞出使西域，联络今伊犁河和伊塞克湖流域的乌孙、今阿姆河上游的大月氏抗击匈奴；以后平定大宛，西域诸部

---

① 邹逸麟：《中国历史地理概述》（修订版），上海教育出版社2005年版，第99页。

遣使朝贡。朝廷在一些地区设立交通亭站，驻军屯田。以后天山北路诸部脱离匈奴，西汉在乌垒城（今新疆轮台东）设西域都护，辖地包括今新疆及巴尔喀什湖以南的部分地区。

西汉末年国势衰弱，亦因王莽应对匈奴失误，匈奴联合乌桓、鲜卑经常袭击边郡，西汉的疆界被迫内收。东汉初年，东汉将今河北、山西北部的百姓移入今河北唐县倒马关、居庸关以东的地区，匈奴势力进入塞内。匈奴发生内乱，呼韩邪单于率众附汉，被安置在西河、北地、朔方、五原、云中、定襄、雁门、代、上谷诸郡的辖地，东汉恢复对今甘肃东部、山西和陕西北部、河北西北部、内蒙古呼和浩特至包头一带的统治。东汉末年，鲜卑不断侵扰边疆，成为继匈奴之后东汉北部面临的威胁。黄巾起义爆发，朝廷无暇顾边，今河套、陕北、晋西北、河北长城以北的地区被鲜卑、羌胡占据。以内城（今吉林集安）为都城的高句丽，东汉初年据有朝鲜半岛北部及附近地区。东汉西南面的疆域则有所拓展。公元69年居今云南西部的哀牢夷内附，东汉割哀牢等数县，连同哀牢夷旧地于不韦（今保山）置永昌郡。永昌郡为东汉所置郡国范围较广阔者，西面至今缅甸伊洛瓦底江上游一带。

秦汉时期较强大的边疆王朝，有匈奴、鲜卑和乌桓。匈奴始见于战国记载，最早活动在漠南阴山及河套一带。匈奴的单于驻头曼城（在今内蒙古包头）。战国后期匈奴与东胡并强，经常扰掠秦、赵、燕的北部，此三国筑长城以拒之。冒顿杀父头曼自立为单于，匈奴由族名兼为汗国之名。冒顿执政时期匈奴对外扩张，其境东至辽河，西至葱岭，北抵贝加尔湖，南达秦国所筑之长城。秦汉之际，匈奴南下夺取秦的九原郡（今包头及河套地区），与汉朝在今内蒙古河套一带分界，势力达今甘肃平凉、陕西榆林等地。汉初与匈奴和亲，与之开关市。匈奴屡犯汉朝边郡，汉朝处于被动防御的地位。武帝即位，组织对匈奴的多次反击。匈奴大败，退出河套及其以西地区，从此"漠南无王庭"。以后匈奴内乱，呼韩邪单于率众降汉，汉与匈奴开关市，友好交往60余年。王莽掌权侮辱匈奴，至东汉初年双方关系乃有缓和。匈奴分裂为南北两部，东汉于南匈奴之地置匈奴中郎将，允许南匈奴居云中郡之地，以后进入今内蒙古准格尔旗等地游牧。北匈奴经常攻扰南匈奴与汉朝边郡，东汉联合南匈奴合击，连年大破北匈奴于大漠南北与今新疆东部。北匈奴战败西迁，残部先后融入鲜卑和柔然。

鲜卑、乌桓活动在匈奴以东的地区。乌桓被匈奴打败，迁至西拉木伦河以北地区。西汉击败匈奴，迁乌桓于上谷、渔阳、右北平、辽东、辽西五郡的塞外，即今老哈河流域、滦河上游地区，令其为汉朝打探匈奴的动静。东汉初年，乌桓迁居今辽宁大凌河下游、河北北部、山西的中北部，西抵今内蒙古鄂尔多斯一带，以后与其他民族逐渐融合。

鲜卑分为东部鲜卑与拓跋鲜卑。东部鲜卑原居鲜卑山，即今内蒙古科尔沁旗西哈古勒河地区。汉武帝时乌桓附汉，鲜卑随之西迁至西拉木伦河流域。拓跋鲜卑原居大鲜卑山，即今大兴安岭北部。东汉初年，东部鲜卑经常联合乌桓、匈奴侵扰边郡。东汉中期北匈奴衰弱，东部鲜卑联合丁零、南匈奴与西域诸国攻之。北匈奴迁往中亚后，东部鲜卑据有其地。拓跋鲜卑也迁至呼伦贝尔草原，以后又迁到蒙古高原西部。公元2世纪中期，鲜卑诸部被东部鲜卑的首领檀石槐统一，势力范围扩展到整个蒙古草原。檀石槐死后鲜卑分裂，漠南地区的鲜卑分裂为三个部分。公元386年拓跋鲜卑建国，史称"北魏"。北魏统一北部中国，疆界至阴山、河套一带，略同于秦汉两朝的北部疆域。

东汉末年，曹魏、孙吴、蜀汉三国鼎立，在三国的周边地区，夷狄、蛮夷的势力十分活跃。东汉后期，南匈奴有不少人口迁入今陕西、山西北部，主要聚集地在今山西汾河的中游地区。居住北部边郡的乌桓叛服不常，曹操击败辽东、辽西、右北平三郡的乌桓，将其内迁至并、幽二州，丁壮被曹操编入军队，时称"天下名骑"。曹魏时鲜卑再次统一并占据漠南地区，一些人口继续向南迁徙。南迁的夷狄先后在中原建立政权，史籍贬称为"五胡乱华"。事实是南迁夷狄与当地居民经历了深度的融合。南迁夷狄的旧地均在北方，这些夷狄在中原建立的政权，北界大都有所扩展，如后赵统治河套地区，前燕攻灭鲜卑宇文部，将疆域扩展至老哈河流域，这也是历史疆域形成的一种途径。蜀汉占据巴蜀地区，称今云南、贵州与川西南为"南中"。东汉末年，外来移民中的豪强大姓是南中的强大势力，山区则被称为"夷帅"的蛮夷首领控制。蜀汉在南中虽设郡县，但管理松懈，凡事须察大姓及夷帅的脸色。[①] 刘备征吴失败后病死，大

[①] 方铁主编：《西南通史》，中州古籍出版社2003年版，第163页。

姓、夷帅乘机反叛。诸葛亮率军亲征，平定南中后严加治理，对西南部疆域的形成产生了积极的作用。

西晋有过短暂统一，疆土仅维持三国的规模，未能恢复两汉王朝的旧貌。东晋十六国时期全国分裂，东晋与十六国的疆土，合计范围略同于西晋。东晋建都建康（今江苏南京），疆域北抵江淮，西及巴蜀、云贵，东面至海，南达南海。十六国中以前秦的疆域最大，几乎包括整个北方。北魏统一北部地区后，中国进入南北朝的时期。南朝经历宋、齐、梁、陈四个朝代，疆域虽时有盈亏的变化，但大致以长江为界，与北朝隔江对峙。北朝各代的疆域，其北、东、西三面均未达到汉朝版图的规模。

二 隋唐宋时期的疆域与边疆

隋唐五代时期长达380年。这一时期中原王朝、边疆王朝与边疆政权激烈角逐，所面临的政治形势，以及疆域和边疆都发生了很大的变化。[①]安史之乱是重大改变的转折点。以安史之乱为界，历代王朝的疆域与边疆的变化，可分为前后两个时期。

隋与唐代前期，中原王朝的疆域有较大的扩展。隋朝建立，击破在今青海与新疆东部活动的吐谷浑，在吐谷浑旧地置伊吾、西海、河源、鄯善、且末诸郡，隋在西部设置郡县之遥远，超过以往的中原王朝。隋朝又向突厥攻取河套地区，置五原、榆林等郡。史称："自西平临羌城（今青海湟源东南）以西，且末以东，祁连以南，雪山以北，东西四千里，南北二千里，皆为隋有。"[②] 在前代经营的基础上，隋朝在今川西南、滇东北设南宁州、西宁州、恭州、协州、昆州等统治机构，任命当地首领为诸州官吏，大致恢复前朝在西南部的疆域。不久昆州刺史爨玩反叛，波及云南各地。隋朝两次出兵镇压，获胜后舍弃其地。隋炀帝派军讨平林邑国（在今越南中部），置比景、海阴、林邑三郡。但隋退兵不久，林邑又复其国。隋文帝封岭南首领冼氏为谯国夫人，先后收复岭南和海南岛。隋炀帝在位，百姓承受繁重的劳役和征发。在社会矛盾日趋尖锐的情况下，隋炀帝三次远征高丽，加速了隋朝的灭亡。

[①] 邹逸麟：《中国历史地理概述》（修订版），上海教育出版社2005年版，第117页。
[②] 《隋书》卷83《吐谷浑传》。

因致力于"拓境为大",唐朝前期的疆域拓展明显,唐朝在边疆各地广置羁縻府州进行管理。隋末东突厥势力发展迅速。公元 630 年唐朝出兵击败东突厥,后者成为唐朝的属国,唐朝取得阴山以北至大漠的广大地区。唐朝又攻灭漠北的薛延陀,于其旧地设安北都护府(在今蒙古国杭爱山以东),统管漠北铁勒诸部的都督府州;并于漠南地区设单于都护府(治今内蒙古和林格尔以北),统辖漠南突厥诸部的都督府州。公元 682 年突厥复国,唐朝的势力退出漠北。公元 7 世纪中叶,回纥崛起并占据突厥故地,辖地东至大兴安岭,西至阿尔泰山,南临大漠。唐灭东突厥后,西域的伊吾七城降唐,唐于其地置西伊州(治今哈密)。以后又据有西域的多地,先后置龟兹(今库车)、于阗(今和田)、疏勒(今喀什)、碎叶(在今吉尔吉斯北部)四镇,并将西域都护府移至龟兹。唐朝攻灭西突厥,在东起阿尔泰山、西至咸海的西突厥旧地设数十个羁縻府州。唐朝的势力还进入阿姆河流域,势力极盛时远至波斯(今伊朗)。公元 751 年唐军被大食军队打败,唐朝的势力退至葱岭以东地区。在东北部,唐朝攻灭高丽,于平壤设安东都护府,下辖一些羁縻府州,辖境包括今乌苏里江以东及黑龙江下游,南及朝鲜半岛的北部和西南部。以后因统治不稳,唐朝将安东都护府移至辽东(今辽宁辽阳)。天宝以后唐朝废除安东都护府,放弃辽东地区。公元 698 年,靺鞨首领大祚荣在忽汗河(今牡丹江)上游建震国。后被唐封为渤海郡王,加授忽汗州都督,乃改称"渤海国"。唐朝与高丽争斗两败俱伤,渤海国乘机向四周拓展,极盛时南面与新罗分界,西与契丹相接,西南在辽东与唐朝相邻。

在西南部,唐朝招降甘南、川西等地的党项部落,设数十处羁縻州县,西面达今四川阿坝与青海的阿尼玛卿山。以后党项人俯仰于唐朝、吐蕃之间,叛服不常。6 世纪中叶吐蕃崛起,松赞干布在位时,统一青藏高原建吐蕃王朝,至赤松德赞时期达至鼎盛。唐朝将文成公主嫁给松赞干布,与吐蕃有过多次联姻。吐蕃王朝存在 210 余年。在今川西南与滇东北,唐朝先后置南宁州都督府(治今云南曲靖)、戎州都督府(治今四川宜宾),随后向云南西部推进。① 公元 664 年唐置姚州都督府(治今云南

---

① 方铁:《方略与施治:历朝对西南边疆的经营》,社会科学文献出版社 2015 年版,第 378 页。

姚安），下辖57处羁縻州，疆域扩至今缅甸东北部。吐蕃崛起，派兵南下云南西部的洱海地区。唐派军征讨，但撤回后吐蕃卷土重来。唐朝转而扶持当地势力南诏，令其组织洱海诸部抵御吐蕃。南诏由此坐大，在奉命平定东部爨氏势力的反叛后，与唐朝的矛盾逐渐尖锐。天宝初年，南诏攻下姚州都督府治地，唐军三次征讨均告失败。

由此可见，隋与唐朝前期努力开拓周边的疆域，虽然取得可观的成绩，但遭到周边夷狄的顽强抵抗；所开拓的疆域时有变动，大致呈逐渐内收的态势。其中既有唐朝经营失当的原因，也反映出周边的夷狄逐渐壮大，与隋、唐为争夺控制地域展开的斗争，出现了犬牙交错的复杂形势。

安史之乱的爆发，成为唐朝疆域政策的历史转折点。此次战乱，使唐朝所蕴藏的深层矛盾不断暴露，内忧和外患接踵而至，统治者应接不暇，初期锐意进取的朝气丧失殆尽。在这一时期，唐朝治边的特点是力求务实，处理边疆事务多属就事论事，前期所置的羁縻府州纷纷丧失。周边的夷狄则发展壮大，逐渐形成与唐朝分庭抗礼的局面，边疆王朝与边疆政权的疆域也不断扩大。还出现唐朝在边疆的官吏割据自守、裂土为王的情形，更加剧了唐朝疆土的削减。有论著称安史之乱以后，唐朝的疆域丧失过半。

据有漠北的回纥汗国，参与平定安史之乱及收复长安、洛阳等地，唐朝待之礼让三分。9世纪初回纥攻破吐蕃，成为雄踞漠北的强大汗国。以后回纥内乱，在黠戛斯的攻击下分为四部分，一部分南迁入塞接受唐朝安置，其余部分分别西迁，一支进入河西走廊，史称河西回鹘；第二支迁至新疆东部，史称高昌回鹘；第三支迁至新疆西部与中亚，以后建立黑汗王朝。安史之乱后，活动在西拉木伦河、老哈河流域的契丹摆脱唐朝控制，首领耶律阿保机于公元10世纪初建契丹国。又先后征讨回鹘、党项、吐谷浑等部，攻灭渤海国。契丹后改国号为辽。辽朝的疆域东至大海，西连西域，划分河北白沟河、山西内长城与中原王朝为界。

安史之乱爆发后，又出现朱泚之乱与藩镇之祸，唐朝将防守吐蕃的军队东调平叛，西面边防空虚。吐蕃乘机向东面和北面扩展，先后夺取唐朝的川西北、甘东南等地，控制了河西走廊；又占据北庭、安西地区。吐蕃对唐朝在西部、西北部的统治形成严重威胁，肢解了唐朝在上述地区的疆域，并一度攻占长安。唐朝联合回鹘对付吐蕃，南诏与唐朝决裂后转与吐蕃结盟，数十年后又弃吐蕃归唐，经常摇摆于唐朝、吐蕃之间。吐蕃王朝极盛之时，疆域西起葱岭（今帕米尔高原）与大食（阿拉伯帝国）接壤，东至今甘肃陇山、四川盆地西缘，北至天山山脉以南，南界喜马拉雅山脉与天竺（今印度）接壤，史称："西戎之盛，前所未有。"[1] 公元9世纪中叶吐蕃内讧，赞普遇刺身亡，吐蕃王朝趋于瓦解。

南诏打败唐军三次征讨，自知惹祸，乃立德化碑于宫前，上刻受唐朝官吏欺压被迫反抗的经过，称以后悦归唐朝，面对使者可指此碑，"足以雪吾之过也"[2]。次年，爆发安史之乱，唐王朝无暇西顾，南诏日渐发展为强大的地方政权。数十年后，南诏王异牟寻不堪吐蕃欺压，与唐朝重修旧好。唐王朝遣使至南诏都城，册封异牟寻为南诏国王，实则无异于承认了南诏的统治地域。[3] 南诏未与唐朝决裂前，其首领皮逻阁被唐封为云南王，意为允许管辖蜀汉在今大理地区所置云南郡的范围。异牟寻受封为南诏国王，表明唐朝承认南诏扩大后的范围，暗指唐朝已退出这一地域。南诏极盛之时，辖地包含了今云南省、贵州省西部、四川省西南部和中南半岛北部的部分地区。唐朝在今越南北部设安南都护府（治今越南河内）。唐朝三次出兵征讨南诏，安南驻军曾两次北上参与。五代时期，安南权贵曲承美等割据其地。宋初丁部领削平安南十二使君，建大瞿越国。

唐代后期的藩镇割据，演变为全国性的分裂割据局面。五代十国时期虽仅约70年，却是战乱频繁、各地遭受严重破坏的时期。北方先后出现后梁、后唐、后晋、后汉、后周五个朝代，南方和山西地区则出现吴、南唐、吴越、楚、闽、南汉、前蜀、后蜀、荆南、北汉十国并立的局面。五代十国时期的出现，固然有政治势力博弈、局势复杂演化等方面的原因，与唐朝过度拓边，以及蕴藏的深层矛盾长期未解决也有关系。

公元960年赵匡胤建北宋，形成与周边王朝及政权对峙的局面。北宋的疆域东面、南面至海，北部以今天津海河、山西雁门关一线与辽接界，西北面以陕西横山、甘肃东部、青海湟水与西夏、吐蕃相接，西南面以大

---

[1] 张云、林冠群主编：《西藏通史·吐蕃卷》（上），中国藏学出版社2015年版，第1页。
[2] 《蛮书》卷3《六诏》。
[3] 方铁：《方略与施治：历朝对西南边疆的经营》，社会科学文献出版社2015年版，第473页。

渡河、岷山一带与吐蕃、大理国相邻，隔广西与安南相望。公元1126年，金兵攻入北宋的京城开封，北宋上层仓皇南逃，在临安（今杭州）建都，史称"南宋"。南宋的疆域较北宋更小，北面以淮河、秦岭与金朝分界。总体上来看，两宋的疆域仅占中国基本版图的约五分之一，周边地区则被边疆的王朝与政权所据有。

两宋时期，边疆王朝与边疆政权的疆域和边疆得到很大发展。既表现在其疆域和边疆有较大的扩展，也反映在其疆域和边疆因积极经营而获得较快开发，逐渐形成区域性的政治、经济的单元，为以后元朝的全国统一准备了条件。两宋时期长达约320年，是中国疆域发展史上的重要时期。宋代的边疆王朝与边疆政权主要有：

党项和西夏。唐初，党项羌活动在四川松潘、甘肃河曲等地，受唐朝所设羁縻府州管辖。安史之乱发生后，唐朝把党项羌部落迁至银州（今陕西米脂）以北、夏州（今陕西横山）以东的地区。唐代末年，党项首领拓跋思恭参加镇压黄巢起义，唐朝赐以李姓，封拓跋思恭为夏州节度使，后周时形以夏州为中心的地方势力。宋初，党项首领李继迁率众迁至灵州（今宁夏灵武），势力进一步发展。公元1038年党项首领元昊称帝，定都兴庆府（今宁夏银川），国号大夏。其辖地包括今宁夏、甘肃及陕西、内蒙古的一些地区。公元1227年，西夏被蒙古所灭。

契丹和辽。唐初契丹首领窟哥率部归属，唐置松漠都督府，以窟哥为松漠都督，赐李姓。唐武后在位，契丹起兵反抗唐朝官吏的欺压，虽被打败，却显示了较强的实力。唐末，契丹首领耶律阿保机统一各部，建契丹国，以后改国号为"大辽"。公元902年，阿保机率骑兵40万侵入长城以南，在山西、河北一带大肆掳掠，与两宋经常发生战争。辽朝疆域辽阔，南面以山西雁门山、河北大茂山和白沟（在今河北拒马河下游）与北宋分界；北界在今蒙古国和俄罗斯边界以北，东面沿外兴安岭至海，一度据有渤海国故地；西面辖有阿尔泰山地区的粘八葛部，东北面统辖黑龙江下游的室韦诸部。辽后被金所灭，契丹人多附于金。部分人于辽亡前随首领耶律大石西迁，建立西辽。延至元代，北方的契丹、党项等族人，已被普遍视为汉族人，而归入蒙元四等人制之中的汉人。

女真和金。活动在东北松花江支流阿什河流域的女真人，于公元1115年建立金朝。金先后灭辽和北宋，成为南宋的强大邻国。金先后以会宁（今黑龙江阿城以南）、大兴（今北京）、开封（今河南开封）为都城，与南宋不断进行战争，并经常取得胜利。金较稳定的疆域，是南面以淮水、秦岭与南宋分界，东至海，东南逾鸭绿江、图们江与高丽相接，西面的疆界略同北宋，与西夏、吐蕃相邻，北边东段达外兴安岭，西段与蒙古高原诸部相接。南宋后期蒙古崛起，成为金朝的一大威胁。金在与蒙古接壤之处广修界壕，希望能抵挡蒙古军队的进攻，但效果有限，公元1234年终被蒙古所灭。

唐末南诏灭亡。经过三个短暂政权的过渡，白蛮首领段思平于公元937年建大理国。大理国仍以大理为都城，基本上沿袭南诏的疆域，《元史》说忽必烈率军征大理国收其旧地，"东至普安路之横山（在今贵州镇宁），西至缅地之江头城（在今缅甸杰沙），凡三千九百里而远；南至临安路之鹿沧江（指今越南北部黑河），北至罗罗斯之大渡河（指今四川汉源的大渡河），凡四千里而近"①。其疆域包括今云南和川西南，缅甸东北部、老挝北部与越南西北部。天宝年间唐朝三次远征南诏，失败后大量军士落籍当地。大理国始终有归属愿望，通过朝贡多次向两宋提出封臣。两宋北有强敌，又有"唐亡于黄巢，而祸基于桂林"的误解，② 乃与之隔大渡河为界，视大理国为外藩，将其与安南、占城等邻国同列。安南自五代时权贵割据，自立为大瞿越国。北宋建立，大瞿越国遣使朝贡，宋封其主为交趾郡王。公元980年其国王位更替失序，北宋进讨失败，复以之为外藩如故。南宋初期大瞿越国入贡，孝宗赐名"安南"，沿袭北宋以其为邻邦的做法。

三 元明清时期的疆域与边疆

元朝实现了新一轮的全国统一，其疆域与边疆在历史上都有重要影响。较之汉唐两代，统一的元朝，不仅疆域更为广阔，民族融合的水平更高，而且疆域的巩固以及边疆内外区域联系紧密的程度，也都超过了汉唐时期。元代出现全国持续统一的趋势，被明清两代所继承，在清代还发展到更高的水平。元明清三代约650年。中国疆域在这一时期渐趋稳定和巩

---

① 《元史》卷61《地理四》。
② 宋朝统治者认为唐朝灭亡，是由于防备南诏的桂林戍军发动兵变，引发了黄巢大起义。

固，对中国疆域与边疆的最后形成，具有决定性的作用和重要意义。

南宋后期，在中国基本版图的范围，先后形成南宋、蒙古诸部、西辽、金、西夏、大理国、吐蕃等部七个王朝和政权。这些王朝和政权在所管辖区域完成局部性的统一，较之唐末、五代时期的藩镇割据与分裂割据，南宋后期的局部统一不但是历史性的进步，也为实现更高水平的全国统一创造了条件。蒙元顺应历史发展的趋势，先后攻灭鼎立的王朝与政权，实现了自汉唐以后对中国的再次统一。

蒙元的历史包括蒙古汗国、元朝两个部分。成吉思汗统一蒙古高原各部，公元 1206 年建蒙古汗国，随后势力进入黄河流域。蒙古汗国存在约 50 年。蒙古汗国不仅衍生元朝，还分离出活动在中亚、欧洲等地的察合台、钦察、窝阔台、伊利四大汗国。公元 1271 年忽必烈建元朝，至顺帝北返塞外，元朝存在 98 年。蒙古汗国进军黄河流域及其以南地区，与南宋争夺疆土长达半个世纪。蒙古汗国先于元朝建立 20 余年，遣军迂回攻灭大理国并经营西南各地，因此蒙古人对中国的统一过程，应包括蒙古汗国与元朝两个时期，史学界称为"蒙元"。

元朝在全国实行行省制度。除以中央政府所在地及周围区域为"腹里"，受中央直接统辖外，元朝在全国设立河南江北、江浙、云南、湖广、陕西、四川、甘肃、江西、辽阳、岭北、征东等 11 处行省。行省初为中书省的派出机构，以后成为常设的地方军政机构。行省管辖的地域范围甚广，军政兼管而且权力很大，适应南宋后期各地实现局部统一的状况。更重要的是行省执行统一政令，尽管施治方法可以适当变通，但边疆与内地实行大体一致的政令，有助于缩小边疆与内地的差距。在边疆基本形成，发展水平与内地趋于接近的情况下，元朝的行省制度取得良好成效，不仅巩固了王朝的疆域，也促进了边疆地区的发展。

元朝的疆域十分辽阔，北部据有今蒙古、俄罗斯的西伯利亚中部，以及中国内蒙古的北部、东部与黑龙江西部。辽阳行省东面临海，占据辽东半岛，东南面与高丽相接。西南面的云南行省，统治今云南、川西南、贵州西部以及中南半岛的部分地区。在吐蕃地区，元朝设朵思麻宣慰司、朵甘思宣慰司和乌思藏宣慰司，直属中央的宣政院管理。元朝在疆域方面的重要贡献，不仅表现在对全国实现了更高水平的统一，而且首次将蒙古高原和西藏高原纳入中原王朝的直属版图，为中国疆域的最后形成奠定了基础。[①]

明朝统治277年。明朝继承了除北部草原之外元朝的大部分疆土，这些地区原为南宋、大理、西夏和金所统治。在黑龙江、松花江流域与吐蕃地区，明朝采取羁縻的方式经营，北面则遭遇退据漠北元朝残余势力的挑战。元顺帝率众退回漠北，史称"北元"，以后改称"鞑靼"。鞑靼与另一蒙古势力瓦剌经常南下，给明朝造成很大的压力。由于鞑靼、瓦剌经常侵扰明朝的北疆，明朝依靠九边重镇与积年修建的长城与之对峙。明朝在土木堡战役遭受惨败，英宗被俘。有学者认为明代是第二次南北朝，即南方王朝与北方夷狄对峙的时期。

自从安南脱离，中原王朝失去统治西南边疆的一处屏障。为确保云南联系内地的交通要道——湖广道的安全，公元1413年，明朝在湖广道所经之地建贵州省，为西南边疆的稳定提供了保障。从公元1441年开始，为制止在今云南西南部麓川土司的扩张，明朝在九年间先后三次征讨，最远打到今缅甸北部的伊洛瓦底江流域。"三征麓川"维护了明朝西南部疆域的完整，但同时亦埋下土司长期纷争的祸根。缅甸的东吁王朝插手南部土司的争斗，形成渐次进逼之势。云南巡抚在今腾冲以西、以南的地区置八处关隘固守，关隘之外的区域乃被东吁王朝吞并，明朝在西南边疆的疆界内收。[②]

明朝面临维护海疆安全的问题。明代实行海禁政策，沿海地区出现由倭人、海盗等组成的倭患，明朝对倭寇进行了坚决打击。公元1624年荷兰殖民者进入台湾岛北部，公元1642年击败西班牙人占据台湾。公元1661年郑成功将荷兰人逐出台湾，随后设置承天府与州县，大陆沿海地区的百姓大量移居台湾。1553年以后，葡萄牙人在取得泊船权的基础上，在澳门修建教堂、炮台等建筑，逐渐取得对澳门的实际经营权。

清朝立国后，多次采取有力的军事行动，致力于恢复疆土和捍卫疆土的安全，并取得良好的效果。清初明代的瓦剌称"厄鲁特蒙古"，以后成

---

① 邹逸麟：《中国历史地理概述》（修订版），上海教育出版社2005年版，第139页。
② 方铁：《方略与施治：历朝对西南边疆的经营》，社会科学文献出版社2015年版，第395页。

为西蒙古诸部的统称。在厄鲁特蒙古诸部中，以噶尔丹为首领的准噶尔最为强盛。准噶尔先后征服南疆的回部，进兵青海笼络西藏，侵扰甘肃地区。准噶尔部控制的地域，地跨葱岭东西两地与天山南北，东抵哈密，西及中亚，成为清朝经营西北边疆的劲敌。公元1696年康熙帝率军亲征，平定了噶尔丹发动的叛乱。公元1720年，康熙帝又派兵进入西藏，驱逐了准噶尔的势力。清朝统治者还与内外蒙古上层长期联姻，积极传播佛教，利用上层联络和文化影响的作用，促进了内外蒙古与内地的相互了解，解决了长期以来中原王朝受游牧势力南下威胁的问题。自贝加尔湖以东，外兴安岭以南的黑龙江流域，也归入清朝的版图。

公元1757年，清朝彻底平定准噶尔，统一了天山北路，随即进入南疆。公元1759年，清朝又平定回部大小和卓之乱，统一了南疆地区，在新疆建立了巩固的统治。在西藏地区，自公元1720年驱逐了准噶尔的势力，清朝委康济鼐主持藏政，设驻藏大臣监督。公元1750年平定西藏的叛乱，清朝制订《西藏善后章程》，改组西藏地方政府"噶厦"，在西藏长年驻扎官军。公元1791年，清朝驱逐进犯的廓尔喀军队，并制订《钦定西藏章程》，提高驻藏大臣的权力，确定西藏地方官员的职权与品级，同时实行金瓶掣签制度。在西南边疆地区，通过实行大规模的改土归流，清朝对南方蛮夷建立有效及深入的统治。乾隆年间又发动大小金川战役，沉重打击了地方割据势力。平定"三藩"之乱后，清廷致力于收复台湾。在公元1683年的澎湖战役中，清军击败占据台湾的郑氏势力，攻下了台湾。次年，清朝在台湾设置由福建省管辖的统治机构，台湾东北面的钓鱼列岛也属于中国的领土。在西方列强入侵中国之前，清朝完成了国家的统一，明确了边疆地区的归属。在构建国家疆域与巩固边疆方面，清朝作出了重要的贡献。

除了边疆政权与反叛势力外，威胁清朝的疆域、边疆安全的还有西方列强。清朝对西方列强虽进行过抵抗，但由于国势渐衰，一些疆土先后被西方列强割据。公元16世纪末17世纪初，俄国向东面扩张，进入西伯利亚，侵入中国的蒙古和东北。公元1658年发生在松花江流域的雅克萨之战，俄国哥萨克军队被全歼。因进犯黑龙江流域的雅克萨连遭失败，俄国最终同意在尼布楚举行谈判。双方就中俄东段边界划分达成协议，签订了中俄《尼布楚条约》。在北段边界，俄军不断入侵蒙古地区。公元1727

年，清朝与俄国签订《布连斯奇条约》，规定东起额尔古纳河，中经恰克图、西至沙宾达巴哈为两国的北段边界。公元1864年，中俄签订《中俄勘分西北界约记》，清朝割让巴尔喀什湖以东约44万平方千米的领土。

英国和法国也提出领土要求。英国为打通缅甸至云南的道路，派近200人的探险队进入云南，遭到民众抵抗，英国译员马嘉理被杀。英国公使乘机勒索，以发动战争相威胁，迫使清朝签订《烟台条约》。除赔款、开放云南边境贸易、英人享有外交特权等外，条约还准许英人进入西藏。清朝在中日战争中失败，被迫签订《马关条约》。《马关条约》引发西方列强参与瓜分中国。《马关条约》议定将辽东半岛和台湾割让给日本，赔款银2亿两。由于分利不均，俄国纠集法国和德国，要挟日本放弃上述要求。日本乃放弃割让辽东半岛的计划，但索取赎地银3000万两。

第三节　王朝国家的边疆观念

王朝国家的边疆观，包括中原王朝的边疆观与边疆王朝的边疆观两个部分。中原王朝的边疆观，经历了长期、复杂的演变过程，对中国疆域与边疆的形成巩固，中原王朝的边疆观占有举足轻重的地位。研究中原王朝的边疆观，还应注意边疆观与治边实践之间的复杂关系，并总结中原王朝治边的重要经验。

一　中原王朝的边疆观

近当代的中外文献，多在地理上把边疆解释为一个国家中比较边远、靠近国境一带的地区。然而，边疆又是一个历史概念，它是随着中国统一的多民族国家的形成和发展而逐渐形成的。古代的边疆观与现今的边疆观不同，中原王朝的边疆观与边疆王朝、边疆政权的边疆观也有差异。中原王朝的边疆观，经历了由浅入深、从初级到较高层次的发展过程。中原王朝边疆观的嬗变，大致与中原王朝历史疆域的形成同步，同时受到诸多文化与传统的影响。

边疆的观念出现于先秦时期，一些诸侯国提出"五服"说或"九服"说。《尚书·禹贡》说：

"五百里甸服，百里赋纳总，二百里纳铚，三百里纳秸服，四百里粟，五百里米。五百里侯服，百里采，二百里男邦，三百里诸侯。五百里绥服，三百里揆文教，二百里奋武卫。五百里要服，三百里夷，二百里蔡。五百里荒服，三百里蛮，二百里流。"

《尚书》所言之"五服"，内容大致是统治者居于天下的中心，统治者的影响由中心向四面传播，每隔五百里依次为甸服、侯服、绥服、要服、荒服，两服之间又有若干层次，统治者的权威根据距离的远近递减，当地居民对统治者承担的义务也相应减轻。《周礼·夏官司马》中"九服"说与"五服"说的主要区别，是将"五服"划分为更细的"九服"。《荀子·正论》对"五服"说作了具体说明，内容大致是中原各国服事天子之制相同，而四方夷狄服事天子之制却不同。"甸服"之人供给天子每天的祭品，"侯服"之人供给天子每月的祭品，"宾服"之人供给天子每季的祭品，"要服"之人供给天子每年的贡品，"荒服"之人仅须承认天子的至上地位而不必定时进贡。四方夷狄向天子进贡物品，负担的程度和进贡的次数，根据距离的远近依次递减，此乃王者之制。

先秦时期提出的"五服"说或"九服"说，对国家的疆域以及国家与周边势力的关系，做了理想化的描述，并提出远交近攻、事近疏远等战略思想，对后世产生了深远的影响。但应看到，"五服"说或"九服"说是在中国尚未出现统一王朝的时候出现的，难免带有乌托邦性质的色彩。进一步来说，从秦朝统一全国到清朝被推翻，2000多年间中国的边疆与疆域发生了跌宕起伏的巨大变化，其情形之复杂与多变，远非先秦时的思想家所能想象的。因此，先秦时期的"五服"说或"九服"说，乃逐渐被人们淡忘，让位于更切实际的边疆观。

汉朝统治者在总结前朝治边经验的基础上，逐渐形成了"守中治边"与"守在四夷"的边疆观。汉代史学家班固对边疆的阐释，大致能代表当时的主流看法。他认为，华夏与夷狄之间有山谷或大漠阻隔，是"天地所以绝外内也"。中原王朝所以立封畿分九州，列五服索土贡，修刑政或昭文德，是因位置之远近所造成的形势有异。他提出夷狄、华夏的习俗不同，《春秋》因此认定内诸夏而外夷狄。统治者应顺从天意，夷狄居外便不必纳于内，既已疏远则无须亲近。中原王朝与夷狄交往亦应体现气度，夷狄若慕义贡献，朝廷当待之以礼；若交往夷狄，则应羁縻不绝，倘有失礼须使责任在夷狄,如此方为制御蛮夷之"常道"。①

班固所提出的边疆观,既体现了中原王朝对华夏文明的高度自信,亦表明中原王朝区分内地或边疆,标准是辨其文明属于华夏抑或夷狄。他提出经营边疆,"其地不可耕而食,其民不可臣而畜",认为经营边疆得不偿失,因此对开疆拓土持保守态度。班固关于夷狄来犯须回击抵御、夷狄败退则备守烽燧的主张,亦被后世大多数中原王朝奉为圭臬。班固之后的历代政治家,则进一步将中原王朝的边疆观概括为"守中治边",并提出"天子有道,守在四夷"。② 明朝大臣桂彦良说:"天子有道,守在四夷,言以德怀之,以威服之;使四夷之臣,各守其地,此为最上者也。"③ 基于"守中治边"与"守在四夷"的边疆观,强调"守中"方可"治边",治边的理想目标乃"守在四夷"。进而主张应明确划分"守中"区域与四夷之地。通过"治边",为腹地的安定繁荣提供保障,在边疆地区则实现夷华相安、夷不乱华。

中原王朝的边疆或边陲,主要是指其统治核心区域的外围或边缘部分,尤其与其他政权实体相毗邻附近的地区。古代边疆与近、当代边疆最明显的区别,就在于后者以明确的国界线为限,明确划分彼此的疆域,靠近国界线一带的部分称为"边疆";而古代的"边疆",通常指一个较大范围的地域,同时古代的边疆还因种种原因而处于经常性的盈缩变动的过程中。

中原王朝的边疆,多具有如下特征:首先,是古人以华夷不同文化分布的差异、区域经济开发的强弱等作为划分核心区与边疆的分野,边疆被认为是由蛮夷所控制、经济明显落后于核心地区的远僻之地。其次,中原王朝的疆土范围,不同时期不仅有盈缩变化,且中原王朝与其他政权实体之间的疆界多存在犬牙交错之势,或因双方拉锯争夺及长期对峙而产生大小不一的缓冲地带,这些犬牙交错与属于缓冲地带的区域,通常也被视同边疆。最后,中原王朝对边疆及徼外蛮夷多实行"来则纳之,去则不追"以及鼓励朝贡以收羁縻之效的政策。历代还有一些他国商旅假托使节朝贡

---

① 《汉书》卷94下《匈奴传·赞》。
② 《晋书》卷56《江统传》。
③ 桂彦良撰:《上太平治要十二条》,载(明)陈子龙等选辑《明经世文编》卷7。

"以邀厚利",而中原王朝多将其视为归附的象征,并赐朝贡者以名号或财物,因此中原王朝的"边疆"范围,有时亦含混不清甚至迷茫难考。

农业社会具有的性质与特点,决定了中原王朝治边必然"守在四夷"。正如一些大臣认为,中原地区周边为沧海、流沙、大漠与五岭,乃上天所赐,"以限夷狄而隔中外",天意不可违。"守在四夷"的关键,是处理好"守中"与"治边"的关系。中原王朝追求的主要目标,是华夏之地安定繁荣,而拓边、经边次之。唐臣褚遂良说:古代帝王"必先事华夏而后夷狄"。唐臣李大亮上书:中国百姓为天下本根,四夷之人犹如枝叶;若扰动本根而以厚枝附之,怎得久安。中原王朝提出的治边须分清轻重缓急、重本抑末等思想,可谓是对其边疆观的拓展性总结。

从"守在四夷"的边疆观出发,历朝往往奉行"谨事四夷"的原则。其要义就在于:一是慎重对待周边夷狄的挑衅,若对彼用武须考虑必要性与可行性,不可草率出兵。二是讲究灵活应对的艺术,既对中原王朝的应对划定底线,同时处理时又体现文明大国的风范,做到有理、有节、有度。关于与夷狄交往的底线,东汉官吏虞诩提出"附则受而不逆,叛则弃而不追"。班固称对夷狄应"外而不内、疏而不戚","来则惩而御之,去则备而守之"。若夷狄慕义入朝贡献,朝廷须待以礼让,"羁縻不绝,使曲在彼"。唐臣狄仁杰指出,对夷狄"叛则伐之,降则抚之",既体现了朝廷"推亡固存"之仁义,也可免除百姓远戍之劳役,取得彰显华夏文明与避免耗银扰民的双重效果。司马光认为"叛则讨之,服则舍之",是王者对付夷狄的基本原则,若有大汉之强盛却将盗贼之计谋用于蛮夷,"不亦可羞哉!"[①]

一些研究者在分析中原王朝对边疆地区的经营时,习惯于列举统治者开疆拓土、在边疆地区广泛设治,对边疆夷狄施行羁縻之治,以及向边疆地区移民、在边疆屯田和传播内地文化等。一般来说,此类说法总体并无大错,但细察史籍,便会发现中原王朝对治边的认识和相应举措,不同朝代存在明显差别。自秦汉迄明清,历代统治者经营边疆,对边疆地区开发利用的价值,以及经营边疆对国家统一与发展所具有的重要意义,在认识

---

① 《汉书》卷94下《匈奴传·赞》。《后汉书》卷86《南蛮传》。(唐)狄仁杰:《请罢百姓戍疏勒等四镇疏》,载《全唐文》卷169。《资治通鉴》卷23《汉纪十五》,元凤四年臣光曰。

和相应的举措方面经历了漫长的演变过程。统治者边疆观的不断深化，与古代国家与边疆地区两者的发展，以及内地与边疆政治、经济上联系的重要性渐趋明显等，都有密切的联系，同时也有王朝统治者受时代与阶级立场局限等方面的原因。因此，不可雷同化看待历代王朝的边疆观及其治策，或把历代统治者对边疆地区的经营，简单归结为某种固定单一的模式。

二　中原王朝边疆观的发展演变

"守在四夷"有其合理内核。在华夏文明独步东亚地区的时代，由"守在四夷"演变发展而来的治边方略堪称积极而有效。但纵观天下大势，情势一旦有变，"守在四夷"所蕴含的保守成分便会逐渐显现，进而成为中原王朝自我封闭的原因之一。日本学者信夫清三郎认为，东亚国际秩序或华夷秩序是向心的、不平等的纵向关系，近代欧洲国家体系是离心的、平等的横向关系。后一类型的国际关系，亦即华夏文化受到相继崛起其他文化的挑战，东亚地区必然形成新的关系的发展方向。在这一变化过程中，"守在四夷"的观念逐渐落伍，并成为明清两朝逐渐落后的重要原因。

中唐及以后的时期，吐蕃、南诏、辽、金、夏、蒙古等边疆势力先后崛起，这也导致中原王朝的边疆观发生了变化。吕思勉提出，隋唐以后中国历史进入一个新的段落。"五服"论在遥远的过去或许有某种合理性，那时中国的周边被文化发展水平较低、政治组织结构松散而又不够完整的民族所环绕。到了唐代这种情况发生了变化。公元8世纪末至9世纪初，一种新的稳定的国际形势逐渐形成，中国从此不再是国际关系环绕的中心。公元9世纪以后中原王朝视野中的天下，大致包括中国腹地、中国边疆与远方他国三个部分，中国边疆是中国腹地与远方他国之间的中间地带。宋与辽、金诸朝的对抗，并非两种文明之间的对抗，而是以宋为一方，以辽、西夏、金或蒙古为另一方的战争，实际上是中国内战的一种特殊形式。宋与辽、西夏、金、蒙古之间的战争，既为争夺对华夏地区的控制权，同时也是不同文化之间的竞争，由此诞生了新的天下格局。

宋朝将"守在四夷"的观念，发展为"欲理外，先理内"的治边原则。公元989年，大臣田锡在奏书中称："欲理外，先理内；内既理则外自安。"淳化二年（公元991年），宋太宗对近臣说：国家若无外忧必有内患，外忧不过边事尚可预防；若奸邪演为内患，则深为可惧。[①] 为实现"守在四夷"，宋臣还认为划大渡河为界，将大理国拒于境外，使其"欲寇不能，欲臣不得"，乃御戎之上策。明清时中国的疆界基本上形成，清乾隆帝乃将"守在四夷"，表述为开边黩武朕所不为，祖宗疆宇不敢缺亏尺寸。[②]

由于中原王朝的积极经营，唐末、两宋时期华夏之地周边的大部分地区，已成为中国疆域不可分割的部分，中原王朝与远方他国的邦交关系亦逐渐确立。而处于中原王朝腹地与远方他国之间的部分，则是与中原王朝同属中国的辽、金、夏等边疆王朝。继起的元朝从全国统一的高度，进一步明确了全新的天下格局。蒙元天下观的演变，大致可分为蒙古汗国与元朝两个阶段。蒙古汗国将世界视为蒙古草原的外延部分，由此形成有别于传统中原王朝的天下观。蒙古军队初入中原地区，有将领称中原平坦辽阔，若赶走汉人则是放牧的极好去处。蒙古汗国天下观的长处是放眼世界，重视发展占据地区与其他地区的联系。元朝初期亦难免受蒙古汗国观念的影响。

元朝的地缘政治观包括以下内容：经营地域的重点从北方逐渐转移到南方，改变了中原王朝治边重北轻南的传统。蒙元统治者来自蒙古草原，同时元朝的北部疆域延伸到西伯利亚，西北面疆域则与四大汗国相连，致使向北部拓展的空间十分狭小。元朝前期继续向外扩张，并将扩张的方向选在南方。元朝为此积极经营云南、广西和相邻的中南半岛。因受草原围猎、长途游牧等生产方式的影响，蒙元统治者在较长的时期对外积极扩展。另外，蒙元对边疆内外地区的积极经营，也扩展及巩固了边疆地区，为中国历史疆域的最终形成奠定了基础。《元史·地理一》言："盖岭北、辽阳与甘肃、四川、云南、湖广之边，唐所谓羁縻之州，往往在是，今皆赋役之，比于内地。"元代中期，"守在四夷"的观念在朝廷占据上风，元朝逐渐停止对外用兵。

明清两朝顺应宋元以来的发展趋势，使中原王朝的内涵及中原王朝与夷狄的关系，都出现了新的、持续演进的变化。这些改变的内容，大致是

---

① 《续资治通鉴长编》卷30。
② 《清高宗实录》卷377。

中国的边疆地区得到加强，成为拱卫国家的有力屏障；中国周边的邻邦，大都成为与中国建立新型藩属关系的属国。至于中国与远方他国的邦交关系，则开始向对等的国家间关系演化。

朱元璋继承了汉唐"守在四夷"的边疆观，但反对对外扩张。公元1371年，朱元璋告诫群臣："海外蛮夷之国，有为患于中国者，不可不讨；不为中国患者，不可辄自兴兵。"以后他又告诫子孙："四方诸夷，皆限山隔海，僻在一隅，得其地不足以供给，得其民不足以使令。"[①] 朱元璋还把安南、暹罗、占城和真腊等列为不征之国，与这些国家一直保持了长期友好的关系，对其朝贡大都回报以厚赐，以达到"四夷怀服"的目的。公元1381年，太祖出兵征讨云南。公元1383年，他在诏书中说："中国既安，守在四夷。昔者诸夷不遵声教，恣肆跳梁，特遣征南将军率师三十万问罪西南。"[②]

清朝形成了较明确及完整的国土观，统治者认识到对保卫国土负有责任。清王朝建立之初，其北部疆域遇到严重动乱与外敌入侵的挑战。公元1690年的"乌兰布通战役"，清军击败勾结俄国军队来犯的蒙古准噶尔部；以后康熙帝率军亲征，平定准噶尔部首领噶尔丹的叛乱。公元1755年，清王朝在平定准噶尔的基础上统一天山北路，继而平定回部大小和卓之乱而统一南疆。在东北边疆，公元1658年，清军在松花江一战中全歼入侵的俄国哥萨克军。康熙帝继位后，加强了对俄国蚕食东北行为的抵抗。公元1767年，清廷令将军明瑞率大军征缅甸，揭开长达七年之久的征缅战争的序幕。清军大举征缅，是由于缅军多次侵扰云南边境，严重威胁西南边疆的安全。

中原王朝的海疆观形成较晚。在很长的时期，中原王朝较重视内陆边疆问题，因此陆疆观的形成与界定较早。而海疆观则是在明清时期，中原王朝受到海洋外部势力威胁（如明代沿海倭寇之乱、清代西方列强从海上入侵）的形势下才逐渐形成的。

三 中原王朝边疆观与治边实践的关系

中原王朝之边疆观与治边实践的关系，大致包括以下内容：中原王朝

---

① 《明太祖洪武实录》卷68《皇明祖训·箴戒篇》。

② 《明太祖洪武实录》卷153。

的边疆观，即中原王朝关于边疆的认识、观念和思想，以及具体的治策、规定与措施等；治理边疆的实践，包括相关的一系列制度安排、政策执行者的贯彻执行、治边实践所产生的短期效果与长远影响等。研究中原王朝边疆观与治边实践的关系，还应注意边疆观与实践之间的互动关系，具体来说主要是边疆观对治边实践的指导作用，治策实施的情形及其反馈，相关治策的修订与调整，对治策施行成效的评估，治边实践对边疆观形成发展的深刻影响等。

过去我们研究历史，关注较多的是以事件、制度、沿革、人物活动为主要内容的史实，而研究者对历史舞台上人物行事的初衷、动机以及相关的认识和思想，却缺乏应有的研究；至于对统治者的决策、制度与政策贯彻于实践所取得的成效和产生的作用与影响，研究得相对较少。如果我们能加强对历史当事人动机或行事初衷的研究，注意考察制度与治策成效以及嬗变的情形，不仅能更准确地把握历史，还可看出在历史发展过程中动机与效果的辩证统一关系。

研究本问题应关注以下内容：中原王朝的统治集团与相关人物（包括统治者、重臣权臣与边吏、平民思想家），对古代边疆的看法及对边疆范围的界定，与边疆相关的对国家、政治实体之间关系的认知，对与边疆相关的华夷关系及对蛮夷治策的认识，对与边疆相关的边疆开发、资源获取、商贸往来、人口迁徙与安置等问题的认识，对与边疆相关的内地文化传播的认识，对中央与边疆府际关系的认识，对边吏的选用与监督、边疆驻军的派遣与管理等的认识，对中央与边疆相关机构的设置、管理的认识。总的来说，对历朝治边的具体政策、规定与措施，迄今人们关注和研究较多，而对中原王朝的治边方略与宏观层面的治策则着力不够。即便历朝治边的政策、规定与措施，情况也较为复杂，不同朝代、同一朝代的前后期以及南北方不同地区，其治边政策与措施的施行也往往差异较大。

中原王朝的边疆观与治边实践之间的一些问题，长期以来也一直是研究的薄弱环节。古代中国疆界常不甚明确，同时还存在边疆或徼外的藩属势力与邻邦，两者的性质或发生转换的情形。另外，中原王朝多视远方的朝贡为献土归属，难免掺杂邻邦派遣使臣或远国商旅假托朝贡之情形。因此，中原王朝应对远人献土归属、边疆蛮夷反叛以及与远邦朝贡的不少做法，既是针对边疆蛮夷，同时也包含有邦交方面的内容。

清代以前史籍记载的宗藩、藩属等一类关系，大致包括了中原王朝的邦交关系、中原王朝与边疆地方政权的关系、与边疆蛮夷部落的关系，局部政权之间的关系，以及中原王朝内部因分封而形成的宗藩关系等不同类型。清王朝正式形成与越南、朝鲜、缅甸等国的宗藩关系，对宗主与藩属国双方应尽的责任和义务诸事宜，均有较明确的规定。中原王朝处理宗藩关系亦借鉴了封建宗法制度的内容，如通过册封与定期朝贡等形式，强化宗主国的主导与至尊的地位。至于藩属国执行的法律与上缴宗主国的税收，反而不甚计较，允许有较大的灵活性。这就表明：中原王朝的宗藩关系有宽猛相济的特点，强调羁縻与宽容，较少干涉藩属国的内政（清代尤为突出）。这与近代西方形成以控制对方主权为目的的保护国的制度设计显然不同。

历代典籍中，并未见关于宗藩关系具体、完整的文字记载。"宗藩""藩属"之类的说法，在出现的时间上也各有先后，混用的情形也较普遍。同时，朝贡、纳质、联盟、觐见、和亲等措施，也常混用于处理邦交关系与藩属关系，反映出此类问题本身的复杂性，古人对此也有不同的理解。即便在汉、唐等强盛的统一中央王朝时期，也常以舅甥关系、兄弟关系以及父子关系、君臣关系等，分别用来称呼邦交、藩属或臣属的关系，不能随意混用。一般来说，若以舅甥关系、兄弟关系相称，主要指宗藩或邦交的关系；若以父子关系、君臣关系相称，则多指臣属关系。另外，臣属关系、邦交关系及藩属关系也会发生角色转换，中原王朝如何看待此类问题、如何进行阐释和处理，以及古代国家间关系同近现代国家间关系的本质差异，都应进一步加以研究。

对中原王朝的治边实践及其与边疆观的关系，过去学术界注意不多。这方面研究的内容，包括中原王朝治边政策的制定与调整，治边政策与相关措施的实施，治边实践的短期作用与长远影响，边疆吏治及其管理体制与治边实践的关系，中央与边疆府际关系对治边的影响，影响治边实践的非制度性因素，治边理论与治边实践的互动关系等。另外，还应研究在处理边疆问题的过程中，统治者的随机处置与阶段性政策的修正调适，前者主要指历朝对边疆问题的独到或创举，后者则指历代治理边疆问题实践发生嬗变的脉络轨迹，以及同一王朝前后时段和由于皇帝更替所导致的治策变更等。在边疆地区尤其是在清代的后半期，封疆大吏在治边方面有很大的决策权及重要的作用，对此也不能忽视。

除此之外，还应注意在边疆观形成与付诸实践的过程中，中央与地方政府的关系，相关上下级关系的协调，实施运作过程中相关信息的形成和反馈的途径与效果，边疆地方官吏参与制定、实施修正治策等方面的情形。还应探讨边疆地区吏治及其管理体制对边疆治策产生的实际影响。事实上，边疆吏治及其管理体制对治边的影响十分明显。历朝对边疆地区的统治，前后期治策的有效性乃至王朝对疆域实际控制的程度，常有明显的改变。当事官吏素质的高低，及其越权、擅权和应对问题的方式，常是导致改变的重要因素。边吏并非特殊的群体，而属于全国官吏系统的组成部分，是经常流动与变更的。在通常的情况下，边吏与京官、内地官吏的位置常可相互调换轮替。历代由于选吏不当以及政治腐败，造成边疆官吏擅权或处理失当，边政出现危机的情形也屡见不鲜。司马光甚至认为爆发安史之乱，与唐玄宗改变对边帅的任用原则有着直接的关系。但某些时期如唐朝前期，对边吏的选拔和任用有明确的规定，这方面的经验和教训都值得加以总结。

还有一点应注意，即中原王朝任命镇守边关的边吏，天长日久便易与地方豪强势力合流，形成盘踞一方的地方势力。这种情形在南方较为常见。其形成固然有王朝统治鞭长莫及，以及所任命的地方官吏长期未能及时调迁等原因，但究其根源，主要还是中原王朝授予南部边疆官吏视事以较大的灵活处置之权所致。与此形成鲜明对比，中央王朝对镇守西北边疆的军队和将领通常控制较严，较少有授以灵活处置重要事务权力的情形，同时朝廷对镇将的调动甚为频繁，也减少了镇将与地方势力勾结合流的可能性。历朝的治边实践，前期与后期的情形有时变化很大，其中既有中原王朝由盛及衰、时过境迁、人亡政息、统治者治边理念发生变化以及吏治腐败影响等方面的原因，也有封建制度下人治大于法治，一些开明的治策及其实践难免鲜克有终的深层原因。

至于影响边疆观及其实践的诸多"非制度因素"，大致包括统治集团内部出现的外戚干政、宦官擅权与政权的非正常更迭，边疆地方政府由于腐败、擅权与混乱对治边造成的干扰，以及天灾、瘟疫、政治动荡、战争等带来的影响，等等。上述情形的出现，与封建制度有着内在的逻辑联系，这些情形的出现难免带有偶然性，姑且可将其归入影响边疆观及其实践的"非制度因素"。

治边实践所产生的短期作用与长远影响，也是值得研究的一个问题。历史人物行事的具体目标与行事的客观效果常常事与愿违发生偏离，推行治策所产生的即时效果，与数十年乃至数百年后所产生的深远影响有时偏差甚大。正如恩格斯所说："行动的目的是预期的，但是行动实际产生的结果并不是预期的，或者这种结果起初似乎还和预期的目的相符合，而到了最后却完全不是预期的结果。"① 如历朝历代大都重视发展边疆地区的交通，但中原王朝热衷在边疆地区发展交通，并非主要为了开发边疆（在前期尤其如此），而是为了发展与其他国家或邻邦的联系。这种联系，既有基于地缘政治的利害关系诸如远交近攻等策略方面的谋划，也有出自争取他国的珍物异宝等方面的考虑。此外，开发交通是为了便利对边疆地区用兵，以及便利边疆蛮夷和邻邦朝贡的需要。但客观上发展边疆地区的交通，却有力地促进了边疆与内地的一体化进程，是形成中国历史疆域的一个必要条件。

四　中原王朝治边的主要经验

从秦朝建立至清朝灭亡，王朝国家的历史长达2000余年。在这一发展过程中，中原王朝视边疆治理为统治的重要内容，经过长期的实践和总结，中原王朝在治边方面积累了宝贵的经验。这些经验主要有以下方面。

1. 妥善处理中心与边缘地带的关系

历朝统治者多视腹地为"天下"的中心，以边疆为中原王朝的边缘。而所谓"治边"，实则为历朝从中心—边缘关系的视角，在处理边疆问题方面获得的认知和相应实践。历朝统治者认为中原王朝一统天下，中原王朝周边的其他文明，与中原王朝应为尊崇、服从或相安的关系；王畿乃国家的中心和中枢，中原王朝对天下的统治及影响，以王畿地区为中心渐次推及四面八方。上述边疆观，既体现出统治者对华夏文明的高度自信，亦表明中原王朝区分内地或边疆，重要标准是辨其文明属于华夏抑或夷狄。由于持夷狄落后、卑下的偏见或观点，认为"其地不可耕而食，其民不可臣而畜"，因此对开疆拓土多持保守态度。基于"守在四夷"的认识，

---

① 《马克思恩格斯选集》第4卷，人民出版社1972年版，第243页。

历朝统治者强调唯守中方可治边，治边的理想目标是"守在四夷"。认为应明确划分"守中"区域与四夷之地，通过治边为腹地的安定繁荣提供必要保障，以求夷华相安、"夷不乱华"。

在漫长发展过程中，中原王朝边疆的外缘部分较难确定；腹地外围以及同他国的疆界之间，常存在大小不一的缓冲地带。中原王朝的做法，通常是将华夏以外的区域普遍视为夷狄，实行鼓励夷狄入朝觐见的封贡制度。封贡制度既针对腹地外围归顺的夷狄，也适用于远方来朝的邦国。封贡制度的实质，是以更加丰厚的回赐和待之以礼，换取朝贡者至少在形式上的归顺和遵从，以及对中原王朝至尊地位的承认服从。为实现"守在四夷"，历朝统治者认为中心与边缘有主次之别，治边与治内也有缓急之分。中原王朝应对边疆夷狄进犯的策略，主要是重在防备、以逸待劳和应对有方。前期中原王朝的治策总体上是成功的，为华夏地区的安定繁荣，东亚地区持续近千年的基本和平，"守在四夷"提供了切实有效的保证。唐代后期形势发生了变化。公元19世纪中叶西方列强侵入中国，清朝未能适应时代发生的变化，仍继续恪守旧制，导致在与西方列强的战争中遭受惨重失败。

2. 采取较灵活的国家结构形式

中原王朝的国家结构形式，大致介于单一制与联邦制之间，同时有注重实用、认可多元及随时代改变等特征。古代中国国家结构形式中包含的单一制因素，主要指历代中央王朝高度集权，并对全国包括大部分腹地的外围能实施有效的控制；而存在的联邦制因素，则是在承认朝廷政治权威的前提下，认可某些边疆局部政权存在的合法性，这些政权亦可保留自己相对独立的统治制度。

对边疆多元的政治状况及边疆政局的复杂性，历朝大都有深刻认识。中原王朝的边疆政策既不能与内地雷同，亦不能过于固化或单一化，这成为历朝统治者的一大共识。在统治者看来，治边虽无必定之规，亦无长胜之法，但应以"临事制宜，略依其俗"为基本原则。另外，统治者也认识到须及时调整观念与治策，做到因时因势顺变。正确处理中央与地方的关系则是治边的核心。在国家结构形式问题上，历朝大都注重是否实用有效，至于采取的形式则相对灵活。因此，中原王朝的国家结构形式表现出多元性和复杂性，并形成了若干较为成熟的形式。

以汉、唐两朝为例。汉朝的国家结构形式主要有以下类型：①在可直接统治的腹地设郡或国，实行规范的郡县制度。②在边陲之地虽亦设郡或国，但称"边郡"或"属国"。③边郡、属国主要以夷狄为统治对象，强调军事控制。汉朝在这些地区增设"主蛮夷降者"的属国都尉，在一些地区还置持节巡行的骑都尉或校尉。对边郡、属国多沿故俗而治，少征或免征赋税。第三种情形以南越国、东匈奴较典型。南越国为秦朝的岭南守吏赵佗建立，汉高祖刘邦遣使立为南越王，承认其局部政权的地位，条件是南越国对汉朝称臣并奉汉约。南越国有权任命官吏、设置属县及制订法律。匈奴与汉朝初为敌国。五凤元年（公元前57年）匈奴分裂，东匈奴的首领呼韩邪单于称臣于汉，汉朝承认其为局部政权，以之为汉朝在北部边疆的樊篱。

唐朝的情形与汉朝类似。唐朝在腹地设府州县进行规范化管理，在边疆夷狄之地则实行羁縻府州制度，特点是根据降附夷狄部落的分布列置州县，大者设为都督府，任命夷狄首领为都督或刺史，官职皆得世袭；羁縻府州的户籍多不上报户部，也不收取赋税。唐代割据云南地区的南诏，在某些时期近似于汉代的南越国。南诏初期为唐朝统治下的地方势力，有多位首领出任唐朝的羁縻州刺史。天宝年间南诏与唐朝决裂。贞元十年（公元794年）南诏、唐朝修好，南诏首领王异牟寻被唐册封为南诏王，局部政权的地位正式被承认。

3. 设置方便管理的边疆政区

设置政区采取的形式及政区划分，是中央与地方以及各地区间复杂关系的反映。历朝划分政区多重视政区与自然区、经济区的关系，这是由于社会经济的发展以及经济文化交流的需要所决定的。历朝在边疆地区设置和划分政区，除注意到政区与自然区、经济区的关系外，还体现出在治边及处理夷狄问题上的见识与意图。以西南边疆为例。汉朝经营西南边陲，视蜀郡西南部以外的区域为徼外，称今云南、贵州和川西南为"西南夷"。武帝时在西南夷设七边郡，由益州刺史部（治今成都）管辖。西南夷之地由四川腹地代管的做法历代相沿未改。元朝视云南为经营中南半岛的前沿，乃以中庆（在今昆明）为治所建云南行省。又开辟自今昆明经贵阳、沅陵达京城的驿道，增强云南与中原的联系。自元代起，云南脱离四川的行政管辖直属中央。为保护自昆明经贵阳达中原的交通线，明朝在驿道所经的薄弱地区增设贵州省。

蒙古军平定大理国，于其地设 19 个万户府，云南行省所管辖的路府州，大致以此前的万户府为基础改置。云南行省辖地甚广，强悍的蛮夷如罗罗和苗人，均接受云南行省管辖。出自信用蛮夷以其补充军队等原因，蒙元统治者经营云南等地，并无割裂蛮夷之地以便朝廷控制的意图。元代以后罗罗、苗人等逐渐活跃，多次发动反抗朝廷的起事。明清时强悍蛮夷的地域乃被划属不同的行政区，如罗罗分属今滇、川、黔、桂四省，苗人分属今滇、湘、黔、桂与鄂诸省，省属的一些蛮夷聚居区还被划归不同州县。明清两代边疆政区变动的原因很多，但分割蛮夷地域以便分而治之，无疑是统治者的初衷之一，也成为这一时期边疆政区调整的一个特点。

4. 实行有别于内地的治边政策

中原王朝前期的夷狄治策可称为"羁縻之治"。"羁縻"的含意，谓朝廷掌握马之笼头、牛之鼻绳，便能有效控制马牛而又宽松随意。"羁縻之治"在南方发展到土司制度、改土归流等不同阶段。元代以前"羁縻之治"的特点，是对边疆夷狄重在羁縻而约束不足，管理随意且规定不完善，并在全国推行内容大体相同的制度。元朝在南部边疆施行土官制度，在北部草原则沿用万户制度，开创了因地制宜统治边疆夷狄的时期，明清两代又有进一步发展。对边疆夷狄实行羁縻性质的统治，是中原王朝的一项重要创造。中原王朝通过较为宽松灵活的统治形式，与边陲夷狄建立政治同一体的关系，并通过相互的接触与磨合，使彼此的联系不断增强。

中原王朝对夷狄的治策有别于内地，还表现在重视边疆地区的吏治，对边疆官吏有特殊的要求。唐朝大臣卢俌提出："地方千里，制在一贤；其边州刺史不可不慎择，得其人而任之。"[①] 安史之乱之前唐廷重视边帅的选用，并作出边帅不久任、不遥领、不兼统的规定，边帅功名显著者多提拔为宰相，这一时期边疆各地亦较安定。自玄宗改变用人规则，边帅始有久任十余年未更易者。以后边疆吏治崩坏，政局动荡甚至国家分裂。因受诸多因素制约，选用适合的封疆大吏不易，宋臣孙何因此说："御戎之道，选将为难。"[②] 人亡政息或用人不当，是一些朝代治边失败的原因

---

① 《旧唐书》卷 194 上《突厥上》。
② （宋）孙何：《上真宗论御戎画一利害》，（宋）赵汝愚编：《宋朝诸臣奏议》卷 130，上海古籍出版社 1999 年版，第 1431 页。

之一。

中原王朝推行封贡制度，其厚往薄来、礼尚往来等做法，有利于华夏文明向边疆和徼外传播。历朝还重视对边疆夷狄进行教化，将其视为治边策略不可或缺的部分。唐太宗提出"德泽洽夷"，认为对夷狄施以"德泽"，可以缩短边疆与内地的差距。明清两代在边疆地区施行教化，主要是通过发展儒学教育，并取得显著的成效。明清两朝在边疆地区兴办教育，在学校类型、教师择用、优惠政策等方面不同于内地，由此体现出边疆教育具有的特点。

一些王朝还在边疆组织称为"互市"的商贸活动。边疆地区的互市，有经官府许可、在夷汉混杂地区开展民间贸易，以及由官府组织、官府与边民在指定地点交易等形式。西汉初与南越国互通关市，以后形成制度。东汉互市的规模扩大，互市的对象包括乌桓、北匈奴与鲜卑。隋唐两代主要与西北蛮夷互市。唐开元间拟定互市条令，高丽、回鹘、黑水诸国，亦以土产与中原王朝交易。宋、明、清诸朝与边疆蛮夷的茶马贸易，达到了很大的规模。历朝针对边疆蛮夷的互市，除扩大内地与边疆的经济交流外，还有通过商贸活动羁縻和控制蛮夷的企望。《明史·食货四》说："（明朝）绸缪边防，用茶易马，固番人心，且以强中国。"

中原王朝应对边疆夷狄，还常应用纳质、和亲、盟誓等策略。纳质即中原王朝向建立宗藩关系的属国或边疆夷狄索要人质。中原王朝与边疆夷狄间和亲，属于为羁縻对方或缔结联盟而进行的政治联姻。盟誓是中原王朝与边疆夷狄结盟或约定时常用的一种形式。以上策略共有的特点，是顺应夷狄的习俗，尽可能采取对方易接受的方式，以求达到羁縻或结好夷狄的目的。

5. 注重开发边疆与获取边疆的资源

中原王朝对边疆的开发及边疆资源的获取，同样经历了由浅入深的过程。以元代为界，大致可分为前后两个阶段。前半期中原王朝的疆域尚处于变动及初步形成的过程，诸朝对边疆的统治亦欠深入，因此未形成汲取边疆资源以裨国用的传统。另外，因承受北方游牧势力的巨大压力，中原王朝治边具有重北轻南的倾向，南部边疆的有色金属等资源未能显现。这一时期中原王朝治边，主要被经营边疆得不偿失的观念所主宰，重在防守而轻视开发，全面经营边疆和积极发展经济的时代尚未到来。

秦汉至唐朝较重视发展边疆地区的交通，并从边疆和徼外获取象牙、犀角、玳瑁、珊瑚、宝石、珍珠、香药、药材和热带水果等物产。此既为中原王朝扬威于四海的象征，亦可满足统治者奢侈生活的需求。西汉人班固说：自西汉开拓四夷，明珠、纹甲、犀角、翠羽之珍盈于后宫，蒲梢、龙纹、鱼目、汗血等良马充斥黄门，"殊方异物，四面而至"。① 朝廷因此也付出极为高昂的代价，历代朝臣为此颇多非议，甚至将致力拓边者视为国之蠹虫，将其拓边引为历史教训。

蒙元治边，观念和施政有别于前代。在蒙元统治者看来，边疆是继续用兵徼外的前沿，因此在边疆地区推行广设官衙、军民屯田、增置驿道、清查人口、征收赋税和汲取矿藏等措施，其时边疆地区已正式形成，并具备进一步开发的条件，蒙元治边之策促进了边疆的发展。明朝虽承受北方蒙古诸部的沉重压力，因在边疆各地实行卫所制度，形成面向边疆较大规模的军事性质移民，同时继承元朝在边疆收取赋税和广开矿藏的做法，使南部边疆的农业和矿冶业获得发展。清朝承受内地人口严重膨胀的压力，乃把云南等边疆地区视为人口分流的空间，并在云南等地大量开采铜、银等矿藏，供京城和南方诸省铸币之用。元明清诸朝加强对边疆地区的经营，并从边疆获得多方面的经济收益，不仅巩固和稳定边疆，还支援了内地的经济建设，使边疆与内地逐渐融为一体。在经营边疆得失与否的问题上，元明清三代的非议甚少。因初步解决了经营边疆成本与效益不对称、成本多高过效益的矛盾，统治者经营边疆的信心也大为增强。

---

① 《汉书》卷96下《西域传下·赞》。

第 三 章

传统边疆治理的思想、方略与制度

传统的边疆治理的思想、方略与制度，都是在历史上形成的，是王朝国家时代的产物。王朝国家在应对边疆问题和开展边疆治理的实践中，逐渐形成了具有特定内容的边疆治理理论、方略与制度。每个具体的王朝国家，在应对面临的边疆问题的过程中形成了自己特有的理念、方略与制度的同时，王朝的统治者也十分重视吸收前代思想与制度中有效的内容，从而使王朝国家的边疆治理的理论、方略与制度不断丰富。中国王朝国家的发展，具有明显的连续性与传承性。王朝国家传统边疆治理思想和制度的形成和发展，具有过程延续、渐次积累、兼收并蓄及趋于完善的特点。王朝国家中的边疆政权，在具体的边疆治理实践中形成的方略与制度等，既与中原王朝有较大区别，也有交叉和融合的部分。尤其是建立元朝、清朝的两个边疆民族政权，在统一全国以前都有自己独到的天下观，以及营边方面的策略与制度。统一全国以后，元朝和清朝都不同程度地吸收了中原王朝传统的治边思想、方略与制度，并结合各自原有内容而形成新的边疆治理思想、方略与制度，从而使王朝国家时代边疆治理的思想、方略与制度的内涵更加丰富。尤其是清朝，集历代边疆治理思想、方略与制度之大成，将王朝国家边疆治理的思想和实践发展到新的高度，并给后世留下了十分宝贵的历史遗产。

第一节　传统边疆治理的思想

传统边疆治理的思想，大致包括中原王朝治边的思想，以及边疆王朝和边疆政权治边的思想两个部分。中原王朝治边思想的创造者主要是帝王、重臣与边吏，一些民间思想家也进行过总结。迄今未见历代史籍有中原王朝治边思想的完整记载。但梳理古人治边行事及其议论的记述，仍可窥知古人在治边方面的认识、观念和思想，进而梳理由此形成的一些理论。中原王朝以及边疆王朝和边疆政权，两者的治边思想虽有联系和共同点，但区别也十分明显。相比较而言，中原王朝治边的思想，在内容、规模、影响以及完整、深刻的程度方面，均远超边疆王朝和边疆政权。中原王朝治边思想的特点，具有深厚的认识论基础，并形成了较为系统的思想体系。

一　中原王朝治边的认识论基础

中原王朝治理边疆地区，是在一套较为系统的思想与理论的基础上，来进一步制定边疆治理方略与边疆治理制度的。而中原王朝的边疆治理思想与理论，又是在十分深厚的认识论基础上建立起来的，其核心是"夷夏观"与"蛮夷观"。

夷夏观是中原王朝对于华夷关系认识的集中体现。数千年来，由于天然的地理生态环境，长江中下游和黄河流域成为东亚大陆农耕经济的主要分布区。在这一区域，基于农业经济而形成物质文明与精神文明，在发达程度上长期超过草原游牧文明与开发较晚的山地文明。[①] 历史上中原王朝基于这种相对发达的社会文明，建立了强大的国家政权。在这种情况下，中原王朝的夷夏观，实际上体现了其相对优势的意识形态。华夏文明所有者根据文化标尺对其所认识到的地理空间进行内外分际的区分，建构了华夏与非华夏的分布格局，并据此称非华夏文明为"夷狄"或"蛮夷"。在很长的时期，中原王朝所言之"蛮夷"包括边疆的诸族与徼外的政治势力，施用的方略与治策亦兼用于两者。

中原王朝统治者出于对自身强大与先进文明的高度自信，而形成了一种华夏中心主义。在这种观念下，中原王朝视华夏区域为天下的中心，而

---

① 山地文明指与农业文明、游牧文明对举另一种类型的文明。基本特征是分布区域以山地为主，在自然环境与资源的开发利用，以及居民在类别与文化类型、历史发展等方面存在复杂多样性。山地文明主要分布在云、贵、桂诸省，以及川、湘、鄂、皖、赣、辽、吉等省的多山地区。山地文明与农业文明、游牧文明之间，存在共存互补的复杂关系。

把非华夏区域看作蒙昧野蛮之地。在这种文明观念和空间观念下，周边的其他文明或其他政权同中原王朝之间存在着一种尊崇与被尊崇、服从与被服从以及拱卫与被拱卫的关系。夷夏观深受王朝政治制度与封建宗法制度的影响，"在处理与边陲蛮夷、周边政权乃至远国的关系时，中原王朝通行的朝贡、藩属、和亲、教化等交往方式，以及以君臣、父子、兄弟、舅甥等称呼来代表彼此关系性质的做法，均来源于王朝政治制度与封建宗法制度"①。同时，夷夏观还同农业社会的文化传统、价值观念相适应，如中原地区的安土重迁观念，强烈的自我保护意识，注重礼尚往来、强调道德教化等社会意识都对夷夏观的形成产生了深刻影响。中原王朝的边疆治理遵循了夷夏观的内在逻辑，注重华夷之间的区分和界限，强调"守中治边"的基本准则。在边疆治理中，对开疆拓土基本持谨慎态度，同时注重对华夷秩序的维护以及对外来侵扰的防范，由此形成了"强干弱枝"的策略思想。

受夷夏观的深刻影响，中原王朝形成了以华夏中心观、服事观、德化观为核心的治边观。在中原王朝统治者看来，"凡朝贡者（其中不乏因邦交关系而前往者），均表示愿意归属或与中原王朝建立友好关系，须根据'厚往薄来'的原则而厚待之；对周边蛮夷的侵扰，则实行'来则御之，去则不追'的治策；通过和亲与边陲蛮夷建立亲属关系，可以增进双方的亲近感；由官府在边陲或边关组织互市，在与蛮夷的交易中体现公平与规范管理，既可羁縻和控制蛮夷，亦可体现泱泱大国的形象。中原王朝还注重对蛮夷进行羁縻和教化，经营边陲主要由封建王朝的国库出资（宋代以前尤其如此），而不依靠剥削蛮夷之所得"②。这样的边疆治理实践，体现了中原王朝独特的边疆观念，也同近代西方国家对于殖民地边疆的武力征服和经济剥削形成了鲜明对比。

中原王朝的治边观认为，华夏是天下文明的中心，在王朝核心区域与其他地区之间，存在程度不等的关系，两者密切的程度以及后者地位的重要与否，主要是依两者距离的远近而定。因此，中原王朝统治者以"华夷有别"来强调腹地与边陲在治理方面的区别，并提出"内华夏外夷狄"

---

① 方铁：《中原王朝的夷夏观及其治边》，《社会科学战线》2009 年第 11 期。
② 方铁：《中原王朝的夷夏观及其治边》，《社会科学战线》2009 年第 11 期。

的观念，进而形成"守中治边""守在四夷""欲绥远者必先安近"等策略思想。中原王朝提出华夏区域与周边蛮夷有明确划分，两者之间存在范围大小不一的缓冲地带。对这一缓冲地带及其以远的地区，中原王朝施行的治策应有必要的灵活性，根据情形的变化，中原王朝应及时调整相应治策，如此方可对边远地区实现有效的羁縻。

中原王朝的边疆治理深受先秦时期服事观的影响。在先秦时期，服事观主要用于论述华夏诸国与周边蛮夷之间的差序性关系。对此，"古代政治家的理解大体相同，即认为王畿为华夏国家的中心，华夏国家将管理或羁縻自王畿推向四方。由近而及远，华夏国家对周边蛮夷负有不同的责任，周边蛮夷对华夏国家也有不等的义务"[①]。当然，自秦统一以后，国家的疆域形势和边疆形势都发生了重大转变，服事观显然已不能完全适应这样的变化，因此自汉代以后这种观念逐渐淡出主流话语。但是先秦的"五服"说以及以此为基础形成的服事观，仍然对此后中原王朝的边疆治理产生了深远影响。其中，中原王朝秉承的"守中治边"和"守在四夷"的治边方略和治边实践，就是基于对服事观的继承和发展而形成的。这样的治边方略的核心思想在于，以王朝统治的腹地区域为中心，强调华夏中心与夷狄之地的区隔，并主张要在"守中"的基础上实施"治边"。在这一模式下，边疆治理是为维护核心区的安定繁荣服务的，"守中治边"和"守在四夷"的最终目的是实现"内华夏而外夷狄"及"夷不乱华"的理想境界。

中原王朝治边观的又一组成部分是德化观。在大部分历史时期内，中原王朝的统治者保持着高度的文化自信，认为华夏文明不仅胜过其他文明，而且对非华夏文明负有德化和教化的责任。与此同时，王朝统治者还利用华夏文明的巨大感召力量，来扩大王朝影响力和彰显王朝的强盛。在边疆治理的过程中，中原王朝除依靠厚往薄来的机制来鼓励蛮夷入贡以外，还特别强调把华夏文明传播至边陲乃至更远的地区，并通过传播德化、更易旧俗等途径使中原文化在改变蛮夷观念和社会习尚方面发挥潜移默化的作用。

元代起，中原王朝的德化措施出现改变，从此前主要是通过封贡制度

---

① 方铁：《中原王朝的夷夏观及其治边》，《社会科学战线》2009年第11期。

及厚往薄来影响和感化蛮夷，向在可管控蛮夷地区积极兴办儒学教育转变，而这一变化以元明清在南方蛮夷地区推行土司制度为契机。元代以前蛮夷地区虽有一些内地式的教育，但兴办者主要是地方官吏或贬居其地的内地士人，由朝廷在蛮夷地区兴办正式教育，尚未成为正式、稳定的国策。元明清诸朝对蛮夷之地尤其是土司地区实现有效统治，发展学校教育成为巩固统治的一项措施。另外，朝廷在这些地区积极传播儒学文化，也是提高各级土官的素质、增强国家凝聚力的客观需要。元明清尤其是明清两朝，对在土司地区发展教育不遗余力，不仅收到明显成效，还产生了极为深远的影响。

蛮夷观也是中原王朝治边认识论的重要基础，蛮夷观主要反映中原王朝对蛮夷或夷狄的看法。中原王朝的蛮夷观经历了逐渐深化和成熟的演变过程。以宋末元初为分界线，中原王朝的蛮夷观经历了前后不同的演变阶段。元代以前，历代中原王朝的边疆治理往往带有浓厚的华夏中心主义，同时强调保持华夷之间的相当距离。亚洲东部是一个相对独立及封闭的地区。在这一区域，华夏文明较早摆脱蒙昧状态，其他文明对于华夏文明长期处于遵从和学习的地位，中原王朝由此形成孤傲自大的文化心理。奉华夏为宗主与文明中心的观念，在很长的时期被其他文明的拥有者认同，以此为基础东亚地区形成通行的天下秩序。中原王朝根据文明的类型划分夷夏，所称之"蛮夷"包括华夏以外的其他文明。与中原王朝有交往关系的蛮夷，是受中原王朝管辖的边疆民族还是接受中原王朝羁縻的徼外势力，或是通过朝贡与中原王朝交往的远方他国，有时便难以确定。在地理分布方面，形成以华夏为中心的部分较清晰，与蛮夷毗连的区域较模糊，同时蛮夷的范围可由边疆向外部延展的情形。

在传统治边观中，"中原王朝依据华夏、蛮夷相对的二元结构思维方式审视蛮夷，看重蛮夷敌对与否以及服从中原王朝的程度"[①]，对蛮夷表现出明显的歧视甚至敌视。元代以前的史籍关于此类看法的记载甚多。例如："戎狄可以威服，难以化狎"，"附则受而不逆，叛则弃而不追"，"（蛮夷）贪而好利，人面兽心"，"蹈仁义者为中寓，肆凶犷者为外夷"，"内诸夏而外夷狄"，"非我族类，其心必异，戎狄志态，不与华同"，"兽

[①] 方铁、黄禾雨：《论中原王朝治边的文化软实力》，《中国边疆史地研究》2013年第2期。

心贪婪，难率以礼"，"贪而无厌，狠而好乱，强则旅拒，弱则稽服"，"彼鸟兽野心，非我族类，弱则伏，强则叛，其天性也"，"好则人，怒则兽"，"人面兽心，非我族类；强必寇盗，弱则卑服，不顾恩义，其本情也"，"夷狄无信，易动难安；故斥居塞外，不迁中国"，等等。

由于对周边蛮夷的歧视和偏见，中原王朝力求与之保持距离，因此较少关注蛮夷社会的内部状况。在这种情况下，元代以前的中原王朝普遍按照受华夏文明的影响程度以及归顺态度，将蛮夷群体进行笼统的分类。一类是"驯顺之夷"，即被中原王朝认为文明开化程度较高、对王朝权威较为认同、彼此交流和沟通较为容易的蛮夷。值得注意的是，这类蛮夷中不仅包含着原生性的蛮夷人群，而且包括生活在某些蛮夷之地并且被蛮夷化的汉人群体。另一类蛮夷是"怪逆之夷"，主要指那些不服从教化、发展滞后并且时常反叛的蛮夷群体。尽管有这样的类型划分，但是中原王朝统治者并不认为"驯顺蛮夷"与"怪逆蛮夷"之间存在着不可逾越的鸿沟，或者说二者虽有差异但却是可以相互转化的。正因如此，元之前的历代统治者对于蛮夷普遍持有鄙夷和猜忌的心理，在处理与蛮夷的关系方面也常采取武力讨伐和资源掠夺的手段。

西汉时期，在这种蛮夷观的影响下，地方官吏甚至可以任意处置已接受朝廷册封的夜郎王。此后的很多政治家对待蛮夷也都给予了极为负面的评价，如诸葛亮就曾言："南蛮多种，性不能教，连合朋党，失意则相攻，居洞依山，或聚或散"[1]，因此认为对待蛮夷势力必须采取严加防范并进行分化瓦解的策略。为达到有效控制蛮夷的目的，诸葛亮还特别下令让南中大姓收买蛮夷为部曲，而此处的蛮夷主要是发展程度和教化水平较高的"驯顺蛮夷"。而对于那些在山地生活的"怪逆蛮夷"，诸葛亮认为是无法理解和顺畅交流的，因此只能使用强硬手段进行管制。晋朝时期，统治者的蛮夷观更为保守，几乎将所有蛮夷群体一概视为"怪逆蛮夷"，甚至以武力镇压作为唯一的治理手段。如，对待南中诸夷暗自挖掘夜郎王坟墓的事件，晋朝南夷校尉王逊就曾专门率兵讨伐，"及讨恶獠刚夷数千落，威震南方"[2]。此时，就连汉人移民聚集形成的南中大姓，也成为王

---

[1] 《诸葛亮集》卷4《南蛮》，中华书局1960年版编校本，第102页。
[2] （晋）常璩撰：《华阳国志》卷4《南中志》。

朝统治者实施强硬统治的对象。北周时期，统治南方的官员认为此处蛮夷"天性暴乱，旋致扰动"，因此每年都下令出兵征讨，"获其生口，以充贱隶，谓之为压獠"。商旅经过其地常购獠人至内地贩卖，乃至公卿及百姓之家，蓄獠奴者几乎随处可见。[①]

宋朝时期，统治者将大理国看作南诏的延续，认为其是怪逆不讲理的蛮夷之邦，视之为威胁中原统治的祸根，因此把大理列入外国的范围。据《宋史·夏国传》记载："交趾、占城、真腊、蒲耳、大理滨海诸蕃，自刘长、陈洪进来归，接踵修贡。……来则不拒，去则不追，边围相接，时有侵轶，命将致讨，服则舍之，不黩以武。"在处理与大理的关系时，宋朝君臣并不以平等的邦交关系待之，屡次出现出尔反尔、随意欺骗的行为。另外，北宋对待广源州侬人首领侬智高的案例，也是轻视和歧视蛮夷的重要证明。在此次事件中，侬智高因难以忍受交趾的盘剥欺压而起兵反抗，同时向宋朝发出内附请求。但是，宋朝因"恐疆场生事，却而不受"而断然拒绝了这一请求。宋朝的反应致使侬智高所率部属"穷无所归"，进而自行建立南天国。此后，南天国由于多次归附请求被拒乃激愤反宋，最终酿成岭南地区的大规模动乱。

唐末两宋时期东亚地区的形势发生明显变化，中国与远方他国的邦交关系逐渐明确。处于中国腹地与远方他国之间的部分，为辽、金、西夏、大理国等边疆王朝的辖地。元朝建立以后，实现了更高水平的全国统一，华夏之地的周边大部分地区成为统一王朝疆域的组成部分。另外，中原王朝治边的重点从北部转移到南部，对边疆地区的经营也明显深入。在这种形势下，元明清三朝的蛮夷观发生了新的变化，并表现出一些共有的特征。

与此前中原王朝对蛮夷的笼统界定不同，元明清时期出现了边疆蛮夷与邻邦之夷的区分意识。对待这两种不同类型的蛮夷，中原王朝统治者采取了不同的治理措施。在云南实行土官制度并推广儒学教育的地区，均属云南行省管辖的范围。对安南、缅国、占城等邻邦，元朝制定按期纳质、朝贡、君王亲朝等规定。元朝对安南数次用兵，起因是安南君王不愿亲元，元廷据此认为安南拒绝承认藩属的关系。其他边疆地区也存在类似的

---

① 《北史》卷95《獠传》。

情形。明清两代沿袭了元朝的做法。

与此前王朝不同，元明清三朝逐渐认识到，华夏与蛮夷之间存在着文化形态和社会形态上的差异，应该在承认这种差异的基础上实现共存甚至融合。这样一来，按照文化标尺严格划分夷夏的观念受到淡化，根据具体情况实施边疆治理的做法得以增强。在这种认识之下，元明清三朝一改此前历代统治者敌视且疏远蛮夷群体的思路，转而对其采取一定程度的信任和改造的态度。类似"怪逆蛮夷"或"驯顺之夷"这种笼统的人群划分方式，也逐步转变为"熟夷"与"生夷"的区分，相应的差别化治理政策也得以实施。总体来看，"元明清在边疆蛮夷中区分'熟夷'和'生夷'，与中原王朝尤其是元、清两朝重北轻南的治边传统削弱，在边陲关注的重点从北方转移至南方有关。另外，南方蛮夷的内部结构与社会状况，较之北方夷狄明显复杂，同时南方蛮夷较多地接受了中原王朝的影响，中原王朝对南方蛮夷进行划分也具备了有利条件"[①]。

元明清三朝的蛮夷观既有明显的共性，也存在着明显的差异。在元朝时期，统治者对于传统观念中汉蒙之间的华夷差异并不避讳，并且承认蒙古人和色目人皆为外来夷狄这一事实。在元朝的政治统治中，生活于华夏区域的汉人成为防范对象，而华夏之外的蛮夷群体则转换为联合对象。在南方蛮夷地区，元朝统治者大力推行了土官制度，不仅授予蛮夷首领以权力，而且给予充分的信任。这样一来，中原王朝同蛮夷之间的来往和接触变得愈加频繁与紧密，南方蛮夷对于中央政权的认同感也随之得到强化。同时，为满足频繁用兵的军事需要，蒙元经营云南等南部边疆地区，一个重点是沿边地区以及诸省相连的僻远之地，而这些地区大都为前代所说的"怪逆之夷"所居。因此，蒙元对"怪逆之夷"地区较为重视，对蛮夷的信任和使用在"怪逆之夷"地区得到充分体现。准确来说，蒙元通常视南方蛮夷为一个整体，并不在其中划分"驯顺之夷"与"怪逆之夷"。如果说对南方蛮夷仍有细分，蒙元"通常视积极组织土军、协助进攻南宋及中南半岛的蛮夷为得力助手，视纳入土官统治居住边疆和僻地的蛮夷为可以争取的对象。由此而组成各种土军，见于记载的土军有爨僰军（白族）、落落军（彝族）、和泥军（哈尼族）、么些军（纳西族）等。蒙元

[①] 方铁：《论元明清三朝的蛮夷观》，《社会科学辑刊》2016年第1期。

对各族土军大致等同对待，如果说有区别，则是对战斗力较强的爨僰军较为重视而已"①。由于蒙元起初经营西南边疆的目的，在于积蓄征讨敌对政权的力量，因此对于蛮夷群体往往一视同仁、普遍信任，而区分"熟夷"和"生夷"的情形并不常见。

明朝时期，对元朝的土官制度加以继承和发展，开始在南方蛮夷地区广泛推行土司制度，并大量驻扎卫所军队。通过这样的途径，明朝实现了对南部蛮夷地区较为深入的统治和管理。明朝统治者对于蛮夷类型的划分方式，也出现了与元代之前的历代诸朝很大的不同。此前"驯顺之夷"与"怪逆之夷"的界定标准在于蛮夷的性格及行为方式，以及对于朝廷和官府的顺应态度。而明朝则依据其社会发展的水平，以及接受王朝管辖的程度这一标准来认定"熟夷"和"生夷"。其中，"熟夷"指那些虽在社会文化和传统习俗上与汉民不同，但同样拥有编户齐民身份、受到官府管辖、履行纳税供役义务的南方蛮夷。而"生夷"则指，仍旧保持传统生产生活方式，且不受官府有效管辖的蛮夷群体。"这一变化说明了两个问题，一是元代以来历朝对南方蛮夷的统治明显深入，对南方蛮夷并非异类逐渐有清楚的认识。二是通过对蛮夷地区的积极经营与开发，使其成为国家不可分割的组成部分，并尽量缩小边疆蛮夷与编户齐民的差距，已成为朝野人士的共识。"② 可以看到，相比此前"驯顺之夷"或"怪逆之夷"的认识，明朝时期形成的"熟夷"和"生夷"观念具有一定的进步意义。

清朝重视区分"熟夷"与"生夷"，并认为"生夷"可转变为"熟夷"。顾炎武说："一入编户，即为赤子，安问僮与民耶？且僮之奉贡赋，垂七十余年，夷尽变而夏矣。加意抚循，夷汉同风，是在司牧者哉。"③ 透过这种言论，大致可以看出清人的蛮夷观。清朝十分注重"熟夷"和"生夷"的区分甚至区隔，在南部蛮夷地区的经营和开发重点，也从以往的盆地转向更为荒僻之地。另外，在蛮夷地区，原本的社会矛盾主要体现

---

① 方铁：《论元明清三朝的蛮夷观》，《社会科学辑刊》2016年第1期。
② 方铁：《论元明清三朝的蛮夷观》，《社会科学辑刊》2016年第1期。
③ （清）顾炎武：《天下郡国利病书·广西备录·户口》，上海古籍出版社2012年版，第3458页。

为蛮夷与官府之间的冲突,而清代以后这种矛盾关系开始复杂化,对于"熟夷"、"生夷"、汉民以及官府四者的错综关系,必须认真研究和慎重对待。如,清朝在嘉庆年间征苗时,为防止"生苗"联合"熟苗"共同反抗,特别在一些地区建起碉堡和边墙。碉堡、边墙将"熟苗"与"生苗"隔绝开来。"生苗"被隔离于边墙之外,而"熟苗"则被圈定在边墙以内并与汉人杂居,在供赋服役方面与内地汉民几乎相同。同时,清朝还注重汉人与蛮夷之间的区隔,特别是重视惩治欺负蛮夷的"汉奸"。这表明统治者逐渐放弃以蛮夷为单一镇压对象的陈旧观点,并敢于面对蛮夷地区尖锐的阶级矛盾,根据实际情况力求妥善处理,这是对传统蛮夷观具有积极意义的发展。清廷早期的相关规定虽有隔绝族际交往交流的消极作用,但同时也减轻了汉人对蛮夷的压迫,以及缓解了蛮夷之间的矛盾。清代后期,这种形势逐步发生了变化,汉人与蛮夷之间的隔离政策的弊端日渐显露,清廷于是陆续废止了相关的规定。

总体上来看,元明清三朝对待蛮夷的态度,"从此前中原王朝明显的歧视与疏远,改变为相对的亲近、信任与合作;并通过实行土司制度及适时改革得以体现。以此为基础,元明清三朝对南方蛮夷进行较全面和深入的统治,并积极兴办儒学教育,增强了边疆各族的文化素质,培养了他们的国家意识与爱国观念。因此,元明清三朝的蛮夷观,较此前中原王朝的蛮夷观较为开明和进步,元明清治理边疆和蛮夷地区的思想与实践,较前代也取得更显著的成就"[①]。

二 中原王朝的"守中治边"与"德泽洽夷"思想

中原王朝治边的思想,包括以"守中治边""守在四夷""远交近攻""重根干轻枝叶""德泽洽夷""以夷治夷""重北轻南"等内容为代表的基本思想,涉及与治边有关的制度安排、外交关系、吏治、军事及后勤保障、行政建置及管理、疆界划分及管理、经济建设与资源获取、道路交通、内外贸易、社会治理等方面的具体思想,以及以朝贡、纳质、和亲、盟誓、教化、互市等为表现形式的策略思想。以下主要阐述中原王朝治边的基本思想。

---

① 方铁:《论元明清三朝的蛮夷观》,《社会科学辑刊》2016 年第 1 期。

"守中治边""守在四夷"为中原王朝治边思想的核心，也是中原王朝制定边疆应对方略的重要基础。其内容主要是王朝统治腹地与夷狄之地有着内外分际，大多数中原王朝的边疆治理，所追求目标就是在边陲地区实现"华夷有别"和"守在四夷"，以"四夷"之地作为"守中"之地的拱卫与屏障，从而确保腹心地区安定繁荣。中原王朝与蛮夷的诸多纠纷，应留在"四夷"之地解决，尽量不影响"守中"之地的安宁。中原王朝认为华夏区域与蛮夷之间应有一个缓冲地带。对这一缓冲地带及其以远地区，施行的治策应有必要的灵活性，中原王朝应根据情形的变化及时调整治策，如此方可实现对边陲地区的有效控制或羁縻。中原王朝认为治边的理想模式是"内华夏而外夷狄"与"夷不乱华"。所言"守中"之地指中原王朝据有的华夏地区，"四夷"之地则指蛮夷即非华夏文明占据的区域。在很长的历史时期，"四夷"之地包括形成之中中原王朝的边疆，以及边疆以外的邻邦及其更远的地区。在较晚的时期，中原王朝的边疆地区与邻邦才可明确区分。

形成"守中治边""守在四夷"的治边思想，首先与中国相对封闭的地理环境有关。中原王朝的腹心地区黄河中下游与长江中下游，地势平坦，土地肥沃，很早便出现高度发达的农业文明。中原王朝周边的地区为高山、大漠与海洋环绕，主宰这些地区的游牧文明与山地文明，长期落后，难望农业文明项背。中原王朝边陲的高山、大漠与海洋，还阻断与世界其他文明大国的联系，至少中原王朝无须担心与其他文明大国发生冲突与战争。其次，农业文明自身具有的特点，也使统治者必然恪守"守中治边""守在四夷"的原则。农业社会安土重迁，重视维持社会的稳定与家族的繁衍。农业社会容易自给自足，尤其在古代人稀地广、自然环境优裕的情形之下，中原王朝具备农业产品易于积累、社会皆易发展的优势。因此，除自卫性质的用兵外，中原王朝通常无须对外扩张或发动掠夺战争。另外，农业社会内部关系复杂，社会矛盾容易积累和发酵，处置不当社会易被颠覆。因此，历代统治者都把施治重点放在国家治理方面。

北部草原的游牧文明以畜牧业经济为核心。畜牧业经济的特点是种植业、采集业、矿冶业等所占的比重很小。畜牧业经济地区通常缺少布帛、铁器等产品和文化积累，需要通过交换或发动战争从其他途径获取。畜牧业经济受气候自然条件的影响明显，在风调雨顺的年景牲畜可成倍增长，若遇超常寒冷的天气牲畜大量死亡，游牧民族将被迫南下避寒。还有一种情形，即长城附近的农业区若向北面过度扩展，大量侵蚀牧民赖以为生的草原，游牧势力将被迫南下反击。流行畜牧业经济的地区，在环境、资源、社会和文化等方面表现出类似性，致使游牧民族易于兼并实现集团重组。游牧社会长期停滞在阶级社会的前期，国家形态、统治制度等成熟的程度较低。因此游牧势力崛起甚快，失败甚至瓦解亦速。由于北部草原的主要矛盾属于外向型，草原势力内部易于整合与聚集，便成为冲击中原地区的巨大力量。面对北部草原游牧势力突然性、破坏力极大的袭击，中原王朝恪守"守中治边"与"守在四夷"的原则，不仅属于自身发展的需要，而且与国家能否生存密切相关。在很长的历史时期，中原王朝将"守中治边""守在四夷"的思想，作为应对北部游牧势力南下的有力武器。

从"守中治边""守在四夷"的治边思想出发，中原王朝还形成以下的治边思想："不以蛮夷而劳中国（指中原王朝）"，"（对蛮夷）外而不内，疏而不戚，政教不及其人，正朔不加其国"，"治安中国，而四夷自服"，"不为中国患者，不可辄自兴兵"，"谨事四夷"，"欲理外，先理内，内既理则外自安"，"开边黩武，朕所不为；而祖宗所有疆宇，不敢少亏尺寸"，谨守祖业、注重维护国家统一；以臣服或藩属的蛮夷为国家边陲之樊篱，以及对边陲慎用刀兵等。在交往原则方面，中原王朝对蛮夷实行"待之有备，御之有常"，或采取"来则惩而御之，去则备而守之"，即"蛮夷来犯必坚决抵抗，蛮夷退去则备守烽燧；若蛮夷慕义贡献，朝廷应待之以礼，有争端必'使曲在彼'，以体现出文明大国仁义备至的风范。认为如此便可羁縻蛮夷而不绝，最终达到固边强国之目的"[①]。

"远交近攻"为中原王朝重要的治边思想。"远交近攻"的思想在中心（华夏文明）与边缘（边疆及其徼外的非华夏文明）关系地缘政治观的基础上而形成，表现出注重全局与长远利益的特色。"远交近攻"有两个方面的含义：一是中原王朝交往各处蛮夷，依据距离的远近，交往的方式和预定的目标有所不同；二是与远方的蛮夷大致维持友好交往关系，对

---

① 方铁：《古代"守中治边"、"守在四夷"治边思想初探》，《中国边疆史地研究》2006年第4期。

边陲之地的蛮夷则恩威并举，企望对这些蛮夷实现有效控制。"远交近攻"的思想源自传统服事观，即认为对蛮夷须依据与华夏距离之远近，采取亲疏不等的应对之策。基于中心与边缘关系的基本原理，中原王朝企望借助制度和文化的力量，通过制度和文化的传播及辐射，在东亚地区形成一个华夏文化圈，并把对边疆地区的影响逐渐扩大。

"远交近攻"思想的突出体现，是中原王朝对蛮夷普遍施用封贡制度。通过封贡制度，中原王朝对边疆及其以远地区的蛮夷进行政治笼络和文化传播；通过厚往薄来笼络对方，争取建立封建家族式的等级尊卑关系，在此基础上实行较为宽松的羁縻；并通过赏赐、施以优惠等做法，把建立朝贡关系的蛮夷靠拢在周围。达外交通线是实现封贡制度的载体。人称古代中原地区联系东南亚、南亚乃至地中海沿岸的交通线为"丝绸之路"。[①] "丝路"大致包括行经西域的"北方丝路"，从四川过云南、缅甸、越南、印度的"南方丝路"，以及从中国东南沿海行经太平洋、印度洋的"海上丝路"。据研究[②]，作为实现封贡制度主要途径的"丝路"，因中原王朝的重视而开拓及兴盛。西汉经营西南夷（今云贵地区），主要是企望开通自成都沿牂柯江（今北盘江）达番禺（今广州）的用兵道路，以及自成都经西南夷、身毒（今印度）达大夏（在今阿富汗北部）的交通线。东汉与唐朝经营今云南地区，基本动力仍是维持上述达外交通线的畅通。自元代起历朝经营云南地区，重点才逐渐转移到经济开发等方面。此类情形在其他边疆地区亦不少见。历代王朝积极开拓"丝路"并注重保障"丝路"的安全，动用国家力量进行日常维护，唐、元等王朝还在"丝路"的一些路段设立驿站，使兵力所及的路段成为官道。明清两朝明确规定，境外蛮夷队伍赴京城朝贡，不走规定官道者当判违规，朝廷不予接待。

北方"丝路"、海上"丝路"与南方"丝路"，构成中原王朝经营边疆与联络外部世界的交通网络。从"丝路"分布格局的变化，可以窥知

---

① 以下简称"丝绸之路"为"丝路"。
② 方铁：《论古代边疆演变的内在机制——基于人类学视角的考察》，《天府新论》2015年第2期；方铁：《历代治边与云南的地缘政治关系》，《西南民族大学学报》（人文社会科学版）2011年第9期。

中原王朝经营边疆在重点、方式与效果方面的演变过程，更重要的是"丝路"是中原王朝向边疆及徼外区域进行权力渗透、扩大政治影响的主要途径。由于中原王朝治边的文化软实力在后期出现变化，北方"丝路"、海上"丝路"与南方"丝路"发生衰落与更替，其功能也发生明显的改变。

"丝路"在中原王朝境内外不同路段的地位发生变化，反映出中原王朝远交近攻的思想与方略，其侧重点出现了改变。宋代以前中原王朝经营"丝路"，重点是保障"丝路"全程的畅通。宋代以后中原王朝的边疆逐渐形成，边疆地区的经济较快发展，矿藏、木材等资源得到开发，使边疆本地及联系相邻诸省道路的重要性提升。元明清时期内地人口向边疆大量迁徙，并与边疆诸族实现融合与重组，促使边疆与内地牢固地结合在一起。在这样的情况下，边疆的道路不仅是边疆社会发展不可缺少的载体，也为边疆蛮夷与内地更多的交往创造有利条件，"丝路"在边疆的路段因此受到朝廷重视。边疆地区道路的功能，也发生从主要用于遣使、朝贡和用兵，向重在满足物资转运与商贸活动需求的转变。另外，中原王朝的周边势力发展为邻邦，中原王朝难以插手"丝路"在邻邦的路段，这也是"丝路"不同路段的地位发生改变的一个原因。上述变化表明，元明清尤其是明清两朝远交近攻的思想及方略，与前代相比发生了变化：一是交往的他国与施治的边疆地区，朝廷的应对之策明显不同；二是经营重点放在已经形成的边疆地区。

对中国历史疆域的逐渐形成，"丝路"作出了十分重要的贡献，在元明清时期尤为突出。通过"丝路"，中原王朝在边疆地区设治、驻兵和移民，其影响由点及面，从表层逐渐深入边疆社会内部，最终实现对边疆地区的有效管控。中原王朝经营边疆地区能取得成功，关键在于采取国家权力逐渐渗透的方式，实现了从量变到质变的飞跃。"丝路"在中国历史疆域构建方面作出的巨大贡献，不亚于其在传播华夏文明、沟通中国与其他文明古国等方面的贡献。"丝路"长期存在以及发挥重要作用，表明中原王朝"远交近攻"的思想及其实践获得了成功。

"重根干轻枝叶"是中原王朝治边思想的又一内容。指的是中原王朝的华夏之地最为重要，其次才是华夏之地的周边地区，两者的关系譬如树木的根干与枝叶，认为治边必须确保根干即内地的安全，至于如枝叶之边疆则可多可少。若颠倒两者的关系，国家的命运便难以预测。东汉时，鲜卑继匈奴之后崛起并据有匈奴故地，军事实力又超过匈奴。但面对北部边疆的严峻形势，大臣蔡邕认为边疆问题不过是"手足之蚧搔"，而腹地的安危才是"胸背之巨疽"。在"重根干轻枝叶"的认识下，历史上诸多政治家认为边疆治理应坚持"不以蛮夷而劳中国"的原则。在唐代，名臣李大亮曾将内地比作根干，而将边疆地区视为枝叶。唐太宗则进一步提出在疆域治理中，不应该"割根干以奉枝叶"。他还把内地安定作为稳定边疆的首要条件，并用朝臣魏征"中国既安，远人自服"的观点自勉。① 宋太宗继而提出"欲理外，先理内"的治边思想，他说："欲理外，先理内；内既理则外自安。"② "重根干轻枝叶"的治边思想，意在强调在国家治理序列上应区分内地和边疆之间的本末关系。重视发挥边疆拱卫内地的作用，是导致历朝治边大体上采取守势，并恪守"内华夏外夷狄""欲绥远者必先安近"等原则的重要思想根源。

古代政论家多认为国家应守疆土为安，对经营边陲、扩大疆域持谨慎的态度。由于边疆夷狄盛衰无常，其势力消长难以预期，一些政论家还提出夷狄之势，一盛一衰乃必然之数，"当以不变应之"的策略思想。历朝大都以"来则御之，去则守之"为防范蛮夷的圭臬。明人桂彦良阐述理想的治边之策，认为驾驭戎狄之道当以守备为先，而征伐次之，至于擅开边衅、贪图小利者，则为治边之至下者。还说天子有道，守在四夷，对蛮夷当以德怀柔之，以威驯服之，"使四夷之臣，各守其地，此为最上者也"③。

用兵边陲必然耗费大量的人力物力。边疆地区的经济封闭落后，中原王朝长期无可能开发其资源以裨国用。因此，统治者用兵边疆将付出极高的政治经济成本，实际收益却十分有限。一些朝臣将夷狄喻为"石田"，认为得之无益，失之亦不足惜。有人指出边患与内忧相比，内忧对国家造成的危害更大，甚至认为王朝处理边疆事务若贪外虚内，必致天下溃叛。为确保内地安全，尽量减少治边付出的高昂成本，"中原王朝在兵事频繁

---

① 《资治通鉴》卷195《唐纪十一》，贞观十三年七月条；《旧唐书》卷71《魏征传》。
② （宋）李焘撰：《续资治通鉴长编》卷30，端拱二年条。
③ （明）桂彦良：《上太平治要十二条》，载《朱桂二公集》卷1。

的北部边疆，相应选择了建要塞、设烽燧乃至广修长城的防御策略。一般而言，中原王朝设烽燧乃至修长城，较之边疆战事发生之时，内地驻军长途奔袭、往返作战耗费巨大，以及由此造成社会严重的动荡和破坏，毕竟仍要轻得多"①。但中原王朝修建长城也造成一些隐患。有研究者指出，王朝统治者修筑长城的本意，是为了保护华夏资源共享群体的利益。但长城的修建及其修缮强化，客观上迫使长城以北的人群全面游牧化，反而增强了与华夏文明争夺资源的力量。② 这大概是中原王朝统治者始料未及的。

中原王朝治边重视"德泽洽夷"，即对广大蛮夷施行德治与教化。"德泽洽夷"源自儒家"以夏化夷"的观念。儒家讲究以和为贵，以忠信为美，用以解释夷夏之间的关系，便提出信为国家之宝，若弃信背邻，遇患难将无人相助。义与信、和与仁皆为霸王之器。多行不义必自毙。认为朝廷应对蛮夷，实行叛而伐之、服而舍之的治策，体现了统治者的德与威。朝廷应对蛮夷，德与威不可或缺，当宽以待之，坚强以御之。但仁者不可求逞于人，兵戎不可自我而始。儒家提倡的德化观，反映了农业社会具有的和平、和睦、讲究诚信等思想，体现出中原王朝泱泱大国的风范。

从德化观出发，中原王朝认为对蛮夷广施德化，便可实现"德泽洽夷"，取得"不事遐荒"的效果。华夏诸国重视德化的作用。墨子提出若以义名立于天下，以德求诸侯者，天下敬服便倚马可待。先秦以后历朝发展了"德泽洽夷"的内容。汉朝大臣提出地利不如人和，武力不如文德，中原王朝的边塞能百代固守，"非以阻险，以文德也"。唐太宗认为对蛮夷施以德泽，经过潜移默化，可取得武力不能达到的效果，"德泽洽，则四夷可使如一家"。明朝大臣桂彦良认为以德怀夷，是为了"使四夷之臣，各守其地"，达到"守在四夷"的目的；对蛮夷以德怀之，以威服之，为中原王朝治边之上策。中原王朝对蛮夷推行德化，实现"以夏变夷"，是企望用道德的力量与良好形象，通过和平的手段争取蛮夷认同，以稳定边疆和羁縻蛮夷，取得不战而屈人之兵的效果。

---

① 方铁：《中原王朝的夷夏观及其治边》，《社会科学战线》2009年第11期。
② 王明珂：《游牧者的抉择：面对汉帝国的北亚游牧部族》，广西师范大学出版社2008年版，第148页。

"德泽治夷"的内容，大致包括对蛮夷通过德化感化、推广儒学教育教化两个方面。元代以前中原王朝施行"德泽治夷"，主要是采用通过德化感化蛮夷的方式。

除实行厚往薄来做法的封贡制度外，汉朝推广德化还通过纳质制度与和亲制度。边疆蛮夷向汉朝大量遣送充为人质的贵族子弟。公元前51年，匈奴呼韩邪单于至长安朝觐。汉宣帝待以殊礼，沿途候迎的蛮夷君长与王侯有数万人，除一些是赴京入觐的蛮夷首领外，大部分是入侍京师的蛮夷质子。东汉时鲜卑120属部的酋长，向朝廷遣送质子一次达数百人，朝廷为妥善安置修建南北两部"质馆"。对居住长安的质子，朝廷或编入侍卫军享受优厚待遇。一些质子留居边疆重镇，朝廷亦待之以礼，或为其修建宾馆和学校。汉朝与边疆蛮夷还积极和亲，以达到德化感化之目的。

唐朝对蛮夷施行纳质制度与和亲制度，在内容、规模方面都超过两汉。不同者是唐朝还向蛮夷赏赐书籍，接收蛮夷子弟入国学学习。贞观年间四方学者云集京师，高丽、百济、新罗、高昌、吐蕃诸国亦遣子弟入国学，升讲筵者增至8000余人。据《旧唐书·新罗传》，公元686年新罗上表，求赐《唐礼》及其他书籍，武则天许之，并命从《文馆词林》选"训诫"内容集为50卷赐之。日本多次派遣唐船至唐朝，赴长安学习的使者络绎不绝。

传播德化之目的是稳定四夷而非征服蛮夷，中原王朝施行德化或预置底线。对能否让蛮夷掌握华夏文化的精髓，汉、晋、唐、宋等朝均有争议。唐朝大臣薛谦光上疏，称"国之利器不可示人"，建议禁绝质子入朝，已入朝的质子不可放归国，以防泄密。宋朝"华夷之辨"的意识十分明显。历朝与周边蛮夷多有和亲，唯独两宋不见记载。两宋禁止禁书、历算、术数、兵书、敕令、时务、边机、地理等类书籍出境，管理之严格堪称少见。

唐末两宋时期，东亚地区的形势逐渐改变，中原王朝的文化传播遇到阻力。中原王朝对蛮夷施行"德泽治夷"，重点乃转移到对边疆蛮夷进行教育教化方面。元明清时中原王朝向徼外传播德化的做法逐渐式微，在边疆地区兴办教育却蒸蒸日上。元代以前边疆虽有内地式教育，但兴办者主要是贬居其地的士人或官吏，在边陲兴办教育尚未成为国策。元明清时边疆成为王朝疆域不可分割的部分，朝廷在边疆推行土司制度，积极传播儒学文化，也是提高土官素质、增强国家凝聚力的客观需要。元明清尤其是明清两朝，对在边疆地区发展教育不遗余力，并收到很大成效。推行儒学教育，对边疆蛮夷具有极大的教化作用，朱元璋对此说得十分清楚。公元1395年，朱元璋诏令礼部："边夷土官，皆世袭其职，鲜知礼义，治之则激，纵之则玩。不预教之，何由能化？其云南、四川边夷土官，皆设儒学，选其子孙弟侄之俊秀者以教之，使之知君臣父子之义而无悖礼争斗之事，亦安边之道也。"① 通过在边疆地区大力发展儒学和传播华夏文化，对于更易边陲地区的社会习俗起到了重要作用，进而从文化整合方面推动了多民族统一国家的形成。

三 中原王朝的"以夷治夷"与"重北轻南"思想

中原王朝治边思想的另一内容是"以夷治夷"。"以夷治夷"也是重要的策略思想，并具有很强的实践性。"'以夷治夷'指利用蛮夷的矛盾使之相攻，中原王朝从中渔利。中原王朝对'以夷治夷'的认识及相应实践，在2000余年间经历了由浅入深的发展阶段。"②

中原王朝很早便认识到"以夷治夷"的重要性。唐朝大臣卢俌说："以蛮夷攻蛮夷，中国之长算。"但元代以前，历朝施行"以夷治夷"少有成功的情形。原因是元以前历朝的"以夷制夷"，施行的主要对象主要是北方的游牧民族，做法多是中原王朝设法利用各游牧部落之间的矛盾，使之离心相攻，企望从中渔利。草原地区形势复杂多变，旁观者很难操纵时局的变化。另外，北方游牧民族势力的崛起颇为快捷，而其衰落也同样迅速。北方草原居于主导地位的游牧势力，在历史上曾经历走马灯式的兴衰更替。中原王朝支持的某一游牧民族或部落，有可能在敌方衰落之后迅速转变为支持者的新对头。如，南宋先后与金、蒙古联手对付宿敌，最终反而造就了新的更加强大的敌人。在南部边陲，汉朝也曾试图通过资助蛮夷使其自相攻击、彼此消耗，但结果却收效甚微。另外，中原王朝还曾尝试将蛮夷征集入伍以组成正式军队或充任雇佣兵，但是却因管理成本过高而难以持续。同时，史籍中也很少见到将边疆土军作为重要制度的记载，

---

① 《太祖洪武实录》卷239。
② 方铁：《蒙元统治对中国西南边疆的影响》，《西部蒙古论坛》2008年第1期。

这种情形与统治者所构想的"以夷治夷"成效之间也存在着很大区别。

总体上来看,"元以前的中原王朝应对边疆蛮夷,虽有'来则御之,去则守之'、'修文德以来之,被声教以服之'等基本策略,但在胜出和瓦解蛮夷方面,行之切实有效的策略并不多"①,尤其是统治者寄托了很大希望的"以夷治夷",在认识和实践方面长期停滞不前,效果并不明显。

蒙元占据大理国旧地后,初期在其地推行传统的万户制度,但动乱不止。蒙元统治者借鉴委降附者继任原职的传统方式,并吸收南宋在广西设土官的经验,在云南等地首创土官制度并获得成功。② 土官制度初期是作为统治边疆蛮夷的制度而设计,以后因与实行地区蛮夷社会的机制暗合并取得显著成效,乃作为统治南方类型蛮夷的制度推广。明朝对土官制度作补充完善,形成更高层次的土司制度,并推行到与西南边疆情形类似的其他蛮夷地区。清雍正朝在土司地区实行大规模的改土归流,实质是对土司制度进行改革,并非彻底废除土司制度。吕思勉充分肯定清朝治理南方蛮夷所取得的成效:"清朝用兵域外,虽不得利,然其在湘西、云、贵、四川各省,则颇能竟前代所未竟之功。"③

土司制度能获得成功,缘由统治者抓住了南方蛮夷社会的症结。南方蛮夷的首领及其子民,与土地、山林等自然资源存在紧密结合的关系;蛮夷首领与其子民又存在不可分割的联系,并通过世代的沿袭与统领得以体现。南方蛮夷地区的地形条件复杂,气候类型多样,山地占土地总面积的绝大部分。居住不同地区的居民,因此形成对特定生态环境及所衍生的动植物资源的依赖关系。以共同血缘关系为基础所形成的大小村落,又以地缘与族属方面的亲近关系为纽带形成更大势力。南方蛮夷种类众多,内部结构复杂,这些蛮夷既杂居共处和相互依存,为争夺有限的土地、水源、山林等自然资源,以及发泄因复杂的历史纠葛所缔结的仇恨,相互间又进行长期争斗。

土司制度的基本内容,是中原王朝对愿接受统治的蛮夷首领进行任

---

① 方铁:《论羁縻治策向土官土司制度的演变》,《中国边疆史地研究》2011年第2期。
② 方铁:《土司制度与元明清三朝治夷》,《贵州民族研究》2014年第10期。
③ 吕思勉:《吕思勉讲中国政治——中国政治史、中国政治思想史十讲》,九州出版社2008年版,第142页。

命，授予其相应的官职，并纳入国家吏治的体系管理。各级土司均有明确的职责和需要承担的义务。与内地官吏不同的是，经过批准土司可以世袭，继任者可是原有土司的嫡子，也可是土司之妻或其他亲属。对级别较高的土司，朝廷允许统辖规定数量的土军。土军具备地方治安武装与服从征调国防军的双重职能，因此成为国家军队的重要组成部分。

　　土司制度之下的"以夷治夷"与前代不同。元明清三朝实行的"以夷制夷"，其本质是利用南方蛮夷内部的矛盾，使之相互牵制和争夺。在蛮夷内部为继承权、资源占有或冤冤相报而进行的争斗中，中原王朝充当合法的仲裁者，成功实现了坐观成败及渔翁得利。中原王朝支持蛮夷的方式，也由原来的公开为某些政治势力撑腰，改变为以官职的授予及官职承继为诱饵，驱使蛮夷为之尽忠奔走。土官制度的推行及其取得的巨大成效，在一定地域范围内实现了历代诸朝"以夷制夷"的边疆治理理想。清代云贵总督蔡毓荣说：朝廷为实现"以夷治夷"，不惜授蛮夷以官职，使之假朝廷之名器，以慑部落而长子孙，但其职武不过宣抚、宣慰司，文不过同知、知府，均听流官节制无敢抗衡，因此"安于并生而不为大患"。[①] 而在土司地区建立的土军被纳入国家军事力量之中，既实现了中原王朝"以夷治夷"的目的，同时也在镇压各地反叛中发挥了积极作用。当然也应该看到，土官制度的普遍推行也带来了一定的负面效应，其中土官易于坐大以致朝廷难以控制的问题较为突出。

　　在北部草原地区，由于地理环境与文化传统与南方相异，牧民与特定范围的土地、山林、水源等自然资源，基本上不存在世代相传的依赖关系，也少见基于牢固的血缘关系、地缘关系而形成的复杂社会关系。因此，朝廷在北方草原类型地区无法推行土司制度，只能沿用传统的万户制度。清朝在北部草原实行盟旗制度，在新疆的沙漠绿洲地区实行伯克制度，在青藏高原施行金瓶掣签制度，这三种制度均源于蒙元的万户制度。盟旗等制度虽亦重视各盟旗对土地的占有及分配，但仍以控制夷狄的人口为主；同时盟旗官长职位世袭的情形较少，这些与南方的土司制度不同。元明清三朝仿照土司制度的模式，企望在北部边疆也实现"以夷治夷"，但出自上述原因，在北部边疆施行"以夷治夷"的效果不甚明显。

---

① （清）蔡毓荣：《筹滇十疏·筹滇第二疏》，《康熙云南通志》卷29《艺文三》。

除"以夷治夷"以外，在中原王朝的治边思想中，"重北轻南"也占有十分重要的位置。"重北轻南"对中原王朝的其他治边思想及相应实践，产生了全面而深远的影响。"重北轻南"，即中原王朝经营四周边陲及边疆地区，具有重视大漠南北之北部边疆，相对忽视包括今云贵、岭南在内之南部边疆的传统。秦汉时这一传统基本上形成，以后延续了上千年。自元代起"重北轻南"的传统开始削弱，清代"重北轻南"的倾向已不甚明显。

中原王朝的北部边疆先后建立过一些边疆王朝与边疆政权，如"西汉时的匈奴、鲜卑，东汉时的鲜卑，三国与西晋时的鲜卑、羌胡，东晋时的高车、柔然，隋唐时的突厥、回纥，宋代的辽、金、西夏与蒙古，明代的瓦剌、鞑靼等。在南部边疆地区，两汉有西南夷、百越，三国和两晋有夷帅、山越，隋唐有南诏，宋朝有大理国"[①]，等等。历代中原王朝在处理与北方游牧势力的关系中，逐步形成了"重北轻南"的治边倾向。

一些朝臣认为历代边患多在北方。《三国志·乌丸鲜卑东夷传》称秦至东汉匈奴"久为边害"，匈奴紧逼诸夏，胡骑南侵致使汉朝三边受敌。《隋书·北狄传》说："四夷之为中国患也久矣，北狄尤甚。"唐朝大臣房玄龄言："详观古今，为中国患害，无过突厥。"一些政治家进一步指出中原王朝治边的重点在北方。南宋大臣李纲说："自古中兴之主，起于西北，则足以据中原而有东南。""天下精兵健马，皆在西北。"宋人王象之说："朝廷御边，重西北而轻东南。"

由于存在"重北轻南"的传统，历朝边疆治理的重心多在北部地区。其中驻兵、屯田或主动出击，是中原王朝为解除北方游牧势力南下威胁而采取的基本举措。相比之下，中原王朝对待南部边疆的蛮夷势力则多遵循"守在四夷"的原则，主要以军事防范和守卫，来获得守土相安的治理目标。在北部边疆治理中，一些王朝还举全国之力而修建长城，其目的也正是防备北方游牧势力的南下侵扰。中原王朝多在北部边疆驻扎重兵，而派驻南部边疆的军队则少得多。以隋朝为代表的中原王朝，为威慑北方蛮夷势力，还采用了许多办法来显示国势强盛，但是这种方法在南部边疆中却

[①] 方铁、邹建达：《论中国古代治边之重北轻南倾向及其形成原因》，《云南师范大学学报》（哲学社会科学版）2006年第3期。

较少施用。主要原因是中原王朝与北方蛮夷势力之间长期存在着激烈的竞争关系,因而乐于向其显示自身强大。元代以前中原王朝治边的思想及治策,大都从应对北方游牧势力的经验发展而来。例如:中原王朝认为华夏之地与边疆的关系,为树木根本与枝叶的关系,应区分其主次。应对边疆蛮夷应"来则纳之,去则不追",掌握有理、有利、有节的原则。"对边疆民族应施以羁縻,怀之以德。应慎选边吏和守将,重视边疆地区的吏治等。在经营和开发边疆方面,历朝大都重视防守北方,驻兵与屯田的重点也在北方,对南部边疆则相对轻视。"① 元明以前,中原王朝也不甚重视对南部边疆资源的开发。

"重北轻南"的治边传统在蒙元时期发生变化,这与蒙元的特点及面临的形势有关。蒙古汗国将世界视为蒙古草原的外延部分,由此形成有别于传统中原王朝的天下观。蒙古军队初入中原,有将领称中原平坦辽阔,若赶走汉人便是放牧的极好去处。蒙古汗国天下观的长处是放眼世界,重视发展占据地区与其他地区的联系。元朝初期亦难免受蒙古汗国观念的影响。忽必烈逝世后,元朝对外的扩展逐渐停止,以后统治者的地缘政治观,表现出蒙古汗国的天下观与中原王朝传统地缘政治观结合的特征。

元朝建立后,经营边疆的重点从北方转移到南方。蒙元统治者来自蒙古草原,元朝的北部疆域延伸到西伯利亚,西北面疆域与四大汗国相连,致使向北部拓展的空间十分狭小。元朝前期继续向外扩张,并将扩张的方向选在南方。元朝为此积极经营云南、广西和相邻的中南半岛。在较长的时期蒙元对外积极扩展,用兵十分频繁。统一全国后元朝以云南为进攻中南半岛的前沿阵地。因此,通过建立巩固的统治稳定云南地区,并从当地蛮夷中汲取人力补充军队,也是蒙元统治者所关心的问题。元朝统治较少受"守中治边""守在四夷"观念影响,乃借用内地的管理方式经营云南等地,有力地促进了西南边疆的发展。自蒙元时期,中原王朝始渐加大对南部边疆的经营与开发,把南部边疆作为矿产、资源的重要出产地,这也表明"重北轻南"的传统发生了改变。

清朝统治者形成了较明确的国土观与较高层次的全局观。统治者将边

---

① 方铁、邹建达:《论中国古代治边之重北轻南倾向及其形成原因》,《云南师范大学学报》(哲学社会科学版)2006年第3期。

疆视为安置内地人口与获取资源不可或缺的地区，清中期全国人口数量激增，流民向人烟稀少的区域迁徙。清廷明虽颁令禁止，实则是持默许态度。云南等边疆省份的官府以减税、贷给种籽与耕牛为条件，招引流民前来垦荒。清代中后期云南等省的人口增长很快，主要原因是外来移民大量增加。清廷还积极开发云南等地的矿藏，云南的采铜业因此获得迅速发展。清代有过长达300年近600人次具有多重意义的满蒙联姻，其意义和影响超过以往。统一全国后清朝通过大规模联姻，与漠南蒙古建立密切合作的关系。兼之在北方草原大规模传播佛教，清朝最终解决了北方游牧势力经常南下、严重威胁中原王朝安全的问题。

中原王朝治边具有"重北轻南"的传统，还表现在其海疆观形成的时间较晚。在很长的时期，与中原王朝交往的非华夏势力主要来自陆疆，尤其是北方的夷狄。中原王朝对海疆长期忽视，自宋代起才体会到海疆的重要性。先秦至秦末是中外交通的萌芽时期，两汉、三国、两晋、南北朝时陆路居于主位，隋、唐、五代时海路日趋重要，两宋时期海路居于主位，元代中外交通达至鼎盛，明代海路达到极点。[①] 中原王朝达外道路具有的功能，主要是为与朝贡有关的中外使臣往来提供便利，宋代以前尤其如此。徼外诸国朝贡及出售珍稀商品，隋唐五代时主要是通过海运。宋朝的社会经济有很大发展，与徼外诸国的官方及民间的贸易趋于兴盛，尤以瓷器外销为大宗，服务国际贸易乃成为海上交通线的重要功能。元朝建立，世祖忽必烈对海外诸国广行招抚，并多次对海外诸国用兵，都以失败而告终。忽必烈开拓南海的目标，是开通至伊利汗国（国都在今伊朗）的海路。成宗之后元朝开拓南海的行动逐渐停止。元末海防松懈，沿海地区乃有倭寇之患。[②] 元代以前中原王朝与海洋有关的活动，主要是通过海运与他国在外交及商贸方面交往，尚不涉及国家安全、沿海地区稳定、大规模走私与海疆权益等类问题。因此，明代以前中原王朝的海疆观，大致仍处于初期探索的阶段。

明朝初期重视海洋，突出表现在组织大型船队七下西洋。郑和下西洋的主要目的，是向海外宣传国威，招徕诸国入贡。七下西洋对外彰显明朝

---

① 陈佳荣：《中外交通史》，（香港）学津书店1987年版，第2页。
② 周良霄：《元史》，上海人民出版社2019年版，第836页。

国力，促进明朝与海外各国的交流。但郑和下西洋产生的影响仅限于海外诸国，对明朝企望恢复朝贡关系的瓦剌等北方游牧势力无异是南辕北辙。明成祖死后，大规模的远航黯然谢幕。明初倭寇经常侵扰中国沿海，嘉靖时倭寇与海盗勾结发展为严重的倭患。公元15世纪末发现新航路，葡萄牙、西班牙、荷兰等国的殖民者先后来到中国。公元17世纪初荷兰殖民者侵占我国台湾。东部沿海因此遭受外来势力严重威胁。因倭寇猖獗等原因，明朝颁布"片板不许下海"的禁令，实行严格的海禁政策。清朝一度开海，但在大部分时间仍实行封闭海洋的政策。明清两朝遭遇来自海洋方向的严重挑战，推动其海疆观在后期趋于形成。

四　边疆王朝治边的思想

边疆王朝治边的思想与理论，虽与中原王朝有相同之处，但也存在着明显的差别。总体来看，中原王朝多强调"守中治边""羁縻四夷"与"德泽洽夷"等治边思想，将自身看作华夏的正统，而视边疆为异文化区或夷狄之地。中原王朝的某些治边观念，在边疆王朝中可能少见。如秦汉及以后相当长的时期，中原王朝治边普遍存在重北轻南的倾向，并以此为制定本朝治边的方略及相关措施的基本前提，但类似的情形在边疆王朝中并不明显。北部游牧地区的边疆王朝，经常考虑的是如何拓展南部的疆土，甚至进攻中原王朝力图取而代之。南部蛮夷地区边疆王朝，则主要考虑如何发展和巩固自身的统治，以及在与中原王朝及其他政治势力错综复杂的关系中，如何取利及更好地生存。

边疆王朝普遍重视内部的巩固与发展，以及择机向外进行扩展，在这一方面积累了丰富的思想。为实现上述目标，边疆王朝在妥善处理和利用相关矛盾，积极联合可以合作的力量，审时度势及随机应变等方面，总结出不少重要的观点与策略。对中原王朝在制度、文化及思想等方面取得的领先成就，边疆王朝普遍认同并积极学习，为获取中原王朝的物资、文化以及官吏和人口，边疆王朝制订诸多的措施，并总结出不少行之有效的经验。这一方面的内容将在相关章节阐述。

中国古代有一个奇特的现象，即北部游牧地区的边疆王朝，经常积极南下进军中原，甚至希望取代中原王朝成为华夏大地的霸主。而南方山地的边疆王朝（如南诏），虽然势力强大一度打败中原王朝，多次凭借武力掳掠中原王朝辖地,却抢了人口、财物便收兵回营,从未有过问鼎中原或取而代之之想。由此反映了王朝国家历史发展复杂曲折,王朝国家治边思想丰富多样的史实。上述现象的存在,与边疆地区的自然生态环境、居民开发利用资源的方式、历史发展过程的复杂多样等密切相关。

其一,中国北部草原地区地势平坦、牧草茂盛,历来是重要的放牧之地。该地区的经济是典型的畜牧业经济,主要特点是以畜牧业为主要经济成分,种植业、采集业、矿冶业等所占的比重很小。因此,畜牧业经济地区通常缺少布帛、铁器等重要产品和文化积累,需要通过交换或战争从农业地区获取。其二,畜牧业经济受气候等自然条件的影响明显,在风调雨顺的年景牲畜可成倍增长,若遇超常寒冷的天气则牲畜大量死亡,游牧部落被迫结队南下避寒。历史上还有这样的情形,即中原王朝强盛时多向北部草原扩展,使长城以北的草原地区被种植业侵蚀,游牧部落的生存空间不断受到挤压。接近极限时游牧势力将被迫南下反击。其三,在畜牧业经济占主导地位的地区,环境、资源、社会和文化等方面都具有类似性,致使游牧部落容易完成相互间的兼并,政治集团容易实现瓦解或重组,为大规模南下创造了有利条件。

在北部广袤的草原地区,游牧部落以畜群为基本财富、经济来源和生产资料。一般来说,游牧社会由"落"这样的基本单位所构成,而"落"则由家庭或若干亲属家庭组成。在这种社会形态下,围绕游牧活动形成的集团力量具有不稳定性,既易于分散与瓦解,也容易聚集和组合,同时也容易被其他新兴势力所代替。一方面,游牧势力这种机动灵活的特点,能够在遭遇打击后迅速重组并恢复实力;另一方面,这种分散流动的生产生活方式,使社会财富难以积累,从而使北方夷狄政权通常比较脆弱,若遇首领死亡或重大变故,夷狄政权便很容易瓦解。

在历史上不同的时期,北方草原据于主导地位的夷狄曾走马灯式更替。"在北方游牧势力南下并移居农业地区的过程中,内迁的游牧部落被中原农业文明融合了,而新的势力又从草原深处迁到前代游牧民族留下的空地,以后被农业文明吸引继续南下,重演新一轮的农业文明与游牧文明的激烈冲突。"① 与中原农耕文明相比，北方游牧文明的发展水平长期处于滞后状态，再加上对中原地区粮食、布帛和铁器等产品的大量需求，使得北方游牧民族崛起以后经常南下，其人口不断移居中原农业地区便具有必然性。这是北部游牧地区的边疆王朝，经常南下骚扰中原地区，甚至试图问鼎中原的根本原因。北方夷狄大规模南下具有经常、突发和易造成严重破坏的特点，游牧势力在不同时期也较少有继承性，都增加了所造成的破坏及中原王朝应对的难度。

南部边疆与北方草原地区不同。南方边疆地形复杂、气候类型多样，山地占土地总面积的绝大部分。"不同高度地区有各自的生态环境与动植物资源，居住不同地区的蛮夷，对特定生态环境及其动植物资源形成依赖关系。村落是社会的基本单位，关系密切的大小村落又以地缘与血缘关系为纽带，结成更大的势力并相互依存。"② 蛮夷通过集市贸易或掠夺战争，进行农产品、畜产品、猎物与金属产品的交换。南方蛮夷支系众多、内部结构复杂，他们既杂居共处、相互依存，为争夺土地、水源、山林与矿藏等资源，以及因历史纠葛又常结仇并长期争斗。

简言之，南部蛮夷的主要矛盾在其内部。他们平常以村寨为单位互不统属，而一旦有事，有亲戚关系的家族便迅速组合为整体共同对付敌人。南方蛮夷在遭遇外来压力时，普遍先解仇结盟联合抵抗；若压力消除又恢复原有的矛盾与争斗，如此往复不息。南方蛮夷地区流行的械斗，目的并非将对方置于死地，而是通过械斗调整社会关系，在资源和利益分配方面维持相对合理的格局，并对世代聚集的恩怨有所回应。

云贵高原是中原王朝南部边疆的主体区域。这一地域范围的经济形态，主要表现为由农业、畜牧业、养殖业、采集和狩猎构成的一种初级复合型经济。在这种经济形态下，农业生产的发展水平较为有限，因此边疆居民还从事着畜牧业、养殖业以及采集和狩猎活动。尽管如此，这种初级复合型经济，仍具有较强的生命力。由于自然环境较为优越，边民们解决

---

① 方铁、邹建达：《论中国古代治边之重北轻南倾向及其形成原因》，《云南师范大学学报》（哲学社会科学版）2006 年第 3 期。

② 方铁、邹建达：《论中国古代治边之重北轻南倾向及其形成原因》，《云南师范大学学报》（哲学社会科学版）2006 年第 3 期。

温饱问题相对较为容易,当地社会若因战争等原因遭受破坏,也能在较短的时间内恢复。因受初级复合型经济的影响,南部蛮夷容易形成小富即安、易于满足的群体心理,以及简单化经营与共同消费的传统。正因如此,历史上南诏国曾先后数次攻入西川,但都以"大掠而还"① 收场,并无入主中原的政治抱负。清人王夫之说:"天气殊而生质异,地气殊而习尚异。故滇、黔、西粤之民,自足以捍蛮、苗,而无踰岭以窥内地之患。非果蛮、苗弱而北狄强也,土著者制其吭,则深入而畏边民之捣其虚也。"② 王夫之认为"深入而畏边民之捣其虚"是导致南方蛮夷"无踰岭以窥内地之患"的原因,这一说并不准确。实际上,南方蛮夷不愿或无法攻入中原,具有历史与社会方面的深层原因。

低水平复合型经济是一种初级的自给自足经济,其容易满足居民果腹的需要,但始终达不到如同黄河、长江中下游地区农业的发展水平。这种经济与中原地区的农业经济属同一经济文化圈,但发达程度不能与后者相比,致使南方蛮夷对中原王朝始终持敬重和学习的态度,决无与后者一争高下的意愿。"南诏受到唐朝经济文化的深刻影响,同时盛行奴隶制度,既需要学习唐朝的生产技术和文化,又需要不断地补充劳力。在与唐朝友好的时期,南诏通过频繁的交流和获得唐朝的赏赐,以汲取内地的技术与文化营养。在与唐朝交恶的时期,南诏通过战争获得必要补充,财物、富有经验的老吏与技工是南诏掠夺的重点。"③

以不甚发达的农业为基础,南方蛮夷倾慕和易于接受内地的文化,遂使南方蛮夷对内地文化有亲近感,并成为南部边疆与内地建立良好关系的基石。同时,低水平复合型经济能覆盖不同的资源类型和生产方式,使居住山地、盆地的诸多蛮夷及先后迁入的外来移民,易于相互包容和实现相互关系的整合,从而形成相对融洽及和谐的关系,并成为推动边疆向内地靠拢的重要动力。受其影响,唐宋时西南边疆与内地实现一体化的倾向已较明显,即便宋朝与大理国划大渡河为界,宋朝对大理国采取疏远和排斥的态度,大理国仍奉两宋为正朔,多次遣使希望与宋朝建立臣属关系。

---

① 《资治通鉴》卷244《唐纪六十》,太和三年十一月条。
② (清)王夫之:《读通鉴论》卷2《文帝》。
③ 方铁:《古代治理边疆理论与实践的研究构想》,《社会科学战线》2008年第2期。

20世纪70年代中期,郭沫若先生曾对我国古代民族关系做出过整体性评价,提出了"北方防御,南方浸润"①的解释观点。其中,"北方防御"主要指在北方游牧势力时常南下的巨大压力下,中原惯常采用军事防御的治边措施,因此在这一区域的民族关系就往往在激烈的矛盾和对抗中互动展开。而所谓"南方浸润"主要是指一种文化上的浸润和影响,即由于"南方民族很少越出居住地域进入中原,双方的关系,主要是南方民族为中原汉文化所浸润,民族融合表现为渐进式的发展与镶嵌式的融合"②。

从史载来看,秦汉至宋代北部游牧地区的边疆王朝,大都持与中原王朝长期抗衡甚至问鼎中原的设想。蒙元时期北部草原的人口大量南下,与南方各族形成交错杂居的局面。明代北部草原的蒙元后裔鞑靼、瓦剌诸部,虽成为明朝的严重边患,并在土木堡之变中俘虏明朝皇帝英宗,但已无持续南下、问鼎中原的想法与实力。清朝彻底解决了北方游牧势力持续南下的难题。清代有过长达300年近600人次具有多重意义的满蒙联姻,其意义和影响超过以往朝代。后金与漠南蒙古上层的联姻很早便开始,为统一全国后通过大规模联姻,与漠南蒙古建立密切合作的关系奠定基础。兼有在北方草原有效传播佛教等因素的配合,清朝最终解决了北方游牧势力经常南下、严重威胁统一王朝安全的问题。严复说:"若除此(汉唐)两朝,则中原之被北蹂躏,真更仆难数。盖北狄之勇战,固天性也。今满蒙皆逸居无事也,此乃喇嘛佛法毒之,且亦阅二百余年,而始有然。"③严复将北方游牧势力不再南下,归于清廷以"喇嘛佛法毒之"的看法仍可商榷,但清代"满蒙皆逸居无事"则为不争的事实。

第二节 传统边疆治理的方略

传统边疆治理方略,是指历代王朝在边疆治理方面,经过长期的实

---

① 邱永君:《陈连开先生访谈录》,载《中国民族研究年鉴》2001年卷,民族出版社2002年版,第446页。
② 方铁:《试论云南各民族的人文精神》,《文山学院学报》2015年第4期。
③ 严复:《论支那之不可分》,载郑振铎编《晚清文选》,中国社会科学出版社2002年版。

践、总结而形成的基本的谋略与传统，包括中原王朝的治边方略与边疆王朝、边疆政权的治边方略。中原王朝统治的时间长，长期据有中国的腹心地区，其治边方略影响到现今，因此是研究的重点。受农业文明的影响，中原王朝的腹心地区形成超稳定的社会结构。中原王朝因腐败或统治失控而更替，但经济基础和社会结构等并未改变。另外，自秦朝统一全国，中原王朝的周边环境未出现根本性的改变。因此，中原王朝虽不断更替，治边亦各有特点和探索，但新王朝治边仍大致承袭传统的谋略与做法。历朝对治边方略或未做过系统的总结，但史籍中相关的认识和记载不少。乃进行梳理总结，归纳为中原王朝治边的主要方略。

一　中原王朝经营边疆与应对外邦的方略

中原王朝经营边疆与应对外邦的方略大体形成于秦汉，发展和延续至清代，其内涵是动态变化的，经历了从肤浅到成熟的过程。另外，中原王朝经营边疆与应对外邦的方略，在前后期又具有不同的特色。

中原王朝认为自己是天下的中心，周围的蛮夷势力必须服从于己，由此形成中心（华夏文明）与边缘（边疆及其徼外的非华夏文明）相互关系的思想。中原王朝通过推行教化在边疆及其以远地区传播华夏文化，并通过朝贡、册封这两种形式，与前来朝贡的四方蛮夷建立盟约及主从的关系，进而形成通行天下的制度规范。封贡制度的基础是服事观。先秦时期的服事观认为统治者居天下之中心，其影响由中心向周边传播。中原王朝对服事观进行改造，将其发展为以四方蛮夷向中原王朝进贡、中原王朝册封朝贡者为内容的封贡制度。元代以前中原王朝的边疆还处于形成的过程中，边疆与徼外地区的界限经常变动且含混不清，封贡制度施行的范围，既有边疆地区的少数民族与地方政权，也包括徼外势力乃至远方的一些他国。正缘于此，一些学者提出封贡制度是古代亚洲东部秩序的看法。

汉晋至唐代的中原王朝统治者，大都持有中原文化绝对先进、王朝宏伟无疆、边徼蛮夷难以企及等优越意识，并通过广泛施行封贡制度，践行厚往薄来的原则将上述观念散布周边地区，同时以丰厚的物质赏赐及众多虚衔官职的授予，对周边地区的蛮夷"施之以德"，企望换取徼外蛮夷对中原王朝最高权威的承认，以及蛮夷对中原王朝的衷心顺从和长期供奉。通过封贡制度，中原王朝对边疆及其以远地区进行政治笼络和文化传播；

通过交往方面的厚往薄来笼络对方，争取建立封建家族制度式的等级尊卑关系，在此基础上实行相对宽松的羁縻统治；并通过保护、赏赐、施以优惠等做法，使周边蛮夷势力紧拢在自己周围。在华夏文明独领风骚及中原王朝处理与蛮夷的关系，主要是采取友好相处、德化浸润等做法的时代，封贡制度取得很大成功。中原王朝不仅构建以己为中心的天下秩序，还使东亚地区实现了上千年的基本和平。

中唐及以后的时期，吐蕃、南诏、辽、金、夏、蒙古等边疆势力先后崛起，兼之明代后期西方列强陆续东至，使中原王朝承受着严峻的挑战。元、清两个统一王朝为边疆少数民族所建立，他们有他们的天下观与治边观。在诸多力量的冲击下，汉唐以来形成的东亚秩序逐渐解体。另外，元明清诸朝的疆域趋于稳定，外邦的国家形态也逐渐形成，并与中原王朝建立起新型的藩属关系。唐末两宋时期，华夏周边的地区逐渐成为中原王朝疆域不可分割的部分，中原王朝与远方他国的邦交关系亦渐明确。继起的元朝从全国统一的高度，进一步明确了新的天下格局，内容大致是中国的边疆地区逐渐巩固和完善，成为拱卫国家的有力屏障；中国周边的政治势力，则逐渐成为与中原王朝建立新型藩属关系的属国。因此，元明清三朝经营边疆地区，表现出边疆治理与邦交应对明显分开的特点。

自元代起中原王朝的边疆趋于稳定，边疆与徼外邻邦的界限逐渐明确。史籍有关记载清楚地反映出这一变化。据《元史》有关记载，在云南实行土官制度并推广儒学教育的地区，均属云南行省所管辖的范围，在其他边疆地区也存在类似的情形。而对安南、缅国、占城等邻邦，元朝则制定按期纳质朝贡、君王亲自入朝觐见等规定。元朝对安南数次用兵，起因便是安南君王不愿亲自入朝，元朝据此认为安南拒绝承认其藩属国的地位。从明清两代的记载来看，明清两朝对边疆与徼外地区在应对政策上的差异更为明显。纵观《旧唐书》《新唐书》与《宋史》，唐宋两朝对边疆与徼外地区的治策大致相同，并未出现如同元朝分别施治一类的情形。

对周边关系较密切的邻国，元明清诸朝主要通过新型的藩属国体制来应对。宋代以来情况发生很大的变化，中国的南北方出现若干强大的边疆王朝，以汉族为主建立的中原王朝一枝独秀的局面一去不返。明清时中原王朝面临西方列强的挑战。原有的东亚秩序被打乱，传统朝贡制度受到挑战，新的国际秩序逐渐形成。在这样的情况下，中原王朝与徼外势力的关系，从传统的藩属关系逐渐向新型藩属国体制演变。但其演变并不顺利。因受历史惰性影响及统治者仍沉溺于"万方来朝"的旧梦之中，演变进展迟缓而且步履蹒跚。直至清末西方列强的大炮轰开帝国大门，统治者才骤然警醒，慌忙策划变革以救时急。

对基本成型的边疆地区，中原王朝主要依靠因地制宜的边疆治策与推广儒学教育来治理。元明清尤其是元、清两代，重北轻南的治边倾向不甚明显，统治者十分重视经营南部边疆。历朝还在云南等地积极推行土司制度，使朝廷对南部边疆的统治明显深入。由于在西南边疆实行土司制度，中原王朝的统治深入此前鞭长莫及的地区。朝廷通过土司承袭须经考核批准和发展儒学教育等方式，有效地培养了南方少数民族对国家的忠诚。通过大量兴办正规学校，有效地提高了土司乃至广大土民的素质与文化水平。在其他边疆地区，中原王朝推行有别于土司制度的统治制度。在北部草原游牧地区推行万户制度并发展为盟旗制度；在新疆等沙漠绿洲地区，在万户制度的基础上演变形成伯克制度；在青藏高原地区，则实行由万户制度发展而来的金瓶掣签制度。

中国历史疆域的形成，不仅得益于政区行政管辖的确定及完善，还表现在中国的主流文化，在边疆地区得到不间断的传播并逐渐被认同。元明清时期内地人口向边疆大量迁徙，并与边疆诸族实现了融合与重组，诸如此类的诸多因素，促使边疆与内地牢固地结合在一起。元明清诸朝将边疆地区与邻邦之地分开，通过以土司制度为代表的新型边疆制度，朝廷对边疆地区进行更为有效的治理和经营，对中国历史疆域的全面形成及巩固，作出了十分重要的贡献。古代中国在发展过程中出现过两次严重分裂，即南北朝时期与五代时期，反映出作为整体的中国尚在形成和动荡的过程之中。元明清出现 600 余年的持续统一，尤其清代全国未再出现较大的分裂，表明整体中国已经正式形成，元明清诸朝经营边疆与应对外邦的方略，也取得很大的成功。

二 中原王朝治边的文化软实力方略

综合实力包括硬实力与软实力。硬实力指社会生产总值与基础设施等硬件的拥有量，软实力则指文化与制度方面的影响力。中原王朝的统治制度、政治理念与文化传统，升华为以儒家文化为基础的华夏文化并应用于边疆治理，便形成中原王朝治边的文化软实力。[1] 古人对文化软实力难以做出科学归纳，但历朝对华夏文化的重要价值有深切认识，对自己的文化软实力有充分自信，以此为巩固统治及向外拓展的利器。

治边文化软实力的基础是夷夏有别观与用夏变夷观。中原王朝的腹心是黄河流域与长江流域，这一地区以农业生产为基础形成相对先进的农业文明，中原王朝乃形成高度优越感，视华夏以外的文明为卑下的观念，具体包括以下内容：

1. 夷夏有别观包含以下三种观念：一是华夏中心观。华夏文明在亚洲东部较早摆脱蒙昧状态并一枝独秀，其他文明则长期处于遵从的地位。夷夏有别观以文明的类型为划分夷夏的标准，"夷狄"包括华夏以外的其他文明。中原王朝边疆的范围长期含混且经常变动。在中国疆域形成的过程中，边疆民族、边疆政权与他国的性质不易区分，还常有性质改变的情形。蛮夷概念的含混，为中原王朝施用治策提供宽松的范围，中原王朝施行的封贡制度，大体上适用于不同的蛮夷。二是崇夏抑夷的思想。夷夏有别观推崇华夏、贬低蛮夷，甚至认为华夏之先进与高贵、蛮夷之落后与卑下，均与生俱来难以改变，因此提出严格划分夷夏与蛮夷的界限，诸朝产生"先事华夏而后夷狄"、"重根干轻枝叶"及亲华夏、远蛮夷等观念。三是夷夏须保持必要距离。具体表现在不以招徕远方蛮夷为目标，朝廷与远方蛮夷交往须掌握"度"，最终目标是实现"裔不谋夏，夷不乱华"。中原王朝奉行的原则，是蛮夷归附则受而不拒，蛮夷反叛则弃之不追，由此形成"守在四夷"的思想。

2. 用夏变夷观是治边文化软实力的另一基础。用夏变夷观源自儒家的德化观。儒家讲究以和为贵，以忠信为美，并以这一观念来解释夷夏的关系。认为朝廷应对蛮夷，实行叛而伐之、服而舍之的治策，体现了统治者的德与威。朝廷应对蛮夷，德与威不可或缺，当以宽仁待之，以坚强御之。儒家所提倡的德化观，反映了农业社会具有的和平、和睦、讲究诚信等思想。中原王朝认为对蛮夷广施德化，便可实现"德泽洽夷"，企望用道德的力量与良好形象，通过和平的手段争取蛮夷认同，取得不战而屈人之兵的效果。

---

[1] 方铁：《论中原王朝治边的文化软实力》，《中国边疆史地研究》2013年第2期。

3. 治边文化软实力的内容，主要是彰显中原王朝的文化、实力与制度。较之结构单一的游牧文明与发展滞后的山地文明，农业文明具有明显优势。华夏文化打上农耕社会的深刻烙印，如安土重迁、和平和睦、尊卑有序、忍让包容等观念，便来自农耕社会。中原王朝向外传播的文化，主要内容是宣传其博大精深，传播和平、和睦、夷夏有别等价值观，同时体现尊卑有序、奉上事主、讲求诚信、宽广包容等道德观。在处理与周边蛮夷的关系方面，中原王朝提倡守境相安与求同存异。汉、唐两代是中原王朝前半期的鼎盛时期。汉、唐均重视彰显文化及发挥文化的影响力，其共有特点是对蛮夷广施德化。汉、唐积极推行纳质制度与和亲制度。通过纳质之制，边疆蛮夷向汉朝大量遣送充为人质的贵族子弟。对居住长安的质子，朝廷或编入侍卫军并给予优厚待遇。还有一些质子留居边疆重镇，朝廷亦待之以礼，甚至为其兴办学校。汉朝还积极与边疆蛮夷和亲，由此把汉朝的文化传播到边疆地区。唐朝还通过向蛮夷赏赐书籍、接收其子弟入国学等方式，推动华夏文化向外部世界传播，唐朝的周边地区掀起学习唐文化的高潮，为东亚华夏文化圈的形成奠定了基础。

4. 治边文化软实力的另一内容是彰显实力。中原王朝的实力大致包括经济实力、人力资源与军事实力。中原王朝的腹地土地肥沃，粮食产量甚高且收成稳定，完全可实现自给自足，无须通过对外掠夺与大规模通商来补充。在以专制和中央集权为特色的统治制度下，朝廷握有全面掌控社会与臣民的权力。以雄厚的社会经济和人力资源为基础，中原王朝可形成强大的军事实力。中原王朝对自己的实力十分自信。由于统治者认为库存丰厚且易补充，一些王朝将大量资源用于治边。除与治边有关的用兵外，中原王朝对徼外蛮夷实行"厚往薄来"的政策，也消耗不少资源。一些统治者为营造声势及显示国威，耗费银两做尽表面文章。

5. 制度也是治边文化软实力的一部分。制度主要是指中原王朝的国家制度与封贡制度。鉴于徼外势力之多元与边疆政局之复杂，统治者对可掌控的范围由近及远相应削弱亦有认识，因此在边疆地区普遍采取较灵活的国家结构形式。至于与治边密切相关的封贡制度，在诸朝统治者看来，为王朝政治一统、受封者奉上事主的象征，因此多予固守不愿变通。

6. 治边文化软实力的施用目标是实现"守在四夷"。核心是应对蛮夷以防守为主，对经边、拓边持保守与谨慎的态度。实现"守在四夷"的关键，是处理好守中与治边的关系。中原王朝追求的目标是华夏之地安定繁荣，认为拓边、经边居于次要地位。中原王朝具有治边区分轻重缓急、重本抑末等思想。宋朝将"守在四夷"的观念发展为"欲理外、先理内"。明清时中国的疆界基本上形成，清乾隆帝将"守在四夷"的传统，表述为"开边黩武，朕所不为；而祖宗所有疆宇，不敢少亏尺寸"。

因奉行"守在四夷"的原则，中原王朝制订以下治边方略：不耗费大量国力经营四夷，以免本末倒置影响华夏之地的安定。中原王朝认为治边的理想状态，是华夏与蛮夷守境相安。中原王朝应对边疆蛮夷之策，是待之以礼、羁縻不绝。以守疆自安为基本原则，在营边和拓边方面持保守态度，甚至奉隔绝蛮夷、不相往来为要旨，进而形成谨守祖业、注重维护国家统一的传统。"谨事四夷"的含义：一是对周边蛮夷的挑衅慎重对待，若用武须考虑其必要性与可行性。二是讲究应对艺术，对自己恪守的原则划定底线；处理时体现文明大国的风范，做到有理、有节、有度。以上述方略为基础，中原王朝形成远交近攻、注重全局与长远利益的治边战略。

7. 治边文化软实力的传播载体是封贡制度，其基础是服事观。先秦时一些诸侯国提出"五服"说。认为统治者居天下之中心，其影响由中心向四面传播，每隔五百里依次为甸服、侯服、绥服、要服、荒服，统治者的权威根据距离的远近递减，当地居民对统治者承担的义务也相应减轻。中原王朝将服事观发展为以四方蛮夷向中原王朝进贡、中原王朝册封朝贡者为基本内容的封贡制度。封贡制度的实质，是中原王朝通过朝贡、册封这两种形式，与前来朝贡的夷狄建立盟约及主从的关系，进而形成通行天下的规范。封贡制度是封建宗族制度的体现。通过宗族制度，实现宗族共主、尊卑有序。

封贡制度有以下特点：一是双方的关系建立在朝贡蛮夷承认对中原王朝的附庸地位，并通过朝贡、接受册封、履行朝廷规定义务等得到体现，中原王朝通过"厚往薄来"，赐给朝贡蛮夷丰厚的经济赏赐，并通过册封，颁予朝贡蛮夷以各类称号或官职，将其纳入羁縻府州形式的监控之下。封贡制度有和平渐进、无须用兵等特点。二是朝贡与册封均遵循自愿、不强加于人的原则。建立册封关系后，蛮夷若有反悔，随时可废除册封关系，一些朝臣将之概括为"附则受而不逆，叛则弃而不追"。三是封贡制度适用的范围甚广。施用的对象为蛮夷，因此边疆蛮夷及与中原王朝有往来的邦交之国，皆可纳入封贡制度施用的范围。在华夏文明独领风骚以及中原王朝处理与周边蛮夷的关系，主要是采取友好相处、德化浸润等做法的时代，封贡制度取得很大成功。在中华礼治文化的影响下，东亚地区大致实现上千年的和平。通过封贡制度，中原王朝的文化软实力有效显现，逐渐形成以中原王朝为中心的华夏文化圈。

封贡制度也有明显的弱点。一是适用范围过于宽泛，容易造成边疆蛮夷治策与邻邦应对政策的混同。二是封贡制度的内涵肤浅单一，在应用时也缺乏针对性与灵活性。究其缘由，除施用范围过于宽泛外，还与大部分王朝治边存在重北轻南的倾向，封贡制度主要是从应对北方游牧民族的经验衍化而来，并不能全面反映周边蛮夷的情形有关。三是汉唐等王朝奉封贡制度为亘古不变之策。从秦汉至宋代，基本上看不出封贡制度有明显变化，相关治策可说是以不变应万变。四是封贡制度奉行"厚往薄来"的原则。朝廷看重政治上的收益而不细算经济账，因此给国库造成很大压力。

8. 治边文化软实力的传播机制是文化传播。文化传播有两层含义：一是通过文化的影响和浸润将治边文化软实力传播至周边；二是传播的主要内容是文化。文化的核心是价值观与道德观，文化传播重视体现华夏文化的博大精深与宽广包容。中原王朝传播文化，主要是通过广施德化、兴办儒学教育这两种方式。文化传播能发挥巨大作用，与东亚地区的形势有关。中原王朝拥有的农业文明，在中国及周边地区长期处于领先水平，统治者形成"内华夏、外夷狄"的观念。中原王朝以帝王所在地为中心，势力向四周延伸。在争夺、竞争尚未成为东亚地区发展主旋律的时代，中原王朝倡导的礼义邦交与守土相安，在周边蛮夷中产生了深远影响。通过"厚往薄来"与广施德化，中原王朝获得相对安定的周边环境。

文化传播将华夏文化远播至周边各地。在设治、驻军及移民等治边政策的配合下，华夏地区与邻邦的中间地带逐渐被控制，一些地区由量变发展到质变隶属于王朝，中原王朝的疆域由此形成并逐渐巩固。古代中国在统一破裂后，在或长或短的时间内能回归统一，并从低水平、低层次的统一发展到较高水平的统一，关键是中原王朝妥善处理中心与边缘的关系，充分利用华夏文化的辐射作用，对四周蛮夷实现潜移默化且卓有成效的改造。

　　文化传播取得的成效，仅在"守在四夷"的情形下有可能实现最大化。若违背华夏文化的精神，文化传播的成效便大打折扣，甚至遭受客观规律的惩罚。唐宋时天下形势发生变化，并在元明清时形成不可阻挡的潮流。唐宋是华夏大地剧变的时代。宋与辽、西夏、金、蒙古间的战争，既为争夺对华夏地区的控制权，同时也是不同文化间的竞争。唐宋时期华夏周边的大部分地区，已成为中国疆域不可分割的部分，中国与远方他国的邦交关系亦逐渐明确。处于中国腹地与远方他国间的部分，则是与中原王朝同属中国的辽、金、夏等边疆政权。唐宋时天下形势发生剧变，继起的元朝从全国统一的高度，进一步明确了新的天下格局。明清顺应宋元以来的发展趋势，使中原王朝的内涵及中原王朝与蛮夷的关系，都出现新的、持续演进的变化。主要内容是中国的边疆地区得到加强，成为拱卫国家的有力屏障；中国周边的邻邦，大都成为与中国建立新型藩属关系的属国。

　　唐宋时崛起的周边民族，虽有与中原王朝争正统等意识，但在天下观、价值观与种族观方面，与中原王朝不甚相同。中原王朝面临复杂的形势，需要硬实力与软实力更合理的搭配；时局的变化莫测，也呼唤更及时、更灵活的应对；竞争至上与适者生存，逐渐成为国际社会通行的法则，这些都对中原王朝奉行消极守拙的国际政策提出质疑。竞争双方实力的对比也发生变化，宋代周边民族占据上风。宋代以后，先后出现元、清两个以边疆民族为主体的统一王朝，以汉族为正统、华夏为至上中心的时代宣告结束。华夏文化融合周边民族的文化，形成更为深厚、丰富和有生命力的中华文化，最终促成中华民族多元一体格局的形成。

　　元明清时期，中原王朝向徼外传播德化的做法逐渐式微，在边疆地区兴办教育却蒸蒸日上。元代以前边疆虽有内地式教育，但兴办者主要是贬居士人与镇守官吏，由边疆官府兴办教育尚未成为普遍国策。元明清时边疆成为王朝疆域不可分割的部分，同时朝廷在边疆推行土司制度等个性化治策；积极传播儒学文化，成为提高土官素质、增强国家凝聚力的客观需要。元明清诸朝在边疆发展教育不遗余力，并收到很大成效。发展边疆地区的教育，乃成为治边文化软实力的重要方面。清朝对南方蛮夷地区的统治较为深入，在这些地区兴办的教育不仅规模大，分布面广，取得的效果也十分明显。晚清时孙中山提出"五族共和"的主张，共和的对象有汉、满、蒙、回、藏五个民族，除汉族外其他民族大都聚居在北方与西部。有人问为何无南方少数民族，孙中山答云贵等地已属内地。孙中山的意见大体反映了晚清时人们的普遍看法。晚清人将前代属于边疆的云贵等地视同内地，反映出云贵等地与内地的差距明显缩小，其中推广教育的作用功不可没。

三　中原王朝治边的地缘政治方略

所谓地缘政治，指与地理因素紧密相关的政治问题。地缘政治是客观存在。人们关于地缘政治的理论，是对这一客观现实及其对策的认识与总结。中原王朝有经过长期的实践与积累形成的地缘政治观，其表述话语及内容构架，与西方的地缘政治理论存在差异。[①] 其内容之丰富，较之西方的地缘政治理论并不逊色，而应用广泛的程度则可能超过西方。

中国古代对地缘政治早有认识，并形成一些相关的思想和策略。包括中原王朝、边疆王朝、局部政权在内的政治集团，出于为其统治服务的需要，对与政治博弈、巩固政权及扩展势力有关的地缘政治问题，大都注意研究并积极实践，积累了宝贵的认识与经验。中国古代的地缘政治观包括中原王朝的地缘政治观与其他政治集团的地缘政治观。中原王朝的政治、文化的影响力远超边疆王朝与局部政权，其地缘政治观丰富及成熟的程度居于领先地位。

中国疆域能在很长的时期保持相对稳定并逐渐巩固，关键是中原王朝在地缘政治方面较好地处理中心与边缘的关系，充分利用华夏文化圈对周边地区的辐射作用，借助文化传播的力量，把对边疆地区的控制由微弱的影响发展为质量方面的突变。对此中原王朝未必进行过系统总结，但因施行的策略行之有效，历代相沿成为传统，在认识方面便形成地缘政治观。

中原王朝的地缘政治观有以下特点：一是形成发展的时间很长。从先秦时期诸子百家热衷于探讨诸侯国的地缘政治、形成地缘政治研究的第一次高潮算起，到晚清王夫之等一些思想家潜心总结历代经营的得失，就有关的地缘政治问题做较深入探讨，中原王朝的地缘政治观经历了二三千年的演变过程。二是历代王朝处理与地理因素有关的政治问题，常自觉或不

[①] 方铁：《论中原王朝的地缘政治观》，载《中国历史地理国际学术研讨会文集》，四川大学出版社2015年版。

自觉地应用关于地缘政治的知识，经过反复的实践与总结形成一些相应的策略。三是中原王朝的地缘政治观内容丰富。从地缘分布的格局来看，既有观念持有者对自身政治利益与相关地域关系的关注，也包括观念持有者对本集团与天下地缘政治关系的认识。就地缘政治演变的过程而言，中原王朝的地缘政治观不仅涉及持有者对自身地域范围的积极经营，力求地缘政治关系出现有利于己的改变；还包括持有者对相关历史及传统不懈的研习，企望从中汲取知识以增强自身的力量。四是在涉及领域、关注重点与文字表述等方面，中原王朝的地缘政治观与近代西方的地缘政治理论不同，集中反映了古代中国人在价值观、天下观、人地关系观等方面的政治智慧，并表现出典型的中国特色。

中原王朝的地缘政治观，大致可分为全局地缘政治观、与边疆有关的地缘政治观。全局地缘政治观包括以下内容：华夏地区与非华夏地区的关系；中心区域与周边地区的关系；南北部地区的关系，重点是对外防御方面的联系；东西部地区的关系，重点是经济发展方面的联系；经济发达区域与欠发达区域的关系；不同文化地区的关系；不同行政区域的关系；中原王朝辖地与其他政权辖地的关系等。

中原王朝的边疆地缘政治观[①]，大致包括中国与周边国家的关系、中国边疆地区与邻邦的关系、内地与边疆的关系、中央政府与边疆政权的关系、边疆地区不同地域的关系、促进边疆形成巩固的思想与方略、根据不同边疆地区的差异分别治理的思想与方略等内容。边疆地缘政治观既与施政地缘政治、军事地缘政治、邦交地缘政治等有关，也包含与地缘政治有关的边疆地区治理、边疆经济开发与边疆资源获取等内容。地缘政治观属于历史演变的范畴，反映了当事人由粗至精、从零散到系统的认识过程。边疆地缘政治观在不同的时期包含特定的内容，经过多次的筛选与不断的补充完善，逐渐形成具有文化基因的传统，因此成为中原王朝治边的思想基础。

边疆地缘政治观的中国色彩十分鲜明。如中原王朝较重视人文因素、文化传统在地缘政治关系中的作用，相对忽视海洋等地理因素；考虑相关问题时，明显受到注重天人关系、社会等级制度、以文化分尊卑等文化传

---

① 以下简称中原王朝的边疆地缘政治观为"边疆地缘政治观"。

统的影响。古人认为中国是世界文明的中心，王朝的核心区域与其他地区的关系，其密切的程度依距离的近远而逐渐递减；古人重视对边疆乃至徼外的蛮夷进行羁縻和教化，甚于西方常见的武力征服与广征赋税。古代政治家考虑治边问题，较重视国际通道的畅通与安全，注意边疆各地以及统治中心的关联，这些都表明他们重视及熟悉边疆地缘政治。

边疆地缘政治观重视区分农业文明与其他文明，以农业文明圈为王朝固守的基础，谨慎地向外部扩展或求保稳定。历朝多恪守"守在四夷"的治边传统，视内地与边疆的关系为中心与边缘的关系。历朝还重视经过边疆的国际通道与边疆行政机构的作用，注重在边疆设治管理及驻兵和移民。在处理边疆问题时，常视腹地以外的区域为与腹地差别甚大的另类地区，重视不同区位边疆地区相互配合或牵制的关系。我国南北方地缘政治关系长期存在差异，如历朝大都存在重北轻南的治边倾向。

边疆地缘政治观在不同时期的改变，大致受到以下因素的影响：一是时代背景与历朝的边疆经营思想，包括不同时期全国的形势，边疆形势的变化与统治者的应对，历朝经营边疆地区的方略与应对施治等。二是相关要素的作用，分别为重要道路，包括联系外邦的道路以及边疆本地及通往相邻行政区的道路。核心区域，指历朝重点经营并在边疆地区具有导向作用的区域，该区域通常以边疆主要的行政机构所在地为中心。重要城市，既是重要行政机构的所在地，也是重要道路经过的枢纽，亦是外来移民的重要聚居地与经济文化发展领先的区域。三是边疆地区经济开发的状况，包括历朝在其地重点开发的区域，重点经营的经济部门，以及边疆地区经济发展的整体水平等。四是边疆地区与周边地区的关系，包括边疆地区与外邦的关系，所言边疆地区与周边行政区的关系等。

以边疆地缘政治观为基础，中原王朝制定并施行以下的治边方略。其一，"守在四夷"的方略。春秋时人沈尹戌提出"古者天子，守在四夷"的观念。[①] 两汉在接受先秦"五服"说的基础上，基本上形成"守在四夷"的治边思想。历朝对边疆和徼外通常慎用刀兵，处理与边疆蛮夷、徼外邻邦的争端时，大多是采取守势，用兵以自卫及防范性质者居多，历代有关的表述有"不以蛮夷而劳中国"，"治安中国，而四夷自服"，"欲

---

① 《汉书》卷94下《匈奴传》，颜师古注引《左传》昭公二十三年。

理外，先理内"，"谨守祖业，不取域外之地"等。以上述认识观为基础，中原王朝形成"附则受而不逆，叛则弃而不追"的策略思想。

其二，重视德治与教化的方略。历朝重视德治与教化在治边中的作用。唐太宗提出"德泽洽夷"，认为对蛮夷施以德泽，经过潜移默化，可获得武力不能达到的效果。统治者注重对边疆蛮夷与徼外势力"修文德以来之，被声教以服之"，在此基础上推行和亲、朝贡封赏与建立宗藩关系的制度。清朝以前代的封贡制度为基础，正式形成与越南、朝鲜、缅甸等国的宗藩关系。

其三，对外施用文化软实力的方略。中原王朝治边文化软实力的基础，是中原王朝的夷夏有别观与用夏变夷观。治边文化软实力主要是彰显中原王朝的文化、实力和制度，施用目标是实现"守在四夷"。治边文化软实力的载体是封贡制度，传播的机制主要是文化传播。实施文化软实力战略的前提，是王朝统治者具有"华夏居中""华夷有别""守在四夷""以夏化夷"等观念，反映出王朝统治者推行这一方略，深受边疆地缘政治观的影响。

其四，划分及区别应对内外关系的方略。古代中国的边疆经历了从模糊含混到区分明确的发展过程。究其原因，一是古代中国的版图是中原王朝融合周边的边疆政权逐渐形成的，元代以前中原王朝的版图还处于不断变动的过程中；二是中原王朝与周边边疆政权及邻邦的分界，元代以前尚欠稳定而难以区分。中原王朝前期的应对之策，是视华夏以外文明的所有者为蛮夷，对包括边疆政权与准邻邦在内的蛮夷笼统地施用封贡制度。唐宋时天下形势发生变化，中原王朝与蛮夷的关系出现改变，元明清时形成不可阻挡的潮流。主要表现在受对外文化软实力的影响，中原王朝的周边地区逐渐成为可控的边疆，准邻邦势力的国家性质也逐渐明朗，并与中原王朝建立新型藩属国的关系。在上述过程中，中原王朝对外积极推行文化软实力，力争周边环境发生有利于己的变化。待边疆诸族与徼外势力的分野趋于明朗，元明清诸朝顺应形势的发展，采取截然不同的应对之策。

其五，远交近攻的方略。中原王朝自认为是天下的中心，形成中心（华夏文明）与边缘（边疆及其徼外的非华夏文明）相互关系的地缘政治思想，进而施行以注重全局与长远利益为特色的远交近攻方略。其表现：一是通过封贡制度发挥对外文化软实力的作用，企望形成以华夏为中心的天下秩序。二是通过封贡制度羁縻对方的频度与效力，依距离的远近明显不同。三是以宋元之际为界，中原王朝施行远交近攻方略的重点发生变化，从此前普遍施用于广义上的蛮夷，逐渐集中到与内地结为一体的边疆地区。

四 中原王朝治边的博弈谋胜方略

"博弈"指两人或多人在对局之中，各自利用对方的策略变换自己的对抗策略进行争斗。博弈论源起于应用数学，也是运筹学的重要组成部分。博弈论是指双方或者多方在竞争、合作的情况下，尽可能了解各方的信息，并依此选择能为自己争取最大利益之最优决策的理论。简言之，博弈论即研究互动决策的理论。博弈论应用的领域十分广泛，在经济学、军事战略学、政治学等学科中，都具有重要的研究及应用价值。

博弈论应用于政治斗争，便形成政治博弈论。博弈包括以下要素：参与者、利益得失、策略、信息。参与者互为对手，获胜的关键在于是否采取了一个好的策略。策略体现了博弈的根本特点，即策略的正确、及时与否，直接关系到博弈的结果。博弈参与者获取的最终目标是利益得失，利益得失为博弈者对自己以及对方采取某种策略导致博弈结果的预期，利益得失的计划是否得当也很重要。制定好的策略必须依据一定的信息，信息包括完全信息与不完全信息。如果对相关信息有足够了解便是完全信息，否则是不完全信息。只有掌握了完全信息，博弈者才可能做出相对合理的决策。[1]

博弈的基本原理，在于博弈者的行动必须依赖于对方的行动，博弈的进程及其结果，由双方或多方的行动而非单方行动所决定，即取决于双方或多方行动的交互作用。在博弈论之参与者、利益得失、策略、信息四个基本要素中，策略是核心，关系到博弈的胜负得失，博弈实即各方所采用策略之间的较量，博弈论因此又称"对策论"。而制定合理策略的依据是及时获取正确的信息，因此信息能左右博弈双方的输赢。《孙子兵法》因此说"知彼知己，百战不殆"。

博弈可分为合作博弈与非合作博弈，区别在于相互作用的当事人之

---

[1] 古洪能：《政治博弈论》，中国言实出版社2008年版，第78页。

间，是否达成具有约束力的协议。博弈者之间的合作，指相互之间进行信息传递与思想沟通，达成有约束力的协议（通常表现为规则）的过程。博弈者若能实现合作，双方遵守事先达成的协议或确定的规则进行博弈。若双方无法达成协议或规则，所进行的博弈称"非合作博弈"。合作博弈的实质，是解决合作中如何分配利益的问题，目的是使纳入协议的参与者都能满意。非合作博弈追求的目标，则是如何为自己争取最大化的利益，而无须考虑其他参与者的利益。古代治边方面的斗争十分复杂，既有合作博弈也有非合作博弈，还有合作博弈与非合作博弈交织在一起的情形。博弈的结果有一方获益一方损失、两败俱伤、双方共赢等几种情形，分别称为负和博弈、零和博弈与正和博弈。

博弈的思想起源很早，我国古代的《孙子兵法》既是一部军事著作，也包含重要且丰富的博弈思想。先秦时流传的"田忌赛马"的故事，形象地叙述了博弈的基本原理。我国古代尤其是中原王朝积累了丰富的博弈论知识，并将之运用于治边的理论与实践，尤其以战争方面的应用最为常见。同时应看到，历代王朝尤其是中原王朝掌握的博弈论知识，尚未上升到理论的高度，在相关文献中也缺乏相对系统、完整的记载。公元1928年由美籍匈牙利数学家约翰·冯·诺依曼建立的现代博弈论，使博弈正式发展为一门科学理论。现代博弈论总结出一些重要的原则与理论，对博弈问题的研究与应用有重要的指导意义。

自秦朝中国首次实现统一，在长期发展的过程中，华夏与蛮夷的关系以及内地与边疆的关系，始终是历代统治者必须面对的重要内容。在2000余年间，中原王朝呈现分裂、统一及不断更替的发展轨迹，但中原王朝赖以存在的经济社会基础及周边的政治环境等未发生重大改变，历代相沿，中华文明逐渐发展壮大。在边疆治理与边疆问题应对方面，经过长期的探索和积累，中原王朝形成了一些重要的谋略与传统，治边方略便是其具体表现。治边方略具有全局性、统率性、相对完整性与基本稳定性等特点，博弈谋胜方略便是其中颇具特色的一方面。若进一步划分，中原王朝的博弈谋胜方略，大致包括注重长远全局方略与擅长造势用势方略两个部分。

中原王朝形成注重长远全局的方略，是基于中原王朝与周边蛮夷各自具有的特点制定的。博弈论认为在利益集团的争斗中，任何人的行动均依赖于对方的行动,能否达到预期目的,取决于双方或多方的交互作用。历代王朝治边的目标是"守在四夷",即以华夏之地的安定繁荣、避免周边蛮夷的干扰为治边宗旨,由此表现出和平、保守及适度退让的倾向。另外,中原王朝通常幅员广大,内部需要关注和处理的问题很多,而且这些问题处理得当与否,直接关系国势的兴衰。至于与周边蛮夷的关系则置于次要地位,历朝对这一认识的表述是"先事华夏而后夷狄","重根干轻枝叶",对待夷狄的原则是"外而不内,疏而不戚"。

中原王朝以传统农业为基础。与农业社会伴生的中央集权制度与封建等级制度,是中原王朝维持统治的根基,也是制定其他制度的基础。受中央集权制度、封建等级制度的影响,朝廷尤其是帝王的意愿能左右王朝的命运,其决策具有极强的权威性与行动力,国家所有的财政、行政及人力的资源,均须服从朝廷及帝王的意愿。朝廷及帝王的决策若正确合理,对国家的积极作用显而易见。若这些决策昏聩甚至错误,不仅极大地耗费国家的各类资源,甚至可能产生颠覆性的不利后果。缘此,对治边方面的突发事件乃至一些重大决策,朝廷与帝王常举棋不定,乃至延误战机,一些决策还前后抵牾,甚至昏招迭出。另外,受中央集权制度与封建等级制度的影响,与竞争对手相比,在信息获取、应对策略制定、情况及时反馈、行动迅速持久等方面,中原王朝并不具有优势,甚至可说处于根本性的劣势。中原王朝治边须支付高昂的行政成本,自身的软肋也十分明显,因此,遵循扬长避短的原则十分重要。中原王朝的有识之士对此有深刻的认识,例如,西汉后期,王莽欲穷追匈奴,部将严尤谏曰:

"臣闻匈奴为害,所从来久矣,……后世三家周、秦、汉征之,然皆未有得上策者也。周得中策,汉得下策,秦无策焉。当周宣王时,猃允内侵,至于泾阳,命将征之,尽境而还。其视戎狄之侵,譬犹蚊虻之螫,驱之而已。故天下称明,是为中策。汉武帝选将练兵,约赍轻粮,深入远戍,虽有克获之功,胡辄报之,兵连祸结三十余年,中国罢耗,匈奴亦创艾,而天下称武,是为下策。秦始皇不忍小耻而轻民力,筑长城之固,延袤万里,转输之行,起于负海,疆境既完,中国内竭,以丧社稷,是为无策。"①

---

① 《旧唐书》卷139《陆贽传》。

唐德宗在位，针对朝廷治边方面存在的严重问题，大臣陆贽上疏："所谓乘其弊，不战而屈人之兵，此中国之所长也。我之所长，乃戎狄之所短；我之所易，乃戎狄之所难。以长制短，则用力寡而见功多；以易敌难，则财不匮而事速就。舍此不务，而反为所乘，斯谓倒持戈矛，以鐏授寇者也！……今四夷之最强盛为中国甚患者，莫大于吐蕃，举国胜兵之徒，才当中国十数大郡而已。其于内虞外备，亦与中国不殊，所能寇边，数则盖寡。且又器非犀利，甲不坚完，识迷韬钤，艺乏趫敏。动则中国畏其众而不敢抗，静则中国惮其强而不敢侵，厥理何哉？良以中国之节制多门，蕃丑之统帅专一故也。"

出自上述原因，中原王朝治边多注重长远目标，具有明显的全局意识，并制订了治边的长期方略与应遵循原则，重要的原则有防守兼备、因地制宜与因时制宜、远交近攻、突出重点等。中原王朝治边通常有明确的底线，并不甚计较一时一事的得失。在与周边蛮夷的交往中，中原王朝与周边蛮夷构建和谐共存的关系，争取做到守境相安。中原王朝治边方略的上述特点，尤其体现在重视文化软实力的作用方面。统治者企望通过调用经济、文化的资源，构建以华夏为中心的天下次序，在东亚地区实现长期和平。在形势不利时，中原王朝宁愿付出更多的物资换取和平，争取在边陲形成长期稳定的局面。

中原王朝有擅长造势用势的方略。军事战略学称有利态势或战机为"势"，称形成有利态势或捕捉战机为"用势"。中原王朝治边善于营造有利于己的形势，并借助有利形势及时采取行动，此类做法可称"造势用势"方略。造势用势方略的突出表现，是中原王朝治边善于使用文化软实力。中原王朝通过封贡制度，辅以和亲、纳质、互市、盟誓等具体策略，与蛮夷建立尊卑有序的关系，并通过"厚往薄来"给予蛮夷经济赏赐，形成以中原王朝为中心的华夏文化圈。中原王朝治边注重远交近攻，其表现之一是重视经营腹地外围的地区。中原王朝通过初设边郡与羁縻府州，最终在其地设置规范郡县；通过驻军、移民屯垦与发展交通，最终实现对腹地外围地区的管控。对腹地外围地区的治理，经历了羁縻治策到后期土司制度的演变，将前期的混沌治理，发展到明确区分边疆、外邦并分别应对，至此完成了量变到质变的过程，中原王朝的边疆地区遂正式形成。

中原王朝重视全局谋划与长远利益，与擅长造势用势相一致。古代有不少与此有关的成语，例如：审时度势、固本待机，先剪羽翼、后捣腹心，分化瓦解、各个击破，待之有备、御之有常，有理、有利、有节，欲擒先纵，以迂为直，后发制人，静如处女、动如脱兔，力不可用完、势不可使尽，叛则伐之、降则抚之，宽猛相济、软硬兼施，等等。宋朝采用的"造势借势"方略就颇有特点。面对北方强敌及相应出现的边疆危机，宋朝为力保辖地的安全，大胆实行守内虚外、弃南保北的方略，放松对边疆地区的控制，甚至将安南、大理国归入外藩，与其划界而治。宋朝的此举为两害相衡取其轻，虽导致南部边界明显内收，并经常遭受北方强敌的欺压，但终未出现南北受敌的被动局面，两宋享国长达320年，超过唐、元、明、清等统一王朝，其中的荣枯得失尚待深入研究。

五　边疆王朝治边的方略

古代中国与边疆有关的政治实体，除了中原王朝以外，还存在一些边疆王朝或边疆政权。中原王朝、边疆王朝、边疆政权都参加了中国历史疆域演进的过程，是中国历史舞台上的出演者。知名的边疆王朝与边疆政权，汉代有匈奴、鲜卑和南越国；唐代有突厥、回纥、吐蕃、南诏与渤海；宋代有辽、西夏、金、蒙古与大理国；等等。

一般而言，边疆王朝与中原王朝是"敌国"的关系，根据地位的等级差别，双方交往时常以父子或舅甥相称。边疆政权则是中原王朝统辖下的地方势力，双方建立臣属或宗藩的关系，边疆政权承诺为中原王朝守卫藩篱，或虽割据一方但奉中原王朝正朔。中原王朝与边疆王朝、边疆政权的关系十分复杂，大致表现在边疆王朝与中原王朝的"敌国"关系不同于现代意义上的国家关系，边疆王朝、边疆政权的性质可能转换，边疆王朝、边疆政权亦可能统一全国进而演变为中原王朝等方面。但有一点是肯定的，即中原王朝、边疆王朝、边疆政权都是中国统一多民族国家的缔造者，而且边疆王朝有自己的治边方略，尽管内容与中原王朝不甚相同。

历代的边疆王朝与边疆政权，大都重视扩展与巩固自己的势力范围，以及妥善处理与中原王朝的关系。因此，边疆王朝、边疆政权尤其是体制较成熟的政治实体，大都有对治边的认识和相应方略，甚至形成治边的理论。另外，边疆王朝、边疆政权的治边方略及实践，虽与中原王朝有相通之处，但也存在着明显的不同。由于受到儒家思想的深刻影响，中原王朝多以华夏正统自居，视边疆地区的人群为代表异己文化的蛮夷，在边疆治理方面则遵守"守中治边""守在四夷"与"德泽洽夷"基本原则。然而，如这样的治边传统，在边疆王朝与边疆政权的治边过程中则较为少见。另外，秦汉至明清，中原王朝重北轻南的治边倾向，在边疆王朝或边疆政权中也并不突出。

边疆王朝、边疆政权治边中的某些观念与方略，与中原王朝相比还可能差异甚大。当边疆王朝与中原王朝实力相当之时，往往会采取积极手段来同中原王朝在正统和地位上一争高下；当边疆王朝被纳入中原王朝宗藩体系下，则会退而求其次，或力争在宗藩主次上获取优势地位，或试图摆脱中原王朝控制获得独立的政治身份。另外，社会发展阶段和发展程度也会对边疆王朝的治边政策构成影响，这方面的一个突出表现，就是当边疆社会处于前封建社会阶段时，便惯于通过武力征服来夺取周边其他政权或部落的土地和人口等资源。

南方蛮夷与北方游牧民族之间存在着十分明显的差异。与北方游牧民族相比，南方蛮夷难以形成实力强大的统一政权，即便建立局部政权，其统治者也无入主中原的雄心。如，历史上南诏曾多次脱离唐朝控制，并先后三次打败前来征讨的唐军，甚至还多次进入唐朝疆域。尽管如此，南诏始终没有乘胜问鼎中原的意图，即便是在进入贵州、四川等地的腹心地带，也仅仅是大掠而还。与此形成鲜明对比的是，北方游牧民族不仅多次进入中原，而且拥有问鼎中原并与中原王朝逐鹿天下的野心。南方蛮夷和北方夷狄在对待中原地区的政治意图方面，存在着如此明显的差别，其中蕴含着复杂深刻的社会历史原因，使其表现在两者治边的方略也大相径庭。

蒙古汗国、后金这两个边疆王朝或边疆政权，则统一中国并分别建立元朝和清朝。其原有的治边思想与方略，进一步发展为元朝、清朝统治全国之治边思想与方略。元朝、清朝治边的思想与方略，在一些方面与中原王朝的治边传统不同，可说是有明显的创新与发展，另外，蒙古汗国建立元朝，后金建立清朝，其治边方略的演变过程和方略的内容也存在差别，由此反映了我国古代治边理论及其实践的丰富性与多样性。

蒙古汗国、后金两个政权，在社会经济类型、社会结构与社会关系、政治与经济的发展水平、经营辖地的思路与方法等方面，都存在明显差别。后金在入关以前，已形成农业、畜牧业、手工业等多种经济生产方式并存的局面，同时重视农业在社会经济中的地位；知道满汉民族交往和融合的重要性，对境内各民族有以不同方式施治的传统。另外，后金较熟悉中原王朝的制度与文化，并注意通过学习努力提高统治的水平，重视维护统治的稳定性与连续性。后金具有的这些特点，为其入关后迅速统一全国，建立长达267年的统一王朝，以及出现130余年的康雍乾盛世，准备了必不可少的条件。自元代起，中原王朝治边的思想和方略出现变化，反映了中国边疆逐渐巩固、各民族进一步融合的发展趋势。清朝顺应这一趋势，在中原王朝治边的制度建设、格局调整等方面作出重要贡献。清朝在治边方面能取得成功，与后金入关前已具备相当基础，入关后迅速完善和推行相关制度都有密切的关系。

至于与中原王朝维持臣属或宗藩关系的边疆政权，可以以南诏为例。南诏深受中原地区经济文化的影响，因此有着学习唐朝的先进生产技术和文化的需要。同时，由于南诏辖区广泛实施奴隶制度，因此在劳动力方面也需要不断补充。在这种形势下，南诏在与唐王朝交好时期，主要通过交流和接受赏赐的方式来学习其文化和技术，而在其交恶之时，又往往借助战争手段来掳掠财物、富有经验的老吏与技工，以补充维持奴隶制所需要的劳力。公元808年南诏王异牟寻死后，南诏与唐朝的关系再度破裂，南诏多次进攻今四川，"自成都以南，越嶲以北，八百里之间，民畜为空"。太和三年（829）南诏军攻入成都，将行，乃大掠子女、百工数万人及珍货而去，"自是南诏工巧埒于蜀中"[①]。从中可以看出，在同中原王朝关系恶化时期，通过掠夺战争获取劳力、财物和技术，是南诏采取的一项重要的治边方略。

南诏立国后，还先后在其统治范围内进行过大规模的移民。南诏国的移民政策主要包括几种情况：一是通过武力兼并各地后，为防范原住部落的反叛，而强制其迁离故土。南诏国的这种做法，早在其兼并洱海诸诏时就已开始实行，其中规模最大的一次是为铲除爨氏的势力，而将滇东20余万户居民迁至洱海流域。二是为补充云南腹地经济较发达地区的劳动

[①] 《资治通鉴》卷244《唐纪六十》，太和三年十二月己未条。

力，而将一些偏远部落迁徙至此。三是通过战争征服的方式，大肆掠夺邻国人口，并将这些掳掠来的人口迁入辖地。四是派遣一些乌蛮、白蛮贵族镇守境内要隘或城镇，由此带来大规模的移民活动。

总的来看，在南诏与唐朝间的互动关系方面，"南诏务实而且灵活，而唐朝则体制僵硬与指挥失灵，同时政策波动幅度过大并缺少前瞻性。从唐诏关系发展中的几起几落来看，南诏应对的原则是趋利避害，处理亦较得当。南诏还巧妙利用唐朝吏治的腐败，以及唐朝与其他政治势力的矛盾为自己牟利"①。南诏的上述做法显然出自治边方略的考虑，具有鲜明的地方色彩。

第三节　传统边疆治理制度

历朝尤其是中原王朝的边疆治理制度，内容十分丰富，大致包括政治制度、行政区划制度、行政管理制度、法律制度与经济制度。其中，政治制度又可划分为元首制度、中央决策体制及其运行机制、中央行政体制及其运行机制、地方行政体制及其运行机制、监察制度、军事制度、人事管理制度等类别。限于篇幅，以下重点叙述与治边关系密切的政治制度。

一　秦汉晋隋唐宋诸朝的边疆治理制度

秦始皇统一六国，在全国推行郡县制度。京畿附近地区由内史管理，其余地区分为36郡，至秦末有近50郡。每郡设郡守、郡尉与郡监，分别主持一郡的民政、军事和监察。在郡所辖之县设县令或县长，其下设县丞、县尉等佐属。在边疆地区设与县同级的"道"。在中央机构则设典属国，"掌蛮夷降者"。可见，秦朝已认识到边疆与内地在管理方面应有区别。

西汉初期沿承秦制，并实行分封属国的制度。汉初有60余郡，末年发展至103郡或国。县级政区有县、邑、道与侯国。东汉末年在郡、国之上增设州，全国有13州、105郡或国。东汉的另一变化，是将一些边疆地区从郡划出设属国都尉，计有犍为、广汉、属郡、辽东、张掖、张掖居

---

① 方铁：《古代治理边疆理论与实践的研究构想》，《社会科学战线》2008年第2期。

延等六处。边郡所辖县的数量，因有一部分划入属国都尉而减少。

两汉所设之郡，有相当一部分是位于边疆地区的边郡。边郡的统治方式与内郡有较大差别。设立边郡的前提，是中原王朝与设治地区的夷狄有联合的基础。边郡的管理遵循因时、因地制宜的原则，不强求一律；统治机构及发布的律令，亦可根据情况变化相应改变。《史记·平准书》说西汉在西南边疆设17边郡，治理的方式是"以其故俗治，毋赋税"，看来普遍实行于各地边郡。东汉在边疆设置的边郡，在东北地区有乐浪、玄菟、辽东、辽西、右北平、渔阳、上谷等七处，在西北地区有陇西、天水、金城、安定、武威、张掖、酒泉、敦煌等八处，在西南地区有犍为、牂牁、越嶲、益州诸边郡，在岭南有南海、苍梧、郁林、合浦、交趾、九真、日南等七处。

在全国的边疆地区，朝廷视蛮夷首领势力之强弱，分别封赐以王、侯、邑君等封号，规定级别分别类同于边郡或县的官吏。王、侯、邑君世袭其职，世率其民，与当地的郡县参差统治。王、侯、邑君并非国家的正式官吏，这一点与元明时期的土官、土司不同。朝廷对王、侯、邑君也未形成统一的管理规则，朝廷可随意废除甚至杀死。"毋赋税"则规定官府不在边郡收取赋税，边郡的行政费用由内郡提供。"以其故俗治"的又一含义，是强调管控蛮夷应酌依其俗灵活处置，不可羁束太甚。公元139年，由于新任并州刺史来机处理与蛮夷的关系"欲分明白黑"，东汉大将军梁商说："戎狄荒服，蛮夷要服，言其荒忽无常。而统领之道，亦无常法，临事制宜，略依其俗。"又说正确的方法是"防其大故，忍其小过"。[①] 事实上边疆官吏处理得当的不多，官府的苛刑繁役与专横不法，经常是边疆蛮夷愤而反抗的重要原因。

设立边郡的实质是朝廷承认边疆地区的特殊性，不强行改变当地蛮夷的社会结构与生产生活的方式，而进行较为宽松的统治，即史籍所称之"羁縻之治"。"羁縻之治"具有的特点，主要是中原王朝对边疆蛮夷重在羁縻而约束不足，管理随意且制度性特征不明显，并在全国普遍及长期地推行，少见区域性的差异与阶段性的改变。"羁縻之治"具有上述特点，与两汉及以后相当长的一段时期，中原王朝治边的重点一直在北方，治策

---

① 《后汉书》卷87《西羌传》。

主要是来自应对北方夷狄的经验，对夷狄的治理尚谈不上全面及深入等原因有关。

两晋南北朝时期政局不稳，社会动乱频发。西晋统一仅52年，与社会矛盾复杂尖锐、统治者处理重大问题屡屡失误有关。西晋的风气是"上品无寒门，下品无势族"，统治集团中的门阀士族因循守旧，不懂治国的方略，只知享乐挥霍及大肆搜刮。西晋的风气是政治腐败，上层崇尚清谈，使治国难有建树。东晋继立，统治集团的性质与面临的社会矛盾与西晋并无区别，甚至处理问题的思路与方法，与西晋相比也是大同小异。两晋统治集团存在严重的"华夷之别"偏见。士大夫江统的《徙戎论》说："非我族类，其心必异，戎狄志态，不与华同"。据《晋书·刘元海载记》：在起兵反晋之前，匈奴左贤王刘宣等相聚议论："昔我先人与汉约为兄弟，忧泰同之。自汉亡以来，魏晋代兴，我单于虽有虚号，无复尺土之业，自诸王侯，降同编户。"可见晋代边疆问题上出现严重的危机，原因之一是统治集团持有歧视夷狄的偏见，以及相关施政存在严重的失误。

晋代北方游牧部落大量迁入内地，由此产生尖锐的社会矛盾。以江统为代表的朝臣提出将迁入内地的夷狄强行迁回原地，在当时的情形下属于空谈。西晋乃将内迁的夷狄纳入所在地区的州郡管理，同时增设护羌校尉等统治机构，加强军事上的镇压与强制性的管控。西晋还在边疆地区大量增设州郡。据《晋书·地理志》：西晋设郡国1723处，下辖1232县，其中相当一部分设在边疆地区。在一些地区又屡设屡撤，形成增设州郡与社会矛盾激化的恶性循环。

隋朝享国日短，治边难以产生较大的影响。唐朝是中国古代中期的鼎盛时期。以安史之乱为界，唐朝的统治大致可分为前后两个时期。唐代前期，为实现太宗"四海如一家"的设想，朝廷采取"多事四夷"的方略，积极致力于扩展边疆。如公元640年，唐朝平定高昌，欲以其地为州县。大臣魏征以镇守多费为由劝阻，褚遂良建议遣还高昌首领设为唐朝的藩属，均被太宗拒绝。朝廷乃于高昌置西州，每年调军队1000余人镇守其地。[①] 唐朝全盛之时，直辖地区的版图虽小于汉朝，若论羁縻府州的范围

---

① （唐）吴兢：《贞观政要》卷9《议安边》。

则远超两汉。由于统治者追求拓境为盛，又不擅长获取边疆资源作为补充，与盲目拓疆相伴的王朝衰落势不可免。安史之乱爆发后，内忧外患接踵而至，唐廷应接不暇，对边疆地区的经营由主动转为被动，前期设立的羁縻府州大量丧失，唐朝的疆域明显内收。

唐朝在边疆地区实行羁縻府州制度。公元630年唐朝平定东突厥，乃在其地大规模设置羁縻府州。在突利可汗所统地区，置顺、祜、化、长四州都督府，又分颉利可汗之地为六州，左置定襄都督府，右置云中都督府。以后逐渐形成由都护府、羁縻府、羁縻州组成的羁縻府州制度，先后推广到全国的边疆地区。

都护府是边疆地区最高级别的军事行政机构。唐朝的都护府从汉朝的西域都护府发展而来。汉朝在郡国政区之外，又设地位相当于郡的西域都护府，以军事监护的方式管理西域的约50个小国。唐前期鼎盛之时，在天山南北分设安西大都护府与北庭都护府，以后将都护府制度广为推广，在平壤设安东都护府，在北疆建单于、安北大都护府，在安南置安南中都护府，在西南设保宁都护府。每府设大都护、副大都护，管理辖区的边防、行政与夷狄事务。各地的都护府虽名称相同，但类型却有差异。夷狄汉化较明显地区的都护府属于唐朝的正式政区，与汉地差异较大之夷狄地区的都护府仅有监护性质，仍以故俗管理夷狄。第三种都护府仅属挂名，并无实际的管理职能。

羁縻府州主要分布在唐朝的沿边地区，大致分为都督府、羁縻州两级。羁縻府州的辖境通常是夷狄部落的领地。朝廷对较大的夷狄设为都督府，以其首领为都督、刺史，事实上仍归都护府管辖。对较小的夷狄则设为羁縻州，级别相当于内地的县，少数羁縻州之下也设若干羁縻县。大部分羁縻州仅是名义上的行政区划，版籍无须向朝廷呈报，也不承担贡赋。开元年间，唐朝在东北、北方、西南与岭南共设850余处羁縻府州。

羁縻府州的数量十分庞大，类别也不尽相同，大致可分为三种情形：一是保留夷狄原有的行政机构和统治制度，从长官到僚属均由夷狄充任，首领仍可保留"王"或"可汗"的称号，唐朝对大多数边疆夷狄采用此种办法。二是派遣官吏充任羁縻州的部分官员，与夷狄组成联合统治机构，在社会经济形态与中原类似的边疆地区，大致是采用此种办法。三是在保留夷狄原有机构、承认其首领统治地位的同时，朝廷派遣官吏，负监视、督导之责。[1] 此类羁縻府州既不分县也无版籍，相关情形亦无须报告户部。

唐朝的羁縻府州有如下的特点：主要为控制边疆夷狄而设，而不以征收贡赋或征集丁壮为目的。为实现对边疆夷狄的有效控制，唐朝的通常做法是将其部落纳入各个州县，同时任命当地夷狄首领为羁縻机构的官员，允许世袭，但须由朝廷封赐或派使臣前往册封。唐朝在羁縻府州实行轻徭薄赋的政策，有时虽象征性地征收少量贡赋，但具体数量并无严格要求。总体来看，唐朝的羁縻府州，其政区与地方政府的特征不明显，管辖的地域范围亦不明确，大部分是以朝廷委任的形式，借用边疆夷狄及其势力所及以代替在边疆的驻军。另外，广置羁縻府州表明唐朝对边疆及徼外地区十分重视，羁縻府州对夷狄仍有程度不等的约束力，为后世深入经营边疆地区奠定了基础。

宋朝的版图较唐代明显缩小，北部与辽、金、西夏为邻，西南部与大理等政权相接，因此所设的羁縻州县主要集中在今两湖、四川、广西、贵州等偏远地区。宋朝的羁縻州县初期沿袭唐代的羁縻府州，即对愿意归附的蛮夷首领以原官授之，沿用传统的方式管辖其地。但北宋后期发生较明显的改变。宋朝治边的基本方略是"守内虚外"与"重北轻南"，即实行强干弱枝的治国政策，并把治边的主要精力放在应对辽、金、西夏等北部王朝。另外，两宋需要向辽、金等王朝支付大量绢银，乃积极经营和开发南方蛮夷地区，企望获取更多的税收。北宋对南方蛮夷地区加强搜刮，但却疏于管理。公元1048年，广西羁縻州首领侬智高发动大规模民变，攻广西东南部的诸多郡县，围攻广州达数月之久。起事被镇压后，宋廷感到必须加强对南方蛮夷的统治并警惕交趾的影响，遂在广西改革羁縻州县制度，以后将之推广到南方蛮夷各地。

庆历以后实行的羁縻州县制度，已初步具备元代土官制度的某些特征。如朝廷将羁縻州县的土官纳入国家体系管理，承认和保护土官占有和管理其所辖土地及土民的权利，以此换取蛮夷首领对王朝统治的支持；准许建立土军，主要用于维护地方治安和服从朝廷调配使用，同时向土官征收一定数额的赋税。改革后的羁縻州县制度实践效果明显。据静江知府张

---

[1] 俞鹿年：《中国政治制度通史·隋唐五代》，人民出版社1996年版，第258页。

杖奏：左右两江地区位置重要，而邕州（治今广西南宁）的戍兵不满千人，所恃以为樊篱者，为当地的80余处10余万土军，皆"首领世袭，人自为战"。① 但在信用土官与制度化建设等方面，宋朝的羁縻州县制度仍欠完善，与元代的土官制度有明显的区别。

二 元明两朝的边疆治理制度

元明清三朝先后统治650余年。在这段历史时期内，中国的历史版图最终底定，边疆地区的经济文化得到迅速发展，边疆社会面貌发生了深刻变化。这一时期的边疆治理所取得的重大成就，同元明清三朝实施了较为合理与完善的边疆治理制度有密切关系。

元朝统治时期，实现了较高水平的"大一统"，并在边疆范围与邻邦之间进行了较清楚的区分。元朝的边疆治理有两个显著特点：一是在全国范围广泛推行行省制度，二是在边疆地区实行不同的地方制度。其中以在西南边疆地区推行的土官制度最有创意，所取得成效也十分显著。

"行省"为一级政区"行中书省"的简称，元朝的行省源自金朝的尚书省。"金朝常遣重臣出镇诸路，或以宰相职权授予地方长官，称为'行省'。蒙古汗国沿用金制，地方有征伐之役，设行中书省代表中央统领之。元朝建立后立中书省总领全国政务，以后在各地设行中书省，逐渐演为常设的统治机构。"② 元朝统治时期，在京师周围地区设立了直隶于中书省"腹里"，而在其他军事镇戍区普遍设立行省，其中很多行省就分布在边疆区域。③ 这些行省辖区范围大致相当于今天两三个省区范围，主要起到联结中央与地方的作用。此外，为管理国家佛教事务和统辖吐蕃地区，元朝在中央层面特别设立了宣政院这一机构。同时，为加深对吐蕃的统治和管理，元朝还在这地区设置了朵思麻宣慰司、朵甘思宣慰司、乌思藏纳里速古鲁孙宣慰司，宣慰司下设安抚司、招讨司、宣慰司与元帅府、万户府等机构。这样的地方管理制度，具有开创新和有效性，被此后的明

---

① （清）毕沅：《续资治通鉴》卷144。
② 方铁：《论羁縻治策向土官土司制度的演变》，《中国边疆史地研究》2011年第2期。
③ 元朝在全国先后设立了河南江北、江浙、云南、湖广、陕西、四川、甘肃、江西、辽阳、岭北、征东等11处行省。

朝和清朝所继承。

元朝的行省大致有以下特点：[①] 一是，作为中央政府的派出机构，控制和管理各个地方政区；二是，将地方上行政、军事、司法等方面的权力向中央政府集中，同时为地方保留了部分权力；三是，垄断了地方上的钱粮、军事、屯垦、漕运大权，保障中央对地方的控制，预防地方割据势力的形成；四是，行省制度融合了蒙古汗国的旧制与中原王朝的监察传统。通过行省制度的设立，元朝较好地处理了中央与地方之间的权力关系，既保障了中央对于军队调遣、官吏任用等方面的集权，也在行政、财政、司法等具体事务方面为地方保留了一定权力。行省制度简洁、高效及易于操作的风格，使中原王朝的权力得以较为全面和深入地延伸到边疆地区。不仅促进了边疆的开发与发展，同时取得了"皆赋役之，比于内地"的边疆治理成效，这在以往王朝的羁縻统治中是不曾达到的。

元以前的中原王朝，在边疆治理中惯用羁縻手段。但囿于时代条件，羁縻制度的发展并不成熟，在实际操作中存在着随意性和不规范性的问题，同时在各地实施的羁縻治策也不能做到因地制宜和因时制宜。如汉代的边郡和唐代的羁縻州府，在各地边陲中的设置和规定并不存在明显差异。与此前的中原王朝不同，元朝统治者较少持有华夷之辨的思想，在国家治理中讲求简便易行，其中土官制度颇具代表性。早在平定大理国不久，大臣赛典赤就受命在云南建立了行省制度，同时废止万户制度而在当地推行土官制度，并且收效显著。

土官是朝廷任命的地方官员，可世袭但不可随意废止。土官同样享有正式品秩和待遇，在权利与义务上同内地官吏并无本质区别。同时，元朝还设置了军事统兵性质的宣慰司，并且普遍任用土官为宣慰司及下属机构的官吏。由地方蛮夷组成土军，归土官管辖，但可由朝廷调用。出任宣慰使司的土官带兵镇守各地，掌握很大的权力。土官及所管辖的土军，还在行省的安排下参加屯田等活动。

土官制度的一个突出特点，就是把羁縻制度同国家政治体系结合起来了。"元朝把任用土官与设置统治机构密切结合，土官任职的统治机构虽

[①] 李治安：《元代行省制度》，中华书局2011年版，第5页。

仍有羁縻性质，但纳入国家官吏系统管理。"① 元朝所任用的土官数量、信任程度及授予的权力分量，都远远超过以往的朝代。在元朝，凡是归附的少数民族，无论势力大小都会被委任不同层级的官职。并且朝廷对待蛮夷表现出极大的宽容和信任，甚至对那些时叛时服的蛮夷首领也能做到不计前嫌、反复任用。也正因如此，元朝获得了南方蛮夷较高程度的忠诚，这对土官制度的推行和发展起到了关键性作用。同时，土官制度在南部蛮夷地区获得成功，还在于二者之间存在着内在的耦合性。主要表现在，"元朝通过委任蛮夷首领为国家官吏，肯定其利用土地、山林等资源的合法性，同时官府掌握收回资源占有的权力，明显减少蛮夷首领独占资源或为资源争夺导致的动乱，实现了对蛮夷地区资源的相对合理分配，因此对蛮夷社会起到整合的作用"②。当然，土官制度也存在着诸多不足。如中原王朝缺少监督、处罚土官的必要机制，过于宽松的监管导致在元代后期出现了土官势力坐大甚至割据的问题。

明朝建立以后，中原王朝的边疆治理制度发生了重要转变。明朝统治者一改元代开疆拓土的做法，返回了以往朝代"守在四夷"的治边之策。嘉靖帝曾言道："帝王之政唯守在四夷，今朕欲求长治久安之术，无出于守之一策。"这种观点大致反映了明朝的治边思路。鉴于漠北蒙元后裔鞑靼、瓦剌诸部的骚扰和威胁，明代的边疆治理又恢复了以往重北轻南的治边传统。公元1449年，瓦剌首领也先率大军南下，英宗率军亲征，在土木堡战役中遭到惨败，英宗被俘。瓦剌军队顺势打到北京城下。为防范北方游牧势力的侵扰，明朝重新采取以军事手段来抵御"北虏"的治边方式，修长城、建九边重镇并派以重兵把守。

与此同时，明朝并未放弃对南部边疆的控制和经营。朱元璋曾提出，云南等地的蛮夷强悍而难治理，因此应该采取镇之以兵的政策。特别是明军在进军云南时遭遇到当地蛮夷的激烈反抗，更加印证了朱元璋的看法。此后，明朝将重兵守滇看作一种必要手段，并将这一做法在其他蛮夷地区广为推广。

---

① 方铁：《蒙元统治对中国西南边疆的影响》，《西部蒙古论坛》2008年第1期。
② 方铁：《论元明清三朝的边疆治理制度》，《云南民族大学学报》（哲学社会科学版）2016年第1期。

明朝以卫所的形式在边疆蛮夷地区派驻了大量军队。卫所制度由两个层级构成，一是卫指挥使司，大致以5600人为单位，二是卫指挥使司下辖的千户所和百户所，分别以1200人和112人为单位。卫所中不仅有隶属军籍的军士，还有军士的家眷，这些人员世代相继为军户。卫所中的大部分军士主要参加屯田，剩余部分则承担驻防任务。当有战事发生，相关将领会被安排到指定的卫所领兵，战事结束后军队随即遣返原地。"在南部边疆各省，郡县、卫所互为表里，施政则相辅相制。安置在未设府州县地区的卫所，则管辖民户兼理民政"[1]。在明朝中叶以后，卫所制度开始发生异化，许多屯田被军官侵占，致使军士破产流亡，卫所制度由此走向衰败。

卫所在边疆地区下辖的军士人口规模十分庞大。据粗略统计，在云南、贵州、广西等边疆地区，卫所管辖的军士人口约占当地总人口的五分之一。其中，明代常驻云南的军队就有二三十万人，如果连同家眷则有七八十万人之多，在云南人口中占据了相当大的比例。明朝还先后在贵州设立了20个卫指挥使司，驻守人口数量达到43万人之巨。另外，明朝的广西卫所下辖的军队及其家眷的人口规模也相当可观。卫所制度带来了军事性质的移民浪潮，不仅改善了边疆地区的人口规模和人口结构，而且推动了卫所地区的农业生产和社会发展水平，甚至还由此形成了一些规模较大的城市。在设置卫所的同时，明朝还在更为边远的蛮夷地区推行土司制度，形成了卫所与土司制度并行的"双轨制"。在这种制度结构中，广设卫所的边疆地区，农业生产得到较快发展，相比之下土司地区则长期滞后，由此导致了边疆地区内部的发展差距和社会矛盾。如在今川西南与滇东北一带的土司地区，由于官府"不过岁输贡赋，示以羁縻"，导致地方蛮夷势力长期割据，"焚烧劫掠，习以为恒"，附近边民不胜其毒。[2] 这样的情况，直至清雍正朝施行改土归流后，才得以改善。

明朝时期，中原王朝整体的政治制度得到了进一步改革和完善。在省级政区层面，明朝以行省为基础，按照行政、司法和军事的权力划分，分

---

[1] 方铁：《论元明清三朝的边疆治理制度》，《云南民族大学学报》（哲学社会科学版）2016年第1期。

[2] 《明史》卷311《土司传·四川土司》。

别设置了承宣布政使司、提刑按察使司和都指挥使司来分管一省政务。通过这样的机制，加大了对各行省的控制，中央政权和地方政权的联系大大增强了。这种缜密细致而相互制衡的政治机制，也被应用到土司制度上。可以说，土司制度虽由前朝土官制度发展而来，但其实施的范围更广，制度设计也更加完善。明朝的土官与流官具有明显的区别，同时土官具有确定的职衔与品级。"明廷将土官和土司分为文职与武职，在省和中央的隶属关系不同。若经朝廷授职，即颁发诰敕、印章、冠带和符牌等信物，质地与式样依据级别有严格区分。"[①] 在对土司的考核管理中，明朝还制定了严格的奖惩规定。另外，明朝的土司制度中，针对土司职位承袭形成了十分繁复和系统的管理机制。除规定土司职位承袭必须经由朝廷同意以外，明廷还对继承人资格、继承程序和手续做了严格规范。

明朝统治时期边疆治理制度的发展，有力地推动了边疆治理的成效。但同时，明朝的边疆治理也出现了许多问题和缺漏。一方面，在明朝统治的大部分时间里，皇帝疏于政务、朝政腐败、行政委靡拖沓等现象盛行，对国家治理产生了不利影响，尤其是导致边疆治理失误频仍；另一方面，明朝边疆治理的失误，还同土司制度的自身缺陷有关。对此，《明史·土司传》中记载，"（土司）必假我爵禄，宠之以名号，乃易为统摄，故奔走唯命"，若朝廷调遣繁多，则"急而生变，恃功怙过，侵扰益深"。除不服从朝廷的征调安排外，土司还多在朝廷的庇护之下，通过税收环节中饱私囊，由此日益坐大甚至形成分裂割据。而朝廷对此却缺乏防范手段，也缺少积极有效的应对之策。

三 清朝的边疆治理制度

以鸦片战争为界，清朝的边疆治理大致可划分为前后两个阶段。前一个阶段，清朝在消除边疆地方割据势力、加强边疆开发与巩固国家统一等方面，作出了重要贡献。康、雍、乾在位的133年，正值王朝繁盛之世，也是边疆治理制度进一步发展完善的时期。鸦片战争以后，随着西方列强以坚船利炮打开中国国门，清朝被迫签订了一系列

[①] 方铁：《论元明清三朝的边疆治理制度》，《云南民族大学学报》（哲学社会科学版）2016年第1期。

不平等条约，在内外交困的形势下，清朝的边疆治理制度和治理实践都面临严峻的挑战。

1840年以前的清朝统治者，在很大程度上摒弃了"华夷之辨"的传统意识。雍正帝就曾对以往朝代"内诸夏而外夷狄"的治边观点不以为然，认为在清朝的疆域格局中，"何得尚有华夷中外之分论哉"。[1] 为维护国家疆域的稳定和统一，清朝统治者历来重视边疆安定和边疆治理。清朝边疆治理制度的一个突出特点，就是充分注意到根据不同区域实施差别化的制度机制，并根据边疆形势变化进行制度变革，实现规范化和持续化的边疆治理。"所制定的边疆治理制度，在历代王朝中堪称最为系统、完整和成熟，在实践中也取得良好成效，由此产生了广泛而深远的影响。"[2]

清朝的边疆治理制度主要包括以下几方面的内容：一是，将关乎王朝统一与兴衰的主要权力集中于中央政府，而将具体的地方管理权力分散于边疆地方政权，从而有效地协调中央与地方之间的关系。二是，遵循并发展了"因俗而治"的原则，根据边疆蛮夷的特点采取因地制宜和因时制宜的措施，力图实现"修其教不易其俗，齐其政不易其宜"。三是，加强对边疆地区上层势力的控制。主要措施有：通过满蒙联姻，增进蒙古王公贵族的向心力；"众建而分其势"，实现边疆势力之间的制约和牵制；厚待民族上层人士，强化对王朝的认同。四是，顺势改革边疆地方制度，其中最为典型的就是改土归流的实施与推广。五是，发挥宗教在边疆治理中的作用，如利用喇嘛教实现在蒙藏地区凝聚人心、教化风俗和绥服边地的目的。六是，通过朝觐制度的规范和实施，拉拢边疆上层人物，增进彼此了解和信任。七是，兴办教育和推广儒学，改造边疆文化，提升国家认同。八是，根据边疆实际，加强法制建设。[3] 通过这些举措，清朝的边疆治理可谓卓有成效。正因如此，清朝统治者对其治边方略也十分自信，康熙帝就曾表示：本朝不设边防，以蒙古部落为之屏藩，"我朝施恩于喀尔

---

[1] 《大义觉迷录》。

[2] 方铁：《论元明清三朝的边疆治理制度》，《云南民族大学学报》（哲学社会科学版）2016年第1期。

[3] 先后颁布的相关法律有《蒙古律例》《回疆则例》《新疆条例》《西藏通制》《西藏善后章程》《钦定西藏章程》《理藩院则例》《大清律例》等。

喀，使之防备朔方，较之长城更为坚固"。①

清朝在中央设立了理藩院，以实现对北方游牧民族的有效统治。理藩院原是专理蒙古事务的衙门。以后蒙古诸部归附渐多，乃更名为"理藩院"，并提高级别，将其置于与六部同等的地位。在清朝完成国家统一后，理藩院辖旗籍、王会、柔远、典属、理刑、徕远等六清吏司，主要职能为掌管内外蒙古、回部、西藏、东北及其他边疆地区。② 在这一体制下，清朝依据因地制宜原则在不同边疆地区分别设置了军府，派将军、都统、大臣来管理和监督当地的军事与行政事务。"其中盛京将军驻盛京，吉林将军驻吉林，黑龙江将军驻齐齐哈尔，绥远城将军驻绥远，管理土默特等漠南蒙古；乌里雅苏台定边左副将军驻乌里雅苏台，掌管漠北蒙古与唐努乌梁海；伊犁将军驻伊犁，管辖天山南北地区，西藏办事大臣驻拉萨，管理西藏事务；喀什噶尔参赞大臣掌管天山南路。"③ 除上述举措外，清朝还在不同边疆地区，实施了不同的统治制度。

在内外蒙古地区实施盟旗制度。"盟旗制度是在传统万户制度的基础上，吸收满洲八旗制度、蒙古草原会盟的习俗建立的。征服蒙古诸部后，清廷划定游牧地界及管辖户口，将满洲八旗制度推行于蒙古草原形成盟旗制度。"④ 旗为蒙古地区的基层组织，具有军政合一的性质。作为管理旗的地方长官，"札萨克"由旗内封建主担任，可以世袭但必须经由理藩院颁给印信。札萨克的职责主要包括行政、司法、税收等事务的日常管理，以及在有战事发生时动员兵丁出战。盟为旗的会盟组织，盟长最初由各旗推选产生，后改为"由理藩院就各旗札萨克中签请皇帝派人兼摄"⑤。盟长的职责主要包括召集会盟、组织练兵、清查钱谷、审理重大案件等诸方面，但无权插手各旗的内部事务。通过盟旗制度，中央王朝实现了对蒙古

---

① 《清圣祖实录》卷151。
② 方铁：《论元明清三朝的边疆治理制度》，《云南民族大学学报》（哲学社会科学版）2016年第1期。
③ 方铁：《论元明清三朝的边疆治理制度》，《云南民族大学学报》（哲学社会科学版）2016年第1期。
④ 方铁：《论元明清三朝的边疆治理制度》，《云南民族大学学报》（哲学社会科学版）2016年第1期。
⑤ 方铁：《论元明清三朝的边疆治理制度》，《云南民族大学学报》（哲学社会科学版）2016年第1期。

各旗的直接控制，同时由于各盟旗互不统属，达到了"众建而分其势"的治边效果。

在维吾尔族地区，清王朝主要推行的是伯克制度。公元15世纪后期，伊斯兰宗教势力开始在维吾尔族地区扩散。为杜绝伊斯兰教势力过分膨胀，清朝统治者在完成新疆统一后，开始对维吾尔族地区的传统官制进行改革。对此，清廷采取了政教分离的政策，同时废止了伯克的世袭特权，并针对改造后的伯克制度的具体运行做了诸多明确规定。此后，伯克的职权被定位于管理维吾尔族地区的民政事务，较为有效地抑制了宗教势力扩张，巩固了清廷在维吾尔族地区的统治。

在西藏地区实行政教合一制度。清初利用蒙古和硕特部首领顾实汗，对西藏进行间接统治。公元18世纪初清朝派官员直接管辖西藏，做法是派遣驻藏大臣代表朝廷处理西藏事务，并借重驻前藏的达赖喇嘛、驻后藏的班禅额尔德尼两个宗教领袖，规定其地位和职权与驻藏大臣平等，共同协商处理政务。同时加强对藏传佛教的管理，创立遴选达赖喇嘛、班禅额尔德尼继承人的金瓶掣签转世制度。[①]

在西南边疆地区，清朝进行了重大制度改革。雍正朝前期，在西南边疆地区出现了土司扰乱社会秩序、损害王朝统治利益的问题。清廷认识到这一问题"目前虽无大害，日久将为隐忧"，于是开始展开大规模的改土归流活动。在改土归流的过程中，清朝采取了较为灵活的手段，尽力避免因此产生高额的代价。实际上，所谓改土归流意在对原有边疆制度进行必要调整，而非对土司制度的全盘否定。总体来看，改流后的边疆地区有三种类型："第一种类型是澜沧江以北原土司大部分地区，朝廷通过改流实现了有效控制。清朝在这些地区设置省级的督府衙门，在基层建立经过变通的保甲制度，实行与内地类同的管理方式。第二种类型是澜沧江以北的边疆地区。清朝在这些地区保留土司制度，发挥各级土司治安守边的作用，同时加强对土司的监督和管理。第三种类型是贵州的'新辟苗疆'与湖南的苗瑶聚居区。这些地区的苗瑶曾长期游离于朝廷的管控之外，实行改流后仍动荡不止。清朝在其地大量驻军防守并长期屯田，时称'苗

[①] 方铁：《论元明清三朝的边疆治理制度》，《云南民族大学学报》（哲学社会科学版）2016年第1期。

防',有效维护了当地的稳定。"① 从总体情况来看,改土归流政策基本达到了预期目的,对于维持南方蛮夷地区稳定,促进经济社会文化发展,缩小同内地的差距具有一定的积极作用。

东北边疆地区被视为清朝的龙兴之地,清朝在这一地区设置了盛京五部、奉天府尹衙门与盛京将军,以下设立若干府州厅。汉族人口在台湾、海南地区占据大部分,且两地在行政区划上均隶属于沿海邻省,因此其地方制度主要是比照内地分别设置了台湾府与琼州府,以下设州县进行管理。同时,对于台湾、海南生活的土著居民,清廷采取了发展儒学、推进汉化的政策。

除上述典型的边疆治理制度外,清朝还在一些边疆地区,实行了隔绝或封禁政策。其中,蒙古地区盟旗制度的一项重要内容,就是在蒙汉之间以及各盟旗牧民之间形成区隔。在南疆地区,为实现汉回两族的隔离,清朝分别设立了汉城、回城,禁止汉人向南疆迁移,更禁止汉回通婚。在东北地区,清朝实行封禁政策,严防内地人口迁入。在西南边疆地区,为杜绝侵犯蛮夷利益的"汉奸",清廷对汉人实施了严密防范的政策,禁止汉人与蛮夷通商,甚至严禁汉人进入蛮夷村寨。这样的边疆政策,在一定程度上避免了族际矛盾的激化,或族际联合对王朝统治造成威胁,进而有利于维护边疆稳定。但是,这种隔绝或封禁政策,也阻碍了族际交往融合,具有时代和阶级的局限性。在清朝后期,此类政策的负面作用日益显露,最后逐步走向衰亡。

四 边疆王朝的边疆治理制度

边疆王朝的边疆治理制度有两层含义:其一,边疆王朝长期占有中原王朝的周边地区,宋代以后这些区域大都成为中原王朝的边疆地区;元明清三朝实行的边疆治理制度,有一些内容便采自前代边疆王朝的统治制度。进一步来说,元朝与蒙古汗国有直接继承关系,清朝从后金政权演变而来,元朝与蒙古汗国、清朝与后金政权的边疆治理制度,更有千丝万缕的密切联系。因此,不能忽略对边疆王朝统治制度的研究。其二,对统治

---

① 方铁:《论元明清三朝的边疆治理制度》,《云南民族大学学报》(哲学社会科学版) 2016 年第 1 期。

范围接近外缘的地区，边疆王朝通常有自己的治理制度，这些制度同样属于边疆治理制度的范畴。

因受历史文化传统、社会发育程度、软硬实力状况等因素的影响，边疆王朝的边疆治理制度发展水平不一，内容与特点也有较大的差别。但有几点是相同的，一是就系统性、完整性、复杂性和历史积淀丰富的程度而言，相当一部分边疆王朝的边疆治理制度不及中原王朝。二是边疆王朝的边疆治理制度，不同程度受到中原王朝的影响，边疆王朝的统治集团重视吸收内地汉人参与边疆治理制度的制订与推行，这些汉人也起到重要的作用。三是边疆王朝的边疆治理制度，制定的基点与中原王朝不同，同时打上民族与文化的深刻烙印，因此表现出鲜明的特点，一些创造性强的内容还被中原王朝汲取，成为中原王朝边疆治理制度的组成部分。

以南诏为例。南诏存在254年，大致与唐朝相始终。南诏的边疆治理制度较完备，大致具备边疆王朝治理制度的特点，其统治制度包括职官制度、政区设置、军事制度三个部分。[①] 南诏深受唐朝政治与文化的影响，并积极吸收俘虏的唐朝官吏参加统治，因此统治制度既有自己的特点，又表现出受到唐朝深刻影响的痕迹。

南诏王自称"骠信"，称其下为"昶"，臣下和百姓称南诏王为"诏"。南诏政体为中央集权制，南诏王为最高统治者，集军事、行政的最高权力于一身。南诏实行亲子嗣继承制，除丰祐因"慕中国，不肯连父名"外，南诏诸王均实行父子连名制。南诏王以下置决国事轻重、如同唐朝宰相的清平官六位，内中推举一人担任内算官，凡有往来文书，便代南诏王批文处置。南诏王异牟寻执政，以郑回为首位清平官，其余五位清平官奉郑回甚卑谨，看来郑回即为内算官。另设相当于唐朝"试官"的官吏若干名，称为"酋望""正酋望""员外酋望""大军将"和"员外"。

大军将为武职，共设12员，每日与清平官面见南诏王议事。大军将若外派则辖领要害城镇，称为"节度"。大军将较清平官低一级，有业绩功劳殊尤者，得授清平官之职。南诏宫廷还设外算官二人，由清平官或大军将兼领，职掌相当于唐朝的尚书都省。在由南诏王、清平官、大军将组

[①] 方铁主编：《西南通史》，中州古籍出版社2003年版，第266页。

成的统治集团之下，又设部门职能机构诸爽，其中幕爽主兵，琮爽主户籍，慈爽主礼仪，罚爽主刑罚，劝爽主官吏，厥爽主运作，万爽主财用，引爽主迎客，禾爽主商贾，"爽"相当于唐朝的"六省"，又置"督爽"以"总三省"。"九爽"为异牟寻时从南诏开国时建立的兵曹、户曹、客曹、刑曹、工曹、仓曹等发展而来，"六曹"如内地府州的具体部门，较接近唐朝的建制。此外，还设负责畜牧业与粮储的"三讬"，其中乞讬主马，禄讬主牛，巨讬主仓廪，诸爽和讬均由清平官、酋望和大军将兼任。另有掌管赋税的"爽酋""弥勒"和"勤齐"，又设"儒司"掌宫廷机密。

南诏政区的设置与地方官制。统一洱海地区后，南诏将统治中心迁到太和城（在今大理市以南）。公元746年南诏据有云南东部地区，打败唐军的三次进讨后，在昆川建拓东城（在今昆明市区）作为东都，镇摄今云南东部。公元779年，南诏与吐蕃联合进攻西川（今四川）遭到惨败，南诏王异牟寻惊惧，将都城迁到阳苴咩城（在今大理）。阳苴咩城与周围的太和、龙尾、大厘、龙口、邆川诸城，形成易守难攻的群星拱月之势。

南诏的地方机构为十赕、八节度和二都督府，建置类似于唐朝内地。除十赕、八节度、二都督府等军事统治机构外，还设府州郡县等行政机构，各节度、都督兼所在府州的刺史，郡县受其管辖。十赕是南诏的腹心地带，也是人众富庶之地。十赕分别是：苴咩赕，治今大理城，受南诏王直辖；大厘赕，治今大理市喜洲；邓川赕，治今洱源县邓川；矣和赕，治今洱源县；赵川赕，治今大理市凤仪；白崖赕，治今弥渡县红岩；蒙舍赕，治今巍山，即南诏的故地；蒙秦赕，治今巍山县；云南赕，治今祥云县云南驿；品澹赕，治今祥云县城。

八节度、二都督府为十赕以外地区的统治机构，节度、都督分别任该机构的军事长官。八节度分别为：弄栋节度，驻弄栋城（在今云南姚安）。云南节度，驻云南城（在今祥云县云南驿）。拓东节度，治拓东城。开南节度，驻开南城（在今云南景东）。银生节度，驻银生城（在今云南景洪）。宁北节度，南诏前期于宁北城（在今云南洱源县）置宁北节度，后移驻剑川（今云南剑川），改称"剑川节度"。永昌节度，治永昌城（在今云南保山）。镇西节度，南诏王阁罗凤西开寻传，于镇西城（在今缅甸北部曼冒）置镇西节度，后迁治丽水城（在今缅甸北部密支那以南达罗基），改称"丽水节度"。二都督府为：通海都督府，治今云南通海。会川都督府，治今四川会理。节度、都督府管辖数量不等的城镇或据点。

南诏的地方官制相当完善。据《蛮书》：公元794年，册封南诏的唐使至白崖赕治所白崖城，有"城使"尹嵯率兵迎接。另据《南诏德化碑》，立碑人中有李姓"白崖城大军将"，可知十赕由"城使"一类官吏管理，可能还由大军将兼领。节度和都督一般由大军将出任，并设有副职和下属官员。另据《新唐书·南诏传》：南诏之府分大、中、下、小四等，每府设主将和副将，大府的主将和副将分别称"演习"和"演览"，中府为"缮裔"与"缮览"，下府称"澹酋"和"澹览"，小府为"幕伪"与"幕览"。各府还设"陀酋"，相当于唐朝的管记，又置"陀西"，类似于唐朝的判官。百姓凡万家设"都督总管"，千家置"治人官"，百家设"总佐"，村寨设"理人处"。上级机构若下文书，必规定送达基层的期限。南诏设置的统治机构，其机构数量、管控程度、管理效率都达到很高的水平。

南诏对军队的建设十分重视，军队的数量也颇可观。公元779年，异牟寻联合吐蕃进攻西川（今四川），所率兵力达20万人。南诏军队由常备军、义务兵和强征兵三部分组成。据《蛮书》记载，南诏军中有优秀乡兵组成的"罗苴子"，每百人置"罗苴佐"一人主之，罗苴子负犀皮甲胄，跣足而历险如飞。南诏又从罗苴子中择人组成南诏王及大军将的侍卫亲军"负排"，罗苴子和负排都是常备军，南诏的常备军约有3万人。南诏军队的主力是义务兵。南诏规定参加战斗不分文武，壮者皆为战卒，有马则为骑兵，兵仗装备各自供给，并无官给之说。每家凡有丁壮，皆定为马军，各据村寨之远近，分为四军，以旗幡色别东南西北。南诏将所辖百姓按居住区域编入行伍，平时从事生产活动，同时参加军事训练并负责维持地方治安，战时则须自备装备参加战争。

南诏重视常备军、义务兵军事技能的训练。每年秋收之后，兵曹长行文至诸城邑村寨，丁壮收到通知后须立即汇集，其所携带的军事装备必须符合相关要求，一旦出现不合规定的事宜就将因此获罪。训练之法如临敌，布阵时罗苴子在前，弓箭手排后，马军30骑为一队，常为定制，若有交错为犯令。马军测试必须通过射箭、40步外骑马击立柱、盘枪百转无失、能算能书等项目，合格者予以奖励。步卒要测试急行登山、跳远、凫水、剑法、负重行走等项目，成绩优秀者或升任罗苴子。丁壮自身也重视学习军事技能，凡遇农隙，村寨中有马者皆骑马于立柱下试习。南诏还规定，每名出征将士可携带一斗五升的军粮，同时允许军队出南诏辖地后可以劫掠粮草。这样一来，由于军士"忧粮易尽，心切于战"，容易形成勇猛速决的作战特点。在作战部署上，以2500人组成一营，同时安排南诏王心腹和清平官在阵前监视，并记录将士军功大小及用命与否，以此为赏罚的依据。军士犯令罚杖50—100下，受伤者给予医治，伤背部者被视为临阵退逃而遭严惩。

南诏注重开拓和经营周边地区，并形成一些相关的制度。在唐肃宗、德宗、文宗在位的时期，南诏向外的扩展达至高潮。肃宗时南诏王阁罗凤"西开寻传，南通骠国"，把疆界发展到云南西南部与今缅甸北部，并逐渐巩固在其地的统治。德宗时，南诏王异牟寻从吐蕃辖地夺取今剑川、鹤庆、丽江等地，并进兵今临沧与西双版纳地区，征服茫蛮诸部落，于今临沧、西双版纳置银生节度，以后征服茫天连诸部。南诏多次攻入中南半岛南部，但未能建立巩固的统治。南诏在南部的疆界，大致在今缅甸、老挝、泰国的北部地区。

在统治范围南诏设置诸多的机构、城镇与据点，派遣官吏和军队实施管理。据《蛮书》：南诏在永昌以北至越礼城（在今云南腾冲东北），管长傍、藤弯两地，长傍、藤弯亦各置城。其南至些乐城（在今云南芒市），附近有罗君寻城，又西至利城（在今云南梁河西），渡水西南有押西城，进入今缅甸北部有寻传大川城，北上有安西城、宝山城，渡过丽水（今伊洛瓦底江）有金宝城，眉罗苴西南有金生城，从金宝城北牟郎城渡丽水可至金宝城。从金宝城西折东北至门波城，西北至广荡城，与吐蕃地区相接。由镇西城南可至苍望城，东北至弥城，在祁鲜山有摩零都督城。南诏所置诸城主要是统治机构治所或军事据点。派遣镇守的官吏，为躲避瘴疠有时住在他处。

南诏社会处于奴隶制时期，统治周边地区也带有奴隶制的色彩，包括将边地人口迁往他地安置、征集边地丁壮作战等内容。公元794年，南诏与唐朝重修旧好，全面清理铁桥（在今丽江）曾附吐蕃的部落。南诏从其地迁施蛮、顺蛮、磨些蛮诸种数万户，至拓东城一带"以实其地"。又从永昌（今保山）迁望苴子蛮、望蛮外喻部落等1000余户至拓东城，

"分隶城傍，以静道路"。南诏攻破茫蛮、弄栋蛮、汉裳蛮，亦迁往云南东部。南诏还攻下施蛮城邑，俘虏其王及其宗族迁于蒙舍城（治今巍山），又迁顺蛮首领及宗族于白崖（在今弥渡）。南诏将边地人口迁往他地安置，大致出自以下的考虑：一是将边地人口迁离本土，以减少边地部落的反抗，同时在周边地区形成瓯脱地带便于控制。二是分化曾经敌对的部落，使之尽早降伏。三是充实遭受战乱破坏的地区，促进其地经济的恢复。阁罗凤平定云南东部诸爨白蛮的反叛，将其人口20余万户迁至西部地区。这一次迁徙的规模很大，乃致今滇东北、滇中"荡然兵荒矣"。以后南诏几次迁徙边地的人口，大都安置在云南东部的诸爨旧地。

另据《蛮书》：阁罗凤既定寻传，令名为"野蛮"的部落散居山谷，无战其蛮自行调伏，有战南诏召之，置于阵前充当敢死队。如不前冲，监阵蛮官持刀于后驱之。南诏及诸城镇大将出兵，多以"望苴子"等边地丁壮充当前阵。文宗时南诏出兵骠国，掳其众3000余人为奴隶。南诏攻破弥诺国与弥臣国，劫其金银，掳其民数千人送北部金沙江淘金。南诏的上述做法屡见于记载，说明并非权宜之计，而属于常态化的制度建设措施。

第 四 章

民族国家构建与边疆架构的转型

边疆架构是对一定时期国家边疆形态、边疆观念与边疆治理的整体性描述概念。边疆及边疆治理总是同国家现象联系在一起,"国家是边疆存在和界定的基础与前提"[①],也是边疆治理的主体和主导力量。因此,国家主体发生变化也将直接导致边疆架构的变迁。近代以后,在内外因素的综合作用下,中国逐渐从王朝国家向民族国家发生转型。就国家类型而言,这样的转型无疑是巨大的,对边疆的影响也极为深远。在王朝国家时代,边疆架构的形成与演变发生在一个相对封闭的空间场域之中,遵循着王朝治理的逻辑和需要,并且没有主权原则的约束。而现代边疆架构,是在民族国家的制度体系和治理框架中搭建起来的,其中主权体制的影响是根本性的。在中国的国家形态由王朝国家向民族国家转变的过程中,传统的边疆架构因无法适应时代形势而逐步发生了重大转变。在这个转变过程中,中国的边疆架构体现民族国家性质和特点的因素日渐增多,逐步实现了由传统边疆架构到现代边疆架构的转型。

第一节 民族国家构建对传统边疆架构的挑战

作为国家疆域的边缘部分,"边疆不仅是一种客观的地理空间,也是根据国家治理需要而被构建起来的产物"[②]。自秦以后,中国进入了王朝

---

① 孙保全:《中国民族国家构建与边疆形态的转型》,《思想战线》2016 年第 2 期。
② 孙保全:《中国民族国家构建与边疆形态的转型》,《思想战线》2016 年第 2 期。

国家时代,为实现对疆域的有效治理逐步构建起了同王朝体制相适应的边疆形态,并在此基础上形成了特定的边疆观念和边疆治理模式。然而近代以来,中国逐步开启了民族国家的构建历程,这要求传统的边疆架构必须按照民族国家的性质和治理需要进行转型和重构。在这样的背景之下,形成于王朝时代的边疆及边疆治理,越发不能适应现实要求,因而面临着极大的挑战。

一 中国民族国家构建的背景与历程

从历史的维度来看,国家这种政治形式是一种变动的存在,经历了一个不断演变的过程。其中,民族国家这种国家形态起源于欧洲,尤其是西欧地区。当民族国家产生以后,便运用国家的力量来发展资本主义经济,并且在国家范围内爆发了工业革命。工业革命又推动了资本主义经济,并且不断地向全球发展。正是民族国家同资本主义的相互结合,使得在近现代世界范围内的多种国家发展线索当中,被凸显出来的国家形态只有欧洲的民族国家。正如美国学者里普森所言,"尽管它(指民族国家)是作为一个大西洋的现象出现,却没有只停留在西部海岸。民族国家最显著的特点就是它的扩散能力"①。

在西方民族国家不断向全世界范围扩张和蔓延的大趋势之下,中国延续数千年的王朝体制开始面临严峻的冲击,并开始被迫向着民族国家发生转型。可以说,中国民族国家构建的动因首先来自外部环境的影响。第一,西方民族国家的冲击和威胁。近代以后,中国开始面临西方世界的强力冲击。面对此千年未遇之变局,"中国人才发现,400年来对付外夷行之有效的那套办法,突然失灵,丝毫不起作用"②。当时摆在中国面前的有两种历史道路,要么游离于世界民族国家体系之外,最终彻底沦为西方国家的殖民地;要么通过锐意变革而转型成为民族国家。第二,西方民族国家的示范效应。近代以降,民族国家的优势日渐凸显,西方国家的政治制度和国家能力,对中国国家形态的转变产生了巨大的诱导和催化作用。

---

① [美]莱斯利·里普森:《政治学的重大问题:政治学导论》,刘晓译,华夏出版社2001年版,第279页。

② [美]费正清:《中国:传统与变迁》,张沛译,世界知识出版社2002年版,第306页。

相对于欧洲早期的民族国家而言，中国民族国家的构建具有明显的模仿性特征，属于典型的"模仿性"民族国家。第三，西学东渐思潮的影响。近代以后，西学东渐思潮在中国经历了"器物"阶段、"制度"阶段和"文化"阶段的演进历程。[①] 在这个过程当中，与民族国家相关的主权理论、民族理论、政体理论在中国也得到广泛传播。这样的思想与理论，对中国民族国家的构建起到极大的导向作用，直接刺激了中国民族国家的构建，也影响了构建的基本模式。

中国民族国家的构建除受到外部因素的影响，还受到内部因素的影响，而外部因素最终是通过内部因素发生作用的。一是，民族主义意识形态的兴起。民族主义贯穿着中国的整个现代化过程，对中国的政治发展也产生着决定性的影响。一方面，民族主义强化了中华民族的自觉意识，推进了中华民族作为一种文化共同体、利益共同体与政治共同体三维一体的政治性民族的不断成熟；另一方面，民族主义激发了谋求建立独立政治单位的热情，正如英国学者阿克顿所言，民族主义的产生就意味着"国家不受外国人统治"[②] 的时期开始了。在民族主义的感召之下，谋求民族共同体独立，以及实现民族和国家整合的诉求也日益旺盛，而这些又进一步刺激了中国民族国家的构建。二是，主权和领土观念的产生。近代以后，为实现救亡图存的目的，争取主权独立和领土完整成为一种最为重要的政治共识。主权观念一方面反映了中国人民实现摆脱外部压迫、建立独立国家的强烈诉求；另一方面同民族主义的意识形态又相互激荡，为构建民族国家的主权性和民族性创造了坚实的先决条件。三是，宪政思潮与宪政运动的形成。近代西方民族国家大都具有较为严密的宪政制度安排，受此影响，宪政思潮和宪政运动也一度在中国如火如荼地展开。从晚清时期君主立宪制的初步尝试到民国时期民主共和制的变革，中国近现代的宪政运动始终遵循着将国家性质由"王朝的国家"改造为"人民的国家"，将国家形式由"专制政体"改造为"民主政体"的逻辑。这样的宪政思潮和宪政运动的形成和发展，对于构建与民族国家相适应的"一批新的国家政

[①] 董宝良、周洪宇：《中国近现代教育思潮与流派》，人民教育出版社1997年版，第4页。
[②] 转引自［英］厄内斯特·盖尔纳《民族与民族主义》，韩红译，中央编译出版社2002年版，第175页。

府制度"① 起到了巨大的推动作用。

在上述内外因素的作用下,中国逐步开启了民族国家的建构历程。其中,辛亥革命的爆发彻底结束了王朝国家时代,切断了传统与现代的政治嫁接,将中国的国家发展推向了民族国家构建的轨道。然而,民族国家在中国的建立并非一蹴而就,而是经历了一个较长的历史过程。在整个民国时期,民族国家的构建进程不断得到推进。但是对于中国民族国家的构建过程而言,只有同时具备了三个基本条件才算完成,即"国家主权的完全独立,作为国族的中华民族正式形成,人民民主制度最终建立"②。按照这样的标准,这一过程一直持续到中华人民共和国成立,从此中国的国家发展在整体上由民族国家构建阶段进入了民族国家建设阶段。

二 民族国家对边疆架构的影响

在国家发展历史中,民族国家的出现对边疆架构产生了根本性的影响。在民族国家时代,边疆总是同领土、边界概念联系在一起,其涉及的地域范围不仅是稳定的,而且是明确的。与此相适应的边疆治理实践,是在民族国家主权体制和制度框架下展开的,是构成整个国家治理的重要层面。而在此基础上形成的边疆观念,需要客观地反映边疆现实并能够规划和指引治理实践,这要求人们站在国家立场并以一种空间治理思维来看待边疆、界定边疆。总之,民族国家要求其边疆架构能够体现和反映民族国家的性质、特征,并迎合民族国家疆域治理的逻辑和需要。

首先,民族国家主权属性的影响。民族国家将主权管辖下的地理空间视为国家的领土。在领土空间内划定边缘区域,民族国家划分边疆范围的基本模式。由于领土性边疆受到国家主权的排他性管辖,国家占有和控制领土边疆的能力也有所加强。"主权意义上的国家疆域具有同质性,无论是内地或边疆都是国家领土不可分割的组成部分。"③ 因此,在所有的边疆形态中,领土边疆的稳定性最高,也成为民族国家时代最为普遍的边疆

---

① [美]弗朗西斯·福山:《国家构建:21世纪的国家治理与世界秩序》,黄胜强、许铭原译,中国社会科学出版社2007年版,第1页。
② 孙保全:《中国民族国家构建与边疆形态的转型》,《思想战线》2016年第2期。
③ 孙保全:《中国民族国家构建与边疆形态的转型》,《思想战线》2016年第2期。

形式。此外，在民族国家时代，一个国家在其疆域内最高性、排他性的统治权需要得到国际社会认可才具有合法性。因此，"国家的疆域必须通过条约的形式划定范围，以获取外部承认，由此形成了边界"①，而边疆的外部边缘线就被边界锁定了。这样一来，国家界定与划分边疆就有了地理空间的限度，国家构建边疆需要以边界作为最为主要的参照标准，并以一种"由外而内"的方式划定边疆。

其次，民族国家国族属性的影响。一方面，国族的同质性要求边疆与内地的同一。民族国家的国族构建需要将国内各个传统民族整合在一起，形成一个统一的政治民族。"这就否认了传统的文化民族对疆域和边疆的排他性占有，或独立建立政治单位的权利。"② 在民族国家中，"所有疆域属于中华民族共同所有并由全体人民共同拥有"③，"疆域的不同部分仅仅是同一国族生活的不同区域而已，而不应保持因文化要素形成的内外分际的破碎格局"。因此在这一点上，民族国家时代的边疆与内地具有同一性，并无二致。另一方面，国家民族主义强化了对边疆的领土意识。现代民族主义的一个重要特征便是同领土诉求结合在一起，"一切民族主义运动都或明或暗地提出的首要问题是，作为一个民族，它的领土到何处为止；它的界线是什么，或者说，在大多数情况下，这些界线应当是什么，应当以什么标准来划定"④。这样一来，民族国家的国族主义自然会衍生出对包含边疆在内的整个国家疆域的排他性的领土意识，从而对主权性和领土性边疆观念的形成产生重要影响。

再次，民族国家人民性的影响。"民族国家人民性的获得过程，就是将国内居民由王朝国家的臣民渐次转变为国家公民的过程。"⑤ 而公民的权利必然要通过统一的国家政治体系和政治制度来实现，因此一体化便成为边疆政治发展的趋势。同时，普遍性的公民权利也打破了族际与区域限

---

① 孙保全：《中国民族国家构建与边疆形态的转型》，《思想战线》2016年第2期。
② 孙保全：《中国民族国家构建与边疆形态的转型》，《思想战线》2016年第2期。
③ 周平：《论边疆的国家属性——我国边疆若干基本问题析论》，《云南行政学院学报》2014年第6期。
④ [西]胡安·诺格：《民族主义与领土》，徐鹤林、朱伦译，中央民族大学出版社2009年版，第31页。
⑤ 孙保全：《中国民族国家构建与边疆形态的转型》，《思想战线》2016年第2期。

制，居民的公民身份成为最基本的社会身份，而民族身份和地域身份则处于从属地位。这样的政治机制，要求边疆与内地在政治上实现均质化。除此之外，民族国家"主权在民"的基本特征，意味着人民对于国家领土及领土性边疆的拥有和控制。这就赋予了领土和边疆厚重的"归属性"，边疆由此变得更加稳固，人们的领土意识和边疆观念也变得更加清晰和深刻，并补充到国家的政治文化中来。

复次，民族国家政治制度的影响。同以往国家形态下的政治制度相比，民族国家的政治制度安排具有三个鲜明特征：一是自主性，其存在和运行的根本目的主要是指向国家本身，而非国内的某一集团或社会势力；二是统一性，即国家的基本政治制度是统一的，以增强中央政府的权威，形成"统一的中央集权制政府""全国范围内的统一的民族市场"[1]，并实现对"主权范围内的领土实施统一的行政控制"[2]；三是渗透性，即民族国家政治制度的设置和运行是自上而下贯通式的，它影响到国家的每个区域，甚至每个公民。具有这样特征的政治制度也对边疆及边疆治理产生了规约作用：第一，民族国家体系下的边疆治理是国家治理的有机构成，其出发点和落脚点都是国家利益和国家主义；第二，边疆地区的政治生活，必须在国家统一的制度安排下进行；第三，边疆治理属于国家的政治行为，无法脱离国家权力的组织和运用。在这样的条件下，"国家治理上达到了'既统又一'和'既统又治'。国家权力不仅下了乡，而且也'到了边'"[3]。

最后，民族国家世界体系的影响。在以主权原则为基础构成的民族国家世界体系中，国家的整个边疆架构需要呈现出不同以往的面貌：一是，边疆不仅仅作为国家疆域的边缘部分，还成为国与国之间的交界地带。人们看待边疆的视野逐渐从国内转向国际，特别是注重将边疆置于国际形势和地缘政治格局之中来审视。二是，在民族国家世界体系中，由于有了其他国家与其他民族的存在，就会产生同他者的区分，并形成国家意识与国

---

[1] 宁骚：《论民族国家》，《北京大学学报》（哲学社会科学版）1991年第6期。

[2] ［英］安东尼·吉登斯：《民族—国家与暴力》，胡宗泽等译，生活·读书·新知三联书店1998年版，第144页。

[3] 徐勇：《大碰撞：国家一体化进程中的边疆治理》，《南国学术》2015年第3期。

家认同。这往往会刺激一国的民族意识、主权领土意识，并使之更加明确。这相对削弱了国家疆域内部的我者与他者的内外分际，加强了对国家疆域的整体认同。三是，在由民族国家构建起来的世界体系中，边疆是同主权、边界、周边关系等因素密切相关的。边疆问题往往需要使用国际规则来处理，因此边疆治理不仅涉及国内政治、国家治理，同时也会涉及国际政治与全球治理。

三 传统边疆架构面临的困境

中国王朝国家的边疆架构是在前主权时代形成的，同王朝国家的国家形态、东亚朝贡秩序以及治理需要是相称的。但是，随着国家形态的转型，非主权性的边疆形态难以得到维系，文化性的边疆观念已然不能有效地反映边疆现实，松散的边疆治理也无法应对民族国家时代的边疆问题。这样一来，形成于王朝国家时代的边疆架构的弊端和不适应性就被凸显出来了，中国亟须构建一种能够迎合民族国家需求的边疆架构。

1. 传统边疆格局被解构

首先，主权体制对非领土性边疆的解构。主权和领土作为民族国家的构成要素，显然是一对现代政治概念。中国直到近现代，才真正开始接纳从皇权到主权、从"天下"到领土的转变。在此之前，中国的王朝国家内部并没有衍生出主权和领土因素，所谓"久合之内，皇帝之土"正是其疆域观的贴切反映。在王朝国家传统的疆域形态中，边疆是一个活动地带，它可以随着国家能力与统治者意志发生盈缩变化。边疆的外部分际线也并不固定，而是时有变迁。然而在由民族国家构成的世界体系中，这样的边疆形态受到了极大挑战，慢慢变得不太可能存在。在主权体制下，一国的边疆必须按照国际法的要求，通过与邻国签订条约的形式确定边界，因此边疆界定和划分方式必然要从"由内而外"转向"由外而内"。对于国家疆域而言，只有在主权管辖下的领土空间才是相对稳定的，这使得边疆主要以领土边缘地带的形式存在。而领土外的边疆区域，不仅无法得到国际上的承认，也因脱离了国家主权的保护而变得十分脆弱。这样一来，在领土空间内界定边疆、划分边疆逐渐成为边疆构建的基本方式，而中国在王朝国家时代由"朝贡体系"或"宗藩体系"所维系的领土外边疆格局，就难以再维系下去。

其次，国族构建对文化性边疆的解构。"民族格局似乎总是反映着地理的生态结构"①，这在交通条件和生产力水平较为低下的传统社会中表现得尤为明显。中国的王朝国家，由于自然条件的作用，内地和边疆地区的生产生活方式都大为不同，不同的边疆地区之间也存在着较大差异，在此基础上不同区域中就产生了不同的民族。因此，中国王朝国家的边疆本身就具有浓重而深刻的民族属性和文化属性。而中原王朝划分边疆的"华夷之辨"的文化范式，以及"因俗而治""守中治边"的边疆治理观念与实践，又进一步加强了"核心区"和"边缘区"的文化差异，从而固化了边疆的文化属性。而这样的边疆形态在民族国家的国族构建过程中逐渐显示出了其不适应性。"国族构建要求将国内的不同文化民族进行整合，这是一个'求同'的过程，而传统的文化性边疆则不仅强调民族间的文化差异，还强调地域差异，这显然是一个'求异'的取向。这样一来，'同质'和'异质'之间的矛盾就被凸显出来了。"② 辛亥革命以后，随着王朝体制的解构以及民族主义思潮的传播，空前强烈的边疆分裂危机也正是反映了二者之间的张力。

再次，政治一体化进程对异质性边疆的解构。如上所述，民族国家时代的主权属性和制度特征要求国家的政治体系是统一的。当然，民族国家并不绝对排斥地方的自治和地方政治的特殊性，甚至在疆域规模庞大的国家，因地制宜的地方政治形态是国家治理所必需的。但是，无论不同区域之间的政治形态存在着多么大的差异，也都是在统一的国家政治体系和制度框架中存在的。即便是在联邦制的国家中，也同样存在着代表国家整体和最高权威的中央政府。而在中国传统的王朝国家时代，边疆地区的政治形态不仅是异质性的也是多样性的。国家对于边疆的治理和管控是松散型的，因此边疆地方和中央的关系远远不如内地那样紧凑，甚至呈现出时叛时服、"来来去去"的态势。在一些边疆地区，居民的政治生活也不是在国家政治体系中展开，而是在传统的政权体制中保持着较大的自主性和独立性。政治文化层面，只知"地方"而不知"国家"的地域型政治文化

---

① 费孝通主编：《中华民族多元一体格局》（修订本），中央民族大学出版社1999年版，第4页。

② 孙保全：《中国民族国家构建与边疆形态的转型》，《思想战线》2016年第2期。

特征十分明显，边疆地区的居民还远远未成为国家的国民。同时，不同的边疆区域由于彼此形态各异的自然环境和人文生态，也形成了差异甚至迥异的政治体系和制度。此外，由于国家体制内权威与边疆传统民族政权的并存，同一边疆地区的地方政治往往又表现出"双轨制"的特点。伴随民族国家构建过程的开启，这种多样性、异质性和相对独立性的边疆政治生态逐渐无法适应国家整体性疆域与统一性权力的需要。在这样的情势下，边疆地区的政治制度和政权体系，必然要在民族国家的国家整合下，逐步向着一体化发生转变。

2. 传统治理模式的失灵

中国传统王朝国家的边疆治理是围绕王朝利益与核心区的利益展开的，总体上是一种松散型的治理模式。这种类型的边疆治理同王朝国家异质性的疆域格局以及碎片化的边疆形态是相适应的，不仅维系了王朝统治的稳定、巩固了"朝贡体制"下的东亚秩序，还对中国庞大疆域版图的最终形成起到了积极作用。但是，随着国家形态的转型，民族国家基本特性对边疆治理实践提出了全新的要求。面对民族国家时代特有的边疆问题，传统的治理模式表现出了不适应性，甚至产生了治理失灵的弊端。

首先是边疆的安全防控问题。在民族国家时代，一国边疆的外部即为另外一个主权国家的政治实体。相邻国家间的利益矛盾、文明冲突、领土纠纷等问题，都会在边疆地区集中表现出来。此外，在民族国家世界体系当中，那些有影响力的世界性大国和区域性大国往往会在具有战略意义的地理空间上谋求自身的地缘政治利益。作为国家疆域的边缘地带，边疆往往是两个以上国家的紧邻区域，其地缘政治意义是不言而喻的。再加上边疆地处国家权力链条的末端，中央政府对其占有和控制能力较为薄弱，使之更容易成为国际势力渗透和颠覆的对象。在中国王朝国家"内诸夏而外夷狄"的内外有别的疆域格局中，国家强调的是"守中治边""守在四夷"以及"来则御之，去则守之"的治边策略，解决的安全防控问题主要是指向"夷夏之防"。这样的边疆防卫针对的是边疆和内地之间的"内防"，而不是现代意义上的针对其他主权国家的"外防"。在传统的边疆防卫中，实际上主要是为保障核心区域的安全和稳定而言的，而边疆本身是被排除在外的。这样的边防策略在王朝国家时代是行之有效的，但是却无法解决民族国家时代国家领土安全、政治安全和军事安全的防御问题。

其次是边境的管理和维护问题。"边境是国家为了管理的需要而划定的与边界相连的区域。"① 因此边境作为国家陆地边疆的一个部分，其实是一个现代的边疆概念，它同边界一样是同民族国家的主权领土要素密不可分的。民族国家的边境维护和管理主要涉及边界、界碑的管理，边境地区的社会管理、行政管理，以及边贸管理和口岸管理。民族国家的边境管理既受到国家权力的影响，也受到国际规则的制约，是一种较为复杂而规范的管理过程和管理行为。其中边界管理是边境管理的首要内容，也是其他管理事项的基础和前提。而边界管理本身就是十分复杂的，往往涉及双边、甚至是多边的国际关系，其管理过程也包含着一套较为严格的程序。中国王朝国家的边疆治理，既无主权体制的限制，也无边界、口岸、边境等空间范围的特别区分。因此，可以说所谓的边境管理是中国在构建民族国家过程中所面临的一个全新课题。

再次是边疆治理中的认同问题。就中国的国家类型而言，"不论是王朝国家时代，还是民族国家时代，国内都生活着多个民族，因而都是多民族国家"②。对于一个多民族国家来讲，获得各个民族对国家共同体的认同是保障和维系国家统一与稳定必不可少的政治机制。中国的民族分布同国家的地理空间格局是基本一致的，即汉族主要生活在内地而少数民族则大部分聚居在边疆区域。这样一来，边疆地区就同时存在着民族认同与国家认同，两种不同层面的政治认同不可分割地纠缠在一起。而国家共同体的维系和国家统一的巩固，在很大程度上取决于边疆地区这两种认同的关系。当二者能够达成一致，国家统一和稳定就有了保障，反之国家则可能面临着动乱甚至是解体。在中国的王朝国家时代，通过对边疆地区的羁縻治理，在认同整合问题上取得了丰富的经验和巨大的成功。在这个时期，边疆各民族对国家的认同是借由民族精英或民族领袖对于中央王朝的效忠这一政治机制所实现的，是一种间接式的政治认同。然而在民族国家时代，认同问题发生了复杂化的转变。一方面，民族主义思潮的泛滥刺激了部分边疆民族建立独立国家政权的愿望和热情，这加大了国家认同整合的

---

① 周平：《边疆在国家发展中的意义》，《思想战线》2013 年第 2 期。
② 周平：《边疆治理视野中的认同问题》，《云南师范大学学报》（哲学社会科学版）2009 年第 1 期。

难度；另一方面，民族国家的国家认同是建立在国族认同和公民身份构建的基础上的，它要求将个体从传统的政治体系中解放出来，成为国族成员和国家公民，进而获得各民族成员对国家政权的直接认同，这使得原有的间接的认同整合机制逐渐失效。

最后，边疆治理中国家与社会关系的重塑问题。王朝国家的边疆治理总体上是松散型的，很难直接深入边疆社会内部。因此，边疆的开发和建设、边疆的民族与宗教以及边疆的公共事务，在很大程度上都是由边疆地方政权主导治理的。而在新的国家形态下，国家干预社会的能力发生了重大发展。"民族国家力图按照自己的想法来塑造社会；所以，从一种晚期现代观点来看，国家就显得至为重要，而社会则处于应当受国家控制的地位。"[1] 在民族国家体系的意识形态中，代表国家的政府权力渗入原本由地方权力结构控制的领域，并在处理诸种公共事务中不断地加重其角色和扩充其权力，这样的行为是被认可的。[2] 在这样的条件下，边疆社会的其他行为体均趋向以国家权力为存在的基础，边疆由一种被弃之不顾的领域，转变为受到精心关照的领域。这要求国家力量必须渗透和延伸到边疆地区内部，并对边疆社会事务展开系统的控制和管理，而这显然也是传统的边疆治理模式所无法做到的。

3. 传统边疆观念的滞后

近现代的中国面临着空前的内外危机，这样的冲击和挑战来得强烈而迅猛。中国在内外力量的综合作用下，被急速推向了国家转型的快车道。在有限的时间范围内，经由数千年积淀而成的王朝国家边疆观念没能也不可能迅速做出质的改变。相对于民族国家构建的现实境遇，中国边疆观念的调整表现出了明显的滞后性。

第一，片面的陆疆观念不能涵盖边疆形态。中国的边疆观念是文化性的，这种根本属性也就决定了这种边疆观念必然也是片面的，即主要指向陆地边疆，或者说就是一种单一的陆地边疆观念。"虽有某些海洋的认

---

[1] ［英］马丁·阿尔布劳著：《全球时代：超越现代性之外的国家和社会》，高湘泽、冯玲译，商务印书馆2001年版，第69页。

[2] Prasenjit Duara, "Deconstructing the Chinese Nation", *The Australian Journal of Chinese Affairs*, No. 30 (Jul. 1993), pp. 1–26.

识,但尚未将其纳入边疆的视野。"① 近代以来,随着人类科技手段的进步,空间活动能力的增强,以及主权体制向新的空间领域的拓展,国家的疆域和边疆形态也日渐多样化。尤其是海权论和制空权等地缘政治理论的提出,更是激发了主要国家将新的空间形态纳入疆域及边疆范畴的冲动。一方面是国家边疆形态的多样化,另一方面是边疆观念的单一性,这样的现实情况使中国传统的片面的陆疆观念已经不能涵盖边疆的现实内涵,因此必须做出重大调整。

第二,封闭的边疆观念不能应对国际形势。在王朝国家文化性的边疆观念中,保持着严格的"华夷"之分。在王朝疆域空间内,华夏文明的地区被视为核心区,华夏之外的其他民族被视为夷狄,其生活的区域则被看作是边疆地带。在对国家疆域格局的重视程度上,内地和边疆之间也因文化因素的作用而存在着"核心—边缘"的序列。核心地区或中原文化区被视为王朝统治的根本,而边疆被视为拱卫核心区的安全屏障,其目的是做到"夷不乱华"。这样的边疆观念是一种内敛式的和封闭式的,或者说在这种思维逻辑中,边疆是内向型的而非外向型的。在中国的民族国家构建进程中,随着国家不断地融入国际体系和国际秩序,边疆及边疆治理都脱离不开国际形势的影响和制约。就近代以来中国的实际情况而言,边疆危机频发都是在国际势力的影响之下发生的,边疆的割让和沦丧都是发生在主权体制基础上的国际"条约体系"之中。因此可以说,传统封闭式的边疆观念不能应对民族国家世界体系下的国际形势。

第三,模糊的边疆观念不能明确边疆范围。以文化为标准来界定的边疆范围,必然是模糊的。在传统的王朝国家边疆观念中,既没有廓清边疆的外沿线,也没有形成清晰的边疆与内地之间的分界线。晚清以后,随着疆域的割让以及边界条约的签订,国人对于边疆的外部界线逐渐有了较为明确的认识。但是,边疆区域和核心区域的界定和划分仍旧是不够明晰的。人们有时将内地十八省以外的区域视为边疆,有时却又将以"省"为行政建制以外的区域视为边疆。在民族国家时代,为实现主权体制下国家治理的有效实现,对于中央和地方权力序列和格局的划分是十分清楚的。其中,中央及中央政府代表着国家的整体权力,而地方及地方政府则

---

① 周平:《国家视阈里的中国边疆观念》,《政治学研究》2012年第2期。

代表着局部与局部权力。而为了形成"中央—地方"的格局，必然需要从上而下地划分行政区域，即政区。在统一的国家主权中，无论是内地还是边疆都需要接受这种国家制度安排。这样一来，边疆就不再是一种混沌的、铁板一块的区域，而是具象为由大至小的地方和地方政府辖区。而文化性的边疆观念，由于其所涵盖的区域范围是模糊的，不能与明确的行政区划联系在一起，因而无法明确哪些"地方"是边疆而哪些地方不是边疆。

第二节 边疆观念由文化性向政治性转变

中国的王朝国家是按照文化主义范式来认识边疆、界定边疆和划分边疆的，因而边疆观念本质上是文化性的。文化性的边疆观念主要指向陆地边疆，不仅是片面的，也是封闭的和模糊的。在国家形态不断发生转型的过程中，这样的边疆观念开始受到国族观念与领土观念的严峻挑战，并且越发不能适应边疆形态的变化以及新国际形势下边疆治理的需要。在民族国家时代，边疆的文化属性和民族属性逐渐淡化，而其区域属性和政治属性则被凸显出来。随着中国民族国家的构建，人们逐渐按照民族国家的本质和特性的基本要求，以一种政治地理空间的视角来看待边疆。边疆观念的这种巨大转变，对边疆形态及边疆治理也产生了决定性的影响。

一 民族国家时代政治性边疆观念的凸显

边疆作为国家疆域的边缘部分，在本质上是一种政治地理空间，这就是边疆的政治属性。除了政治属性以外，边疆往往还具有地理属性、文化属性、经济属性等其他附加性的特征。在很多时候，边疆的这些属性可能会非常突出，甚至掩盖了边疆的政治性本质。边疆观念就是对边疆这些属性的一种主观认识和反映，其中政治性的边疆观念就是边疆政治属性的反映。在不同国家形态下，边疆观念会随着边疆某种属性的突出程度而发生相应调整。在民族国家时代，受到主权、领土、制度体系等因素的影响，边疆的政治属性被凸显出来，与之相适应的政治性边疆观念也就随之得到强化。

在民族国家时代，国与国之间以签订条约、划定边界的方式确立各自疆域范围。因此，疆域是以主权管辖下的领土形式存在的，并且由边界围合而成。在主权体制下，国家的领土边界主要包括自然边界、几何边界和人文地理边界三种基本类型。这些类型边界的划定方式要比以往的疆域界线更为精准和清晰，都是国家间通过精确勘定、反复谈判并最终以条约形式确定下来的，在国家版图上都是以"线"的形式表达出来。在"人为的线条状边界取代了自然的平面状边界"① 的条件下，边疆的地理空间范围更加明确而稳定。边界的存在，使人们对边疆的认识有了基本参照物，因此更容易形成空间想象。此外，在主权的体制下，边疆的维护直接关系到国家主权独立和领土完整，边疆的存废也因国际规则的限制而变得几乎是不可逆转的。因此，国家也以更加慎重的态度对待对边疆的占有和控制，甚至做到对边疆空间范围的寸土必争，由此形成和巩固了稳定的政治性边疆观念。

在民族国家世界体系中，边疆的地缘政治意义得到了前所未有的重视。纵观人类思想史，最为经典的地缘政治理论无不是在民族国家时代形成的。这绝不是偶然的现象，而是在民族国家以及民族国家世界体系特性的决定性影响下产生的。正是由于民族国家及其世界体系的形成，使得全世界联结成为一个整体。在这个整体中，国家的位置以及国家占有和控制的地理空间的性质在很大程度上决定了一国在国际秩序和国际格局中的地位，即所谓"生存竞争即是争夺空间的竞争"。对此，作为第一个提出"地缘政治学"一词的学者，鲁道夫·契伦曾指出，"一个在有限边疆地区内的强大国家受制于无上的命令，要求它通过殖民、联盟其他国家或者其他类型的征服来扩充自己的范围……它并不是攫取原材料，而是作为自我保护的一种手段"②。在民族国家世界体系中，各国对国家地理空间的看重，必然也会激发对边疆空间属性的认识。尤其是，边疆作为国家疆域的外围，直接决定了国家地缘因素的品质和类型，正如德国地缘政治家拉策尔所洞见的，"在大民族或者大国的边疆地区，不论是直接接触还是通过小领土的分割，都表现出高度的重要性"③。因此，边疆的政治地理空

---

① 张健：《国家视域中边疆与边疆观念的演变：内涵、形态与界限》，《云南师范大学学报》（哲学社会科学版）2012 年第 1 期。

② 刘从德主编：《地缘政治学导论》，中国人民大学出版社 2010 年版，第 36 页。

③ ［德］弗里德里希·拉策尔：《作为边缘机体的边疆》，袁剑译，载张世明等编《空间、法律与学术话语：西方边疆理论经典》，黑龙江教育出版社 2014 年版，第 130 页。

间特性在民族国家时代也得到了世界各国应有的重视。

此外,在主权体制和统一的国家政治体系中,民族国家将边疆治理纳入国家治理的整体框架中。民族国家必须按照边疆的区域特征尤其是其功能定位,来系统规划边疆治理策略。一方面针对边疆的发展落后和异质性特征,由国家主导开展持续的边疆开发和建设,国家越是发展这种现象就越是突出;另一方面,利用边疆特殊的地缘优势,发挥边疆及边疆治理在国家发展中的积极作用。在这个过程当中,民族国家更容易形成对边疆的空间治理内涵较为深刻的认识和观念。

二 强调政治地理空间属性的边疆观念

自王朝国家建立以后,中国的边疆格局就深受民族和文化因素的影响,人们也往往透过文化视角来界定和认识边疆,形成了所谓的文化性边疆观念。在民族国家时代,边疆的政治地理空间属性被民族国家独特的国家特性凸显出来,政治性的边疆观念也逐渐成为疆域文化的主流。随着中国民族国家的构建,透过政治地理空间视角来认识边疆成为这一时期边疆观念演化的基本趋势,边疆观念也因此变得更加清晰、理性和全面。

第一,边界意识下对边疆外部边沿的框定。在民族国家时代,边界勾勒出了国家疆域空间的范围和形状,而人们也正是在此基础上形成了对于边疆政治地理空间的认识。中国在王朝国家时代也曾萌生过一定边界意识,标志性事件是于清朝康熙年间中俄《尼布楚条约》的签订。但是这样的边界意识是不完善的,甚至可以说是不完整的和不稳定的。由于清朝的疆域争端主要发生在中俄之间,在地理位置上位于国家的北部边疆,这使清王朝更为注重北部边界而忽视南部边界。即便是在中俄之间领土争端的问题上,清王朝的边界意识仍旧是有缺陷的。如在《尼布楚条约》签订以后,负责勘定中俄边界的清朝官员,竟然十分大意地将界桩树立在距条约规定地点很远的位置,导致中国白白丧失了五万九千多平方千米的土地[①]。

[①] [美]费正清编:《剑桥中国晚清史:1800—1911年》上卷,中国社会科学院历史研究所编译室译,中国社会科学出版社1993年版,第45页。

近代以后，外部势力以签订条约、瓜分疆域的暴力方式将领土、边界、边防等现代边疆意识强制性地灌输给中国，促使国人对边疆外部边际线的认识和重视日渐加深。正如美国学者罗兹曼所言，"此种外来的作为各国相互关系准则的对于主权和国际法的界定确立了中国领土管辖范围的明确界限，而中国人自己此前对于那些鞭长莫及的疆土一直满足于模糊不清的分界线"①。辛亥革命以后，帝国主义势力并未放松对中国领土的蚕食，由此引发了民国初年政府围绕边界维护而展开的一系列政治活动。每经与他国交涉边务，中方必然"查察地势，会勘情形"②，表现出强烈的边界意识。

到了南京国民政府时期，人们已经普遍自觉地将边界概念同边疆概念契合起来。由此，在国人边疆观念之中，对边疆外围的认识不再是漫无边际的空间想象，而是形成了一道稳定而明晰的边界线。国民政府教育部部长朱家骅的表述就很明确了，他认为"国境之边界或边缘地带，谓之地理的边疆"③。吴文藻在《边政学发凡》中也指出："政治上的边疆，是指一国的国界或边界言，所以亦是地理上的边疆。"④ 诸如此种边疆界说不胜枚举，说明这个时期的边疆观念已经有了明确的区域限定，边疆话语也必然在边界圈定的范围内讨论。

第二，空间思维下对边疆内部范围的确认。在晚清以后陆地边界初步廓清的条件下，中国人对边疆范围的认识已经较传统观念显得清晰了许多。随着民族国家的构建，时人采取了更为精准的方式来进一步加深对边疆的认识和界定。其中在陆地边疆层面，表现为以行政区划方式来明晰边疆范围；在海疆方面则表现为将边界意识移植到海洋空间，以明确领海范围。

在疆域规模较大的民族国家之中，国家为实现有效的统治和治理，往往需要对整个国家疆域进行区域划分，从而会形成若干行政区域即政区，人们也更加倾向于将边疆视为代表局部和"地方"的某一行政区域。因

---

① [美] 吉尔伯特·罗兹曼主编：《中国的现代化》，国家社会科学基金"比较现代化"课题组译，江苏人民出版社2003年版，第52页。
② 吕一燃主编：《中国近代边界史》上卷，人民出版社2013年版，第482页。
③ 汪洪亮：《民国时期的边政与边政学（1931—1948）》，人民出版社2014年版，第33页。
④ 吴文藻：《边政学发凡》，《边政公论》1941年第5—6期。

此，对边疆范围的认识也由文化模糊性转向行政区划的明确性。边疆观念的这种转变在民国初年已经有所体现，特别是北京政府在边疆地区设立特别行政区域、推广"设治局"建设作为省制和县制的过渡性政权形式，极大地突出了边疆作为"地方"的属性。

南京国民政府成立以后，国家权力和权威渐趋聚集到中央层面，原本被军阀混战撕裂的疆域也逐步统一成为一个整体。国家更有能力实现对领土空间进行行政区域的划分，并维持"中央—地方"的纵向权力格局。通过对国民政府时期政府文件及学者著述的考察可以看出，国人已然普遍从行政区划维度来界定边疆范围。蒙藏委员会委员长石青阳指出，中国的边疆除海岸线外，还包括东北三省、蒙古、新疆、西藏、云南、广西等与别国接壤的省份。[①] 同样作为政界人士的高长柱提出，边疆有"远边"和"近边"之分，远边包括外蒙、新疆、西藏，而近边指察、绥、青、康等地。[②] 在1937年颁布的《教育部廿六年度推行边疆教育计划大纲》中，明确将蒙古、绥远、察哈尔、宁夏、甘肃、青海、新疆、西藏、西康、云南、贵州、四川、湖南和广西等省域定位为边疆区域。虽然这些边疆观念对具体地域的认识有所差异，但大都是从省级政区的大口径角度来看待边疆的。

除了陆地边疆观念外，人们对海洋边疆范围的认识也发生了清晰化的转变。近代以还，世界上主要海权国家相继提出了领海宽度的诉求。在此影响之下，民国政府进一步确认了海疆的主权和边界，由此以领海和海洋边界的形式明晰了人们的海疆观念。

第三，国家视域下对边疆整体范畴的拓展。王朝国家的边疆观念主要局限在陆地范畴，虽然也曾衍生出局部的海洋意识，但并未形成系统的海疆观念。"海疆管理政策的核心是管辖民众和陆地疆土，具有明显的重人轻海、重陆轻岛的倾向。"[③] 近代以后，在西方国家海权力量的胁迫下，中国的海疆观念不断得到完善，逐渐将海洋空间纳入边疆观念之中。到了民国时期，中国人海洋边疆观念的自觉性已十分明显，并且开始大量使用

[①] 张羽新、张双志编：《民国藏事史料汇编》第一卷，学苑出版社2005年版，第196页。
[②] 高长柱：《边疆问题论文集》，正中书局1941年版，第1页。
[③] 张炜、方堃编：《中国海疆通史》，中州古籍出版社2003年版，第324页。

"海疆"概念。朱家骅就认为边疆概念是海疆与陆疆的兼称,这也是当时官方对边疆含义最为全面的界定。而在政府颁布的法令文件中,直接使用"海疆"的情况更是比比皆是。民国初期袁世凯就曾签发《大总统申令》专门提出要加强海军建设和设立海疆官吏。这一时期,还专门设置海疆巡阅使、海疆防御使、海疆防御总指挥等官职,可见海疆观念已经在民国政府内部牢固树立。在学界,以"海疆"为主题的论著也大量涌现,俨然成了一类学术研究的前沿。

除海疆之外,民国时期边疆观念的一大亮点就是增添了空中边疆的内涵。虽然在这个时期很少见到直接以"空疆"或"空中边疆"作为标题的文献,但实际上从当时政府和民间对于领空主权的关注以及采取的主要措施来看,已经初步具备了将领空纳入国家疆域和边疆范畴的意涵。特别是在一战以后,随着制空权的凸显,国人对空疆的热情更是表现出前所未有的高涨。这也说明在民国时期,"中国的边疆观念已经从过去文化性平面边疆观念转向了政治性立体化的边疆观念"[①]。

三 注重区域治理内涵的边疆观念

从国家治理的角度来看,边疆是一个有待"被克服"的概念,即需要用中心属性来消除边疆的异质属性。美国边疆学派的创始人特纳,就是从治理维度认识边疆内涵的典型代表,他认为边疆是一片有待开发的"自由地"与"野蛮和文明的交汇处"[②]。1890年美国人宣布,边疆已经不复存在,其实也是从治理内涵上来界定边疆的。随着中国民族国家构建的推进,国人始渐从国家治理角度来认识边疆和规划边疆,政治性边疆观念日益明确并且越来越受到重视。

1. 注重边疆的多维治理内涵

随着民族国家的构建,边疆的治理内涵日益引起人们重视。民国建立以后,无论是国家宪法、政府法令还是民间文献,大都将蒙、藏、疆、青

[①] 孙保全:《中国民族国家构建与边疆观念的转型》,《云南行政学院学报》2015年第6期。

[②] 何顺果:《美利坚文明论——美国文明与历史研究》,北京大学出版社2008年版,第115页。

海各地视为边疆,并将其与民族概念相区分使用,其中也蕴含着从治理内涵角度来界定边疆的思想。其中典型的案例为南京临时政府时期,孙中山等人极力鼓吹开发西北,而此处"西北"并非简单的地理方位名词,而是指代经济、政治、文化和社会都相对较为落后的西部地区,而这实际上就是对西部广大边疆地区的另一种称谓,这同美国人习惯将边疆称为"西部"有异曲同工之意。

然而,若论对边疆治理内涵认识最为深刻、自觉性最为明显,当追溯到南京国民政府时期。1929年国民党三大第一次明确而系统地从治理内涵(即疆域异质性)角度论述了边疆观念,指出蒙古、西藏和新疆等地在文化和国家行政上与他省不同。20世纪30—40年代,随着边疆危机的加剧,中国边疆研究达到了第二次高潮,此后国人对边疆多层面多维度的治理内涵已经有了明确的论述。1936年,时任蒙藏委员会委员长的黄慕松在言及边疆时就将其界定为:"远离中原,既接强邻,又与内地情形少有差别之领土",而对于广西、云南等地虽然地处边陲,但由于"已无特殊行政区域之性质,故不能与边疆同视"[1]。同为当时国民政府要员的朱家骅在1947年,进一步将边疆划分为"地理的边疆""政治的边疆"和"文化的边疆"。[2] 这样的论述,可谓将边疆由于其固有异质性而产生的治理内涵,表达得淋漓尽致了。除了这两位亦学亦官人士的见解,此时主流观念也大都支持和赞同这样的看法。

现下有学者认为,上述民国时期关于边疆的论述,尚未离开对边疆民族、文化属性的讨论,因此认定这种边疆观依旧为传统的文化性边疆观念。其实这仅仅是依据表象分析得出的结论。在主权观念、国家意识、国族主义日益高涨的背景下,那种以文化要素作为边疆"治"与"不治"衡量标准的观念早已成为明日黄花。此时国人所谓的"文化边疆",以及边疆独特的社会风俗,实际上是从疆域治理角度所阐释的客观事实,是对边疆异质性特征和边疆治理内涵的一种认识。当时的著名学者李安宅,把除地理以外的其他边疆异质性要素皆称为"边疆性",而边疆治理的目的

---

[1] 黄慕松:《我国边政问题》,《广播周报》1936年第86期。
[2] 汪洪亮:《民国时期的边政与边政学》,人民出版社2014年版,第33页。

正是要使包括文化在内的"边疆性之逐渐消失而归于乌有"。[①] 针对边疆的文化属性,民国政府主要采取的是边疆教育政策,以企望文化意义上边疆的缩小乃至消除。但是在民国人眼里,文化边疆消失后是否还有其他类型的边疆呢?或者说边疆是否还具有其他异质属性呢?从时人对边疆的多重界定以及政府采取的多维度治理措施来看,答案是肯定的。因此无论是文化要素还是民族要素,在时人看来不过是构成边疆治理内涵的一个维度,而不是将文化概念和民族概念等同于边疆概念。

2. 注重区域主义的边疆治理

王朝国家以华夏文明本位或核心区本位来看待边疆,因此将边疆区域定位于文化边缘或核心区的外围。在此观念之下,边疆治理内容突出表现为两个特点:一是边疆治理目标指向核心区的稳定与繁荣,而缺乏边疆本体性。历史上许多开疆拓土行为表面上是围绕边疆本身展开,而实际上多有解除边疆隐患,为腹地安定创造良性外围环境的目的。二是边疆治理多遵循文化主义或族际主义路径,边疆其他维度的治理内涵多是由文化治理衍生出来的。辛亥革命的爆发推翻了王朝国家体制,中国历史进入了民族国家构建阶段。在民族国家语境下,边疆的政治地理空间属性因主权领土体制而被凸显出来,边疆的治理内涵也越发得到强化。在此条件下,人们不但开始注重边疆治理,而且开始从区域主义视角来认识边疆、治理边疆。这样一来,边疆属性与边疆内涵就渐渐被置于区域治理框架和视野之下来看待。

一方面,面对边疆事务和边疆问题不断突破原有的民族问题治理框架,人们开始将边疆概念同民族概念进行区分,同时将边疆治理与族际治理相剥离,进而形成了一种边疆观念"去民族化"的趋势。在当时治理边疆的核心机构——蒙藏委员会的制度设计上,国民党政府就强调,所谓蒙藏是指蒙古、西藏地方,而不是蒙、藏两个具体民族。在20世纪30年代以后,随着东北边疆的沦丧和内蒙古自治运动的兴起,政界有人进一步提出要将蒙藏委员会改为"边务部",以突出其边疆治理机构的属性。此外,《蒙藏公务人员任用标准》《修正边疆武职人员叙授官衔暂行条例》等政府文件均强调了边疆作为"蒙古、康、藏、新疆等处"的区域属性,

---

[①] 李安宅:《边疆社会工作》,中华书局1944年版,第84页。

从而与民族概念进行了区分。① 特别是1937年颁布的《教育部廿六年度推行边疆教育计划大纲》，更是明确规定，边疆地区的学校不得再以某某民族冠名，而统一使用地名命名，以淡化族际色彩。② 另外，从民国时期国人对"边政"概念的解读来看，已经认识到民族问题并不能囊括边疆问题的全部内容，③ 所谓"边政"覆盖的范畴也已经大大超出了文化治理和族际治理的内涵。民族概念和民族问题也渐渐被统筹到边疆概念和区域性问题中来。在国民党和国民政府的官方文献中，已很少见到"少数民族"一词，而多使用"边疆民族"称谓，突出表现了当时将民族问题治理置于边疆区域治理中来的趋向。

另一方面，这一时期的边疆观念还发生了"去核心化"的变化，即抛却了立足于核心区来定位边疆地理空间的传统视角，转而站在国家整体空间布局中来看待边疆区位。这样的边疆观念是前所未有的，从其提出者的身份来看至少在一定程度上代表了边疆观念向现代化演进的方向，甚至开始成为疆域文化的主流。作为中国人文地理学的奠基者和国民党政府的要员，张其昀就曾专门撰文纠正人们的边疆观念，并指出：陕甘等省区才是中国疆域的中部，甘肃凉州则是真正意义上的几何中心。以此为参照，新疆和外蒙构成了西北边疆，西藏、西康和云南构成西南边疆，而传统被视为边地的青海、热河等地其实都是内地。④ 另外一位同样极具影响力的学者蒋君章也认为应该以中国的几何中心为参照，并从经纬度的角度来认识中国边疆的方向和位置，并提出中国边疆具体可划分为东北、西北、西南、东南四个部分。⑤

基于这样的理论，人们对于边疆治理本体性的认识可谓更进了一层，这实际上是在理论层面对边疆区域性本质的一种还原。边疆不再是核心区的附庸，而是成为整个国家疆域中的一部分。也正因如此，顾颉刚才会对

---

① 冯建勇：《近现代中国民族国家构建之历程——民国中央政府统合边疆民族地区的理论探讨》，《社会科学》2014年第2期。
② 张羽新、张双志编纂：《民国藏事史料汇编》第二卷，学苑出版社2006年版，第75—82页。
③ 张中微：《读〈新民族政策亟宜建立〉以后》，《国闻周报》1937年第29期。
④ 张其昀：《中国地理的鸟瞰》，《地理杂志》1935年第7—8期。
⑤ 蒋君章：《西南经济地理》，商务印书馆1946年版，第2页。

"中国本部""属部"和"华中""华北""华南""华西"等区分"华"与"非华"的概念进行激烈挞伐。在其看来,"中国本部"绝不等同于中国的全部疆域,由此产生的边疆区位概念也自然是不准确甚至是荒谬的。他进一步提出,应该依据国家的自然区域来划分全境,因而蒙古是真正的"华北",新疆、西藏则位于"华西"。① 更有激进者如傅斯年等人,甚至直接要求废止"边疆"一词,而应以具体行政区划来替代,其意图也在于纠正以往核心区本位下对边疆的非理性认识。②

3. 注重谋划边疆的空间布局

政治性边疆观念的基本特征之一就是注重边疆的治理内涵,而此处所谓的治理是指一种地理空间治理,即国家根据边疆特性尤其是功能定位而展开的治理行为。民国以后,国内各界贤达已开始逐渐注意到运用地理空间治理的思路来认识、规划边疆的范围和格局。

如在西北方向,民国时期存在两个层面的西北边疆概念,一是狭义的西北概念,主要包括陕、甘、宁、青、新五个省区;二是广义的西北概念,包括蒙古、新疆、察哈尔、绥远、陕西、甘肃、宁夏、青海等省区。其中广义的西北,是在当时"西北开发"浪潮的激发下形成的,在本质上是根据国家治理需要和区域功能而划分出来的一个泛化的大边疆概念。对此曾有学者专门论述道:"盖所谓西北,第一论其方位,当在中国全境之西北隅;第二目的在于开发,必须中国势力所能达到之地;第三非荒凉不需开发,所开发者必地广人稀、经济文化落后之地。"③

与此相类似,学界也有人为迎合国防和国家建设需要,对西南边疆进行了空间划分。其中,第一个空间层次是"小西南",包括云、贵、川、西康和西藏的东部地区,其特点是地势险要、易守难攻;第二个层次即"大西南",该区域不仅包括小西南,还包括广西、湖南、湖北和陕南汉中地区,其特点是地域广阔,不易防守。④ 基于这样的认识,在抗战期间作为大后方的西南边疆,就被人为地规划为小西南的"轴心区域"和大

---

① 顾颉刚:《"中国本部"一名亟应废弃》,《前线》1939 年第 2 期。
② 欧阳哲生主编:《傅斯年全集》第七卷,湖南教育出版社 2003 年版,第 205 页。
③ 王金绂:《西北之地文与人文》,商务印书馆 1935 年版,第 1—2 页。
④ 黄汲清:《西南煤田之分布与工业中心》,《新经济半月刊》1939 年第 7 期。

西南的"外卫区域"两个层面。① 这样的规划同当时的抗战需要和战略部署是一致的,"西南大后方建设一方面要求有'关系地带'或广大的'外卫屏障';另一方面强调重心建设区域,与'外卫区域'有所区分"②。

不仅如此,跨省界和跨文化的"东北""东南"等边疆名词也始渐被赋予新的地理内涵,并大量为国人所认识和使用。类似的国土空间规划和区分,显然不是完全出于自然地理的考虑,而是出于治理上的需要,是一种典型的政治地理空间思维。在这种形势之下,边疆的地缘属性显得尤为突出,而政治性的边疆观念也因此得以强化。

四 体现地缘政治思维的边疆观念

首先,陆地边疆观中的"陆权"思维。此时,国人极为重视边疆在国防意义上的地缘政治价值,形成了"一国之安危,恒系其边防之虚实"的观点。③ 在《矫正国人认识边疆之错误》一文中,有学者指出国家的边界线与国防线是相互重合的,因此边疆概念实质上是指接近国防线的区域。④ 这种透过地缘政治视角审视边疆国防价值的观念,在长期抗击外敌的战争中不断得到巩固和强化。"九一八事变"之后,蒋介石就痛心疾首地表示,"我们国计民生关系最重要的资源以及我们建设现代国防一切重要的条件和基础,完全寄托在我们东北这一块土地上"。⑤ 历史学家钱穆也注意到,"要谈国防,必须注意到边疆,因为边疆是与别的国家接触的地方,是国与国间的界限;也是我们的国防最前线"⑥,这种认识已经完全将边疆置于国际地缘政治格局的视野之下了。随着日本对中国侵略的加剧,国人开始重视对西北边疆地区的利用,试图将西北作为长期抵抗的根

---

① 孙福熙:《西南是建国的田园》,《旅行杂志》1938年第11期。
② 张轲风:《大西南与小西南:抗战大后方战略主导下的西南空间分层》,《中国历史地理论丛》2012年第1期。
③ 张羽新、张双志编纂:《民国藏事史料汇编》第一卷,学苑出版社2005年版,第203页。
④ 万仁元、方庆秋主编:《中华民国史史料长编》第61册,广西师范大学出版社1995年版,第241页。
⑤ 《蒋委员长告国民书:领土主权不容损失,东北四省必须收回》,《香港商报》1941年第163期。
⑥ 钱穆:《我国的边疆与国防》,《兴中月刊》1937年第2期。

据地。全面抗战期间，地理广袤的边疆地区的地缘价值更加被凸显出来。在"以空间换时间"的战略导向下，国民政府认识到"外侮之日亟与边地之重要"，而此时国人的地缘政治视野从西北边疆渐渐向西南边疆转移，逐步形成了"西南大后方"战略方针。对此，蒋介石曾表示，即便中国丧失了内地的大部分省份，只要西南三省巩固无恙，便定能战胜强敌、收复失地。[①]

其次，海洋边疆观中的"海权"思维。在这个方面，作为中华民国开国元勋，孙中山的海权思想颇具代表性，其影响也十分深远。他在分析世界各国的强弱格局时认识到："自世界大势变迁，国力之盛衰强弱，常在海而不在陆，其海上权力优胜者，其国力常占优胜"[②]，并提出了海洋经略的新思想，"对海权的认识更接近近代以来世界海权的发展趋势和社会基础"[③]。除孙中山以外，这一时期政学两界具有影响力的人士（如陈独秀、陈绍宽、廖仲恺等人），也都相继表达了对中国海权的重视，并提出了相应的海疆治理方案。此外，《海军期刊》（后更名为《海军杂志》）、《海军整建》、《海疆月刊》等以宣传和研究海疆、海权为核心的学术期刊也相继出现[④]。同时也正是在这一时期，学者林子贞撰写了中国第一部系统论述海权的专著——《海上权力论》，提出海权就是海上军事能力和海上商业能力的总和，[⑤] 这可被视为中国近现代第一套较为成熟的海权理论。

在二战期间，基于对战争形势的反思，国人对于海疆以及海上权力的认识更为成熟了。国民政府要员胡秋原，在1941年《中国的太平洋》一文中指出，中国不仅是一个陆地国家，更是一个海洋国家，在"太平洋时代"（罗斯福语），中国的海权应当包括努力维持太平洋的均势，避免任何国家独霸太平洋。[⑥]其中已经反映出现代海权理论的"制衡"本质。

[①] 杜松柏：《蒋总统处变慎谋的历史回顾》，（台北）黎明文化事业公司1973年版，第95页。

[②] 中国社会科学院近代研究所中华民国史研究室：《孙中山全集》第2卷，中华书局1982年版，第564页。

[③] 刘中民：《世界海洋政治与中国海洋发展战略》，时事出版社2009年版，第27页。

[④] 孙保全：《中国民族国家构建与边疆观念的转型》，《云南行政学院学报》2015年第6期。

[⑤] 史春林：《1990年以来中国近代海权问题研究述评》，《史学月刊》2009年第1期。

[⑥] 胡秋原：《中国的太平洋》，《外交季刊》1941年第1期。

此文一出，旋即引发巨大反响。此后又有学者发表《战后中国应为海权国家》《中国国防与海军》《从抗战教训论制海问题》等论著，都表达出类似观点。由此可见，此时中国人海洋边疆观中的地缘政治思维已经蔚然成风。

再次，空中边疆观中的"空权"思维。随着飞行器的发明，以及国家主权向空中领域的扩展，领空和空疆观念开始在全世界范围扩散。第一次世界大战之后，领略过空军力量的中国人开始积极追随时代潮流，谋求国家领空安全和空疆维护。时人已经开始意识到"一国的国防，由平面的戒备，扩大至于立体的戒备"，"国与国的战争，也已由前线战变为全领土战，无前方与后方的分别"，并将此视为"国防学上空前的创例"。[①]

1921年杜黑《制空权》一出，"空权论"继"海权论""陆权论"之后开始风靡全世界。时人深受启发，将这一学说称为"杜黑主义"[②] 或"轰炸万能说"[③]，并加以研究、借鉴和批驳。南京国民政府时期，随着日本帝国主义侵略中国步伐加紧，中国人的国防意识不断加强。当时有学者观察到，"九一八事变"之前中国人对于领空权重要性的认识很不充分，但是在见到"日本利用空军，任意轰炸、威胁，致我军无法抗战而惨败"这种情形之时，"我国上下方惊然于我国空防之薄弱。于是飞机救国的浪潮，弥漫全国"。[④] 透过此种描述，我们可以推断当时举国上下重视空权的空前景象。在此影响之下，这种空权论甚至可以与早已有之的海权论分庭抗礼，并由此在20世纪30年代引发了一场关于空权与海权孰重孰轻的大论战。

第二次世界大战期间，各国的空中力量得到极大发展和广泛应用，国人的空权观念也更进了一层。将空权、海权、陆权统筹起来形成整体性的"三度空间观念"[⑤]，已经成为边疆观念发展之趋势。二战结束后，中国的空权观念开始由单一性军事考虑转向了"和平时代"的多维视角，尤其

---

① 荣君：《谈谈我国的领空主权》，《政治月刊》1935年第3期。
② 《现代语林：杜黑主义》，《读书通讯》1942年第35期。
③ 刘寒江：《轰炸乎？驱逐乎？》，《空军》1935年第113期；田兆霖：《驱逐乎？轰炸乎？》，《空军》1936年第176期。
④ 王述会：《领空权的重要性》，《交通职工月报》1933年第6期。
⑤ 万文宣：《空权时代的世界》，《新中华》1945年第12期。

主张利用空中航运来发展国民经济。对此,地理学家徐近之系统考察了西方的空权学说,并提出影响一国空权的三个基本要素:一是地理情形,包括国家位置、领土面积、自然环境;二是国家资源;三是人口素质。① 说明此时中国的空权观念已趋成熟,并初步形成了空权理论。

五 边疆观念转换对边疆及边疆治理的影响

首先,边疆观念演变的相对自主性。边疆观念是基于边疆形态和边疆治理实践而形成的一种社会意识,也是有关国家疆域态度和取向的一种政治文化。从根本上来讲,边疆观念是由边疆和边疆治理的物质基础及社会实践所决定的。但是就某个具体时间阶段来看,边疆观念的演变是具有一定的自主性的,它可以超前或滞后于边疆的客观现实,从而对边疆架构产生积极的或消极的作用。近代以来,在乾坤巨变的形势下,人们逐渐认识到已有边疆格局和边疆治理的不适应性,并逐步按照民族国家的要求,将文化性的边疆观念调整为政治性的边疆观念。这样的调整,使中国边疆及边疆治理形成了主观上的"应然状态"和客观上的"实然状态",边疆观念走在了边疆现实的前面。这样的矛盾也激发了国家不断地按照理念上的"应然"要求,去改革甚至重构"实然"的边疆和边疆治理。

其次,边疆观念转换对边疆形态的影响。应该明确的是,作为国家疆域的边缘部分,"边疆并非纯客观的存在,而是在一定客观条件基础上主观认定的产物"②。国家为实现对占有和控制的地理空间即国家疆域的有效治理,往往会划分出核心区和边缘区,由此形成了内地和边疆。因而划分国家疆域与边疆的方式,就决定了边疆的范围和边疆的形态。而对于边疆的认识不同,所采取的界定和划分边疆的方式方法也就截然不同。由此看来,一定的边疆观念确实是国家构建边疆范围和边疆形态的重要依据。在中国的王朝国家时代,中央王朝是以文化的视角认识边疆的,其边疆观念是文化性的,其中华夏文化或汉文化区被视为内地,而其他少数民族聚居区则被视为蛮夷之地,也就是边疆。在民族国家构建过程中,政治性边疆观念逐渐被构建起来,人们看待边疆在很大程度上是基于地理空间的角

---

① 徐近之:《和平时候的空权》,《申论》1948 年第 6 期。
② 周平:《国家视阈里的中国边疆观念》,《政治学研究》2012 年第 2 期。

度来认识的。这样一来,国家认定边疆的方式也就发生了变化,所构建的边疆范围和边疆形态也就与之前大不相同。

再次,边疆观念转换对边疆治理的影响。一定的边疆治理模式会催生某种与之适应的边疆观念,也会对已有的边疆观念产生一种强化作用。与此同时,边疆治理实践又是在特定的边疆理念、边疆理论的指引下展开的,因此边疆观念的转换也会对边疆治理行为产生重要的影响。第一,某一空间范围是否被视为边疆,这是边疆观念的基本要素,而这样的考量无疑就决定了边疆治理的对象和领域。第二,对边疆的本质、边疆的问题与边疆环境的认识,则将导致不同的边疆治理路径。第三,针对边疆价值形成的观念,即如何看待边疆在国家发展中的地位和意义,会影响到边疆治理的力度。就中国而言,在传统的边疆观念中,边疆主要指陆地边疆,边疆被视为异族和异文化区,边疆在国家疆域构造中处于依附地位。在这样的边疆观念下,边疆治理就表现为陆疆治理、族际治理以及松散治理的基本特征。近代以后,边疆的观念发生了重大转变,边疆治理也相应做出了调整:不仅包括陆疆治理,还包括海疆的治理;不仅是民族问题的治理,更是区域问题的治理;边疆治理过程中,国家成为治理的主体,国家力量和国家权力也逐步延伸到边疆地区,打破了"王者不治夷狄"的传统桎梏。

第三节 边疆形态由碎片化向整体性转变

王朝的国家疆域格局是异质性的,表现为不同的疆域部分具有不同的特点。与此相适应,边疆的形态不仅是文化性的,也是多样性的和碎片化的。晚清以后形成的"内中国"与"外中国"或"中国本部"与"属部"的区分,正是此种疆域与边疆格局的现实写照。近代以来,帝国主义的入侵以及国家形态的转换,导致中国的边疆危机频发,部分边疆被渗透,甚至从国家的版图中分离出去。这样的形势进一步凸显了传统边疆形态的碎片化特征,而中国民族构架构建之初所面临的正是这种状况下的边疆现实。此后,随着民族国家构建过程的推进,在国家民族建构、主权体制发展和政治制度变革的综合推动和影响之下,中国的疆域逐步实现领土化,边疆也随之发生同质化、一体化和整体化的转变,逐渐由碎片化边疆转变为整体性边疆。

一 疆域异质性与边疆碎片化的凸显

总体来看，整个王朝国家时代的疆域格局是异质性的，这是碎片化边疆形态形成的前提和基础。尽管"大一统"思想作为一条主线贯穿于历代王朝，并形成了"天下""四海""中国"等极具感召力的疆域称谓，但这并不是国家疆域的真实情况。可以认为，中国的疆域在王朝时代从未真正实现过均质化和一体化，不同区域之间往往具有不同的特征，并由此形成了一个差序性的疆域格局。

在这种疆域格局中，中央王朝往往以"京畿"之地为核心，按照文化的标准，分层式地向外划分与推衍疆域范围。这样的疆域格局，是以若干个同心圆的形式分布的，不同圈层疆域的特质与对于中央王朝的意义是不同的。对此，许倬云曾指出，王朝国家时代的中国疆域实际上由核心区、中间区与边陲区三个层次构成。[①] 李大龙也将唐朝的疆域分为"九州""海内""海外"三个层次。[②] 美国学者费正清也有类似认识，在《中国的世界秩序》一书中，他提出了"汉字圈"、"内亚圈"和"外圈"三个传统中国的基本圈层结构。

面对这样规模庞大，而又充满异质性的疆域，中原王朝为实现国家治理的有效性，就不得不对占有的地理空间进行合理地划分，以便采取不同的方式予以管辖和治理。在整个王朝国家时代，"核心—边缘"或"内地—边疆"的二分法，是划分中国疆域格局的基本范式。在这种空间结构下，疆域内部的异质性特征便主要体现为边疆与内地之间的差异性。这就为王朝国家时代碎片化边疆现实的形成创造了一个最为重要的前提条件。

边疆形态的碎片化特征的第一层含义表现为边疆在王朝国家版图中呈现出的"时来时往"的流变态势。边疆地区自身的独特性以及王朝国家整体实力的消长，使中央政权不能实现对边疆长期而严密的控制；在"家天下"的国体之下，无论是统治者还是被统治者都没有捍卫家园、维

[①] 许倬云：《求古编》，新星出版社 2006 年版，第 1 页。
[②] 李大龙：《"藩属体系"还是"朝贡体系"——对唐朝前期"天下"制度的几点认识》，载周平、李大龙主编：《中国的边疆及边疆治理研究》，中央编译出版社 2014 年版。

护疆土的坚定信念和持久动力，边疆在国家疆域中的构成和存续也远不如内地那样稳固。边疆碎片化的第二层含义体现为边疆与内地之间的巨大差异。在王朝国家的疆域版图中，边疆和内地并不是均质的，也不构成铁板一块的整体，而是产生了内外分际的二元性关系。边疆形态碎片化的第三层含义是指不同边疆区域间的巨大差异。易言之，在王朝国家异质性的疆域格局中，不仅边疆和内地之间存在很大差异，而且边疆与边疆之间也是千差万别的，甚至有时候后者的异质性程度要高于前者。

这种碎片化的边疆形态，是与王朝国家的疆域格局以及国家治理范式相适应的，因此这种碎片化的边疆仅仅是一种客观现象，而并非一种亟待解决的现实"问题"。然而，近代以后由帝国主义入侵以及国家形态转换带来的边疆危机不断深化，则将传统边疆形态的种种弊端暴露出来了。这样一来，边疆形态的碎片化便以一种"问题"的形式呈现出来，因此也就显得更为突出。这样的现实情况，正是中国民族国家构建过程中所面临的边疆形势和边疆背景，边疆形态的转变也是以此为基础和前提的。民族国家与碎片化的边疆之间是一种矛盾的关系，一方面民族国家在主权、国族、制度上的统一性，要求对边疆的碎片化进行改造；另一方面，边疆碎片化和异质性的存在，阻滞了民族国家一体化进程。这样的矛盾关系决定了中国在民族国家的构建过程当中，面对被凸显出来的碎片化边疆形态，必须逐步对其进行一体化的改造。

二　国族构建过程中的边疆整合

国族是构成民族国家的核心要素。从根本上讲，国族构建所追求的就是将国内居民整合成为统一的民族共同体，要实现国族构建和国族整合，就要采取一种"求同"性的价值取向，并淡化族际隔阂与冲突。作为一个多民族国家，中国在民族国家构建过程中，迫于西方民族国家的诱导与压力，逐步将国内的多个文化性的传统民族，整合成为统一的国族，即中华民族。在这一进程中，传统的按照民族分布划分的王朝国家的疆域和边疆格局，开始按照国族构建的要求逐渐实现整合。

1. "一国一族"思潮对边疆的排斥

对于民族国家的认识和解读，往往存在很大的歧义。其中一种观点便是坚持认为，民族国家是由单一民族构成的国家，即所谓的"一个国家，一个民族"。作为近代中国民主革命的先驱，此时孙中山的思想颇具代表性。早在1894年兴中会成立时，就定下了"驱除鞑虏，恢复中华，创立合众政府"的政治纲领。十分有趣的事情是，这样的纲领实际上是继承了明太祖朱元璋的"讨元檄文"的口号。对此，孙中山早年间曾明确指出："今日欲保身家性命，非实行革命，废灭鞑虏清朝，光复我中华祖国，建立一汉人民族的国家不可也。"①

历史上，诸如这样的国族观念实际上对国家疆域统一产生了一定负面影响。在辛亥革命爆发之前，在主导社会潮流的革命党人中间，兴起了一种在内地的十八个行省区域范围内建立汉族国家的思潮。在这种思潮的构想中，所要恢复和重建的国家疆域仅仅包括传统的汉族聚居和统治的内地区域，而对少数民族聚居的边疆地区则持有一种可有可无，甚至是主动放弃的消极态度。在当时广为流传的《革命军》这本册子中，邹容声称："昔之禹贡九州，今之十八省，是非我皇汉民族，嫡亲同胞，生于斯，长于斯，聚国族于斯之地乎？"②武昌起义时，湖北军政府所使用的旗帜为十八星旗，表达了"十八省人民团结和铁血的革命精神"③，而将内外蒙古、西藏以及黑龙江、吉林、奉天、新疆四个边疆省排除在外了。这种种族式的"一国一族"思潮对国家统一产生了极大的消解作用，保存"中国本部"和放弃边疆的主张，使原本就动荡不安的边疆局势变得更加严峻，从而加剧了边疆的碎片化形态。对此，当时就有边疆地区的上层人士提出质疑："共和国将仅以十八行省组织之乎？抑将合满蒙藏回共组织之乎？"④明确表现出这一国族话语体系对边疆区域产生的排斥效应。

2. "五族共和"理念对边疆的维系

随着对民族国家及国族本质认识的加深，在反思"汉族建国"带来的政治弊端的基础上，"五族共和"的民族观一度兴起，并成为意识形态的主流。早在辛亥革命爆发之前，主张君主立宪的人士，曾提出过"五

---

① 《孙中山全集》第1卷，中华书局1981年版，第441页。

② 张枬、王忍之编：《辛亥革命前十年间时论选集》第三卷，生活·读书·新知三联书店1960年版，第670页。

③ 政协全国文史资料委员会所编：《辛亥革命回忆录》，文史资料出版社1961年版，第502页。

④ 渤海寿臣：《辛亥革命始末记》（二），（台湾）文海出版社1969年版，第18页。

族君宪"的思想，意在将清王朝打造成为一个代表多个民族的国家政权体系。梁启超、杨度等人也曾就革命派排满、汉族复国等极具种族革命色调的民族国家构建路径，提出了切中要害的批评，并提出满、蒙等民族与汉族共同构成了中国的国家观念。辛亥革命以后，1912年1月1日，中华民国在南京宣告成立，孙中山在《临时大总统宣言书》中宣布："国家之本，在于人民，合汉、满、蒙、回、藏诸地为一国，即合汉、满、蒙、回、藏族为一人，是曰民族之统一。"1912年1月11日，在各省代表会议上，象征"五族共和"的"五色旗"被确定为中华民国的国旗。这表明，"五族共和"的国族理论在一定程度上已经得到了广泛认可。接下来《中华民国临时约法》也以国家宪法形式名文规定，"中华民国的领土为二十二行省、内外蒙古、西藏、青海"，"中华民国人民一律平等，无种族、阶级、宗教之区别"。随后在中华民国颁布的各种文件中，都一再强调了"五族共和"的立场，而且还特别制定了体现民族平等的《关于满、蒙、回、藏各族待遇之条例》。

从实际的政治效果上来看，"五族共和"的国族构建模式在边疆地区得到了广大民众和上层人士的广泛响应和支持，并在相当长的一段历史时期内发挥了边疆整合的作用。1912年，"五族共和"口号一经提出，新疆地区随即成立了"五族共进会"，大力宣扬各族民众放下恩怨、同造幸福。1913年，同样受到这一理念的感召，蒙古贵族开始向中央政权示好并主动提出："蒙古疆域与中国腹地唇齿相依，数百年来，蒙汉久为一家。"[1] 1919年，外蒙当局则公开表示："五族共和共享幸福是我外蒙官民共所期祷者也。"[2] 与此前蒙古地区的政治氛围相比，此时政治态度的大翻转表明"五族共和"话语产生了积极效果。1920年，西藏达赖十三世也第一次公开表达出"同谋五族幸福"的愿望。[3] 这样一来，在"五族共和"话语的政治影响下，边疆区域在形式上被吸纳进国家领土的范畴之内了。

---

[1] 转引自费孝通主编《中华民族多元一体格局》，中央民族大学出版社1999年版，第349页。

[2] 《徐世昌大总统令》，载程道德、张敏孚等编《中华民国外交史资料选编》（一），北京大学出版社1988年版，第513—514页。

[3] 胡岩：《"五族共和"口号的提出及其意义》，《西藏研究》1995年第1期。

但是,"五族共和"的提法本身仍存在着很多不足和缺憾,尚不能成为一种成熟的国族话语。一方面,五族仅仅指的是汉、满、蒙、回、藏,而并没有将其他少数民族涵盖进来。正如曾主张这一概念的孙中山,后来就曾反思道:"现在说五族共和,实在这五族的名词很不切当。我们国内何止五族呢?"① 另一方面,将五个民族的联合,看作中国的国族,实际上是矮化了国族的标准。在多民族国家内建立起民族国家,需要"将国内多个传统民族整合为统一的国族"②。国族并非"多元"民族的简单拼凑,而是在"多元"格局之上作为"一体"的民族。它拥有自己独立的族称,并且具备建立独立民族国家的资格。从理论上来推演,将"五族"作为"共和"政体的主体,实际上颇具民族联邦制的意味。而在当时边疆危机凸显的历史形势下,联邦制的国家结构显然无益于主权的维系和国家统一的维护。因此,"依靠'五族共和'而统合起来的疆域仍旧是异质性的,不能满足民族国家构建对于整体性疆域的需求"③。

3. "中华民族"认同对边疆的统合

作为国族含义使用的中华民族,是一个仅有百余年历史的概念。近代以后,梁启超等人将"民族"的概念引入中国,并将中国历史上的"中华"概念同"民族"概念进行嫁接,从而创制出了"中华民族"的概念。"中华民族"概念产生之初,主要指的是汉族。而随着民族国家的构建,国族主义越发受到重视,中华民族的国族含义也逐渐凸显出来。在作为国族的中华民族的构建过程中,20世纪20年代孙中山等人开始转向一种"民族同化"的论调。这一主张的核心之处在于,"使蒙、藏、回、满,同化于我汉族"④,国内各个民族"合为一炉而治之,以成一中华民族"⑤。当然,这种"民族同化"的主张,带有明显的大民族主义色彩。但是,如果从构建一体化、同质性的国族的角度来观察,这样的思想显然是要比"五族共和"的设想更深了一个层次。

"九一八事变"以后,随着日本侵华步伐的加快和民族危机的不断加

---

① 《孙中山全集》第5卷,中华书局1985年版,第187页。
② 周平:《多民族国家的族际政治整合》,中央编译出版社2012年版,第229页。
③ 孙保全:《中国民族国家构建与边疆形态的转型》,《思想战线》2016年第2期。
④ 《孙中山全集》第6卷,中华书局1985年版,第24页。
⑤ 《孙中山全集》第5卷,中华书局1985年版,第187页。

深,国内各民族间的命运共同体认同越来越得到强化。与此同时,中华民族的理论构建也步入了新的阶段。1939 年,傅斯年、顾颉刚等人提出了"中华民族是一个"①的观点,引发了极大反响,在理论上对中华民族的构建起到了推动作用。受其启发,蒋介石在 1940 年代提出了"宗族理论",认为中华民族是由国内的各个"宗族"(即传统的汉、蒙、藏、回、满等民族)构成的一个整体。南京国民政府内政部在《民族政策初稿》中更是宣称要"树立中华民族一元论理论基础"。② 总之,在整个国族构建过程中,中华民族的一体化、同质化的特征越来越受到重视,其成为国家民族的趋势也越来越明朗。

在中华民族认同构建和理论构建不断推进的过程中,内地和边疆之间因民族和文化要素而形成的鸿沟也逐步得到弥合。在"中华民族是一个"的信念下,唯有中华民族能够"作为'民族'单元来建立'民族国家'"③,而国内各个传统民族并不具备"民族自决"权利,也不享有独立建国或建立其他政治单元的资格。正如时人面对蒙古王公叫嚣的民族分离主义而发出的质疑:"世界上焉有同民族而行民族自决的?"④ 这样一来,在民族国家语境下边疆区域就失去了因民族属性而保持封闭、孤立甚或独立的理由。相比之下,边疆同内地共同构成了同一民族共同体的生活区域,打破了原有的因族体差异而形成的破碎化疆域格局。更为重要的是,中华民族已然由一种自在形态升华为一个自觉共同体,国族主义和国族认同的增进,也使疆域认同日渐内化为广大民众的政治认同,而这对于多民族国家疆域的统一性和整体性维护又是十分关键的。

三 主权体制建设与边疆领土化

鸦片战争以后,遭受西方列强和日本对中国疆域的鲸吞蚕食,中国的

---

① 顾颉刚:《中华民族是一个》,《边疆周刊》1939 年第 9 期。
② 马玉华:《国民政府对西南少数民族调查之研究(1929—1948)》,云南人民出版社 2006 年版,第 114 页。
③ 马戎:《中华民族的共同文化与"黄帝崇拜"的族群狭隘性》,《西北民族研究》2010 年第 2 期。
④ 蓝孕欧:《再斥祖俄者》,《时事新报》1924 年 4 月 10 日,第 1 版。

边疆范围大大内缩了，边界线也由此被动地被划分出来。尽管近代以来中国疆域与边疆的被割让和分裂是屈辱的、不平等的和非理性的，但是从实际层面来看，"缔约各国在确立边界过程中，从某种程度来说，也无意识地帮助了中国主权的定形。随着国际法成为国家关系的准则，对中国主权的不断侵犯就形成了对中国剩余领土的主权承认，而满清在中亚和北亚征服地域也就成为合法的并受到承认的中国国土了"①。

在中国历史上，辛亥革命的爆发是一个导致政治形态转向的关键节点，此后的国家主权体制得到进一步发展，国人"注重国家的主权和领土完整远胜于往昔的'国体'"②。在主权体制的建构过程中，民国初期的南京临时政府和北京政府，都采取了一系列积极的手段来维系边疆，强化中央对边疆的主权，从而加强了边疆的整体性。南京临时政府成立伊始，孙中山就以临时大总统的身份宣告，"对于各省为联合，蒙古、西藏意亦同此。行动既一，决无歧趋，枢机成于中央，斯经纬周于四至。是曰领土之统一"。此后，《中华民国临时约法》则第一次以国家宪法的形式，着重宣告内外蒙古、西藏和青海等边疆地区均为中国领土的组成部分。在民族国家的构建过程中，边疆作为国家领土一部分的属性因此而得到了强化和明确。北洋政府时期，中国的主权体制进一步坐实。其一，1912 年清帝退位以及《清帝逊位诏书》的颁布，使得主权体制得以延续，增强了民国政府统治的合法性，也得边疆区域的整体性和领土化再一次得以强调。其二，北京政府时期，中国针对以往不平等条约展开了颇有成效的外交活动，其中"修约"及"废约"的外交行为在维系和巩固中国的主权领土方面起到了积极作用。其三，面对辛亥革命以来边疆危机的凸显，北京政府采取了多样化的手段，将边疆地区维系在国家的领土范围之内，强化了中央对边疆的主权管辖。

随着北伐的胜利以及南京国民政府的成立，国家能力和中央政府的权力都有所增强，由此加深了对边疆地方的主权管控也巩固了边疆的领土属

---

① ［美］吉尔伯特·罗兹曼主编：《中国的现代化》，国家社会科学基金"比较现代化"课题组译，江苏人民出版社 2018 年版，第 24 页。

② 罗志田：《帝国主义在中国：文化视野下条约体系的演进》，《中国社会科学》2004 年第 5 期。

性。尤其是在二战以后，随着中国国际地位的提升与主权体制在全世界的推广，中国领土范围内整体性的边疆形态也基本被确立下来。

首先，南京国民政府所制定的几部宪法中，均对国家主权、领土及边疆有所强调。无论是《中华民国训政时期约法》、《中华民国宪法草案》还是《中华民国宪法》都明确规定，广大边疆地区为中华民国领土和固有疆域。其中1946年《中华民国宪法》更是指出："中华民国国土，依其固有之疆域。国土及其区划，非以法律，不得变更之。"[①]这样的宪法条文，显然是将国家疆域当作一个整体来看待，无论是边疆和内地都被视为国家领土的一部分。正如时人所总结的，"今日的广义边疆界说，便是'领土完整'四个字可作代表"[②]。

其次，由于军阀混战的局势得到控制，国家在形式上完成统一，南京国民政府所拥有的国家能力和主权管控也得以强化。在这一历史时期，边疆地区仍旧保持着较大的独立性和自主性，但是与王朝国家截然不同的是，此时的地方自治在法理上是在国家主权的框架下进行的。边疆地方政权受到国家制度的约束，地方权力所辖制的事务范围和空间范围都受到限制，而对于"军政、外交及其他有关全国一致之重大事项，由国民政府处理之"[③]。通过这种对中央权力和边疆地方权力的重新划分，削弱了边疆独立、分离的倾向和力量，强化了中央政府的主权权威，同时也在很大程度上杜绝了国外势力通过与边疆地方之间密谋或签订协约实现分离中国边疆的企图，使边疆更加牢固地维系在完整性的主权领土之内。

再次，在整个南京国民政府时期，中国的国家主权在更为广泛的范围上和更深的层次上得以收复和完善，中国的主权体制基本确立下来。在此背景之下，边疆作为受主权保护的领土区域也在更大程度上得到巩固。第二次世界大战期间，中国成为世界反法西斯阵营中的主要国家之一，战后

---

① 中国第二历史档案馆编：《国民党政府整治制度档案史料选编》（上册），安徽教育出版社1994年版，第618页。
② 杨成志：《边政研究导论：十个应先认识的基本名词与意义》，《广东政治》1941年第1期。
③ 张羽新、张双志编纂：《民国藏事史料汇编》第一卷，学苑出版社2005年版，第201页。

的国际地位和国际声望得到很大提升。作为战胜国，中国收复了被日本侵占的大片边疆区域，排斥了边疆地区帝国主义"次级势力"[1]的影响，确立和巩固了边疆的主权归属。"国家拥有进行征服的权利仅在第二次世界大战之后才丧失其合法性，而尊重他国主权也在此后开始逐渐成为新的准则。"[2] 这样一来，中国主权独立的国家身份，在更深的层次上获得了国际上的承认，领土完整在国际秩序中获得了实质性的保障。在这一过程当中，虽然国家的疆域及边疆，仍旧存在着较大的异质性和差异性，"但是就主权领土属性这一根本性的要素来说，其整体性大大增强了"[3]。

四 地方政治变革与边疆一体化

今天被人们视为中国边疆的区域，在王朝国家时代大都建立过独立的政权体系。即便被统合到中原王朝而成为"地方"之后，边疆和边疆政权仍旧具有较大的独立性和自主性，这也是边疆形态碎片化在国家结构形式中的突出表现。在民族国家构建过程中，中国逐渐按照政治统一的要求对边疆地方政治进行了调整和重构，促使边疆的自主性越发淡化而"地方"属性则越发加强，这样的形势在政治形态上促进了整体性边疆的形成。

其一，地方制度调整与边疆异质性的淡化。辛亥革命以还，民初政府按照民族国家制度框架的基本要求，对地方制度做了整体规范和调整。尤其是北京政府时颁布的三道"划一令"，"成为我国近代以来首批全国性整理政区和行政机构的法令"[4]，形成了省、道、县三级地方行政制度。在这种重新统一规划和改革地方制度的背景之下，民初的中国政府也在危机频仍的边疆地区相继采取了诸多改革措施，来加固边疆地方与中央关系的纽带。这在省级地方制度层面，典型表现为在热河、绥远、察哈尔等边疆地区设置特别行政区域。从表面上来看，这样的举措是对边疆地区政治

---

[1] [美]拉铁摩尔：《中国的亚洲内陆边疆》，唐晓峰译，江苏人民出版社2010年版，第12页。

[2] 唐世平：《国际政治的社会进化：从米尔斯海默到杰维斯》，《当代亚太》2009年第4期。

[3] 孙保全：《中国民族国家构建与边疆形态的转型》，《思想战线》2016年第2期。

[4] 孙保全：《中国民族国家构建与边疆形态的转型》，《思想战线》2016年第2期。

特殊性的照顾，而实则是为了进一步改观其体制不一、辖区重叠的地方政治形态。因此，所谓特别区域只不过是民族国家构建过程中，一种过渡性的地方制度，这为后来南京国民政府时期在这些地区进一步改建省制做了重要的前期准备和铺垫。

南京国民政府时期，在民族国家制度框架下对边疆地方制度的调整和改革更加深入了。此时的改革进一步根据国家治理需要对部分边疆地区实施了行政区域的重新规划，这集中表现为青海、宁夏和甘肃的分省，热河、察哈尔和绥远的设省以及西康建省。除省级层面以外，国民政府在全国范围统一行政区划的同时，还开始在边疆地区普遍推行县制，试图在基层政府层面实现地方政治的一体化。其中最为典型的做法是沿袭和拓展晚清以来的边疆设治局建设。特别是1931年《设治局组织条例》（1944年再次修订）的颁布，对设治局的设置及地位、职能等做了相关规定，设治局的设立及运作得以逐步规范。作为一种"准县制"的过渡性基层政府，设治局的广泛设立和不断完善，为此后统一县制在边疆地区的铺开起到了承上启下的重要作用。

其二，国家结构形式确认与央地关系的加强。在国家形态由王朝国家向民族国家的急剧转型中，边疆地方与中央之间关系的维系，以及边疆政治一体化的增强，还在于国家结构形式的调整与完善。在清朝末年，在如何处理边疆与中央关系的问题上，曾有人提出过仿照西方的"殖民体制"来治理边疆的设想。这是在模仿西方民族国家调整国家结构中的一种探索，但是从中我们也可看出，在王朝体制下，对于主权和领土以及民族国家的认识和接受程度都是有一定局限性的。20世纪20年代以后，实施联邦制来统合异质性边疆政治的思想一度风靡起来。当然，这种观念也是源自对美国等西方民族国家的模仿。然而，随着中央政府国家能力的恢复与增强，以及对民族国家性质和特点的理解逐步加深，对于建立联邦制国家的话语日渐淡出，中国最终还是选择了中央集权的单一制国家结构形式。由此，边疆与内地在政治上的同质性也得到了保障，在国内政治上极大地避免了边疆的进一步分裂。

其三，国家权力延伸与边疆政治权威合理化。在传统的边疆社会中，政治权威是多样性的：既有拥兵自重的军阀势力形成的权威，又有传统的民族权威和宗教权威以及近代以来国际势力入侵形成的外部权威。政治权威的多样性和分散性，一方面加剧了边疆社会的碎片化，另一方面也弱化了中央政府对边疆的规制和管理。在中国的民族国家构建过程中，随着国家权力主动向边疆地区渗透，多样性的权威也逐渐被单一的国家权威所取代。

首先，对边疆军政势力的限制与削弱。近代以后，中央政权的孱弱动荡导致边疆区域军阀割据日益严重。在民族国家构建过程中，历届中央政府相继采取了诸多手段对这一问题加以整治。特别是在经过北伐、"东北易帜"，以及国家在形式上完成统一之后，南京国民政府经过长期的政治斗争，逐渐削除了西北及西南部分边疆军政势力的影响，加强了中央政府对边疆地方的统一管辖。在恢复和重构边疆地区的国家权威的过程中，当时的中央政府采取了强制性和怀柔性两种不同的手段。一方面是国家能力的虚弱所导致的，另一方面也与国家形态转型中的边疆治理方式过渡性特质有关。

其次，对民族与宗教权威的怀柔与统合。这一时期的中国政府，延续了传统的怀柔和羁縻手段，对边疆地区的民族与宗教上层人士采取拉拢和牵制的政策。但是，与传统的王朝国家不同，此时的中央政府尤为强调国家立场，不仅宣示对边疆地区的主权，还极力剥离民族与宗教因素同权力的结合，扩大国家体制内权威的影响力。从时间演变上来看，民族国家构建时间越久，对于传统权威的怀柔成分越少，相对而言统合和控制的意味则越为浓重。

再次，对外部权威的抵制与排除。近代以来，帝国主义的入侵或者对边疆地方势力的鼓动，往往会加剧边疆危机，而外部势力的退出则会缓解边疆局势。或者说，外部势力的干预会导致边疆碎片化更加突出，而外部势力的削弱则会从反面来增强国家或政府在边疆的权威，边疆在整个国家政治地理空间中的整体性则得到增强。中国在构建民族国家的过程中，伴随着争取民族独立的努力，通过战争和外交方式，使外部势力在边疆地区总体上呈现出减弱的趋势。

纵观近现代以来，历届政府对于边疆地方政治制度的调整，大体上起到了三个方面的作用：一是充实了边疆地区，并且在政治层面将边疆的范围由内向外推移，在地缘政治上抵御了国际势力在边疆地区的渗透和内侵；二是加强了中央对边疆地方的实际控制，一定程度上克服了边疆地区的分裂主义与地方主义；三是推进了内地与边疆在行政管理上的整齐划一，从而保障了国家政令的统一与执行。由此来看，随着地方制度变革的深化，边疆政治一体化程度也得以大大增强。

第四节 边疆治理由松散性向紧密性转变

在王朝国家时代，由于受到王朝统治利益、国家能力、制度安排和行政技术的制约，"在国家治理方面，除了在中心地带的'皇权不下县'以外，还表现为边疆地区的'皇权不到边'"[①]。在民族国家时代，受到主权观念、国族观念、人民民主观念的影响，并在国家利益和国家发展需要的内在驱动下，中国边疆治理逐渐发生由松散性向紧密性的转变。除了这种主观性因素的需求牵引，边疆治理实践的转变同时还受到民族国家权力运行客观规律的推动。在这种主观、客观因素的综合作用下，边疆治理逐渐被纳入现代国家治理的总体框架之中，从而由王朝治理范畴转向现代国家治理范畴。

一 边疆治理价值取向的国家化

边疆治理，尤其是陆地边疆的治理，往往蕴含着一定的价值取向。这种价值取向是边疆治理的价值底蕴，是治理主体采取治理行为的一种价值偏好。这种价值取向一旦形成，便演化为一种路径和导向，成为边疆治理活动所自觉或不自觉遵守的范式，进而影响着边疆治理的基本模式和效果。如果单独看待某一特定时间点上的边疆治理，或孤立地分析某几项边疆治理行为和政策，往往会忽视对于价值导向问题的分析。然而，如果从较大的历史跨度，尤其是在不同国家形态的视角下观察边疆治理，则会总结出不同取向的价值判断。

在中国传统的王朝国家中，边疆治理采取的是一种以王朝利益为核心的价值取向。在这种国家形态中，国家权力为王朝统治者所垄断，统治者所展开的一切政治活动从根本上来讲都是为了维护和巩固王朝的统治和王朝的利益。总体来看，王朝国家边疆治理的价值取向主要有以下几个

---

① 徐勇：《大碰撞：国家一体化进程中的边疆治理》，《南国学术》2015年第3期。

特点。

一是，取向于统治者的政治偏好。自秦至清长达两千多年的王朝国家时代，看不到一个以"某国"命名的国家，只能看到周期更替的一个个代表一家一姓的王朝，这便是所谓的家国同构。在这样的国家形态下，国家权力、疆域及臣民都被视为统治者的私产，正如秦始皇所言："久合之内，皇帝之土，人迹所至，无不臣者"①。在王朝国家体制中，边疆治理在很大程度上取决于君主或最高统治者的个人意志和个人偏好。在边疆拓展层面，拥有开疆拓土雄心的王朝统治者往往将边疆的范围向外推移，反之保守的统治者则固守已有疆土。在边疆治理实践层面，政治思想开明、受大一统观念影响较深的帝王能在一定限度内超越"华夷"分别，将王朝力量深入边疆区域加以开发建设、充实边防；固守"夷夏"思维的统治者则对边疆治理持谨慎内敛的态度，更不愿意介入边疆社会的内部问题和事务，所形成的治理方式也就更具松散性和权宜性。这样的价值导向具有鲜明的"人治"特征，不仅不同王朝时代的边疆治理理念和治理方式悬殊，而且即便在同一王朝不同统治时期之间也复杂多变、缺乏稳定性，甚至人亡政息。

二是，取向于王朝统治的利益。王朝国家的边疆治理是围绕王朝统治的巩固和延续来展开的，其专注于一家一姓的政治利益，而非现代意义上的国家利益和人民利益。在这种价值取向下，对边疆区域的"治"与"不治"往往存在着治理成本和政治收益方面的考量。在这种工具理性下，开拓边疆和治理边疆往往被视为得不偿失的举措。王朝利益的价值导向还对不同边疆地区的实际治理程度和治理方式也都产生了重要影响。出于经济利益的需要，历史上王朝国家在南部边疆采取了迁移人口、扩充土地以及发展农业生产等治理方式，相比之下在北部边疆则更注重边疆的军事防控，而在社会、经济等治理层面则受到限制，这样的治理方式显然主要产生于维持王朝安全利益的需要。

三是，取向于核心区的利益。这种边疆治理价值取向的实质在于，将内地或核心区视为王朝统治的根本利益，而将边疆地区的价值置于从属地位来对待，对边疆展开的治理从根本上来讲也是为核心区的利益服务的。

---

① 《史记》卷6，《秦始皇本记》。

在这种价值取向下,边疆要么被看作环卫核心区域安全的战略屏障,要么被视为为核心区发展提供动力和财富的来源。纵览历代的边疆言论和边疆治策,总是分为"弃边"和"守边"两种对立模式。然而,"守""弃"之争仅仅是一种表象,二者在本质上却是统一的,即皆是为核心区的安危盛衰服务的。取向于核心区利益的边疆治理,一个重要的表现便是重视边疆的稳定和秩序,而忽视边疆的发展。边疆的功能被片面定位,而边疆的治理也是片面的和松散的。

随着民族国家的构建,中国的国家性质始渐发生根本性的转变,边疆治理的价值取向也随之发生深刻的变化。首先,国体发生转变,国家权力的归属逐步由君主个人及其统治集团转移到全体人民。这使得包括边疆在内的整个疆域治理,都不再是个别人或个别集团的事情,而是与整个民族的权益密不可分。因此边疆治理不再围绕王朝利益展开,而是服务和服从于国家利益。其次,主权体制发展和疆域领土化,使得国家或政府需要透过主权领土维度来重新认识内地和边疆,这在相当程度上克服了厚此薄彼的思维方式,无论是内地还是边疆的治理,都被视为国家治理的组成部分。这样的认识也为学界所广泛认可,如钱穆就曾言道:"边疆受到危害,就是整个的国家生存受到危害,边疆发生了问题,也就是整个国家发生了问题。"[1] 再次,国族及国族主义的构建,使"我者"与"他者"的区分由"华夷之辨"转向了"中外之别",从而淡化了疆域治理中对边疆区域的文化和种族偏见。最后,国家政治体系的一体化,从根本上颠覆了"王者不治夷狄"的传统理念,民族国家不但要治理边疆,还要健全边疆治理体系和增强边疆治理能力。

边疆治理的价值取向对具体的治理政策和治理实践的影响是根本性的。近现代的边疆治理,深深地被打上了民族国家的烙印,并具有明显的国家主义的价值导向。在这种价值导向下,这一时期的边疆治理发生了从王朝治理到国家治理的巨大转变。

二 边疆治理结构的专门化

从结构功能主义视角来看,治理结构是国家边疆治理行为的基本载

---

[1] 钱穆:《我国的边疆与国防》,《兴中月刊》1937年第2期。

体，它将国家权力组织和运作起来，并使之延伸到边疆社会内部。从近代以后的整个政治环境来看，政治结构专门化成为实现民族国家构建和政治现代化的必由之路。在此背景之下，这个时期的政府体系中，从中央到地方相继形成了一系列功能分离、专业分工的边疆治理结构。

王朝国家时代，中国常以"天朝上国"自居，怀有强烈的华夏文明自信，并依托强大的国家实力构建和维持了长久的东亚秩序。在朝贡体制下，只存在所谓的藩属关系，而没有现代国际关系意义上的外交事务，更谈不上专门的外交思想和外交制度。鸦片战争以后，迫于西方列强的压力，清朝的"理藩"和"外交"开始发生分离，突出表现为总理衙门的成立及其承担的涉外功能从理藩院中抽离出来，而理藩院以及此后的理藩部则成为边疆治理的专门机构。这样的变化，总体上反映了边疆治理结构外部形态整体上的专门化趋势，但是就边疆治理结构的内部形态来看，尚未能分化出不同的职能部门。

北京政府成立以后，在促进边疆治理结构发展方面的最大贡献就是促成其从"整体专门化"转向"内部专门化"，这种转变集中体现在蒙藏事务处、蒙藏事务局和蒙藏院的相继设立、沿革及其内部机构的完善。这三个机构之间在政治地位和职权上呈现不断提升的变化，其中蒙藏事务处隶属内务部，蒙藏事务局则直隶于国务总理，而蒙藏院则直接对大总统负责，这说明了边疆治理在国家政治中越来越受到关注。也正是因为对边疆事务的高度重视，使得这一时期的边疆治理结构内部设置的专业分工得以实现。除却存在时间极为短暂的蒙藏事务处以外，蒙藏事务局和蒙藏院均设有民治科、劝业科、边卫科、封赏科和宗教科[1]等专门机构来对各项边疆事务进行统一治理，以实现"管理蒙藏一切例证"[2]并"办理蒙藏之行政事务"[3]。

南京国民政府时期边疆治理结构又发生了"区域化"的转变，这种转变集中表现为强调结构的区域治理功能，相对原来将边疆治理结构等同

---

[1] 史筠：《民族事务管理制度》，吉林教务出版社1991年版，第121—124、130—131页。
[2] 《国务会议审议蒙藏事务局官制及其理由之蒙藏事务局官制草案》，载中国第二历史档案馆编《中华民国史档案资料汇编：第三辑·政治》（第1册），江苏古籍出版社1991年版，第38页。
[3] 《中国大事记》，《东方杂志》1914年第1期。

民族治理结构的观念有所超越。其中,作为国民政府时期最为重要的治边机构,蒙藏委员会在成立之时就强调其区域治理结构的性质。与此同时,国民政府还将涉及民族问题治理的一些职能转移到其他部门,以示边疆机构和民族机构的分离。如此时"关于各种民族开化事项"便是内政部民政厅第二科的职责。[1] 不仅如此,在南京国民政府内部还出现了将蒙藏委员会改为边务部的动议,更是显示了将其定位于专门的边疆治理结构的倾向。此外,这一时期设置的诸多其他边疆治理机构,也多以"边疆""边务""边区"等区域属性的名称来命名,更为凸显了边疆治理结构的专门化。如,国民党中央组织部下设的边疆党务处,参谋本部下设的边务组,边区语文讲习所,等等。

这种从区域主义维度来定位边疆治理结构的普遍性做法,与国民政府构建统一的国族主义和国族话语体是密不可分的。作为国民政府时期中国的执政党,国民党曾明确表示,"本党致力国民革命,既以实现三民主义为唯一目的,则吾人对于蒙古、西藏及新疆边省,舍实行三民主义外实无第二要求",[2] 并具体提出,对于边疆治理而言,民族主义就是要增进各族人民的团结,构建强固有力的国族;民权主义则要求保障各族民众的民主权利,扩大其政治参与;而民生主义乃求发展经济力量、健全经济组织,解决人民的衣食住行问题。[3] 由此可见,国民政府的边疆治理实践实际上同国族及国族话语体系构建是联系在一起的。弱化边疆治理结构的民族色彩,转而强调其区域色彩,正是在国族构建的总体要求下发生的。作为国家疆域的边缘部分,边疆的本质是一种特定的政治地理空间,或者说是国家占有和控制的区域范围。因此,边疆治理结构的"去民族化"和"区域化"在客观上正是切合了边疆问题的本质属性,从而在根本上推进了边疆治理结构的专门化。

---

[1] 杨思机:《20世纪30年代内蒙自治声中蒙藏委员会改组刍议》,《民族研究》2010年第5期。

[2] 夏新华、胡旭晟等编:《近代中国宪政历程:史料荟萃》,中国政法大学出版社2004年版,第834页。

[3] 荣孟源主编:《中国国民党历次代表大会及中央全会资料》(上册),光明日报出版社1985年版,第646—647页。

三 边疆治理功能的复杂化

在传统边疆治理模式中，治理功能较为单一，主要是解决军事安全和疆域统一这两个核心问题。然而在民族国家时代，边疆治理不仅具有工具性价值，更具有目的性价值，单一性功能显然不能满足进行深入而精准的治理需要。在这样的背景下，边疆治理功能开始发生多样化和复杂化的转变。

首先，保障边疆安全功能。历史上王朝国家的边疆安全问题主要来自少数民族政权对中原王朝政权的威胁，相应的安全治理目标则由"夷夏之防"机制来实现。鸦片战争以后，敌对的"他者"由边疆地方势力转换为其他主权国家，而"夷夏之防"也演变为"中外之防"。辛亥革命以后，国际势力趁中国政局动荡之机加紧了对边疆区域的干预和渗透，这种情况使得中国政府被迫承担起克服边疆分裂危机和抵御外部敌对势力的双重安全治理功能。这样的功能一直延续，乃至影响了今日边疆治理的基本方向。1931年"九一八事变"，东北边疆的沦丧极大地改变了中国的边疆格局，也令边疆安全问题达到无以复加的程度。自此以后，中国边疆治理出现了新的转折，安全治理功能由原来事后应对的"被动"性，转向积极防范的"主动"性。作为当时边疆治理的核心机构，蒙藏委员会专门发布咨文，要求加强边疆调查研究，防止西方列强对边疆民众的渗透[1]。与此同时，为充实边疆、保卫边疆，民国朝野上下还掀起了加大"西北开发"的浪潮。1937年抗日战争全面爆发，包括边疆区域在内的整个国家领土都面临着严重危机。在此期间，以往相对边缘化的边疆区域一时成为中国组织抗战的大后方。确保边疆安全的重要性已经超出了边疆范围本身，开始上升到抗战最终能否取得胜利和国家民族生死存亡的层面。在这种形势下，中国政府对边疆安全治理达到了空前程度。如果说此前边疆安全治理功能多停留在主观意识层面的话，那么抗战时期及其之后的安全治理功能则实实在在地体现在实践层面。

其次，维护边疆稳定功能。王朝国家边疆治理讲究"外而不内，疏

---

[1] 马玉华：《国民政府对西南少数民族调查之研究（1929—1948）》，云南人民出版社2006年版，第28页。

而不戚"的羁縻之道，因此边疆社会秩序和边疆稳定主要有赖于地方政权的维持。然而在民族国家时代，国家政治取代多样性的政治形式，成为解决秩序和稳定问题的主导形式。近代以来，中国便开始陷入风雨飘摇、内外交困的境地，边疆社会也不可避免地出现了动荡因素，边疆稳定问题由此变得极为突出。民国建立以后，边疆稳定问题非但没能得到缓解，反而出现了愈演愈烈的态势。其中民族问题、宗教问题、地方势力纷争和域外势力干预相互交织在一起，使边疆稳定问题更为棘手。为消弭族际冲突、促进民族融合，北京政府和南京国民政府先后采取了一系列措施：怀柔和优待边疆少数民族上层人士，稳定边疆的政治局势；消减不平等、压迫性和歧视性的民族政策，积极构建平等的公民身份；采取政治统合机制，将少数民族精英分子吸纳到国家政治体系中来；利用文化教育手段，引导和干预政治社会化过程，培养少数民族民众的政治认同。为治理宗教事务，协调边疆地区宗教与世俗社会的矛盾，民国政府相继以立法形式保护和规范宗教信仰，设置专门机构加强宗教管理，并尤为重视利用宗教领袖的影响力开展政治传播。在处理边疆地方势力间的冲突问题上，民国历届政府采取了安抚、强制、斡旋、制衡等多种灵活手段，一方面趁机削弱各方势力，扩大边疆地区的国家权力；另一方面协调各方力量，化解矛盾，极力避免边疆局势恶化。最后，坚持主权原则与边疆治理内政化，在一定程度上排斥了域外势力的干涉。

再次，促进边疆发展功能。历史上的边疆治理也曾出现过开发建设的经济行为，但其根本目的不是促进边疆发展，而是达到"屯垦开发，以边养边"，说到底还是为政治和军事服务的。而在民族国家视野下，边疆发展是国家整体发展中的一部分，促进边疆发展是国家在边疆区域获得合法性支持、实现国家领土整合以及构建同质性国民身份的必然要求。对此，民国北京政府刚刚成立就严正声明，在边疆治理中不再使用"理藩""殖民""拓殖"等字样。在传统王朝边疆治理中，无论是"理藩"还是"拓殖"，都暗含着核心区本位的意涵，而相对而言，边疆地区和边疆民众则是被"理"和"殖"的对象。在此条件下，边疆发展本身不是目的，而是服务和服从于王朝统治与核心区利益的。但是从上述政治话语转变中可以察觉，民国北京政府开始主动地放弃固有的华夷偏见，并自觉地以主权领土和空间治理视角来看待边疆发展问题。南京国民政府成立以后，将

"三民主义"作为边疆治理的根本性指导原则,其中民生主义就要求边疆地区在经济、政治、教育发展方面与内地"同进于文明进步之域"①,"无论治理及开发边疆,均应以福利边人为主旨"②。这说明此时民国政府在疆域治理理念上已经抛却了以往对内地与边疆之间的此疆彼界之分,转而将边疆发展看作实现"三民主义"不可分割的一部分。尤其是在边疆地区的农业基础设施建设、交通改善、文化教育事业发展等方面,强化了政府提供公共产品和公共服务的职能。客观而言,国民政府在这个方面所发挥的作用是可圈可点的。

四 边疆治理范围的扩散化

从空间的维度来看,近现代中国的边疆治理范围经历了一个从局部到整体、从平面到立体的扩散过程。经过这样一个过程,国家权力和国家治理力量、治理能力在更为广大的空间范围上覆盖和渗透到边疆区域,从而构成了王朝治理向国家治理转变的一个重要环节。

首先,陆疆治理由"非均衡"转向"均衡"。总体来看,王朝国家的边疆治理在地理空间上呈现出由内而外辐射,渐行渐弛、逐步衰减的非均衡性特征。正如乾隆皇帝所言:"由近及远,次第经理"③。随着民族国家的构建,对整个领土空间的统筹治理,不仅是中国谋求国家独立和富强的基本需要,也是新型国家体制必须承担的政治职责。因此,对于那些地理偏远、文化边缘,甚至在经济上"无利可图"的边疆区域,也必须纳入国家治理中,进行开发建设并提供公共产品。其中,南京临时政府及后来的民国北京政府认为中国发展的总体形势是东南兴旺而西北凋零,因而尤为重视"西北边疆"(含西部、西北部和北部的边疆地区)治理。在此背景下,所谓"五族共和"的政治理念,蒙藏院、西北筹边处等边疆治理机构,以及具体实施的治边政策大都是围绕这些边疆区域展开的。南京国民政府成立以后,边疆治理的空间范围进一步扩散和深化,其均衡性趋势

---

① 荣孟源主编:《中国国民党历次代表大会上及中央全会资料》(下),光明日报出版社1985年版,第646页。
② 黄慕松:《我国边政问题》,西北导报社1936年版,第33页。
③ 《清高宗实录》卷561,乾隆二十三年四月癸未。

得以强化：一是，从蒙藏区域扩散到其他"设省"的边疆地区。二是，抗日战争全面爆发以后，从西北边疆扩散到西南边疆。在国家和社会力量的综合推动下，西南边疆治理在范围和程度上都得到了前所未有的发展，甚至一度成为全国的政治、经济、军事和交通中心。[①]

其次，海疆治理由"浅"入"深"。随着民族国家主权体制和国家利益向海洋空间的延伸和拓展，国人的海洋主权意识越发明确，政府也采取了更为主动的态度来促使海疆领海化。1912年为维护中国在近海的渔业权益，当时的海军、外交以及农林等部门机构之间曾就领海宽度问题展开了激烈讨论，并在此基础上相继出台了一些政策、规定和法令，此外还设立了军务司、测绘科等机构负责"有关领海界线事项"[②]。此后，出于国防军事上的考虑，并为解决"平时巡防既无根据可依，临事争执难依公法解决"[③]的问题，北京政府于1921年成立了海界委员会专门负责领海划界。南京国民政府成立以后，国家对海疆的管辖更为深入。1930年围绕"防止走私""稽查船只"[④]，当时的财政部提出了有关"海关缉私领海范围为十二海里"的议案。1931年为应对日本借口中国领海界限不明而在中国近海肆意捕鱼的困局，南京国民政府最终颁布了"三海里令"，不仅正式宣布了三海里领海界线，同时还明确了十二海里缉私界线。[⑤] 这一事件在中国近现代的海疆治理进程中具有标志性的意义。

为进一步维护国家领土主权，国民政府加强了对南海诸岛及附近海域等海洋边疆的主权宣示和管辖。1933年，法国以"占领"作为依据，将南沙九小岛划入越南境内。南京国民政府为维护南海主权，专门成立了"水陆地图审查委员会"，并绘制了《中国南海岛屿图》，形成了中国地图上最早的南海疆域线。抗日战争胜利后，为进一步明确南海的领土范围，

[①] 方显廷：《西南经济建设论》，独立出版社1939年版，第5页。
[②] 中国第二历史档案馆：《中华民国史档案资料汇编》（第三辑），江苏古籍出版社1991年版，第1153页。
[③] 邱宏达主编：《现代国际法》，（台湾）三民书局1986年版，第367页。
[④] 《领海范围大纲》，《申报》1930年2月5日，第8版。
[⑤] 黄刚：《中华民国的领海及其相关制度》，（台湾）商务印书馆1986年版，第162—163页。

宣示中国的主权，杜绝他国的窥伺，中国政府主持印制了《南海诸岛位置图》，标注了南海诸岛的名称和位置，并形成了有边界意义的"十一段断续线"。

除了构建领海制度和勘定边界，这一时期的海疆治理还包括对海洋国土的管辖与开发。一是，设立专门的海疆管理机构。如1935年广东省设置的"东沙岛海产管理处"①、1946设立的"南沙群岛管理处"等。二是，将海疆纳入行政区划，发挥地方政府在海洋维权方面的作用。如，1921年，以孙中山为首的中华民国军政府将西沙群岛划归广东省崖县管辖；1947年，南京国民政府将西沙群岛和南沙群岛的管辖权交由海南特别行政区行使。三是，加强军事管理。如1925年，将东沙群岛和西沙群岛划作海军军事区域，以加强主权控制。四是，海洋边疆的开发建设。主要措施有进行基础设施建设，加大对海岛、海洋的资源开采，鼓励民间资本向海疆发展。经过这样的过程，中国海疆的领土化更加明确和巩固，中国对海疆的治理水平也大大提升了。

再次，空疆治理从"无"到"有"。民国时期边疆治理的范围不仅包括陆地边疆、海洋边疆，还形成了对空疆的初步治理。归结起来，之所以将空疆纳入边疆治理范畴，主要有几个方面的原因：一是，随着飞行器的出现，人类的活动空间已经从陆地、海洋迈向了天空领域。这为空疆治理的形成创造了最基本的前提条件。正如时人所言，"古时本无所谓领空权"，"二十世纪以来，航空事业，日益发展，于是领空问题，随之发生"②。二是，第一次世界大战以后，人们开始认识到空疆对于战争和国防的意义，因而开始注重对本国领土上空空间的管控和治理。三是，有关空疆及空疆治理的理论大行其道，激发了国人对于制空权、领空主权的思考和研究。民国时有学者将这些理论概括为："绝对自由说""限制自由说""空中分界说"以及"领空说"。③ 其中，有关空疆治理的"领空说"显然最合时代潮流，并很快为国人所认可和采纳。四是，航空

---

① 该机构后来改称为"东沙群岛管理处"，说明国人对于海疆的治理已从单纯的海洋资源开发演变为对海洋疆土的全面管辖。
② 屠景山：《领空主权》，《空军》1935年第113期。
③ 郭纲模：《领空主权的研究》，《航空杂志》1936年第5期。

运输对国民经济发展的重要性越发突出，促使人们关注对空疆的管理。当时就有人专门撰文指出，"现在飞机的效用益渐推广，不独在军事上，交通上占了重要地位，举凡一切生产事业，无不赖飞机之运用"，并呼吁加强对领空权的建设①。五是，西方国家空疆治理的实践以及对中国利益的侵犯。对此，有学者总结为：第一，"外人筹设空中航线，如我国境，或阳假合之名，阴行操纵之实"；第二，"各国竞以余剩飞机售我，是我航空制造事业，长受束缚"；第三，"各国飞机，蔑视我航空主权，随意过我境飞行"。② 这种情况迫使民国政府将空中疆域纳入主权体制中加以治理。

在上述背景之下，中国政府采取了一系列具体措施来展开初步的空疆治理。首先，积极构建中国的领空范围和领空主权。在经历了近代以来领土、领海主权大量丧失之后，此时中国人对领空主权十分敏感。一战以后，领空制度在国际上初见端倪，国人就纷纷提出要构建起领空主权。1919 年在巴黎举行的"国际航空规章会议"上，中国签署了《关于管理空中航行的公约》（即《巴黎公约》），这是世界上第一个关于航空的国际公约。此公约规定各缔约国承认彼此的空中主权，也使得"中华民国之领土领海外，又发生领空之国际关系"。此后，国人对国际法中有关领空规定的研究愈加深入，当时的中央大学地理系还绘制了《中国航空路图》，标注了中国的领空范围。③ 其次，加强航空机构和制度的建设。民国时期相继成立了专门的航空机构，如北洋政府时期的航空署、南京国民政府时期的航空委员会、中国航空公司、航空邮运中心局等。这些专门机构的成立，促进了中国军事航空与民用航空的发展，将中国的空疆治理与领空制度进一步坐实。此外，为"享受国际间航空之同等的权利"以及对内"确立航空政策"④，当时的中国政府还制定了若干治理空疆的法律，推动了空疆治理的制度化。从实际效果来看，相关法律的制定和完善，确实也起到了维护国家领空主权的作用。

---

① 王述曾：《领空权的重要性》，《交通职工月报》1933 年第 6 期。
② 莘觉：《吾国领空主权前途之危机》，《空军》1928 年第 18 期。
③ 张其昀：《中国之领空》，《申报月刊》1932 年第 1 期。
④ 费哲民：《空中主权之立法的检讨》，《国防论坛》1935 年第 12 期。

五　边疆治理方式的专项化

在王朝国家时代，边疆治理方式基本为"统而不一""统而不治"的羁縻手段。中原王朝虽也根据边疆区域的特殊性采取有别于内地的治理，但这种治理方式主要在边疆地方和王朝中央中间起到黏合剂的作用，专门针对具体边疆问题的专项性治理较为罕见。在中国民族国家构建的背景下中，国家力量不断介入边疆区域，加深了边疆治理力度，边疆治理方式的专项化程度也随之逐渐加深。这一转变突出表现为边疆治理被纳入到国家的政治过程当中，并以制定与执行专门政策和法律的形式展开。

首先，专项化的边疆治理政策。历史上王朝国家在边疆治理过程中也都运用了特定的政策工具，其中一些政策由于在历代诸朝中不断沿承重现，制度化程度已经非常高了。但纵观这些政策，大都不涉及边疆社会中具体的公共问题和公共事务，归结起来无外乎"恩威并施"和"因俗而治"的范畴。顾颉刚曾认为历代边疆治理，无非"放任政策"和"分化政策"两种政策模式[①]，这样的总结是大体符合历史事实的。而无论是"放任"还是"分化"，均不能视为严格意义上的专项治边之策。民国以后，中国开始按照构建民族国家的需要，对边疆治理方式进行调整，治边政策的专项化趋势也愈加明显。当时国家政权机关或执政党机关制定和执行的边疆政策，既有民族宗教政策、经济政策，又有涉及教育和社会发展的政策；政策的内容，既有原则性的宏观概括和指导，又有较为详细的专门规定。这同传统王朝国家"王者不治夷狄"的羁縻怀柔之策完全不同，已经初步形成了一套涉及面广，而又具有系统性、操作性的治边政策体系。虽然在这些政策中，有相当一部分在制定过程或执行过程中就流产了，从未被真正落实或产生实质性的影响。但是尽管如此，这种治边政策的制定和出台的本身就反映了国家在治理边疆过程中，力图将国家力量向边疆延伸和渗透的态势。而那些最终付诸实施并在边疆区域得到贯彻执行的统一政令，则更是表明国家权力和权威已经开始在边疆地区立足和扩大。

[①] 顾颉刚：《中国边疆问题及其对策（上）》，《西北通讯》1947 年第 3 期。

其次，专项化的边疆治理法律。从历史和逻辑的角度来看，近代以后西方民族国家的形成和演变与现代法治的产生是个合而为一的过程。"一方面，现代民族国家创造了以国家为中心的现代法律体系。另外，现代法律体系也强化和'偏执'了民族国家的正当性与功能。"[1] 中国的民族国家是在对西方国家模仿的过程中构建起来的，因此除了主权、国族等要素外，包括法治在内的宪政制度也被纳入这个构建过程中来。从这个大的历史前提下观照中国近现代的边疆治理方式，法治化就成为一种必然的趋势和选择。

民国政府时期，边疆治理法律的专项化主要体现为两个层面：一是宪法层面；二是普通法律法规层面。历届政府制定的宪法中，均有专门涉及边疆治理的条款，其规定的内容大致可以分为以下三种类型：第一，明确边疆地区的领土属性，宣示国家对边疆的主权管辖；第二，边疆各民族政治权利的保障；第三，扶持边疆地区经济、社会、文化等各方面的建设与发展。此外，针对边疆治理的具体内容，此时也制定了相关法律。一是，关于边疆治理机构内部管理的法律。如北京政府时期的《蒙藏院官制》和南京国民政府颁布的《蒙藏委员会组织法》，分别对蒙藏院、蒙藏委员会机构的设置、职能、权限等均予以了明确规定。二是，关于边疆地方政治制度与政府的法律。如1912年颁布的《蒙古待遇条例》《西藏待遇条例》，1931年公布的《蒙古盟部旗组织法》，以及1936年公布的《绥远省境内盟旗地方自治政务委员会暂行组织大纲》和《察哈尔省境内盟旗地方自治政务委员会暂行组织大纲》，即以法律的形式对边疆地方政权的自治权利和组织形式进行了规范。三是，围绕边疆治理的对象，即针对边疆事务及边疆问题而制定的法律。如《移民垦殖案》《蒙古土地办法案》《蒙旗教育暂行办法》《边疆宗教领袖来京展觐办法》《改善宗教案》等都属于这方面的专项性法律和法规。

再次，专项化的边疆治理运动。采取专门的社会运动或政治运动来进行边疆治理——也就是"运动式治理"——是近现代中国边疆治理方式的一个显著特征。南京临时政府时期，孙中山等人就曾产生过利用专项化

---

[1] 魏建国：《全球化时代与法治范式的转换——从"民族国家"范式到"世界主义"范式》，《思想战线》2011年第5期。

的运动式治理方式来开发边疆的设想，并组织了"拓殖协会"，用于"编纂书报鼓吹，以激发国民移往之热心"①。民国北京政府成立以后，曾专门发文规范和减缓边疆开发行为，但随即就主导掀起了规模空前的"开垦蒙荒"运动②。1931年"九一八事变"以后，国内兴起边疆开发的热潮，国民政府也顺势出台政府文件以号召鼓励社会力量支援边疆开发建设，从而掀起一场声势浩大的"西北开发"运动。随着抗日形势恶化，国民政府注意西南边疆地缘政治的重要性，因而开始将动员起来的社会力量向这一区域转移。而无论是"西北开发"运动还是"西南开发"运动，国民政府都采取了具有针对性的社会动员方式，采取积极奖励、主动宣传途径来鼓动自由移民前往边疆进行垦殖，同时以优惠政策引导内地工商业迁往边疆，支援边疆实业发展。

这样的运动式治理方式，不仅是政府自上而下地动员和号召，而且也得到了社会组织和广大民众自下而上的配合与响应。在此期间，最为典型和著名的便是历时十六年、声势浩大的"边疆服务运动"。这场运动是在抗战时期国民政府号召边疆建设的背景下展开的，由中华基督教会全国总会发起，并得到了李安宅等诸多学者和各界贤达的广泛支持，其目的是"本中央抚幸边民之德意，对边疆民众从事各种服务，藉以启发边民知识，救济边民疾苦，改善边民生活，促进边民团结，充实国家能力"③。另一个典型案例就是，当时行政院在1943—1944年一年多的时间内，就募集到4138名自愿前往边疆参加支援建设工作的内地人士，其中还不乏条件优越的高学历者。④ 在此形势下，国家和社会之间形成了一个双向互动的合作共治的边疆治理场域。

应当明确的是，运动式治理并不是一种传统王朝国家所惯用的边疆治理方式。这是因为，运动式治理需要国家或政府具有较强的政治动员和社会动员能力，而在"皇权不下乡"和"皇权不到边"的政治形态下，王

---

① 中国社会科学院近代史研究所中华民国史研究室等编：《孙中山全集》第二卷，中华书局1982年版，第296页。
② 参见李国栋《民国时期的民族问题与民国政府的民族政策研究》，民族出版社2009年版，第109页。
③ 转引自汪洪亮《应用人类学视野中的民国边疆服务运动》，《思想战线》2010年第5期。
④ ［日］岛田美和：《战时国民党政权的边疆开发政策》，《社会科学研究》2014年第5期。

朝国家不可能具有这种调动集体行动的政府能力。在民族国家构建过程中，国家权力不断向社会基层和疆域边缘扩张、渗透，因此能够利用政治沟通、政治传播、政治动员途径在一定限度内使用运动式方法来治理边疆。与此同时，还应看到运动式治理方式的形成还导因于常规官僚体制的不健全以及政府掌握的政治资源不足。

第五节　民族国家边疆及边疆治理时代的开启

民国时期，是中国国家形态转变的过渡阶段，国家的制度体系和治理方式都发生了重大变革。在此过程中，中国的边疆与边疆治理受到国家主体的根本性影响，发生了"现代化"与"民族国家化"的转变。但是总体上来看，边疆架构在近现代的这种转型"只是发生了'量'的积累，并未在'质'的层面获得完整意义上的民族国家性质"[①]。中华人民共和国的成立标志着中国的民族国家基本建立起来了，中国的国家发展历程整体上步入了民族国家时代。执政的中国共产党和中华人民共和国政府开始有能力按照民族国家的性质和特征，从整体上谋划国家发展和国家治理。在此背景之下，主权性和领土性的边疆形态不断稳定下来，边疆观念的政治性内涵得到巩固和拓展，边疆治理在国家治理层面开始得到系统全面的展开，从而开启了中国边疆及边疆治理演变的新时代。

一　边疆观念的整体转变

在中华人民共和国成立以后，出于民族国家治理的需要，执政党和政府对已经高度政治化的边疆观念做了进一步的调整和确认，使其从整体上确立下来。政治性边疆观念的国家视域特点、地理空间思维特点和治理内涵特点从总体上得到了体现，近现代时期零散的过渡性的边疆观念得到了整合、深化和拓展。经过这样的质变环节，传统文化性边疆观念的片面性、封闭性和模糊性特征受到了弱化和调整，与民族国家政治体系和国际形势相适应的政治性边疆观念从总体上被构建起来了。

---

① 孙保全：《中国民族国家构建与边疆形态的转型》，《思想战线》2016 年第 2 期。

1. 立足国家视角的边疆观念

首先，透过国家主权看待边疆。随着中华人民共和国的成立，中国的国家主权逐步获得了完全独立。在这一背景下，国家倾向于透过主权领土视角来看待边疆，并将边疆的维护同国家主权领土的稳固而紧密地联系在一起。对此，周恩来在中华人民共和国成立之初，就对边疆的主权归属做了定性，他指出"这些地方是有少数民族的，但是他们一向是在中国领土之内"[1]。经过系统归纳可以发现，这种主权领土性边疆观集中体现在：一是，强烈的边界意识，并试图通过边界划分来实现对中国固有疆域的主权继承和管控；二是，将边疆观念同国防观念联结起来，以此捍卫国家主权和领土完整；三是，依据主权体制在海洋和上空空间的拓展，确定国家的领海、领空，并由此牢固树立了海疆、空疆观念。

其次，透过国内政治看待边疆。在新的历史时期，人们不仅将边疆看作国家领土的一部分，同时也将边疆看作国家政治中代表局部的"地方"。这样的边疆观念在中华人民共和国成立初期行政区划得到调整和统一后显得更加突出，并形成了以省级区域为单位的广义边疆观念、以地、州为单位的中义边疆观念以及以县域为单位的狭义边疆观念。在统一的国家政治体系中，边疆社会与边疆政治仍旧具有一定的特殊性，国家也往往通过特殊的手段加以治理。然而，在国内政治视角下，人们尽管承认这种特殊性，但不会刻意夸大这种特殊性，或者说是将这种特殊性放在国家政治和国家治理的统一性和普遍性的前提下看待的。经过这种根本性的转变，那种将边疆民族属性和归属权捆绑在一起的观念日渐淡出，以及将边疆视为一块相对独立甚至"来去自由"区域的看法一去不返了。

再次，透过国际形势看待边疆。中华人民共和国成立以后，中国正式成为民族国家世界体系中的一个政治单元，也必不可免地受到国际政治的深刻影响。在此情境下，中国开始倾向于在国际关系、国际形势和国际格局下界定边疆、认识边疆。周恩来在处理中缅边界问题上的态度就很具有代表性，他意识到"要巩固国防，天然屏障的作用不大，我们西南边防

---

[1] 中共中央统一战线工作部、中共中央文献研究室：《周恩来统一战线文选》，人民出版社1984年版，第139页。

的着眼点在于争取同邻国的和平共处"①。而在20世纪50年代采取的抗美援朝和援越抗法的重大举措,也正是在这种战略性边疆观念的指引下做出的。总之,同传统文化性边疆观念的封闭性特征不同,中华人民共和国成立以后的边疆观念是开放性的,是具有区域视野和全球视野的,甚至可以说,这种边疆观念较早地蕴含了战略边疆的思维方式。

2. 强调领土属性的边疆观念

首先,强调陆地边疆的领土属性。一方面,将陆疆空间的界定限定在领土范围之内。与传统文化性边疆观念中,对边疆的宽泛、模糊的认识截然不同,中华人民共和国政府恪守在领土范围界定边疆的原则。另一方面,执政党和新的国家政权非常重视陆地边界的划定,由此明确了陆地边疆的领土空间范围和领土空间属性。如,当时的中阿边界谈判就是由中国政府率先提出的,而这种划定边界的诉求,并不是"因为边界上有什么问题",而是由于中国政府认为"在历史上中阿两国政府好似从来没有签订过任何协定和条约来正式规定或确定过这条传统边界。两国政府也未曾为此交换过地图"②。随着边界问题的不断解决,中国的边疆就牢牢地同边界联系在一起,从而使体现领土空间属性的边疆观念得以稳定下来。

其次,中华人民共和国成立以后,高度重视海洋国土空间,特别是对领海的主权意识十分明确,进而将海疆观念正式纳入国家边疆观念中来。在1951年,中国政府针对美英对日和约草案及旧金山会议中有损中国海洋权益的行为,发表声明指出:"西沙群岛和南威岛正如整个南沙群岛及中沙群岛、东沙群岛一样,向为中国领土……中华人民共和国在南威岛和西沙群岛之不可侵犯主权,不论美英对日和约有无规定及如何规定,均不受任何影响。"③ 接下来,在1958年《中华人民共和国政府关于领海的声明》进一步规定:"中华人民共和国的领海宽度为12海里"④。总的来看,

---

① 转引自张植荣《中国边疆与民族问题——当代中国的挑战及其历史由来》,北京大学出版社2005年版,第45页。

② 转引自齐鹏飞《历次边界谈判中最顺利最迅速的一次——中阿谈判与双边边界的划定(上)》,《中华魂》2012年第24期。

③ 《关于美英对日和约草案及旧金山会议的声明》,载中华人民共和国外交部、中共中央文献研究室编《周恩来外交文选》,中央文献出版社1990年版。

④ 《中华人民共和国政府关于领海的声明》,《法学研究》1958年第5期。

"对海洋边疆的重视,以及相应的海洋边疆观念的形成逐渐成为边疆观念的重要组成部分,构成了当代中国边疆观念调整的一个新亮点"[①]。

再次,领空意识的增强与空疆观念的发展。随着领陆、领海观念的确立,中国的领空观念和空疆观念也越来越明确。此时的空疆观念与民国时期相比,主要表现出三个特点:一是,中国官方的空疆意识较为强烈,外交部曾多次就空中主权问题表明中国态度。这显然同中华人民共和国成立前,主要集中在民间对领空的关注和讨论是极为不同的;二是,空疆观念多与国防观念交织,且多出于安全防控的需要;三是,对于空疆范围的认识较为明确,从已有文献来看,当时对空疆的界定主要定位于领陆和领海的上空,通过研究和参考世界主要国家的领空制度,国人对于空疆的高度也越发明晰。

3. 深化治理内涵的边疆观念

其一,重视边疆的政治治理内涵。在中华人民共和国成立之初,边疆地区保持着极为特殊而脆弱的政治生态,这同民族国家整体的政治要求是不相适应的。针对这样的情况,执政党和中华人民共和国政府非常重视边疆的政治治理内涵,这样的边疆观念可以分为"内"和"外"两个不同层次。其中内部层次是指,人们认识到边疆政治的异质性同民族国家统一性的政治制度之间的张力,并试图通过边疆地方政治制度的重构和政治文化的改造来实现二者的和谐与整合;外部层次是指,这一时期边疆观念中蕴含着深刻的国防观念和地缘政治观念,极为重视边疆对于捍卫国家主权领土的重要意义,并对边疆自身脆弱的政治安全也给予了高度的关注。

其二,重视边疆的经济治理内涵。从总体上来看,中国传统边疆区域的经济状况表现为三个基本特征:一是在经济发展水平上落后于核心区,二是在经济关系和经济形态上有异于核心区,三是在经济交往上与内地之间相对隔绝。中华人民共和国成立伊始,便注意到边疆的经济特征,并遵从三个基本思路来加以治理:首先是加强对边疆的支援建设,促进边疆的快速发展,缩小边疆与内地之间的差距;其次是加大对边疆区域的开发力度,发挥边疆的经济优势,推动整个国家的发展;再次是促进边疆与内地之间的经济往来和经济联系,使边疆与内地之间在经济上联结为一体,力

---

① 周平:《国家视阈里的中国边疆观念》,《政治学研究》2012年第2期。

图打造统一性的国内经济体。

其三，重视边疆的文化治理内涵。边疆文化实质上是边疆各民族群体所传承的民族文化。面对形态各异的边疆民族文化，王朝国家大都持有"夷不乱华""夷夏殊风"的消极无为的态度，在民族国家构建阶段的民国政府则采取同化的价值取向。与此前不同，中华人民共和国政府在坚持各民族平等的原则下，树立了尊重、保护与扶持边疆地区多样性民族文化的观念。如，《中国人民政治协商会议共同纲领》中规定，"各少数民族均有发展其语言文字、保持或改革其风俗习惯及宗教信仰的自由"，同时规定人民政府应帮助各少数民族发展其文化的建设事业。[1] 同时，中华人民共和国并非只强调民族文化的差异性，而是将边疆文化治理置于"教育为无产阶级政治服务，教育与生产劳动相结合"[2] 总方针之下推进，以一种超族际主义的意识形态模式取代了"华夏中心主义"模式，来统合多样性的区域文化和民族文化。

其四，重视边疆的社会治理内涵。传统的边疆社会同内地相比是异质性的，中华人民共和国成立以后便开始有意识地加强社会改造，推动边疆同内地之间的一体化，努力打造同质化的国民身份，这也就赋予和丰富了边疆观念的社会治理内涵。边疆观念的这一内涵是由中国社会和国家发展的总体规划所决定的，时任国家民委副主任的汪锋就指出："各民族都必须进行社会改革，走社会主义的路，这是确定不移的，也是人类社会向前发展进步的普遍规律。"[3] 这一时期边疆农牧区的民主改造、社会主义改造都是在这种边疆观念的指引下展开的。

二 边疆治理的全面展开

中华人民共和国成立以后，逐步在全国范围内获得了前所未有的高度统一，开始能够按照民族国家的国家治理需要，展开系统的边疆治理活动。中华人民共和国初期的边疆治理不仅涉及陆地边疆，也涉及海洋边疆与空中边疆，治理的程度不仅较为深入也较为全面。这样的边疆治理，一

---

[1] 中共中央统战部：《民族问题文献汇编》，中共中央党校出版社1991年版，第1290页。
[2] 张养吾：《十年来少数民族文化教育工作的伟大成就》，《民族研究》1959年第10期。
[3] 汪锋：《十年来民族工作的伟大成就》，《民族研究》1959年第11期。

方面终结了民族国家构建时期的过渡性治理，另一方面则为此后中国的边疆治理构造了基本框架，从而开启了民族国家时代的边疆治理。

一，建立统一的地方政权。中华人民共和国刚刚成立，作为全国范围内执政的党，中国共产党就开始领导全国人民，在国家领土空间内构建一套统一的人民民主制度。从政治建设层面来看，当时边疆治理的"主要任务便是开展政权建设，即改造原先存在的多样性和异质性的地方少数民族政权"①，建立统一的地方政权。与内地不同，人民民主政权在边疆的建立更为波折，大致包括以下几个方面：开展民族工作，为地方政权建设奠定社会基础；通过军事手段稳定和控制边疆的政治秩序；建立统一的边疆人民民主政权。经过一番改造和建设，在广大边疆地区实现了"国家的政党领导体制、中央领导地方的单一体制、地方的经济体制与治理基本架构都与全国一致"②。

二，全面展开边疆社会改造。中华人民共和国成立之初，新生的人民民主政权在边疆治理上面临着极为复杂的社会形态。面对复杂的社会现实，新的国家政权和执政党对边疆社会进行了深刻的改造。党和政府对边疆社会的改造采取了"慎重稳进"的基本方针，并在这一方针的指引下分步骤、分区域有序展开。从时间维度上来划分，边疆社会的改造大致可分为民主改革和社会主义改造两个阶段。正如周恩来所言，"我们所说的社会改革，最根本的东西是经济改革"③，因此无论是民主改造还是社会改造，从根本上来讲都是对边疆社会经济制度的改造。从地域类型上划分，边疆社会的改造可分为农业区、牧业区和城市的社会改革。边疆农业区与内地地区大体上遵从了同样的社会改造模式，即"依靠贫农、雇农，团结中农，中立富农，有步骤地有分别地消灭封建剥削制度，发展农业生产"④，并在1956年基本完成了社会主义改造。而对边疆牧业区的社会，

---

① 周平：《新中国边疆少数民族地区政治建设的演进》，《云南民族大学学报》（哲学社会科学版）2005年第3期。

② 徐勇：《大碰撞：国家一体化进程中的边疆治理》，《南国学术》2015年第3期。

③ 陈立旭：《周恩来关于少数民族地区民主改革的理论》，《云南社会科学》1998年第2期。

④ 《依靠贫农、雇农，团结中农，巩固农村反封建统一战线》，《山东政报》1951年第1期。

则因为其特殊的生产方式,经历了"步子更稳些、政策更宽些、时间更长些"的改造过程,其改造方式也更为特殊。对于边疆城市区域的社会改造,同内地城市相比大体不差,但也注意到了边城的特殊性。如乌鲁木齐市(1954年前称迪化市)的社会改造过程,较内地城市更为强调"慎重稳进"的方针,尤其是十分注重族际关系和社会治安因素对社会改造的影响。[1]

三,进行边疆开发与建设。随着统一性国家政权自上而下地建立,以及党和国家对国人政治文化的改造,中国逐步形成了较为完整的国家制度体系,并在全国范围内形成了强有力的政治动员能力。这样的条件使中华人民共和国有能力从国家发展和国家治理的角度,调动全国性资源集中力量对边疆地区展开持续全面的开发建设。这种类型的边疆治理,既是推动边疆稳定和发展的实际措施,也是国家整体建设布局的一部分。总体看来,当时的边疆开发和建设内容主要包括:一是屯垦戍边。在边疆地区,"原驻扎的军队在完成其军事任务后,成建制地在当地转业,既达到了戍边目的,又能以军垦形式建设边疆"[2]。此后,更多的复转官兵和各地城乡青年,也投入屯垦戍边中来,推动了边疆的开发与建设。同历史上中原王朝的屯垦形式不同,中华人民共和国的屯垦不仅有戍边的军事目的,还带有开发建设边疆的经济目的。二是移民支边。20世纪50年代以后,中国开始实施从内地省份组织集体移民来支援边疆建设的政策。凭借强大的政治动员能力和资源调控能力,这一政策所形成的规模和所取得的政治效果是历史上历代诸朝所远远不及的,不仅充实了边疆、巩固了边防,推动了边疆的资源开发和经济建设,还在很大程度上改变了边疆社会的人口结构。三是推动边疆社会事业发展。如在50年代的历次国家预算中,内蒙古、新疆、青海、西藏等地区社会文教费类的支出都呈现逐年大幅度增加的态势,[3] 这说明了中央政府对边疆文化教育事业发展的高度重视。经过这样的建设过程,提升了边疆民众的识字率,促进了各民族间文化上的交

---

[1] 中共乌鲁木齐市委党史工作委员会编:《城市的接管与社会改造·乌鲁木齐卷》,中共党史出版社1997年版,第1—30页。
[2] 孙保全:《论中国陆地边疆治理体系的转型与重构》,《昆明学院学报》2015年第5期。
[3] 《民族政策文件汇编:第二编》,人民出版社1958年版,第29页。

流交融,增强了边疆少数民族对国家的认知和情感,推动了边疆政治文化世俗化的发展,对边疆社会起到了深层次的改造作用。

四,加强海疆与空疆治理。其中,海疆治理的主要举措包括:一是在海疆主权方面,中国政府就海洋国土发表主权声明,对他国侵犯主权的行为提出抗议,并予以一定的自卫反击。二是加强对海疆的调查研究。中华人民共和国成立以后,先后组织了多次大规模的近海调查,并在1958年成立了全国海洋综合调查领导小组,开展了中国首次大规模的全国性海洋综合调查。[①] 三是加大了对海疆的管理和开发。四是加强海军建设。早在中华人民共和国成立前夕,中国共产党就领导建立了华东军区海军,这也成为新政权主导下建立的第一支海军。中华人民共和国成立之后,又相继建立了多支舰队,用于领海防卫和海权维护。在加强海疆治理的同时,中华人民共和国的空疆治理也逐步展开。一是创制相关法规,规范空疆治理。其中最为重要的便是1950年由中央人民政府和人民革命军事委员会批准,由毛泽东签发的《中华人民共和国飞行基本规则》。该法规为维护领空安全、维持中国空疆秩序与规范日常的空疆管理提供了基本依据。二是加强空疆的安全防控治理,具体措施有:军事力量的建设,如创立中国人民解放军空军、成立空军领导机关、进行国土防空作战等;创制人民防空体制,颁布了《开展人民防空工作的决定》,成立了中央人民防空委员会。三是发展航空工业,先后形成了航空工业"一五"计划投资和"航空科学研究工作12年规划",为当代中国航空事业的长远发展描绘了蓝图、奠定了基础。

三 边疆现实的深刻变化

首先,陆疆空间基本划定。中华人民共和国成立以后,中国逐步建立起了真正意义上的主权领土体制。"作为国家疆域边缘部分的边疆,就呈现出领土边缘部分的形态,而这种领土性边疆形态的确立又是以边界的划定作为主要依据的。"[②] 执政的中国共产党和中华人民共和国政府自20世纪50年代起,便开始着手同周边国家划定边界。截至60年代中期,中国

---

① 《十大海洋事件见证沧桑历程》,《中国海洋报》2009年7月18日,A2版。
② 孙保全:《中国民族国家构建与边疆形态的转型》,《思想战线》2016年第2期。

已陆续同缅甸、尼泊尔、巴基斯坦、阿富汗、蒙古、朝鲜等国家划定了边界,"在新中国全部约2.2万千米的陆地边界线中,有近一半的陆地边界线在双方地图上得以标定"。[①] 这样一来,中国陆地边疆"有边无界"的状况得到了根本改善,边疆的外围空间日益清晰化和明确化。

其次,边疆社会同质性增强。经过一系列的治理活动,这一时期的边疆社会在政治、经济、文化和社会形态的多个层面都发生了根本性变化,同内地社会的同质性也大大地提升了。一是边疆政治体系的统一。人民民主政权在边疆地区的建立,为促进边疆政治的一体化,加强中央政府对边疆控制和治理创造了最为基本的政治条件。虽然民族区域自治制度等地方制度使边疆政治依旧具有一定的特殊性,但这也是在统一的国家制度框架中的一种必要安排,边疆地方的权力和权威来源于中央政府的授予,边疆的地方政府与政治同内地相比并无本质区别。二是政治文化的发展。经过中华人民共和国成立初期的改造,边疆的政治文化发生了世俗化的转变,增进了对新生民主政权的政治认同,加强了对政治过程的参与意识。三是族际关系的改善。通过中国共产党和中华人民共和国政府民族工作的持续开展,边疆地区的族际关系有所改善,民族隔阂和民族冲突的问题在很大程度上得到了缓释,"各民族共同建立统一的政治共同体,共生、共享统一的政治共同体的现实得到进一步强化"[②]。四是边疆的人口结构得以调整。通过这一时期内地向边疆地区的移民,使得汉族在边疆地区所占的人口比例大为提高。如此一来,传统边疆的文化属性和民族属性就被淡化了,边疆作为中华民族和全国人民共同拥有的区域属性得以增强。总之,"边疆民族地方不仅政治上由中央所统辖,经济、文化、社会形态也发生了巨大变化,日益与内地形成一个整体"[③]。

再次,海疆空间的巩固和扩展。为明确中国海洋领土范围,1958年第一届全国人民代表大会常务委员会通过了《中华人民共和国政府关于领海的声明》,不失时宜地规定:"中华人民共和国的领海宽度为12海

[①] 齐鹏飞:《新中国陆地边界谈判的历史脉络及其基本经验》,载郭建宁主编《北大马克思主义研究》(第三辑),社会科学文献出版社2013年版。
[②] 周平等:《中国边疆治理研究》,经济科学出版社2011年版,第100页。
[③] 徐勇:《大碰撞:国家一体化进程中的边疆治理》,《南国学术》2015年第3期。

里。"①。同时，中华人民共和国政府对民国时期的"南海十一段线"的海洋边界进行了继承和改造，形成了南海9段、东海1段的海洋国土上的断续线。从当时的情况来看，中华人民共和国的海洋领土宣示，在国际上获得了苏联、朝鲜、越南、罗马尼亚等社会主义阵营国家的外交承认。而且"当时的国际社会并未提出过任何疑义，周边国家也从未提过任何抗议，这等同于默认。此后许多国外出版的地图、各种地理书籍也以此标绘，并注明属于中国，这是公开的承认"②。这样一来，中国的海疆空间在主权属性上进一步得到了确立和巩固。

---

① 《中华人民共和国政府关于领海的声明》，《法学研究》1958 年第 5 期。
② 郭渊：《20 世纪 50 年代南海地缘形势与中国政府对南海权益的维护》，《当代中国史研究》2010 年第 3 期。

第 五 章

当代中国的陆地边疆及其治理

国家治理从来都离不开对边疆这一政治地理空间的有效谋划。陆地边疆是国家疆域的重要组成部分，始终是中国国家疆域中传统和基础性的边疆形态。对国家及其治理而言，陆地边疆在地缘政治和国家发展中都占据着极为重要的地位，在国家治理中发挥着基础性作用。传统的边疆治理，重陆而轻海。历朝历代的边疆治理，基本上都是围绕陆地边疆进行分殊治理的，因而不可避免地受到王朝国家治理思维、治理方式和治理能力的深刻影响。1949年中华人民共和国成立，标志着中国民族国家构建历史进程的基本完成，中国从整体上进入了现代民族国家时代，并开启了中国民族国家建设的历史进程。中国的陆地边疆被赋予了新的内涵，陆地边疆治理也随之进入了一个"民族国家边疆治理的时代"[①]。当代中国的陆地边疆治理，就是在中国民族国家的架构下，为适应中国的民族国家建设、国家发展和国家崛起的需要来谋划和展开的。

第一节　中华人民共和国成立初期陆地边疆的巩固与治理

中华人民共和国的成立，不仅标志着中国民族国家的基本建立，也开启了当代中国陆地边疆治理的新时代。当代中国的陆地边疆，既是中华人民共和国成立后对历史上王朝国家疆域遗产的承续，同时也是党和国家根据现代民族国家的建设及治理需要对陆地边疆进行整合与重构的结果。这

---

① 周平等：《中国边疆治理研究》，经济科学出版社2011年版，第76页。

一时期，我国的陆地边疆形势异常复杂，边疆问题极为突出，且边疆同其他地区、各边疆地区之间的异质性较大，一体化程度较低。因此，适应中华人民共和国国家建设的根本需要来巩固和治理陆地边疆，就成了中华人民共和国建立初期党和国家在边疆治理中面临的首要问题。

一 陆地边疆的总体面貌

中华人民共和国成立初期的陆地边疆，是在"继承了近代中国的疆域遗产"[①]基础上基于民族国家建设发展的需要不断重构和整合而形成的。这种承续式的重构，总体上是对王朝国家时代传统边疆架构的延续超越和向民族国家制度框架的转型过渡，为民族国家时代我国的边疆治理奠定了基础。

首先，陆地边疆的疆域属性发生了根本性改变。疆域是由国家所占据或控制的地理空间范围，[②]也是"国家立国的基本要素和发展基石"[③]。在主权时代，国家能否对其所掌控的疆域进行自主、有效的管控，象征着国家主权是否完整，直接体现着国家的疆域治理能力。国家的疆域还具有政治属性或政治内涵，这一内涵或属性往往又会受到国家形态的影响。[④]中华人民共和国成立后，中国结束了主权沦丧和国土疆域任由列强宰割瓜分的历史，进入了民族国家疆域和边疆治理的新时代。陆地边疆作为中华人民共和国神圣领土之一，开始承载新的独立国家主权。陆地边疆的疆域属性也随之发生了根本性的变化，作为中华人民共和国领土神圣不可分割的重要组成部分而被赋予了新的主权内涵，并从此成为中华人民共和国的主权性疆域。[⑤]新的主权属性的获得，相对于王朝国家时代的陆地边疆来说，无疑在疆域属性上发生了根本性的改变。

其次，陆地边界遗留的领土争端纷繁复杂。疆域内缩及其带来的陆地边界遗留领土争端是中华人民共和国必须正视并妥善处理的"疆域遗

[①] 郑汕：《中国边疆学概论》，云南人民出版社2012年版，第138页。
[②] 周平：《论国家疆域的治理》，《思想战线》2015年第4期。
[③] 郑汕：《中国边疆学概论》，云南人民出版社2012年版，第138页。
[④] 关于国家形态对疆域形成发展的影响，可参阅周平《国家的疆域：性质、特点及形态》，《四川师范大学学报》（哲学社会科学版）2015年第1期。
[⑤] 所谓"主权性疆域"即与国家主权联系在一起的疆域形态。

产"。疆域内缩是近代以来中国应对边疆危机的实际结果,其情况大致有三:一是列强通过签订不平等条约等形式侵吞、强占或瓜分我国领土,导致我国国土大面积丧权性和屈辱性内缩;二是在历代王朝走向衰落过程中由于治理能力和中央王朝权威的下降,出现边疆地区长期管治废弛或不受节制而导致的行政管辖性内缩;三是由于边疆民族分裂势力的抗拒及境外势力的策动,当局政府无力统摄边疆而导致的分裂性内缩,如沙俄策动外蒙"独立"。这些内缩,在致使我国陆地疆域面积大幅缩减的同时,也给中华人民共和国的陆地边界遗留了种种复杂隐患、历史悬疑乃至争端。

一类争端为"位置性的边界争端"。即"因条约文本的缺陷、条约正文与附图不相一致等问题引起的争论"[1]。这类争端往往是历史上虽签订有条约、划定有边界,但因年代久远边界界桩被毁坏或迁移而导致的边界争端,[2] 客观上是划界后因边界管控中的边界模糊、越界占地等产生的。另一类争端为"领土性的边界争端"。[3] 即西方列强在对外殖民扩张中,因争夺我国边疆、侵犯我国领土主权而产生的边界争端。这类争端多为我国历史上未与相邻国家签订有边界条约、未划定国家边界,各国仅凭历史上形成的传统习惯性边界管辖而出现的争端,[4] 其在本质上是一种领土边界争端。

再次,边疆地区的社会形态各异。中华人民共和国成立初期的边疆社会形态可谓千差万别。如在西藏,实行的仍是封建农奴制。而在少数民族众多的云南等边疆地区,更是囊括了从原始社会到资本主义经济各个阶段的社会形态,因而被视为"一部活的社会发展史"。这些各不相同的社会形态,也从另一个侧面说明中华人民共和国成立初期边疆社会的异质性较大。

从边疆治理的角度看,边疆社会的形态各异和异质,既是边疆社会自然演进的结果,也是国家的边疆治理特别是疆域整合乏力使然。中国的传

---

[1] 朱昭华:《20世纪五六十年代新中国处理边界争端的原则与实践》,《东南亚之窗》2012年第2期。
[2] 杨公素:《周恩来与新中国的边界问题》,《国际政治研究》1998年第3期。
[3] 朱昭华:《20世纪五六十年代新中国处理边界争端的原则与实践》,《东南亚之窗》2012年第2期。
[4] 杨公素:《周恩来与新中国的边界问题》,《国际政治研究》1998年第3期。

统边疆观,多将边疆视为远离王朝统治中心的边缘远僻之地,在封建政治家看来多为"细枝末节"。相应地,"守中治边""守在四夷"就成了我国古代多数中央王朝治边思想的核心和边疆治策的认识基础。[1] "因俗而治"也多成为中国历史上边疆经略的分殊手段。总体来说,传统的边疆治理,普遍缺乏国家力量的有效整合。或者说,中央王朝即便运用国家力量进行整合,但也多限于对远人的安抚和对边地的节制,因而这种力量往往最终会被边疆自身发展演进的内在力量或制度惯性所消解。

最后,边疆安全面临着严峻考验。边疆作为一个政治地理空间概念,本身也蕴含着特定的地缘政治内涵。有学者就指出:"中国地缘政治中最主要的因素是边疆问题"[2]。陆地边疆作为地缘政治的前沿,我国同相邻国家的周边关系和地缘政治格局往往都会对我国的边疆安全产生重要的影响。陆地边疆在地缘政治上常常会首当其冲面临着安全考验。在中华人民共和国成立之初,虽然在疆域上基本实现了对中国大陆的统一,但陆地边疆仍面临着内忧外患的安全考验。就"内忧"而言,在不少边疆地区,民族关系较为复杂,特别是敌特残余仍未肃清、匪患严重或潜在叛乱势力多在政治上观望摇摆不定或伺机蠢蠢欲动。在一些地区,人民币甚至尚未能完全立足,新生的人民政权巩固困难重重。在西藏等一些边疆地区,则尚未建立人民政权。就"外患"而言,中国尤其是边疆地区面临的周边国际环境安全形势都极为严峻。如"在东面,以美国为首的帝国主义阵营就在中国周边拼凑了日美韩台联盟、东南亚条约组织、中央条约组织,对社会主义中国形成了遏制包围圈,同时还发动了朝鲜战争;在南方,印度支那半岛依然处在法国殖民者的战火中"[3]。这些考验,都严重威胁到中华人民共和国的边疆安全。

二 陆地边疆治理面临的主要问题

中华人民共和国成立初期的陆地边疆,由于历史遗留、国家转型、民

---

[1] 方铁:《中国古代"守中治边"、"守在四夷"治边思想初探》,《中国边疆史地研究》2006年第4期。

[2] 郑永年:《边疆、地缘政治和中国的国际关系研究》,《外交评论》(外交学院学报)2011年第6期。

[3] 张植荣:《中国边疆与民族问题》,北京大学出版社2005年版,第44页。

族关系和政治发展等，使得民族问题和边疆问题往往相互交错、高度关联，因此某种程度上也被视为"边疆民族问题"来言说和对待。这些问题，都是中华人民共和国在民族国家架构内谋划边疆、治理边疆须妥善处理好的重要问题。

1. 政权建设问题

政权建设是中华人民共和国成立初期陆地边疆面临的首要问题。中华人民共和国成立初期，一些已获得解放的边疆地区早在中华人民共和国中央人民政府成立前就已经在党的领导下建立了人民民主政权。但这些地区的新生人民政权，有的面临着敌对残余势力的威胁且与境内外残敌的斗争形势极为严峻，有的则权威不足或尚未取代传统权威，旧制度残余仍在并行发挥作用。如当时云南等一些边疆地区的基层政权，仍是"土司衙门和人民政府并存，民族上层人士虽然担任了人民政府的副县长、乡长等职务，但他们的衙门仍然存在，从县到村的一套土司头人仍在行使权力"[①]。

在一些刚获得解放的边疆地区，则由于建立人民民主政权的工作基础缺乏、条件尚未成熟等，我们党暂缓了在这些地区建立人民民主政权，因此仍沿用既有的民族政治权力体系，但潜在的不稳定因素仍然较多，其中的一些民族上层人士甚至蠢蠢欲动。因此，利用好传统政治力量实现边疆地区政治和社会秩序的平稳过渡，团结动员好这些政治资源从而建立新的人民民主政权，也是中华人民共和国成立初期边疆政权建设中面临的一大问题。

2. 认同建设问题

就认同政治而言，"边疆地区也是认同问题、认同关系最为复杂的地区"[②]。边疆地区少数民族群众的民族认同与国家认同之间的关系问题，则是最为典型的边疆问题。而通常所说的边疆认同问题，就是指边疆地区各族人民对国家的认同问题。而对中华人民共和国的国家认同来说，须在边疆解决好的一大问题，就是让边疆地区的各族群众特别是少数民族群众

---

① 杨丽天：《解放初期云南边疆民族地区中心工作回忆——为新中国成立60周年而作》，《今日民族》2009年第8期。

② 周平：《边疆治理视野中的认同问题》，《云南师范大学学报》（哲学社会科学版）2009年第1期。

从民族压迫、民族统治、民族歧视的历史记忆或现实中走出来,在认同上最终引导其认同于"中华人民共和国"。

然而,中华人民共和国成立初期的边疆,由于历史、民族与政治等方面的因素,导致新生的中华人民共和国在国家认同上面临着诸多不利因素:一是在王朝国家历史上,边疆就长期处于国家权力的末梢,且不时游离或松散附着于国家政治体系的边缘,而与国家却一直未能有强有力的政治、经济和文化纽带加以维系;二是在从王朝国家向民族国家转型的历史进程中,从清王朝到中华民国,形式上代表国家的"中央政府"可谓频繁更替且与边疆社会良性互动甚少,对于远僻边疆地区的各族民众来说,无疑是"不知有汉,无论魏晋";三是自辛亥革命以来,边疆的地方主义之流变及其催生的自治运动,在某种程度上已对国家产生了疏离,且对国家认同产生了不同程度的侵蚀和消解;四是在民族关系上,由于历史上汉族先民统治集团的民族统治、民族压迫和民族歧视,实际上已在少数民族的民族心理上造成了民族隔阂,塑造了少数民族群众误将国家等同于汉人政权的刻板印象。

3. 边疆开发问题

陆地边疆开发一直是边疆治理的重点之一。陆地边疆在历史上曾前前后后几经开发但收效有限,除时局、开发力度等原因外,缺乏国家力量持久集中的强力推动和国家层面的整体谋划,是边疆开发滞后的一大主因。以致于截至中华人民共和国成立时,我国的陆地边疆在总体上有待开发,如西北、东北、西南等一些边疆地区更是地旷人稀,许多地区边境荒芜、边防空虚。这些现实问题,客观上亟待中华人民共和国在陆地边疆治理中从整体上加以谋划和解决。

促成边疆开发问题提上议事日程的又一政治考量,乃在于经历抗日战争和解放战争后大量兵员的战后安置与裁撤,这也是中华人民共和国在顺利完成"解放大陆伟大事业"[①]后必须审慎考虑的问题。然而,许多边疆地区在人民解放军进军后,还面临着进驻部队的大规模给养供应问题。加之长期的革命战争,实际上对整个国家的经济已造成了严重破坏,致使国家收入不足但开支却异常浩大。而对于那些"在战争结束了的地区,人

---

① 中共中央文献研究室编:《毛泽东文集》第六卷,人民出版社1999年版,第223页。

民解放军除了担负保卫国防、肃清土匪、巩固治安、加强训练等项任务之外，已有充裕时间参加生产建设工作"①。总之，客观和主观两个方面的因素，都共同推动了边疆的开发问题实际上在中华人民共和国成立前夕便已经进入了中国共产党治国治军和治理边疆的政治议程。

4. 边疆安定问题

自古以来，边疆安定皆事关天下一统。正如费孝通先生所言："在2000多年的历史时间里，有一个重要的历史现象：天下未乱边先乱，天下已定边未定。"② 中华人民共和国成立后，天下虽初定，但边疆仍不安宁。在许多边疆地区，人民政权或人民军队虽已控制住局面，但却暗流涌动、危机四伏，边疆的社会和政治秩序仍面临着较大威胁，陆地边疆的局势甚为脆弱。

中华人民共和国成立初期边疆安定主要有三大威胁：一是境内外反动残余势力。这是人民解放战争胜利后溃退踞守境外或潜伏大陆企图所谓"反攻大陆"的残余势力。这些势力常在边疆地区散布谣言动摇人心，或制造事端滋扰边境，严重威胁边疆地区的安宁。二是边疆地区长期滋生的匪患。匪患猖獗成灾是中华人民共和国成立后许多边疆地区的又一大安全威胁。③ 一些地区甚至还发生了匪特公开杀害军政人员的恶性事件。三是边疆地区部分少数民族上层人士的潜在异动。中华人民共和国成立初期，中国共产党虽在团结民族上层上着力颇多，但由于匪特势力煽动挑拨等诸多原因，一些边疆地区的部分民族上层人士或在政治上观望，或人心思变另有所谋。这些势力，对中华人民共和国成立初期的边疆安定都构成了不同程度的威胁。

5. 民族关系重构问题

我国自古以来就是一个多民族的国家，民族关系历来是影响我国边疆问题生成和发展的重要因素。由于民族在地理分布上与边疆的"耦合"，

---

① 中共中央文献研究室编：《毛泽东文集》第六卷，人民出版社1999年版，第28页。
② 费孝通：《费孝通民族研究文集新编》下卷，中央民族大学出版社2006年版，第531页。
③ 如据不完全统计，单广西一带，仅公开活动的土匪就达218股共计9万多人。参见中共内蒙古自治区委员会党史研究室编《中国共产党与少数民族地区的民主改革和社会主义改造》上册，中共党史出版社2001年版，第7页。

使得历代中央王朝的边疆经略，实际上都是和民族政策嵌套在一起并举的，因此不论是政论还是现实的治理实践都很难将二者割裂开来。事实上，陆地边疆治理本也无法绕开民族关系，而边疆的民族关系反过来又会对边疆地区的局势产生直接或间接影响。

中华人民共和国成立之初在边疆地区同样面临着民族关系问题。民族关系是中华人民共和国接手的又一"家业"。中华人民共和国成立初期的边疆民族关系，极不利于族际交往与边疆的整合。具体来说：历史上形成的民族压迫、民族歧视形成的符号和痕迹比比皆是；各民族间存在着不同程度的民族隔阂，民族关系存在着不同程度的困难和阻滞；少数民族对汉族普遍缺乏信任，一些民族之间的历史积怨和矛盾颇深，推进民族团结障碍重重。凡此种种，都极不利于党和国家在边疆地区开展工作，更不利于将边疆地区有效整合进中华人民共和国这一统一多民族国家中来。因此，重构边疆地区的民族关系成了新中国治理陆地边疆必须慎重稳妥解决的问题。

6. 陆地边界划定问题

"有边无界"是我国历史上陆地边疆的一大特点。中华人民共和国成立时，我们所继承的疆域遗产中，几乎与所有周边国家都存有争议。这一时期，我国与周边邻国的边界线争议大致有三种情况：[①]

一是条约边界线。即通过历史上不平等条约所划定的边界，主要为晚清时期清政府同沙俄、英属缅甸、法属越南等签订边界条约，划定了边界，并且有的立有界标，但因年代久远有的界桩已发生损毁或位移。二是传统习惯线。即我国与邻国并未签订条约，亦未正式划定边界，两国各凭历史管辖而形成的传统习惯边界线。这一边界线，实质上是中国与邻国各以其历史和传统所辖而互为边界，因此并不固定，各执一端时难免有纠纷。三是实际控制线。即在中华人民共和国成立后，中国人民解放军奉命进驻边境维护国防后实际控制的防线。这些实际控制线，有的符合条约边界线与传统习惯线，有的则不然。但总的来看，中华人民共和国成立初期我国同周边国家模糊而有争端的陆地边界，难免会成为国家间外交事件的

[①] 详见杨公素《周恩来与新中国的边界问题》，《国际政治研究》1998年第3期。

隐患，并直接影响到与周边国家的外交关系。[①]

三　陆地边疆治理的方略及举措

中华人民共和国成立初期的陆疆治理，就是指从中华人民共和国成立到开始全面建设社会主义这一历史阶段的陆疆治理。这一时期，党和国家审时度势，采取了一系列的措施来治理陆地边疆。

1. 建设边疆基层政权

在中华人民共和国成立前夕，《中国人民政治协商会议共同纲领》就确立了"中华人民共和国的国家政权属于人民。人民行使国家政权的机关为各级人民代表大会和各级人民政府。各级人民代表大会由人民用普选方法产生之。各级人民代表大会选举各级人民政府。各级人民代表大会闭会期间，各级人民政府为行使各级政权的机关"[②]。《中国人民政治协商会议共同纲领》还规定："在普选的地方人民代表大会召开以前，由地方各界人民代表会议逐步地代行人民代表大会的职权。"由于中华人民共和国成立初期实行普选的条件尚不具备，因此我们在民主建政方面采用的是"各界人民代表会议"这一过渡形式。[③]

中华人民共和国成立初期边疆地区的基层政权建设，实际上就是指解放后在中国共产党的直接领导和推动下，借助现有的政治力量相继在边疆地区通过召开各界人民代表会议，并由其代行了人民代表大会职权选举产生各级政府的过程。这一过程，同时也是逐渐将边疆社会与边疆各民族吸纳进中华人民共和国国家政治体系的过程。在中央的倡导和督促下，1950—1953年期间，全国纷纷兴起了民主建政的高潮，边疆地区也陆续开启了全面建政的历史进程。而1954年《中华人民共和国宪法》的颁布，则为人民民主政权在边疆的巩固提供了明确的宪法依据和法律保障。

---

① 如中缅边境就于1955年11月就发生了黄果园冲突武装冲突事件。详见刘金洁《中缅边界中的"麦克马洪线"问题及其解决》，《当代中国史研究》2006年第1期。
② 详见《中国人民政治协商会议共同纲领》第十二条。
③ 即"凡是通过普选方式产生出来的会，我们叫大会，例如人民代表大会。凡是通过协商方式产生的会，我们叫会议，例如人民政治协商会议。大会和会议名称的区别就在这里"。关于"各界人民代表会议"和"人民代表大会"的区别，可参阅《关于人民政协的几个问题》，载《周恩来统一战线文选》，人民出版社1984年版，第140页。

2. 巩固陆地边防

陆地边防是疆域安全的屏障，且一直在我国边防体系中占据着重要地位。然而，随着近代列强的入侵和边界的内缩，近代以来我国的边防总体上是一种被动挨打式的边防。历史上边疆危机的加深，时局对边防的影响等因素，都使中华人民共和国成立初期我国的陆地边防不仅"有边无界"，而且近乎"有边无防"。"新中国的边防形势严峻复杂，既有尖锐的军事斗争，又面临严峻的经济形势，还有复杂的外交斗争。"① 这一时期，党和国家主要采取了以下措施来巩固陆地边防：

一是建立新的以军事防卫为重心的人民边防制度，组建军、警、民联防的武装防卫力量。如1949年11月，在公安部下成立了边防局以主管和协调全国的边海防工作，1951年又组建了中国人民解放军边防公安部队。② 二是命令部队集体转业，屯垦戍边。即在"中国人民解放军胜利地完成了解放中国大陆的伟大事业"后，下令"除各特种兵和大部分陆军，应继续加强正规化、现代化的训练，警惕地站在自己的战斗岗位，保卫祖国国防外"的人民解放军部队，"把战斗的武器保存起来，拿起生产建设的武器"集体转业，以投身中华人民共和国的（边疆）经济建设事业。③

3. 开展民族工作

民族工作即党的少数民族工作或党在少数民族中的工作的简称。由于我国的少数民族大多数分布在边疆地区，因此边疆在某种程度上也被称为"边疆民族地区"。民族工作同边疆工作有着很大的关联性。或者说，民族工作本身，也被赋予或承载着边疆治理方面的政治功能。中华人民共和国成立之初，我国边疆地区的民族问题较为突出、民族关系异常复杂。尤其是历史上长期积压的边疆问题和民族问题相互交织、错综复杂。由于历史等原因，一些历史遗留的诸多边界问题长期悬而未决。这就给新生的边疆人民政权带来了极大考验，更给初期的边疆治理提出了更多新的历史课题。

---

① 参阅《关于人民政协的几个问题》，载《周恩来统一战线文选》，人民出版社1984年版，第140页、第437页。

② 郑汕：《中国边疆学概论》，云南人民出版社2012年版，第437页。

③ 参见中共中央文献研究室编《毛泽东文集》第六卷，人民出版社1999年版，第224页。

中华人民共和国成立初期，我们党在边疆地区和少数民族中开展了大量深入细致的民族工作。如在边疆清剿残余敌特势力和匪患，从而建立和巩固了边疆和少数民族地区的社会政治秩序；派出中央访问团深入边疆少数民族地区、邀请边疆地区的民族上层及少数民族代表到内地参观；派出民族工作队、医疗卫生队等，为少数民族做好事，同少数民族交朋友；团结和争取民族上层，培养少数民族干部；在少数民族聚居的地方，实行民族区域自治；宣传和贯彻党的民族平等、民族团结政策，在干部群众中开展了广泛扶持的民族政策教育等。通过开展民族工作，中华人民共和国政府不仅疏通了民族关系，而且还重构了边疆地区的族际关系，建立起了少数民族同胞对党、国家和人民政府的认同。

4. 开发和建设边疆

中华人民共和国成立初期，我国的许多边疆地区资源禀赋虽好，但因缺乏开发或开发建设程度有限而人烟稀少、荒芜苍凉，边疆经济发展迟滞而缓慢，利用国家政治力量动员广大人力来开发和建设边疆成了中华人民共和国成立后陆地边疆治理中的一大战略举措。在此期间，陆地边疆的开发和建设共有以下几类。

一是边疆垦荒。即国家为了开发、建设和保卫边疆而在边疆地区开展的有组织、有计划的屯垦。如屯垦戍边部队开赴广大边疆地区扎根边疆、开发边疆，最具代表性的就是组建新疆生产建设兵团。除军事屯垦外，国家还在边疆地区就地组建了国营农场。二是实施边疆移民。在边疆移民中，一类为垦荒移民，即政府大规模地组织移民前往边疆地区垦荒。如仅1956年春、夏两季，国家组织的由河北、河南、北京、山东、天津和上海移往黑龙江、甘肃、青海、江西、新疆、内蒙古的移民就高达43.3万余人。另一类为支边移民，即政府鼓励支持内地及沿海地区的劳动者参加边疆地区的生产建设事业。如从1949年至1958年先后有114万人响应政府号召前往黑龙江、新疆、海南岛、云南等地工作。[①]

5. 推进民主改革

民主改革即在边疆主要是少数民族地区进行的和平协商土地改革。从边疆治理的角度看，"民主改革是促进边疆民族社会进步的社会运动，也

[①] 详见赵入坤《二十世纪五六十年代的中国边疆移民》，《中共党史研究》2012年第2期。

是一个提高生产力、解决贫困、改善生活的发展过程。"① 在当时看来，社会主义是各民族实现完全平等和发展的根本保证，因此都要过渡到社会主义。② 在"势在必行"③ 和"慎重稳进"④ 两大基本方针的指引下，我们党先后在边疆少数民族地区实行了民主改革和社会主义改造的"两步走"，并把民主改革作为社会主义改造和少数民族进入社会主义的前提。

中华人民共和国成立初期，边疆少数民族地区的民主改革主要采取了两种举措。一种是在社会经济结构及改革条件与汉族地区基本相同的少数民族地区，采取的是同汉族地区一样的方法和差不多同时实现的改革步骤，"具体地说，就是在一个短时间内发动一次广大的群众运动，用强力斗争的方法，一下子把封建土地制度消灭了，把地主的政治权利剥夺了"⑤。另一种是在情况特殊和改革条件允许的部分少数民族农业地区，则采取和平改革的方法，"即用和平斗争的方式达到改革土地制度的目的。具体地说，就是在实行土地制度的改革过程中，一般地没有采取强力斗争即强迫消灭和剥夺的方式，而采取赎买、和平协商和自上而下相结合等方式"⑥。

四　陆地边疆治理的成效

中华人民共和国成立初期的陆地边疆治理，是各族人民在党的领导下

---

① 秦和平编：《云南民族地区民主改革资料集》，巴蜀书社 2010 年版，第 14 页。
② 李维汉选集编辑组：《李维汉选集》，人民出版社 1987 年版，第 317 页。
③ 在当时看来，之所以要在少数民族地区实行各种社会改革，特别是在封建制度统治下少数民族农业区实行土地改革，是因为解放少数民族旧社会制度对生产力的束缚，对于改变社会各方面的旧面貌，都是完全必要的，也是不可避免的。只有民族解放和民族平等，只有先进民族的帮助，并不能彻底解放少数民族，因为不进行社会改革，少数民族广大的劳动人民所受的压迫就还不可能最后获得完全的彻底的解放，社会不可能向前发展，过渡到社会主义也就不可能。参见《关于过去几年内党在少数民族中进行工作的主要经验总结》，刘春：《刘春民族问题文集》，民族出版社 2000 年版，第 118 页。
④ 周恩来在 1950 年 10 月 1 日欢宴各民族代表大会上的讲话中，第一次提出了"对于各民族的内部改革，则按照各民族大多数人民的觉悟和志愿，采取慎重稳进的方针"。参见《民族政策文件汇编》第一编，人民出版社 1958 年版，第 4 页。关于民族工作中"慎重稳进"方针的提出，可参看《当代中国》丛书编辑部《当代中国的民族工作》（上），当代中国出版社 1993 年版，第 55—57 页。
⑤ 参见李维汉选集编辑组《李维汉选集》，人民出版社 1987 年版，第 375—376 页。
⑥ 参见李维汉选集编辑组《李维汉选集》，人民出版社 1987 年版，第 376 页。

建立起中华人民共和国这一民族国家后，运用国家权力整合动员治理资源对陆地边疆所作的谋划。这一时期的陆地边疆治理颇有成效，对我国的边疆治理乃至整个中国的国家建设都产生了积极而深远的影响。

中华人民共和国成立前的许多边疆地区，地方主义此起彼伏，民族分裂主义蠢蠢欲动，旧制度的残余以及少数民族政治权力体系林立，都暗含着诸多危害国家统一的不利因素。我们党通过在广大边疆地区特别是在边疆地区的少数民族上层人士和少数民族群众中开展的卓有成效的工作，不仅最大限度地减少了急剧政治变革对少数民族可能产生的震荡，而且还赢得了他们在政治上的合作、认同与支持，广大边疆地区的人民特别是少数民族群众心向祖国，这无疑是中国共产党在进军边疆后站稳脚跟经营和治理边疆最为宝贵的政治资源，更是实现祖国大陆统一必不可少的条件。边疆地区的各数民族同胞，在党的领导下实现了民族平等和民族团结，在建立了人民民主政权、完成民主改革后一步步走上了社会主义道路，实现了政治和社会制度的一体化。这种一体化，实则重构了边疆社会，推动了国家的一体化和同质化进程。

中华人民共和国成立后，全国百废待兴，边疆经济社会发展严重滞后。在此期间，党和国家审时度势吹响了开发边疆、建设边疆的历史号角，在国家治理能力有限的情况下举全国之力，投入大量人力物力财力来开发、建设和充实边疆。在边疆得到开发、建设的同时，也为广大边疆地区的巩固奠定了坚实基础。许多边疆地区的工业和现代化基础，也正是在那一时期奠定的。为了国家建设和发展的需要，党和国家在陆地边疆治理实践中还对历史上尤其是近代以来的陆地边疆进行了整合，形成了特定时代背景下的制度框架和划分陆疆的基本模式，这为此后中国陆地边疆的治理奠定了基础。

第二节　全面建设社会主义时期的陆疆治理

1956年全国性的社会主义改造基本完成，中国进入了全面建设社会主义时期。在这个历史时期，由于受到整个国家政治气候变化的影响，中国的陆地边疆形势、陆地边疆问题和陆疆治理政策都发生了重大的转变。总体来看，中国的陆疆治理在这个历史时期陷入了持续困顿状态，同时也取得了一定进展,简言之就是在曲折中前进和发展。这个阶段的陆地边疆治理构成了当代中国陆疆治理的重要环节,也对此后边疆治理的开展产生了深远的历史影响。

一　陆疆治理面临的基本形势

1956年全国性的社会主义改造的基本完成,大多数边疆民族地区的民主改革和社会主义改造取得了决定性胜利。到1958年,除西藏外的边疆地区民主改革和社会主义改造已经基本完成。此时边疆地区的政治形势、经济状况、社会条件以及地缘环境较中华人民共和国成立初期都发生了很大的变化。

在政治发展方面,经过持续建设,统一性的边疆地区人民民主政权得以确立,但依然面临着继续巩固的任务。民族国家自身的政治一体化本质特征和单一制的国家结构形式,内在地要求国家权力渗透到国家疆域的每一个角落,并建立起纳入统一制度安排的边疆地方政权体系。中央政府需要在政府管理层面统辖国家的疆域,在心理层面塑造边疆人民的国家意识和国家认同。中华人民共和国成立初期,国家在边疆的少数民族聚居地区广泛采取了民族区域自治制度,根据实际需要设置了民族自治地方政府,与其他地方政府共同构成了边疆的地方政权,对边疆进行有效的控制和管理。但这种政治一体化的建设任务,直到全面建设社会主义时期仍没有完成。国家还需要持续建构和稳固边疆人民民主政权,同时不断增强边疆地方政府的合法性,保证边疆的地方政府权力规范运行、有序运转,保障国家政策得以有效贯彻,边疆得到稳定和发展。

在边界划定方面,边疆的外围界线虽日渐廓清,但仍需要进一步与周边国家解决边界问题。[①] 在中华人民共和国成立初期,通过外交上的努力,中国同部分邻国重新划定了边界,从而大大改观了边疆外围空间的清晰程度。但是这样的划界工作并未完全展开,领土性的边疆形态也并未全面划定。其中,东北边疆的中朝边境,北部连疆的中蒙边境在20世纪60年代才得以划界。中国还迫切需要与缅甸、尼泊尔、巴基斯坦等相关国家划定边界。避免边界纠纷和边疆战争,稳定地缘政治格局和边疆形势,仍

---

① 周平等:《中国边疆治理研究》,经济科学出版社2011年版,第83页。

是这一时期边疆治理的重要内容。

在边疆安全方面，中华人民共和国成立之初的安边、定边举措在较长时期内为国家建设赢得了良好的内外环境，但边疆安全稳定问题依然存在。特别是20世纪60年代，随着中苏两国关系恶化，西北边疆形势变得非常紧张。在新疆地区"进行分裂活动的人员也由50年代以国民党残渣余孽、兵痞为主演变成了以党政机关工作人员、知识分子以及分裂思想严重的宗教职业人员为主"。在这种影响之下，西北地区发生了多起威胁边疆安全稳定的重大事件。如1962年的伊宁"5·29"边民外逃事件，1968—1970年3月东土耳其斯坦人民革命党反革命集团案，1969年8月喀什、麦盖提以阿洪诺夫为首的反革命武装暴乱、外逃事件[1]等。西南边疆也因领土争端而面临着安全挑战。其中，中印边境的安全稳定问题十分突出，甚至于1962年还发生了中印边境自卫反击战。可以看出，在全面建设社会主义时期，紧张的国际形势、复杂的地缘格局以及相互交织的边疆民族宗教问题一直威胁着陆地边疆的安全，影响着边疆地区的社会稳定。

在社会整合方面，经过持续的社会改造活动，边疆社会的同质性已大大提升，但还存在着社会整合问题。中华人民共和国成立以后，逐步构建起社会主义的制度体系和生产关系，废除了封建剥削制度，消除了有贵族、土司、头人、千百户、活佛、阿訇、和尚、喇嘛等群体的剥削阶级地位。随着社会主义生产关系和政治关系的逐步确立，边疆地区的社会形态也发生了深刻变化。然而，陆疆的多民族、多宗教的现实情况，使得这一区域仍旧保持着一种多元化的社会结构类型，多种社会价值和习俗规范并存甚或冲突，一定程度上也给陆地边疆的治理提出了新的历史课题，此外，传统的社会权威不仅广泛存在而且极具影响力，这样的境况在基层社会中表现得尤为突出。传统权威对国家权威的软化效应突出，边疆地区国家与社会之间的关系存在失衡问题，因此难以适应民族国家一体化的基本要求。

在经济建设方面，边疆社会的落后面貌虽有所改观，但是生产力水平

---

[1] 马大正：《国家利益高于一切：新疆稳定问题的观察与思考》，新疆人民出版社2002年版，第39—40页。

还仍然停留在较低层次。此时边疆的基本状况仍旧是"经济社会发展极为落后,生产力水平极为低下"[①]。对此,中国共产党也意识到,"各少数民族要发展成为现代民族,除进行社会改革以外,根本的关键是要在他们的地区发展现代工业。国家在第一个五年计划期间,已经在一些少数民族地区,建立了一些新的工业基地,发展现代工业和运输业,在第二个五年计划期间还将继续这样做。这是全国各民族人民的共同利益和根本利益"[②]。在这样的认识之下,"党在边疆少数民族地区的中心任务是想方设法帮助少数民族改变贫穷落后面貌,不急于改变边疆少数民族地区复杂的生产关系,而是着力帮助各民族逐步提高生产力水平,改善生产生活条件,从而推动生产关系的渐变"[③]。

二 陆地边疆问题的特殊化

随着社会主义改造基本完成,广大边疆地区也进入了全面建设社会主义时期。这一时期的边疆问题主要为边疆的政权建设、边疆地区的稳定与发展、边疆的民族与宗教以及边疆安全等。从1957年开始,"左"的思想逐渐扩大,出现"反右"斗争扩大化的政治现象,政治上瞎指挥、经济上浮夸风的趋势始渐蔓延,全国掀起了"大跃进"和人民公社化运动。自1966年开始,中国开始陷入十年动乱。受到这一时期政治形势的影响,党和政府对边疆形势的认识和判断出现了偏差和错误,使得已经建构起来的边疆秩序被打破,边疆问题发生异化和特殊化。

首先,边疆地区政治建设迟滞。一是边疆政权建制遭受破坏,边疆地区各族民众的民主权利被剥夺。1957年10月中共中央发出《关于在少数民族中进行整风和社会主义教育的指示》,然而这场原本限于人民内部矛盾范畴的整风运动,在边疆民族地区却逐步由正常走向异化,由思想整风转向敌我斗争。此后,"左"的思想在民族工作中快速滋长。1958年9月

[①] 钟世禄:《中国共产党在边疆少数民族地区执政方略研究》,云南人民出版社2010年版,第118页。
[②] 金炳镐:《中国共产党民族政策发展史》,中央民族大学出版社2006年版,第552页。
[③] 钟世禄:《中国共产党在边疆少数民族地区执政方略研究》,云南人民出版社2010年版,第118页。

主张彻底扫除"特殊论""落后论""条件论"①的论调猖獗起来。随着"左"的思想的蔓延,民族工作日渐偏离党的民族政策,边疆地区的民族区域自治制度也开始形同虚设、流于形式,致使边疆各族民众的民主权利遭受侵害。"文革"期间,在以"阶级斗争为纲"的指导思想下,一些人提出了"民族问题的实质是阶级斗争问题"的论调,并且以此为依据在边疆少数民族地区大搞否定民族区域自治制度的活动,污蔑民族区域自治是"人为制造国家分裂的政策"。很多民族自治地方的建置也被取消,而以革命委员会来代替民族自治机关,这样的举措从根本上剥夺了各族民众的民主权利②。二是否定边疆的特殊性,推行"政治边防"。"文化大革命"中,中华人民共和国成立以来党的边疆工作被说成是"和平过渡的边防""礼貌的边防",是"走上层路线、反对阶级斗争和无产阶级专政的边防",认为需要用阶级斗争的方式来搞"政治边防"。于是,从1968年底开始,在边疆大搞"政治边防"和"二次土改"。这样的政治活动严重混淆了边疆地区的敌我关系,同时破坏了党的边疆民族政策,动摇了边疆少数民族地区的安定团结局面,迟滞了边疆的生产建设,造成了边疆少数民族地区的社会动荡。③

其次,边疆经济发展迟缓。从1957年"反右"斗争扩大化开始,边疆民族地区经济发展不断偏离中共八大的预设路线,出现边疆经济问题的异化趋势。一是在经济建设方面急躁冒进。1958年以后,广大边疆地区也开始了"大跃进"和人民公社化运动,致使边疆经济发展"忽视了客观的经济规律,不重视综合平衡,离开了质量和效益,只强调力争高速度,因而,既造成了地区经济比例的严重失调,也造成了农村生产力和生产关系的失调,结果是民族地区经济严重混乱"④。二是生产建设兵团在边疆经济建设中的作用下降。在中华人民共和国成立之初的边疆治理实践中,生产建设兵团在兴办工业、交通运输业、建筑业,发展商业和文教、卫生、科研事业等方面取得了诸多重大成绩。如新疆生产建设兵团截至

---

① 金炳镐:《中国共产党民族政策发展史》,中央民族大学出版社2006年版,第150页。
② 马啸原:《边疆少数民族地区政治发展与政治稳定》,云南大学出版社2000年版,第191页。
③ 钟世禄:《中国共产党在边疆少数民族地区执政方略研究》,云南人民出版社2010年版,第132—134页。
④ 金炳镐:《中国共产党民族政策发展史》,中央民族大学出版社2006年版,第149—150页。

1957年共改造老农场26个，新建农场18个，农牧团场总数达到59个。但自20世纪60年代开始，和全国一样，兵团经济出现了严重的困难。"文革"期间，兵团工农生产遭到严重破坏，广西生产师、云南生产建设兵团、黑龙江生产建设兵团、内蒙古生产建设兵团、西藏生产建设师、新疆生产建设兵团等兵团建制被撤销，兵团事业遭受严重挫折和收缩①，给边疆经济正常发展带来巨大困难。

再次，边疆文化建设出现混乱。边疆地区的文化教育和民族文化发展是陆地边疆治理过程中的重要工作，涉及边疆意识形态安全、边疆政权合法性以及边疆社会发展问题。1956年5月，毛泽东提出了"百花齐放、百家争鸣"的"双百"文化方针，但是随着1957年"反右"运动的扩大化，这样的文化政策日渐被否定和抛却。在全面建设社会主义时期，边疆地区的文化建设领域也由"双百"方针下的欣欣向荣转向万马齐喑。"文革"中间，在"阶级斗争为纲"的指导下，文化领域大搞横扫"四旧"运动，各民族的很多优秀文化及长期延续下来的一套生活方式都被当作"四旧"加以批判和禁止。其间，对那些有宗教信仰的民族，则时常采用强制手段来禁止正常的宗教活动，并打着"向宗教宣战"的旗号，拆毁寺观、教堂，烧毁经卷及宗教活动用品，遣散、迫害宗教人员，甚至还将信教群众定性为"政治上不可靠"而加以批斗②。总之在这段时期，边疆地区的文化领域充满着不和谐因素，以致边疆文化向着异化方向发展。

最后，边疆民族问题与宗教问题的复杂化。中华人民共和国成立以后，党和政府一直致力于解决边疆地区的民族问题。而受到"左"的思想的影响，在"跑步进入共产主义"的冒进过程中，1958年全国刮起了"民族融合风"，批判"民族特殊论"。更为严重的是把民族问题看成阶级问题，在边疆民族地区的整风运动中人为划分"民族右派"和"地方民族主义分子"进行批判打击。在这种情况下，原有边疆民族问题没有解决，反而出现复杂化趋势。在宗教问题上，中华人民共和国成立后，曾着力通过在边疆地区的宗教民主改革，打击披着宗教外衣的敌对分子。截至

---

① 马大正：《马大正文集》，上海辞书出版社2005年版，第466—469页。
② 马啸原：《边疆少数民族地区政治发展与政治稳定》，云南大学出版社2000年版，第192页。

1956年，宗教矛盾已基本上转化为人民内部矛盾。但从1957年开始，"左"的思想在宗教工作中滋长，并且在"20世纪60年代中期更进一步地发展起来，一些地方开始搞所谓'无宗教区'的试验。特别是在'文化大革命'中，林彪、江青反革命集团别有用心地利用这种'左'的错误，肆意践踏马克思列宁主义、毛泽东思想关于宗教问题的科学理论"，"在宗教界制造了大量的冤假错案"[①]。这种无视边疆民族与宗教问题的复杂性，忽视边疆宗教问题与边疆民族问题、疆域安全问题的交叉性，对边疆的和谐稳定以及边疆人民对国家政权合法性的认同都造成了不良影响。

三 陆地边疆治理的主要措施

1956年社会主义改造整体上完成以后，国家进入全面建设社会主义时期，由此也开启了当代中国陆地边疆治理的新的历史阶段。1956年中共八大对国内形势和国内主要矛盾做了基本判断，在此基础上党和政府较为准确地把握了当时陆地边疆的形势和特点，把"实边"和"富边"定为这个时期陆地边疆治理的首要任务。只是由于边疆地区面临着各种复杂问题，又没有成熟的边疆治理模式和成功的边疆治理经验可供借鉴，中央政府和边疆地方政府主要是在摸索中寻求边疆治理的有效之道，最终还是未能避免对边疆形势认识和判断的失误，偏离了1956年中共八大对充实边疆和富裕边疆的要求。

1957年开始，"左"的思想开始在全国范围内悄然蔓延，一系列的政治运动相继展开。1966年"文化大革命"开始以后，包括边疆地区在内的整个国家建设逐渐遭受全面破坏。以"文化大革命"为历史节点，可以将这一时期的陆疆治理划分为前后两个不同阶段，其间的陆地边疆形势、边疆问题和边疆治理措施都具有明显的差异。在前一个历史阶段，既有积极有效的陆地边疆治理实践，也有因对形势误判而导致的治理政策的偏差。其中，行之有效的陆地边疆治理措施主要包括以下几个方面。

第一，继续推动边疆社会改造。中华人民共和国成立以后，党和政府开始注意到边疆社会的异质性特征，并从民族国家治理的角度予以治理。特别是20世纪50年代开始的少数民族地区的民主改革和社会主义改造，

---

① 王作安：《中国的宗教问题和宗教政策》，宗教文化出版社2002年版，第321页。

从整体上促进了边疆社会形态和经济形态的同质化。但是，由于边疆地区独特的治理生态，党和中华人民共和国政府主要采取了"慎重稳进"的方针对其进行社会改造，这样的情况使边疆地区的社会改造进度整体上滞后于内地区域。在1956年中国内地已经基本完成土地改革和社会主义改造的情况下，仍然有相当部分的边疆区域尚未实现民主改革。因此，进入全面建设社会主义时期以后，中国仍旧面临着对边疆社会进行改造的繁重任务，并针对边疆地区的特殊性采取了相应的专项化措施。其中，面临部分边疆地区的少数反动上层的武装叛乱，中国政府采取了"边平叛、边改革"，"平息一块、改革一块、巩固一块"的方针，并于20世纪60年代初步完成了全国牧业区的民主改革任务[①]。而对于西藏地区的社会改造，政府则是采取了更为谨慎的"稳定发展"的态度，即便是在1959年平叛斗争全面胜利以后，中央仍旧强调，"要让农牧民个体所有制稳定一个时期，各项工作都必须采取稳定发展的方针"[②]。最终，西藏的社会改造于1965年正式开始实施，并采取了由"试点"逐步推广的工作方式。

第二，支援和扶持边疆地区的发展。在推动边疆社会同质化改造的同时，政府还在大力推进边疆地区的经济社会发展，以缩小内地与边疆之间的发展差距。应该看到的是，这一时期的边疆建设，是在全国社会主义改造基本完成和全面建设社会主义时期开启的大背景下进行的，因而属于民族国家建设和发展总体规划中的组成部分。其中，"三线建设"的战略决策就是在这个历史时期提出并启动的，这也成为中国经济史上一次规模罕见的工业迁移运动，体现出计划经济时代和中央集权制国家在疆域治理中的独特优势和特色，也直接带动了西南边疆、西北边疆的区域发展。此外，中华人民共和国成立以后大力采取的"移民支边"措施，也在这个时期得到极大凸显。特别是在"大跃进"和人民公社的政治运动形势下，在1958—1963年，中共中央做出了动员570万内地青壮年，到东北、西

[①] 李成武：《中国少数民族地区的民主改革和社会主义改造》，载张星星主编《当代中国成功发展的历史经验——第五届国史学术年会论文集》，当代中国出版社2007年版，第409页。

[②] 徐继增：《西藏的社会主义改造与社会的跨越式发展》，《西藏民族学院学报》（哲学社会科学版）2002年第1期。

北和西南边疆地区参加社会主义建设的重大决定[①]。这次规模空前的集体移民行动，对于支援地广人稀、劳动力缺乏、经济文化相对落后的边疆的开发和建设，起到了明显而深远的影响。

第三，陆地边疆的地方政治建设。民族国家的一体化特质，要求国家制度和行政管理的统一，这也成为中国民族国家建设过程中面临的一项根本性的政治任务。然而，与内地相比，仍有广大边疆地区存在着地方政治多样和多元的碎片化问题，这一问题的解决仍旧作为全面建设社会主义时期边疆治理的一个重要课题延续下来。总体来看，这一时期边疆地区政治建设的主要措施包括：一是全面开展民族区域自治建设，扩大和规范民族自治地方的建立。其中，西藏自治区和广西壮族自治区，就是在这一时期经国务院批准相继建立的，极大地推动了民族区域自治制度在边疆地区尤其是西南边疆的发展和完善，形成了一个民族区域自治建设的高潮。另外，民族识别工作在1965年之前的持续推进，也在一定程度上促进了少数民族实行区域自治的要求，进而推动了民族区域自治在边疆地区的建设实践[②]。二是少数民族干部的培养和任用。这一时期党和政府采取的边疆地区少数民族干部培养措施主要有办民族干部学校和训练班、吸收少数民族积极分子参加民族工作队等方面。经过一段时间的建设，少数民族干部的数量在边疆地区有所增加。三是边疆统战工作的开展。这一时期的边疆统战工作对象主要是针对边疆地区的上层人士。在1958年召开的第十一次全国统战工作会议上，时任中央统战部副部长的汪锋专门对边疆地区少数民族上层人士的团结、教育和改造工作做了说明。1962年，中央提出了"长期团结，长期改造"的工作方针，有效地争取了少数民族上层人士对于国家政权的支持，对边疆社会秩序的稳定起到了积极作用。

第四，陆疆治理中的边防建设。中华人民共和国成立以后，在较长的一段时期内都面临着十分严峻的周边形势，边疆安全的防卫任务较为艰

---

① 闫存庭：《民众动员与二十世纪五、六十年代的移民支边——以江苏省青壮年支疆为例》，《江苏社会科学》2014年第6期。

② 周平：《新中国边疆少数民族地区政治建设的演进》，《云南民族大学学报》（哲学社会科学版）2005年第3期。

巨。在进入全面建设社会主义时期以后，党和国家依旧继承了中华人民共和国成立以来的"整军备战"的总体方针，并着重加强边防建设，军事防卫成为这一时期的边防重心。[1] 为捍卫国家主权和领土完整，中国政府还多次就中印、中苏边界问题做了外交努力。面对印度非法侵占中国领土的行径，中国政府采取了进行中印边界自卫反击战的有力措施，由此巩固了中国的边防，捍卫了国家的主权。

1966—1976年"文革"期间，中国的社会主义建设事业遭受了挫折，整个国家建设和发展都陷入了迟滞和混乱状态，包括边疆治理在内的国家治理面临着全面破坏的巨大困境。十年"文革"期间，陆地边疆的治理非但无法取得稳步进展，反而出现了停顿甚至倒退的问题。主要表现为边疆地区的政权机构遭到严重打击，民族区域自治受到严重破坏，民族上层人士受到严重迫害，中国共产党的执政基础受到侵蚀，威胁边疆稳定和安定的事件不断发生，民族关系和宗教工作受到冲击，边疆经济社会发展停滞或倒退。这样的陆疆治理，是在整个政治生态恶化和治边举措出现失误乃至错误的背景下进行的。在边疆治理过程中，对待民族矛盾的认识由人民内部矛盾上升到敌我矛盾，并在以阶级斗争为纲的框架下处理边疆社会问题，同时否认边疆地区的特殊性，大力批判"边疆特殊论""边疆落后论"，支持边疆群众批斗民族上层人士。此外，在边疆治理过程中，完全抛弃了此前"慎重稳进"的工作方式，在否定"和平过渡论"的基础上，要求边疆和内地一样"对国家作出贡献"[2]，由此极大地损害了边疆民众的切身利益，同时侵蚀了党和国家在边疆地区的权威基础。与此同时，"文革"时期全面否定了中华人民共和国成立以来的边疆工作，确立了以阶级斗争为主要内涵的"政治边防"，表现为以"边防工作队"代替基层组织，重划阶级成分，实行"二次土改"，揪斗民族和宗教的上层人士，强行推动"人民公社化"等主要形式，[3] 完全违背了国家治理的客观规律，对边疆地区的生产建设、安定团结和社会秩序带来了巨大混乱。

---

[1] 王亚宁：《建国以来中国边防工作重心的嬗变》，《山西师大学报》（社会科学版）2012年第3期。
[2] 当代云南编辑部编：《当代云南简史》，当代中国出版社2004年版，第305页。
[3] 钟世禄：《中国共产党在边疆少数民族地区执政方略研究》，云南人民出版社2010年版，第135页。

当然，尽管在"文化大革命"期间，国家的陆地边疆治理出现了重大偏差，并带来了不可估量的损失，但同时也在一定限度内采取了一些积极手段，对边疆治理政策和治理方式的重大失误做了某种弥补和调整。一是周恩来等党和国家领导人，对边疆地区的少数民族上层人士和宗教人士采取了特殊的保护措施，并努力纠正和遏制了一些边疆地区"清理阶级队伍"严重扩大化的势头，在一定程度上保障了边疆民族工作的开展和边疆稳定。二是采取了一些积极手段，恢复和保障边疆地区特需商品的生产和供应，安排专门资金来扶持和支援西藏等边疆区域的经济建设。三是通过"三线建设"等战略工程，安排重大建设项目向边疆倾斜，促进边疆地区的基础设施建设。

四 陆地边疆治理的得失

在全面建设社会主义时期，从1957年"反右"运动、"大跃进"，直到1966—1976年"文化大革命"，受到整个国家政治气候的影响，中国的陆地边疆治理遭受巨大挫折。从党和国家的陆地边疆治理理念、方略到具体的边疆政策和治理方式，都出现了失误和偏差。但也应看到，这一时期的陆地边疆治理也在曲折中取得了一定成效。因此，对于这段历史时期的陆地边疆治理，应当从"得"与"失"两个方面予以总结和反思。

毋庸讳言，自1957年以后，受历次政治运动的影响，包括陆疆治理在内的整个国家治理和国家发展都遭遇了中华人民共和国成立以来的空前挫折。在政治方面，在边疆地区刚刚建立起来的人民民主政权受到了严重打击。特别是在"文革"期间，宪政化的政府体制遭受到全面破坏，边疆秩序和边疆稳定陷入混乱状态，自上而下的政治制度几近瓦解以致名存实亡。在经济方面，本来就脆弱落后的边疆社会经济，刚见起色却又落入停滞甚至倒退的困境。边疆民众的正常生产生活受到不必要的干扰，传统的经济生活方式非但未能实现现代化的转型，反而丧失了原有的社会经济功能，各族民众的物质需求难以得到满足。在社会建设方面，社会运转丧失了基本的秩序和规则，社会发展停留在原有整合机制被解构，而新的制度化机制无法确立，这样一个青黄不接的尴尬阶段。在文化方面，边疆地区的文化教育事业发展迟缓，多样性的传统文化遭受破坏，文化贫困现象根本无法得到有效解决。

但同时应该看到，陆地边疆治理在遭受重大挫折的过程中，也取得了一定的成效。在政治建设方面，民族国家的政治一体化进程得到一定推进。在平息边疆地区的分裂势力、敌对势力，以及克服域外势力威胁的基础上，边疆的地方政治进一步嵌入国家整体政治架构中来，特别是民族区域自治制度在更大的范围得到推行。在经济建设方面，通过政策的倾斜、财政的支持、集体移民的支援和重大项目的设立，边疆的基础设施建设得到一定程度的改善，边疆的开发和建设尤其是在土地资源的垦荒和利用方面，取得了相当程度的进展。更为重要的是，边疆的经济形态打破了原有的孤立状态，日渐纳入国家的整体规划之中，并且逐渐与内地联结成为一个统一的国内经济体。在社会建设方面，国家政权渗透和延伸到边疆社会基层，逐步取代传统权威成为社会治理的主体，在民族国家语境下推动了社会价值观念和社会运行机制的整合，与现代社会和社会主义建设相适应的意识形态得到扩散。

从根本上来看，这一时期边疆治理获得的最大成效在于极大地促进了边疆社会的同质化水平和程度。流行于边疆社会的政治文化，开始由封闭性的地域型文化转向了面向国家政权的政治文化，边疆民众对于执政党和国家政权的认知水平得到空前提升。边疆的社会形态得到更深层次上的改造，中华人民共和国成立之初所面临的多样性的社会发展状态，总体上进入了社会主义阶段。同时，由于屯垦戍边、移民支边的大规模开展，边疆地区的人口结构和文化类型都得到了重大改善和调整。边疆地区由于民族属性和文化属性所产生的异质性特征受到削弱，同内地之间的同质化和均质化程度得以提升。

由于全面建设社会主义时期边疆治理取得的成效，陆地边疆在政治、经济、文化和社会诸方面与内地之间的同质化程度进一步加深。这样的基本形势，也使陆地边疆的"边疆性"在很大程度上被淡化了，这在临近内地的边疆地带表现得尤为突出。实际上，这也导致这一时期中国的陆地边疆内部界限，从内地向外推移了，从而缩小了原有的边疆空间，同时也为新时期边疆区域的重新规划奠定了一定基础。总之，这个阶段的陆地边疆治理构成了当代中国陆疆治理的重要环节，也对此后边疆治理的开展产生了深远的历史影响。

第三节　新时期的陆地边疆治理

十一届三中全会后,我国的国家建设和现代化进程开始步入快车道。在边疆民族地区,"民族问题的本质是阶段问题"的指导思想得到了纠正,中华人民共和国成立以后行之有效的民族政策、宗教政策、统战政策又得以在陆疆地区得到全面恢复。其中于1979年4月在北京召开的全国边防工作会议具有标志性的意义,此后的陆地边疆治理随着社会主义现代化进程的快速推进而得以有序开展。在此后长达30余年的陆地边疆治理实践中,党和国家直面重大边疆问题,采取各种举措,展开持续而有效的陆地边疆治理,取得了举世瞩目的成效。

一　陆地边疆治理的拨乱反正

边疆地区的各项事业在十年"文革"中不可避免地受到了干扰甚至严重破坏。随着党和国家工作重心的转移,中国的社会主义现代化及改革开放进入了新的历史新时期。就陆地边疆建设而言,1979年4月25日在北京召开的全国边防工作会议可谓意义重大且具有里程碑意义。此次边防工作会议,"所讨论和解决的问题,对于我国边防、民族工作实现由乱到治的转折,具有重大的历史意义",因此被视为当代中国陆疆治理"第二个黄金时代"开始的重要标志。[1]

在这次全国边防工作会议上,时任中央统战部部长乌兰夫作了《全国人民团结起来,为建设繁荣的边疆,巩固的边防而奋斗》的报告,提出了新时期边防工作的任务,并强调"我们要搞社会主义现代化建设,需要一个和平的国际环境和安定的边疆。我们在集中力量搞好社会主义现代化的同时,要始终提高警惕,保卫边疆安全,保卫社会主义建设,把社会主义建设和保卫这个建设紧密结合起来"[2]。针对"文化大革命"中忽视少数民族地区实际的做法,报告强调要从少数民族地区的实际出发,正

---

[1]　罗炳正、底润昆:《开创"第二个黄金时代"的全国边防工作会议》,《民族团结》1999年第9期。

[2]　内蒙古乌兰夫研究会编:《乌兰夫论民族工作》,中央文献出版社2013年版,第401页。

确执行党的路线和政策，并在总结中华人民共和国成立29年来实践的经验教训后指出，"必须坚持国家帮助和自力更生相结合的方针，加速边疆、民族地区的经济文化建设"。①

除此以外，报告还就落实当时的民族政策、加速发展边疆地区的建设、保卫边疆、加强党的领导做了系统阐述。大会筹备小组精心拟定了"边疆建设草案"，提交大会讨论。在百废待兴、资金紧张的年代，中央财政连续三年每年划拨4亿专款来支持边疆的建设，在中华人民共和国历史上是首次。同时，针对我国陆地边疆地区多为经济欠发达的少数民族地区的现状，还确定了东部发达省市对口支援边境及少数民族地区的具体方案。②

总之，全国边防工作会议"是在十一届三中全会开始全面纠正'左'倾错误，把全党工作重点转移到社会主义现代化建设上来，实现了伟大的历史转折的形势下召开的"，"实现了边疆、民族地区由乱而治的转折"，③从而开启了中国陆地边疆建设的新阶段。

二 新时期的陆地边疆问题

全国边防工作会议召开后，中国陆地边疆建设进入新的历史时期，加快了陆地边疆地区的现代化进程。然而，由于"文化大革命"对边疆地区的严重破坏以及中国历史遗留问题的影响，使得此时的陆地边疆建设面临许多亟待继续解决的边疆问题。

第一，中国与周边国家的划界问题。"边界是指相邻国家之间标定疆域范围的界限，亦称疆界、国界"④，妥善解决边界问题是展开陆地边疆建设的基础和前提。与世界其他国家相比，中国的边界情况极为复杂。1979年，与中国接壤的国家为11个，⑤而中国仅与其中的6个国家签订

---

① 内蒙古乌兰夫研究会编：《乌兰夫论民族工作》，中央文献出版社2013年版，第411页。
② 内蒙古乌兰夫研究会编：《乌兰夫论民族工作》，中央文献出版社2013年版，第421页。
③ 罗炳正、底润昆：《开创"第二个黄金时代"的全国边防工作会议》，《民族团结》1999年第9期。
④ 郑汕：《中国边疆学概论》，云南人民出版社2012年版，第156页。
⑤ 在1975年之前，中国的陆上相邻国家数量是12个，包括朝鲜、蒙古、苏联、阿富汗、巴基斯坦、印度、尼泊尔、不丹、锡金、缅甸、老挝以及越南。1975年之后，锡金并入印度，中国的陆上相邻国家数量为11个。而苏联解体之后，由于俄罗斯、哈萨克斯坦、吉尔吉斯斯坦以及塔吉克斯坦从苏联独立出来，中国的陆上相邻国家变成了14个。

了相应的边界条约，分别为：1960年与缅甸，1661年与尼泊尔，1962年与朝鲜及蒙古国，1963年与阿富汗、巴基斯坦。苏联、印度、不丹、老挝以及越南，由于多重因素，当时未能与其签订边界条约。边界未定的现实状况，不仅使得国家疆域的范围无法确定，而且使得边疆建设很难持续进行。更为重要的是，这种情况会对国家边疆安全乃至整个国家的发展以及中国与周边国家的关系产生负面作用。中国要开展社会主义现代化建设，要开启改革开放政策，需要安全稳定的边疆，同时也需要一个良好的地缘政治局势。这是因为，作为主权范畴的边界问题，一旦处理不当，很可能导致中国与周边各国关系恶化，而这种恶化又极可能引致周边各国直接或间接介入本国边疆地区的政治、经济和社会的建设。此外，一旦边界出现问题，很大程度上意味着边疆地区政权的稳定性出现问题，甚至出现安全隐患，从而阻滞国家的边疆建设及边疆治理。

第二，边疆地区政权与社会秩序的重建问题。整个国家以及边疆地区的社会主义现代化建设，都离不开稳定的陆地边疆的支撑作用。在新时期，中国虽然终止了"文化大革命"，矫正了中国现代化进程的方向，但是由于"文化大革命"持续的时间之长，破坏的力度之大，产生的影响之深，其负面效应仍需要花大力气去修补。特别是，持续十年之久的"文化大革命"全面破坏了边疆地区的人民民主政权，导致边疆地区的地方政府权力和权威丧失。在"砸烂公检法""踢开党委闹革命""揪斗走资派"的政治口号中，边疆地区的政府机构受到冲击，地方政治制度遭受重创，不少地方干部及民族上层人士遭受迫害。革命委员会成为一个集党、政、军、审判、检察权于一身的全权政权机关来管控社会。在革命委员会无法控制局面的时候，甚至采取军事管制手段来维持秩序。[①]"文革"结束以后，在边疆地区亟须解决的一个核心问题就是恢复地方人民民主政权和重建边疆地区的社会秩序。

第三，陆地边疆地区的经济建设问题。边疆地区本身处于国家的偏远和边缘地带，地形复杂，地处远僻，交通不便，信息闭塞，人烟稀少，生产方式粗放落后。加之在历史上的传统治边思想和治理实践中，边疆并未得到应有的重视，历史和现实等诸多因素，长期造成了边疆地区经济发展

[①] 周平主编：《中国边疆政治学》，中央编译出版社2015年版，第130页。

水平明显滞后。除此之外,"文化大革命"在一定程度上也给边疆地区的经济社会发展带来了巨大冲击。具体而言,边疆地区的各项经济和社会事业停滞不前甚至倒退;民族区域自治制度及党的民族政策等遭到了破坏,任意分割甚至撤销民族自治地方,致使边疆地区人民正常的生产生活无法开展,人民生活愈加困苦。十一届三中全会后,随着我们党和国家工作重心的转移,边疆地区的经济建设问题再次被凸显出来。而全国边防工作会议召开,则开启了新时期陆疆治理的进程。其中的一项重点工作,就是要着力解决陆地边疆地区经济发展水平落后的问题。

第四,陆地边疆与内地及沿海地区的发展差距问题凸显。由于陆地边疆处于中国权力链条的末端,加上资源的分配及自身条件的劣势的叠加效应,导致陆地边疆和中心地区存在政治、经济、文化等各方面的差距。历史上,中国常常将边疆地区视为蛮夷之地、远僻之地,同时也是经济落后、交通阻塞的区域,边疆建设和开发并未受到重视。历代统治者主要基于国家核心区来认识边疆,定义边疆,从军事意义、民族角度以及文化视角来看待边疆。边疆作为拱卫中原的缓冲地带,是军事设防的重要前沿,是华夏先民之外的其他先民生活的区域,该区域所孕育的夷狄文化也区别于中心地带的中原文化。[①] 这种由内而外的边疆观制约着国家对边疆的资源分配,分配给边疆的资源量相较于中心区域很少,而且主要用于军事及安全防卫。除此以外,在前全球化时代,人、财、物的流动受到极大程度的制约。在这种时代背景下,边疆地区本身存在的区位及地理劣势更不利于边疆地区的发展,由此必然导致边疆地区和中心地区各方面差距不断扩大。中华人民共和国成立以后,陆地边疆与内地及沿海地区存在的程度不一的差异性问题,一直是国家现代化需要解决的问题,也成为中国的国家发展在长时段所努力的方向。然而,在较长的历史阶段中,囿于国家的整体实力和发展思路,边疆地区的落后状况迟迟得不到解决,其与内地之间的发展差距也没有得到根本转变。

十一届三中全会以后,中国开启了划时代的社会主义现代化建设和改

---

① 李朝辉:《中美两国边疆观形成与演进对比研究》,《云南师范大学学报》(哲学社会科学版) 2015 年第 1 期。

革开放。随后，邓小平提出"两个大局"①的战略构想，并在国家建设中付诸实际行动，开启了中国东部沿海地区的飞速发展进程。我国集中国家资源，包括资金、能源、技术、人才、政策，优先开放并发展东部沿海地区。边疆地区主要从资源和市场方面支持东部沿海地区，尤其是各种矿产、油气等工业发展需要的基础性资源，被源源不断地从边疆输往东部沿海地区。虽然说，改革开放使边疆地区的现代化水平有所提升，但是比起东部沿海地区的飞速发展，二者之间发展的差距在扩大，从而使得边疆地区和东部沿海地区的异质性程度也在扩大。一方面，这是"两个大局"战略思想实践的成功之处，因为第一个大局已经基本实现；另一方面，边疆地区与内地及东部沿海之间的发展极不平衡问题以及由此所产生的边疆地区民众的被剥夺感增强，是时候将"两个大局"战略思想的第二个大局付诸实践了。

三　新时期陆地边疆治理的举措

全国边防工作会议的适时召开，吹响了新时期中国陆地边疆建设和治理的号角。结合陆地边疆地区实际情况，直面陆地边疆问题，中国政府不断推出陆地边疆的治理举措。

第一，积极稳妥解决陆地边界问题。边界划分关涉国家领土主权和利益。未定的边界一旦出现纷争，势必直接影响边疆地区的治理，进而影响国家发展和国家间关系。中国政府面对陆地边界问题而采取的重要举措主要可分两个方面：一方面，为了维护社会主义现代化建设及改革开放的良好地缘政治环境，中国奉行"睦邻友好，稳定周边"方针，积极展开外交谈判，尽最大努力与边界未定国家进行边界谈判，争取早日签订边界条约。从1991年至2002年，通过和平谈判，中国先后与俄罗斯、老挝、哈萨克斯坦、吉尔吉斯斯坦、塔吉克斯坦以及越南等6个国家签订了陆地边

---

① 1988年9月12日，邓小平明确阐明了"两个大局"的内涵："沿海地区要加快对外开放，使这个拥有两亿人口的广大地带较快地先发展起来，从而带动内地更好地发展，这是一个事关大局的问题。内地要顾全这个大局。反过来，发展到一定的时候，又要求沿海拿出更多力量来帮助内地发展，这也是一个大局。那时沿海也要服从这个大局。"见《邓小平文选》第三卷，人民出版社1993年版，第52页。

界条约，划定的边界线总长度约 9423 千米，约占中国陆地边界线总长的 43%。① 另一方面，对于侵犯中国边界及主权的不法行为，予以坚决回击。

第二，建设边疆地区的人民民主政权。陆地边疆治理的有效开展，离不开稳定的陆地边疆地区政权的支撑。"文化大革命"结束以后，恢复和发展陆地边疆地区人民民主政权就成为开展陆地边疆治理的前提。一方面是政权的恢复工作。通过快速的拨乱反正，取消了全权性质的革命委员会，还权于之前的各级地方政府，恢复并重构了之前的政治体制，如民族区域自治制度。另一方面是政治体制的新时代发展。尤为重要的是 1982 年《中华人民共和国宪法》的出台。作为国家的根本大法，其重申了加强党的领导的重要性，对政府体制做了纵向和横向的结构化规定，废除了领导干部终身制。两年以后出台的《中华人民共和国民族区域自治法》，则掀起了民族区域自治建设的第二次高潮，民族自治地方的自治权得以逐步落实，推动了陆地边疆治理的开展。在农村基层民主方面，村民委员会替代了 20 多年之久的人民公社体制，1987 年《中华人民共和国村民委员会组织法（试行）》颁布实施，保障了村民委员会的法制化发展②，同时也推动了边疆地区的基层民主发展。

第三，持续开展陆地边疆的开发与建设。其中以西部大开发战略和"兴边富民"行动最具代表性。1999 年，江泽民在西安视察工作时首次公开提出"西部大开发"概念并指出："我所以用'西部大开发'，就是说，不是小打小闹，而是在过去发展的基础上经过周密规划和精心组织，迈开更大的开发步伐，形成全面推进的新局面。"③ 11 月，中央经济工作会议确定西部大开发战略决策。2000 年 1 月，国务院西部地区开发领导小组在北京举行西部地区开发的会议，宣告西部大开发战略正式启动。其范围涉及四川、云南、重庆、广西、贵州、西藏、新疆、甘肃、宁夏、青海、陕西以及内蒙古 12 个省、自治区、直辖市，其中相当一部分属于广义边疆的范畴。因此，西部大开发也是陆地边疆地区的大开发，属于陆地边疆

---

① 郑汕：《中国边疆学概论》，云南人民出版社 2012 年版，第 204—205 页。
② 参见周平主编《中国边疆政治学》，中央编译出版社 2015 年版，第 130—131 页。
③ 《江泽民文选》第二卷，人民出版社 2006 年版，第 342—343 页。

治理范畴。不仅涉及的范围广，其包含的开发内容也非常广，主要包括基础设施建设、生态建设与环境保护、农业基础地位的巩固和加强，产业结构调整、科技教育及社会事业的发展等多个方面。

针对边境地区贫困落后的局面，以及边境地区与中东部之间发展差距扩大的情况，国家民族事务委员会联合国家发展与改革委员会、财政部等部门于1999年倡议发起了"振兴边境、富裕边民"的行动，简称"兴边富民"行动。这是一次针对135个陆地边境县（旗、市、市辖区）以及新疆生产建设兵团58个边境团场的专门性边境建设系统工程。国家民委于2002年2月24日召开新闻发布会，正式启动兴边富民行动。此次建设工程主要包含几个方面内容："一是积极开展扶贫攻坚着重解决边境地区群众的温饱问题；二是以水、电、路、通信等为主的基础设施建设；三是以培育新增长点和形成特色经济为目的的产业结构调整；四是以加快周边区域经济合作和发展边境贸易为重点的对外开放；五是以普及九年制义务教育、扫除青壮年文盲和推广先进适用科技为主的社会进步；六是以繁荣少数民族文化为宗旨的文化设施建设；七是以退耕还林还草为重点的生态环境保护建设。"①

第四，推动东北及西南陆地边疆的发展。在东北部边疆，实施老工业基地振兴战略。东北地区是我国最重要的老工业基地，为国家的发展作出过巨大的贡献，可随着改革开放的深入发展，其经济发展水平及速度均落后于东部沿海发达地区，且有被进一步拉大的趋势，为改变这种区域发展不平衡局面以及推进全面建设小康社会，中共中央、国务院于2003年10月5日正式印发了《关于实施东北地区等老工业基地振兴战略的若干意见》。其范围主要包括辽宁、吉林、黑龙江和内蒙古东部地区（赤峰市、兴安盟、通辽市、锡林郭勒盟、呼伦贝尔市），土地面积为126万平方千米，占全国国土面积的13%。② 这项举措是继西部大开发战略之后从国家层面实施的又一项陆地边疆治理战略，具体措施包括："优化经济结构，建立现代产业体系；加快企业技术进步，全面提升自主创新能力；加快发

---

① 赵显人：《兴边富民行动》第一辑，民族出版社2000年版，第35页。
② 陈应成：《建国以来中国共产党边疆治理理论与实践研究——以构建和谐边疆为视角》，陕西师范大学，博士论文，2011年，第120页。

展现代农业,巩固农业基础地位;加强基础设施建设,为全面振兴创造条件;积极推进资源型城市转型,促进可持续发展;切实保护好生态环境,大力发展绿色经济;着力解决民生问题,加快推进社会事业发展;深化省区协作,推动区域经济一体化发展;继续深化改革开放,增强经济社会发展活力。"[1]

在西南地区,则是提供了"桥头堡"战略。"桥头堡战略"是时任国家主席胡锦涛2009年7月考察云南时提出来的,其目标就是要将云南打造成中国面向西南开放的重要桥头堡。《中华人民共和国国民经济和社会发展第十二个五年规划纲要》也明确指出:"把云南建成面向西南开放的重要桥头堡",意味着该战略上升至国家层面。云南地处我国西南边陲,少数民族众多,与缅甸、老挝及越南接壤,是中国面向东南亚开放的桥头堡。该战略是推进我国向西南开放、实现睦邻友好外交方针的战略需要,也是云南推进"兴边富民"工程、实现边疆地区民众摆脱贫困奔小康的迫切需要,对西南边疆的稳定及发展进而促进国家发展具有重大意义。

第五,推行促进边疆经济发展的针对性措施。诚然,国家开展陆地边疆地区的开发与建设以及推行陆地边疆战略会促进陆地边疆地区的经济发展,但从陆地边疆治理的视角,采取有针对性的举措来快速推动陆地边疆地区经济的发展,必不可少且意义重大。国家在这方面采取的主要举措有:一是大力发展边境贸易。党和国家相继出台各种发展边境贸易的规定和通知,尤其是20世纪90年代实施沿边开放以后,国家在陆地边疆地区扩大了发展边境贸易范围,推动了边境地区的经济发展。就区域而言,主要包括东北边疆、内蒙古、新疆和西藏、云南和广西等边疆地区的边贸。二是积极开展对口支援。1979年的全国边防工作会议正式确定了对口支援制度,并确定了支援及受援方:北京支援内蒙古,河北支援贵州,江苏支援广西、新疆,山东支援青海,天津支援甘肃,上海支援云南、宁夏,全国支援西藏。三是实施扶贫政策。20世纪80年代中期,党和国家就在全国开展大规模的扶贫工作,随后又制定及实施《国家八七扶贫攻坚计划》。四是促进"少小民族"发展。在我国55个少数民族当中,有包括

---

[1] 中华人民共和国中央人民政府网站: http://www.gov.cn/zwgk/2009-09/11/content_1415572.htm。

毛南族、基诺族等在内的22个少数民族的人口在10万以下，被称为"人口较少民族"（简称"少小民族"）。为了解决这些民族的经济落后、人民生活贫困的问题，国家首次专项制定《扶持人口较少民族发展规划（2005—2010年）》，来推动少小民族的发展。

四 陆地边疆区域的现代化

十一届三中全会以来，处于快速现代化进程中的陆地边疆治理，有效地解决了陆地边疆地区所遇到的诸多问题，从整体上改善了边疆地区的贫穷落后面貌，巩固了陆地边疆地区的人民政权，促进了陆地边疆地区经济的快速发展，提升了边疆人民的生活水平，推动了陆地边疆地区文化建设。最为重要的是，党和国家通过切实有效的治理，不断提高陆地边疆与内地的同质化程度，从整体上推动了陆地边疆地区的现代化。

第一，巩固了陆地边疆地区的边疆政权，促进了国家制度的统一。经过改革开放之后对陆地边疆地区人民民主政权的恢复及发展，陆地边疆地区的人民政权得以巩固。陆地边疆地区各种政治制度的恢复、重构及发展，使陆地边疆地区的地方政权制度与内地没有本质的区别，而且这种制度的同质化程度随着改革开放以及社会主义现代化建设的持续推进会更加提升，从而促进国家制度的统一。而这种制度的同质化提升以及国家制度的统一不仅有利于推进作为多民族国家的族际政治整合，而且对增强国家的政治统一及政治稳定具有重大意义。

陆地边疆地区政治制度的恢复、重构及发展所带来的与内地政治制度的同质化提升，本身是政治现代化的重要方面。在布莱克看来，"现代化就意味着传统社会的解体"[1]，亨廷顿则认为："现代性孕育着稳定，而现代化过程却滋生着动乱。"[2] 中国的现代化进程意味着边疆地区的传统社会、传统政权的解体，现代社会以及人民民主政权的构建及发展。改革开放之后，中国的边疆社会快速现代化进程中并未出现亨廷顿所说的动乱或政治不稳定局面，一方面得益于中国政府积极提供符合边疆地区实情的政治制度及各

---

[1] ［美］布莱克：《现代化的动力》，段小光译，四川人民出版社1988年版，第38页。
[2] ［美］塞缪尔·P.亨廷顿：《变化社会中的政治秩序》，王冠华、刘为等译，生活·读书·新知三联书店1989年版，第31页。

种举措，改造传统政权或直接构建人民民主政权，并在此过程中着重保障边疆地区民众的民主权益；第二方面归功于国家制度的统一使得国家权力深入边疆地区，保证了国家宪法、法律以及各种制度在边疆地区的强力贯彻和执行，便于国家对陆地边疆地区的管理；第三方面，持续有效的边疆开发和建设促进了边疆地区的经济发展，提高了人民的生活水平，从而有利于增强边疆地区民众对国家的认同。这三个方面，既是保障边疆地区政治稳定的原因，又是快速现代化进程中陆地边疆治理所取得的重要成效。

第二，促进了陆地边疆地区经济建设的快速发展，提升了边疆人民的生活水平。经过长达 30 余年的陆地边疆地区的开发与建设，尤其是实施西部大开发战略以及兴边富民行动的实施，使陆地边疆地区所蕴含的丰富资源得以快速开发和有效利用，为陆地边疆治理以及国家建设和发展提供了坚实的资源支撑，促进了陆地边疆地区经济的快速发展。中央和地方在陆地边疆地区所投入的建设项目与日增多，基础设施建设蒸蒸日上，在此基础之上所吸引的投入到边疆建设事业当中的社会资本也逐渐增多。仅以西部大开发战略实施成效为例，西部地区经济发展步伐明显加快。西部地区的煤炭、电力、石油、天然气、有色金属等产业，以及部分装备制造业和高新技术产业加快发展，在全国市场上已越来越有竞争力。陆地边疆地区经济的快速发展，为边疆地区基础设施的建立和完善，为陆地边疆地区的民生事业的发展，以及边疆地区民众发展生产的物质条件改善，提供了坚实的基础，加上国家积极发展边贸及开展扶贫工作，快速提升了陆地边疆人民的生活水平，人民的生活面貌焕然一新，陆地边疆以往贫困的面貌得以改善。这是快速现代化进程中陆地边疆现代化至关重要的成就。

第三，推动了陆地边疆地区文化建设。长达 30 余年的边疆开发和建设进程不仅仅局限于经济领域，包括西部大开发、兴边富民行动、振兴东北老工业基地以及桥头堡战略都是系统工程，这些系统工程的有效实施及持续推进，也促进了陆地边疆地区的文化繁荣。一方面，党和国家尊重、保护甚至帮扶陆地边疆地区发展自身的少数民族文化；另一方面，伴随着陆地边疆地区的政治、经济方面的现代化推进以及全球化时代人员的快速流动，边疆地区本土文化与外来文化快速相遇，冲突、吸引、扬弃，各民族文化之间的相互影响及作用日渐突出，在国家实现各民族文化共同繁荣的指导方针下，在加快边疆地区文化建设的各种举措推动下，陆地边疆地区的文化建设发展迅猛。政治文化方面，陆地边疆地区的人民民主权利得以实现，政治参与渠道拓宽，参与程度提升，利益表达机会和实践日益增多，参与型政治文化有所发展。广播电视、通信网络、图书馆、博物馆、各种文化广场等文化基础设施逐步增多，边疆各民族的教育水平及文化素质不断提升。[1]

第四，陆地边疆与内地的同质化程度提升。由于历史、政治、民族以及自然等方面因素的影响，陆地边疆与内地、陆地边疆本身之间存在各种差距，包括适应于本地社会发展阶段和政治文化的社会组织形式及方式，以及各具特色的政治制度。随着依据内地这个模版进行的长时段的边疆治理的深入推进，陆地边疆地区的传统基层社会逐渐被相似或相同于内地的现代基层社会所替代，尽管在改造的过程中由于各种原因尤其是缺乏相应的社会资源的支撑而发生某种程度的变异，但至少在形式上，陆地边疆地区与内地趋于一致。此外，全球化时代以及信息化时代的到来，原本缺少联系和交往的地区和人们发生着越来越紧密的联系。之前偏远闭塞的陆地边疆地区也不例外。在全球化的冲击以及内地生产生活方式的影响下，陆地边疆地区民众的生产生活方式以及极具特色的民族文化发生了急剧变迁。传统的因素在逐渐消退甚至消失，内地的或现代化的因素日益变多，导致陆地边疆社会与内地社会长期存在的异质性逐渐降低，二者之间的同质性逐步提升。在这种情况之下，陆地边疆与内地的分界线逐渐往边界方向移动，也就意味着陆地边疆的范围在逐渐缩小，被现代化成功"化"了的具有现代性的疆域在逐渐扩大。这是中国在改革开放之后的快速现代化进程中所开展的陆地边疆治理最显著且最根本的成效。

第四节　国家崛起与陆地边疆治理

随着中国的崛起，陆地边疆在国家崛起中的地位和作用日益显现。在国家崛起时期，中华民族伟大复兴的历史使命，以及全面建成小康社会的时代任务，都使边疆治理尤其是陆地边疆治理在国家治理中的地位发生了

---

[1] 周济：《认真贯彻落实党的教育方针和民族政策　大力发展民族教育事业》，《中国民族教育》2005年第4期。

重大变化。而随着我国"一带一路"建设愿景的提出,陆地边疆的治理在国家崛起中的意义则更加凸显。这就要求我们需从国家发展和国家崛起的现实需要来谋划陆地边疆的治理,提升陆地边疆的治理能力,继续推陆地边疆的经济社会和各项事业的发展,为国家的崛起提供强大的助推力量。

一 国家崛起进程中的陆地边疆形势

随着我国国家整体实力的提升、国家治理水平的提升和边疆战略地位的变化,以及地缘政治形势的发展,当前我国的陆地边疆在国家发展和国家崛起的时代背景下也面临着如下形势或任务。

首先,"一带一路"愿景下陆地边疆面临的机遇与挑战。"一带一路"愿景,为陆地边疆的发展提供了前所未有的契机。在"一带一路"建设蓝图中,边疆的地位和作用需重新加以审视,陆地边疆实际上已不仅是国家疆域的边缘性部分,还成为了国家新一轮对外开放的前沿,这就使边疆地区在国家发展格局中的地位发生了变化,甚至有学者还指出,国家发展攻坚的场域也由核心区域开始向边疆区域发生重大转移,[①] 陆地边疆必将赢来一个前所未有的发展前景。然而,在"一带一路"愿景为广大边疆地区发展带来机遇的同时,这些地区所面临的新型风险也迅速开始出现,并逐渐成为边疆治理必须直面的重要议题。总的来看,边疆地区在当前"一带一路"愿景实施过程中至少潜藏着三种风险:一是周边节点国家治理压力对我国陆地边疆治理的冲击。"新丝绸之路沿线节点国家国内根深蒂固、盘根错节的族群、宗教、阶级、地域、派系对立成为困扰它们进行国家建设的结构性和深层次障碍,弱国—强宗教/部族、地方成为普遍性的政治生态。"[②] 这些节点国家结构性困境导致的国家治理压力,不但会掣肘我国"一带一路"的实施,而且其外溢效应还会在一定程度上影响我国陆地边疆的治理。二是沿线地区的安全压力。"一带一路"愿景,使我国陆地边疆前所未有地面临着的跨境非法流动、走私、贩毒,尤其是

---

① 王砚蒙、朱碧波:《论我国边疆治理取向的调适与重构》,《云南社会科学》2015 年第 4 期。

② 邹磊:《中国"一带一路"战略的政治经济学》,上海人民出版社 2015 年版,第 98 页。

"三股势力"等问题更加凸显,这无疑将给我国陆地边疆安全形势带来新的更多的压力。三是同沿线国家的博弈。"一带一路"是我国构建陆海统筹、东西互济的全方位开放新格局,从而打造中国与周边国家利益共同体和命运共同体的愿景和设想。但该愿景在建设实施过程难免会引起沿线国家甚至其他国家的忌惮或排斥,而陆地边疆作为国家间博弈的前沿阵地,某种程度上却不得不承受因国家间博弈而带来的无形压力。

其次,边疆地区需加快发展步伐,缩小地区间发展差距。在当前我国区域发展的大格局中,陆地边疆正处于加速发展的上升趋势,呈现出发展步伐加快、发展质量提升的良好势头。陆地边疆的总体发展水平已有了较大改观,尤其是随着西部大开发战略的实施、沿边开放的推进、兴边富民行动的实施,我国的陆地边疆发展为国家发展和国家崛起都奠定了新的基础。尤其是随着国家发展进程的加快,边疆地区在国家发展中的支撑作用和短板效应都在不断凸显。一方面是陆地边疆发展和治理成效明显提升,而另一方面却不得不看到边疆地区与其他地区之间非均衡发展的格局依然存在。换言之,在国家崛起时期,从中华人民共和国成立初期一直到快速现代化时期存在着的区域非均衡发展的二元格局尚未得到扭转。这种区域二元结构的形成,在很大程度上缘于陆地边疆地缘政治复杂、民族宗教问题繁复、历史欠债较多和发展起点偏低。国家虽然对陆地边疆发展予以大力支持和政策倾斜,但边疆地区的经济社会发展步伐仍有待加快,缩小边疆地区同其他地区实际存在的发展差距仍然是我国陆地边疆治理必须直面的一大问题。

再次,边疆地方政府的治理能力需进一步提升。党和国家一直以来都十分重视边疆地区的建设发展。尤其是实施西部大开发战略以来,国家对陆地边疆的财政转移支付和专项转移支付力度持续走高,差异化的扶助政策也不断推出,陆地边疆的基础设施建设和公共服务水平都在总体上得到了提升。然而,边疆地区的发展,主要还是一种国家主导、中央政府扶持的发展。这种发展无疑对推动陆地边疆的跨越式发展具有不可或缺的价值。不过,在推动陆地边疆经济社会发展的过程中,边疆地方政府的治理能力和能动性也需得到激发和提升。有学者就指出:一些陆地边疆,即便在现代文明的洗礼和市场经济的冲击之下,依然存在比较浓厚的保守观念,如"重农抑商、经商耻辱的自然经济观念;安于现状、易于满足的守常观念；眷念故土的守土观念；原始平均主义思想，血亲宗族观念"，"重谦让轻竞争开拓的观念"。一些民众甚至包括一些领导干部"等、靠、要"思想都比较严重，一些边疆地区"衡量领导者政绩最重要的标准是看谁向上级要项目多，要钱多"。① 如此种种，都不利于边疆地方政府治理能力的提升。

最后，边疆地区的"人心政治"建构任重道远。边疆地区是少数民族聚居的主要区域之一。我们党要巩固在边疆地区的执政基础，就必须在边疆地区的各族民众中抓好"人心政治"，确保人心在我。习近平总书记在 2014 年中央民族工作会议上的重要讲话中就曾强调，"做好民族工作，人心是最大的政治"。人心在我，各族人民就能众志成城。② 在我国边疆治理中，抓好"人心政治"具有极为重要的意义，它不仅关系到边疆治理进程中的政治动员和资源整合，还关系到边疆地区各族民众的"五个认同"建设，关系到我们党在边疆地区的执政基础。长期以来，我国一方面通过在边疆地区深入开展民族工作、加强民族团结教育和推动边疆经济社会发展来不断争取和赢得民心，不断强化边疆各民族民众的国家认同、中华民族认同、中华文化认同、中国共产党认同和中国特色社会主义道路认同。同时也要看到，边疆地区"人心政治"存在的问题也不容忽视。尤其是随着中国的快速崛起融入世界的程度加深，我国的边疆地区也面临着诸多不容忽视的认同问题，尤其是在应对认同危机、整合民族认同与国家认同等方面潜藏着诸多挑战，这也意味着我国在边疆地区在"人心政治"建构方面压力较大，任重道远。

二 国家崛起进程中陆疆问题的凸显

随着"一带一路"建设愿景的启动实施，我国正在朝向中华民族伟大复兴和全面建成小康社会的目标迈进。在这一历史进程中，不论是中华民族的伟大复兴，还是全面建成小康社会目标的实现，边疆地区无疑都是重点和难点区域。因此，在国家崛起的背景下，陆地边疆治理中的安边、

---

① 方盛举：《中国民族自治地方政府发展论纲》，人民出版社 2007 年版，第 69—71 页。
② 国家民族事务委员会：《中央民族工作会议精神学习辅导读本》，民族出版社 2015 年版，第 104 页。

稳边、富边、固边等问题被进一步凸显了出来。

首先是安边问题。在"一带一路"愿景下，我国的陆地边疆变成了国家新一轮对外开放的前沿，扮演着"大通道""开放窗口""交通枢纽"等重要角色。但由于陆地边疆所处的地理和空间因素，边疆安全问题也再次凸显出来。其中，最为严峻的问题是"三股势力"问题和"有组织犯罪"问题。近年来，"三股势力"（恐怖主义势力、宗教极端势力、民族分裂势力）不时抬头，甚至已成为威胁"一带一路"愿景顺利推进的不利因素。而被联合国大会列为"世界三大犯罪灾难"之一的跨国有组织犯罪，同样会对"一带一路"的实施造成不容小觑的威胁。在中国陆地边疆日益开放并不断融入世界的过程中，一些有组织的犯罪如毒品走私、偷越国境、跨国经济犯罪等，将是我国陆地边疆治理中不得不直面的现实问题。

其次是稳边问题。如果说在中华人民共和国成立初期，"稳边"主要涉及的是新生国家政权在边疆地区站稳脚跟的问题。那么，在当今中国国家崛起的关键时期，"稳边"涉及的则是"人心在我"的政治合法性问题，即陆地边疆各民族的"五大认同"建构的问题。正如前文所述，在党和国家一以贯之的领导和努力之下，我国陆地边疆的"人心政治"虽不断巩固和加强，但也还存在着不容忽视的问题。这些问题主要有：一是认同弱化问题。我国陆地边疆传统的"人心政治"建构，某种程度上是建立在意识形态教化和改革开放以来经济高增长的基础之上的，与党和国家的民族工作密不可分。但一些边疆地区由于受分裂主义、民族主义等因素的侵蚀，导致边疆地区部分民众的"五个认同"出现了不同程度的弱化。二是认同虚化问题。随着我国融入世界程度的加深，各种社会思潮逐步出现，西方国家的一些思潮也不断涌入，尤其以历史虚无主义和多元文化主义为代表的一些社会思潮，对边疆各民族业已形成的"五大认同"产生了不同程度的侵蚀，导致他们的政治认同出现了不同程度的虚化。三是认同淡化问题。在我国的边疆治理，长期以来是嵌套在民族工作中展开的，且长期形成了"族际主义"的价值取向。这一取向虽在动员各民族方面功不可没，但在增强各民族对国家的认同、对中华民族共同体的认同等方面着力不足。而这些认同如长期得不到引导，将不可避免地影响陆地边疆的稳定。

再次是富边问题。在国家崛起的过程中,全面建成小康社会目标事关"四个全面"战略的实现。而在全面建成小康社会的攻坚战中,边疆民族地区则是一个重点区域。虽然我国陆地边疆建设在国家现代化进程中取得了卓著的成效,但当前大多数边疆地区仍面临着整体脱贫的压力。具体而言:其一,陆地边疆贫困面较广。比如,在《国家八七扶贫攻坚计划》中,云南边境沿线25个县市,属于国家贫困县的就达到16个,占沿边县市总数的64%,可谓大部分沿边地区都属于贫困地区。其二,陆地边疆贫困程度较深。很多边疆地区生产总值和人均纯收入较低,而贫困发生率则居高不下。其三,一些边疆地区还存在整体贫困或整族贫困现象。在我国许多边疆地区,"尽管经济发展水平不尽一致,各县市之间在贫困程度上也有一定的差异,但在整体上都处于贫困状态",相当一部分自古以来就居住在边境沿线的少数民族,如云南贡山县独龙江畔的独龙族和中缅边境的傈僳族等都"呈现为近乎全民族的整体性贫困"。[1] 总之,我国边疆地区贫困面广、贫困程度之深和整体性贫困的局面是影响边疆治理最为突出也是最为严峻的一个问题,某种程度上甚至是国家崛起进程中的陆地边疆治理必须首先解决好的一大问题。

最后是固边问题。所谓固边问题,就是在陆地边疆治理过程中使边境更加充实、边防更加稳固的问题。通常来说,"固边"除具有国防内涵之外,也有民防之意。即国家在通过加强边防建设的同时,还应通过实施相应的政策、手段和措施确保边疆特别是边境一带地区有一定规模的人类生存生产生活等活动。然而,随着现代化进程的加快,我国的一些边疆尤其是边境地区由于人口迁徙、劳务输出等原因,出现了不同程度的空心化现象。在一些边境地区,边境空心化的负效应已开始显现。如邻国边民过耕、过牧、过伐等现象日渐增多。甚至在一些地方还出现了我方边民将土地租让或转赠邻国边民耕种,我边民由于生存生产生活条件恶劣而逐渐退离边境居住等现象;一些地区则民防空虚、便道林立,非法越境、偷渡等不法行为屡见不鲜,边境管控手段较为粗放且漏洞较大。这些现象或问题,都极不利于当前我国的边防巩固,更亟须在陆地边疆治理中引起足够重视。尤其是边疆县一级地方政府,更需切实履行好边疆治理中的主体责

---

[1] 鲁刚等:《社会和谐与边疆稳定》,中国社会科学出版社2011年版,第67页。

任,防范边境空心化的潜在隐患,特别是应通过采取系列的政策措施来切实改善边民的生产生活条件,避免边境地区因空心化而出现"有边无防"或边防空虚的被动局面。

三 国家崛起中的陆地边疆治理

随着中国的崛起,陆地边疆及其治理的地位和作用都日益凸显,这就需要进一步谋划边疆和边疆治理。在支撑国家的关键时期,客观上要求我们超越"边缘—核心"的传统边疆观,转而以国家的整体发展和布局来审视边疆。

首先,陆地边疆是国家的军事要地和战略要冲。在国家崛起时期,陆地边疆在国家发展中的重要性更加明显,但陆地边疆的传统意义依然存在巨大价值,陆地边疆依然承担着疆域防卫的重任。也正从这一意义上看,更需加强对陆地边疆的治理。只有陆地边疆得到了良好的治理,国家的疆域安全、主权独立和领土完整才能得到有力的保障,国家崛起也才能有最为基本的安全环境。

其次,陆地边疆是国家的对外经济门户。中国的崛起,加快推动为边疆地区经济社会的发展奠定了更加坚实的基础,同时也对边疆地区的对外经济交往提出了更高要求比如在"一带一路"愿景中,新疆就被定位为丝绸之路经济带的核心区域,广西被视为海上丝绸之路与丝绸之路经济带有机衔接的重要门户,而内蒙古则被定位为向北沿边开放的窗口,这都深刻地反映了陆地边疆在国家崛起时期的重要战略和经济地位。陆地边疆经济地位的凸显,也使陆地边疆治理的绩效将直接关系到陆地边疆辐射周边国家的广度和深度,关系到中国与周边国家命运共同体和利益共同体的融入程度。

当前中国陆地边疆的角色与定位,使陆地边疆治理绩效对于国家崛起的价值与意义日趋重要。总的来说,陆地边疆的治理绩效将关系到国家崛起的安全环境。事实上,国家崛起也需要一个良好的环境,而陆地边疆对于国家崛起所需要的安全环境建构具有至关重要的意义。陆地边疆治理也关系到国家崛起的物质基础。中国作为一个疆域辽阔、陆地边疆广袤的国家,陆地边疆为国家崛起蕴含着其他区域难以替代的自然资源和人力资源,陆地边疆治理的绩效直接关系到陆地边疆能否有效地助力国家崛起。

陆地边疆治理还关系到国家崛起的速度与可能达到的高度。国家崛起的理想状态，理应是国家全方位的、整体性的崛起，任何一个方面的短板都将迟滞国家的整体性崛起，或者制约国家崛起的可持续性。因此，中国国家崛起的速度和所能达到的高度，将在一定程度上取决于陆地边疆及其治理的绩效。也只有有效地治理好陆地边疆，中国的崛起才是一种整体性崛起，才具有可持续性。

四　陆地边疆治理的现代转型

在国家崛起进程中，随着国家战略的调整、陆地边疆形势的变化和边疆问题的凸显，陆地边疆治理向现代化转型已成了现代国家治理和中国国家崛起的现实需要。这就要求陆边地疆治理应不断改善边疆治理的理念和技术，提升陆地边疆治理的能力。

中国传统的边疆社会更近似于一个简单社会，简单社会的边疆问题相对单一，且用传统的治理手段便足以应对。而当今的边疆社会，既是现代复杂社会，又是全球性风险流动下的风险社会，更是信息社会。当前边疆社会严峻的形势和复杂的社会问题，都是传统社会中所未曾经历的，具有高度不确定性等特点，这就使当前边疆社会治理的复杂性超出了传统边疆社会治理的经验范畴，边疆社会治理的技术转型也成为时代发展的势所必然。而在这样一个新技术层出不穷的时代，大数据技术手段无疑可为陆地边疆治理由经验型治理向智能化治理提供治理资源。"大数据接近全体数据的认知模式，侧重于在整体上把握对象，能展现出小数据时代个体量级前所未见的属性和规律"，"利用大数据可以从宏观微观两个层次无限逼近事实真相"[1]，推动陆地边疆治理科学化的革命性变革。在大数据战略驱动下，陆地边疆治理不仅可以实现传统自然风险（如地震、海啸、疫病传播等）的精确预警，而且还可以实现对陆地边疆非传统安全（包括边疆社会舆情、民族心理预警、暴力恐怖活动等）的适时预判，从而使陆地边疆治理步入一个智能化时代。

边疆治理的现代化，不仅涉及边疆治理技术提升，而且还涉及治理中

---

[1] 郭建锦、郭建平：《大数据背景下的国家治理能力建设研究》，《中国行政管理》2015年第6期。

的认同问题。如果说当前陆地边疆的治理需要治理的现代化，那么边疆各民族政治认同的建构，则对边疆治理提出了全新的要求。在当前国家发展的新型阶段，能否有效地开展族际政治整合，建构各民族（尤其是少数民族）的"五个认同"，将是关系到中华民族伟大复兴能否实现的重大问题。以往关于各民族"人心政治"的建构，在很大程度上主要靠的是中国经济的高速增长和意识形态的教化。而意识形态在对于民族平等、民族团结和各民族共同繁荣方面的教化，是一种对受众的单方宣传。这样一种"人心政治"建构的模式，从总体上看仍需与时俱进。尤其是在当前国家发展阶段，各种社会思潮纷繁多元，信息时代的诸多新媒体层出不穷，都在不同程度上重构着民众的认知方式和信息获取的渠道。在这样一种时代格局大变迁之中，传统粗放型的民族宣传手法与传播策略都不免存在与时代发展相脱节之弊端。这也决定当前我们在"人心政治"的建构方面要从粗放型治理走向一种精巧型治理，即一定要注重根据不同民族、不同阶层、不同年龄的受众，采用灵活多样的宣传载体，采用差异化的宣传策略，以他们喜闻乐见的方式，润物无声地推动各民族对"五个认同"的认可和接纳。

在提升陆地边疆治理能力的过程中，边疆地区的脱贫问题无疑具有基础性战略意义。当前困扰边疆发展的诸多问题，或多或少都与边疆地区的经济社会发展滞后特别是贫困存在着较大关系。陆地边疆的贫困在某种意义上已经成了制约边疆地区长足发展的最主要的不利因素，因此必须全力在边疆地区全面建成小康社会。面对传统扶贫工作中的弊端，当前边疆地区的精准扶贫，对于推动边疆地区的跨越式发展、确保各民族各区域如期实现全面小康具有极其重要的意义。因此，在当前陆地边疆地区的扶贫工作中，我们应该努力实现扶贫工作由粗放式扶贫转向精准式扶贫，不断强化贫困人口的识别，强化各级政府和相关责任人的政治责任及政府责任，提升党和政府的政治动员能力，完善扶贫工作的评估机制，避免动员式扶贫可能出现的"返贫"现象，切实推动边疆地区如期实现小康。

在中国陆地边疆的治理中，陆地边疆的发展无疑是一个日趋重要的议题。在国家高度关注之下，一些发展陆地边疆与少数民族的战略规划纷纷出台，如西部大开发战略、兴边富民行动、沿边开放战略，以及人口较少民族发展规划等。这种边疆发展战略是国家主导下的自上而下的行政推动,对于边疆地区的赶超型发展具有至关重要的作用。但陆地边疆的持续性发展,并不能仅仅依赖于国家主导的行政推动,而且还应增强边疆地方政府加快发展的内驱力,更应该激发边疆各族民众的发展欲望、发展自觉和发展潜力,形成推动陆地边疆发展的合力。

第五节 当代中国陆地边疆治理的特点及面临的挑战

当代中国的陆地边疆治理,经历了一个不断调整、完善的历史进程,逐步形成了独特的样式。在这个过程中,历史上边疆治理形成的路径依赖和治理惯性,对于重构当今的陆疆治理模式起到了重要作用。当代中国陆地边疆面临的特殊性问题和不断演化的内外环境,从客观条件上限定了陆疆治理的实践。同时,当代中国的基本国情,执政党的治国理政思路,以及政治制度与政治文化,也对边疆治理模式的形成产生了根本性影响。

一 追求稳定的陆地边疆治理理念

"稳边"一直是中国陆地边疆治理的重要目标之一。在王朝国家时代,中原政权面对的最大外部威胁便是周边边疆势力的崛起和侵犯。因此,在边疆地区维持稳定局势,对于中原王朝的统治和治理而言便是头等重要的大事。在"王者不治夷狄""因俗而治"和"以夷制夷"的思路下,中原王朝对边疆社会的具体事务并不感兴趣,也较少花费心思和精力来谋求边疆社会的发展。

近代以来,中国的边疆局势呈现不断恶化的态势,边疆危机频仍和边疆领土丧失的现实迫使晚清和民国政府更加重视维持边疆的稳定局势,并采取了军事干预和怀柔安抚等多重手段加以治理。中华人民共和国成立以后,基本上还是延续了这样的陆地边疆治理理念。特别是在中华人民共和国成立的初期阶段,在帝国主义国家的军事威胁和经济封锁之下,中国的陆地边疆面临着十分严峻和恶劣的周边环境。再加上此时边疆地区的民族问题还较为严重,多种敌对势力还广泛存在,这些都对边疆稳定构成了重大威胁。在此条件之下,党和新生国家政权在进行边疆治理活动中,最为重视的自然就是如何维持和增进边疆稳定的问题。

在新的历史时期，尤其是在改革开放以后，影响陆地边疆稳定的传统因素有所减弱，但也必须看到边疆地区的稳定仍面临着一些复杂敏感的风险。在此背景下，中国陆地边疆的安全和稳定问题仍不可忽视。正因如此，维护边疆地区的长治久安和社会稳定仍是中国陆地边疆治理中的基本问题。事实上，在陆地边疆治理中，边疆地区的政治发展、经济建设、社会和谐与文化繁荣无一不是在边疆稳定基础上实现的。然而，在陆地边疆治理中，始终面临着"稳定"与"发展"关系的平衡。即一方面，陆地边疆的治理需维护好边疆地区的社会和政治稳定，以维护统一多民族国家的稳定统一；另一方面，则需要加快边疆地区的经济社会发展步伐，缩小广大边疆地区同内地之间的发展差距。而在现实的边疆治理实践中，究竟是偏重于"稳定"还是偏重于"发展"，在根本上反映了特定历史条件下边疆治理的价值取向和现实选择。

二 政府主导型的陆地边疆治理结构

我国的传统社会形态，具有鲜明的强国家、弱社会的特征，国家和政府几乎垄断了社会的公共权力，并以此进行一元化的国家治理。而当代中国的陆地边疆治理，则在很大程度上继承和延续了这一治理结构，即党和政府在整个治理过程中发挥着绝对主导的作用。这样的治理特征，在以往的历史时期内具有时代的合理性。在传统社会中，社会力量、公民组织和经济组织发展得都较为缓慢，因而难以承担起相应的社会治理职能。中华人民共和国成立以后，面临着民族国家一体化建设的重大任务，国家力量需要从政治上层建筑下沉到社会基层领域，也需要从国家腹地延伸到偏远边疆；国家权威需要取代各种传统权威，成为社会秩序的本源。在这样的背景下，国家治理中的"强政府"甚至"全能政府"特征就显得十分突出。

在陆疆治理中，中央政府起到了顶层设计、整体规划和宏观指导的作用，而地方各级政府则承担了执行落实和具体管理的职能。在这样的治理结构下，政府主导和推动了全面的边疆治理活动。在政权建设方面，陆地边疆地区全面建立起来了统一的人民民主政权、实行了民族区域自治制度、大量使用了少数民族干部；在族际治理方面，开展了大规模的民族工作，疏通了民族关系，妥善处理了民族关系，并通过扶持照顾性的政策推动了少数民族的发展；在社会改造方面，随着民主改革、社会主义改革和民族融合的不断实现，边疆与内地之间的同质化水平大为提升；在经济发展方面，经过多年来持续全面的开发与建设，边疆经济实现了飞速增长，人民的生活水平也不断提高。而所有的这些重要举措和成果，都是在政府主导的前提下实施和实现的。因此可以说，这种政府主导型的边疆治理结构，在以往的边疆治理活动中具有必然性和必要性，成效有目共睹。特别是在现代化进程当中，依靠政府力量进行的价值分配和秩序维护，无论对于边疆区域的稳定和发展还是对于整个国家大局的维护都是极为重要的。

但应该注意的是，这种政府主导型治理实质上往往也意味着一元式结构的治理，甚至是政府唱独角戏的治理。这样的治理方式固然有力而有效，但却难以充分实现对治理资源的整合与利用。因此，在强调政府推动作用的同时，还应主动吸纳其他主体来协同处理边疆事务和边疆问题。尤其应当划清政府在边疆治理中的职责范围和权力清单，通过授权或放权将部分治理功能交于社会组织和市场组织。

三 族际主义取向的陆地边疆治理路径

中国的民族分布同地理格局之间存在着高度的统一性，诚如费孝通所言："民族格局似乎总是反映着地理的生态结构"[①]。边疆地区往往又是众多少数民族的聚居区域，因此往往又被叫作"边疆民族地区"或"边疆少数民族地区"。也正因如此，我国的陆地边疆治理活动就离不开对民族问题的考虑和治理。在王朝国家时代，族际治理和边疆治理在某种程度上就是合二为一的。在"内诸夏而外夷狄"的总体思路之下，民族问题的解决实际上就意味着王朝国家疆域的统一、边疆安全和稳定以及中原王朝统治的稳固都有了基本保障。近代以后，随着中国民族国家构建和主权领土观念的传播，传统边疆治理的族际主义路径有所调整，从国家政治地理空间角度看待边疆、划分边疆和治理边疆的区域主义路径有所萌发。但是，随着中华人民共和国的成立，族际主义的治边模式再次得到强化。

当代中国陆地边疆治理路径的族际主义特点，集中表现为将边疆问题纳入民族问题的范畴予以理解，并在族际治理框架下进行边疆治理。"在

---

① 费孝通主编：《中华民族多元一体格局》，中央民族大学出版社1999年版，第4页。

这样的一种格局下，边疆问题、边疆治理都被纳入到民族问题和民族政策中进行研究，处理边疆问题的其他措施也被置于民族政策之下。在国家的决策中，凡是涉及边疆问题，都被放在民族政策的主题之下，党和国家的领导人也是在论及民族问题的时候才谈到边疆问题及其治理的。"① 这一陆地边疆治理模式，一方面，同民族问题历来是边疆地区面临的主要问题，这个基本的现实情况有关；另一方面，受到中国共产党民族理论和民族政策基本取向的根本性影响。客观而言，族际主义的陆疆治理路径在特定的历史时期确实取得了不容忽视的成就。尤其是在中华人民共和国成立之初，民族问题还是边疆治理中面临的主要矛盾，在族际主义治理路径下，这个问题迅速得到了改善，新生的国家政权在较短的时间内便赢得了边疆各族民众的支持和拥护。此后，党和国家为进一步保障各民族的政治权利而在少数民族聚居区普遍实施民族区域自治制度，实现了边疆地方与国家整体的对接；并通过扶持和照顾性的民族工作和民族政策，增强了边疆少数民族的国家认同和执政党认同，强化了多民族国家疆域的整体性。②

陆地边疆治理实践及其采取的现实路径，并不完全是主观构建的结果，而是由边疆地区面临的基本现实问题所决定的。在民族问题是边疆地区的首要问题时，族际主义的治理路径可谓抓住了问题的主要矛盾，在实际应用中自然也显得游刃有余、卓有成效。但是，在边疆问题和边疆环境都发生巨大转变的历史前提下，族际主义路径便无法收到一劳永逸的效果，而必须根据现实条件进行调整和转变。从当下的基本情况来看，将边疆治理问题同民族问题治理等同视之，并将边疆治理置于族际治理框架之下的观念和做法已显示出不妥之处。一方面，陆地边疆地区的政治发展、开发建设、生态环境保护、社会改造、边境管理、经济发展等方面的问题并不是民族问题所能涵盖的，也不能在民族政策的制定和执行过程中得到有效解决。因而，民族问题不能完全覆盖边疆的区域性问题，族际主义的治理路径也必将造成对陆疆治理的片面认识。另一方面，将陆疆地区笼统

---

① 周平：《中国的边疆治理：族际主义还是区域主义？》，《思想战线》2008年第3期。
② 孙保全：《论中华民族构建过程中的边疆整合》，《西北民族大学学报》（哲学社会科学版）2016年第1期。

地视为民族地区的观念,在基本逻辑上也是经不起推敲的。首先,边疆从根本上来说是一个区域性概念,其本质是国家占有和控制的一种特定的政治地理空间,而民族说到底是一个人群共同体概念。将一个区域概念与一个群体概念混同显然是存在逻辑问题的。其次,生活在陆地边疆地区的居民中,除了少数民族之外还有汉族,而且在很多区域汉族人口甚至占据了更大比例。同时,广大少数民族除聚居于边疆地区外,还往往生活在内地省份。因此,民族问题同边疆问题实际上并不能等同起来,族际治理内涵与边疆治理内涵也并非严丝合缝地相互重合。

四　碎片化的陆地边疆治理手段

总的来看,中国的陆地边疆治理缺乏系统性的治理框架,更加缺乏整体性的治理战略,边疆的治理工具和治理手段具有明显的碎片化特征。一方面,在整个国土空间布局和规划中,缺少对陆地边疆区域的考量。从本质上说,国家既是一种政治形式,也是一个政治共同体,还是一个政治地理空间单位,因此在国家治理和治理国家的活动中应该着重强调空间治理思维。特别是注重对"国土空间的开发和利用进行规划,主要是划分国土空间的不同功能区,强化国家地理空间的经济布局"。① 中国在进行国土空间布局和规划中,较早地形成了东、中和西部不同的划分方式,并在此基础上形成了较为成熟的区域发展模式。总体来看,中国的国土空间治理主要又为东部腾飞、中部崛起、西部开发,以及振兴东北老工业基地的总体布局。然而,在这样的地理空间治理规划中,并没有形成陆地边疆地区的独立位置,只是将其以碎片化的形式归纳在西部地区与东北地区。在这样的条件下,中国的政治地理空间治理思维中,显然缺少明确的陆地边疆概念。特别是随着边疆治理不断取得成效,边疆与内地之间的界线已经发生了不断外移的变动,陆地边疆的范围开始日渐模糊,"西部"和"东北"的方位概念已然不能有效地指代边疆范围。

另一方面,陆地边疆治理实践是断续的,甚至是权宜性的,缺少稳定性和系统性。目前"一带一路"倡议、"西部大开发"战略、"兴边富民"行动、"沿边开放"政策以及"对口支援"等诸多涉及陆地边疆治理

---

① 周平:《国家治理须有政治地理空间思维》,《探索与争鸣》2013年第8期。

范畴的重大举措，都不是完全意义上的陆疆治理战略。其中最近国家提出的"一带一路"战略，为陆疆治理提供了重大契机，但却不是专门围绕陆疆地区展开的。相反，在某种意义上，陆疆治理是服务并服从于"一带一路"战略的。而"西部大开发"战略虽然与边疆地区具有较多相关性，但是"它本身并不是边疆战略，而且从目前的实施情况来看，其重点在大中城市，并非严格意义上的边疆"①。"兴边富民"行动涉及与边界相连的陆地边境县和新疆生产建设兵团的边境团场，这样的边疆界定不仅是狭小的，而且是不完整的，更称不上是一个整体性的边疆战略。"沿边开放"政策对于边境地区发展起到了极为重要的推动作用，但其实施的范围较"兴边富民"行动显得更为有限，发挥的治理功能也更为单一和有限。而作为另外一项治理工具，"对口支援"虽然包括内地省份对于边疆省份的持续支援，但却不是针对陆疆治理而制定的专门政策。除了对部分边疆省份支援以外，对口支援政策还包括针对灾害损失严重地区以及重大工程的对口支援，支援内容包括经济发展、教育、医疗和卫生等社会事业以及基础设施建设等方面。② 因而无论是事务领域还是地域范围，对口支援政策都无法与陆疆治理相耦合。

中国陆地边疆的碎片化治理方式，内涵于整体性的国家治理目标和治理框架之中，对于处理政治地理空间治理中普遍性的同时也存在于边疆区域的问题，以及解决某些具体的边疆问题发挥了重要的作用，基本上也能够承担起边疆治理的功能。但是，随着边疆及边疆治理在国家发展中的意义日渐凸显，边疆问题日益多样并相互交织，这种类型的治理手段开始显露出不适应性。或是忽视边疆的独特属性而导致"一刀切"的后果，或是过分纠结于某个特定问题产生"头疼医头，脚疼医脚"的弊端。因此，从目前的形势来看，十分有必要将陆疆划分出来作为单独的空间领域加以治理，对以往的碎片化陆疆治理手段进行整合，形成整体性的治理规划、治理框架和治理战略。

---

① 周平：《论我国边疆治理的转型与重构》，《云南师范大学学报》（哲学社会科学版）2010年第2期。
② 赵明刚：《中国特色对口支援模式研究》，《社会主义研究》2011年第2期。

五　陆地边疆治理面临的全新挑战

当代中国的边疆治理总体上是与以往的国内外形势相适应的，不仅独具中国特色，而且在改变陆疆面貌、促进国家发展等方面发挥了巨大作用。但是，当下陆地边疆面临的内外环境已经发生了深刻变化，陆疆治理必须及时做出调适和转变，才能适应时代需要。归纳起来，这些新的环境和问题及其对陆疆治理带来的严峻挑战主要包括以下几个方面。

第一，国家进入整体发展阶段，要求进一步加大陆疆治理力度。

中华人民共和国成立60多年以来，先后经历了现代国家发展的三个阶段。第一阶段为国家基本建设时期。这一时期的主要任务，是建立核心政治制度、确立国家发展道路和解决人民温饱。第二阶段为国家重点发展阶段。这一时期，国家选取拥有资源禀赋和区位优势的区域进行重点扶持、开发和建设，由此形成了一种非均衡的区域发展模式。第三阶段为国家整体发展阶段，即由非均衡发展模式转向均衡发展模式，从而实现国家的全面发展，提升国家的整体实力。经过60多年尤其是改革开放30多年的建设和发展，今天的中国已然进入了整体发展阶段。这样的基本国情的重大转变，也对陆疆治理提出了全新的要求。

中国发展至今日，经济总量已跃居世界第二位，国家整体实力已经大大增强。在这样的情势下，需要从区域公平和均衡发展的角度出发进一步加大对边疆的扶持、建设和治理的力度。对于中国区域间的发展差距，胡鞍钢曾有"一个中国四个世界"的形象比喻，即北京、上海、深圳等地区构成了"第一世界"，包括约占2.2%的人口总量；天津、广东等沿海地区构成"第二世界"，包括约占22%的人口总量；中部地区为"第三世界"，占人口总量的26%；西部地区则构成了"第四世界"，占人口总量的50%。[①] 作为"第四世界"区域，西部地区的落后状况又集中体现在边疆地区，不仅表现在经济上贫困，更体现在文化上、社会上的欠发达。对此，也有学者提出边疆"是我国贫困人口大面积分布区，具有贫困人口众多、贫困发生率高的特点"，总体发展水平显然落后于核

---

① 胡鞍钢主编：《中国战略构想》，浙江人民出版社2002年版，第2页。

心区域。① 陆地边疆地区的这种现实情况，一方面是由于先天性的自然环境要素和生产方式导致的，而另一方面则与以往的边疆治理模式直接相关。在非均衡发展思路指引下，以往的陆地边疆治理总体上表现出"重稳定轻发展"和"重开发轻建设"的基本特征。边疆治理主要为国家安全和稳定服务，并为支持内地发展提供了丰富的资源和广阔的市场，而边疆自身的建设和发展却往往付之阙如。当然，"非均衡发展"的边疆治理实属一种无奈之举，在特定的历史时期内具有一定合理性。但是，在今天国家发展已经进入整体、全面的阶段，和全面建成小康社会成为国内发展重要战略目标的时代背景下，这种"非均衡"模式已经日渐丧失了合理性和正义性。国家的治理力度需要向边疆地区进一步倾斜，并逐步实现边疆地区与内地、沿海地区的均衡发展。

第二，内外环境的深刻变化，要求重新调整陆疆治理思路和治理方式。

首先，自然地理环境制约作用的衰减，为陆地边疆治理创造了新的条件。自然条件一度是制约边疆治理的一个根本性因素，尤其是在生产力水平较为低下的传统社会，自然地理的阻隔将内地与边疆分割为两个不同的世界。唐朝时期就有人言："天生四夷，皆在先王封疆之外。故东拒沧海，西隔流沙，北横大漠，南阻五岭，此天所以限夷狄而隔中外也。"② 美国学者拉铁摩尔也认为，正是边疆地区完全不同于内地的自然环境，决定了中原王朝势力无法真正深植于边疆地区。③ 乃至中华人民共和国成立以后的很长一段时间里，自然地理环境对边疆及边疆治理的这种影响仍旧是决定性的。但是，人类的活动能力和活动领域总是随着科技水平不断提升而不断得到拓展。在今天这样一个信息化时代里，边疆社会同外界的广泛沟通已经不成为问题。而随着科学技术手段的不断进步，在以往交通不便的陆疆区域，日渐可以做到"逢山开路，遇水架桥"。现代化的交通工具通过路与桥，把不同地区联系在一起，推进着经济的发展，形成了

---

① 陆大道、樊杰主编：《2050：中国的区域发展——"中国至2050年区域科技发展路线图"研究报告》，科学出版社2009年版，第352页。
② 《旧唐书》卷89，《狄仁杰传》。
③ 参见［美］拉铁摩尔《中国的亚洲内陆边疆》，唐晓峰译，江苏人民出版社2010年版。

"路桥经济"时代,这将彻底改观边疆地区的交通现状。在这样的条件下,传统上依据自然地理因素而形成的保守治理思路必须要得到调整,转而以积极的态度看待边疆地区的地理属性。

其次,社会环境的转变,对陆地边疆提出了新的要求。整个中国社会都尚处在现代化的过程当中,其中边疆地区的传统性特征较核心区更为突出,由农业社会向工业社会的转型进程正在以加速度的态势进行,这个过程显得既迅猛又剧烈。现代化社会(或变革中的社会)所具有的诸多问题和带来的潜在风险,都在边疆社会中有所体现。其中最为突出的就是陆疆地区的利益分化问题,并呈现出利益主体多元化、利益来源多样化、利益差别扩大化、利益关系复杂化、利益表达公开化、利益冲突明显化等方面的特征。[1] 如何协调和处理这样的利益分化问题,将是陆疆治理过程中不得不面对的一个难题。此外,由于社会组织和市场机制的不断发育成长,意味着应当调动边疆治理的潜在资源,那种政府主导的一元化的治理结构应当融入更多的治理主体,并形成各主体间协同互动的有效机制。

再次,周边环境的深刻变化,要求以更加开放的心态来重估陆疆的地缘价值。陆疆治理必须考虑地缘政治和地缘经济因素,尤其是要兼顾到周边形势。在中华人民共和国成立以后的很长一段时期内,一直面临着十分严峻的周边环境,由此也形成了"重稳定轻发展"的治理思路。但是随着经济全球化和区域一体化进程的推进,我国陆地边疆面临的周边环境已经发生了深刻变化。从东北亚、中亚、东南亚到南亚,都有着较为宽松的地缘政治环境,这要求中国在陆疆治理活动中更加强调对外开放和区域合作,充分利用好陆疆独特的地缘优势和区位优势,在地缘经济上进一步拓展边疆的空间价值。

最后,陆疆问题复杂化,倒逼陆疆治理变革。其一,在全球化时代,传统的边疆观和边疆治理已不适应国家发展和国家治理的新要求,国家间的边疆竞争日渐频繁。与此同时,境外宗教势力也开始搭乘全球化便车,不断向我国边境地带进行渗透、施加影响,对边疆安全和稳定构成了新的威胁。其二,暴恐问题不时凸显,其发生地点和影响范围有扩大趋势。其

---

[1] 周平:《边疆多民族地区的社会利益格局变动与利益协调》(上),《云南行政学院学报》2008年第2期。

三，社会问题更为繁杂，生态恶化问题，群体性和突发性事件、跨国犯罪、艾滋病蔓延等问题都呈现出高发势态。而现有的陆疆治理有时却应对乏力，因而与时俱进地创新和改进治理手段，并最终实现治理模式转型就显得十分紧迫了。

第三，国家治理现代化的现实需要，凸显了陆疆治理转型的紧迫性。

国家治理与治理国家是一体两面的关系，这种政治活动既以国家政权为治理主体，也以国家为治理客体。其中，国家疆域治理普遍遵循着"核心—边缘"或"内地—边疆"的结构性模式，因此边疆治理现代化也就构成了国家治理现代化的题中之意。然而，"从国家发展战略的角度来审视这个地理空间场域便会发现，边疆的发展明显滞后于核心区的发展，并因此而成为国家发展总格局中的短板"[①]。在此形势下，只有实现了陆疆治理现代化，才有助于推进国家治理体系和治理能力的现代化。

加强陆疆治理，有利于补齐国家治理的战略短板，并且为完善国家治理体系、提升国家治理能力提供了新的契机。鉴于我国大部分少数民族都生活在边疆地区这一客观事实，在陆疆治理现代化过程中，可以将边疆地区的民族问题放到区域框架下来治理，以区域发展来促进各民族交往交流交融。在地方治理层面，强调边疆治理有助于突破"城市治理"与"乡村治理"的二分法，构建起"内地—边疆"的地方治理格局，从而丰富我国的地方治理范畴。陆疆治理现代化还有利于提升国家参与区域治理、全球治理的能力，因而能够成为实现国家治理现代化的重要动力。

---

① 周平：《强化边疆治理 补齐战略短板》，《光明日报》2015年6月10日。

第六章

海洋利益的凸显和海洋边疆的治理

民族国家的建立预示着中国海洋边疆的经营和管理进入了一个新的历史发展阶段，这是中国国家形态演变发展的必然结果，同时也为民族国家维护海洋边疆的完整、巩固发展海洋利益边疆以及有效地治理海洋边疆提出了新的时代课题。随着陆地上可资利用资源的日益枯竭，全球化形势下的经济增速已因资源制约而进入了发展的瓶颈期。21世纪已经被称为海洋世纪或蓝色世纪，恰恰是对这一现状的关注和最切实的注脚。海洋已经成为沿海国家和地区发展战略的重要一环。毫无疑问，国家之间的竞争也开始从陆地拓展到广袤的海洋。这种视野转变预示着世界沿海国家和地区海洋边疆政策的调整将进一步加快。全球化时代的来临为世界海洋事业提供了前所未有的发展机遇和平台，但其间也充满了更多的竞争和挑战。因此，随着海洋利益在国家整体利益中地位的不断提升，海洋边疆的重新定位和治理理念必须融入更加鲜明的时代元素。在新的历史条件下，有效地保障国家海洋利益和实施海洋边疆治理战略将成为中国走向海洋强国的重要途径。

第一节 民族国家的海疆和海洋主权

边疆是为治理需要而构建起来的产物。现代边疆的概念是伴随着民族国家的出现而不断发展完善起来的，既有悠久历史的承载，也有现代的法理依据。同样，作为现代疆域构成的组成部分，海洋疆域的地理区划和概念则基本上完全是以当今的海洋法理为依据而确定的，因此有一个非常明晰的地理范畴和确指的地理界限区间。民族国家构建以后，海疆开始成为国家疆域不可或缺的组成元素，而且随着海疆利益的不断凸显，维护海疆利益必然在国家发展战略中占据举足轻重的地位。

一 民族国家海洋疆域的构建

疆域的形成是一个逐渐演进的漫长过程。历史时期的中国海洋疆域经历了数千年的沿革和发展，直到民族国家构建以后才大致形成。中华人民共和国的成立不仅基本上完成了民族国家构建历程，而且也同时开启了民族国家进行建设的新篇章。与此相伴，国家海洋疆域的构建和建设也在此基础上得以渐次确立与实施。

1. 秦至元代中国海洋疆域的演变

公元前221年，秦王嬴政"振长策而御宇内，吞二周而亡诸侯",[①]天下为之一统，中国历史上第一个大一统的王朝国家由此诞生。作为王朝国家构成的基本要件，疆域开始担负起国家存在和发展的重任。然而，由于时代条件的局限，秦以后以至相当长的一段历史时期内，国家的疆域的范畴仅仅限于陆地边疆。秦始皇完成国家的统一之后，曾数次东巡并刻石琅琊以震慑关东旧地，也曾射鲛鱼于海上。但我们还不能说秦王朝时代的先民们已经有了海疆的概念。汉代以后海洋的利用开发得到进一步发展，特别是唐宋时期沿海移民开始不断增多，近岸地区、海岛等地已经有居民从事生产和生活，海洋社会开始逐渐形成。这一稳定的海疆发展格局一直持续到直到明代沿海安全局势发生突变为止。疆域界限的明朗化，是以一定的边防安全为前提的。没有安全压力的疆域就变成一个很宽泛的地理政治范围。直到明代以前，可以说历史上的中国一直是东亚乃至世界上的强大帝国，海洋邻国的存在并没有为当时的中国带来任何安全威胁。明代以前中国的海疆大致处于没有确指地理空间的历史状态。

公元14世纪中叶中国的海疆局势发生了深刻变化。一方面，明王朝建立后，国际环境的变化使海上贸易日渐勃兴，这种势头的出现受到了以农立国的明统治者的全力压制。同时，由于倭寇对沿海地区的不断骚扰，使明王朝感到了来自海上的空前压力。终明一朝，"南倭"的威胁成为明朝统治者挥之不去的阴影。但从另一方面来看，海疆的重要地位恰恰自此

[①] 《新书·过秦论》。

开始显现。海患平定之后，明朝开始重视海疆国防建设，沿海地区的军事防卫不断加强，从辽东半岛一直到北部湾的广大海区都得到了有效的管辖。

2. 明清时期中国传统海疆的逐渐形成

明清时期是中国海疆从"有疆无界"的状态到疆界形成的重要时期。地理大发现和西人的东来打破了古老中国海疆的平静。在外力的不断刺激下，中国王朝国家时代海疆在国家战略层面的意义开始凸显。明中叶以后，海疆安全意识得到进一步强化，海疆观念得到较为广泛的普及。知识分子和久历海疆的军事家们撰写了大量关于保障海防安全的著作。海防保障体系渐次得以构建，明朝对海疆的防卫措施得以加强，沿海卫所的力量得到扩充，海疆军事巡视成为常例，海疆作为王朝国家疆域的观念得到进一步深化。

明清鼎革之后，清朝所面临的海疆局势与明朝迥然不同。以鸦片战争为界可分为前后两个时期，前期清朝所面临的海疆局势的主要任务是铲除海上敌对势力和应对西方要求通商的不断挑衅，这一任务在康熙时期已基本完成，但西方殖民势力已使康熙感到忧虑："海外如西洋等国，千百年后，中国恐受其累。此朕逆料之言。"① 从雍正时期开始，西方对中国的压力越发明显。"海禁宁严毋宽，余无善策"② 是雍正时期治理海疆的主旨。乾隆时期西方对中国的挑衅不断加剧，但清政府的海疆政策倾向依然是以防范外来势力为主，相继出台了如防范东洋、加强澳门管理、禁烟和禁教、一口通商与防夷五事等政策。海疆防卫上，这一时期在整顿海防的基础上，一反明朝弃海岛而守内陆的做法，从雍正年间开始，清朝在漫长的海岸线上设置了数道海防线，以外海、岛屿和近岸相为依托，海疆局势得以改观。海疆的疆域意识开始在清统治者眼中得以体现。

鸦片战争之后，中国也进入了王朝国家时代的最后一段历程，传统海疆的定型也在这一时期逐渐完成。从1840年至1911年的70余年间是东西方激烈碰撞的历史时期。当然这一巨变来自于海洋。西方殖民者的坚船利炮轰开了清政府的海防大门，康雍乾时期所构建的海疆防线全线崩塌，

---

① 《康熙政要》卷二二。
② 《朱批谕旨孔毓珣奏折》，雍正二年十月初九日折批。

史无前例的海疆危机开始动摇中国最后一个传统王朝国家的根基。但是也恰恰在这一时期，清王朝的海疆维权之举为中国王朝国家时代的海疆建设之路抹下了最后光彩的一笔。

东西方列强在19世纪中叶以后不但疯狂侵吞中国陆上领土，同时也开始觊觎海疆。虽然清政府已是日薄西山，但是对于列强强占中国历史海洋疆域的行为，还是进行了长期的斗争。如禁止日本商人对东沙岛的开发，设立西沙群岛筹办处，派遣军舰巡视海疆，等等。清政府南海、东海维权的努力为以后我国与海上邻国划定海界奠定了一定的历史基础。值得一提的是，当时的清政府借鉴当时西方海洋边界的划分原则对中国海疆进行了规范，涉及内海的距离以及近海的主权权利等。这些举措预示着传统王朝国家不仅开始把疆域的关注点转向海洋，而且海洋疆域的概念也逐渐明晰。

3. 民族国家的构建是现代海疆形成的基础

辛亥革命的胜利标志着中国民族国家构建的开端。这一过程迥异于西方由王朝国家向民族国家的过渡进程。中国民族国家的构建所处的国内国际环境异常复杂，领土沦失和民族危亡威胁着新生的中华民国。但是作为一个过渡性的国家形态，其现代政治架构和民族主体开始逐渐形成。正是由于内忧外患的客观现实，使中华民国政府对于边疆问题倾注了更多的关切，海洋边疆开始纳入国家战略层面而进行考量。中华民国政府对海洋疆域行使主权管辖的历史过程表明，海洋疆域已成为国家疆域不可或缺的组成部分，对海洋主权的维护是保障国家领土完整的重要手段之一。

国民政府时期对海疆的经营主要表现在三个方面：

第一，通过外交和法律途径宣示主权。民国时期东西方列强相继对中国海域进行非法侵占、盗采资源和相关调查，南海海域局势尤为严重。虽然时局维艰，但国民政府仍然通过不同的外交和法律途径宣示和维护着国家海洋主权，在一定程度上遏制了国家海洋主权频遭损害的程度，为其后国家海洋疆域的确立奠定了历史基础。

第二，加强海疆地图的标绘。20世纪30年代，法国和日本对中国南海疆域的侵扰使民国政府感到海疆形势的日益严峻。鉴于此，民国政府成立了"水陆地图审查委员会",① 目的在于厘定中国南海各岛礁的中英文地名,后相继出版了由中华民国外交部、内政部、海军部等组成"水陆地图审查委员会"编印的《中国南海各岛屿图》、北平建设图书馆发行适用于中等学校的《海疆南展后之中国全图》和民国政府内政部公开发行的《中华民国行政区域图》,基本核定了中国南海海域的地理范围。

第三,设军驻守。民国政府收复被列强侵占的南沙群岛后即开始采取军事措施确保南海疆域安全。军事力量的存在有力地打击了列强觊觎我国海疆的野心,对于南部海疆的稳固发挥了重要作用。中华民国维护海疆的诸多措施是维护国家主权的必要之举,也体现了中国在构建民族国家过程中对于国家疆域认识的深化和提高。②

中华人民共和国的成立是中国历史上国家形态演进进程中的又一个里程碑,即民族国家构建的基本完成。民族国家构建完成的显著标志之一即是领土和主权观念的强化。就海疆而言,中华人民共和国的成立标志着海洋疆域进入了一个新发展阶段即"有疆有界"阶段。主权性是民族国家形成的要件之一,作为一个濒临海洋完全独立的民族国家,其疆域毫无疑问应该包括与陆地疆域同质性的海洋疆域。

20世纪中叶,海洋利益已开始在国际社会凸显,全球对海洋权益的争夺步伐也明显加快。《大陆架公约》《联合国海洋法公约》等旨在调整国际海洋秩序的法律法规相继出台,海洋开始进入与陆地疆域一样具有确指的地理空间和法律地位的疆域体系。为了保障海洋主权和海洋权益,中国政府在国际海洋法的框架下出台了《中华人民共和国政府关于领海的声明》《中华人民共和国领海及毗连区法》《中华人民共和国专属经济区和大陆架法》和《中华人民共和国海洋环境保护法》等若干海洋法律文件,中国海疆的地位和地理界限得到了准确的定位和阐释,也意味着民族国家对于海洋疆域构建的全面完成。

二 国家视域中的中国海疆观

海疆观是人们在一定时期内对海洋疆域的认知程度和观念上的反映。

---

① 该委员会成立于1934年6月7日,目的在于"着意编制标准地图,审查各类舆图",特别是对中国海洋边疆的地理范围进行了较为详细的勘测和编绘。

② 李国强:《民国政府与南沙群岛》,《近代史研究》1992年第6期。

一般而言，海疆观包括人们对海洋疆域的性质、属性、战略地位和发展态势的看法等。人们在不同历史时期的海疆观念有着明显的差异性。以民族国家构建的完成为时间界点，从国家的视角来看海疆观可分为传统海疆观和现代海疆观两大类型。当然，这两种类型的海疆观并不是完全割裂的，而是存在着继承和发展的因承关系。就中国而言，现代海疆观的形成是在传统海疆观的基础上融入了现代法理而形成的，并在新的历史时期不断完善和发展。

1. 王朝国家时代的海疆观

中国传统海疆观的形成可以追溯到先秦时期，当时沿海的诸侯国已经有了若干朦胧的海洋意识，而秦汉时期王朝国家的形成和统一则为海疆观的基本形成奠定了历史基础。大一统王朝的建立使秦王朝有了王朝视域中的疆域意识。秦王朝建立后继承并巩固了"溥天之下，莫非王土；率土之滨，莫非王臣"①的疆域理念，随之王朝国家时代海洋疆域的萌芽意识开始出现。

从中国历史的发展进程来看，自秦以降所萌发的海疆观念在相当长的历史时期内并没有发生根本性的变化，当然这种现象取决于延续数千年的王朝国家的内在特质。毋庸讳言，在王朝国家时代，无论是完成统一大业的雄主，还是偏居一方的小国，均是始终以开疆拓土为指向，这里的疆域当然主要是指陆上疆土，这种观念的形成和中国所处的地理环境密不可分。从东北到西南，在高耸的山脉和茫茫森林的包围下形成了一个稳定的以农业为主导性的生产和生活方式，从秦朝开始历代王朝的根基均建立在小农经济基础之上，农业经济的兴衰直接影响着王朝国家的稳定和发展，至于海洋经济仅仅是国家经济总量的补充，并不占据主导地位。另外，直到近代以前历史上的中国并没有遭遇来自海上的真正威胁，王朝国家的备边多在西北和北部一线，这也就决定了海疆在国家的意识形态中必然处于从属的地位的根本属性。

同时，海疆治理缺位的态势较为明显。中国的王朝国家是世界历史上存在时间最长的一种国家形式，疆域治理自然是王朝国家发展战略的重要组成部分。从实际经略过程来看，海疆治理在王朝国家的治边理念中长期

---

① 《诗经·小雅·谷风之什·北山》。

处于缺失状态。这种现象表现为治理理念滞后，海疆被视为陆疆的附庸地位，经济开发未能提高到王朝国家战略层面，文化传播受到若干意识形态的局限，这些因素导致了海疆地区在相当长的一段时间里处于国家的边缘地位。屯田、戍边、羁縻政策、改土归流等王朝国家在边疆地区的政治实践基本上是围绕陆地边疆进行的，整个王朝国家时期的治边方略和思想也是基于此而进行的。

此外，历史时期陆地文明始终是中华文化的核心要素，海洋文明的发展仅仅局限于沿海一隅，其辐射力相当有限。这种状况的出现与长期以来王朝国家对海疆治理的缺位有着密切的联系。海疆治理的长期缺失造成了沿海地区经济和文化上的长期弱势，极度影响了海疆地区的社会发展。当挟海洋优势的西方殖民势力东来之时，中国王朝国家时期的海疆已经名存实亡。这种长期的负面影响直接开启了一个充满屈辱的中国近代史时代。

2. 民族国家海疆观的形成

中国当代海疆观的形成是中国民族国家开始构建以后不断发展和完善的结果。近代的旧中国积贫积弱，外无以敌列强，内不足以保国家，海洋疆域几乎沦丧殆尽。民族国家开始构建以后，国家的疆域观也较之历史时期呈现出了明显的时代特色。中华民国的肇建使国家层面的海疆意识得到了进一步提高，特别是西方列强对中国海疆的不断侵扰，迫使民国政府不得不将疆域安全的视线转向海洋。

民族国家构建后进行了若干海洋经营与谋划的政治实践，疆域意识开始得到进一步强化。民国政府时期虽然处于内忧外患的险恶形势下，但海疆安全仍然被置于相当高的程度，海疆被纳入国家疆域重点管辖范围之内，国家的边政方略几乎无一例外地涉及了海疆，这已充分说明海疆不再是遥不可及或是国家安全屏障的一部分，而是与陆地疆域同等重要且与国家利益息息相关的海洋疆域。特别是当时国民政府对南中国海维权的多种举措对于维护中国海疆的完整具有重要的历史和现实意义。

中华人民共和国的成立是中国民族国家构建进程中一个新的里程碑，国家视域中的海疆理念得到升华。作为一个民族国家，中国有漫长的海岸线、辽阔的海洋疆域，长久以来海洋地位的缺失造成了中国始终未能摆脱陆地大国的形象，海洋安全在国家战略中的地位还未得到完全体现。当前中国政府正在走出"重陆轻海"的传统桎梏，以国家手段不断维护海疆安全和海洋权益。这是一个民族国家维护海洋主权的重要一环，也是国家安全战略得以实施的保障。

随着海洋在国家利益中地位的凸显，疆域观念尤其是海疆观念在维护民族国家利益的过程中逐渐开始由近海转向远海。众所周知，现代的海洋疆域观念不再仅仅局限于沿海或近海地带，而是走向更加辽阔的远海地区。当代的中国正在以近海为依托不断拓展远海利益，即大海疆观。大海疆观超越了传统海疆观的局限，以更多宏大和丰富的内涵诠释了新时期海洋发展战略的指向。其主要理念是海洋疆域的定位不再限于有形的海洋地理疆界，而是以此为基础由近海走向远海，由海面延伸到海域上空和海域深层直到海洋底土。在如此广阔而立体的海域空间内进行有效的管理和开发是大海疆观念的核心内容。大海疆观已成为当前诸多沿海国家和地区奉行的新式海洋观念。这是现代民族国家维护海洋主权的必要手段，也是走向海洋强国的必由之路。

另外，海疆治理得到强化。陆地疆域是民族国家存在与发展的基础和根本要素。但是随着海疆地位的日益提升，当代海疆在国家社会中的意义同样重要，甚至成为国家发展潜力的根本所在。重视海疆离不开对海疆的有效治理，特别是现代海疆治理对于一个主权国家融入全球一体化进程至关重要。中华民国时期囿于客观时代条件的局限，对海疆的治理和经营成效并不突出。中华人民共和国的成立标志着中国海疆全面治理的开端。总体来看，中国的海疆治理呈现出一条由点到面、由内而外的演变脉络。

中华人民共和国成立初期由于受当时国际和国内环境的影响，海疆治理带有很大的军事防御地带的意味，经济文化等并没有提上建设日程。随着海疆局势的日趋缓和，以沿海地带和海岛为中心的治理体系逐渐构建起来。海疆地位得到国家层面的高度重视，经济特区、沿海经济区和环海一体化经济体等建置相继设立。同时，维护海疆的军事力量得以加强，海疆权益得到较大程度的保护，一个以近海和海岛为支撑的立体海疆治理体系正在逐渐构筑起来。民族国家时代的现代化海疆观日益得到丰富和完善。

三 中国传统海洋疆域到现代海疆的演变

传统海洋疆域到现代国际海洋法界定下的海洋疆域的演变是一个继承与发展的过程。研究现代中国海疆不能完全抛开传统海疆的历史概念。可以说，没有传统海疆的历史基础，今天中国现代海疆的界定将会遇到诸多的历史性难题。从历史发展过程和实践上看，中国王朝国家建立以后国家视野下的海疆就出现了，直至民族国家构建完成，共经历了三个阶段。

1. 中国传统海洋疆域的萌芽阶段

明中叶以前，广袤浩瀚的海洋是中国王朝国家时期最可资利用的天然国防线，也是国家的边疆线，历代王朝以拥有四海为骄傲和自豪，沿海郡县等不同级别的行政区则是王朝国家的实体性海疆建置。但并不能因此说沿海海域不是国家的管理范围，事实证明，居住在沿海岛屿和游弋在海滨的水上居民都是王朝国家时期的纳税对象。只不过由于海洋的特殊性并不能像后世那样准确地界定海疆罢了。我们只能说，这时的海疆不仅有沿海行政区，而且也有附近海域和沿海先民们生活和生产的地方。

同时，我们也应该看到由于开发海洋能力的限制，王朝国家时期对海洋的利用能力仍然是很低的，国家的经济基础主要建立在稳固可持的农业经济大厦之上，因此陆地疆域的界定常常成为国家疆域的四至坐标。如秦时的疆域"地东至海暨朝鲜，西至临洮、羌中，南至北向户，北据河为塞，并阴山至辽东"[1]。此外还有"方行天下，至于海表，罔有不服"[2]、"仁风翔乎海表，威灵行乎鬼区"[3] 等有关地理界限的表述。这时的海疆显然是一种非常模糊的意象空间。宋元以后时人对海洋的认识有所提高，疆域的概念也有所拓展。如对元代的疆域表述为：其"北逾阴山，西极流沙，东尽辽左，南越海表。盖汉东西九千三百二里，南北一万三千三百六十八里，唐东西九千五百一十一里，南北一万六千九百一十八里，元东南所至不下汉、唐，而西北则过之，有难以里数限者矣"[4]。这里所言的海表已不仅仅是以海为限的含义，而是延伸到了更远的海域。元朝时期对海域的测量和界定已能说明当时王朝国家的海疆意识已较前代有了质的突破，海洋的疆域意识已逐渐形成。

---

[1] 《史记》卷六《秦始皇本纪》。
[2] 《尚书·立政》。
[3] 《后汉书·班固传》。
[4] 《元史》卷五十八《地理志一》。

2. 中国海疆地理范围的初步形成阶段

明中叶到中华人民共和国成立前是中国海疆初步形成阶段。中国王朝国家时期的海疆安全在明代中叶受到了前所未有的挑战，此后海疆开始成为国防安全战略的重点区域之一，这在客观上也促成了传统海洋疆域的形成。王朝国家后期海疆的地理范围开始有了较为明确的地理界限。从行政区划上来看，沿海各级行政建置是王朝国家政治版图内的实体疆域，但其管辖范围显然已不限于此。近海地区、海岛和沿海居民长期生产和生活的地区均已纳入王朝国家时期政府的管理体系之下。各种古代舆图和海上地名标识以及当时的军事巡视已充分说明了这一点。

民族国家建立以后，主权、领土和管辖权等要素开始上升为国家高度，海洋疆域开始成为国家疆域不可或缺的重要组成部分，其疆界的划分和权益保障自然成为政府的关注点。民族国家在沿袭传统海疆地理范围的基础上有了新的发展。由于受到国际海洋划分观念的不断影响，民族国家建立伊始即开始逐渐地将海疆的地理范围向国际化和法律化迈进，并以此为手段保障海洋的合法权益。至此中国海洋疆界得到初步确立。

3. 中国海疆的确立阶段

海洋边疆是伴随着民族国家构建的完成而确立的，并在新的历史时期不断发展和完善。历史权利海域和当代法理是海疆得以确立的基石。没有历史的继承性，海洋疆域就会成为无本之木；同样，没有当代海洋法理的支撑，海洋疆域和海洋权益将会失去有效的保障。中国现代海疆是现代海洋法理保障且由国家进行管控的海洋疆域，是国家疆域的重要组成部分。除法律属性之外，现代海疆与传统海疆的主要区别在于权利的层次性抑或递进性。

在当代国际海洋法的规定下，由内而外沿海国对不同距离海域的权利存在着明显的区别，这种规定性是由海洋的特殊属性所决定的。一般而言，沿海国对海域的控制权随着距海岸线的距离有适度的减少，但这并不影响国家对海洋边疆进行管控的特质，"相关国家对这些区域并不拥有主权，但却享有排他性的利益",[1] 只是主权国家享有权利程度不同的显现。世界海洋利益矛盾的不断激化有可能使中国海

---

[1] 周平：《全球化时代的疆域与边疆》，《中国边疆史地研究》2014 年第 3 期。

洋边疆出现新的发展趋势，因此海洋边疆的含义将会随着时代的发展有更多的张弛和拓展。

四 中国现代海洋疆域安全面临的挑战

海洋疆域安全是国家安全战略的组成部分，在全球政治、经济、文化和军事格局重新调整与快速组合的关键时期，海洋疆域安全尤为值得重视。由于中国海岸线漫长、海上毗邻国家较多且存在海洋边疆划分矛盾，所以中国海洋疆域的安全形势仍较为严峻。这种状况很有可能在相当长的一段时间存在并以新的形式出现。

1. 海洋疆域划界的纷争

由于海洋的特殊属性，在海洋科技并不发达和海洋利益并不凸显的时代，海洋争端出现的概率相对较小，其争端的表现形式多为海上固有的岛屿、礁石等海洋重要海疆范围标志。但是，随着陆地资源日益枯竭形势的加剧和海洋利用技术的提高，海洋争端的对象超越传统的局限，开始从实体疆域延伸到海底、海空甚至远海地区等。但仍有若干其他亟待解决的海疆问题。

从现代法理和历史继承性来看，中国有确凿的历史证据和合理的现代法理依据来证明所谓争端的地区多为中国固有的海洋疆域。最早发现、最早命名、最早开发和最早持续不断的行政管辖等主权归属要素，为中国拥有这些历史疆域提供了无可辩驳的历史佐证。即使现在一些国家提出声索的海域，中国也有充足的史料证明对其拥有绝对的历史性权利。中国在王朝国家时期已经对这些地海区进行了不同方式的管理，而此时周边国家对此甚至还是一无所知，更谈不上进行有效的开发和管理。然而值得关注的是，现代海洋争端的背景复杂多变，其中所关涉的利益方呈现多元化和复杂化。处理争端不仅有双边的因素在内，而且可能还夹杂了域外力量的介入，这些多方因素的存在给中国海洋疆域争端的解决带来了诸多障碍和挑战。

2. 海洋空域利益的维护

从疆域的发展历程来看，国家疆域的形态变化随着人类活动地理空间的拓展而发生着相应的变化。而全球化时代的来临已经对传统疆域的内涵与外延形成新的挑战，复杂多元化的疆域形态正在形成和发展之中。与此相应，当前疆域利益也在不断向多样化态势发展。就海洋疆域而言，海洋疆域的利益不仅仅局限于传统的海疆利益形式，海洋空域利益正在成为沿海国新的海疆利益关注点。长期以来，中国政府对于海疆的实体利益形式采取了有力的维护，但对于海洋空疆的保护仍有较大的延伸空间。而且近年来频现的入侵中国海疆事件表明维护海域空疆已是刻不容缓。

与陆上疆域一样，海洋空域是一个主权国家神圣不可侵犯的地理范畴，这种空域实际上是海疆利益的立体化和拓展化。15世纪以后，率先崛起的海洋强国西班牙和葡萄牙拉开了瓜分世界海洋的序幕。数个世纪以来海洋争霸不但没有平息，而且呈愈演愈烈之势。航空器发明之后海洋的争霸已经由海域延伸至更加广袤的空域。事实证明，没有强大的海上制空权，海疆的安全将受到极大的影响，甚至会极度压缩海疆利益的存在空间。中国的海洋空域具有独特的战略地位，域外大国的介入和地区海洋矛盾的不断加剧使中国海洋空域所面临的挑战日趋严峻，21世纪以来这一趋势更加凸显。未来海洋利益的争夺不仅需要国家固守海域所承载的利益，而且必须关注海洋空疆利益的维护。因此，从国家层面来看，维护海上空域安全将有利于实现海疆利益的最大化。

3. 海洋底土利益的捍卫

底土是国家领土的地下层部分，既包括领陆的底土部分，同样也包括主权国家领水的水床及底土。全球化时代的来临使国家占据或控制地理空间的方式发生了重大的变化，出现了超主权的控制，即国家在自己主权管辖范围之外的其他地理空间进行不具主权管辖性质的占有或控制，以实现或维护自己的利益。海洋沿岸国对邻近海域中毗连区、专属经济区和大陆架的管辖也属此列。相关国家对这些区域并不拥有主权，但却享有排他性的利益。[①]

一般而言，底土是国家主权管辖范围内的地下层部分，底土利益则是国家利益发展的一种新的表现形式。根据其地理上的差异性可分为陆地底土和海洋底土两大部分。拥有海岸线的国家对按照国际海洋法规定所领有的海洋管辖区域即为海洋底土。根据当前国际海洋法的法理规定，大陆架、专属经济区等海域已经成为沿海主权国家的主权权利区域，沿海国有

---

① 周平：《全球化时代的疆域与边疆》，《中国边疆史地研究》2014年第3期。

权对海底所蕴含的资源进行保护和科学的利用。

然而，随着人类海洋科技的迅速提高，海洋底土之下的深层海区有可能获得突破性的进展。那么在常规开采厚度之下的底层并不能在国际海洋法条款中得到有力的援引。在此情况下未雨绸缪，提前应对可能出现的海洋深层底土安全也尤为必要。已经出现的海洋争端充分说明了海洋底土之下的控制对海疆安全的重要性。另外，还要更加关注域外大国对海疆底土的觊觎，若不防患于未然，则有可能引起新的领土纠纷和资源争夺。

总之，民族国家的构建为维护海洋疆域和海洋权益提供了必要条件，这一过程随着民族国家构建的完成而逐渐完善和加强。民族国家发展中边疆和边疆观的内涵正在发生着深刻的质的变化。时代环境的变化为民族国家海洋利益的拓展提供了新的发展契机，但同时也可能面临新的海洋问题的挑战。

第二节　海洋边疆与海洋治理观念的重构

边疆和边疆治理是国家在形成和发展过程中逐渐构建起来的，因此其观念也在随着时代的发展不断完善和创新。海洋边疆是一种特殊的边疆形式，是历史承袭与法理规定下的产物。所以，这种边疆形式的构建受到历史、国家安全战略和发展战略等诸多因素的影响，国家的发展离不开海洋边疆的建构，而且海洋边疆的稳固在某种程度上还影响到国家利益空间的拓展。在此基础上衍生的海洋治理观念是国家维护海洋利益的指导思想，也是经略海洋边疆必不可少的行动纲领。客观环境的变化为海洋治理观念提出了新的时代课题，也为观念的重构提供了时代条件。

一　全球化时代的海洋边疆

全球化是人们在政治、经济和文化等多个领域联系不断加强的基础上而形成的跨越国界的联动过程。这是一种必然的历史现象，也是人类社会发展的必然阶段。随着全球化进程的相对加深和加快，往昔独处一方的国家和地区正在紧密地联结为一个整体。而且这种趋势的不断推进将进一步影响到传统民族国家的诸多国家要素的内涵变化，最为突出的表现之一即是民族国家边疆含义和实质上的拓展。

1. 全球化时代海洋边疆含义的嬗变

海洋是早期全球化的重要凭借，勇于冒险的西方人借海洋之力从西方来到东方，开启了人类历史上最早的联结东西方的海上通道。随着地理大发现的不断推进和扩展，地球开始成为一个逐渐被不同地区的人们相互认知的世界。这种趋势的加强在第二次世界大战以来，尤其是20世纪90年代以后达到新的高度并开始影响到世界上每一个国家和地区，未被卷入全球化进程的处女地已不复存在。人类社会发展进程的变化对国际政治形态、经济形态和文化传播均带来了深刻影响。民族国家的构成要件在全球化的进程中同样也将出现诸多的内涵上的突变。

边疆是民族国家形成的要件之一，在全球化不断深化的今天，民族国家构建的核心要素之一边疆的含义必将产生质的变化。海疆是民族国家疆域不可或缺的组成部分，全球化的到来赋予了海疆新的形式和内涵。全球化是集经济、政治、文化、军事等多元的一体性进程，作为国家疆域的一部分，海疆的疆域功能被全方位地拓展和扩大。中国是一个正在崛起的发展中国家，海疆已不仅仅是承担防卫功能的国家边缘的组成部分，而是走向外部世界的通道和主要途径。沿海地区是中国经济最为具有活力和最发达的地方，也是中国经济联结世界经济的重要桥梁，海洋的低成本和便捷优势已经使之成为中国未来发展的重要凭借。因此，在维护传统海洋利益的基础上，以海洋疆域为国家发展的新平台具有重要的战略意义，也是全球化时代的必然要求。

2. 海洋边疆形式上的多样化

传统意义上的海疆是实体性的地理范畴，具有严格的地理坐标。但是随着全球化时代的到来，海疆的内涵和外延都呈现多样化态势。全球化进程中的政治、经济、文化和军事因素在海疆概念中得到延伸和发展。这种形式的边疆是全球化时代产生的必然结果。

边疆是构建的产物，[①] 而海洋边疆则是在陆地边疆基础之上衍生并构建的产物。海洋利益是民族国家在海洋边疆的实体利益和延伸利益的总和。不同时代的海洋利益有不同的表现形式。按照历史发展的逻辑顺序，

---

① 周平等：《中国边疆治理研究》，经济科学出版社2011年版，第2页。

海洋利益大致可分为传统海洋利益、现代海洋利益和当代海洋利益。在国家的视域中则表现为王朝国家时代的海洋利益、民族国家时代的海洋利益和全球化时代民族国家的海洋利益。

由于历史时期人们开发海洋的能力相当有限，所以取之于海的利益圈也仅限于近海区，在此地理范畴之内的海上商业、渔业、盐业和养殖业等是海洋边疆之内的实体利益，王朝国家政权有权力对这些地区行使管辖和管理权，这些与海洋相关的王朝国家的利益区可称之为王朝国家时代的海洋边疆。

现代海洋边疆是民族国家肇建之后的必然产物，它是以国家主权的形式进行确立的。随着海洋科技的渐次出现，人们对海洋的认识程度大大加强，在此基础上海洋边疆的范畴也必然随之扩大。现代海洋边疆首先确定了较为准确的地理范围，这是以历史传统海域和现代法理为基础的主权管辖区域，民族国家对这些区域享有利益独占权。这些实体利益的总和共同构成了现代的海洋利益。海洋边疆在民族国家发展中具有重要的战略意义，随着沿海国对海洋资源争夺的加剧，维护海洋利益关系到国家的战略设计和实施。

目前，全球化时代民族国家的海洋边疆是海洋利益空间范围发展的最高形式。全球化时代不仅为世界带来了经济、文化和政治方面的根本性变革，而且也使边疆的形态发生了质的飞跃。民族国家的边疆尤其是海洋边疆开始跨越了传统的樊篱，以海洋为媒介开始走向更加广阔的地区。从形式上看，既有可见的实体性利益，也有虚拟化的利益形式；既有确指的地理空间范围，也有利益"外溢"下的弹性区域。从这种意义上看，全球化时代的海洋边疆则涵盖了民族国家海洋利益的全部。

3. 国家发展战略的实施必须重视海洋边疆

发展战略在国家整体设计中处于最高层次，以维护国家安全和促进国家可持续发展为主要目标。随着全球化的广泛深入和推进，民族国家要实现国家长期发展不但要重视陆上边疆的安全，而且必须提升海洋边疆在国家整体发展战略中的地位。

国家发展离不开经济的持续增长，海洋边疆是国家发展战略中新的利益增长点。毫无疑问，对于沿海国家而言，海洋经济正在成为不可或缺的经济增长引擎。而且随着海洋科技的突飞猛进，海洋经济的潜力将会有巨大的发展空间，海洋边疆的地位必将在国家发展中占有举足轻重的地位。与陆地边疆相比较较，中国海洋边疆地区恰恰是中国经济的重心所在。而且值得关注的是，中国沿海地区是广义的海疆地区，这一地区是当前中国最大的经济增长带，也是中国经济走向世界的前沿阵地。海洋经济的崛起将为中国经济发展注入新的活力。因此从国家层面来看，不但要重视传统海洋经济产业，而且还要发展外向型的海洋经济，以融入世界为契机打造新的中国海洋边疆经济圈。这是国家经济可持续发展的需要，更是实现国家战略新的利益增长点的战略机遇。

同时，海洋边疆还是国家安全的重要屏障。海洋边疆不同于陆地边疆，其经营和管理存在较多的弹性，也有较大的可变性。全球一体化时代的来临为海洋边疆赋予了新的含义，但是作为国家的前沿地带，巩固海洋边疆对国家安全仍具有重要的现实意义。未来国家生存空间的竞争将逐渐由陆地转向海洋，这不仅取决于海洋资源对国家发展的日趋重要，更取决于海洋边疆的战略意义，尤其是对国家安全层面的重要意义。中国的海洋边疆地处国际要冲且是世界性的黄金水道，其政治、经济和军事意义不可估量。当前亚太地区海洋格局的变化对中国海洋边疆提出了新的挑战，域外势力的介入使海疆局势更加复杂化。因此，必须以全球的视野重新审视海洋边疆对国家安全的重要性，维护海洋边疆的安全将直接关系到国家的国防安全、能源安全和交通安全等方面。

二　国家崛起背景下海洋利益的凸显

"海权包括凭借海洋或通过海洋能够使一个民族成为伟大民族的一切东西，是国家兴衰的决定性因素。"[1] 中华人民共和国的成立标志着社会主义建设的开端，一个东方大国在亚洲东部崛起。改革开放四十年来，一个和平崛起的中国正在带着新的梦想走向世界，一个由陆上大国向海洋大国的转变正在逐步变为现实。海洋利益的凸显是国家崛起过程中的必然产物和国家治理与国家发展的必然要求，同时也是国家实现崛起的重要途径之一。

---

[1] ［美］艾尔弗雷德·塞耶·马汉：《海权论》，萧伟中、梅然译，中国言实出版社1997版，第3页。

1. 国家崛起必须走向海洋

纵观世界上大国崛起的历程，我们不难发现海洋对一个国家的发展具有重大的现实意义。美、英、日、德、法等国都曾经或现在仍然在国际社会舞台上扮演着重要角色，他们的崛起过程实质上也是追求海洋霸权的历程。中国在王朝国家时期一直是世界上举足轻重的大国，但不是以海洋为基点而是以陆上大国的地位影响着世界。即使到了王朝国家后期，虽然世界争霸海洋的趋势愈加严峻，中国基于国势的客观因素不但始终未能在海洋上一展头角，而且海洋反而成了中国近代屈辱历史的开端。格劳秀斯、宾克舒克、马汉等关于海洋权益的著名论断也是中国在开启民族国家构建进程以后才得以传播的。此后，海疆利益开始真正纳入国家的视野中并成为国家利益的重要组成部分。

冷战结束后，陆地边疆的逐渐定型和利益的相对固化，使海洋已成为世界新的利益交集点，控制海洋也成为新时期实现国家崛起的重要手段，不仅是现在的世界海洋强国，即使对拥有海洋的发展中国家也是如此。中国从进入民族国家时代开始，相当长的时期内主要是保卫海疆的安全，而对于海洋综合利益的考量显然有较大的不足。21世纪被称为蓝色世纪，也印证了强国建设的关键离不开海洋利益的维护。

2. 国家崛起需要国内外因素的共同推动

全球一体化进程不断加快的趋势是当前的时代背景，这对于一个发展中国家而言有一定的有利因素，但最根本的因素还在于国内部政治、经济、文化等多种因素张力的发挥。在世界格局和社会转型发生重大变化的历史节点上，中国崛起无法漠视海洋，不但不能如此，而且更要重视海洋利益。海洋利益不仅关系到海洋事业的发展，也涉及国家整体发展战略的实现。从国家利益的角度来看，无论是战略空间的拓展还是国家利益增长的空间都与海洋息息相关。作为经济增速最快的国家之一，中国有可能在不久的将来成为世界第一大经济体。海洋在经济增长和对外交往的重要性愈加显现。在此形势下，海洋将成为维护国家战略利益的前哨，中国必须对与海洋利益相关的诸多因素做出战略抉择，特别是对于非传统海洋安全因素应有足够的应对措施和关注。

在新的历史条件下，海洋利益拓展到依附于海洋的诸如公海开发合作、国际海区安全合作、海洋科技合作、海洋环境安全合作等多方面的利益。从当前全球一体化进程的前景来看，基于海洋的合作共赢将成为沿海国实现国家发展的不二选择。当前中国融入世界的速度超越以往任何历史时期，以海洋为媒介走向世界的发展战略已经在形成之中。

3. 海洋利益的拓展应成为国家崛起的新支撑

实现中华民族的伟大复兴是中国梦的核心要素，国家、民族、社会和民众利益有机结合成一个共同体是中国梦的最大特色，而国家崛起则是这一过程的必经之路。从国家的角度讲，一个国家在不断崛起的过程中也是各方利益不断聚合发展的过程。现阶段在国家利益层面，海洋利益无疑已成为国家走向富强的新的强大的支撑。

海洋利益在某种程度上影响着国家发展的导向。中国是一个海陆双栖型国家，国际政治格局的演变已使海洋利益的重要性超越了我们传统的认知水平。海洋利益的实现与否关系到国家融入世界的程度和影响世界进程的地位。海洋主权的维护与国家整体安全战略息息相关。就亚太地区而言，海洋区域性斗争日趋激烈和扩大化，多方海洋利益矛盾的交织对中国安全战略有着举足轻重的影响。"太平洋之重心，即中国也。争太平洋之海权，即争中国之门户权。"[1] 海洋军事力量不是解决海洋问题的唯一方法，但却是维护海洋利益最为重要的保障力量。海洋主权的维护离不开一支强大的海上军事力量，而且军事力量的存在对于制衡矛盾的恶化和促进地区稳定和平具有重要意义。中国提出在新世纪向海洋进军的口号，预示着从国家层面开始关注海洋利益的实现。

同时，海洋利益影响着国家经济安全。随着海洋科技的不断进步，人类获取资源的途径开始逐步转向海洋，巨大的海洋将为人类发展提供可持续发展的资源动力。陆地资源的日益枯竭更加剧了这种态势的加快。海洋经济在中国经济总量中的比重逐年不断增加，海陆一体化进程不断加快，海洋经济的科技含量愈加重要，海洋新型经济的发展将为中国经济注入新的发展活力，这也将成为提高中国综合国力的最有希望的增长极之一。

4. 拓展海洋利益是实现向海洋强国跨越的重要途径

海洋强国是指在海洋开发、利用、保护和管控方面具有强大的综合实力的国家。海洋实力是影响国家强弱的关键性因素之一，未来国家之间的

---

[1] 《孙中山全集》第5卷，中华书局1985年版，第119页。

角逐离不开海洋的支撑。中国是海洋大国但还远不是海洋强国，因此国家明确提出在今后甚至相当长的一段时间内必须提高海洋管理和资源开发能力，坚定不移地维护国家海洋权益，从而实现建设海洋强国的宏伟目标。

建设海洋强国是一个宏大而艰巨的蓝色中国梦。当前建设海洋强国已上升到国家整体战略规划之中，而拓展海洋利益则是走向海洋强国的主要途径。21世纪中叶海洋经济将达到国内生产总值的四分之一，海军力量将跻身世界海军强国之列。同时中国参与世界海洋事务的能力在不断提高，这些表明中国以海洋为媒介将开拓出更加广阔的生存发展空间，这也是实现海洋强国之梦的先决条件。

毋庸讳言，当代国家崛起过程中无法回避的一个现象即是海洋问题的日益凸显。从另外一个层面来看，海洋问题之凸显也是国家崛起的一个有力信号。中国要实现崛起必须重视海洋利益的发展空间，从当前的国际海洋利益环境来看，域内和域外部分国家对中国海洋利益的维护和拓展形成了新的挑战，其中既有资源利益因素在内，同时也有战略意义上的倾向性。这种局势的出现特别是疆界矛盾的持续升温，将会影响中国发展海洋战略的和平进程，在某种情况下或有可能出现矛盾的升级。这些因素的存在对正在崛起的中国而言不得不做好诸多方面的预警，以防止海洋利益受到侵犯和损害。因此，实现中国在新时期的崛起就必须凭借广袤的海洋实现国家发展战略，其中既有经济、科技和文化层面的考虑，也有政治、军事和国家整体利益的权衡。当前的国际环境决定了实现国家崛起必须走向海洋，凭借海洋建设海洋强国是实现维护国家利益和国家富强的重要途径。

三 民族国家新型海洋观的构筑

一般而言，海洋观也称为海洋观念，可分为社会和国家两个层面。社会层面的海洋观代表着整个社会对海洋的认知水平，是一个国家迈向海洋大国的社会基础。国家层面的海洋观是一个主权国家从国家战略和发展角度出发在国家治理海洋的实践中形成的对海洋开发利用、权益保障等方面的思想总和。民族国家建立以后海洋观的内涵和外延均有所扩大和深化，新型海洋观的构筑对于海洋国家的整体发展和战略设计有着举足轻重的影响。

1. 中国当代海洋观念面临的挑战

海洋观念的形成是一个不断发展变化的过程。在今天的世界发展进程中，国家海洋观的发展水平在某种意义上决定着一个国家的未来发展航向和战略抉择。广义的海洋观念包括开发、战略、保护、合作和安全等多个方面。中国当代海洋观是世界海洋格局发性重大变动和重塑下的产物。进入 21 世纪以来，中国对于海洋的认识有了质的飞跃，然而与国际海洋形势的迅速变化仍有较大的差距。

海洋观念的形成来源于人们的海洋实践活动，并在一定程度上指导人们开发利用海洋和管理海洋，而且影响到国家在海洋方面的诸多决策导向。

由于长期以来对海洋的关注度要远远低于陆地领土，所以中国全体国民对海洋的认知程度与海洋事业发达国家相比仍有较大的差距。主要表现在国民对于海洋的关注度不高和对世界海洋发展格局及其趋势缺乏必要的了解。

16 世纪以来世界海洋强国的发展路径表明，一个国家民众对海洋的热情度和关注度直接影响到国家海洋事业的总体发展水平。当今美、日、英、韩等国民众对海洋有着相当高的关切度，海洋国土的主权意识空前浓烈，与中国目前民众对海洋的认识有着较为明显的区别。这种现象的存在将在一定程度上影响到国家海洋事业的进步和拓展。

中国在构建民族国家的任务完成以后，在相当长的一段时间内对于海洋只是强调其防御功能的一面，以海为界的传统思想并不能从根本上被打破，因此海洋利益也被固化为海疆利益。全球化时代的来临为海洋利益的拓展提供了有利的时代契机，但对中国传统海洋观念也提出了新的挑战。海洋利益外化现象已经成为国际社会的共识，海洋国家间的合作机制已成为海洋利益共享的新模式。所以对于中国而言，应该树立大海疆的观念，以海洋为媒介构筑新的海洋利益实现平台，这将有利于国家海洋发展战略和可持续发展海洋道路的实现。

2. 国家层面缺乏系统性的海洋整体发展战略

海洋事业的发展是一个系统性的长期综合工程。《联合国海洋法公约》的颁布确立了新的世界海洋发展格局，资源开采、科技合作、权益共享受等因素相互交织，使海洋局势变得更加复杂化和多元化。改革开放以来，中国政府制定了若干旨在走向海洋的举措，这些举措对于中国跳出传统海洋观念的窠臼无疑具有重要的现实意义，但在新的海洋格局下仍有诸多不足之处。从法理上可管控的海域面积上来看，中国的确是世界性的海洋大国，但人均海域面积仅为世界人均海域面积的十分之一，居世界第100位之后，而且尚有部分海域存在着与海上邻国主权上的纠纷。当前中国对于海疆的预警机制表现为以解决具体问题为常态化倾向，在全方位综合性考量层面有一定程度的不足。这种现象的存在影响到国家整体战略的勾画和实施。思维观念创新是一个民族发展的灵魂，也是一个国家走可持续发展道路的关键因素。时代要素影响着人们观念和思维方式的变化，同样中国海洋边疆观需要在时代发展中不断前进和提升，这是走上海洋大国的必经之路，更是走上强国的先导因素。

3. 中国应该构筑蕴含时代元素的海洋边疆观

全球化的迅速发展使地球上任何一个国家都不能置身其外，国家之间的交流和文化的交融更加向深度发展。中国是一个发展中的大国，同时也是一个发展中的海洋大国，海洋的区位优势还未能得到充分发挥和应用。在世界海洋格局正重组和分化的关键时刻，中国的海洋边疆观念应该踏上时代的步伐并表现出时代特色，树立全面的海洋边疆观。海洋边疆同样也是国家边疆的重要组成部分，只不过由于海洋本身的特质，海洋边疆具有层次性和权利受限等多种特征。全面的海洋边疆观应该是面向世界，以海洋为媒介，以维护海洋安全为手段，以实现国家海洋利益为宗旨而形成的对海洋边疆的认知观念。具体而言就是要克服传统的地理界限内的海洋边疆观，树立国家层面上的大海疆的观念。

4. 中国应该构筑有中国特色的海洋边疆观

民族国家构建以来，中国政府一贯主张与其他国家和平相处，"互相尊重主权和领土完整、互不侵犯、互不干涉内政、平等互利、和平共处"五项原则是建立国家之间正常关系与交流合作应遵守的基本原则。海洋边疆虽然有其特殊性，但它从属于边疆的范畴，因此构筑海洋边疆观应有中国特色，即在上述五项基本原则的基础上处理海洋边疆问题和矛盾。中国主张和平化处理海洋边疆问题，但并不等于无原则的退让，而是在坚持国家主权的基础上以和平的方式化解存在的海洋纠纷。

国家发展是一个渐进且长期的过程。因此，围绕国家发展这一中心议题而出现的海洋观念也应在此背景下不断完善和发展。世界政治格局和经济形势的变化为中国海洋事业的发展提供了新的契机，海洋观念同样也需要与时俱进融入时代元素。只有形成了符合时代发展的海洋观念，才能孕育出科学的海洋发展战略和决策，国家的海洋事业才能得到进一步开拓和发展。

全球化时代的来临为国家海洋事业发展提供了新的发展机遇，但也必然存在一定的压力和挑战。就海洋边疆而言承载着安全、领土和发展等多种要义。因此在新的历史条件下和新的机遇期到来之际，中国应将海洋边疆观念建立在战略发展的基础之上，以确保海洋边疆稳固为根本前提，以维护海洋利益为主旨，以海洋可持续发展为目标，从而实现战略化的海洋边疆观。战略化的海洋边疆观包括国民海洋素养的不断提高，国家海洋政策的科学化，海洋经济的可持续发展，海洋科技的进步，海洋安全的有力保障，海洋军事实力的提高和海洋行政建设的效率化，等等。新的海洋观的确立将使发展中的中国迎来空前的海洋发展机遇，并为走向海洋强国的建设提供可靠的战略保障。

四　民族国家海洋边疆治理体系的重构

海洋边疆治理实践是民族国家基于一定的海洋理念对海洋发展所进行的战略部署以及具体实施措施。海洋边疆治理首先是民族国家对边疆治理的一个组成部分，具有边疆的特质，同时海洋边疆又是不同层次权益的交集，因此它又有多元性和层次性。发展中的中国要实现中国海洋强国梦必须走新型海洋边疆建设道路，从而实现海洋边疆全面和谐健康的发展。

1. 民族国家要构建现代化海洋治理体系

王朝国家时代对边疆地区的经营称之为统治或管辖、管理等，是王朝统治者的意志在边疆谋划上的反映，其目的在于维护中央集权的稳固，其表现形式是以政治笼络、军事震慑、经济利诱和文化浸润为主，因此边疆地区的稳定是王朝国家时期对边疆治理的最核心内容。进入民族国家以后，边疆治理含义发生了根本性的转变。在强调边疆稳定的同时开始注重发展的重要性。民族国家时代的边疆是国家疆域的重要组成部分和国家安全的前哨阵地。如果仅仅注重稳定而忽视发展，那么边疆与核心区的差距必将随着时间的推移而不断加大，这样边疆与核心区的离心倾向有可能也会随之增强。反之,而当边疆社会的发展与国家核心区的差距逐渐变小时,经济的一体化和文化的对称性将会使边疆地区对国家的认同感得以增加,这样边疆地区才能成为民族国家不可或缺的战略组成部分。

海洋边疆虽然有其特殊性和自然禀赋,但治理旨向无疑和陆地边疆有异曲同工之处。现代化是人类发展史上最伟大的社会变革之一,民族国家在现代化进程中实现了政治上的跨越和经济的腾飞,作为国家疆域组成部分的海洋边疆地区,也在这一变革中为国家治理提出了新的课题。海洋边疆是保障国家安全的前沿部分,也是实现国家发展战略的关键要素。在国家发展进入现代化时代,海洋边疆治理同样也需建设现代化的治理体系,并以此来适应国家整体发展的需要。海洋治理现代化建设是以国家为治理主体,科学地建立海洋治理战略和发展机制,从而全面推动海洋事业可持续发展的总体设计。

2. 构建科学化的海疆治理体系

从整体上来看,现代化的海洋治理体系应涵盖海洋政治、海洋经济、海洋社会、海洋文化、海洋科技、海洋生态、海洋文明和海洋合作等若干个方面。在治理层次上可分为国家治理层次、沿海地方行政实体和基层海疆组织等三个层次,国家是顶层设计者和海洋治理的总体规划者,沿海地方行政实体是区域化海洋边疆治理的主要载体,各级基层海洋边疆组织是海洋功能化治理的实践者。三者之间是一个体系内的不同部分,具有不同的功能和职责。海洋边疆治理现代化的重点在于适应国家发展的现代化进程,突出国家在治理中的主体地位,同时融合现代因素使边疆治理在现代化进程中得到更科学有效的实现。进入 21 世纪以来,中国政府已经就科学管理海洋、维护海洋权益以及促进海洋可持续发展等方面做出了整体而系统的规划,明确指出了自上而下不同层级的主体责任与各层级之间的关系。在海洋边疆治理过程中,国家是当然的主体,地方政府、经济实体和文化单位等应在国家海洋发展战略的指导下不断提高海洋综合治理能力,推进海洋社会的整体进步,营造和谐发展的海洋边疆社会,为实现海洋强国奠定坚实的现实基础。

3. 走具有中国特色的海洋边疆治理道路

改革开放以来,中国的现代化进程进一步加快,国家实力得到快速增强,国家也由此进入了一个新的发展阶段。就海疆治理而言,世界海洋强国的先进历史经验值得借鉴和吸收,但边疆治理同样也应体现中国特色。海洋边疆是中国新的经济增长极和走向世界的重要桥梁。

根据国家发展的需要应制定短期、中期和长期的海洋治理发展规划。当前的中国仍然是一个发展中的大国,海洋利用水平与世界发达国家相比仍有相当大的差距。因此在发展这个最大的实际面前,中国应根据国情制定不同时期的海洋治理发展规划并采取相应的保障措施以实现预定的发展目标。近期规划应充分发挥海洋边疆功能区的优势,以区内海洋经济发展为先导,在经济的引领下推动海疆社会的稳定和繁荣。中期规划应侧重于在国家的层面上整合各海洋功能区,科学推进各区之间的经济互补、文化交融,使海洋边疆形成一个有机且系统性的整体。

理论上边疆治理有一定的层次性,包括从粗放遥制、军事统辖、泛化管理、平面化治理到深度治理等不同的类型。海洋边疆虽有其特殊性,但一般而言也大致需经历上述相应的治理阶段。民族国家构建完成以后,由于客观环境的制约,中国的海洋治理在相当长的一段时间内处于平面化的治理态势。直至随着海洋利益在国家事务中比重的日益扩大,这一现象才得以部分改观。现代的中国正在进入一个新的发展阶段,海洋利益凸显的现实已是不容回避,所以海洋边疆治理必须由泛化的平面化治理方式向纵深发展,以适应现代化海洋事业发展的需要。海洋治理的深度治理主要表现在制定合理的海洋治理发展战略,其中包括国家、地方和基层行政组织的管理和协调机制、海洋可持续发展的制度设计、海洋边疆社会与内地的联动发展、海洋边疆社会的安全与稳定、海洋边疆文化建设与海洋边疆生态工程建设等等。

4. 妥善处理海洋边疆治理的外向性

海洋边疆被称为流动其所承载的资源、交通等特征与外界有着密不可分的联系。正因为如此,所以海洋边疆在治理上应该重视其外向性的特点。《联合国海洋法公约》颁布以来,全球海洋治理也相应地开启了一个新的历史时期。除了内部治理之外,中国在海洋治理上也应关注与其他国家的合作和开发。因为中国海洋事业的发展,不仅要利用法理框架下的海洋,同时还要广泛利用国际海域。外大陆架和海底高地的开发、航行、渔业、海底区域勘探等已经与中国海洋主权和安全密不可分。因此,中国的海洋边疆治理要关注外向性,准确把握国际海洋管理制度发展的趋势,积极参与国际间的海洋治理合作，为国家海洋事业的发展创造更加优越的环境。

第三节　国家发展中的海洋战略构建

战略本为军事用语，近年来随着全球一体化进程的加快和程度的加深，国际政治、经济、文化甚至军事领域都呈现出整合和重塑的新格局。因此国家的发展也被冠以有军事意义上的"战略"一语。战略可划分为若干层次，有纵向和横向两大类型。纵向战略指从国家到基层不同级别的战略，主要是战略所涉及的范围不同。横向战略是指在纵向战略的某一层级制定的不同部门或专业化的战略。海洋战略是国家整体战略不可或缺的组成部分。从现代意义来看，对于一个沿海国家而言，海洋战略构建的科学合理与否直接关系到国家的发展和社会进步。因此，沿海国家要走可持续发展道路就离不开制定科学的海洋战略。

一　海洋战略与国家发展战略

从国家的层面来看，国家发展战略是在一定时期内民族国家为了达到一定的目标而进行的各项决策和规划的总和。因此，国家发展战略是一个民族国家在特定历史时期总的行动指南，所有其他的战略应服从于这一总体规划。海洋是沿海国家疆域的组成部分，海洋战略也必然要围绕国家发展这一根本要义而进行规划和设计。

1. 海洋战略的基本内涵

一般而言，海洋战略是民族国家以国家手段对海洋进行控制、管辖、开发等方面而进行的决策、部署和规划。国家海洋战略涉及海洋主权、海洋安全、资源合理开发、生态环境保护、可持续发展路径机制构建等诸多方面的内容。海洋战略的内涵并不是一成不变的，而是随着时代环境的变化而不断充实新的内容。按照时代的发展顺序，中国海洋战略的发展历史大致可分为三个阶段，即王朝国家时代的海洋方略、民族国家前期的海洋战略和当代的海洋战略。

王朝国家时代虽然在中国历史上存在了两千余年，但大部分时间里中国一直是亚洲甚至世界的中心，经济的发达和文化上的优越感使王朝统治者漠视海洋的地位,海洋在相当长的历史时期内仅仅是农业文明的陪衬。所以王朝国家时代没有今天意义上的海洋战略,也不可能产生海洋战略,对于海洋只能视为一种简单粗放式的管理和统辖,还谈不上总体规划和发展海洋。进入民族国家时代以后,海洋和海洋利益的重要性日益凸显,国防、科技、生态环境、疆域安全、经济增长甚至文化的传播与交流已与海洋息息相关。处于顶层设计地位的国家发展战略已不可能剥离海洋,也无法避开海洋这一重要方面,因此海洋战略在进入民族国家时代后即开始被赋予了新的时代内容。

囿于客观的时代背景,民族国家前期的海洋战略侧重于军事上的防卫含义,海洋成为抵御外来侵犯的屏障,所以这一时间的海洋战略也可以称之为海洋军事战略。随着冷战的结束,国际政治格局发生了深刻变化,经济一体化和文化的传播交流对世界一体化进程起到了极大的推进作用。民族国家在这一新的历史背景下开始制定具有划时代意义的海洋战略。事实上,新的历史际遇和时代挑战并存,海洋战略已经上升到国家层面并成为国家发展和安全战略的重要组成部分。海洋战略应该以海洋国土安全为最高目标,以维护国家海洋利益为基本准则,以海洋事业可持续发展为导向,不断提高海洋在国家战略和相关事务中的地位。

具体说来,海洋战略在新的历史时期应该包括以下内容:政治、军事、国土安全、利益机制协调、经济合理开发、环境保护、海洋功能区整合、海洋文化发展、海疆稳定、区域发展、和谐社会建设等战略。上述战略又可根据在国家利益中的位置划分为国家海洋战略、部门海洋战略、行业海洋战略以及区域性海洋战略等。各战略之间并不是孤立分散自成体系的,而是一个在国家总体海洋战略指导下的有机整体。不同战略之间的设计和规划在国家的宏观指导下进行,同时各个战略也要突出自身的特点与发展趋势,以便与其他战略进行横向和纵向的联系。

2. 海洋战略应突出国家意识

"谁控制了海洋,谁就控制了世界"是罗马著名哲学家西塞罗的名言。追寻世界强国的发展道路,几乎无一例外地与海洋发生着某种密切的联系。通过海洋提升自身实力并进而实现国家最大化的海洋利益已成为世界海洋强国的发展宗旨和信条。

美国是当今世界上的头号海洋强国,其海洋战略的构建已不满足于法理下的海洋区域，而是以海洋为媒介走向了更为辽远的大洋。21世纪初，美国政府制定的《21世纪海洋蓝图》和《美国海洋行动计划》已成为美国在新世纪海洋政策制定的行动纲领。美国希望通过海洋战略达到"以海制陆"的目的，并以此建立美国主导下的世界海洋新秩序。与中国一衣带水的邻国日本为了实现其"北稳南进"的海洋政策，相继颁布了《海洋基本法》《海洋构筑物安全水域设定法》《海洋基本计划大纲》等若干海洋发展战略，同时不断加强海空军事实力，进一步强化其在全球海洋强国中的地位。

同样，俄罗斯数个世纪以来都在为克服陆疆地缘局限而不断努力，当然海洋是实现其经济发展和军事战略的重要载体。现在俄罗斯的海洋战略已经上升到实现国家腾飞的重要位置。此外，印度、韩国、澳大利亚、加拿大等国均在新的历史时期出台了国家层面的海洋战略。特别是位居南亚的印度对海洋战略的重视程度值得关注。近年来印度不仅把印度洋视为自己的内海和战略防御区，而且已经逐渐向印度洋以外的其他海区扩张自己的势力。

因此，从人类走向海洋的发展趋势来看，海洋将成为国际社会新的竞争舞台，海洋也将成为维护和拓展国家利益的新平台。在此情形下海洋战略就必须在国家整体发展框架下进行规划和设计，突出国家意识和强化国家整体利益。

3. 海洋战略意识要体现科学性

中国是一个陆海并存的发展中国家，长久以来海洋的地位并未得到应有的关注，所以造成了中国是一个海洋大国但并未成为海洋强国的局面。21世纪以来，中国政府相继提出了发展海洋经济、维护国家海洋权益和建设海洋强国等多项有关海洋发展的新目标，无疑这标志着中国海洋事业将迎来了一个新的发展机遇期。海洋事业的发展离不开科学的战略设计，中国海洋战略在秉承传统海洋实际的基础上，必须提升海洋战略的地位，应该突出国家意识即以维护和实现国家利益为目标，重新制定海洋发展的战略目标。从当前世界海洋强国的发展态势来看，强化海洋军事力量是确保海洋利益的重要保障，因此国家海洋战略的制定要充分考虑海洋军力的发展，这将影响到中国在新的世界海洋格局中的地位。

二 国家发展中海洋战略实施的举措

"渔盐之利"与"舟楫之便"式地利用海洋已经落伍于时代发展。今天的海洋已经是国家发展战略的平台之一,而海洋战略的实施也成为国家海洋事业前进的重要助推器。全球一体化时代下的海洋已不仅仅是交通和资源利益之所在,更是国际社会政治、经济、文化和军事既斗争又合作的舞台。海洋战略的实施是从"走向海洋"到"走进海洋"的主要途径,也是实现国家"强海兴海"的必由之路。

1. 加强海洋的管控能力

管控海洋是海洋战略实施的前提,没有强大而完善的管辖和控制能力,进行海洋事业建设将成为一句空话。由于历史上客观环境的诸多因素的存在,使当前中国海洋管控的地缘环境并不容乐观。从阿留申群岛到中南半岛南端的漫长海域中,美、日、韩等国在海洋上的强劲姿态为中国东出海洋造成了很大的困难,如何突破这一困局将是中国海洋事业走向新的高度的关键。

从中国自身来看,当前飞速发展的经济和大国地位的提升为海洋事业的发展提供了良好的机遇。崛起中的中国实现海洋发展战略,必须强化对海洋的管理和控制能力才能真正维护海洋利益。对海洋的管控涉及若干层面的内容,主要有系统性的海洋管理机构设置、海洋军事力量的加强、海洋监管机构建设等。

系统性的海洋管理机构是以国家层面上的海洋管理机构为宏观指导,各部门、各级政府设置的旨在管理和控制海洋的一系列建置。在国家层面上应有国家级的海洋管理委员会,负责组织协调和统筹全国海洋事务,制定全局性的海洋发展战略,以维护国家海洋权益为根本目的。在此基础上各级部门和政府成立相应的海洋管控机构,打破传统的分散和事权不一现象,从国家到地方形成一套科学的职权责分明的海洋管理和控制体系。这些机构的设立有利于对海洋问题进行快速反应和处置,对克服多头管理而实际无人管理的现象具有积极的现实意义。

管控海洋必须加强海洋军事力量。近年来随着世界上海洋争夺趋势的日渐加剧,特别是中国在海洋环境形势比较严峻的情势下,海上军事力量与当前在亚太海域存在的域外力量相比仍有较大差距。毋庸讳言,没有海上强大的军事力量存在便没有海洋权益可言,更无从谈起海洋战略的实施。世界海洋发展历史实践证明,军事力量的存在是国家海上利益最可靠的保障条件之一,只有建立了与国家实力相当的海上军事力量,才有可能真正保卫国家的海洋权益,国家的海洋发展战略才能得到最终实现。

2. 全面规划海洋战略的实施

海洋战略是一项系统工程,其实施不仅需要国家层面的统筹和协调,而且要有理论上的创新和指导。中国海洋管理中存在的部门林立、事权分散、多头领导等方面的问题,给海洋事业的健康发展带来了极大的负面影响。有鉴于此,制定海洋战略应做到全面考虑和宏观性安排。

妥善处理沿海地区社会稳定与发展的关系是实施海洋战略的关键步骤之一。沿海地区社会的稳定和发展对于中国整体的发展战略都至关重要。稳定与发展是基础与促进的关系,只有稳定社会局面的形成,发展才有基础可言。发展是社会稳定的保障,只有社会得到一定程度的发展,才能使稳定的社会局面得以长期维持。因此,实现发展与稳定的统一是维护沿海地区和谐进步的关键因素,也是实现海洋发展战略的前提和必要基础。

同时,实现海洋战略要以拓展海洋利益为根本目的。海洋战略的实施从宏观上看是国家利益的体现,在微观上则是海洋利益的具体实现。《联合国海洋法公约》被喻为"海洋宪章",它的颁布和实施为新的海洋格局形成奠定了基础。从当代海洋法理和历史背景来看,中国的海洋利益主要集中在海洋主权利益、海洋安全利益、海洋资源利益、海洋科学考察利益、海洋环境利益、公海合作开发利益、公海安全合作利益和公海资源利益等方面。作为国家发展的主要战略,海洋战略应围绕上述各项利益开展一系列的决策和部署。国家应在维护传统海洋利益的基础上拓展相关海洋利益,以达到由陆地走向海洋、由近海走向远海和深海的目的。

3. 海洋战略的实施应具有科学发展性

科学发展性是当今人类社会在完成自我反思之后而形成的具有时代特征的战略思想,坚持科学发展道路已成为当今国际社会的共识。作为国家发展战略的组成部分和决定国家未来政治和经济地位的重要因素,国家海洋战略的实施同样也需要走科学化的可持续发展道路。海洋战略是一个多层次和多阶段的系统工程,在可持续发展性上不仅要有经济上的可持续性,还要涉及政治、军事、文化、科技、环境、生态、管理等若干方面。

中国当前已进入全面发展的新的历史时期，海洋事业建设将成为事关国家整体发展的关键因素，在某种程度上未来国际间的竞争实质上是海洋格局的竞争。因此加强海洋战略的顶层科学设计，将海洋安全、海洋利益、海洋经济与生态等统筹协调，塑造良好的海洋建设环境和秩序是国家海洋事业的发展方向。

海洋战略的可持续性要有大海洋战略观，并在此基础上处理好各个子战略之间的关系。从世界海洋强国的发展历史来看，海洋战略的规划不能仅局限于本国海洋区域，还要有放眼全球的海洋观念。同时各子战略之间涉及不同领域和门类，在国家战略中的地位也不尽相同，因此应该区分轻重缓急，合理规划。如海洋安全战略事关国家海洋利益的实现和海洋疆域安全，无疑是整体战略中优先实施的部分。只有在这一关键性战略得以实现的前提下，资源战略、环境战略、域外合作战略才有实施的基础。因此注重协调发展、突出重点发展部分是海洋战略实施的关键步骤之一。

中国改革开放的实践证明，以经济特区建立为代表的经济奇迹的创造多得益于海洋。在未来的国家发展中，海洋的地位将会变得愈加不可或缺。因此，从国家的层面上看，海洋战略的实施将成为国家发展和崛起的新亮点。

4. 重视海洋战略的阶段性

总体战略规划完成以后，具体实施过程将会经历一个相当长的历史时期，其间由于客观环境的变化，海洋战略的实施也会呈现不同的发展阶段，而且在不同的阶段将会有不同的历史使命。仅以资源开发为例，世界海洋发展史表明，海洋生态的逐渐恶化是人类过度不合理地开发海洋所致，频发的海洋灾害已以向人类敲响了盲目开发海洋的警钟。

作为海洋战略而言，对海洋的开发应以当前人类的科技条件为基础，最大限度地在取得海洋效益的同时，正确处理好保护、发展、安全和海洋生态的关系。同时，在不同的发展时段，海洋战略也要处理好局部与整体的关系，海洋功能区的发展应在国家宏观海洋战略的框架内实施，地方海洋发展战略要与海洋功能区保持相互协调和共同发展。

另外，推进海洋战略下的制度建设。制度是保证各项规划实现的根本保证，海洋战略的实现非朝夕之力，所以不同层级的海洋规划要有制度特别是法律制度的保证。制度建设涉及不同的层级、部门、行政机构和功能区划，各个子单位应在国家指导下制定必要的海洋规划法律，确保战略的组织和实施。

海洋发展战略是国家性的宏大战略，其根本目的在于实现国家全面发展和民族的共同进步。沿海地区是国家海洋战略实施的重要载体和平台，没有沿海地区的支持和积极配合，海洋战略就不可能实现。沿海地区经济、政治、文化、社会以及生态文明等方面的全面发展将为国家海洋战略的实施提供有力的推动力。

三 国家发展背景下海上力量的构建

海上力量是一个具有典型时代意义的词语，不同历史时期有不同的含义和范畴。地理大发现以后海洋开始成为连接世界的桥梁，同时也开启了海洋争霸的时代。早期的海上力量主要是指海上军事实力，此概念一直延续到人类大规模开发海洋时代的开始。随着现代全球化的到来，海上力量扩大了传统内涵的边界，形成了一个具有综合性的时代语汇。概括来讲，现在的海上力量主要指一个主权国家控制和利用海洋的能力，即国家综合国力在世界海洋格局中的体现。

1. 海上力量是维护海洋权益的主要凭借

全球化时代的海洋竞争是海洋综合实力和能力的竞争，也是海上力量在世界海洋格局中地位的展示。中国的海洋现实环境决定了必须走加强海上力量建设之路。美国重返亚太之后，韩日等国的海上力量借机不断加强，太平洋西域的海洋战略格局对于中国海上崛起形成了一定程度的威胁和挑战。同时，中国与韩日等国海域划界和海上领土的归属问题到目前为止还未找到一条双方均可接受的可行方案。东南亚部分国家对南海部分岛礁的无理侵占和资源探采使中国的南海主权和海洋权益受到极大损害。现实的发展困境使中国东出太平洋和西联印度洋的海上战略实施受到相当程度的牵制。东部沿海地区是中国经济的重心所在，东部海域是中国走向太平洋开拓海洋利益的唯一通道，而中国南海则是中国能源的交通生命线。因此，作为国家发展新阶段的重要引擎，维护海洋主权和海洋权益已经成为未来一定时期内国家战略的重心所在。"群雄并起"的海洋角逐是海上实力的竞争，而海上力量实质上是国家综合力量在海洋上的真切反映。

发展中的中国要提升海上力量必须提高国家综合国力，在此基础上根据国情发展海上力量从而确保国家海洋权益。在具体的发展程序上，除了依赖于国家实力的不断增强之外，海上力量的发展应首先发展海上军事力量，在一定程度上遏制某些国家对中国海域的觊觎之心，同时也为打破封锁中国的海上岛链奠定基础。其次，海洋科技的发展也不容忽视，海洋科学研究和开发利用能力的进步将为某些海域矛盾的解决提供可靠的砝码。所以，增强国家海上力量是一个综合性的系统工程，其实施需要在国家海洋发展战略的指导下，各个部门有步骤有层次地向前推进，在此基础上利用海洋军事实力和科技潜能切实维护国家海洋权益并不断拓展国家的海洋利益空间。

2. 国家发展战略的实施有赖于海上力量的提升

国家发展战略居于战略体系的顶层，是为实现国家在一定时期内完成政治、经济、文化、军事和科技等总体目标而制定的。战略的含义随着时代背景的不同而不断发生变化，而且不同的国家根据各自的国情也会制定不同的战略体系。全面改革开放以来，中国最高的战略目标即是和平与发展的实现。在国家发展战略中，海洋将成为新时期中国走向世界的重要途径之一，而海上力量之强弱是其中的关键性因素。如前所述，新型的国家海上力量已不再局限于军事实力，而是国家在控制和利用海洋层面全部能力的总和。因此，中国的国家发展战略应对海上力量的发展倾注更多的关注。

海上力量涉及政治、军事、经济、文化等若干方面，这些方面综合能力的增强实质上也是国家向海洋进军步伐的加快。长期以来中国是海洋世界的弱国，不仅没有管控权而且也没有话语权，在国际上的政治地位也不能与一个陆地大国相称。民族国家构建完成以后，海上力量有了一定的提高，但与世界海上强国还有不少的差距。21世纪的到来使海洋的重要性再次凸显，对于发展中的中国而言，这是一个难得的历史机遇，当然也面临着不可预测的挑战。海上力量的增强有利于增强国家在国际海洋格局中的权重，也有利于化解已经或可能出现的海洋矛盾，更有利于提高国家在世界海洋事务中的地位。

3. 海上力量的加强有助于国家安全战略的实施

从传统战略概念来看，国家安全一般包括陆地、海洋和空域三个部分。

随着全球一体化程度的加深，一个国家的安全可能还会涉及底土、深海、国家利益所延伸的区域等多个部分，海洋所承载的国家利益的部分将会越来越大，而海上力量的构建则是维护海洋利益的根本途径。从当前情况来看，中国未来国家安全的威胁很大一部分将来自海上，与海洋相关的国家利益也将成为今后相当长一段时间内维护国家安全的重点所在。海洋权益是国家战略利益之所在，维护海洋权益是实施国家发展战略实现的主要途径之一，而维护海洋权益必须有强大的海上力量进行保障。现代的海上力量已不仅仅限于海上军事防卫的实力，而是包括了海洋资源开发能力、海洋管理能力、海洋科技能力、海洋合作能力、海洋文化传播能力等以及与之相关的多方能力的总和。作为国家安全战略中的重要组成部分，海洋安全需要构建与国家实力相当的海洋上力量，这对于以海洋为依托的相关国家利益的实现同样也至关重要。海上周边环境的复杂性和重要性需要一定的海上力量，这不仅是维护海洋利益的需要，也是国家安全战略的需要。

4. 海上力量的加强有助于推进海洋事业的全面发展

早期的世界海洋竞争带有明显的争霸意识，先后崛起的西方海上霸主都是在强大的海洋军事实力依托下走向世界并开展殖民统治的。当时人类利用海洋的能力相当有限，海洋仅被视为更加便捷的交通媒介，海上军事实力自然就会成为角逐海洋的唯一法宝。然而当人类进入现代化发展阶段，特别是随着全球化时代的到来，科技的日益进步为人类利用海洋能力提供了新的助力，交通仅仅是海洋的一种最为平凡的职能，对海洋的全方位开发已成为时代发展的主题之一，其范围涉及政治、经济、文化、科技、军事、文化等诸多方面。与之相应的是人类利用和管理海洋能力的提升即海上力量的提升。

海洋事业的全面发展并不是一蹴而就的，而是需要海上力量的不断增强即国家管控和利用海洋能力的不断提高。当全球战略已经成为国际社会新的发展方向时，立足本国国情推进国际海洋合作将是海洋事业不断拓展的前景。海洋事业的全面发展主要包括海洋发展的科学规划、海疆的系统性治理、海洋资源的合理开发、保护海洋生态环境与资源开发的协调、海洋科学技术的研究与开发、海洋法律制度的完善、国民海洋意识的提升、海洋领域的国际合作等。而这些涉及海洋的举措的完成无不需要海上力量的相应提高，以弥补海洋事业发展过程中的薄弱环节。因此，民族国家必须构建与国家发展相适应的海上力量,这是保证国家发展战略的整体实施和进一步推进海洋事业全面发展的关键性因素之一。

四 国家发展中海洋战略边疆的构建

全球化和多极化时代的到来为边疆赋予了新的时代特征,即边疆正在超越传统地理界限而随着民族国家利益的拓展向外延伸。传统边疆形式向新边疆形式演变是国家利益外溢的产物。海洋边疆是国家边疆的重要组成部分,其与陆地边疆的区别在于各自的载体不同。因此,海洋边疆在新的历史时期同样也会突破传统的界限而形成新的边疆形态。海洋新边疆的巩固和拓展,需要国家制定科学的海洋边疆战略并以此为基础保证国家利益的实现。

1. 海洋战略边疆的含义

海洋战略边疆产生于民族国家构建完成以后,是主权和国家利益在海洋上的反映。20世纪80年代以后,海洋战略边疆的含义开始外延化和利益化,而且还在随着国际环境的变化而不断产生新的内容。因此,海洋战略边疆并不仅仅是国家固定利益下的产物,而且是国家利益在海洋层面日益变化的边疆形式。当国家海洋利益突破地理界限的局限时,海洋利益的衍生形式海洋利益边疆也就形成了,由此而产生的保障国家利益的海洋战略边疆也就随之出现。虽然多极化世界和全球化的来临为传统国家形式带来了前所未有的冲击和再塑,但作为国家形成要件的组成部分边疆仍然存在,只不过其形式有所变化和拓展。

海洋战略边疆作为国家战略的组成部分,一般应包含与海洋相关的政治、经济、文化、军事、科技和信息战略边疆等。海洋战略边疆是维护和拓展国家利益的前沿。当今的世界海洋已经成为全球化利益的交集和结合点,海洋边疆战略直接关系影响到国家主权、海洋利益和与此相关的边疆利益。在某种意义上,海洋战略能否科学规划和实施将成为提高综合国力和跻身世界海洋强国的必由之路。

同时,海洋边疆战略是国家实现可持续发展的重要途径。从全球经济发展态势来看,人类对于陆地资源的利用已经远远超过其承载能力,资源的枯竭和环境恶化已经使人类开始将目光转向海洋。随着海洋科技的日益进步,人类开发和利用海洋的能力在快速提高,海洋经济在国家经济发展中的作用正在凸显。而且由于其独特禀赋，海洋又有陆地资源不可比拟的优势，再生性和丰富性等因素使海洋成为人类可资利用的巨大资源宝库。这些因素将使海洋为国家可持续发展提供重要助力和支持。

2. 海洋战略边疆构建的原则和方式

作为一种疆域战略，海洋战略边疆的构建既要体现海洋的战略性，又要体现海洋疆域的边疆特色。由于海洋边疆是一种特殊的边疆形式，所以其战略构建方式也迥异于陆地边疆战略构建。

海洋边疆战略的构建要遵循与国家实力相适应的原则。国家综合实力是一个国家政治、经济、文化、军事和科技等多个方面综合力量的反映。就国家实力而言，现在一般有硬实力和软实力之分，前者指以具体形式表现出来的国家力量，后者则是指以文化和制度为代表的国家力量，但总体而言都是指一个国家在国际社会的影响力。海洋战略边疆属于国家顶层设计的一部分，具有明显的国家利益主导性。因此，海洋战略边疆的构建也应成为国家总体发展战略的重要部分。如果海洋战略边疆的设计和规划超越了国家实力，将会导致战略无法实施甚至海洋边疆内缩的局面，影响到国家海洋利益的拓展和维护，从长远来看会影响到国家整体发展战略的实施。

同时，海洋战略边疆的构建应坚持可持续发展的原则。可持续发展观是现代社会最富有时代意义的发展观念，这一观念已应用到社会各个方面并作为基本准则。同样，作为国家边疆构建的一部分，海洋战略边疆的构建必须按照可持续发展的原则进行设计和规划。海洋战略边疆构建的可持续发展性体现在要有层次性、主次性和长远性。在国力条件许可的情况下，首先着眼低层次战略边疆即以维护地理边疆内的主权和利益为指针；其次提升海洋综合管控和利用能力，开展域外海洋合作和资源开发等；最后在前者的基础上形成以海洋为载体的所有与国家相关的利益战略。

就海洋战略边疆构建而言，坚持统筹兼顾的原则也必不可少。这一原则主要涉及海上军事力量发展与国家实力相统筹、海洋经济发展与陆地经济互补统筹、海洋科技与经济实力相统筹、近海与远海利益的统筹、国内海洋利益与国外海洋利益的统筹、国内海洋事业发展与域外合作的统筹、海洋交通与国家安全的统等。上述原则的执行并不是孤立分散的个体原则，而是相辅相成的有机整体。各个原则之间在形式上是分立的，而在内容和实践上却是互补的。因此，构建海洋战略边疆是一套系统工程，是在多个原则的指导下为了国家的海洋利益而进行的战略设计。

3. 中国要构筑具有中国特色的海洋战略边疆

战略边疆是利益下的疆域衍生物，它是随着国家利益的拓展而不断完善的。独具特色的文明传统和生产方式决定了中国在海洋战略边疆的构建上必然表现出中国特色。

第一，中国的海洋战略边疆具有和平的特质。建设和平之海是中国政府一贯倡导的海洋事业发展的指南，那么中国海洋战略边疆构建的基点仍应体现出以和平为导向，不是霸权式或竞争式的边疆形式。这是由中国特殊的国情所决定的，中国现在并将在相当长的一段时间内仍处于发展阶段，和平是国情的需要也是国家发展和社会发展的需要，海洋战略边疆也应贯彻这一根本性原则即构建和平边疆。当然这种和平并不是无限度地维护和平，而是在保障国家主权和海洋利益前提下的和平。

第二，中国海洋战略边疆具有平等性。中国是海洋大国，从阿留申群岛到南中国海有着浩瀚的海域，与中国相邻的海上国家有8个，由于历史、地理和法理上的诸多原因，海洋界限的划分和部分岛屿的归属仍是中国发展海洋事业面临的主要问题之一。中国政府主张不论国家大小都应该是平等的，这是中国一贯倡导的解决各国矛盾的根本原则。在与海上邻国的海洋矛盾尚未完全解决之前，在海洋战略边疆建设上应在坚持主权的前提下进行平等协商妥善处理海洋纠纷。中国的海洋战略边疆不具有攻击性和霸权特征，但对其构建是坚持确保国家海洋利益下的平等原则。

第三，中国海洋战略边疆是建设性的。随着海洋科技的不断进步，人类开发海洋的能力空前提高。当人类完成了对海洋资源索取的初级阶段之后，在未来相当长的时期里保护和建设海洋将成为国际社会的共同责任。中国海洋战略边疆肩负着维护海洋安全和保护海洋的重任。以海洋边疆为基础与国际社会展开广泛的合作，共同建设海洋将成为中国海洋战略边疆的重要任务之一，同时也是走进国际海洋社会的主要途径。

4. 实施海洋边疆战略是国家安全的客观要求

传统的国家安全主要包括领土范围内的主权、政治、经济、军事等安全，大体是以陆地为话语体系而言的，但不可否认的是，为人类带来巨大的利益的海洋正成为国家安全最为敏感和薄弱的环节。海洋边界、海洋资源划分、海洋空域维护、海洋底土安全等将成为国家安全关注的焦点。另外，国家的发展是以国家安全为根本前提，没有安全，发展将成为一句空话。海洋边疆战略事关国家安全的敏感点和着力点，对于一个沿海国家而言，实施科学的海洋边疆战略对国家整体安全将具有不可估量的现实意义。

第四节　国家发展中的海疆及海疆治理战略

疆域是国家形成的基础，没有疆域的国家是不存在的。与此相应，为了国家的发展和社会进步，有了疆域就必然要对其进行不断的治理。因此，疆域治理是国家通过一系列政治、经济、文化、军事等措施对其疆域经营和谋划的过程。在这一过程中形成的具有决定性的意义的方略和措施即被称为"治理战略"。海洋边疆是国家边疆的重要组成部分，海洋边疆治理的有效与否对于国家发展有着至关重要的意义。

一　海疆及海疆治理战略的内涵

海疆是一个随时代变化而有不同内涵的地理名词。传统国家时代的海疆是一个模糊而广袤的临海地区，包括沿海行政区和近海地区。民族国家时代主权领土意识的强化使海疆有了新的含义。民族国家的海疆是指由历史和法理结合下的国家疆域。不同历史时期海疆的治理也有不同的时代特征，王朝国家时代大部分时期采取宏观粗放式的管辖方式，当然这也是与当时时代相应的管理方式。进入民族国家时代以后，随着海疆范围的逐渐确立和海洋战略意义的凸显，管理水平开始上升到国家战略层面。

1. 海疆战略应具有时代特色

从地缘政治的视野来看，疆域是国家的组成部分，也是国家存在的基础，边疆则是民族国家与他国主权及利益相接的边疆地带。在全球化和多极化时代，海疆成为国家重要的通向世界的渠道和安全地带，而且影响到国家地缘战略的实施。因此，新时期的海疆不仅仅是陆地的边缘地带，它承载着更多的发展含义。

一般说来，边疆常指国家疆域的边缘部分，与核心区相比其经济和文化的发展处于一种欠发达状态，这种状态对于早期的海疆地区同样适用。

但是随着全球政治、经济以及军事格局的重大变革，海疆正在脱离传统意义上的边疆含义，时代特色所附加的内容日益显现出来。国家的发展是全局性的战略，陆海两栖式的国家要屹立于世界民族之林，缺失海洋战略将会造成不可挽回的损失和后果。海疆是国家边疆的构成部分，但又是具有特质的一种边疆形式。时代风云的变幻为海疆赋予了时代特色即主权性、利益性和战略性。事实证明，临海国家的发展如果忽略了海洋的重要性，那必将陷入典型的跛脚式的发展程式。

海疆战略是一种以海洋为载体，在国家发展战略指导下而进行的旨在维护和拓展国家海洋利益的经营和部署。因此，新时期的海洋战略不是像陆地边疆地区一样，除了担负国家安全任务之外，经济发展、民族政策和国家认同等逐渐成为治理边疆的重点，而海疆则是国家发展中新的利益增长极。这种利益增长不仅是实体利益抑或是物质利益式的，而是国家整体战略的一部分，是国家通往世界的窗口和桥梁，也是国家利益拓展的新渠道。

2. 海疆战略是国家发展战略的桥头堡

当前陆地资源利用的窘境加快了人类走向海洋的步伐。毋庸讳言，海疆在国家发展中的地位已经日益得以展现。作为国家发展的前沿地带，海疆战略的制定对于国家整体发展战略无疑具有至关重要的基础性意义，它不仅关系到国家经济发展，而且还间接影响到国家新安全战略、国家科技发展战略甚至是外交战略等。

目前各海上国家间的矛盾与摩擦不断加剧，实质则是各个国家海洋战略冲突的外在表现形式。与陆地资源开发和利用一样，国家在陆地边疆的外向张力已没有太多的回旋余地，而辽阔的海洋则为国家的发展提供了新的发展契机。有鉴于此，海疆的设计和规划应成为国家总体发展战略的优先考虑部分，必须在国家层面上突出海疆的重要地位，这样国家新的利益拓展方略将会得以真正实现。

海疆是边缘但并不是国家利益的边缘区。毫无疑问，海疆是国家疆域的边缘部分，是承载国家安全的重要地带。但值得注意的是，由于海疆的特殊性，它并不是国家利益的边缘部分，而是国家利益新的拓展区与他国利益的焦点区域。与陆地边疆相反，由于历史和现实因素的深刻影响，海疆一般是国家经济发达区和战略上的要地。地理大发现以后的世界历史进程表明，海疆的边疆性在弱化，基于国家发展的战略性反而在不断增强。因此，海疆战略的实施已成为国家战略实施的关键元素之一，甚至会影响到国家在世界政治和经济格局的地位。同时也必然影响到国家主权和领土安全以及国家地缘战略的走向。

3. 海疆治理战略是国家发展中的重要因素

海疆和陆疆虽然同为国家疆域的组成部分，但治理内涵和路径却有明显的不同。陆地边疆多是交通不便、经济欠发达、民族成分复杂和社会发展水平较低的地区，因此陆地边疆治理和关注的重点就在于强化国家认同、注重民族政策的调整和国家经济扶持等方面，而海疆则是国家经济文化最发达和最具有活力的地区。改革开放以后东部南部沿海地区成为国家经济发展的前沿和对外联系的主要通道，同时又由于这些地区拥有较好的经济基础和社会环境，所以现在已成为国家发展的重心所在。

然而，随着国家发展战略的不断完善，海疆地区的治理仍存在若干影响社会发展和国家整体性战略的问题。作为一种战略，海疆治理首先应体现在宏观性和微观性。宏观性是指在国家的层面上对海疆治理进行科学设计和规划，包括南部海疆与东部海疆的协调发展、海洋国土的合理开发、海洋环境保护、海洋功能区之间的统筹规划等。这些规划属于顶层设计是由国家发展战略所决定的，各级地方和部门的海疆治理应围绕国家的总体规划而进行具体实施。微观性是指在国家宏观性战略的指导下，海疆地区政府和部门根据各自的具体情况而拟定一系列的促进海疆社会不断发展的措施。

从长远来看，忽视了海洋事业的发展将会在很大程度上影响到国家可持续性发展。因此，从国家层面上看，海疆治理不仅仅是一般意义上的边疆治理。在海洋竞争日趋激烈的时代，海疆治理的意义已具备了国家战略的含义。新时期国家间的竞争的焦点之一即是海洋的竞争，而竞争的基础则是在一定时期内海疆治理成效的评判，同时这也是民族国家海洋事业发展的基础和起点。

4. 海疆治理战略应体现出重点性和一般性的统一

海疆治理是一项长期持续性工程，当国家的宏观治理体系确立之后，治理的具体实施中应体现出重点和一般性的统一。海疆治理是分层次的，在层次的划分上又分为行政层次和部门层次，按其重要性、所处的地位，层次之中须有重点与一般之分。行政层次的治理以行政层级为主导，不同层级应制定不同的治理方案和措施。如国家级处于行政层级的最高位，其治理政策带有主导性、指导性和宏观性，决定着国家海疆治理战略的整体走向。乡镇、社区等处于层级管理的末梢，其治理措施则是一种具体而实际的行动计划。

部门层次是指同一行政层级之间的不同部门以及部门上下级之间需要确立的海疆治理方针，这是一种在国家总体方略指导下的专业性较强的实施措施。如海洋渔政部门在不同的省区各有不同的管理部门，各部门之间均应有相应的海疆治理措施。部门之间的治理有轻重之分。既然海疆治理是一个综合性的国家性工程，那么其实施的过程中必然有缓急和重点与一般的差别。海疆是国家的疆域组成部分，由于历史和现实因素的交织，各个区域之间的社会功能、军事功能、战略功能等必然存在明显的差别。这种差别的存在就形成了海洋治理中的重点与一般的差别化。

一般而言，处于战略要冲和海洋利益矛盾较为突出的海疆地区是国家治理的重点区域。因为这些区域关系到国家海洋主权、海洋利益、国家海洋利益的拓展甚至是国家发展战略，所以重点海区常常是国家高度重视并着力强化治理的地区。相比较而言，近海区功能经济区和开发区等非敏感海区常常按照国家既定的海疆治理政策运行，这些地区的治理是一种常态化的社会治理。虽然这些地区有可能是国家经济发达甚至是国家经济命脉之所在，但在边疆治理的层面上仍处于一般治理层级。

二　国家视野下的海疆战略

作为一种战略，就一个国家而言其最高层次应该体现出国家的视野，并在此基础上对某一领域而进行有步骤的谋划和经营。地理大发现以后，海洋已经成为国际间政治和经济领域的竞争舞台。随着海洋在国际格局中地位的日益凸显，国家视野下海疆战略的重要性也更加突出。因此，海疆战略的实施应体现出国家视野并以此为基础制定相应的策略和规划。

1. 民族国家必须构建现代化的海疆战略

民族国家构建的完成是现代化海疆战略实施的基础，海疆地缘环境条件是影响海疆战略制定的客观条件。新时期国家在海洋上的竞争超越了传统的界限，形成了一种战略实施上的对抗和竞争。面对世界海洋政治格局的发展态势和前所未有的发展机遇，国家在发展中对海疆战略的制定和实施应有一个系统性的规划并在全局性问题上做出更加明确的判断和分析。海疆战略不仅仅限于经济层面，而是体现在范围更加广阔的发展领域。海洋利益的凸显在某种意义上正在改变着陆地与外部世界的联系方式，在平等、协作、支持和共赢的原则下构建全球最有潜力的国家视野下的海疆战略，对于未来国家发展都具有深远的历史意义和现实意义。

民族国家的构建为海疆战略的制定和实施提供了必要条件和发展基础。海疆战略的实施一般应具备以下四个条件：一是国家有独立的主权和完整的领土；二是有与国家实力相应的海洋军事保障能力；三是海洋利用和开发能力有一定的基础；四是国家层面有系统的海洋管理体制。民族国家构建完成以后大体上已经具备了上述四个海洋战略实施的条件。进入国家建设时期后，海疆战略的含义外延有所扩大，传统上的防御性已大为减弱，建设的重点开始转向在保证海疆主权完整的基础上，以海洋为平台将国家海洋利益不断拓展和延伸，进而实现为维护世界海洋和平做出贡献的目的。当代中国是发展中的陆海复合型国家，地缘特点决定了在未来相当长的时间内，海洋崛起将是中国走向现代化道路的重要支撑。随着国家崛起步伐的不断加快，国家在世界海洋政治格局中的影响力正逐渐增强，时代发展的客观要求使国家海洋战略的制定更应当具有前瞻性和科学性。

2. 海疆战略是拓展国家利益的主要手段

海疆战略是国家战略不可或缺的重要组成部分，其实施也必然体现出国家利益的根本性内涵，在某种意义上可以说海疆战略即是拓展国家利益的手段之一。时代背景的变化决定了国家利益的指向和形式上的变化。国家利益在海洋上的体现是海洋利益在世界海洋政治格局发生重大变化的历史背景下产生的，而且随着海洋在国家竞争中地位的提升，海洋竞争的激烈程度将会进一步加剧。

国家富强和国际社会地位的不断提高是现代化国家建设的重要标志，也是实现国家长期发展战略的重要步骤。在陆地竞争空间日益拮据的今天，向海域和空域发展已成为实施国家发展战略的新契机。海疆战略不仅仅体现为一种单纯的海洋主权、贸易、开发等实体性的决策，更是基于国家视野下多元化的海洋综合利益体。海疆战略的有效实施可以改善国家战略环境和拓展更加广阔的生存空间，这也是国家在新时期进行现代化建设必不可少的基础之一。世界现代化发展进程表明，如果完全依托于陆地空间，那么国家的发展将会受到极大的制约和限制。当人类已经能够更加有效地利用海洋的时代来临之后，国家现代化的发展已开始与海洋息息相关了。

全球化时代的来临拓展了国家利益在空间上的延伸，而且这种拓展态势正在以一种新的方式影响到国家甚至世界格局的变化。在诸多的影响因素中，海洋是影响新的历史时期国家利益的重要因素，并承载着国家利益在空间变化中的导向。中国的海疆局势是当前国家利益不可或缺的连接点。从大的地缘政治范围来看，亚太地区的和平与稳定、中国与域外大国利益的博弈等不可能避开海洋因素。在区域性层面上，东北亚地区的安全、中日关系以及南中国海周边的战略性合作等更是与海洋休戚相关。所以，当前中国为了推动建立更加稳定的亚太安全机制就必须推动多边化的安全合作战略，而这一战略的实施的重要基础之一即是国家海疆战略的制定和有效实施。

3. 海疆战略要突出全球视野

地理大发现以后的世界开始逐渐成为真正一体化的世界，不同国家和地区的联系和交融得以不断加强。即使在空中飞行器广泛应用之后，海洋依然以其独特的优势成为联结世界各地的重要载体和桥梁。随着世界一体化进程向更深和更广的层面推进，海洋以及海洋空间平台将成为国家战略实施的新载体。

海疆战略的全球视野有其必然性。当代新疆域观念正在被国际社会所接受，即在传统疆域的基础上以现代化手段为媒介而形成的国家利益伸展所至的空间和地域。国家的海疆部分是国家疆域的组成部分，同时也是国家利益伸展的平台。因此，海疆战略不能仅局限于海洋法律框架下的实体海域，而应以此为平台走向世界海洋空间。这是世界海洋格局发展的必然趋势，也是国家性海疆战略实施的必然要求。

毫无疑问，海陆两栖国家的发展离不开海洋，国际间海洋合作的诸多事实已充分证明了这一点。加强外海空间的战略设计如公海开发合作和航行安全等是国家海洋战略边疆的正常延伸。国家的发展与海洋息息相关，主权权益之外的海洋空间是国家发展的新契机，也是国家发展新的重要平台。同时国家利益、地区安全机制和世界海洋的可持续发展也要求沿海国积极参与世界海洋事务。特别是近年来世界海洋事务中的潜在危机不断凸显，冲突的加剧和矛盾的激化正成为世界和平发展的主要障碍。对于一个沿海国家而言，积极参与世界海洋事务不仅是实现国家海洋利益的有效途径，同时也是对维护世界海洋健康发展作出的重大贡献。

4. 海疆战略建设应具有现实性

海疆战略是国家利益不断拓展的推进器和重要凭借。大体上说，国家利益包括政治、经济、文化、安全等利益形式，而在领土完整、国家主权和文化完整之外的利益则称之为拓展利益。国家是利益的载体，也是实现利益的主要工具。民族国家时代国家的根本目标之一即是尽可能地实现国家利益最大化。因此，国家诸多战略的设计不能偏离国家利益这一根本主线。当前世界海洋空间被分割的趋势更加明显，各个国家的海洋战略边疆不断向公海和深海延伸。如果没有适时的海疆战略出台，那么海洋利益空间将会受到严重挤压和缩减。因此，国家应开始有步骤地有效保障和拓展自己的"海洋势力范围"。

当前，海洋战略边疆已经成为国家海洋利益新的拓展平台。建立海洋战略边疆是实施海洋可持续发展的战略和拓展国家利益至关重要的举措。海洋强国的主要标志之一即是有完善的海洋战略边疆规划和设计。历史背景和现实因素的交融使海洋战略边疆的重要程度在不断加大。经济利益、安全利益、政治利益、社会利益和国际利益都正在这一战略下得到体现。发展中的中国在当今海洋竞争异常激烈的形势下，建设有效的海洋战略边疆已是势在必行。

三 国家视野下的海疆治理战略

国家解决边疆问题的过程即为边疆治理。现代治理和实践本身，就是现代化国家在新的社会变迁基础上形成的一种探索和寻求社会公共性问题的新的解决方式的过程。[①] 由于构成方式上禀赋的差异性，海疆与陆疆在治理内容、方式以及进程上存在较大的区别。海疆治理是国家边疆治理的重要组成部分，海疆治理效果的优劣直接影响到国家边疆整体治理的成就。因此，海疆治理战略的规划必须体现国家视野并在本质上体现国家利益。

---

① 周平等著：《中国边疆治理研究》，经济科学出版社2011年版，第27—31页。

1. 制定海疆治理战略应关注其时代特征

海疆治理战略具有长期性和阶段性等若干特征，不同时期的治理会体现出不同的历史特质。世界海疆治理史也表明，对于海疆的治理是随着人类对海洋认识的不断提高和疆域观念的变革而发生着相应变化的。海疆治理的突出特征之一是其长期性。无论是陆疆治理抑或是海疆治理都是一个长期的过程，治理观念和方略的具体形成需要不断地摸索和尝试，并在这种探索过程中积累成功的治理经验。不同的国家和地区由于国情不同，海疆治理方式也千差万别，纯粹的海洋国家和陆海两栖国家在海疆治理上也有明显的不同。海洋对于前者而言是其生命线和国防线，其重要性自不待言，因此其治理方式上倾向于外向性，即国家对海疆高度关注，为了确保海疆利益，不惜一切军事和行政手段在保证海疆安全的前提下加大对海洋的合理开发力度。这种方式一般均有长期的治理规划目标有时甚至是长达百年的海洋发展规划。后者在治理方式上因为要顾及陆地疆域的发展，所以在海疆上的治理设计受到一定影响，在治理体系上特别是在长期海洋发展规划上缺少更加科学合理的持续性。

当然，在新的世界海洋格局变化来临之时，这种理念也正在得到不断的修正和改观。随着世界海洋政治局势的发展变化和海洋科技的飞速发展，海疆治理的含义和外延性在不断扩大和延伸。新时期海疆治理是海洋权益逐步外化的表现，以往局限于地理海疆的观念樊篱正在被打破。海疆治理是国家疆域治理的一部分，同时也是国家利益得以实现和拓展的平台。海疆治理的成效关乎国家发展战略的实现和利益的有效拓展，这是时代所赋予海疆治理的显著特色。

2. 海疆治理战略应协调整体与局部的关系

整体与局部是事物协调发展不可缺少的两翼，妥善处理两者之间的关系才有助于事物的良性发展。作为国家战略的重要组成部分，海疆治理战略的设计中应注重整体与局部的协调关系。整体战略是事关国家海洋事业发展全局的总体设计，涉及国防安全、海洋利益、海洋经济、海洋科技以及海洋文化等若干方面。随着海疆治理内容上内涵和外延的不断扩大，其战略的整体性尤为突出。海疆治理战略的各个方面都是一个不可分割的有机整体，是在国家整体利益视野下的系统性的战略集合体。海洋疆域的完整性是海疆治理战略的基础，没有海洋疆域的完整性，海洋利益将不可能得到有效的维护。海洋国防安全是海疆治理的前提,没有强大的海洋国防力量,海洋利益不但无法得到维护,海疆治理将无法得以可持续性地进行,海洋性科技和经济发展更无从谈起。同样,海疆治理的成败得失也关乎国家海洋利益的拓展。海疆治理战略制定的根本目的在于以有效的治理手段加强国家在整体上开发海洋的能力,提升海洋事业的整体发展水平。

随着海洋治理水平的不断提高,主权国家对于海洋的认知能力和利用能力将会得到快速发展,同时海洋治理水平的提升也有利于国家海洋利益的外向性拓展。在某种意义上海洋治理战略的有效实施将进一步巩固国家的海洋疆域和海洋利益。因此,作为沿海国家应规划和设计国家性的海洋治理战略,从全局上把握海洋治理的整体发展趋势。

3. 局部海疆治理战略设计应具有科学性

海疆治理战略的局部设计既包含某一时期的治理理念及框架设计,也包括同一时期不同方面的设计内容。由于海疆治理涉及疆域发展的各个方面,所以每一个方面均应有完整而科学的发展设计线路。这是相对于国家视野下整体战略的局部设计,但就某一方面来看仍是一个完整的有机体系。海疆治理的局部战略侧重于具体的治理目标,有明确的治理指向和运作步骤。

国家发展中的某一阶段,海疆治理的重点有所不同。一般而言,建国初期新政权建立后海疆治理侧重于国防安全,肃清敌对势力保卫疆域安全是治理的重点。随着政权的不断稳固,海疆建设开始提上日程。大规模的开发和利用海洋多在这一时期展开,包括海疆军事工程建设、防海工程建设、陆海一体化建设等。此后海疆治理开始向以科技为先导的方向发展,海疆治理水平发生质的突破,疆域治理理念和方式转向更加适应现代化海洋事业方面,海疆治理程度已成为衡量国家疆域治理水平的一个重要标志之一。海疆治理要保持可持续发展态势,必须妥善处理全面战略与部分战略的内在关系,使二者成为一个有机的科学体系,这样海疆治理战略才能符合国家发展和社会的需要。

4. 海疆治理要走可持续发展道路

可持续发展是现代社会平衡、和谐、稳定发展的新理念,涉及自然、环境、经济、社会、科技、政治和文化等诸多方面。疆域治理是促进社会稳步发展的重要方面,因此治理过程中的可持续性也成为治理水平的主要标志。海疆治理是一个渐进式的发展过程，民族国家构建完成以后大多经历了粗放式治理、重点化治理、全面深度治理和科学治理等几个阶段。民族国家肇建初期，海疆治理多表现为粗放式的治理形式，治理面较广，涉及社会发展的各个层面但并不深入，国防和基础治理是这一阶段的重点。虽然此时的治理是粗放式的，但它仍是民族国家海疆治理发展的基础。重点化治理阶段是民族国家在不同的历史时期由于政治、经济和文化环境的变化，海疆治理开始有重点地进行并向特定区域推进。一般而言，海洋区域经济发展将成为国家推动的主要目标。全面深度治理和科学治理是海洋科技不断推进的结果。全球化程度的不断加深和人类利用海洋能力的提高使海疆治理的水平得以迅速提高。这是到目前为止海疆治理的最高阶段，也是国家疆域可持续发展的必然要求。

海疆治理的可持续发展是国家视野下的系统性工程，它是海洋科技、国家战略、社会发展、边疆稳定、国家利益等多个因素的科学集合，如实现海洋经济由传统经济形式向新型海洋经济形式的转变、积极实施科教兴海战略、合理规划海洋功能区域等。未来海疆治理的导向将是这种形式的更加科学的凝结和组合。

四　世界海洋强国的海疆及海疆治理战略的启示

无论是王朝国家还是民族国家时期，只要是沿海国家就会存在海疆和海疆治理问题。囿于客观条件的局限，王朝国家时期的海疆和海疆治理是一种传统型和自闭型的表现形式。进入民族国家时期以后，特别是随着人类开发和利用海洋能力的不断提高，海疆的开放性得以逐步体现，海疆治理的内涵不断向深度和广度发展。从某种意义上看，当代世界海洋强国的崛起过程也是海疆经略内容不断丰富和提高的体现。回顾世界海洋强国的发展历程有助于我们更加深刻地理解海洋、更好地开发和利用海洋。

1. 注重海洋在国家发展中的战略地位

地理大发现以前的海洋还不具备完全意义上疆域的含义。当时的世界只能称之为孤立分散的国家和地区的集合体，海洋的意义只是起到了部分交通通道的作用，天然的国家安全防线的作用似乎更加明显，人类对海洋的利用和开发也仅仅停留在简单的渔盐捕捞管理等初级治理阶段，此时的海疆对国家而言还根本谈不上战略载体。16世纪以后欧洲人的东进打破了世界海洋的平静，新大陆的渐次开辟使一个崭新的世界呈现在人类面前。海洋的传统地位得以完全突破和深化，国家主权的伸张和疆域概念的确立开始把海洋纳入国家发展战略的设计之中。海洋霸权的产生实质上是民族国家建立后国家主权突破陆地疆域局限的外化形式，更体现了国家利益借助海洋向域外的扩展性。早期殖民强国凭借海洋形成了对世界的霸权，也实现了海洋在国家战略中地位的第一次转变。

工业革命的完成提高了人类利用和开发海洋的能力，海洋的资源性和国家利益性再次得到升华，世界上国家和地区对海洋的争夺也日趋激烈。"控制海洋即控制世界"的理念成为对海洋地位认识的新体现。近代以来的世界海洋强国开始了由凭借海洋控制陆地走向了以海洋延伸国家利益的转变。海洋自然属性的利用价值在降低，国家视野下海洋的多元性价值日益得到体现。海洋国家一步步地摒弃了以往对海洋认识的肤浅与狭隘，逐步完成了从国家视野下的海洋到世界海洋视野下的转变。

随着全球化时代的到来，国家和地区间的交往超过历史上任何一个时期，国家利益也已经不再局限于本国领土的范围之内，而是向更加广泛的域外空间拓展。陆上疆域的拓展有其地理属性上的自然限制，空域的拓展还不具备完全发展的条件，只有海洋是现时代国家利益向域外延伸的最佳载体之一。因此，在世界竞争不断加剧的今天，注重海洋在国家发展中的战略地位是国家发展的最佳选择之一。

与此同时，国家对海洋的关注应有层次上的差异性。首先是国家的海洋疆域。作为一个主权国家，海洋事业的发展必须保证国家海疆的完整性，在此基础上突出利益的导向性。其次是海洋利益的外延性。在国家海疆利益得以完全实现的情况下，在条件许可的情况下，可以有次序地向海疆以外的地区拓展利益，这种利益的体现由可见利益和非可见利益组成，拓展程度的大小依国家的海洋力量大小而定。最后是海疆治理的有效性。现代的海疆治理水平是衡量一个国家海洋事业推进程度的晴雨表，也是国家发展战略中的重要一环。国家发展战略在海洋上的体现主要包括海疆利益和海疆治理水平。两者相辅相成不可或缺，只有在国家的层面上既维护了海疆利益又深化了海疆治理，民族国家在海洋的发展上才能上升一个新的水平。

2. 海洋利益是国家利益的重要组成部分

全球化时代的来临不仅加快了民族与国家之间的交流，而且世界经济、文化、科技、政治甚至军事的一体化程度也在不断地加深。在此基础上不同地区利益的交织度正在呈现不断上长升的趋势，传统的自闭式的国家和地区利益圈已经不复存在，任何一个国家和地区的发展都不可能自外于国际社会而独立存在。按照传统的疆域利益逻辑，国家利益有唯一性和排他性，这也是国家主权的主要体现之一。但是，当时代的发展使国家利益开始突破疆域的限制而延伸到更加广阔的领域时，国家的利益范围也会超越本国疆域而随之得到拓展。

海洋利益是国家利益不可或缺的重要组成部分，当国家利益超越国家的地理边疆而不断外溢和延伸时，赋有新的含义的海洋边疆已经形成。当前陆地疆域的利益竞争已不具有太多的延伸空间，空域由于条件的制约还不能形成有效的利益载体，而海洋恰恰弥补了二者的有限性，使国家利益在这一载体上得到广泛扩大。

21世纪以来世界海洋格局的形成实质上是各个海洋强国的国家利益在海洋这一载体上激烈碰撞的结果。因此可以说维护和巩固国家的利益绝不能漠视海洋的存在。海洋利益的维护可分为两个层次，即国家主权范围内的海疆利益和地理主权以外的海洋利益。前者是国家疆域的一部分，民族国家必须以国家力量确保这一利益的完整性和排他性。

全球海洋发展历程表明，没有完全的海洋主权就不可能有效地维护国家的海疆利益，而且很大程度上国家利益的丧失正是从海洋边疆开始的。虽然现代领土观念形成以来海疆的利益空间指向有所变化，但其基本内涵仍然是国家主权在海洋上的表现。对于发展中国家而言，海疆利益的重要性在国家战略中更加突出，这是因为世界海洋利益的新格局正在形成，而国家利益也正在以不同的形式向海疆之外延展，不同国家和地区的利益融合与碰撞将对国家利益形成新的冲击。失去海洋利益的拓展空间将在一定程度上影响国家整体利益战略的实现，而且在某种意义上将丧失国家之间的竞争优势。

3. 海疆治理战略的制定应具有前瞻性

海疆治理战略随着时代的不同而有不同的变化趋势。作为一种战略则是新时期世界海洋发展变化的产物。从海疆治理的发展历程来看，一般经过粗放式浅层次治理、重点区域治理和全面科学治理等若干个阶段。海洋科技的发展和人们对海洋认识的不断深化为海疆治理提供了新的发展契机，同时也面临着新的挑战。作为国家战略的组成部分，海疆治理的规划应具有一定的前瞻性和科学性。

世界海洋治理发展史表明，短期的、应对式的治理措施往往会导致治理过程中出现错位甚至造成难以挽回的损失，进而影响到国家整体战略的实现。因此在海疆治理战略规划上应该突出如国家、区域、不同领域治理的差别等因素。同时治理战略有层次性，也有协调性和关联性，横向和纵向之间的设计将影响到整体战略的实现。因此，对于一个沿海国而言，海疆治理战略设计是实现国家利益的重要一环，必须从根本上保证其科学性才能达到国家海洋事业发展的最终目标。

第五节　从海洋大国到海洋强国

长期以来中国被定义为一个陆地国家，而且对中国公众而言也已经形成了一种牢不可破的陆地思维定势。数千年间中国作为亚洲东方的大国始终走在世界发展的前列，这一优势的保持恰恰来源于广袤的陆地疆域、无与伦比的生产方式和先进的文化优势。然而进入近代以后，这一对比优势开始发生变化，西方开始超越东方并且以迅猛的势头打破了中国数个世纪以来享有的优越地位。在这一变化中，被中国长期忽略的海洋竟成了不可或缺的重要角色。中国近代以来的发展历程表明，自立于世界民族之林不仅不能自外于海洋，而且必须开启由海洋大国向海洋强国转变的大门，从而实现陆海双翼甚至多翼的共同发展。

一　从陆上大国到海洋大国

近代以来的历史伤痕使中国开始了对海洋大国梦的追逐。当然这一过程不可能一蹴而就，而是一个涉及海洋认识的转变、海疆地位的重新确立以及海洋在国家整体发展中的作用等若干方面的问题。新的历史时期，中国提出要实现由陆上大国向海洋大国的转变，这是国家发展战略的重新部署和定位。从长远来看，海洋大国目标的实现将涉及以下几个方面。

1. 改变重陆轻海的传统思维

毋庸置疑，海洋文明是中华文明不可或缺的组成部分，并在与大陆文明的交融和互动中形成了独具特色的文明形式。然而，长期以来海洋文明在中华文明的发展中逐渐趋于被边缘化和从属化的境地，这自然与历史悠久的重陆轻海的思维定势不无关系。以农业文明为中心的社会格局必然会产生以陆地为核心的思维模式，重陆轻海的观念也渊源于此。因此，我们不难看到，在中国数千年的历史长河中不乏有识之士对于边疆经略的高超智慧，但鲜见与海洋边疆相关的真知灼见。

近代以来中国的屈辱历史来自于海上，中国落伍于世界潮流也始于近代，中国对于海洋的真切认知也恰恰肇端于近代。延续数千年之久对海洋关注的缺失导致了晚清以降国家海洋利益丧失殆尽，海军建设与当时世界海洋强国的差距不啻天壤。当然这是与海洋对清政府国家利益的对应性有极大关系。可以说，鸦片战争之前海洋于国家发展的内驱力显然不足，所以更无法谈及以海洋为媒介进行海外市场的开拓。

中华人民共和国的成立标志着民族国家在中国构建的基本完成，由于客观时代背景的影响，国家在相当长的一段时间内主要关注于陆疆建设，对国家海洋事业的经营缺少必要和有计划的支持，特别是海洋在国家发展的定位上有一定的偏差。21世纪以来，世界海洋新格局正在形成，国家和地区间的海洋竞争开始不断加剧甚至激化，中国的海洋安全环境并不容乐观。因此，提升海洋在国家发展战略中的地位，改变重陆轻海的定势显得尤为必要。同时，提高国民的海洋素养和加强海洋大国教育也不可忽视。当前中国国民对于海洋的认知程度远远低于世界海洋大国的国民认知水平，对于海洋边疆和海洋利益的理解更是差强人意。在此情势下，走海上强国之路必须从根本上改变固有的陆地思维模式，当然政府和相关机构的引导和宣传不可或缺。

2. 强化海疆的地缘政治意义

地缘政治是时代发展的产物。自从瑞典地理学家克节伦提出"地缘政治"这一概念之后，地缘政治学说不断完善发展，并已成为指导基于不同地理环境下国家政治行为的流行理论。地缘政治理论构成的两大要素是地理环境和区域政治关系，在不同的地理空间背景下解析国家或地区集团之间政治关系以及预测区域战略形势和有关国家的政治行为是其主要目的。基于地缘政治理论的海权论、空权论和利益边疆论等多种新型理论的出现都是表达世界不同国家间政治战略之间博弈的外在形式。

中国的海洋优势在相当长的时间内并没有得以充分有效地发挥，这也造成了海洋事业与周边国家相比而形成的相对落后。明确海洋的定位对于国家综合发展具有不可估量的现实意义，陆海双栖型国家必须陆海兼顾才能整体提升国家的竞争力。海洋边疆同样也是国家疆域的重要组成部分，中国可主张的管辖海域达300余万平方千米，在如此庞大的海域范围内如何确保国家利益和地区利益以及与域外国家的利益平衡是中国海疆管控和经营的核心之所在。海洋边疆安全是边疆管理的第一要素，没有边疆的安全就不可能存在海洋利益，因此中国应以有效的海上力量确保海洋边疆安全。在此基础上再进行资源、交通、合作、环境以及科技等方面的发展。当然拓展国家海洋利益也尤为重要。不失时机地拓展国家海洋利益是实施地缘战略的一个重要层面。新的世界海洋格局正在形成，海洋大国的竞争已经不再局限于本国疆域内的海洋，而是向域外延伸并走向远海和深海。中国应抓住这一有利时机开展更加广泛的域外合作，从而拓展国家的海洋利益链条向更远的海区延伸。

3. 加快海疆治理模式的转变

海疆治理是一个国家海洋事业发展水平的主要指标。在某种意义上海疆治理水平的提高将有助于提升国家在海洋方面的地缘优势。中国的海洋治理历史悠久，从王朝国家时代到民族国家时代这一过程一直在延续和强化，治理方式也在不同历史时期有所改进和提高，并且在长期的治理历程中积累了丰富的成功经验，当然也有沉痛的历史教训值得反思。

民族国家形式在中国确立以来，世界海洋形势开始发生深刻变化，海洋在国家中的地位发生了根本性的变化，海疆治理也必然需要适应时代的发展要求。中华人民共和国成立以来的治理历程表明，以陆地治理模式来治理海洋将会违背海疆治理自身的发展规律。海疆治理是一项长期性的国家性的战略工程，在新的海洋发展形势下，中国的海疆治理模式必须体现出中国特色，又要准确地与世界接轨。

体现出大海疆治理观念是在国家层面上海疆治理观念的一次飞跃。大海疆治理观念是以实现国家的总体海洋利益为最高目标，制定海洋疆域整体性治理规划，如海洋资源总体开发规划、海洋科技发展、海洋文化战略设计以及各个海区的协调发展等。同时应该妥善处理与域外国家海洋合作关系，这是未来海洋治理发展的新模式。超越国家间的海洋治理合作有助于相互借鉴之间的先进经验，提升综合治理水平。

就中国的具体情况而言，中国海区的治理模式应有所区别。中国四大海区在面积、岛屿分布、资源类别、水文特征等方面都有较大差异，从地缘战略上来看各不相同。因此在不同的海区应制定不同的治理规划，以突出区域特征最终达到提升海洋治理水平的目标，实现中国由陆上大国到海洋大国的转变。

二 民族国家的海疆与海洋利益

疆域是国家存在的基础，也是国家构成的基本要素。国家利益实现的主要载体即是疆域，没有疆域的国家利益是不可能存在的。海疆是沿海国家疆域不可或缺的重要组成部分，同样也是国家存在的基本要素之一。因此，民族国家构建完成以后，保障海疆主权和维护国家海洋利益成为民族国家的重要任务之一。

1. 巩固海疆利益是国家安全战略的需要

当海洋成为国家发展的重要支柱和新的增长点之时，涉及不同国家和地区间的竞争和矛盾就出现了。中华人民共和国成立以来海疆局势经历了云谲波诡的坎坷历程。保卫海疆安全是建国初期的最主要目标，这一时期年轻的共和国与域外敌对势力进行了不懈的斗争，确保了共和国的海疆安全。21世纪以来海上邻国与域外大国同中国的海洋争端呈现加剧之势。中国与东南亚海上邻国以及日本、韩国等海上矛盾表现出错综复杂的形势。从具体情况来看，中日的海上之争是影响中日关系的主要因素，同时也是当前中国海疆安全的关键点之一。中日的海上冲突有可能引发东亚乃至亚太地区的区域安全问题，甚至对国际局势产生重大影响。

南海争端也是中国海疆面临的主要问题之一。20世纪70年代以来，东南亚部分国家对南海的主权声索呼声甚高，外交和军事行动愈演愈烈，这也标志着南海争端的不断升温。特别是美国和印度等域外大国的介入使南海问题变得更加复杂和敏感。此外，中国与韩国也存在海洋划界以及专属经济区主张重叠问题。这些海上矛盾因素的存在成为中国海疆安全埋下了重大隐患。随着陆地边界问题的渐次解决，海上问题已经成为中国与周边关系的焦点，也成为海疆安全的焦点。当前的中国海疆争端实质上是历史与现实因素交织的结果，主权争端之下是资源、潜在利益以及区位海洋地位优势的竞争。在某种意义上海洋之争将影响到国家的未来发展道路。对中国而言，海疆已经成为国家利益的重要载体，没有稳固的海疆就无法谈及海洋利益。因此，从国家的角度而言必须高度重视海疆战略设计，在妥善应对周边复杂的海洋形势的同时，科学统筹海疆利益的层次性、阶段性和可持续性。同时，在维护国家海洋利益的前提下增进与周边国家的战略互信，纾解由于海疆争端而导致的安全困境。

2. 提高管控海洋能力是维护民族国家海洋利益的根本途径

管控海洋由管理海洋和控制海洋两个部分组成。管理海洋是指一个主权国家为了有效地保护海洋资源、海洋权益以及海洋事业的统筹发展，根据本国海洋的实际状况，而制定一系列的发展和管理海洋的战略措施。控制海洋侧重于以一国的海上力量维护本国海洋利益和加强与域外国家海上合作等能力的总和。管理和控制是维护国家海洋利益和实现国家海洋发展的根本途径，也是走上海洋强国的必由之路。

中国对海洋的管理有着悠久的辉煌历史，但也有难以抹去的历史伤痕。王朝国家时代对海洋的管控基本上是一种粗放式、宏观式的经营方式，但这是时代的局限所致。真正的海洋管控开始于民族国家构建完成以后，当然这是一个漫长的发展过程，并不是一朝一夕即可完成的短期工程。中华人民共和国成立初期，中国政府对海洋的管控主要是军事防卫和行业管理体系的构建。20世纪50年代，中国的海疆形势依然严峻，敌对势力频繁骚扰海疆，影响海疆安全，因此海洋的军事防卫是这一时期管控的核心内容之一。同时在管理上是以行业管理体系的建立为标志，管理的对象以渔业、浅海资源开发和养殖业等进行条块式管理，这种状况一直持续到中国进行改革开放为止。20世纪80年代以后中国海洋管控方式发生不断变化，在国家海洋局之下设立了以地方政府为主导的地方管理机构，同时以渔业、海洋交通、海盐业和油气生产为主的行业管理体系更加细化，从国家海洋局到地方各级海洋管理机构相继设立，国家对海洋的管理水平得以明显提高。

进入21世纪以来，国际海洋局势发生了根本性的变化，世界海洋斗争局势更加严峻，中国海洋管控的形势面临着新的机遇和挑战。从当前海洋管控发展趋势以及中国海洋周边环境来看，中国海洋管控在管理上应形成横向和纵向管理体系的统筹规划，即从国家到各级政府形成层次分明的海洋管理机构和从行业角度形成自上而下的专业化的综合管理模式，着力完善海域权属管理制度。同时要把海洋维权与资源开发有机结合起来，在资源开发程度不断广大的基础上增强维权力度，加强海域管理队伍的能力建设，在维护海洋权益的前提下加快区域化资源开发水平，真正做到维权与资源开发相辅相成。当然国家海洋利益的实现离不开海洋军事实力的存在，没有强大的海上力量防卫海疆，国家海洋主权和相关利益将成为空谈。因此，在新的历史时期为了维护国家的海洋利益，国家必须完善海洋国防建设体系，以适应现代世界海洋竞争局面的需要。

3. 全球化时代的到来需要拓展民族国家的海洋利益

全球化时代是一场将世界国家和地区的政治、经济、文化和社会逐渐联结到一起的社会变革。时至今日，没有任何一个地区能够自外于这场有史以来范围最广、程度最深的社会变革。在此背景下，主权国家的固有利益形式将会沿着这一变革渐次向更加广阔的领域拓展，于是在国家的层面上疆域形式也产生了新的变化。作为拥有幅员辽阔海疆的中国，自然也是这一变革的参与者和深受影响的国家之一。

就海疆而言，在全球化进程的推动之下其利益形式很明显地已经超越了传统的界限，一个新的边疆形式即海洋利益边疆正在快速形成。由于历史传统的影响，中国传统的海洋边疆在长时期内并未脱离固有的地理范围，而是被视为与陆地边疆一样有地理实体的疆域范畴。但是全球化的推动打破了这一局限，利益特别是国家层面的利益走向了更为深远的区域。时代的变化需要我们构筑内容更为丰满的海洋利益边疆。

海洋利益边疆构建应有时代性。海洋边疆有其特殊的边疆属性，而海洋利益边疆则是时代所赋予的产物。不同历史时期海洋利益的范围有着相当程度的差别。新时期中国的海洋利益分为两个层次：一是根据国际海洋法理所规定的地理海疆之上的利益总和，即我们通常所说的实体式的海洋边疆，这是中国海疆的核心利益之所在，也是国家海洋安全和海洋事业发展的主要基础。二是在此基础之上拓展延伸的域外海洋利益总和，从地域和形式上看这一利益的集合不在国家海疆地理范畴之内，但它却是国家利益在海洋边疆之外的拓展。中国在利益边疆的外围层次拓展上应有时代眼光，不然海洋发展的比较优势将会丧失。

同时，海洋利益边疆构筑要有科学规划。中国海疆面积广大，海上邻国海洋发展能力以及与中国的合作关系各不相同，这就决定了中国海洋利益边疆的构筑应有一个科学的规划，做到统筹兼顾和协调发展。在提高海洋管控能力的同时，加快海洋科学技术的推进。在强力维护海洋权益的同时，有步骤稳妥地参与国际间的海洋科学与资源开发合作，以有效地保护国家的海洋利益。

三　国家视域下的海洋边疆

海洋边疆是国家疆域的组成部分，也是国家发展的基础。建设海洋边疆是在国家总体规划下而进行的一项长期工程。国家的发展离不开海洋，海洋边疆的建设和发展同样离不开国家指导下的整体推进。

1. 民族国家必须以战略眼光重新审视海洋

随着时代的发展，海洋早已超越了交通和渔盐的原始功能，正成为国家发展的强大支柱和动力源泉。海洋正在成为国家之间竞争的新领域。地理特征决定了中国必须从国家的角度重新审视既往的海洋观念和传统。与周边海上邻国相比，中国政府与国民对于海洋的认知和利用程度仍有较大差距，其主要表现在国家性的海洋战略设计水平有待于进一步提高、传统的海洋观念根深蒂固、国民对海洋认知程度普遍较低、海洋科技水平不高等。这些问题的存在限制了中国海洋事业的整体发展，并且有可能导致与周边海洋国家在海洋发展层面差距的不断拉大。

21世纪被称为海洋世纪，这预示着在人类所利用的陆地资源不断枯竭的现状下，海洋将成为21世纪人类社会新的发展支柱。从目前世界发展格局来看，经济和文化最发达的地区均分布在沿海地区。联合国可持续发展《21世纪议程》预测，到2020年全世界沿海地区的人口将达到人口总数的百分之七十五。海洋将成为国民经济和社会可持续发展的新机遇。因此，将维护本国海洋权益和发展海洋经济作为国家重大发展战略已经成为国际社会的共识。

从目前的现实状况来看，中国未来的发展空间在很大程度上将依赖于海洋。因此，中国政府在1996年制定了《中国海洋21世纪议程》，阐释了中国海洋事业的发展战略、行动纲领以及近远景目标等，并提出了中国海洋发展的未来设想。此外相关海洋发展配套工程的实施已经为中国海洋事业的发展提供了较好的平台。世界海洋事业的发展日新月异,国家相互之间的竞争程度日趋激烈,这也导致中国在国家海洋发展战略上要更有预见性,要有国家视域中的整体海洋发展规划。同时,政府应不遗余力地推行国民海洋教育,加强对海洋的认知程度。据调查,美、日、韩等国国民对海洋的认知程度要远远高于中国。因此,加强国民的海洋知识教育仍是建设海洋强国的重要措施之一。推行的措施应体现全方位和重点性相结合的方法,一方面利用各种媒体进行海洋科普知识宣传教育,向公众普及海洋知识;一方面将海洋知识引入课堂教育,加强海洋基础系统化教育。

2. 构筑国家的立体海洋战略

众所周知,海洋的资源性和战略性正在成为海洋国家制定海洋发展战略的重要参考项。海洋科技、海洋能源安全、海洋经济竞争和海上军事博弈等诸多因素的存在赋予了海洋战略新的内容。虽然海洋的国际通道和近海经济作用仍在国家海洋事业中发挥着重要作用,但随着海洋竞争全球化时代的到来,平面性的海洋发展战略已经远远不能满足国家和社会长期可持续发展对海洋的期盼。"控制海洋就控制了世界"的含义也在发生深刻的变化。

从世界范围来看,立体海洋的概念正在形成,即海洋的战略含义包括平面海洋功能、海洋空域功能和深海海洋功能三大体系。国际间海洋的竞争和争夺已经由平面海洋向空域和深海发展,世界上海洋强国的发展战略已经涵盖了上述海洋的三大板块。发展中的中国正处于国际海洋秩序重新构建的关键时期,科学地设计中国的立体海洋战略不但可以有力地改变中国在亚太地区海洋竞争的地位,而且也有利于中国海洋事业的长期发展。

立体海洋设计必须考虑深海战略。深海战略一般分为国家海疆内的深海战略和域外深海战略。国家海疆内的深海战略是在国家主权地理范围内进行的有组织有计划的深海开发规划,这也是国家深海战略的重点所在。根据当前海洋科技的发展态势,以往不能涉足甚至关注度甚低的深海开发将成为海洋发展新的机遇点。弥足珍贵的矿产资源和联结世界信息通道等将使深海区成为国家战略规划的重点区域。域外深海战略是指本国以外公海区深海的资源开发、技术合作、科考以及环境保护等内容,这是当前国际间海洋争夺的热点和焦点区域。

从长远来看，世界海洋的竞争格局在不断向深海发展，深海战略设计的科学与否将影响到国家在地区间海洋竞争中的优势能否长期保持。因此，发展中的中国有必要科学规划国家的深海发展战略，以便在将来国际间的海洋竞争中取得有利地位。

与此同时，立体海洋设计还要关注海洋空域战略。海洋空域是国家空域的重要组成部分，海洋空域在很长时间内并未成为海洋国家战略的重点区域，但是随着海洋争端事件的频繁出现，出于维护海洋利益的需要，海洋空域战略设计显得尤为必要。中国海洋空域面积广大，不同海区所处的国际海洋环境不尽相同，因此在空域战略的设计上要有全局性和重点性，在保障国家海洋利益的前提下妥善处理空域战略的可行性。

3. 实施陆海一体化战略

陆海一体化战略并不仅仅是军事术语，而是在国家陆海联动体系下所制定的政治、经济、军事、文化、科技、环境等多项战略的集合。陆海一体化是世界海洋新格局下的产物，也是全球化浪潮下国家海洋发展的新趋势。陆海一体化战略在国家发展的不同阶段分别呈现出不同的历史特征，正确设计陆海一体化战略必须正确处理不同条件下的陆海关系，遵循陆海统筹发展的历史规律，只有这样才能实现国家海洋事业的快速崛起。进入21世纪以来，世界海洋大国已经完成了直接简单式地获取海洋资源的发展阶段，跨入了陆海联动下的以海洋科技为支撑的新的历史时期。

中国特殊的海洋区位优势奠定了实施陆海一体化战略的基础。陆海一体化战略的核心在于海陆统筹和海陆之间的战略平衡这一最高原则，其目的在于实现国家的整体发展目标。因此在发展层面，国家的陆海一体化战略首先要体现国家意志，在国家宏观指导下立足于不同区域陆海资源特点，科学规划陆海的各项功能，最终达到陆海协调发展。国家实施陆海一体化战略要突破部门或行业的局限，形成国家指导下的陆海两大体系的一体化调控，制定切实可行的陆海发展战略、陆海区域发展规划、陆海产业发展规划、海洋功能区划、近海区域功能规划等，在各体系之间形成有效的互动和有机的整合，从而实现陆海一体化的可持续性发展目标。其内容主要涉及诸如沿海城市体系的重新定位、沿海经济与远海经济的联动、港口建设与城市发展关系、沿海经济与内陆经济互动、区域海洋经济协调等。

在维护海洋利益层面，中国陆海兼备的二元地理特征决定了在安全保障上陆海一体化的必要性。近代以来中国的历史伤痕大多来自于海上，民族国家构建完成以后，海洋防卫的局势有较大改观，但地区海洋局势仍有诸多的矛盾存在。全球化时代的来临为海洋事业发展提供了新的契机，然而面临的挑战也并不容忽视。地区海洋争端的存在使中国海陆一体化军事战略的重要性日益凸显。中国海疆各海区所面临的安全形势有所不同，因此中国的海上安全防卫不能离开陆地的有力支援。从现实情况下看，拓展海洋利益是中国走向世界的重要途径之一，在陆疆相对安全的形势下伸张海权是中国实现海洋强国梦的必由之路。因此，从国家层面上看，陆海一体化复合型战略的实施将有效地保障国家海洋利益的实现。

四　由海洋大国走向海洋强国

一个主权国家在国际社会中的地位不仅仅取决于疆域的面积，而更取决于国家实力的强大与否。在海洋世纪到来的今天，建设海洋强国已经成为世界主要海洋国家竞争的新目标。中国是名副其实的海洋大国，但距海洋强国的水平还有相当长的路程要走。建设海洋强国是一项长期而复杂的国家性的系统工程，也是国家发展战略的重要组成部分。

1. 海洋大国不等同于海洋强国

海洋大国一般指一个主权国家拥有较大的海洋面积和丰富的海洋资源，而海洋强国则含有国家在世界海洋格局中占有重要地位之意。概而言之，对于一个拥有海洋版图的国家来说，只有建设成为海洋强国才能真正实现国家海洋发展战略的宏伟目标。海洋强则国家强，海业兴则民族兴。近代以来，真正跻身世界大国之列的国家中几乎是沿着海洋之路逐渐崛起的。

在陆地资源已日渐枯竭的今天，国际社会政治、经济和外交的竞争舞台已经由陆地转身海洋，丰富的海洋资源和战略地位将成为新一轮国家和地区角逐的对象。中国四大海区的地理位置恰当国际交通要冲，具有无与伦比的战略价值。从这个意义上看，中国是毫无争议的国际性海洋大国。然而中国在海洋利用、保护、管控、可持续发展等方面在区位比较上并不占有明显优势。因此，中国在未来一段时间内必须加快由海洋大国向海洋强国的转变，实现中国近百年来的夙愿即海洋强国梦。中国实现海洋强国战略，应根据国情、海情和世界海洋形势采取科学的规划与部署。

当前海洋争端的存在是中国推动海洋强国战略面临的主要障碍之一。在海洋权益争夺不断加剧的今天，实施海洋强国建设需要政治、外交甚至是军事智慧来化解潜在的矛盾和危机，而不是以纯粹的武力手段来解决矛盾。当然国家实力的总体增强将是解决这一问题的根本基础。同时要强化海洋管理，规范海洋开发，改变粗放式海洋管理模式。海洋管理水平的高低对海洋事业的总体发展影响甚大，在现代海洋科技的引领下，海洋管理应推动海洋开发向科学有序的方向发展，不断提高海洋经济增长的质量和效益。

此外，国家层面应加快海洋执法和权益维护步伐，提高参与国际事务的能力，进一步拓展对域外海洋的开发和利用领域，加快海上军事力量，有效维护国家的海洋利益。在公众层面要培育先进的海洋文化，普及全民海洋教育，使海洋文化成为中华文化不可或缺的组成部分。唤起全社会对海洋的重视将成为建设海洋强国的重要一环。经略海洋也是全球化时代国家崛起的必然要求，中国正处于国家发展中的关键阶段，海洋于国家发展和跻身于世界民族之林至关重要，因此从世界和国家发展形势来看必须以新的发展的眼光重新审视海洋。

2. 建设海洋强国必须重构海洋边疆和治理观念

边疆和治理的概念随着时代的发展其内涵也在发生着深刻的变化。全球化时代来临以后，边疆与边疆治理的内容同样地在发生着深刻变化，边疆理论和治理理念也被赋予了明显的时代烙印。建设海洋强国已经成为当今世界海洋国家的共识，在此背景下海洋边疆和治理理念的重构必然是势在必行。中国在新的历史时期提出了建设海洋强国的宏伟目标，表明了中国政府对国家海洋事业的期盼和强烈关注。建设海洋强国是在世界海洋发展新形势下的一种必然选择，而重构国家海洋边疆和治理观念是这一重大选择的理论和现实基础。

国际海洋法为新型海疆观念的构筑奠定了法理基础。海洋边疆和治理是现代法理下的产物，国际海洋法的颁布与实施为世界海洋新秩序的形成奠定了法律基础，当然也为新的海洋边疆的构建创造了条件。但海疆的主权性与陆疆有所区别，海疆是一种层次有别的边疆形式，法律规定下的不同区域其地位和权利并不相同。新时期中国海洋边疆的构建应在不同海区构建不同层级的海洋边疆体系，并在此基础上构建国家视域中的大海洋边疆体系。大海洋边疆体系是基于国家海洋利益的非实体性边疆，是国家海洋利益所拓展空间的集合。中国要实现海洋崛起，必须跟上甚至超越国际社会的新海洋边疆理念，构筑与本国际地位相称且与国家安全和利益相适应的大海洋边疆体系。

同时，时代的发展也需要构建新的海洋边疆治理念。海洋边疆治理必须依据国家发展战略和国家利益的扩展而不断演进。从地理环境来看，中国是一个陆海复合型的双栖性国家，所以陆海一体化治理体系的构建尤为重要。中国沿海区域多为经济和文化发达的地区，经济和文化上的优势为海疆一体化治理体系的构筑提供了有利条件。

新型的海疆治理体系构建应该围绕以陆促海、陆海互联和陆海共进的系统化格局为中心，打造新型的治理方式，从而达到促进海洋边疆治理水平全面提升的目的。就中国当前的海洋事业发展水平而言，海疆治理的重点应该聚焦于推动海洋经济由传统发展方式向质量效益型转轨、科学开发海洋、保障海洋权益以及域外合作等方面。海洋边疆治理水平将决定国家海洋事业的整体发展态势，从目前国际海洋竞争局势不断加剧的现状来看，中国海洋边疆治理能力在国家整体发展战略中尤为重要。

3. 实现海洋强国梦是实现中华民族伟大复兴的必由之路

中国政府在新时期已经提出了建设海洋强国的宏伟目标，这是首次以国家纲领的形式将海洋纳入国家发展战略之中，海洋在国家中的地位达到了新的高度。在世界海洋格局发生巨大变化的今天，这一战略目标的制定对于中国进一步认知、开发和保护海洋利益具有重要的历史意义。

海洋强国建设首先是一种观念革新。由于中国长期在陆地思维的笼罩之下，所以虽有海洋大国之名而无海洋强国之实。作为一个陆海复合型国家，这与世界海洋发展大势是极不相称的。因此，建设海洋强国必然要在观念上进行更新，打破旧思维的樊篱，建立一种新型的海洋观念，培育全民海洋意识和海权意识。对一个国家而言，随着全民海洋素质的不断提高，才有可能全面地了解国家海洋的整体发展趋势，为海洋事业发奠定思想基础。

其次，建设海洋强国是国家利益的迫切需要。21世纪以来，世界政治、经济、文化和军事等格局正在进入冷战结束以来最大程度上的转变和整合阶段。中国也在这一时期内迎来了国内最好的发展机遇期，但不可否认，国际环境影响下的各种挑战威胁也不可避免。国家利益决定战略走向，发展中的中国在国家利益上呈现出多领域和多层次的态势。海洋利益是国家利益的核心内容之一，维护海洋利益即是国家实现整体利益的需要，同时也是建设海洋强国的重要途径。

最后，建设海洋强国是国家安全的需要，也是中华民族的伟大期盼。近代以来海洋的历史屈辱使中国未能及时地进入世界海洋发展的轨道，同时也造成了长期缺位于世界海洋强国之林的窘境。民族国家构建完成以后，中国海洋事业开始了伟大复兴。中国政府提出建设海洋强国的宏伟目标，是实现国家富强的时代强音，更是实现民族复兴的伟大期盼。

第七章

国家利益外溢与海外利益的维护

发展中的中国在与世界的联系不断加深的同时，对外部世界的关注程度也越来越高，关注的内容既包括政治和军事等话题，也包括经济、文化和人员等话题。比如，中美两国在政治、军事和经济等领域既合作又竞争，中国通过包机、派遣军舰等方式从利比亚和也门等发生内部冲突的国家或地区撤回侨民，中国企业在海外的投资遭遇挫折、投资风险逐渐增大等方面的新闻报道成为人们在街头巷尾热议的话题。中国人对世界关注程度的加深和关注范围的扩大，反映出中国的海外利益在不断扩展。中国海外利益的扩展是由内外两个方面的因素共同促成的。就外部因素而言，自二战结束以来不断深化的全球化进程为中国海外利益的生成和发展提供了必不可少的外部环境和空间，而中国也成功地利用了这一机遇，通过对外贸易、承担必要的国际责任等方式越来越深地融入全球化进程，成为国际社会不可或缺的成员。就内部因素而言，中国自身持续多年的快速发展是推动海外利益不断扩大延伸的重要原因。其实，全球化趋势早已有之。然而，在国家实力有限的条件下，中国虽然有海外利益，但海外利益的总体规模并不大，对国家的重要性也不凸显。而随着近些年来的崛起，中国国家实力迅猛增强，海外利益的规模相应急剧膨胀，对国家发展的重要性也越来越重要。在这种背景下，对中国的海外利益及其保护问题展开研究便成为一个急迫的现实需要，也成为一个重要的学术问题。

第一节 国家利益与海外利益

在一定意义上，不仅是现代民族国家，历史上许多不同类型的国家或多或少都有海外利益。在论及海外利益的时候，首先有一个重要的前提条件，即国家利益"外溢"出了国家的边界。换句话说，在特定的条件下，某些具体的国家利益所涉及的空间范围超出了严格意义上的国家领土主权的管辖范围。因此，讨论海外利益首先要从国家利益的"外溢"谈起。那么，国家利益的"外溢"是如何形成的？其背景和途径又是什么？此外，国家与国家之间存在共同利益，而且由于全球问题的出现，国家必须承担一定的国际利益。那么，国家间的共同利益、一国的国际利益与海外利益是什么关系？

一　国家利益与国家利益的外溢

在一定意义上，国家利益一旦外溢便有了海外利益，国家利益外溢和海外利益是对同一现象不同角度的描述。在探究国家利益的外溢或者海外利益的时候，首先要明确"国家利益"这一核心概念的含义。国家利益是国际关系中各国行为的基本立足点和出发点，体现一个国家的基本需求和国内占据支配地位的价值取向，也是各国制定具体的对外战略和确定对外政策目标的决定性因素。然而，国家利益是什么？如果一个国家不是一个整体，而是由不同阶层和阶级、民族、利益集团构成的话，那么，国家利益是哪一个集团的利益？对此，研究国际关系的学者们给出了不一样的答案。汉斯·摩根索认为，利益是"以权力界定的"[①]，因此，国家利益就是维持、增加和显示国家权力。在这个意义上，权力与利益相辅相成，国家在世界舞台上追求国家利益的行为具体表现为国家权力的行使，国家利益的大小和范围则由国家权力的强弱大小所决定。根据这一界定，中国的国家利益无疑就是在国际舞台上维持、增加和显示对其他国际关系行为体的影响力和威望。肯尼斯·沃尔兹认为，在国际无政府状态下，国家必须依靠自身的力量来维护自己的生存。权力只是一种保证安全、实现生存的可能有用的手段，在重要关头，国家最终关心的并不是权力，而是安全

[①] 原文为《以权力界定的利益概念是帮助政治现实主义找到穿越国际政治领域的道路的主要路标》。参见 [美] 汉斯·摩根索《国家间政治：权力斗争与和平》，徐昕等译，北京大学出版社 2006 年版，第 29 页。

或生存。"生存是实现国家其他任何目标的先决条件。"① 因此，对任何国家来说，国家安全是最核心的国家利益。与新现实主义者类似，新自由主义者也认为国家关心安全，但是，除此以外，国家还关心财富和绝对收益，国家的安全不仅包括政治和军事上的安全，也包括经济、文化和社会等层面的安全。

尽管新现实主义和新自由主义之间有许多争论，但是，它们的理论有一个共同之处，即假设国家利益是一种很容易辨识的包括国家的权力、安全和财富在内的客观存在，并且相对稳定，不会因为时代的变迁而发生较大的变化。然而，即便承认国家利益是一个国家生存与发展的必要条件，是反映一个国家"全体国民及各种利益集团的需求与兴趣"的该国所追求的"主要好处、权利或受益点"，② 或者是"一切满足民族国家全体人民物质与精神需要的东西"，③ 即便能够梳理出国家利益的基本要素是国家安全或生存、领土完整或独立、经济财富或繁荣，以及集体自尊或者国际社会的尊重与承认，④ 但是，在具体的情形中对国家利益做出明确的判断依旧是一个难题。而如果从历史的角度看，对某一国家来说，其在不同时期对国家利益的界定是不一样的。建构主义者敏锐地指出了这一点，认为除却外部威胁和国内集团的要求之外，是国际社会中的"意义"和"价值结构"建构了国家利益。对一个国家来说，通过国际社会建构过程形成的与自己相关的意义和身份决定了这个国家对国家利益内涵与外延的界定和理解，并在实践中影响它对什么是国家利益，什么不是国家利益的最终判断。国家利益"是根据国际上公认的规范和理解——什么是善的和合适的——来定义"⑤。也就是说，国家利益是国际社会的成员（主要是国家）所共同享有的规范和价值塑造的。

国际关系理论的不同流派围绕国家利益的认识和争论实际上反映出，

---

① ［美］肯尼斯·沃尔兹：《国际政治理论》，胡少华等译，中国人民公安大学出版社1992年版，第108页。
② 王逸舟：《国家利益再思考》，《中国社会科学》2002年第2期。
③ 阎学通：《中国国家利益分析》，天津人民出版社1997年版，第10—11页。
④ ［美］亚历山大·温特：《国际政治的社会理论》，秦亚青译，上海人民出版社2000年版，第294页。
⑤ ［美］玛莎·费丽莫：《国际社会中的国家利益》，袁正清译，浙江人民出版社2001年版，第3页。

国家利益这个概念既有客观性的一面，又有主观性的一面，它在一定意义上是一个变动不居的概念。由于国家所处其中的国际环境和自身国内环境中各种条件不断变化，因此，"国家利益始终处于动态形成与调整过程"，而任何组织和个人"对什么是以及如何最大限度地反映国家利益"都有一个认识不断深化和调整的过程。① 从历史的角度来看，"国家利益的决定和定义……是一个不断充实完善、调整修正和自我更新的动态过程"。② 鉴于国家利益的变动性，从新自由主义和建构主义的角度理解国家利益，更有利于理解国家利益的外溢或海外利益现象。国内政治与国际政治之间的界限日益模糊，两者相互渗透的趋势使得在研究国家利益时必须同时考虑国际和国内两个层面的因素及其互动情况。学者们认为，决定国家利益的因素有"内生变量"和"外生变量"。国家利益随着其内生变量和外生变量的变化而发生变化，以前属于国家利益的，现在可能不再属于国家利益，反之亦然。这些国家利益的新变化往往不再局限在由领土主权限定的地理区域范围之内，而是不断超越国界，延伸至他国境内或者本国领土之外，从而出现国家利益外溢的现象。

所谓内生变量，主要指的是国家分析层次上的各种要素，即与一国的经济体制和政治体制相关的各种因素。前者包括国家的经济总量和经济增长率及其效率，对外开放程度和贸易投资水平，科学技术水平和创新能力，阶级阶层分化变动情况，财富分配和社会公平等软硬指标。后者主要指一国的宪政体制、政党制度、权力分立制衡运行机制、政治透明程度等。同一个国家的国家利益在不同时代或不同的具体时刻有所不同的根本原因之一就在于内生变量发生了变化。譬如，当一个国家的经济发展到一定程度，对外交往日益频繁、国家间相互依赖程度不断提高之际，该国会越来越多地关注国际市场和原材料产地的变化，对国际贸易规制承担更多的责任；在技术飞速进步的当下，部分大国的利益诉求早已远远超出了既有领土的范围，延伸至深海洋底、极地区域和外太空等以前根本不会考虑的地理范围。

所谓外生变量，主要指的是体系分析层次上的各种要素，即国家之外

---

① 王逸舟：《国家利益再思考》，《中国社会科学》2002 年第 2 期。
② 王逸舟：《国家利益再思考》，《中国社会科学》2002 年第 2 期。

的环境中的各种相关因素，比如，国际和平与战争及合作与冲突的情况、主要大国之间的力量对比和相互关系、世界经济景气或萧条的状况、各种非政府组织的活跃程度及作用方式等。可以说，在国家相互联系、相互影响的格局中，不论是在什么时代以及在什么条件下，所有国家的国家利益都必然或多或少地受到外部环境中这些因素的影响，即便是奉行孤立主义的国家也不能例外。比如，在全球化的影响下，每个国家都感受到了地球"变小""变平"带来的影响，在确定本国议事日程时难以随心所欲，越来越不可能在不考虑其他国家反应的情况下完全自由地做出决定。国家利益的定义和范畴大大超出国家传统的认知框架，其内涵不再纯粹由单个的国家独自决定。恐怖主义袭击、饥荒与贫困、内乱与难民、气候变化与生态灾难、核扩散、环境污染等全球性威胁是单个国家难以解决的，需要各国采取全球性的集体行动。全球化还使"国内"问题变成跨国问题，比如，美国的次贷危机演化为一场世界性的金融危机；中美两国在气候问题上的立场和态度影响着其他国家在气候问题上展开积极有效的合作；像国际足联这样的非政府组织活动也影响到国家如何认识自己的利益。而一些国际环境因素的变化甚至会直接生成国家利益。譬如，联合国海洋法的制定和生效，使得岛国和沿海国面临新的获取海洋利益的机遇，也成为中国与周边国家领土争议日益敏感的催化剂。总之，在一个相互依赖程度日益加深的国际社会里，国家利益的外生变量的影响越来越重要。然而，在不同的历史时期，甚至在同一历史时期的不同事态中，外生变量都可能呈现出完全不同的形态，对各个民族国家产生完全不同的影响，导致后者重新确立国家议程和界定国家利益。[①]

二 国家利益外溢的背景和途径

正如前述，国家利益外溢有两个重要的背景。从国家外部因素来看，国家利益外溢是全球化或区域化一体化发展引发的结果。从国家内部因素来看，国家利益外溢主要源自于国家采取对外开放政策产生的结果，也是国家综合国力不断增强的结果。其中，经济利益的外溢是国家利益外溢最为重要的内容之一。

[①] 参见王逸舟《国家利益再思考》，《中国社会科学》2002年第2期。

全球化与区域一体化是当前世界政治变化的两个重要趋势，它们共同使一国的国家利益超越了民族国家的领土主权边界。全球化是指人员、技术、信息、贸易、投资、民主观念和市场经济日益趋于跨国界流动的过程。它是一个涉及经济、文化、政治和军事等不同方面的复杂现象。在经济全球化浪潮面前，任何国家的经济都不再独立于其他经济体或不受其他经济体的影响，而是不可避免地融入全球经济之中；文化全球化减少了不同民族、不同区域和不同人们之间的文化差异；政治全球化则意味着一些政治价值观念和制度取得相对于其他观念和制度的优势。全球化对世界产生的影响，除了使时空缩小以外，另一个重要的影响便是使边界功能弱化。在全球化浪潮的影响下，民族国家的边界不再坚不可摧，不但贸易、资本、信息和人员的流动受边界制约的影响越来越小，而且观念、规范、文化和价值观也越来越摆脱了边界的限制。边界约束力的减小，意味着以民族国家和主权边界为基础的传统地理边界不再密不透风，而是变得具有可渗透性，从而导致国家利益边界的模糊化。在全球化背景下，主权国家的内部事务与外部事务之间的界限日趋模糊化，削弱并消除了国内问题与国际问题之间的差别。各国政府在处理一些全球性问题时，越来越力不从心，难以单独应付这些问题。当前，国际性和地区性的暴力冲突、恐怖主义和海盗活动、引发大规模损失的自然灾害的发生和传染性疾病疫情的暴发等都可能对国家安全构成威胁，需要各国通过国际合作、相互协助的方式解决。

在全球化浪潮把每个国家都卷入到走向全球一体化行列中的同时，在地区层面还出现了区域一体化的现象。区域一体化的一般表现是某个区域内部分或全部国家签订条约组成国家集团，建立一套国家间的或超国家的组织机构，在政治、经济、文化甚至军事领域紧密合作，进行一定程度的政策协调，甚至制定和执行共同的政策。当前，区域一体化的努力主要体现为美国、加拿大和墨西哥三国建立的北美自由贸易区、以欧盟为代表的欧洲地区的一体化进程，东南亚十国构成的东盟一体化努力，以及美洲自由贸易区和拉美南方共同市场等。这些一体化的努力同样也使得国家利益的边界模糊化。而在特定的条件下，区域一体化的进展又会引发反弹，强调主权国家利益、本国优先的声音重占上风。这一新风潮以英国脱欧，以及美国特朗普政府奉行"美国优先"政策，迫使墨西哥和加拿大政府签署《美国—墨西哥—加拿大协定》(USMCA), 取代之前的《北美自由贸易协定》等为代表。

在上述背景下, 如果一国采取对外开放政策, 积极融入全球政治经济秩序的话, 那么, 由全球化和地区一体化导致的国家利益外溢现象会更加突出。退一步说, 即便是一个封闭的国家, 它也不得不与其他国家打交道, 国际环境中的一些因素也同样能影响到它的国家利益。因此, 在这个意义上, 国家利益外溢基本上是不可避免的。

国家利益在不同的历史时期会通过不同的途径外溢出国界的范围。在中华人民共和国成立后相当长一段时间内, 中国国家利益的外溢主要发生在国际共产主义运动、东西方意识形态对抗和周边军事斗争等领域, 主要通过政治途径外溢。对当前的中国来说, 国家利益外溢主要发生在经贸和人员交往领域, 外溢的途径主要有以下几种。[①]

第一, 海外商品市场的拓展和对原材料基地的依赖。自实行改革开放政策以来, 中国的对外贸易额不断扩大, 并逐渐成为"世界工厂", 大量的商品远销世界各地。所出口产品的结构也逐渐从以劳动密集型的低附加值产品为主, 向技术密集型的高附加值产品逐渐增多转变。随着中国融入世界经济体系的程度的提高, 中国企业也开始把世界各地作为产品原材料的供给基地, 中国经济对世界市场的依赖程度越来越高。尤其是自2001年加入世界贸易组织后, 中国外贸依存度在2006年时达到一个顶峰, 当年进出口总额与国内生产总值(GDP)的比值攀至67%。此后, 中国外贸依存度虽然有所下降, 但基本保持在50%左右。2014年, 中国货物进出口总额为264334亿元, 服务进出口总额为6043亿美元, 外贸依存度降至41.5%。随着中国经济总量的迅速增加, 尽管外贸依存度在降低, 但中国的对外贸易额呈现出不断增加的趋势。2018年, 中国货物进出口总额增加至305050亿元, 服务进出口总额增加至52402亿元。大规模的进出口贸易使得世界上的大部分国家成为中国的商品市场, 其中, 欧美

[①] 参见陈伟恕《中国海外利益研究的总体视野——一种以实践为主的研究纲要》,《国际观察》2009年第2期。以下部分其他相关数据来自 "2014年国民经济和社会发展统计公报", http://www.stats.gov.cn/tjsj/zxfb/201502/t20150226_685799.html。"2018年国民经济和社会发展统计公报", http://www.stats.gov.cn/tjsj/zxfb/201902/t20190228_1651265.html。

发达国家和经济体是中国外贸的主要伙伴，而许多非洲和拉美国家既是中国商品的海外市场，也是中国商品的重要原材料基地。中国经济与世界市场联系越来越紧密，其他国家贸易政策的变化、政府更替、贸易线路或航道的安全状况、海外市场的开放度等因素成为决策者必须考虑的因素。

第二，巨额的外汇资产和人民币国际化。改革开放以来，中国在对外贸易方面长期处于顺差状态，由此积累的外汇储备越来越多。截至2018年底，中国的国家外汇储备为30727亿美元，尽管比2014年的38430亿美元减少7700多亿美元，但仍是世界上外汇储备最多的国家。庞大的外汇储备规模使中国掌握了对外购买资产和资源的巨大能力。为使外汇资产增值，中国需要利用这笔庞大的外汇储备进行投资。另外，所持外汇中的任何外币汇率的变化必然会影响中国的外汇资产规模、所持外币债权债务的风险、跨境资本的流动以及国际收支平衡。因此，相关国家和地区（比如美国、日本和欧盟）货币政策或经济政策的变动自然而然成为中国必须关心的对象。换句话说，中国的国家利益使得中国必须关心其他国家和地区的国内政策，甚至是施加必要的影响。此外，人民币国际化进程的加速也使中国成为国际货币金融领域的利益攸关方。

第三，全球价值链上的一环。跨国公司在中国的直接投资使中国制造业被纳入国际分工体系，中国产品成为全球价值链上的一个环节。2018年非金融领域的外商直接投资企业60533家，实际使用外商直接投资金额8856亿元。中国从参与全球价值链中获益显著。而随着中国科技实力的提升和研发能力的增强，中国在全球价值链上有可能借此契机扭转国际分工不利地位、优化产业结构和贸易结构。

第四，海外资产及其增值。近年对外投资、对外工程业务的迅速增长使中国在海外的直接权益显著增多。2018年对外非金融类直接投资额7974亿元，对外承包工程完成营业额11186亿元，对外劳务合作派出各类劳务人员49万人。中国海外资产的增值逐渐成为国家利益的重要组成部分，国家利益也随着贸易、工程和劳务人员的足迹遍及世界各个角落。

第五，海外公民人身财产安全。随着人民生活水平不断提升，人们的消费层次也在提高，对物质文化和精神文化的消费需求日益国际化。再加之国家对国人出入境限制的逐步放宽，中国公民因公务、商务、探亲、求学、旅游、移民而出境的人次急速增长。2018年，国内居民出境16199万人次，增长13.5%，其中因私出境15502万人次。在一定程度上可以说，中国公民在海外的人身和财产利益遍布全世界。如此庞大规模的人员流动，必然带来交通安全、人身安全和财产安全等方面的诸多问题，国家必须采取一系列举措来应对。

三 海外利益的含义与分类

国家利益外溢导致两个新概念的出现：海外利益和利益边疆。尽管这两个概念在核心内容上与国家利益有诸多交叉重叠之处，但是，海外利益和利益边疆概念的出现，在本质上是对现有国家主权理念的挑战和超越，体现出国家在全球化时代背景下对利益的新理解。一个国家的海外利益可能是经过以下两种不同的方式或者是这两种方式的互动形成的。一种方式是由这个国家自身权力或实力的增加而自然而然产生的；另外一种方式是国家通过对国际规范的学习，逐渐改变既有的观念和身份认知，进而调整利益观形成的。①

学者们对海外利益的界定有不同的观点。一般认为，海外利益其实就是境外的国家利益，是国家利益在空间范围上突破领土界限而形成的。这种境外的国家利益实际上又可分为两种类型：一是国家因对外交往而越过边界产生的利益；二是在境外独立发生的但对国家利益产生影响的利益。从组织形态看，海外利益既包括国家利益，也包括非国家行为体的利益。② 这样的划分将公民个人、非政府组织、商业团体等的利益纳入海外利益的考察范畴。基于此，有学者把中国的海外利益定义为，"中国政府、企业、社会组织、公民通过全球联系产生的，在中国主权管辖范围以外存在的，主要以国际合约形式表现的中国国家利益"③。在这里，需要强调的是，不能"把主权管辖范围以外"简单等同于"领土范

---

① 参见王金强《现实建构主义视野下的中国海外利益分析》，《当代世界社会主义问题》2010年第1期。

② 门洪华、钟飞腾：《中国海外利益研究的历程、现状与前瞻》，《外交评论》（外交学院学报）2009年第5期。

③ 苏长和：《论中国海外利益》，《世界经济与政治》2009年第8期。

围之外"。这样的理解是不完全准确的。比如，对海外公民的领事保护是有国际法依据的，这在一定程度上可以归为主权管辖范围内的事务。其实，领土主权也并不是绝对的，也就是说，它要受到国际条约和国际习惯法规定的限制。比如，国家在行使领土主权的同时，负有尊重其他国家领土主权的义务，不得以任何方式侵犯别国的领土主权，破坏别国的领土完整。此外，像领海无害通过制度，在一定意义上也是在领海主权上打开了一道口子。国际法中无论是对主权的一般性限制，还是特别性限制，在一定意义上成为国家利益外溢的一种体现。总之，海外利益就是一种超越地理边界限制的向外拓展的国家利益。

在海外利益的类型方面，也存在着不同的划分方式。现有的大部分观点认为海外利益可区分为海外政治利益、海外经济利益、海外安全利益和海外文化利益等，或者是把海外利益分为人员生命安全、财产安全、资源供应、海外市场拓展等四个方面。不论学者们如何划分海外利益，大家均认可海外利益既包括宏观上的国家在境外的政治、经济、文化及军事利益，也包括微观层面上的海外公民的人身及财产安全，驻外机构（包括驻外使领馆、孔子学院、驻外公司企业等）的人员和资产安全，海外市场拓展，货物和资源交通运输线及运输工具的安全等。总的来说，海外利益更多的是非传统安全领域内的利益，而经济利益是其核心所在。

从上述认识来看，海外利益是一个较为复杂的概念，任何单一层次的划分可能都是不全面的。本章尝试从两个层面来划分海外利益。首先，在第一个层面上，海外利益可以分为物质性利益和观念性利益。前者包括了经济、军事等方面的有形的利益，后者则包括了国家形象、国家责任以及国家软权力等方面无形的利益。其次，就物质性利益来说，可根据管辖权划分为属人管辖和属地管辖。参照这一标准，可以分别从这两方面去认识海外利益：第一，属人利益的延伸。这类利益其实是受限制的主权利益，主要包括海外公民的保护，即对海外公民的人身安全和领事保护，对海外公民私人物品和投资财产的保护，对法人海外利益的保护等。第二，属地利益的延伸。这类利益基本属于非主权利益，包括一个国家在大陆架、专属经济区、外层空间、月球、极地等非领土范围内的利益。总的来说，一个国家的海外利益，虽然重要，但在大多数情况下并不直接关系到生死攸关的问题，也就是生存或军事安全的问题，而是更多地涉及经济社会发展问题。因此，在界定海外利益时，要防止出现国家利益与企业或个别社会团体利益相混淆的情形产生，更要防止因对海外利益的过度解读而使国家自身的发展战略产生偏离，导致整体利益被部分利益所绑架的情形出现。

第二节 海外利益的分布及其对国家发展的意义

经过40多年的改革开放，尤其是近10年的发展，中国的海外利益不仅在规模上持续增加，而且在地理分布上也不断扩展，在一定意义上可以说是已经遍布全球了，甚至延伸至了外太空和大洋海底。不过，中国的海外利益在各大洲的分布是不均匀的，中国在各个地区的利益各有偏重，并不完全一致，不同行业的地域分布有所不同。比如说，在中东地区，中国的海外利益可能集中于对中东国家石油的依赖；在非洲和拉美地区，中国的海外利益以前可能更多集中于矿产方面，而现在则逐渐向工程建设项目转变；在欧美地区，中国的海外利益则是更多地进行智力、技术上的学习、吸收和消化；在东亚地区，由于与中国毗邻，中国公民人身财产、投资等海外利益在这里最早形成，利益的重要程度也比较高。这些海外利益对促进中国经济发展和转型、保障国家传统安全和非传统安全，提升的国家软权力、增强对其他国家的吸引力无疑具有重要的意义。

一 海外利益的分布

中国在领土范围之外某个区域的海外利益实际上随着中国自身的发展和对外开放广度和程度的变化而发生变化。一是覆盖的范围和领域越来越广，二是利益的构成呈现出多元化的趋势。比如，中国2014年货物进出口额比较集中的几个国家和地区分别是美国、欧盟、东盟、日本、韩国、印度和俄罗斯。非洲国家的排名并不靠前。但是，实际上，中国近些年在非洲的海外利益，尤其是经济利益一直在增加。近年来，中非贸易迅猛发展，非洲成为中国对外贸易的主要目的地之一，也是中国重要的原材料进口来源地，同时非洲还是中国第二大海外工程承包市场和第四大投资目的地。

随着中非贸易的快速增长，中国在非洲的利益不仅仅局限在出口的总量上，而且还延伸到产品的质量上。而产品质量的提升又是通过国内政策来实现的。比如,从 2010 年 12 月到 2011 年 3 月,中国为提升出口非洲产品的质量,专门开展了针对这些产品的打击假冒伪劣和侵犯知识产权的治理行动,采取多项措施,提升中国出口到非洲的商品的质量。中国对非洲的直接投资深度和广度也在不断提升。目前,2000 多家中国企业在 50 多个非洲国家和地区投资,领域从农业、采矿业、建筑业等逐步拓展到资源产品深加工业、制造业、金融业、物流业、地产业等。随着投资规模的扩大、投资领域的增加,保护这些投资利益便成为国家的一项重要使命。为此,中国加强与非洲国家以及非盟的合作力度,不断完善对非投资机制。比如,截至 2012 年底,中国一共与 32 个非洲国家签署了双边投资保护协定,并与 45 个国家建立经贸联委会机制,还成立了中非发展基金。截至 2012 年底,该基金在非洲 30 个国家共投资了 61 个项目。[①] 2014 年 5 月,中国总理在非盟中心发表演讲,提出中国愿与非洲国家共同努力,积极推进六大工程。[②]

  总的来说,中国对外直接投资是海外利益的主要组成部分,海外利益的分布情况也就相应地受投资目的地分布情况的制约。比如,海外中国公民外出的主因是投资、务工,因此其分布大致与中国对外直接投资的分布相一致。当前,中国的外交布局"大国是关键,周边是首要,发展中国家是基础,多边外交是重要舞台",或多或少反映了中国海外利益的总体分布情况。而共建"一带一路"重大倡议的提出和实施则进一步明确了中国海外利益近期分布的重点地域。根据共建"一带一路"的愿景与行动,中国海外利益在陆上主要分布于新亚欧大陆桥、中蒙俄、中国—中亚—西亚、中国—中南半岛等国际经济合作走廊;在海上则以重点港口为节点,主要分布于海上运输大通道,中巴、孟中印缅两个经济走廊。[③]

  除去中国传统关注的亚洲地区、过去十多年联系日益紧密的非洲地区以外,近些年来逐步引起国家重视的另一个海外利益分布区域是拉丁美洲

[①] 以上涉及数据来自《中国与非洲的经贸合作(2013)》,http://www.gov.cn/zhengce/2013-08/29/content_2618549.htm.

[②] 这六大工程是:产业合作、金融合作、减贫合作、生态环保合作、人文交流合作与和平安全合作。

[③] 参见《推动共建丝绸之路经济带和 21 世纪海上丝绸之路的愿景与行动》,http://www.fmprc.gov.cn/ce/cgtrt/chn/xw/t1253579.htm.

地区。自 2000 年以来，中国与拉丁美洲国家之间的贸易一直保持较快的增速，在 2002—2012 年间，双边贸易额增长了 20 倍。就具体国家而言，中国是巴西、智利、乌拉圭，以及墨西哥、阿根廷、委内瑞拉、秘鲁、哥伦比亚、古巴、哥斯达黎加等国的第一或第二大贸易伙伴国；就整体而言，中国是拉美地区继美国和欧盟之后的第三大贸易伙伴。而拉美是中国仅次于亚洲的最重要的海外投资目的地，中国已成为拉美地区第三大外商直接投资来源国。[①] 拉美地区丰富的自然资源与中国在原材料方面的巨大需求形成互补。中国对拉美地区出口的产品主要集中在机械产品、电子产品及高科技产品等，从拉美进口产品中，能源、矿产及农业产品大约占三分之二。比如，中国与委内瑞拉、巴西等国在能源矿产方面的合作引人注目。[②] 从目前状况看，拉美及加勒比地区需要大规模的基础设施建设，承包工程市场发展潜力很大，是中国海外基础设施投资的热门地区。

二 利益边疆的形成

随着海外利益不断延伸，一个国家的利益边疆也随之形成。在某种意义上，从海外利益演化形成利益边疆，这一进程是一个不可逆的客观进程。利益边疆是"判定主权国家之间或与其他行为主体之间利益划分的界限和范围"。[③] 换句话说，利益边疆就是"一个国家能够控制或者施加有效影响的海外利益范围"。[④] 利益边疆这一概念界定了国家利益的范围，这种范围既有传统意义上的地理性的现实含义，又在全球化信息时代背景下具有一定的虚拟性和模糊性。在大多数情况下，利益边疆虽然与领土边疆一样，具有明确的地域指向性和地理意义，但是也会表现出非地域性的特征，超越地理性的控制。因此，利益边疆既包括有形的利益边疆，也包括无形的利益边疆。前者指国家维护海外利益的地理空间，后者是国家在维护海外利益的过程中能够施加影响的非地理形态控制范围。与有形的利

[①]《2014 中国—拉美经贸合作论坛定于 10 月召开》，http://finance.sina.cn/hy/20140521/154319181090.shtml。
[②] 中国一季度拉美原油进口比例提高。
[③] 杨成：《利益边疆：国家主权的发展性内涵》，《现代国际关系》2003 年第 11 期。
[④] 周平：《中国应该有自己的利益边疆》，《探索与争鸣》2014 年第 5 期。

益边疆概念类似的另一个概念是"海外利益攸关区"[①]。它实际上指的就是与海外利益发生和发展的区域。无论是有形的还是无形的利益边疆,国家都拥有相应的技术手段加以直接或间接的控制。

利益边疆主要涉及的内容有以下几个方面:政治和意识形态、经济、文化和信息以及国家安全。[②] 其中,对于一个国家来说,实行何种社会制度,奉行什么意识形态,均属于核心国家利益的范畴,也是国家主权的重要体现。自有了国际贸易,国家的地理边界就不再是经济利益的必然边界。只不过随着经济全球化的发展,一国的经济利益向外突破地理边界进入他国或者反过来的现象越来越突出。随着国家间人员往来日益频繁,相互交流和沟通的范围和程度不断扩大和深入,文化传统和文化吸引力在维护国家利益方面的作用越来越引起各国的普遍关注,而无处不在却又无影无形的信息在客观上使传统的地理疆域限制基本失去效果。信息安全和数字鸿沟严重地影响到国家主权的维护。根据新通过的《中华人民共和国国家安全法》,中国的利益边疆不仅包括了传统意义上的政治、军事安全领域,也包括了科技、文化、环境、疾病、能源等非传统安全领域,以及外层空间、深海乃至底土、南北极地区和互联网等新疆域。

海外利益与国际利益两个概念是密切相关的。一国的国家利益外溢至海外,本质上还是国家利益的有机组成部分。但是,它又有着不同的特征。除却一部分归属明确的利益外,许多海外利益与其他国家的利益的交叉和重叠会非常明显,甚至是相互交织在一起的,有时候很难区分利益的明确归属。其中一些利益属于与其他国家的共同利益,而有一些属于全人类的共同利益,有时被称为国际利益。国际利益是世界各国乃至全人类的共同利益,比如世界的永久和平、可持续发展的生态环境等,能够使不同国家的人民都从中受益,在这个意义上,它也是国家海外利益的重要组成部分。然而,国际利益与国家利益有时候也会有冲突。比如,在气候变暖问题上,所有国家都知道气候变暖对整个人类社会带来的威胁,但是,由于各国面临经济发展和

---

① 这一概念出现在 2015 年的国防白皮书《中国的军事战略》"积极防御战略方针"部分,原文为"加强海外利益攸关区国际安全合作,维护海外利益安全。"

② 参见杨成《利益边疆:国家主权的发展性内涵》,《现代国际关系》2003 年第 11 期。

消除贫困等方面的现实压力,发达国家和发展中国家在这个领域曾经在相当长的时间内难以在责任分担方面达成共识。因此,协调好海外利益与国际利益之间的关系,也是当代各国在维护海外利益时不得不认真思考的一个重大问题。

三 海外利益对国家发展的意义

世界各国尤其是大国都非常关注海外利益的维护与拓展,在一定意义上,维护与拓展海外利益是关系到国计民生的重大问题。不管我们界定的国家利益是什么样的,任何国家利益都要服从"安全与发展"这两个基本的国家目标。

首先,维护海外利益有利于促进国家的经济增长和民族复兴目标的实现。随着中国融入国际社会的程度越来越深,中国的海外利益在各个层面、各个角落展现出来。与此同时,中国海外利益面临的安全风险同步增加,海外利益的敏感性和脆弱性日益明显。一方面,由于中国对外贸易和投资的增加,中国企业"走出去"的步伐加快,许多企业在东道国遭遇海外利益侵害的事件屡有发生。另一方面,尽管中国海外资产的规模在迅速扩张,海外矿产能源资源对国家经济发展的重要性在迅速上升,但是相关的海外利益保护手段和能力严重不足。中国在非洲、拉美与西方国家的经济利益、地缘政治利益的冲突在上升,而且利益协调的难度越来越大。中国海外经济利益实际上处在巨大的风险之中,维护好中国海外经济利益对中国能否顺利实现"两个一百年"目标意义重大,中国能否将崛起过程持续下去并最终完成崛起,在一定程度上取决于能否在领土外(全球范围)维护自己的国家利益。

其次,维护海外利益是加强国家安全保障的重要举措。在新的时代背景下,国家安全保障的范围在扩大,远远突破了传统的领土范围。比如,当前有不少国家出于空防和海防的预警需要,会在面向海洋方向上空划定延伸到该国的专属经济区上空及其之外、超出领空范围的特定空域作为防空识别圈。在战斗机速度和导弹速度越来越快的今天,防空识别圈的设立无疑有利于维护国家安全,但是,毫无疑问的是,这一做法实际上超出了对疆域的传统理解。因此,对设置防空识别圈的理解需置于利益边疆的概念基础之上。从国家安全的角度来看,利益边疆同战略边疆具有密切的相关性。战略边疆与利益边疆在内涵上有相似的地方，具体指"一国国力和影响力所能达到的、可控制的地理与空间区域"，这个地理与空间的区域实际上是"国家实力、战略意志以及国家战略能力的投射范围"。[1] 战略边疆具有相对的不稳定性，随国家力量的变化而变动。战略边疆自然涵盖了一国的领土，同时也涵盖了毗连区、专属经济区及其外沿，外层空间这一"高边疆"，以及直接关系国家生存和利益的物流、人流、金融、信息等战略通道。

再次，通过恰当的手段维护海外利益能够增强国家的软权力。国家的软权力（soft power）指的是一个国家通过吸引力而非强制手段，让别国自愿追求本国所想要的东西的能力。软权力主要来源于三个方面：(1) 本国文化对他国及其国民的吸引力；(2) 本国意识形态或政治价值观念对他国及其国民的吸引力；(3) 本国塑造国际规则和决定世界政治议题的能力。软权力既可由国家来行使，也可由国际政治中所有的行为体来行使，即除了国家之外，非政府组织等其他非国家行为体也能够行使软权力。一个国家软权力的一个重要构建途径是国家形象的建设，因为国家形象直接关系到一个国家在国际舞台上的声誉、地位和话语权。国家形象的塑造有利于维护和实现国家的政治、经济、文化和安全利益。中国维护海外利益时所采取的措施不可避免地对国家形象产生影响。在维护海外利益时，国家既需要考虑自身的利益，也要考虑所涉国家或地区人民的诉求，尤其是要对经济发达国家和欠发达国家采取不同的举措，[2] 提升中国的国家形象，在增加硬权力的同时增进软权力，通过软权力的增强降低维护海外利益的成本和风险。

---

[1] 陈迎春：《战略边疆与中国和平发展》，《太平洋学报》2011年第5期。
[2] 一项对35个国家的研究发现，影响中国在某一国家的国家形象的唯一宏观因素是根据联合国人类发展指数衡量的该国的经济和社会发展水平，而非人们一般认为的中国与该国的战略关系状况，该国的政治制度，中国在该国的投资水平，以及该国的孔子学院和教室的数量。中国在贫穷国家或发展中国家的国家形象要好于经济上发达的国家。参见 Tao Xie & Benjamin I. Page, "What Affects China's National Image? A Cross-National Study of Public Opinion", *Journal of Contemporary China*, Volume 22, Issue 83, 2013.

第三节 中国主要海外利益及其维护情况

在全球化的今天,中国的海外利益覆盖范围广泛,涵盖内容多样。对当前的中国来说,主要的海外利益包括以下几类:一是海外公民和驻外机构及其人员的人身和财产安全;二是海外投资利益;三是海外能源资源及运输通道的安全;四是对外援助利益;五是国际制度利益。随着中国国家利益的不断外溢,相关利益保护机制虽有所发展,但却难以跟上海外利益扩展的速度,海外利益面临的风险在加大,海外能源资源安全、战略通道安全以及海外机构、人员和资产安全等海外利益安全问题日益凸显。

一 海外公民与驻外机构的安全

一方面,近代以来,由于经济等方面的原因,有大量的中国公民移居海外。中国早期移民大部分集中在东南亚地区。20世纪90年代之后,赴北美的中国移民快速增加,越来越多的中国人移民到欧洲工作、学习和从事商业活动,而赴非洲大陆的中国移民在最近10多年中逐渐增多。与此同时,短期出入境的中国公民也在增加。2013年,中国边防检查机关共查验出入境人员4.54亿人次,其中内地居民占43%;2014年,入境人员4.9亿人次,其中内地居民达2.33亿人次,出境旅游的突破1亿人次。[①]随着中国在海外投资和承担工程的增加,在海外的中国劳务人员也越来越多。2014年,中国对外劳务合作派出劳务人员56.2万人,其中承包工程项与劳务合作派出的劳务人员数量基本差不多,前者有26.9万人,后者有29.3万人;当年年末中国在外劳务人员总量有100.6万人。[②]

另一方面,中国与世界上大部分国家建立了外交关系。为了促进双边或多边的政治、经济、文化和人员交流交往,中国政府和非政府机构在国

[①] 《公安部出入境管理局:我国2013年逾4.5亿人次出入境》,http://www.gov.cn/jrzg/2014-01/15/content_2567925.htm;《2014年出入境人员和交通运输工具数量同比稳步增长》,http://www.mps.gov.cn/n16/n84147/n84196/4311409.html;《中国内地公民出境旅游人数2014年首次突破1亿人次》,http://travel.people.com.cn/n/2014/1203/c41570-26141388.html。

[②] 《2014年我国对外劳务合作业务简明统计》,http://fec.mofcom.gov.cn/article/tjzl/lwhz/201501/1853467_1.html。

外设立了许多机构。从政府层面来说，目前，中国有驻外使馆 166 个（亚洲 45 个，非洲 50 个，欧洲 40 个，北美洲 12 个，南美洲 11 个，大洋洲 8 个），总领事馆 92 个（亚洲 35 个，非洲 9 个，欧洲 25 个，北美洲 10 个，南美洲 7 个，大洋洲 6 个），驻外团、处 13 个。[①] 从非政府层面来说，随着中国成为世界主要的对外直接投资国，中国的国有企业和民营企业在海外设立的机构规模更为庞大。

中国公民在海外面临的安全风险主要包括人身伤害风险、法律及文化冲突风险、经济权益损害风险、意外事故及自然风险等五类，导致这些风险的原因可能有社会动乱或国内武装冲突、恐怖主义袭击、治安或刑事案件、交通事故、劳务经济纠纷等。[②] 由于各地区或国家的历史文化背景、经济社会发展程度、法治程度和政府治理能力的差异，并根据中国公民海外分布的情况可以得出，中国公民海外安全风险最大的地区依次为撒哈拉以南非洲、亚太地区、西欧北美地区、东欧中亚地区、拉美及加勒比地区、中东北非地区和南亚地区。[③]

中国公民在海外面临的安全风险表现出以下几个特点：第一，中国公民在海外遭遇安全风险的地理范围有所扩大，其严重程度也有一定的上升，但是程度有限，还没有出现针对中国海外公民的有组织有预谋的大规模的安全事件。第二，中国公民在经济社会发展程度较高的国家和地区遭遇安全风险的概率和严重程度较低，反之亦然。第三，中国公民在海外出现伤亡的情形中，意外伤害越来越凸显，盗抢事件所占的比例有所提高。第四，对外合作派出的劳务人员权益受损的情况比较多。在东南亚、中亚、中东、非洲和东欧等地区，劳务人员遭遇雇主拖欠工资、扣押护照、工作生活条件恶劣、回国受阻等人身财产安全问题的可能性较大。[④]

国家对本国公民海外利益的保护是国家主权中属人管辖权的重要体

---

① 数据根据中国外交部网站公布的驻外机构名称计算得出。详见 http://www.fmprc.gov.cn/mfa_chn/wjb_602314/zwjg_603776/zwsg_603778/。

② 汪段泳：《中国海外公民安全：基于对外交部"出国特别提醒"（2008—2010）的量化解读》，《外交评论》（外交学院学报）2011 年第 1 期。

③ 汪段泳：《中国海外公民安全：基于对外交部"出国特别提醒"（2008—2010）的量化解读》，《外交评论》（外交学院学报）2011 年第 1 期。

④ 汪段泳：《中国海外公民安全：基于对外交部"出国特别提醒"（2008—2010）的量化解读》，《外交评论》（外交学院学报）2011 年第 1 期。

现，也是国家对公民承担保护职责的重要体现。进入21世纪以来，中国外交进一步明确了"以人为本"的基本理念，把保护中国公民在海外的人身财产安全，驻外机构相关人员的人身安全和财产安全，以及在国外定居的中国公民的权益作为中国维护海外利益工作的重中之重。一般而言，每个国家的外交部门是具体实施本国公民海外利益保护的主要政府机构。在我国，为承担保护中国公民海外安全这一任务，外交部于2006年在领事司内设立领事保护处，并在2007年将其升格为领事司（领事保护中心）。领事保护中心的主要职责是承担领事保护和协助工作，保护海外中国公民和法人合法权益，此外还发布领事保护和协助预警信息并指导驻外外交机构和地方外事部门相关业务。① 然而，中国公民海外权益的保护工作不仅涉及外交部，还涉及公安、商务、旅游、交通、民政和国防等部门，因此需要各部门之间有一个沟通协调机制，相互配合。为此，我国在2004年11月成立了"境外中国公民和机构安全保护工作部际联席会议"。该联席会议的主要职责是制定境外中国公民和机构安全保护工作政策和措施，并针对发生的具体事件在不同的部门之间进行协调分工。比如，在2015年导致4名中国公民遇难、多人受伤的尼泊尔8.1级地震发生后，该机制启动，外交部、国资委、国防部、民航局、旅游局、民政局、地震局、总参等有关部门迅速召开部际协调会，明确各部门分工，调动一切可用资源救助当地的中国游客和中资企业员工。②

从国内的角度看，保护本国公民在海外的安全是国家的责任和义务；从国际的角度看，国家履行这一责任和义务已为国际法所承认，在一定意义上这是国家在国际社会中所拥有的权利之一。根据国际法的实践，国家可以通过两种方式保护中国公民在海外的安全，即领事保护和外交保护。领事保护是国家驻外使领馆的重要日常工作，在维护中国公民和法人的海外权益中发挥着重要作用。外交保护是一种救济性的保护方式，有着严格的行使条件，总的来说各国的这一实践都比较少。

---

① 领事保护中心的主要职责参见外交部网站，http://www.fmprc.gov.cn/web/wjb_673085/zzjg_673183/lss_674689/。

② 参见邱凌《认识境外中国公民和机构安全保护工作部际联席会议机制》，《中国应急管理》2015年第11期。

理论上，领事保护是指当某国公民、法人的正当权益在接受国受到侵害时，该国在接受国的领事机构及领事官员或代表在国际法——比如《维也纳外交关系公约》和《维也纳领事关系公约》——许可的限度内，依据双边条约或协定以及该国和驻在国的有关法律，保护相关人员或法人权利和利益的行为。具体来说，这些帮助或协助包括提供安全资讯，协助聘请律师、医生和翻译，探视被羁押人员，协助撤离危险地区等。[1] 依照《中华人民共和国国籍法》，可以得到中国政府领事保护的对象是所有具有中国国籍的人。[2] 领事馆在帮助及协助派遣国国民时，需要满足两个前提：一是不能违反和破坏接受国的法律法规；二是本国国民因不在当地或由于其他原因不能在规定期间内自行为其权益进行辩护。在这两个前提下，领事馆及其官员可依照接受国法律法规，采取保全该国民的权益的临时措施。

在领事保护活动中，有一类特殊的人员，即警务联络官。他们在保护公民海外利益方面发挥着非常重要的作用。警务联络官是一国警察机构派驻到另一个国家的警官，他们在两国警察机构之间发挥联系和沟通的作用，其主要职责是收集犯罪情报、开展双边的警务合作。警务联络官最初源于20世纪70年代的欧洲。今天，许多国家都在驻外使馆中设立警务联络官或独立的办事机构，促进与驻在国执法机构之间的警务交流与合作。中国的警务联络官由公安部派出，以外交人员的身份代表公安部与驻在国开展警务联络等工作。1998年，公安部首次向驻美国使馆派出警务联络官。2017年，中国在31个国家的37个驻外使领馆设有驻外警务联络官编制64人。派驻的国家既包括美国、德国、法国等欧美国家，也包括南非、阿富汗、巴基斯坦等亚非国家。

中国警务联络官的职责任务主要包括三个方面：第一，一般性的情报信息交换，与驻在国的警察、内政等部门开展双边警务交流与合作。第二，特定案件的跨国合作，打击犯罪。主要包括跨国案件的调查取证、追

---

[1] 参见万霞《海外公民保护的困境与出路——领事保护在国际法领域的新动向》，《世界经济与政治》2007年第5期。
[2] 《中国领事保护和协助指南（2015）》，http://cs.mfa.gov.cn/gyls/lsgz/ztzl/lsbhzn2015/t1260458.shtml。

逃追赃等。近年来，中国与其他国家进行合作的跨国案件多涉及禁毒、反恐、电信诈骗、洗钱、假币、拐卖妇女儿童、走私等内容。第三，就驻在国的安全形势向中国驻外使领馆以及海外公民提供安全建议和预警信息，保护在外的中资机构、华人华侨的合法权益等。由此可见，中国警务联络官的职责任务虽然并不完全局限于领事保护，但是，其从事的工作的确有很大一部分属于领事保护的内容，主要围绕中国在外公民权益的保护问题展开。

外交保护是指国家因其国民（包括公民或法人）受到另一国的不法行为的侵害，该国的外交机构以国家的名义采取行动维护公民权益的情形。和领事保护不同，外交保护已上升为国家主权行为，更加严肃，因而行使外交保护需要满足以下三个特定条件：第一，侵害行为是由国家不法行为导致的。也就是说，这种不法行为是由国家机关或其代表实施的破坏该国国际义务的行为，故需要对此承担国家责任。第二，自受害开始到外交保护结束期间，被保护人必须持续拥有保护国的国籍。第三，只有在用尽当地法律规定的所有行政、司法救济手段之后仍未得到合理救济时，受害人的国籍国方可通过外交途径寻求赔偿或救济。① 后面两个条件又称为国籍原则和用尽当地救济原则。若未能满足这两个条件，国家将不能行使外交保护权。从类型上看，外交保护大体可分为外交行动和司法行动。外交行动主要指的是提出外交交涉，即外交部门或驻外机构代表本国政府通过外交谈判、外交协商、外交抗议、外交照会等方式，同实施不法行为的国家的外交部门或驻外机构商量、处理、解决权益侵害及补偿的问题。司法行动主要指诉诸国际法院等国际司法机构或其他国际仲裁机构的判决或仲裁。②

中国海外公民保护机制从无到有，从单一的系统逐渐向复杂的系统转变，可以说已取得了长足进步。但是，海外公民保护是一个复杂的系统工程，单纯依靠政府的力量是远远不够的，还必须有公民个体、驻外企业以

---

① 万霞：《外交保护国际制度的发展及演变》，《国际观察》2009 年第 2 期。
② 熊安邦：《中国公民海外安全保护的法律问题——以菲律宾劫持人质事件为例》，《江苏警官学院学报》2011 年第 2 期；肖军：《对海外投资的外交保护——国际法院关于迪亚洛案（初步反对意见）的判决评析》，《武大国际法评论》2008 年第 2 期。

及各种社会组织的力量的加入，形成保护合力，提高保护的有效性。而且保护海外公民往往是在复杂的国际环境或地区局势中进行的，这就使得保护工作非常不容易开展。比如，保护海外公民的一个基础性工作就是建立海外公民数据库，为行使领事保护等工作提供便利。在相对稳定和平的环境中，这件工作虽然也不简单，需要克服诸多困难，但相比较而言依然是相对容易的事情。在一个不稳定和缺乏安全的国家，保护海外公民或行使领事保护的困难就要大得多。因此，外交领事部门在日常工作中需要有意识地去做如下工作：（1）尽最大可能搜集整理海外公民的数量和分布等情报信息；（2）通过使领馆网站、电话热线、社交媒体等电子方式实时向海外公民告知当地的安全状况。但是，这些方式的有效性在局势动荡期间将会大打折扣。在这种情况下，借助社会力量建立基于地区或者城市的本国公民网络，是驻外使领馆应对这一最坏的可能性的一个有效举措。

此外，从近年来中国在利比亚、吉尔吉斯斯坦、也门等地开展的撤侨行动来看，从一个不稳定或不安全的地区或国家撤侨是一件非常复杂而危险的任务。中国截至目前的撤侨行动基本上是在当地政府、政治力量配合或不妨碍的情况下展开的，但已涉及复杂的外交交涉和沟通等工作，且也不是毫无安全风险的。从长远看，中国需要保护的海外公民越来越多，出现极端情形的可能性也在增加，因此，中国需要做好从一个非友好环境中撤侨的准备，也即在当地政府、政治力量不配合甚至阻挠的情况下强行撤侨。① 这种可能性虽然还未成为现实，但是对这种情形展开讨论，做好充分准备是有必要的。

在保护海外公民的同时，驻外机构及其工作人员的安全本身也构成了海外利益的重要组成部分。虽然数量不多，但是，中国驻外机构和人员偶尔也会遭到袭击，造成人员生命和财产的损失。以下是几起典型的袭击事件：1999 年 5 月，中国驻南联盟大使馆遭到美国的导弹袭击，造成中方外交官和新闻记者有 3 人牺牲，20 多人受伤，馆舍严重毁坏。2002 年 6 月，中国驻吉尔吉斯斯坦大使馆领事遇袭身亡。2015 年 7 月，索马里首都摩加迪沙半岛皇宫酒店遭到自杀式汽车炸弹袭击，由于该酒店是中国驻

---

① 参见高敬文、节大磊《海外公民的保护、主权和不干涉内政》，《国际政治研究》2013 年第 2 期。

索马里大使馆所在地，袭击造成 1 名中国驻索使馆工作人员不治身亡，3 名工作人员受轻伤，使馆的部分办公室受损。这些事件发生的背景各有不同，但也有一些共同点，即遇袭的驻外机构或人员所在的国家要么是处于动荡、甚至内战之中，要么是对恐怖组织的活动疏于防范。尽管国际法有保护各国驻外使领馆的规定，但是，国家也应该加强自身的安保能力和防范风险的能力。

二 海外投资利益

中国在加入世界贸易组织以后，"走出去"战略得以加快实施，中国企业在境外的投资不断增加，中国在海外的投资、贸易、金融利益日益凸显。2002—2014 年，中国对外直接投资年均增长速度接近 40%。2014 年，中国对外直接投资为 1231.2 亿美元；截至 2014 年底，中国 1.85 万家境内投资者在全球 186 个国家（地区）设立对外直接投资企业近 3 万家，投资领域包括了所有行业类别。从存量看，中国对外直接投资的主要领域是租赁和商务服务业、金融业、采矿业、批发和零售业。对这四个行业的累计投资存量占中国对外直接投资存量总额的四分之三还多。2014 年，中国企业在海外对采矿业、制造业、农林牧渔业等领域共实施对外投资并购项目 595 起，直接投资 324.8 亿美元；同时，中国境内投资者共对全球 156 个国家和地区的 6128 家境外企业进行了直接投资，累计实现投资 1028.9 亿美元。在非金融类对外直接投资和对外承包工程业务类型方面，截至 2014 年底，我国累计投资 6463 亿美元，承包工程营业额达 1424.1 亿美元。[①]

党的十八大以来，中国企业，尤其是国有企业根据"走出去"战略和共建"一带一路"战略，主动适应经济全球化新形势，积极参与国际竞争和全球资源配置，推进国际产能和装备制造合作。先后共有 107 家中央企业在全球 150 多个国家和地区设立了 8515 家境外分支机构。据统计，

---

① 上述数据分别来自：《2014 年度中国对外直接投资统计公报》，http://jiaohu.fdi.gov.cn/1800000121_33_5576_0_7.html；《2014 年我国非金融类对外直接投资简明统计》，http://fec.mofcom.gov.cn/article/tjzl/jwtz/201501/1853462_1.html；《2014 年我国对外承包工程业务简明统计》，http://fec.mofcom.gov.cn/article/tjzl/gccb/201501/1853464_1.html。

"十二五"期间,中央企业境外资产总额为4.9万亿元,增加了2.2万亿元;中央企业境外投资额约占我国非金融类对外直接投资的70%,对外承包工程营业额约占我国对外承包工程营业总额的60%。[1]

在海外直接投资中,中国还支持有实力的企业到境外投资建设经贸合作区,通过建设境外经济贸易合作区,吸引更多的企业到东道国投资建厂,增加东道国就业和税收,扩大出口创汇,提升技术水平,促进经济共同发展。建设境外经贸合作区更多的是战略上的考虑,而非资源安全的考虑。在2006年和2007年商务部的招标中,有19个项目中标。这些项目主要分布在非洲和亚洲国家,另外,有5个项目分布在俄罗斯、墨西哥和委内瑞拉。[2]

东道国或地区的政局稳定程度、政府廉洁水平、法制环境状况、社会稳定程度、经济机会等是综合衡量直接投资风险的主要指标。中国海外直接投资面临七类主要的外部风险:(1)政治风险,主要包括东道国政治稳定性和政府行政效率;(2)主权风险,主要包括海外直接投资能否享受国民待遇,以及东道国的市场开放度;(3)安全风险,主要包括恐怖主义威胁、疫病和其他人身威胁;(4)法律风险,主要包括东道国的法制健全程度、对东道国法律体系的熟悉程度和诉讼成本等;(5)文化风险,主要指文化融合性和东道国对中国投资的友好程度;(6)工会及利益相关者风险,主要指东道国工会势力的大小和其他外部利益相关者的影响力和用工便利程度及成本;(7)环保风险,主要指东道国对环境保护责任的要求强度。[3]根据《福布斯》中文版2011年12月发布的中国海外投资国家(地区)风险排行榜,在与中国有直接投资关系的177个国家和地区中,风险最低的10个国家和地区分别是瑞典、新加坡、瑞士、丹麦、芬兰、中国香港、卡塔尔、卢森堡、中国台湾和荷兰;风险最高的10个国家和地区是几内亚、委内瑞拉、津巴布韦、厄立特里亚、尼泊尔、

---

[1] 参见《国资委:央企境外资产总额4.9万亿元 营业收入4.6万亿元》,http://politics.people.com.cn/n/2015/0619/c1001-27184459.html。

[2] Deborah Brautigam and Tang Xiaoyang, "Economic Statecraft in China's New Overseas Special Economic Zones: Soft Power, Business, or Resource Security?" *International Affairs*, Vol. 88, No. 4, 2012, p. 815 & p. 805.

[3] 刘宏、汪段泳:《"走出去"战略实施及对外直接投资的国家风险评估:2008—2009》,《国际贸易》2010年第10期。

民主刚果、乍得、伊拉克、科摩罗和苏丹。截至 2009 年，中国对海外直接投资存量（不包括中国香港）中，47.7% 分布于最低风险国家和地区，14.9% 分布于最高风险国家和地区，其余较平均分布于较高风险、中等风险和较低风险国家和地区。[①]

海外直接投资风险形成的因素主要有：第一，投资过度集中于少数行业，并且在地理范围上较为集中。长期以来，我国海外直接投资主要集中在石油、矿产等少数行业，并且主要集中于中东和非洲地区。而有些企业为了避开竞争激烈的发达及成熟的低风险市场，或者为了获取资源，有意加大进入风险较高的新兴市场和不发达地区的力度。第二，政府的过度介入与干预。截至目前，由于中国"走出去"的企业主要以国有企业为主，政府与国有企业的紧密关系使得海外直接投资的成本增加，甚至使投资面临失败的风险。第三，"走出去"企业国际化经营管理能力不足，尤其是在组织文化整合与人力资本整合方面。在一些国有企业中，领导干部权力过大，缺乏约束，私人代持国有股份，私设小金库，在投资过程中利益寻租、关联交易的现象不时出现。第四，中国企业海外投资缺乏全面、明晰的战略规划，没有长远的商业计划，调查不充分，并且较少考虑投资目标与企业目标之间的一致性，常常出现一些激进的投资决策，低估项目的风险盲目上马，甚至在本国企业间恶性竞争的现象。[②]

20 世纪 70 年代以来，资本输出国与资本输入国之间、投资者与东道国之间通过缔结双边和多边投资保护协议来保护各自的海外投资利益。双边投资保护协议是由两国政府为鼓励、促进和保护两国间投资而签订的协定。它对签约国的投资准入条件、投资待遇、资产征收和争议解决办法等权利和责任作出明确规定，通过法律手段来鼓励和保护投资者。随着中国对外投资主体和投资额的增加，中国与其他国家陆续签订了不少双边投资保护协议，截至 2010 年，中国与 130 个国家签订了双边投资保护协定；此外，中国还签署了 11 个基础设施领域合作协定或备忘录、14 个劳务合

---

① "2011 中国海外投资国家（地区）风险榜"，http://www.forbeschina.com/review/201112/0014459.shtml。

② 汪段泳、刘宏：《"走出去"战略实施及海外投资风险评估：2008—2009》，载汪段泳、苏长和主编《中国海外利益研究年度报告（2008—2009）》，上海人民出版社 2011 年版，第 198—202 页。

作协定或备忘录。商务部作为对外投资的政府直接管理机构，其下属的投资促进事务局与36个国家和地区的71家投资促进机构建立了合作机制，并签署了67个投资促进备忘录。①

自由贸易区的建立，也有利于保护和促进双边投资。目前，中国正在加快实施自由贸易区战略，一方面推动新的自由贸易区的谈判和建立，另一方面对现有的自由贸易区进行升级，提升自由化水平。截至2018年5月，中国已签署16个自贸协定，涉及24个国家和地区，②包括东盟、新加坡、巴基斯坦、新西兰、智利、秘鲁、哥斯达黎加、冰岛、瑞士、韩国和澳大利亚等国家或国际组织。③此外，中国还在推进多个自贸区的新建或升级谈判，正在与海湾合作委员会、斯里兰卡、挪威、马尔代夫、格鲁吉亚、摩尔多瓦等国家和地区或国际组织进行自贸协定的谈判，推动中日韩自贸协定、《区域全面经济伙伴关系协定》（RCEP）和中国—东盟自贸协定升级谈判、中国—新加坡自贸区升级谈判、中国—巴基斯坦自贸协定第二阶段谈判。

在对外投资中，税收是一个重要而复杂的问题。双重征税甚至是多重征税会降低投资的积极性，因而一直是影响投资自由化和便利化进程的一个重要原因。截至2015年5月，我国已与其他国家签署了100个避免双重征税协定，其中生效的协定已有97个，并在2013年签署了《多边税收征管互助公约》。④

通过达成双边投资协定、公约以及其他便利化规定，中国的海外投资可获得以下三个方面的保护：一是享受国民待遇，获得平等权利。一般来说，双边投资协定都会规定国民待遇条款，这可以使中国的投资有权和东道国的投资享受同等的保护。二是获得补偿，降低损失风险。在某些特殊情况下，中国的海外投资可能会被东道国征收或国有化（这种风险在一

---

① 《商务部：已与130个国家签订了双边投资保护协定》，http://www.chinanews.com/cj/2010/11-01/2625206.shtml。

② 《"顶层设计"加快高水平自由贸易区建设——〈关于加快实施自由贸易区战略的若干意见〉解读》，http://news.xinhuanet.com/fortune/2015-12/17/c_1117498923.htm。

③ 另外三个自贸协定是内地与香港、澳门的《更紧密经贸关系安排》（CEPA），以及大陆与台湾的《海峡两岸经济合作框架协议》（ECFA）。

④ 参见国家税务总局公布的《我国签订的避免双重征税协定一览表》，http://www.chinatax.gov.cn/n810341/n810770/index.html。

些奉行左翼社会经济政策的国家比较大）。针对这种可能性，双边投资协定一般会对此作出补偿方面的具体规定。如果中国的海外投资碰到这种情形，便可依据协定要求获得补偿。三是避免双重缴税，降低企业经营成本。通常情况下，缔约双方也会同意对于在中国已经征收的税收，可以在东道国进行抵扣，而中国公司在东道国已经缴纳的税收，也可以在中国进行抵扣。[①]

在多边方面，中国已经较为全面地参与了海外投资国际条约保护体系，目前是《多边投资担保机构公约》和《与贸易有关的投资措施协议》等公约的成员国。中国还和许多国家一道加入了《关于解决国家和他国国民之间投资争端公约》（Convention on the Settlement of Investment Disputes Between States and Nationals of Other States），同意在国际复兴开发银行总部设立解决投资争端国际中心，对"各缔约国和其他缔约国的国民之间的投资争端"进行调解和仲裁。借助这些国际多边平台，可促进公平透明地解决中国投资者与东道国的利益争端，培养双边的相互信任感，弥补中国海外投资保障机制的不足。

对海外投资也可以进行外交保护。随着国际投资保护条约的签订，特别是其中投资者——东道国争端解决机制的发展，外交保护在当今外国私人投资者和东道国之间争议解决中的地位和作用受到削弱。不过，这种削弱只是相对的，并不意味着外交保护制度已经是无足轻重的了，它作为"最后手段"的重要性仍不可忽视。这种重要性首先体现在，国际投资条约虽然为数不少，但仍有相当多的国家之间没有此种条约安排，即便有这种条约安排，有时也可能不起作用。其次，虽然历史上存在发达国家滥用外交保护，干涉发展中国家内政的现象，但在今天，由于经济全球化以及发展中国家之间相互投资的增长，使得发展中国家也可能需要利用外交保护制度保护本国的海外投资。[②]

三 能源与资源及其通道的保障

中国经济迅速发展的同时，对能源的需求，尤其是原油和天然气的需

[①] 陈积敏：《论中国海外投资利益保护的现状与对策》，《国际论坛》2014年第5期。
[②] 肖军：《对海外投资的外交保护——国际法院关于迪亚洛案（初步反对意见）的判决评析》，《武大国际法评论》2008年第2期。

求不断加大，这同时也使中国对原油等能源的对外依存度不断提高。根据中国石油集团经济技术研究院发布的《2015年国内外油气行业发展报告》，2015年，中国全年净进口石油3.28亿吨，石油对外依存度第一次突破60%，达到60.6%；天然气进口量为624亿立方米，对外依存度上升至32.7%。截至2014年底，中国已有6个国家战略石油储备基地，25个商业石油储备基地，总储备能力达到4.48亿桶。[1] 中国石油进口的来源地主要包括中东、非洲、俄罗斯、中亚和拉美地区。

由于中国企业是全球能源开发中的后来者，因此，中国石油企业往往是在政治风险和安全风险比较高的地方进行投资、生产、运输和销售。这些政治和安全风险包括武装冲突，政局动荡，恐怖主义，腐败，有组织的犯罪和海盗行为等。不过，迄今为止，针对中国能源的海外资产包括上游（即勘探和生产）和中游（即运输通过管道、铁路、船舶和卡车）的攻击还比较罕见。[2]

为了满足国内对海外石油的需求，我国主要是通过石油海上运输和建设跨境油气管道来解决能源安全这一问题。与中国发展所需的海外战略资源的交通要道的安全稳定与否直接关系到中国资源保障线的安全。这些交通要道包括苏伊士运河、曼德海峡、霍尔木兹海峡、马六甲海峡、台湾海峡等。同时，中国还推动建设中缅石油管道和中俄石油管道。然而，近年来，无论是海上的油轮运输，还是陆地上的管道输送的安全风险有所加大，两者易受地缘政治和国家间关系的影响。此外，由于中国对能源期货交易的影响力有限，国际能源市场价格的大幅波动也增加了保障能源安全的难度。[3]

面对复杂的能源安全形势，中国主要通过国际能源合作的方式，拓展国际合作的范围、渠道和方式，保障能源安全，并推动建立国际能源新秩序。一方面，中国积极参与海外能源基础设施建设并提供工程技术服务，

---

[1] 《报告称中国去年石油对外依存度接近60%》，http：//news.xinhuanet.com/finance/2015-01/28/c_1114168854.htm。

[2] 参见 Mathieu Duchatel, Oliver Brauner and Zhou Hang, "Protecting China's Overseas Interests: The Slow Shift away from Non-interference", SIPRI Policy Paper 41, June 2014, http：//books.sipri.org/files/PP？SIPRIPP41.pdf, p.21.

[3] 《中国的能源政策（2012）》，http：//www.gov.cn/zhengce/2012-10/24/content_2615791.htm。

促进油气供应渠道的多元化。通过双边合作，中国加强与能源出口国、消费国和中转国之间的对话和交流，先后与美欧日、俄罗斯中亚、拉美地区的主要能源生产和消费国建立了能源对话与合作机制。从生态环境保护的角度，中国还呼吁发达国家积极向发展中国家和不发达国家提供、转移清洁高效能源技术。另一方面，中国积极参与多边合作。中国是亚太经济合作组织（APEC）能源工作组、世界能源理事会（WEC）、国际能源论坛（IEF）、二十国集团（G20）、上海合作组织（SCO）等多边组织和机制的正式成员或重要参与方。中国自1996年与国际能源署（IEA）建立合作伙伴关系开始，双方的合作不断加强。2015年，中国正式成为国际能源署联盟国。中国与"欧佩克"（OPEC）也保持着密切联系。另外，中国在2001年成为能源宪章[①]代表大会的观察员国。不过在目前，从事国际能源投资活动的中国投资者暂时还不能直接获得《能源宪章条约》的保护，只能通过在该条约的成员国设立子公司的方式间接获得保护。

在多边合作方面，中国还借助世界贸易组织公平贸易的规则框架，改变能源贸易形式单一化的情形，推进能源贸易形式的多元化，通过期货贸易、长协贸易、转口贸易、易货贸易等方式，化解能源市场及价格波动带来的消极影响，并与其他国家合作防止国际能源市场波动的消极影响。同时，中国还在各种国际场合呼吁维护能源生产国，特别是中东地区各国的局势稳定，确保国际能源通道安全和畅通。[②]

此外，在中国经济高速发展的背景下，中国对海外的原材料和矿产等资源的依赖程度也在逐步加大。比如，随着中国钢铁行业的发展，对铁矿石的需求量也越来越大。中国的铁矿石进口主要来自澳大利亚、巴西、印度、南非和加拿大等国。保证原材料供应和价格的稳定，对中国的经济发展同样发挥着关键作用，也是中国海外利益的重要内容。

---

① 1998年生效的《能源宪章条约》（Energy Charter Treaty）是国际能源领域（石油、天然气、煤、风电、太阳能等）具有法律约束力的多边条约，具有与双边投资保护条约类似的促进和保护外国投资的作用，条约提供的争端解决机制已经成为从事国际能源投资活动的投资者保护其合法权益的有效途径。目前共有近60个成员国，主要包括了欧洲国家、中亚国家以及蒙古、日本和澳大利亚等国。

② 《中国的能源政策（2012）》，http：//www.gov.cn/zhengce/2012－10/24/content_2615791.htm。

四 对外援助与国际责任

中国的对外援助大致经历了四个发展阶段。第一个阶段是起步阶段。这一时期中国主要是援助周边社会主义阵营的友好国家和非洲新兴的民族国家。由于朝鲜战争和援越抗法的需要,中国从1950年开始向朝鲜和越南提供物资援助。1956年,中国开始向非洲国家提供援助。第二阶段是中国确立对外援助基本方针之后的一个时期。1964年,周恩来在访问非洲国家期间宣布了中国政府对外经济技术援助的八项原则。[①] 这八项原则的重要特点是强调平等互利、不附带条件、尽量减少受援国的负担,它成为此后相当长一段时期内中国对外援助的基本指导思想,中国的对外援助在相当长时期内也以无息贷款或无偿援助为主。截至1976年,中国共向110多个国家和地区提供了经济援助。第三阶段是中国实行改革开放后至20世纪90年代的一段时期。这一时期中国的对外援助由过去单纯提供无偿援助或无息贷款发展为多种形式的互利合作。过去的援助政策方针实际上对中国造成了严重的负担,因此,这一时期的中国根据量力而行,根据具体国情适度调整了对外援助的资金规模和结构、地理区域布局、援助的主要领域和方式,总体上是更加注重提高对外援助的经济效益和长远效果。新的援助项目更多的是生产性援助项目。20世纪90年代,随着中国经济体制改革的进行,中国开始改革对外援助体制,重点推动对外援助资金的多样化。1993年,中国利用受援国已偿还的部分无息贷款资金设立援外合资合作项目基金。1995年,中国开始通过进出口银行向受援国提

---

① 这八项原则是:第一,中国政府一贯根据平等互利的原则对外提供援助,从来不把这种援助看作单方面的赐予,而认为援助是相互的。第二,中国政府在对外提供援助的时候,严格尊重受援国的主权,绝不附带任何条件,绝不要求任何特权。第三,中国政府以无息或者低息贷款的方式提供经济援助,在需要的时候延长还款期限,以尽量减少受援国的负担。第四,中国政府对外提供援助的目的,不是造成受援国对中国的依赖,而是帮助受援国逐步走上自力更生、经济上独立发展的道路。第五,中国政府帮助受援国建设的项目,力求投资少,收效快,使受援国政府能够增加收入,积累资金。第六,中国政府提供自己所能生产的、质量最好的设备和物资,并且根据国际市场的价格议价。如果中国政府所提供的设备和物资不合乎商定的规格和质量,中国政府保证退换。第七,中国政府对外提供任何一种技术援助的时候,保证做到使受援国的人员充分掌握这种技术。第八,中国政府派到受援国帮助进行建设的专家,同受援国自己的专家享受同样的物质待遇,不容许有任何特殊要求和享受。

供中长期低息优惠贷款。与此同时,为受援国培养人才,增强受援国自身造血能力也开始成为中国对外援助的重要内容。这一时期,中国不断扩大援外技术培训规模,来华接受培训的受援国官员逐渐增多。第四阶段是进入 21 世纪以来的时期。在经济持续快速增长、综合国力不断增强的基础上,中国对外援助的能力大大提高。中国不但继续通过双边渠道提供对外援助外,还开始利用多边形式,尤其是利用联合国体系下的国际组织平台,与其他援助国以及受援国进行集体磋商援助事宜。参与多边援助是中国对外援助观念重大转变的体现,当然,这也是国家实力提升的必然结果。中国最早是在 1997 年开始主动参与国际组织的多边援助。进入 21 世纪后,这类援助不断增多。比如,2000 年,中国通过世界粮食计划署、联合国开发计划署等国际组织提供多边援助。2007 年,中国加入了国际开发协会的捐助国名单。

在中国的对外援助中,资金的使用类型主要分为无偿援助、无息贷款和优惠贷款三种,[①] 这些资金通过成套项目、一般物资、技术合作、人力资源开发合作、援外医疗队、紧急人道主义援助、援外志愿者和债务减免援助等 8 种方式,为受援国的农业、工业、基础设施、公共设施、科教文卫、应对气候变化等领域的发展提供支持和帮助,援助的目的是帮助受援国提高工农业生产能力,增强经济和社会发展基础,改善基础教育和医疗状况,并在受援国遭遇重大灾害时及时提供人道主义援助。[②]

发展中国家集中的亚洲和非洲是中国对外援助最多的地区。在 2010—2012 年中国提供援助的一共 121 个国家中,亚洲国家有 30 个,非洲国家有 51 个,大洋洲国家有 9 个,拉美和加勒比国家有 19 个,欧洲国家有 12 个。此外,中国还向像非洲联盟这样的区域组织提供援助。三年

[①] 无偿援助和无息贷款资金在国家财政项下支出,优惠贷款由中国政府指定中国进出口银行对外提供。无偿援助主要用于帮助受援国建设医院、学校、低造价住房、打井供水项目等中小型社会福利性项目。此外,无偿援助还用于实施人力资源开发合作、技术合作、物资援助、紧急人道主义援助等领域的项目。无息贷款主要用于帮助经济条件较好的发展中国家建设社会公共设施和民生项目。无息贷款期限一般为 20 年,其中使用期 5 年,宽限期 5 年,偿还期 10 年。优惠贷款主要用于帮助受援国建设有经济效益和社会效益的生产性项目和大中型基础设施,或提供成套设备、机电产品、技术服务以及其他物资等。目前,中国提供的优惠贷款年利率一般为 2%—3%,期限一般为 15—20 年(含 5—7 年宽限期)。

[②] 《中国的对外援助》,http://www.gov.cn/zhengce/2011-04/21/content_2615780.htm。

中，中国提供的对外援助金额为893.4亿元人民币。从资金的使用上看，无偿援助和优惠贷款是这段时间中国对外援助的两种主要类型。具体来说，中国提供了323.2亿元人民币的无偿援助和497.6亿元人民币的优惠贷款，而无息贷款只有72.6亿元人民币。① 总的来说，在过去60多年中，中国共向166个国家和国际组织提供了大约4000亿元人民币援助，向外派遣了60多万名援助人员，其中700多人在援助过程中献出了生命。为促进实现联合国的千年发展目标，中国对外援助资金开始更多地投向低收入发展中国家。在2015年9月联合国发展峰会上，中国主动提出了促进全球发展事业的几项举措，比如设立"南南合作援助基金"，承诺继续增加对最不发达国家投资，并免除有关最不发达国家、内陆发展中国家、小岛屿发展中国家截至2015年底到期未还的政府间无息贷款债务。②

对外援助在援助国国内往往会产生争议，尤其是对还有几千万贫困人口③的中国来说，随着对外援助的增加，国内民众对其合理性的质疑也越来越多。那么，一个国家提供对外援助的理由是什么呢？对外援助的效果如何？从根本上说，对外援助也是国家利益的一个具体体现，属于海外利益的一部分。对外援助是一国对外关系的一个重要组成部分，是实现国家整体外交战略的一个重要环节，也体现出一个国家的整体价值取向。援助国往往希望通过援助实现以下目的：第一，在国际会议中，援助国的立场得到受援国的支持，受援国与援助国的政治立场一致，从而使援助国的安全得到保障。第二，受援国能为援助国提供或扩大市场和资源。第三，受援国在人权、廉洁和民主化方面局势安定，从而使援助国的安全得到保

---

① 《中国的对外援助（2014）》，http://www.gov.cn/zhengce/2014-07/10/content_2715467.htm。

② 习近平：《谋共同永续发展 做合作共赢伙伴——在联合国发展峰会上的讲话》，http://news.xinhuanet.com/politics/2015-09/27/c_1116687809.htm。

③ 根据国家统计局《2014年国民经济和社会发展统计公报》，按照年人均收入2300元（2010年不变价）的农村扶贫标准计算，2014年中国农村贫困人口为7017万人。http://www.stats.gov.cn/tjsj/zxfb/201502/t20150226_685799.html。如果按照世界银行的标准，中国还有两亿多人生活在贫困线以下。见习近平《在华盛顿州当地政府和美国友好团体联合欢迎宴会上的演讲》，http://news.xinhuanet.com/politics/2015-09/23/c_1116656143.htm。2015年，中国贫困标准上升至年人均收入2800元，按购买力平价计算，约相当于每天2.2美元，略高于世界银行1.9美元的贫困标准。

障。第四，由于受援国与援助国具有相同的意识形态而使援助国的安全得到保障。① 对中国来说，对外援助在发展和巩固中国和受援国的友谊、促进双边经贸关系、维护国家安全、实现国家发展战略目标等方面发挥着不可替代的作用。中国的对外援助整体上属于南南合作的范畴。"量力而行、尽力而为"是对外援助的一项重要原则。通过对外援助，中国把本国利益同受援国的共同利益结合起来，并努力提高双方利益的契合度，与受援国分享繁荣、共同发展。通过对外援助，既能满足国际社会对中国分担国际义务的期望，又能增强中国的国际话语权，在处理国际问题的过程中赢得其他国家的支持，推动国际关系民主化进程，共建人类命运共同体。

在中国，对外援助的决策权属于中央人民政府，商务部在相当长时期内是对外援助的具体执行和主管部门。商务部下设的若干机构参与到对外援助的具体事务中。对外援助司主要负责对外援助政策和方案以及对外援助计划的拟订、组织实施、监督和检查，处理政府间援助事务、与受援国进行谈判，等等。② 商务部下属的事业单位国际经济合作事务局组建于2003年，主要负责援外成套项目的实施管理工作；1980年成立的商务部国际商务官员研修学院的一个重点工作就是负责培训受援国官员和人才。此外，还有一系列具体的运营机构，分别负责不同的援助事务。比如，中国进出口银行对援外贷款项目进行评估审核，并负责贷款的发放和回收；中国驻外使领馆对驻在国的中国援助项目进行一线的协调和管理；地方商务主管部门主要是配合商务部的工作，协助办理管辖地有关对外援助的具体事务。

和海外公民的保护类似，对外援助工作也是一个非常复杂的工作，仅仅依靠商务部的力量是不够的，还需要其他政府机构的协作。比如，商务部在制订对某个国家的援助方案和对外援助资金的使用和分配计划时，除了要考虑本部门内部的意见外，还需要征求和采纳外交部、财政部和中国进出口银行等部委和机构的专业意见。此外，部分专业性较强的对外援助工作也会交给其他一些部门来管理。为加强各部门间的协调，2008年，商务部、外交部、财政部等有关部门和机构成立了"对外援助部际联系

---

① 長能峻「国益達成手段としての援助政策分析考察——構成要素別の援助データを用いた実証分析」、http://www.ipp.hit-u.ac.jp/consultingproject/2012/CP12Nagano.pdf。

② http://yws.mofcom.gov.cn/article/gywm/200203/20020300003746.shtml。

机制",该机制在 2011 年 2 月升级为部际协调机制。对外援助机制的复杂性,导致中国的对外援助在很长一段时期内存在着相关法律和政策滞后,各部门相关工作的一致性和协调性程度较低,过度援助、重复执行、资源浪费、忽略受援国自身发展战略,援助监督和评估体系不够独立和透明等问题。为了优化对外援助机制,加强对外援助的战略谋划和统筹协调,推动援外工作统一管理,2018 年 4 月,中国将商务部对外援助工作有关职责、外交部对外援助协调等职责整合,组建国家国际发展合作署,作为国务院直属机构。该机构负责拟订对外援助战略方针、规划、政策,统筹协调援外重大问题并提出建议,推进援外方式改革,编制对外援助方案和计划,确定对外援助项目并监督评估实施情况等。不过对外援助的具体执行工作仍由有关部门按分工承担。

尽管中国的对外援助事业取得了稳步进展,但依然存在一些问题。其中一个引起较多关注的问题是,在对外援助中更多强调"发展有效性"目标,而忽略"援助有效性"目标。虽然两个目标在本质上并不矛盾,但是后者更多地强调尊重受援国,更多地利用受援国既有的组织结构和制度,并通过援助增强其能力。同时,强调各援助主体之间加强协调,开展并增加联合援助。目前,中国主要依据前者来指导和评价援助的有效性,不能全面地反映援助的实际效果。[①]

五 国际制度的构建

二战后,在美国的主导下,西方国家花了几十年的时间建立了一套非常复杂的国际制度体系。这套体系在一定意义上削弱了由于国家间权力不均衡导致运用武力手段解决安全竞争和政治冲突问题的概率。在这个意义上,制度成为国家的工具与机械,用来分配国际权力以及由权力决定的利益。"制度可以转变权力表现的方式,转变安全困境显现的方式,转变构建与维持秩序等级的方式。"[②] 反过来说,国家的海外利益也只有通过制

[①] 吕朝凤等:《国际发展援助趋势与中国援助管理体系改革》,《国际经济合作》2014 年第 11 期。

[②] 朱锋、[美] 罗伯特·罗斯主编:《中国崛起:理论与政策的视角》,上海人民出版社 2008 年版,第 139 页。

度化才能够长久、稳固。制度在很大程度上明确了一个国家海外利益的具体内容、范围以及实现和保护手段。[①] 中国在改革开放之后，以更加开放、建设和积极的心态融入国际社会。与改革开放前相比，无论是在广度还是在深度方面，中国今天已深深地扎入由各种国际制度交织构成的网络之中。对中国来说，国际制度作为一种形式的利益开始慢慢显现，并作为一种海外利益成为国家利益的重要组成部分。

中国加入世界贸易组织（WTO）标志着中国在承诺遵守国际贸易规则的前提下更加主动地参与到开放的国际竞争之中，在更大范围和更深程度上参与经济全球化。当然，这也意味着中国对国际制度的建立、运行和完善将发挥越来越大的影响。此后，随着中国深度融入当前的国际制度体系之中，中国越来越认识到国际制度利益对中国的重要性，并认识到构建或重建国际制度利益的主要领域和突破口。可以说，维护和发展国际制度利益成为中国进一步参与国际社会、影响国际社会的重要保障。

然而，中国当前面对的依然是西方主导和构建的国际制度。这些国家制度对于中国海外利益的发展有积极的一面。正是在现有国际制度下，中国的综合国力得到了迅速而大幅的提高。同时，这套制度对中国也有束缚和制约的一面。因此，提高保障国际制度利益的能力就需要积极参与当前国际制度的构建、改革和完善的过程，通过国际合作逐渐对束缚自身发展的制度进行修正。在这方面，中国已从一个局外者向局内者转变，从旁观者向积极建设者转变，并将重点集中在以下几个方面：一是提高中国在已参加的国际制度中的影响力，加强在议程设置、程序运用和集体行动等方面的能力；二是利用当前国际制度，尤其是在国际金融、环保领域、区域经济合作与一体化等领域的调整机遇，积极参与新制度的建设，推动对不合理的国际制度进行改革；三是通过增加对联合国等国际组织的经费贡献比重、提高官方对外援助数量和质量、积极参加联合国维和行动等方式，为地区乃至全球的和平与发展提供国际公共产品，发挥负责任大国的作用。最近，中国积极倡导和建立了多个多边国际金融制度，进一步提升了中国发展和维护海外利益的能力。比如，中国倡导建立金砖国家开发银行，以弥补现有国际多边开发银行的不足，为发展中国家的发展，尤其是

---

① 苏长和：《论中国海外利益》，《世界经济与政治》2009 年第 8 期。

基础设施建设提供融资支持。金砖国家开发银行的建立对促进中国的经济利益和战略利益都有很重要的积极作用。在中国的积极倡导之下，《亚洲基础设施投资银行协定》于 2015 年 6 月在北京签署。亚投行（AIIB）57 个意向创始成员国财长或授权代表出席了签署仪式。12 月 25 日，随着协定达到生效条件，亚投行正式宣告成立，成为世界舞台上一个新的多边金融机构。中国积极利用当前的国际金融规则和制度，通过亚投行的建设和创新，主要为亚洲地区基础设施建设和互联互通提供支持，从而深化区域合作，实现共同发展。

对现行国际制度进行改革，必须处理好与西方主要大国的关系，尤其是处理好与霸权国美国的关系。一方面，中国需要美国在其制定的全球规则中行事；另一方面，中国也在积极构筑中美新型大国关系，以不冲突、不对抗、相互尊重、合作共赢为处理双边矛盾和分歧的基本原则。尽管美国有所疑虑，但也发出了一些积极的信号。比如，在 2015 年举行的中美第七轮战略与经济对话上，美国表示欢迎中国与他国通过谈判为全球事务制定新规则。

第四节　海外利益的维护

随着国家利益不断拓展，中国海外利益的范围也在扩大，由此其面临的风险和威胁也越来越多。2015 年发布的《中国的军事战略》白皮书指出，对国家安全构成威胁的因素可能有"国际和地区局势动荡、恐怖主义、海盗活动、重大自然灾害和疾病疫情等"。近年来，在全球范围内，这些因素均比较活跃，从而导致中国的"海外能源资源、战略通道安全以及海外机构、人员和资产安全等海外利益安全问题凸显"。在这个背景下，中国日益重视对海外利益的维护。《中国的军事战略》进一步指出，中国军队的使命和任务之一就是"适应国家战略利益发展的新要求，积极参与地区和国际安全合作，有效维护海外利益安全"，为此要"加强应急救援、海上护航、撤离海外公民等海外行动能力建设"。这是对党的十八大报告强调"坚定维护国家利益和我国公民、法人在海外合法权益"以及 2013 年《中国武装力量的多样化运用》白皮书中"国家海外利益安全风险上升"这一判断的进一步回应。当然，维护海外利益不仅仅是军队的责任，更多的还是国家依靠国内制度建设和政策制定，进而通过外交手段来实现。军队更多地是在危机、冲突或内乱的环境中发挥作用。

一 国内措施与海外利益维护

维护海外利益的第一项工作或者说前提就是确认什么是海外利益以及通过什么方式确认海外利益。在国内层面确认海外利益的首要措施就是立法。在一定意义上说，国家是由不同集团组成的。因此，在国内政治层面，要把各个利益团体的利益整合起来，需要各团体间的的妥协和共识，这除了需要有能代表和聚合这些团体利益的政党外，一个基本的途径就是通过立法机关或代议机关的讨论，制定相关法律法规。而且立法也是把海外利益的部门性与国家利益整体性相协调，降低垄断利益对国家海外利益进行绑架和侵害的可能性的有效手段。

比如，在对外援助领域，中国迄今为止缺乏专门的法律进行相应的规范，主要依据的政策主要是商务部的文件。2014年12月，商务部发布《对外援助管理办法（试行）》，这是中国在对外援助管理方面颁布的第一个综合性的部门规章。但是，这一办法的出台仍然体现出中国对外援助领域的一些问题。一是权威性有限。该办法除了仍在试行阶段以外，其法律层级低，当与其他领域立法发生冲突时，必须予以变更或撤销。整体上仍属于框架性质的文件，并没有改变目前中国对外援助方面缺少上位法的局面。二是缺乏顶层设计。商务部作为一个部委，所颁布的部门法令很难协调参与其中的其他部门和机构的。此外，商务部颁布的其他相关文件内容又多集中于实施主体资质和具体项目管理等具体事项的操作性规定，也同样缺乏综合性和顶层设计。因此，加快构建相关的法律体系，是中国对外援助规模不断扩大的现实而紧迫的要求。

从国外的经验看，对外援助在二战后呈现出规模化和制度化的发展趋势。援助规模增加的一个必然结果就是要求制度化的管理和规范；而对援助项目和资金的制度化管理反过来又能进一步扩大援助规模、提升援助质量，更好地发挥援外资金的效益。从这个意义上看，在现有成熟的经验基础上加快完善对外援助法律体系，一方面使对外援助有法可依，有据可循，另一方面也有利于与国际对外援助制度化进程之间的对话与衔接，并促进中国深入参与国际对外援助规则的制定，充分发挥中国对外援助的效果。

国内立法还可以对可能危及海外利益的域外主体和行为进行规范。在世界各国普遍联系的背景下，国内立法是有国际效应的。例如，中国《反垄断法》关于垄断行为、排除和限制市场竞争行为的规定，尽管不能通过中国司法和执法机构去境外强制执行，但是，它为政府间合作处理海外利益纠纷提供了强有力的国内法支撑，相当于增加了谈判筹码。[1]

维护海外利益的另一个国内举措在于推进国内跨部门的协调和沟通。中国的海外利益在国内层面涉及的部门已经不再局限于外交部。根据利益类型的不同，所涉具体部门也会有所不同，对同一利益，也会涉及多个部门，而且各部门承担的责任又会有所差异。比如，中国对外援助的主管部门是商务部，但是，实际参与到对外援助工作中来的部门还会涉及财政部、外交部、农业部、科技部、教育部、文化部、卫计委等众多部门以及地方政府和相关企业。加强部门之间的沟通协调，以大外交的理念来整合各部门的涉外事务，是有效维护海外利益的内在需求。目前，中国已经先后成立了多个协调机构和机制，这些机制往往涉及众多的政府部门。比如，除了前面提到的涉及对外援助的"对外援助部际协调机制"外，2004年建立了26个国务院机构和军队相关部门参与协作的"境外中国公民和机构安全保护工作部级联席会议"制度；2010年成立国家能源委员会，加强能源战略决策和统筹协调；2011年，发改委和商务部会同20多个部门建立了"走出去部级协调机制会议"；中共十八届三中全会后，设立了国家安全委员会，统筹协调涉及国家安全的重大事项和重要工作。

逐步扩大与海外利益和国际责任相称的军事实力是国家通过自身实力建设维护海外利益的重要手段。尽管海外利益多与非传统议题相关，军事强制手段并不是维护海外利益得首要手段，但其基础性作用或"最后手段"的作用依然不容忽视。在这方面，一是要加强军队投放能力的建设，包括建造航空母舰、战略轰炸机、大型运输机等，提高海军维护中国海外经济利益和战略通道畅通的实力。甚至有人认为，中国需要建立海外军事基地，尽管这面临着缺乏专业技术知识和可靠的东道国、与积极防御政策的内在矛盾以及对"中国威胁论"的担心等限制性因素。

---

[1] 苏长和：《论中国海外利益》，《世界经济与政治》2009年第8期。

在国内政策方面，如何看待私营保安公司的作用也是一个已有实践但是又有争议的话题。美国的私营保安公司黑水是刺激这一业务发展的重要因素。中国私营保安公司在海外的活动也开始出现。例如，由曲阜市保安服务公司经股份制改造成立的山东华威保安集团股份有限公司，在2010年组建为全国首家民营保安集团。该集团设立了海外安保服务中心，开拓海外安保服务业务。在这一领域的另一个公司是华信中安。2011年，该公司开展海上武装护航业务，为中国远洋船舶护航，成为国内唯一一家独立承揽武装护航业务的企业。该公司的护航队员包括来自中国海军陆战队、陆军特种部队、武警特警部队的退伍士兵。2012年，该公司使用中国商船送出第一批武装人员前往亚丁湾参加企业的护航任务。

目前，私营保安公司面临的一个障碍就是枪支问题。《中华人民共和国枪支管理法》对枪支的持有和使用的管理非常严格。根据这一法律，保安公司并不是公务用枪或民用枪支的持有者，这使保安公司在把保安人员派到海外之前难以在中国境内对他们进行用枪训练。

二 外交手段与海外利益维护

外交手段是维护海外利益的主要手段，也是目前我国采取的主要手段。在利用外交手段维护国家利益时，面临两种具体情况。一是已有相关国际法、国际条约界定的利益，要充分利用既有规则，遵守规则，提升影响力；二是暂无国际法、国际条约规定的，则要根据国际惯例行事，促成有利于中国的、兼顾他国利益的规制的制定。

在具体实践方面，中国传统上一直重视通过首脑外交或者官方的高层交往来维护和拓展中国在海外的利益。比如，十八大以来，党和国家的领导人频频出访，提出"一带一路"倡议，向外推动国际产能合作等，全方位促进和维护了中国的海外利益。

然而，高层联系并不是唯一的外交途径，尤其是在与一些政局不稳定的国家打交道的时候。加强与这些国家的非政府行为体，包括加强与反对派团体，当地非政府组织（NGO）和宗教组织的联系，对维护海外利益也非常重要。比如，中国一直与阿富汗政府和当地部族、宗教团体（包括塔利班）同时保持联系，会见叙利亚反对派代表，邀请缅甸的昂山素季访华等。通过与非政府组织或中立组织合作也是保护处于险境的中国公民的有效手段。比如，国际红十字会就是一个非常重要的非政府组织，因为它能够进入危险地区，解救以及照顾难民，并能与各方保持畅通的沟通渠道。

除去双边外交渠道外，积极参与多边机制也是维护海外利益的重要外交手段。在多边机制中，联合国的作用不容忽视。联合国在中国海外利益的维护中发挥着以下三个方面的重要作用：（1）为中国海外利益维护提供有效的多边化途径。在联合国这个平台上，各国可以就任何问题开展多边合作，在保障各国共享利益的前提下更有效地维护本国的国家利益。此外，联合国及其系统组织通过多边谈判在技术领域设立了大量的统一标准。这些统一标准有助于中国企业降低在海外投资的交易成本，也有助于中国企业避免他国企业单独行动而产生的争端。（2）为中国海外利益维护提供合法性依据。（3）为中国海外利益维护提供公正合理的国际秩序。鉴于联合国的上述作用，中国可以通过以下渠道维护海外利益。一是利用联合国安理会。当中国的海外利益受到严重侵犯，而东道国政府无法或不愿保障中国的合法利益时，中国要积极获取安理会的授权，采取一切必要的非军事手段来保护我国的海外利益。二是积极参与联合国维和行动以维护我国的海外利益。中国可以通过联合国维和行动处理与"问题政权"（difficult regimes）的关系，增加对冲突局势的了解，服务于中国在该地区长远利益的维护。三是积极培养更多的、优秀的中国籍联合国职员。四是积极参与联合国框架下的全球治理和提供国际公共产品，这既是对中国的海外利益负责任，也是对全人类负责任，同时也能在维护或发展某些重大海外利益时获得国际社会更多的理解和支持。[1]

从中国自身来说，加强和完善以预防机制和应急协调机制为主要内容的中国领事保护机制，是利用外交途径维护海外公民利益的重要基础。领事保护预防机制通过事前告知和教育培训、事中积极提供资讯和强化防范意识，事后加强利益的保障与维护等举措实现避免或尽可能减少危及海外中国公民或法人人身及财产安全事件的发生。目前，中国领事保护预防机制由两部分组成，一部分是普适性预防机制，针对所有海外公民；另一部

---

[1] 祁怀高：《试析联合国在中国海外利益维护中的作用》，http://www.unachina.org/upload/Attach/default/269370.pdf.

分是特殊预防机制，针对专门人群，尤其是向外派出劳务人员或进行投资合作的企业单位。特殊预防机制的内容因保护对象不同和涉及的部门不同而有所区别，并遵循政府指导、企业管理的基本原则，是一个由中央政府、地方政府、驻外使领馆、相关企业、海外华人力量共同构成的体系。就中央政府而言，相关部委利用信息优势，定期或不定期向对外投资合作的企业发布或通报境外安全信息和预警信息；就地方政府而言，地方相关主管部门指导和监督检查本地区企业境外安全管理制度；就驻外使领馆而言，它们收集、评估和研判驻在国与安全风险有关的信息，建立中国公民相关信息数据库，并对驻在国中资企业进行一线指导、管理、巡查。企业在该机制中处于核心主体地位，承担着最大的安全责任。具体来说，企业必须事先制定境外安全工作的管理制度，并对派出人员在出国前开展境外安全教育和培训；向驻在国或地区使领馆报送在外人员相关信息；通过企业社会责任（Corporate Social Responsibility，CSR）活动营造良好的对外投资合作环境。在海外华侨华人、中资机构、留学生等力量基础上建立起来的领事保护联络员制度，是领事保护制度的有力补充。[1]

目前，由中央政府、地方政府、驻外使领馆和企业四个主体构成的海外公民和企业安全保护领事保护应急协调机制已基本建立起来。该机制既包括相关法律法规建设，也包括各层面具体的应急机制建设。根据2007年的《中华人民共和国突发事件应对法》，国务院制定了《国家涉外突发事件应急预案》，其他各级政府部门也在这两部法律法规的基础上制订了范围不同、层级不同的涉外应急预案。应急协调机制中的核心是负责统一指挥协调的由26个国务院机构和军方有关部门构成的中国公民和机构安全保护工作部际联席会议。具体的协调工作主要是由领事保护中心承担和处理，而所有驻外使领馆则根据中国公民自愿登记的信息，在紧急状况下与中国公民或企业联系。外交部办公厅24小时值班，并根据具体情形启动应急机制。在省级地方政府层面，相应的应急协调机制也初具雏形。像广东和福建等省的外事办公室还新设立了"涉外安全处"，专门负责协助外交部处理涉及本省海外公民的领事保护案件。一些长期在海外从事投资

---

[1] 陈积敏：《论中国海外投资利益保护的现状与对策》，《国际论坛》2014年第5期。

合作活动的大型企业，在其内部也建立了相对完善的应急协调机制。①

此外，中国还应加大公共外交的力度。由于历史文化和社会风俗、意识形态和社会制度、法律法规、语言文字等方面的不同，在海外投资的中国企业在大部分东道国都会面临"文化冲突"的问题，在融入当地社会的过程中困难重重，甚至因为一些无意之中的违背当地文化风俗的行为而成为当地民众发泄不满或者排外的对象。因此，中国需要加强公共外交建设，通过国际化的多元教育培养具备良好国际文化沟通和交流能力的人才，帮助企业及其经营者了解投资东道国的商务实践和法律习惯，从根本上减少在对外直接投资中的文化冲突风险。同时，还要实施本土化经营，作为一个社会实体切实履行对东道国的社会责任。通过有效的传播交流手段，在东道国民众中塑造良好的投资国或投资者形象。②

三 武力运用与海外利益维护

在理论上，运用武力来维护海外利益存在可能性。但是，在实践中，由于联合国对武力使用的限制以及中国自身的对外政策，中国在维护海外利益时可采用的具体的武力手段极为有限，而且受到诸多因素的制约。目前，中国运用武力维护海外利益的主要形式大致包括海上护航、撤离海外公民、应急救援等。③

中国第一次运用武力维护海外利益，是参加联合国主导的护航行动。2008年12月，中国根据安理会的有关决议派遣海军舰艇编队到亚丁湾和索马里海域实施护航任务，主要是保护航经该海域的中国以及部分国际组织运输人道主义物资的船舶和人员安全，同时为航经该海域的外国船舶尽可能提供安全保护。此后，除了在2015年3月26日因要从也门撤侨暂停了109个小时外，中国海军的护航任务一直没有中断。截至2016年4月，中国已连续派出22批护航编队远赴亚丁湾、索马里海域执行护航任务，

---

① 夏莉萍：《从利比亚事件透析中国领事保护机制建设》，《西亚非洲》2011年第9期。
② 参见陈积敏《论中国海外投资利益保护的现状与对策》，《国际论坛》2014年第5期。
③ 《中国武装力量的多样化运用》，http://www.gov.cn/zhengce/2013-04/16/content_2618550.htm。

完成 922 批 6139 艘中外船舶护航任务。① 目前，第 23 批护航编队已和第 22 批护航编队完成了任务的交接，并执行了多起任务。

非战斗性撤侨行动（Non-Combatant Evacuation Operation，NEO）是有限使用武力的另一种情形。2011 年初，利比亚政治局势急剧恶化，对利比亚的中资机构、企业和人员构成严重威胁。在这个背景下，中国组织了中华人民共和国成立以来最大规模的海外公民撤离行动，共撤出 35860 人。在这次行动中，人民解放军参与了国家的决策和各机构间的协调过程，派出舰艇、飞机协助在利比亚的中国公民回国。在这个过程中，人民解放军海空军密切配合，执行了四个具体的任务：监控、威慑、护航和实际撤离。海军暂停在亚丁湾、索马里海域的护航任务，派遣这一水域的舰艇赶赴利比亚附近海域，为撤离中国公民的船舶提供支援和保护；空军出动飞机把受困的中国公民从利比亚转移至苏丹，并接运部分人员从苏丹回国。中国在这一行动中与欧洲、中东和北非一些主要国家进行密切的跨部门协调和外交合作。这些行动单靠外交部一个部门是难以完成的，需要其他部门的参与，以及一个更高级别的、能够负责国内和国际间沟通协调和组织的机构。另一次典型的撤侨行动发生在也门。2015 年 3 月 26 日，由沙特阿拉伯和埃及、约旦、苏丹等其他海湾国家参加的国际联军对也门的胡塞武装进行军事打击，当地局势骤然紧张。中国海军为此暂停亚丁湾的护航任务，组织临沂舰、潍坊舰、微山湖舰撤侨，共撤出 571 名中国公民。在这次撤侨行动中，中国首次专门采取行动撤离处于危险地区的外国公民，共帮助罗马尼亚、印度、埃及、巴基斯坦、埃塞俄比亚、新加坡、意大利、德国、波兰、爱尔兰、英国、加拿大和也门等十多个国家的 230 多名侨民撤离。②

通过利比亚和也门撤侨行动，中国人民解放军积累了一些从危险或不稳定地区撤出非战斗人员的经验。这两次撤侨也对中国人民解放军提出了新的要求和可能性，即未来在非友好环境中进行更为复杂的非战斗性撤侨

---

① 《中国第 23 批护航编队起航 湘潭舰首参加护航任务》，http://military.china.com/news/568/20160408/22389895.html。

② 《外交部：中国协助十国也门撤侨系首次专为外国公民采取的行动》，http://www.thepaper.cn/newsDetail_forward_1317804。

行动。这可能需要训练更多的特种部队或者可以迅速部署到遥远之地的舰载或机载的突击队。① 尽管非战斗性撤侨在实践中已有实践，在很多时候也是不得已而为之的举措，但是，它在现行国际法规范中仍然会面临着合法性质疑。其中，最大的质疑来自于像"在何种情况下可以挑战他国的主权和司法管辖权"这样的疑问。如果当地已经不存在一个公认的合法政权，撤侨行动的合法性就很容易建立。但是，这种情况毕竟罕见。非战斗性撤侨在很多时候可能会对当地政权的警察或武装力量构成挑战。在当前的实践中，运用较多的规范是"对抗无端暴力的集体自卫"即合法。在这个原则下，合法行动需要满足危机的紧迫性、干预的必要性和目标手段符合比例三个条件。

此外，还有一种武力运用的形式——"越境打击"。"越境打击"是指某个国家的武装力量进入他国境内以对本国安全造成实际危害和破坏的非国家行为体为目标进行的军事打击行动。它是一种反击式的行动，目的在于减轻或彻底消除打击对象构成的危害，而非与这个国家对抗或入侵这个国家。一般来说，这种军事行动只有极少数能得到联合国和越境对象国的授权。发生"越境打击"的一个常见条件是，越境对象国处于分裂或政局动荡、中央政府难以有效控制所有领土的状态。在这种情况下，这个国家要么无力阻止其他国家的"越境"，要么因与打击对象之间存在矛盾而默许甚至支持这种越境行动。"越境"可能发生在陆地、海域或空中的任何一个或多个方向上。相应地，军事打击的方式也就包括陆海军进入越境对象国的领陆、领海和领空三种形式。其中，地面部队进入越境对象国领土最为普遍。②

各国海军到索马里海域打击海盗，是在联合国安理会授权的情况下，运用武力保护本国公民在国外的安全的一个典型例子。而且各国军队在索马里过渡联邦政府的许可下，还可以进入索马里领土范围内打击海盗。这是获得授权的合法"越境打击"。另外还有单边主义的未获授权的非法"越境打击"。中国派遣海军护航编队赴索马里海域反击海盗的护航活动，

---

① 并非所有的撤侨行动都属于非战斗性撤侨行动。有一些撤侨行动并不需要动用军事力量，或者不能满足动用军事力量的条件，比如 2014 年的越南撤侨行动。在这次撤侨行动中，中国通过包机、客轮等从越南撤回了 3000 多名中国公民。

② 钮松：《"越境打击"索马里海盗与中国外交转型》，《太平洋学报》2012 年第 9 期。

也可以看作维护中国海外利益的合法"越境打击"。2010年,香港游客在菲律宾遭遇劫持,而菲律宾警方应对劫持的处理措施不力。于是,当时有人提出了武力护侨的可能性问题,即派遣特种部队赴菲律宾解救人质。这一提议近乎"越境打击"。

此外,还有观点提出应在海外建立军事基地维护国家利益。但是,长久以来,中国在海外建立永久性军事基地面临几个障碍。首先,建立海外军事基地的举措可能会使"中国威胁论"沉渣泛起,也受到中国传统对外政策的制约。其次,后勤和资金等方面的成本高昂。在特定的情况下,有针对性地灵活派遣非永久性的部队执行任务更为经济,也更易管理。但是,这种模式也会制约快速反应的能力和威慑能力。随着中国海外利益的急剧增加,中国军队赴海外执行打击海盗、维护航海安全、紧急情况下撤侨、海上抢险、抗击自然灾害等非传统安全任务的频率增加,现有的军事补给模式难以有效支援军队迅速应对安全威胁的能力。在这种情况下,中国在巴基斯坦、马尔代夫和吉布提等国建立相对稳定的军事补给站和军事基地就成为一种顺理成章的选择。

在使用武力维护海外利益方面,仍有一些问题需要进一步思考。比如,在什么条件下可以使用武力,尤其是通过派驻地面部队的方式维护海外利益?对中国来说,当伊拉克出现"伊拉克和黎凡特伊斯兰国"(ISIS)攻城略地的时候,中国是否应该采取海外派兵保护在伊拉克的石油利益[①],与此同时,承担人道主义救援的责任?对这些问题甚至引发了中美间关于"搭便车"的争论。事实上,中国的策略是按兵不动,主要以外交方式来推动该问题的解决。不过,从长远看,应未雨绸缪,需要对未来可能出现的类似情形做深入探讨。

四 主权及不干涉原则与海外利益维护

随着近代民族国家的形成,主权原则得以确立。在此基础上,国际社会确立了不干涉原则,即和平共处五项原则中的互不干涉内政原则。中国是这一原则坚定的维护者和践行者。然而,主权原则的内涵并非一成不变

[①] 中国是伊拉克石油产业的最大投资者,并且有1万多名工人在伊拉克。《中国在伊拉克的利益》,http://world.chinadaily.com.cn/2014-06/26/content_17617642.htm。

的。传统的主权思想强调国家的权力，社会和个人权利在很大程度上被忽略不计。而在今天的主权实践中，主权的行使越来越强调与对人权的尊重相结合。[①] 除了安全与政治这两个主权的核心内容之外，随着国际经济互动和文化交流活动的日益密切，经济、文化等也逐渐成为主权的重要内容。其实，一直以来，主权都不是一个单一的、僵硬不变的概念，而是一个包括不变部分和可讨价还价的可变部分的有弹性的概念。主权概念本身包括了占有权、管辖权、使用权、代管权等要素部分。[②] 为便于合理配置和有效地使用资源，各国还通过诸如主权共享、分割、托管、搁置争议等过渡性和妥协性安排更巧妙地处理国家间争端。[③]

中华人民共和国成立后，不干涉原则成为中国在国际舞台上赢得亚非拉广大新兴独立的民族国家所拥护和支持的旗帜。该原则也是中国在处理国际关系和解决国际问题过程中长期坚持的基本立场，为中国发挥独特的大国作用提供了理念上的支持。随着中国自身的发展和时代的变化，越来越多的国际关系学者认识到，"对这一原则加以丰富和修订、使之更加符合新时代特点和中国自身需要，正在成为日益迫切、紧要的事情"。[④] 有学者认为，实际上，中国对互不干涉内政原则的坚持经历了从20世纪50—70年代的捍卫式倡导到80—90年代追求不偏不倚，再到21世纪初的建设性调解和现在更加积极的参与式倡导四个实践阶段。[⑤] 对同一原则的有细微差异的实践，其实源自于回应以下变化的需要。王逸舟认为，导致变化的原因有以下三点：第一，全球化浪潮的深入发展使国家间相互依赖的程度越来越高，进而使各国在面对全球性挑战的时候，即便是远离本国

[①] 比如，中国自2009年以来发布了两份《国家人权行动计划》。在行动计划中，中国政府既强调全面保障全体社会成员的经济、社会和文化权利，又强调依法有效保障公民权利和政治权利，同时还强调要充分保障少数民族、妇女、儿童、老年人和残疾人的合法权益。这一人权观更多地与联合国提出的人权观相契合。

[②] 王逸舟：《创新不干涉原则，加大保护海外利益的力度》，《国际政治研究》2013年第2期。

[③] 王逸舟：《创新不干涉原则，加大保护海外利益的力度》，《国际政治研究》2013年第2期。

[④] 参见王逸舟《创新不干涉原则，加大保护海外利益的力度》，《国际政治研究》2013年第2期。

[⑤] 潘亚玲：《从捍卫式倡导到参与式倡导——试析中国互不干涉内政外交的新发展》，《世界经济与政治》2012年第9期。在2011年，《中国的对外援助》白皮书再次强调对外援助要坚持不附带任何政治条件。

发生的冲突和危机，也难以独善其身。第二，介入他国内部事务的相关理论和规范的发展不但论证了介入他国事务的必要性，也为介入他国事务提供了理论准备。西方发达国家是积极主动介入他国内部事务这一做法的先行者，并在理论上进行了诸多讨论。这些理论和实践中合理的一部分，在一定程度上已成为今天国际社会的主流价值规范而被许多国家和人民所接受。中国对此应当深入研究，参与相关的讨论和沟通，提出既符合新的时代趋势要求，又能保护弱小国家和人民的新理念。第三，中国的海外利益不断扩大和延伸，要求中国对海外各种利益实施更大力度、更广范围的保障，并承担起相应的国际责任。[1]

在上述背景下，包括中国在内的各国日益认识到，全球性挑战和威胁均可能发生外溢，若不及时介入和制止，既会伤害威胁发生地的国家和人民，而且还会危及其周边的国家和人民，乃至整个国际社会。因此，在新的时代背景下，在保证当事方基本权利的前提下，由域内或域外的某些国家或国际组织参与国内危机的解决，对保障国际安全、各国自身的稳定，以及推进全球治理具有重要的意义。当前，一些新的规范和理解的出现，比如人道主义干涉、人权高于主权、保护的责任（Responsibility to Protect, R2P）、全球治理、反恐与先发制人、联合国维和行动的新使命等等，在一定程度上也反映了国际社会多数国家的诉求，具有一定的合理性。[2] 当然，学者们也担心这会为西方大国干预留下借口，尤其是在不同的国家所依据的标准不同的情况下。作为对两种担忧的权衡，就需要各国在平等的基础上协商一致。目前，一些主要由发展中国家组成的地区组织，开始逐渐软化对主权和干预的理解。比如，1994 年发生的卢旺达种族清洗事件，使 2002 年成立的非洲联盟在其宗旨中明确规定"成员国发生战争罪、种族屠杀或大规模人道主义危机时，非盟有权依照大会决定进行干

---

[1] 参见王逸舟《创新不干涉原则，加大保护海外利益的力度》，《国际政治研究》2013 年第 2 期；另见高敬文、节大磊《海外公民的保护、主权和不干涉内政》，《国际政治研究》2013 年第 2 期；王逸舟《创造性介入：中国之全球角色的生成》，北京大学出版社 2013 年版，第 76—81 页。

[2] 当然，这些原则并非完全没有争议，而且西方发达国家的相关实践也的确暴露出许多问题和缺陷。基于此，许多学者也对人道主义干涉和人权高于主权的理论做了深入的批判和反对，也不完全同意"保护的责任"，而是提出替代性概念"负责任的保护"（Responsible Protection, RP）。这里强调的是上述理念中包含的合理性的一面。

预";另外,"为恢复和平与安全,成员国有权要求非盟干预"。[①] 非洲联盟宪章认可的可对成员国的国内事务加以干涉的情形还包括不稳定的扩散以及政府的不合宪变更。另外,拉美与加勒比共同体声称对成员国的干涉是为了防止政变;阿拉伯国家联盟也呼吁对利比亚和叙利亚进行国际干预。

在对外援助领域也有类似的探讨和观念。假如援助对象是一个不负责任的政府、腐败的政府或者不稳定的政府,在提供援助时不附加条件的话,这些援助就有可能被贪污或浪费,不会被用在经济与社会发展项目上,从而背离援助的本来目的。在这个方面,恪守不干涉原则的中国反而常常遭到国际社会的批评。例如,中国就因津巴布韦的人权问题以及达尔富尔问题而遭到批评,而且中国在苏丹的企业和员工因此而遭到当地武装组织的袭击。

今天的中国对其他国的影响力日益增加,也越来越有能力去保护海外利益。同时,由于中国的影响力,与中国相关的话题越来越多地成为其他国家的国内政治议题。在这种情况下,中国在坚持不干涉内政原则方面也面临越来越大的压力。这些压力促使中国对原有立场进行微调,逐渐接受一些例外情况。[②] 在实践中,中国确实也在逐渐地部分改变对不干涉原则的理解和实践。普遍认为,在2005年前后,尤其是以达尔富尔危机为契机,中国开始作出改变。2006年,中国成功说服苏丹总统接受联合国和非洲联盟的联合维和部队进驻达尔富尔。在2011年初,中国接受了把利比亚的人权状况提交国际刑事法庭的联合国安理会第1970号决议。此后不久,中国对联合国决定在利比亚建立保护平民的禁飞区,对利比亚实施武器禁运,并且冻结利比亚政府资产的安理会第1973号决议投了弃权票。这一决议的通过使北约空军能够合法地轰炸卡扎菲的武装力量,支持反对派并使其获得内战的胜利。不过,中国的政策调整是谨慎的,趋势并不明朗。在叙利亚爆发危机后,中国在安理会连续几次涉叙利亚决议案的投票中,都坚决投反对票反对西方国家干涉叙利亚内部事务。与此同时,中国呼吁通过政治手段解决叙利亚危机,积极与美国、英国和阿拉伯联盟等国家和国际组织进行磋商。

---

① 《非洲联盟》,http://www.gov.cn/zhuanti/2014-04/30/content_2669239.htm。
② 高敬文、节大磊:《海外公民的保护、主权和不干涉内政》,《国际政治研究》2013年第2期。

第八章

国家疆域安全与边疆风险防控

随着当前中国发展进程的快速推进,国家面临的外部环境和内部环境都发生了深刻的变化,国家疆域的安全问题逐渐凸显并趋于繁复。边疆作为国家疆域的边缘性部分,是疆域安全问题首当其冲的风险感知之地、压力承担之地和矛盾多发之地。疆域及边疆安全问题的凸显使得国家安全形势日趋严峻,反过来又深刻地影响了国家的发展。在这样的形势下,根据时代发展的要求调整国家疆域及边疆安全观,客观、准确地判断国家的疆域及边疆安全形势,加大对疆域及边疆安全风险的防控与治理,既是国家发展的客观要求,也是国家治理现代化不得不予以直面的时代任务。

第一节 国家疆域总是面临着多元的安全风险

国家疆域是民族国家构成的最为基本的元件,它的安全问题是关系到民族国家存亡绝续的最为根本问题。因此,当代民族国家莫不以维护国家疆域安全作为其基本使命,然而,在全球化浪潮的席卷之下,各个国家的疆域安全环境都发生了巨大变迁,尤其是中国在崛起的过程中,疆域安全环境更是发生了根本性变迁,疆域安全的防卫与治理都面临日益复杂的局面,这也决定中国疆域安全问题的解决将是一个长期而艰苦的过程。

一 疆域安全是国家生存发展的基础性前提

在当今国际政治体系之中,国家安全乃是国家治理首先必须予以解决的重大任务。国家安全是一个国家生存、运转与发展的基础,失了国家安全的屏障,则国家的生存与发展都将失去最为重要的根基。而在当今国家安全体系之中，疆域安全无疑又是至关重要的核心要素之一。毕竟，在当代民族国家构成要件中，疆域、主权、人口和政权虽然是最为基本的四大要素，但疆域又是其他要素存在的基础，疆域为主权的建构、人口的生存和政权的运转都提供了最为基本的生存空间和物质形态，如果没有疆域安全的存在，主权安全、人口安全与政权安全都将成为无根之浮萍。也正是因为如此，疆域安全往往被视为国家的核心利益，是任何一个国家在国家治理中都不能轻忽简慢的重大问题。

首先，疆域安全是主权国家身份的首要标志。主权国家是当今国际政治体系最为基本的组成要素。而所谓的主权国家本质上是指国家在既定的疆域之内拥有独立自主地处理本国对内对外事务的最高权力而不必担心其他国家的侵略或颠覆。国家疆域的完整和疆界的识别构成一个主权国家身份的首要标志，主权国家对国家疆域的有效控制与维护也成为了国际社会承认其国家合法性的前提，主权国家也必须以维护疆域安全作为其基本的历史使命。

其次，疆域安全是人口生存繁衍的重要基础。人类社会自产生以来，就开始按照自己的意志将"自在世界"改造成"属人世界"，而人类将"自在世界"改造成"属人世界"又是以"自在世界"的存在为前提的。"自在世界"为人类生存与实践提供了必须的生存场域和自然资源，成为人类社会生存繁衍的重要基础。人类社会进入民族国家时代之后，原初有边无界的"自在世界"最终被分割成一个个疆界清晰的地理空间，疆界内生存的民众也依然依赖于"自在世界"提供的各种生存资源和生产资料。如果一个国家并不能维护本国既定范围之内的疆域安全，国家依附于疆域之上的、赖以存续的生存资源和生产资料都将面临被掠夺和被毁坏的困境，国民的生存与繁衍也将失去安身立命的根基。

再次，疆域安全是政权安全的基本前提。政权安全是国家治理和政治稳定的基础，而政权安全，不管是权力行使范围的确立，还是政治合法性的谋求，又都以疆域安全作为必要的前提。疆域的存在为国家政权的行使提供了必备的地理空间，疆域安全的丧失将意味着国家政治权力行使空间的收缩。更为重要的是，疆域安全的丧失往往意味着国家治理失败和国家能力衰颓，是政权体系集体无能的表征，容易诱发国家政治合法性的流失，甚至导致国家政权的更迭。

疆域安全对国家生存和发展有至关重要的意义，使整个国际政治体系都高度重视疆域安全问题，这种举国上下的高度重视反过来又使疆域安全问题形成迥异于其他问题的一些特点。具体而言，首先，疆域安全问题具有高度敏感性。疆域安全问题不仅涉及国家生存发展的空间和范围，而且还涉及一个主权国家的国家尊严和政府形象，因此疆域安全问题往往搅动着国家治理最为敏感的神经，疆域安全问题也容易引发整个国家民族主义情绪的持续性高涨。一些与周边国家存在领土争端的国家，也往往将疆域安全问题视为凝聚国家精气神的一个砝码，并以此达到整合民心、追加自我政治合法性之目的，导致疆域安全问题进一步复杂化。其次，大多数的疆域安全问题都具有明显的非妥协性和易激化性。疆域安全问题直接关系到了一个国家的生死存亡，这迫使诸多国家都将疆域安全作为国家安身立命之根基，并在疆域安全问题上扮演着坚定的维护国家利益和疆域安全的角色，尤其是在领土争端问题上，相关争端国更是表现出明显的非妥协性。这种非妥协性又进一步导致国家政治博弈的升级和军事布防力量的提升，进一步推动疆域安全态势的紧张。最后，疆域安全问题容易走向复杂化。在国家疆域安全问题的解决中，尤其领土争端问题的诉求中，如果相关争端国在国家实力上存在明显的非对称性，那么弱小的一方往往倾向于借助域外国家力量，要么寻求国际社会的舆论声援，要么引入域外国家来制衡对手，这些都将不可避免地导致国家疆域安全问题的复杂化。

二 国家疆域安全的环境发生了根本性变迁

疆域安全是国家生存和发展的基本前提，自国家产生以来，维护疆域安全，化解疆域安全问题就成为了国家治理不得不承担的历史使命。不过，疆域安全的重要性虽然始终如一，疆域安全问题却随着时代环境的变化而处于不断变迁之中。尤其是在全球化浪潮的席卷之下，全球性国家安全的环境都发生重大变迁，而中国作为一个后发赶超型大国，在融入全球化和国家发展的过程中，国家疆域安全环境更是发生了根本性变化，并使得当前中国面临着与王朝国家时期大相径庭的疆域安全问题。

王朝国家时期，秦王朝一统六国以来，王朝统治者便开始注意到疆域安全的问题。不过，在王朝国家时期，王朝统治者面临的疆域安全威胁主要不是来源于浩淼难知的海洋，而是来源于边疆民族政权给王朝政权造成的安全压力，这客观上使王朝统治者在疆域安全的防卫中形成了"重陆轻海"的倾向，并深远地影响到了中国的地缘战略走向。在王朝统治者陆地疆域安全的视域中，南部地区被高山峡谷割裂成一种碎片化的存在，边疆民族政权很难统合成一个整体性政权对抗中原王朝统治，而北部地区地形平坦，地势开阔，边疆民族政权容易展开一体化的政治整合，再加上边疆游牧民族生存方式存在的产业局限，他们对中原农耕文明的产品有着天然的需求，容易形成对中原王朝统治的安全压力，也导致王朝统治者形成了"重北轻南"的地缘战略倾向。面对边疆民族政权给予王朝统治造成的安全压力，王朝统治者往往通过儒家文化的感召、政治文明的辐射、经济利益的诱导和军事力量的打击，臣服边疆民族政权并以此维护王朝政权的疆域安全。

王朝国家晚期，中国王朝国家自身的保守性和封闭性使其远远滞后于世界政治发展的潮流，并无可避免地遭遇到了西方民族国家和周边近邻从海陆两个方向的强势入侵。在诸多民族国家强势入侵过程中，古老的王朝国家逐渐开始向民族国家痛苦转型，传统"有边无界"的状态被颠覆，开始形成比较清晰的疆域意识和边疆意识。在由王朝国家向民族国家的转型过程中，中国在西方民族国家强烈的拓殖冲动下遭遇了 3000 年未有之疆域危机。在西藏地区，英国势力一方面向中央政府施压，掣肘西藏事务的治理，另一方面支持和怂恿达赖集团谋求西藏地区自治乃至独立；在内蒙古，日本帝国主义趁中国内忧外患之机，不但染指内蒙古，更兼图谋新疆；在南疆，英国策动维族首领萨毕特·达摩拉联和依米尔策划南疆独立。西方民族国家以及周边国家对中国疆域的鲸吞蚕食使中国面临前所未有的亡国灭种的危机，在这样一种严峻的疆域危机之下，统合国内各种政治力量、消除边疆危机就成为中华民国在中国民族国家建构时期一个最为核心的国家任务。

中华人民共和国成立之后，中国开始由民族国家建构时期向民族国家建设时期迈进。在民族国家建设时期，国家通过行政权力渗透、民族精英绥靖和政治吸纳，以及意识形态的训诫，成功地将边疆民族政权整合进入了统一的国家政治体系之中，基本完成了国家政治一体化的进程。然而，民族国家建设时期，中国虽然对外完成了独立自主建国与治国的历史使命，对内完成了边疆区域的一体化整合，极大地消解了自晚清以来中国的边患危机和疆域裂变风险，但由于意识形态的难以通约、地缘政治的多元博弈和国家利益的本能考虑，西方国家以及周边国家对中国的国家建设天然地抱有一种疑虑和警惕。尤其是中华人民共和国成立初期，一些对中国抱有敌意的国家，不断对中国进行围堵和遏制，使中国陆地疆域和海洋疆域都面临着来自外部世界的安全风险。此外，中国在民族国家建设时期，传统疆域安全问题，尤其是边疆安全问题，如跨境走私、跨境犯罪等非传统安全问题依然从深层次上困扰中国的社会治理，导致中国的疆域安全遭遇着内外交困的双重压力。

改革开放以来，经过40余年狂飙突进式的发展，中国国家经济体量得到突飞猛进的增长，国家逐渐由民族国家建设时期走向了民族国家发展时期。[①] 与此同时，国家疆域安全的环境也发生了根本性变迁。如果说中国在民族国家建构时期国家疆域面临的安全风险主要来源于西方列强侵略下产生的疆域裂变的风险，民族国家建设时期国家疆域面临的风险主要来源自主权完整、政权安全和边疆安全压力，那么，在民族国家发展时期，国家疆域面临的风险则主要来自于非主权性疆域安全防卫的压力。在民族国家发展时期，中国强势崛起的态势使西方国家及周边国家对中国产生了强烈的称霸假想和战略误判。他们担心中国的崛起损害本国的地缘政治利益，因此频频联手制衡和打压中国，积极封锁和挤压中国的非主权性疆域，导致中国在非主权性疆域安全防卫上面临各种全新的困境。

三 疆域安全环境的变迁与安全问题的凸显

随着中国步入国家发展的新阶段，"国际形势深刻演变，国际力量对比、全球治理体系结构、亚太地缘战略格局和国际经济、科技、军事竞争格局正在发生历史性变化"[②]，中国疆域的各种传统安全问题和非传统安全问题，相互交织、彼此叠加，更加趋于多元和复杂。

中国疆域安全问题的叠加与凸显，是一个长期而渐进的演变过程，是各种历史因素与现实因素、国内因素与国际因素复合作用的结果。从历史

---

① 周平：《中国的崛起与边疆架构创新》，《云南师范大学学报》（哲学社会科学版）2013年第2期。

② 中国的军事战略白皮书，http：//www.fmprc.gov.cn/ce/cebenin/chn/zxxx/t1267845.htm。

因素方面来看，中国当代疆域安全问题的凸显，尤其是国家博弈一度炽热的岛屿争议、边界勘定等问题，往往都有着极为复杂的历史根源。在历史上，中国各族人民共同开疆拓土，共同创造了疆域辽阔的祖国。但是自晚清以降，老气横秋的王朝国家在世界发展大潮中不断被边缘化，在西方民族国家的掠夺与挤压之下，不但朝贡体系发生了彻底的崩塌，而且国家疆域在西方的殖民竞争中也日趋破碎。虽然古老的中国为维护国家疆域安全也进行过艰苦卓绝的斗争，但由于中国维护国家疆域的权利诉求缺乏国家实力的支撑，导致中国维权的努力虽然取得了一定的成绩，但是却依然遗留了诸多安全问题。当代新疆、西藏问题的凸显，事实上都有着自晚清以来盘根错节的历史因素。而西沙群岛、南沙群岛等岛域问题的产生，也与周边国家在中国抗日战争前后进行侵占密切攸关。抗日战争胜利之后，中国政府虽然收复了西沙、南沙群岛，但如钓鱼岛问题的处理，在当时却囿于历史的局限并没有处理妥帖，以至于在当代成为影响中国疆域安全的一个重大隐患。中华人民共和国成立之后，中国以一个主权独立的民族国家身份加入世界体系，中国疆域的治理迎来了一个全新的局面，但由于当时新中国所面临的国际环境相对恶劣，国际局势一度动荡，中国在处理周边关系上更为倾向"维稳"而不是"维权"。然而，中国"以国际和平换国内稳定"的思维频频被周边国家所误读，他们利用中国聚精会神地搞建设、搞发展之机，觊觎和侵占中国的海礁和海洋资源，给中国疆域的安全需求和主权诉求都埋下了很多的隐患。

　　从现实因素方面来看，当代中国疆域安全问题的凸显与全球化时期中国的快速崛起呈现明显的正向关联。改革开放以来，中国逐渐由一个封闭型国家走向开放型国家，整个中国与外在世界产生了日益密切的联系。尤其是20世纪90年代以来，在全球化浪潮的席卷之下，开放的中国更加注重利用国外的资本、市场和技术服务于国家发展，中国也产生了日益突出的国家利益外溢现象。而中国国家利益的外溢客观上又要求中国采取切实有力的行动保护国家海外利益。也正是在这样的时代背景之下，中国改革开放以来地缘政治力量觉醒与外向投射，再加上中国维护海外利益的意志与决心日益坚定，就难以避免地会引起世界地缘政治格局既得利益者的安全忧惧和心理抵触。为了制衡或迟滞中国的崛起与发展，世界地缘政治格局的既得利益者，千方百计地利用各种疆域问题（包括陆疆问题和海疆问题）对中国崛起设置障碍、制造麻烦，甚至联合所谓的"利益相关方"，联手对中国进行围堵和挤压，以至于中国疆域安全问题在当代不断凸显并趋于严峻。此外，改革开放不但带来了中国崛起并引致世界地缘政治格局的碰撞与重构，而且也使中国国内的利益格局发生了重大变迁。改革开放作为一场全面而深刻的利益关系调整，在很大程度上使原初潜藏的区域利益结构紧张趋于固化，族际之间结构性张力也日趋放大。"这不仅使民族构成复杂的陆地边疆社会的不稳定因素增多，也为外部势力干涉和破坏中国的发展提供了可乘之机。中国近年来民族分裂主义的思想和行动的增多，就是在这样的背景下出现的。中国陆地边疆社会不稳定的经常出现，则是这些因素结合在一起而产生的。"[①]

四 化解疆域安全问题需要长期艰苦的努力

当代中国疆域安全问题已经成为影响国家发展和国家崛起的一个十分重大的问题。疆域安全问题如果解决不好的话，国家发展和国家崛起都将失去最为基本的根基。然而，由于疆域安全问题形成机理的复杂性、涉及面的广泛性、天然的敏感性和影响的深远性，再加上疆域安全问题的求解往往涉及多个国家的战略碰撞、利益博弈和文化角力，如此种种都决定了疆域安全问题的求解将是一个长期而艰苦的过程，任何企图毕其功于一役彻底解决疆域安全问题的想法都是不现实的。中国崛起过程中的疆域安全建构更是如此。在中国当前"开始崛起"而又尚未"完全崛起"的转换期，一些世界性大国和周边一些国家，要么迫切地希望将对中国疆域利益的侵占由实际控制转向法理确认，要么企图借中国边疆的民族宗教问题、边界争端问题、岛礁争端问题迟滞中国的崛起速度。面对一些世界性大国和周边一些国家在中国疆域安全方面的掣肘，中国出于建设"和谐世界"的良好愿望，也出于"以时间换空间"的战略设想，在疆域安全建构的手段方面表现出了相当的自我克制。疆域安全问题的复杂性和疆域安全建构手段的克制性，在今后一段时间内将依然是困扰中国崛起的一个深层次的问题。这是大国崛起的一种无可逃避的历史宿命，也是国家崛起过程中不得不遭遇的"光荣的孤立"和"甜蜜的痛苦"。也许"只有中国的崛起

[①] 周平：《国家发展中的疆域安全问题》，《中共浙江省委党校学报》2015 年第 4 期。

完成了,旧有的不合理的国际秩序发生改变,中国在新的国际秩序中的地位已经巩固并且不容置疑、不容争辩,中国的疆域安全才能充分地实现"[1]。

中国疆域安全问题的化解是一个长期而艰巨的历史过程,但并不意味着当前我们面对复杂而艰巨的疆域安全问题只能无所作为,事实上,随着当前中国国家实力的整体性提升,疆域安全问题的化解正处于有所作为甚至大有作为的新时期。在当前,化解中国疆域安全风险,一个基本的前提性工作就是我们要审慎地评估疆域安全风险的类型、对国家发展的影响程度、发生的频度和烈度,即从总体上创建国家疆域安全风险清单。不过,作为一个主权性疆域和其他超主权的疆域都十分庞大的国家,疆域安全问题一般不会发生于核心区域或腹地,而往往出现于疆域的边缘性区域,即边疆。因此,疆域安全问题一般就表现为边疆安全问题。[2] 边疆作为国家疆域的边缘性部分,是国家疆域安全风险首当其冲的感知之地与承受之地,国家疆域安全风险清单涉及的也主要是边疆安全风险问题的厘清与评估的问题。换而言之,当前国家疆域安全的防卫与治理需要我们从国家发展的宏大视野中对边疆区域蕴藏、滋生和凸显的安全风险作一个总体把握,明确边疆区域的原生性风险和后致性风险,重点把握、分析和解决可能对当前国家治理产生全局性影响的重大问题,完成国家疆域安全的防卫与治理。也只有如此,我们才能为国家发展和国家崛起奠定一个坚实而有力的基础。

第二节 边疆是国家安全风险的首当其冲之地[3]

疆域是国家构成的最为基本的要素,边疆作为国家疆域的边缘性区域,乃是国家与国家之间觊觎、争夺和防卫的重点。边疆独有的地缘特点和战略地位使得边疆成为国家安全风险的首当其冲之地。

---

[1] 周平:《国家发展中的疆域安全问题》,《中共浙江省委党校学报》2015年第4期。
[2] 周平:《国家发展中的疆域安全问题》,《中共浙江省委党校学报》2015年第4期。
[3] 本节中的一部分内容,为作者在项目研究中取得的中期成果,已在学术期刊上发表过:《论我国边疆的多重属性及安全风险》,《云南行政学院学报》2015年第6期。

一 地缘政治视域中的边疆安全困境

中国是一个民族众多的陆海复合型国家，海陆疆域俱为辽阔，毗邻国家众多，边界线漫长而且犬牙交错，地缘政治生态十分复杂。边疆作为国家与周边国家疆域的毗邻地带，理所当然地成为国家地缘政治角力的前沿阵地、国家军事安全风险的汇聚之地和地缘政治问题的多发之地。

1. 边疆是国家地缘政治博弈的前沿阵地

在当今国际政治体系中，拥有清晰主权意识和疆域概念的民族国家成为国际政治地理空间中最为基本的组成单位。在当前全球地表已经分属不同的民族国家或者被不同的民族国家所控制之后，各个国家基于自身利益的理性思量，为了寻求自身利益最大化、国家安全保障或者生存空间拓展，往往与其他国家展开各式各样的合作与竞争，并形成和平与战争、合作与博弈、联盟与冲突等各种国家关系形态。中国作为一个发展中大国，虽然在外交上一直以来都主张和平共处五项原则，在周边关系上强调亲、诚、惠、容，然而，由于国家利益的歧异、地缘政治的思量和政治文化的异质，周边一些国家也难以避免地与中国展开各式各样的地缘政治博弈与竞争。而这种博弈与竞争，在很大程度上又体现为围绕边疆展开的边疆争夺、边疆挤压、边疆较量。就边疆争夺而言，中国与周边一些国家还存在悬而未决的领土争端和海上权益争端，东海、南海问题时时搅动相关国家敏感的神经。就边疆挤压而言，随着中国的崛起，世界地缘政治格局发生了巨大变迁，传统地缘政治格局的主导者和既得利益者在国家安全最大化的理性思量之下，担心中国的崛起挑战既有的国际地缘政治秩序，因而不断挤压和压缩中国的战略边疆和利益边疆，试图通过战略围堵来遏制中国的崛起。就边疆较量而言，虽然周边一些国家的整体实力无法与中国抗衡，但他们却善于通过边疆建设形成相对中国边疆发展的区域性优势。周边国家边疆建设的战略，在一定程度上导致我国边疆一些民众在生存境遇的跨境比较中产生心理失衡等问题，影响他们的国家认同和国族认同。

2. 边疆是国家军事安全风险的汇聚之地

不管是从人类有史以来国家征诸战争的历史来考察，还是从中国边疆的传统认知与定位来分析，边疆都是国家军事安全风险的汇聚之地。只要当今世界没有实现康德所谓的永久和平和老子所谓的天下大同，边疆因为地缘位置而滋生的军事安全风险就不会消逝。从人类有史以来的国家历史来看，绝大多数国家之战，不管是源起于国家利益的纷争，还是意识形态的隔阂，抑或是统治者扩大国家生存空间的政治野心，国家之间的军事对抗和战争烽火莫不发端于边疆。边疆安全成为测度国家疆域安全最为基本的指标之一。为了维护国家疆域完整和政治安全，历来的国家统治者都十分重视边疆的军事战略地位，孜孜以求地在边疆进行军事布防和建设，而一个国家在边疆进行的军事布防与建设往往又容易引起周边国家自身安全指数的降低，导致周边国家也进一步加强自身军事力量的边疆布防。为了降低因为周边国家军事力量增长和边疆布防变换带来的安全压力，该国又进一步提升自身在边疆区域的军事力量投入，这样一种恶性循环往往导致国家安全困境的产生和军备竞争的出现。

就中国边疆传统认知与定位而言，在中国传统的边疆想象中，核心区域被视为国家的腹心和根本，是国家存续与发展的决定性力量；边疆区域则被视为国家疆域的边缘性部分，是王朝国家"由治走向不治"的过渡性区域。随着中国民族国家建构的启动，边疆认知逐渐从传统王朝国家时期动态盈缩之地变成主权国家不可分割的固定之域，边疆也被视为拱卫国家安全的军事屏障和战略要塞。正如左宗棠在论述新疆的定位时言道："重新疆者，所以保蒙古；保蒙古者，所以卫京师。"[①] 中华人民共和国成立之后，周边国家与中国依然存在着不同程度的政治张力，边界冲突也时有发生，边疆在国家中的定位依然带有浓厚的战略纵深和安全屏障的味道。改革开放之后，尤其是随着西部大开发和"一带一路"倡议的提出，边疆被定位的国家对外辐射的前沿，经济要塞的地位逐渐凸显，但这并未改变边疆依然是国家军事要塞和战略支点的客观现实，边疆依然承受国际局势紧张和地缘政治博弈带来的种种安全挑战和风险。

3. 边疆是国家地缘政治问题的多发之地

中国的边疆十分广袤，边界线漫长，周边国家众多，这使中国边疆的地缘政治色彩十分浓厚，并滋生着诸多安全风险。首先，漫长的边界线使边防难度和边防压力十分之大。长期以来，中国边境地区的居民与周边国家的边民，相互之间走动频繁，声气相通，再加上边境一带便道林立，边

[①]《左文襄公全集》卷50《奏稿》。

民互市或走亲访友常常取便道出入邻国而不办理相关出入境手续。这一方面给非法跨境务工、非法跨境婚姻、非法移民等活动提供了先在的便捷条件，另一方面又为一些跨国犯罪事件（如走私、贩毒、宗教渗透、拐卖妇女儿童等）预留了地理空间。① 其次，中国边界线漫长而且毗邻国家众多，客观上使中国边疆成为周边国家治理绩效负向效应外溢的承担者。由于中国边疆区域与周边国家隔界相望，周边国家的治理绩效便与中国边疆区域产生了直接的关联性。如果周边国家出现治理失败等问题，那么中国边疆区域难免"城门失火，殃及池鱼"。当前周边国家治理中出现的一些问题，如东南亚地区军火管制失控问题、缅甸难民问题、朝鲜核试验外溢效应问题，都直接影响或冲击了中国边疆地区的安定祥和。最后，边疆作为国家对外交往交流的窗口、桥梁和前沿阵地，边疆内部孕育的社会风险容易产生扩散性的跨国后果。不管是艾滋病的跨境传播，还是国内民族宗教问题的国际化，都与边疆地缘政治生态的复杂性与敏感性有着千丝万缕的内在关联。

二 地理空间视域中的边疆安全风险

从国家政治地理空间来说，边疆处于国家政治格局的远端、经济中心的外围、文化传导的末梢和交通体系的边缘。边疆区域在国家政治地理空间分布格局中的独特区位使边疆区域容易遭受到诸多传统安全与非传统安全问题的挑战。

1. 边疆的地理风貌与安全风险

在中国政治地理空间格局之中，边疆之所以被视为一个非常特殊的区域，不仅在于文化的奇瑰，而且也在于地理的特异。按照李安宅先生的说法，边疆区域其所以不与内地相同之故，就人为条件而论，不在部族，而在文化；就自然条件而论，不在方位，而在地形。② 顾颉刚先生也曾言道："平原林麓，舟车畅通者，谓之内地，驱橐驼于大漠，浮泭筏于险滩者，谓之边疆；冠棠楚楚，列肆如林者，谓之内地，人烟稀绝，衣毡饮酪

---

① 周平等：《中国边疆治理研究》，经济科学出版社2011年版，第149页。
② 李安宅：《边疆社会工作》，中华书局1944年版，第1页。

者，谓之边疆。"① 边疆独特的地理风貌孕育别具味道的风土人情、社会形态、民族文化和民族秉性，却也使边疆与内地的社会交流和文化互动存在诸多天然的阻滞，既影响中原文明向边疆区域的辐射，也影响边疆文明向中原地区的传播。具体而言：首先，边疆地理风貌对于边疆民众的民族文化、社会习俗、生活习惯和身心特征都产生了重要影响。按照地缘政治学的相关解释，地理环境是形成民族文化复杂因果网络中的一个重要组成部分。地理环境既是人类生存的物质环境，也是制约社会存在的重要影响因素。它在很大程度上决定着民族性格、国家形式和社会发展。中国西北、东北、西南、西北地区各具情态的地理风貌孕育不同的边疆文明，不但导致边疆文明与中原文明的异质，而且边疆与边疆之间、边疆内部之间的文化异质性也很明显。其次，边疆独特的地理风貌还天然地影响甚至阻隔内地社会与边疆社会的交流互动，导致了中原文化与边疆文明相互理解、交融与涵化的困境。中国边疆区域主要以高山、大河、荒漠、戈壁、大海为标志，风景虽然壮美，地形却着实险峻。在这种险峻的地貌，成为王朝国家时期中原文明与边疆文明双向交流与沟通的最大障碍，也容易产生诸如族际政治信任等非传统安全问题。

2. 边疆的政治区位及国家政治安全

在农耕文明与游牧文明漫长的冲突与融合历史中，中国古代先民以中原为观察和想象天下的原点，并按照王朝统治实力所能掌控和达到的范围将国家疆域划为"中央属土"和"周缘边疆"。在古代先民的想象中，边疆就是国家由"治走向不治"的过渡性区域。在王朝国家向民族国家演进的过程中，尤其是随着中华人民共和国的成立，国家权力不断向边疆区域进行投射和释放，在中央政府的主导下，中国通过"行政权力渗透"和"民族精英绥靖"将边疆地方政权整合进入国家统一的政治体系之中。不过，中国民族国家建构的完成和国家政治一体化的建构并没有改变边疆居于国家政治格局远端的基本事实。而边疆处于国家政治格局的远端，直接导致边疆容易滋生领土和主权安全、政治制度安全、政治认同安全、意识形态安全等问题。这一方面是由于中国疆域广阔，边疆区域与核心区域

---

① 顾颉刚：《中国边疆学会宣言及会章》，载马大正、刘逖《二十世纪的中国边疆研究：一门发展中的边缘学科的演进历程》，黑龙江教育出版社1998年版，第164页。

存在显著差异,边疆远离国家政治中心的辐射与意识形态的感召,民族政治亚文化现象十分突出,国家整合的难度比较大,一些民族分裂势力往往利用边疆的区位特点和文化特点,鼓噪和从事分裂国家疆域的违法活动;另一方面是因为边疆处于国家政治格局远端,在地缘政治博弈中容易成为其他国家制衡和迟滞中国崛起的抓手。境内外一些敌对势力利用中国边疆的民族宗教问题大做文章,要么在国际社会频频发声,污损中国形象,借此向中国施压,要么利用边疆文化与主流文化存在一定异质性的特点,通过宗教渗透解构边疆民众政治认同、国家认同和中华民族认同,妨害边疆区域的秩序建构和安全维护。

3. 边疆的经济区位及国家经济安全

中国的边疆,作为国家疆域的边缘性部分,处于经济中心的外围,远离国家经济增长极的辐射与驱动,经济发展程度相对较低。进入 21 世纪以来,随着西部大开发战略的实施与推进,边疆区域赢来跨越式发展的良机,但由于边疆区域与核心区域在地理风貌、发展起点、传统文化、发展能力等方面的差异,边疆区域与核心区域在经济发展程度上依然存在巨大差距,一些边疆区域还属于集中连片特困地区,存在贫困面广、贫困程度深的特点。此外,在中国国民经济动态的运行过程中,由于市场经济在资源配置中的效用最大化倾向,各种生产要素,包括资金、物质、能量、信息、人才等,不断向国家发达地区流动和聚集,市场经济本身蕴藏的马太效应使边疆区域存在因为人力、物力、财力的减少而导致发展速度降低的风险,再加上边疆处于地缘政治博弈与角力的前台,国家在推进边疆发展方面持审慎的态度,[①] 从而进一步拉大了边疆区域与核心区域的发展差距。边疆区域与核心区域非均衡的发展状态,尤其是边疆区域的贫困,将在很大程度上威胁到中国的经济安全。经济安全是一个国家经济系统抵御国内外各种因素威胁、侵蚀、干扰与妨害能力,是国家经济独立、协调、稳定、健康运行的一种状态。经济安全是政治安全和军事安全的物质基础和基本前提,没有经济安全的建构,政治安全和军事安全都将失去安身立命的基础。而当前中国区域发展非均衡和边疆发展滞后的状态,已经成为影响中国边疆安全与稳定的重大的非传统安全问题,它不但降低边疆抵御

---

① 周平:《论中国的边疆政治及边疆政治研究》,《思想战线》2014 年第 1 期。

自然风险和社会风险的能力,而且导致国家内部经济系统循环运转存在失衡的风险,更重要的是,边疆在国家发展格局中边缘化的困境如果长期得不到改观,那么边疆区域的经济发展问题将有可能变异成政治共同体的巩固与统一的问题。

4. 边疆的文化区位及国家文化安全

在中国传统的边疆想象中,边疆往往被先民们想象成远离京畿的异域空间和化外之地,边疆也以其文化区位的殊远和文化表征的奇瑰而称名于世。随着时代的变迁和社会的发展,边疆区域与核心区域的文化互动日趋增强,但由于边疆远离国家主流文化的感召与辐射,边疆民族文化又具有源远流长的延承性、一定程度的封闭性与相对而言的保守性,这就使国家主流文化在向边疆区域传播之时出现了多重阻滞。首先,以中国特色社会主义核心价值体系为代表的政治文化在向边疆区域传播之时,由于地理空间的遥远,容易出现认知深度与认同效力递减的问题。其次,中国特色社会主义价值体系在边疆传播过程中,又容易与边疆传统的民族文化产生一定程度的抵牾扞格。中国特色社会主义核心价值体系如何统领、涵摄和引领边疆民族文化,将是关系到边疆稳定和安全的一个重要问题。再次,边疆发展的相对滞后和公共文化供给不足,又严重制约中国特色社会主义核心价值体系在边疆区域的传播。很多边疆区域,国家提供的公共文化产品还比较有限,除了电视之外,大多数民众不能和国家主流政治文化进行密切的接触。在一些边境沿线地区,甚至还有很多自然村不通电,不能收看电视。很多少数民族还存在语言障碍,对主流政治文化和中华文化的了解和认识都非常有限。[①] 最后,一些边疆区域往往也是当今世界几大文明折冲碰撞的重要地方。边疆社会的文化认同、价值理念和思维方式,容易受到境外文化的冲激与影响,产生国家文化安全等问题。

三 民族政治视域中的边疆安全难题

边疆是少数民族聚居之地,各个少数民族在边疆地区形成了插花式分

---

① 郑晓云:《当代边疆地区的民族认同与国家认同从云南谈起》,《中南民族大学学报》(人文社会科学版) 2011 年第 7 期。

布格局和互嵌式居住结构。边疆不但少数民族众多，而且宗教文化十分浓郁。边疆区域众多的少数民族，以及由此产生的瑰丽的民族文化和浓郁的宗教文化，使中华民族及中华文化的构成更为丰富和多元，不过，边疆多元的民族构成和浓郁的宗教文化氛围，也使边疆不得不面临着诸多的挑战。

首先，边疆民族的多元组合潜藏着各个民族利益博弈的问题。在当前中国民族事务的治理中，随着民族平等、团结、和谐和各民族共同繁荣价值取向的确立，各民族的根本利益具有高度的一致性。然而，各民族利益高度的一致性并不能掩盖具体利益上依然存在博弈与摩擦的可能。在国家对稀缺性资源进行权威性分配的过程中，各民族基于自身利益维护与壮大的理性思量，也会产生各种各样的竞争与博弈。如果国家不能实现利益分配的"实质性正义"，或者不能有效地满足各民族的利益期待，那么就容易产生民族关系安全等问题，尤其是一些在族际分化中居于不利地位的民族更容易产生民族认同强化和民族离心等问题。

其次，边疆多元的宗教文化潜藏着宗教的不容与纷争的问题。在当代中国，随着宗教信仰自由政策的贯彻落实，各大宗教总体上都健康有序地发展着。不过，值得注意的是，宗教的多元依然带来了"隔阂、不容乃至敌视"[①]等问题。"由于各门教派都坚称自身的信仰就是最高真理，所以宗教与宗教之间没有构成'一体'的可能。征诸历史，宗教事实上也只有宗派的分化，没有宗派与宗派、宗教与宗教的凝合。……宗教问题……甚至可能被各种政治企图、政治势力所利用，成为社会分裂的动员仪式。"[②] 一些别有用心的组织和个人正是看中了宗教的这种特点，将宗教的正信正传、正知正觉弃之如敝履，极力煽动宗教偏执和宗教狂热，不遗余力地推动宗教问题政治化。一些国家借着宗教信仰自由之名，干的却是干涉他国内政、挑起民族冲突的勾当；一些人为着一己之私利，在宗教的掩护之下从事一些违法犯罪活动；一些极端组织更是居心叵测地将宗教

[①] 金泽、邱永辉主编：《中国宗教报告（2010）》，社会科学文献出版社2010年版，第19页。

[②] 金泽、邱永辉主编：《中国宗教报告（2011）》，社会科学文献出版社2011年版，第7页。

视为破坏民族团结和裂变国家疆域的利器。①

再次,边疆民族的"多元"与中华民族的"一体"的问题。中国各族人民在长期交往交流的基础上,不断磨合、吸纳与涵化,最终形成了一个"你来我去,我来你去,你中有我,我中有你"的中华民族。中华民族"既是中国民族国家巩固的基本前提,也是国家发展和长治久安的基本前提。中华民族越是巩固,越能为国家的发展奠定坚实的基础"。② 中华民族对中国民族国家的重大意义,使我国必须不断地推进和巩固中华民族的建构。然而,当前中华民族的纵深建构,却因为边疆少数民族文化本身的多元异质而遭遇到了多重阻滞。边疆各个少数民族在民族历史的演进中,形成了各具特色、异彩纷呈的民族文化。这些民族文化是中国的一大特色,也是中国发展的一大动力,它们共同筑就了气象万千而又生机勃勃的中华文化。然而,毋庸讳言的是,各种异质性的民族在跨文化交流中也会存在文化敏感和文化冲突等问题,在某种程度上也潜藏着中华文化一体化的整合困境,如中华民族始祖想象的困境,中国族际政治整合价值取向的难题,民族文化多样性与中华民族同一性的均衡悖论,等等。这些问题如果处理不善,将在很大程度上影响中华民族建构和中华文化建设,也会威胁到边疆区域中华民族认同的建构和民族共识的形成。

复次,边疆民族认同与国家认同博弈的问题。我国绝大多数少数民族都生活在边疆地区,都有自己与生俱来的民族认同。按照原生主义的理论解释,③ 人类个体一出生就无可避免地生活在一定的民族文化体系之中,在人类个体成长过程中,民族文化体系的思维定式和文化基因深深地植入人类个体的心灵深处,使其滋生一种原生的民族情感,并愿意分享所属民族的集体记忆和认同自我的民族身份。正是在这个意义上,民族认同可以说是一种自然而然的"原生的情感依恋"。与民族认同相异的是,人类个体对国家的认同却并不是自发的情感生成,而是国家后天通过"理性的建构"有意为之的结果。国家作为国际政治体系最为基本的政治单元,

---

① 金泽、邱永辉主编:《中国宗教报告(2010)》,社会科学文献出版社 2010 年版,第 19 页。
② 周平:《多民族国家的族际政治整合》,中央编译出版社 2012 年版,第 241 页。
③ James McKay, "An Exploratory Synthesis of Primordial and Mobilizational Approaches to Ethnic Phenomena", *Ethnic and Racial Studies* 5 (1982): 195–420.

它需要全体国民对国家的政治制度和价值体系都产生一种深层次的理性认同从而维系其在国际政治体系的存续。也正是在这个意义上，国家认同与民族认同在人类个体的认同体系中产生了博弈和争夺，国家认同与民族认同之间的张力也就产生了。当然，国家认同与民族认同并不是非此即彼的二元对立关系，两者也可以共存于人类个体的认同体系之中。但两者却依然存在一个认同优先性的问题，即作为民族成员的人类个体在自我的认同体系中，将何种认同置于优先地位的问题。[1] 如果民族认同凌驾于国家认同之上，国家疆域就会滋生难以言喻的裂变风险。就我国边疆少数民族群体而言，各个民族在长期历史的流变中都形成了独具特色的民族文化符号体系、民族心理特质和民族情感经验。这种文化符号体系、民族心理特质和民族情感经验，往往与国家主流文化之间存在一定的异质性，由此导致边疆少数民族在某种程度上容易滋生对国家的疏离感和国家主流文化的相异感。尤其是我国边疆地区还生活着众多跨境而居的跨境民族，这些民族与周边国家的一些民族同文同种，彼此之间存在错综复杂的族缘、血缘、亲缘和地缘关系，相互之间的认同度都很高，以致一些跨境民族还存在比较突出的重民族身份、轻国民身份的现象。[2] 边疆少数民族国家认同问题的存在，容易导致民族对国家的离心，也将在无形中抬高国家对边疆地区的治理成本，更为严重的是，跨境民族的国家认同的潜在缺陷，还增大了"出现分裂主义思想和活动的可能性"，"为敌对势力借机分裂国家提供了可乘之机"。[3]

四 边疆安全风险态势的总体性特征

中国复杂的地缘政治形势以及改革开放 40 多年来地缘政治格局的巨大变迁，不断与社会转型时期的种种矛盾和问题相互叠加，使得边疆安全问题十分复杂，并呈现出一系列的总体性特征。

第一，边疆安全风险的叠加性。改革开放以来，中国边疆推行的是一

---

[1] 杨顺清：《边疆多民族地区政治文化的失谐与治理》，《思想战线》2015 年第 4 期。
[2] 何明：《国家认同的建构——从边疆民族跨国流动视角的讨论》，《云南师范大学学报》（哲学社会科学版）2010 年第 4 期。
[3] 李崇林：《边疆治理视野中的民族认同与国家认同研究探析》，《新疆社会科学》2010 年第 4 期。

种非均衡战略下的外生型发展模式，是一种具有强烈时空压缩性的跨越式发展模式。这种模式的推进，一方面使边疆面貌在短时期发生了很大的整体性改观，另一方面又使边疆发展的非均衡状态前所未有地凸显出来，一些边疆区域已经具有明显的现代化色彩，而另外一些边疆区域却依然表现出明显的农耕气质。这就使得边疆的安全风险呈现出明显的叠加性，即前工业社会所存在自然风险（如地震、飓风）、工业社会风险（如经济风险、分配风险）和后工业社会风险（如生态安全、恐怖主义）聚合、淤积、交织于边疆区域，使边疆安全风险复合化、多元化。

第二，边疆民族宗教的敏感性。边疆区域往往是少数民族聚居之地，各个少数民族在长期的历史过程中都形成了具有自身独特印记和集体记忆的民族文化和宗教信仰。这些独有的民族文化和宗教信仰构成了各民族身份认同的标志，它不但是民族内部联结的精神纽带，而且还是各民族确立自我在历史时空和现实世界之意义的最为基本的文化坐标，因此，各民族对本民族的民族文化和宗教信仰都带有十分真挚的情感。如果各民族在跨文化交往中，本民族的历史记忆遭遇冒犯、民族情结不受尊重、文化禁忌受到漠视、宗教信仰受到侵犯，那么就会引起他们心理上的抵触、言语上的驳斥，乃至行动上的反抗。而且边疆少数民族因为文化冒犯而产生的"集体行动"，往往会与内地少数民族、与境外同源同种的少数民族产生高度的联动性，从而产生"民族问题国际化"的不良后果。

第三，边疆利益分化的复杂性。改革开放的40年，是中国经济腾飞的40年，也是社会分化和区域分化十分明显的40年，边疆区域尤为如此。从地理空间的区域分化而言，中国区域之间的梯度发展格局十分明显，尤其东西部发展落差之大已是一个有目共睹的客观现实。从社会分化而言，在市场经济浪潮的冲击之下，很多边疆地区严重的城乡分化和社会分层已经直逼社会稳定的红线，一些边疆地区的基尼系数甚至出现超出社会稳定警戒线的趋势。边疆区域存在的严重社会分化及由此产生的内在矛盾，成为影响边疆安全的一个重要威胁。对于国家核心区域而言，因为社会分化而引发的社会矛盾及利益表达在很大程度上是一种纯粹的利益诉求，如果处理不善，将会导致社会利益博弈加剧和社会严重冲突。而对边疆区域而言，民众的利益诉求，并不仅仅只是一种单纯的利益表达，它往往融合了普通国民的利益表达与少数民族独有的权利表达。它产生的深远影响并不仅仅局限于社会领域，而是"外溢"和"波及"民族领域和政治领域。这种影响的深度、广度、烈度、强度和敏感度都要比核心区域的矛盾更为复杂，也更难以治理。如果处理不善，这将会成为刺激民族主义勃兴的重要源头，甚至会引发国家疆域裂变的问题。

第四，边疆地缘问题的跨国性。边疆是国家疆域的边缘性部分，是一个国家与其他国家毗邻的，具有特殊地缘政治形势、地理自然风光和人文历史环境的区域。边疆与生俱来的政治地理属性和民族人文环境决定了边疆问题的形成和演变都与周边国家存在着剪不断理还乱的莫大关联。边疆传统安全问题与周边国家的发展战略、军事布防、边防管制、领土认定、边界维护等都具有直接的联系，而边疆非传统安全问题，如民族问题、宗教问题、恐怖主义问题，往往也与周边国家存在明显的关联性。边疆问题的跨国性以及由此产生的国家与国家之间的博弈或合作，使边疆问题的复杂程度大为增加，边疆问题的波及面积十分广大，边疆治理的难度系数居高不下。

第五，边疆安全问题的严峻性。随着中国的崛起和边疆区域现代化进程的纵深推进，边疆区域原初蕴藏的各种安全风险和地缘矛盾逐渐凸显，并严峻地侵蚀着边疆区域安全。在民族宗教方面，随着改革开放以来各民族跨区域大流动进入活跃期，边疆区域与核心区域民众的双向流动态势迅速显现，产生众多的跨文化交流中的文化敏感与文化冲突问题。在边疆社会方面，随着中国步入改革深水区，边疆严重的社会分化尚未能得到实质性改观，因为社会利益结构紧张而引发的各种涉民族宗教群体性事件层出不穷。在防恐反恐方面，边疆现在正进入一个暴力恐怖活动的活跃期、反分裂斗争的激烈期和干预治疗阵痛期的三期叠加时期，防恐反恐任重而道远。在地缘矛盾方面，周边国家面对中国崛起往往倾向于利用边疆民族宗教问题来掣肘或制衡中国的崛起，或者挑起边界争端，或者采取私挪界碑等方式来谋求一些非法的国家利益，这些客观上都使得中国边疆安全问题正在进入一个凸显期和严峻期。

第三节　国家崛起过程中的边疆安全形势

改革开放以来，随着中国的社会转型和体制转轨，原初被压制的经济活力和社会活力蓬勃迸发，国家辽阔疆域里面蕴藏的地缘政治力量也迅速凸显并不断向外投射。面对中国势不可挡的强势崛起，传统国际地缘政治格局的主导者和既得利益者感受到了很大的压力，他们出于国家利益的考虑和地缘政治的思量，试图通过边疆挤压、边疆争夺和各种越境渗透来迟缓和掣肘中国的崛起。此外，在中国崛起的过程中，边疆社会形态也发生了急遽的嬗变，边疆社会的转型与分化诱发了各种非传统安全问题的滋生和凸显，使边疆社会安全的建构面临着严峻的形势。国际地缘政治形势的变化和边疆社会形态的变迁使中国不得不承受"大国崛起的烦恼"与"社会转型的痛苦"的双重困扰。

一　地缘政治格局变迁中的边疆挤压

改革开放以来，中国的国家整体实力得到长足进步和迅猛发展，尤其是 2010 年中国超越日本成为全球第二大经济共同体，成为中国由政治大国走向经济大国的里程碑。当代中国不可阻逆的崛起，使得全球地缘政治格局发生了明显的变迁，这就不得不引起地缘政治格局的主导者和既得利益者的战略焦虑和安全"忧惧"。按照传统地缘政治理论中"修昔底德陷阱"的经典阐释，一个崛起的大国必然挑战现存的居世界主导地位的霸权国，而既存的霸权国也必然要回应这种威胁，这样战争将不可避免。具体到当今国际政治格局而言，随着中国经济的腾飞和国家体量的积聚，中国的国家实力、战略意志和国家战略能力的投射范围不断向外拓展和衍射，而与此同时，尤其是 2008 年开始的全球经济危机以及此后的经济萧条，美国陷入了相对衰落的颓势，出现了"史无前例的稍事休息"。面对中国崛起引发的地缘政治不确定性变迁，美国本能地作出各种应激反应，对中国进行全面防范和战略遏制。

首先，美国不断完善复合式的岛链战略，挤压中国的利益边疆，压缩中国的战略纵深。

冷战时期，美国为了围堵苏联的战略核潜艇及其相应的海上力量，沿阿留申群岛起，经日本本土至菲律宾，建设了一条错落有致的海上防线。随后，美国为防止苏联和中国联手反击，又不断建构和强化"第二岛链"

和"第三岛链"。① 冷战结束之后，美国的岛链战略并没有随着两极对峙的曲终人散而寿终正寝，反而由于中国的崛起，美国基于浓重的霸权焦虑和战略判断，进一步强化其岛链战略。岛链战略的存在，不仅使美军可以通过军事监控、航道封锁和抵近攻击等多种方式威胁事关中国国家安全和能源安全的海洋生命线，而且还在很大程度上阻碍了中国从一个陆权大国走向海权大国。随着中国海外贸易和海外能源需求的增长，海外利益汇聚区逐渐形成，中国越来越感受到美国岛链战略施加于中国海洋权利维护和利益边疆防卫之上的安全压力。

其次，美国重返亚太，推行"亚太再平衡"战略，挤压中国的战略边疆。

2009 年，奥巴马就任美国总统伊始，就开始重新审视美国的全球地缘政治战略，他认为美国深陷中东两次战争，不但导致美国对亚洲尤其是日益崛起的中国缺乏应有的关注，而且导致美国在中东与亚太两个地区的资源配置失衡，而中国的崛起必将对美国的全球霸主地位形成强有力的挑战。在以奥巴马为首的美国政府看来，国家安全面临的最主要威胁不再是以恐怖主义为代表的非传统安全挑战，而是来自于新兴市场国家带来的更具本质性的传统安全挑战。"因为它从根本上关系到维护美国在亚太和其他地区的优势地位，也就是涉及区域和全球结构的未来。"② 有鉴于此，奥巴马上台之后，旋即开始着手调整美国的国防与外交的布局和重点，重新将亚太板块作为美国全球地缘政治战略的重心。奥巴马政府的口号，不管是"重返亚太"（Return to Asia-Pacific），还是"转向亚洲"（Pivoting Asia），抑或是"亚太再平衡"（Re-balance to Asia-Pacific），都切实地反映出美国抬升亚太板块在美国全球战略地位的努力。

美国为了强化其全球地缘战略主导地位，高调重返亚太，实行亚太再平衡，对中国周边的地缘政治格局造成牵一发而动全身的深远影响。"一方面随着美国做出一系列'重返亚太'的战略部署，国际社会和东亚地

---

① "第二岛链"北起日本本土，经小笠原群岛、硫磺群岛、马里亚纳群岛（含关岛）、雅浦群岛、帕琉群岛、哈马黑拉马等群岛，往南直到澳大利亚。第三岛链则由美国的阿拉斯加半岛—夏威夷岛—莱恩群岛等组成，其核心是夏威夷岛。

② ［日］加藤洋一：《美国的亚太再平衡战略及其对地区战略环境的影响》，载王缉思主编《中国国际战略评论 2013》，世界知识出版社 2013 年版，第 79 页。

区国家对于中美两国争夺地区主导权的预期不断上升，对于权力转移过程中可能引发冲突的担忧日益加深。……另一方面，美国通过在一定程度上纵容和推动周边国家与中国之间深化矛盾的方式，刺激部分东亚国家对美国提供的安全保护产生更强的现实需求。"[1] 更重要的是，美国的"亚太再平衡"战略，也对中国战略边疆拓展与政治辐射力的投射形成了新的压力，而且还使中国在"大度的忽略"与"积极的应对"方面面临进退维谷的难题。面对美国"重返亚太"带来的遏制行动，"中国不可能不作出反应，否则国家的利益就会受到损害。但进行这样的互动，就难免要卷入权力竞争的'安全困境'，从而会导致一种不断加剧的竞争和不信任的循环。对于中国来说，卷入这种权力政治的程度越深，以经济建设为中心的发展路径所受干扰就越大"[2]。

二 周边国家生存理性下的边疆争夺

作为国家疆域边缘性部分的边疆，在国家的生存与发展中起着至关重要的作用。边疆关系到国家的主权和领土完整，是国家资源的储存之地和军事战略回旋之地，肩负着支持国家发展和拱卫国家安全的重要任务。边疆的经济地位和军事地位，及其在国家发展中举足轻重的作用，使国家之间的边疆争夺和边疆博弈日趋频繁和激烈。尤其是全球化以来，随着各种新型边疆形态的不断凸显，各个国家莫不以经营国家硬边疆和拓展软边疆为国家治理之要务。在中国崛起的过程中，随着中国地缘政治力量的不断觉醒与向外投射，周边国家出于国家利益的考虑和地缘政治的思量，尤其是对中国崛起之后地缘政治走向不确定性的忧惧，纷纷与中国开展了各种形式的边疆争夺，以致中国边疆安全形势十分严峻，国家安全的建构和国家利益的维护面临日趋尖锐的挑战。

在周边国家看来，中国的崛起导致中国与周边国家实力的差距日益拉大，虽然中国一以贯之地强调睦邻、富邻和安邻，但周边国家对中国崛起

---

[1] 高程：《中国崛起背景下的周边格局与战略调整》，载张蕴岭、邵滨鸿主编《中国发展战略机遇期的国际环境》，社会科学文献出版社2014年版，第245页。

[2] 李少军：《双重身份与中国的机遇期》，载张蕴岭、邵滨鸿主编《中国发展战略机遇期的国际环境》，社会科学文献出版社2014年版，第27页。

过程中所释放的政治信号始终怀有难以消除的疑虑,因而也难以摆脱因为中国崛起而产生的地缘政治恐惧。尤其是中国崛起过程中逐渐调整了传统的"重陆轻海"的地缘政治战略取向,开始注重自身"海洋权利"的维护,并且随着国家实力的进一步提升,中国逐渐展开对"海洋权力"的追求。中国国家能量的整体性提升和地缘政治战略的重大调整,使中国将东海、南海视为国家核心利益的同时,也拥有了前所未有的保护性力量。这使若干与中国存在海洋疆域争端的国家无形中感受到了很大的压力,他们"有意无意地把中国维护核心利益的行为与中国崛起后会成为什么样的国家这二者之间以不恰当的方式联系起来"。①

在周边国家与中国边疆争夺的逻辑演绎中,中国崛起已经成为一个无法否定的既定事实,在可以预见的将来,中国将在海洋权利保障、国家主权维护和领土海域争端中拥有日益增长的"议价能力"和主导能力,时间优势在中国一边,争议"搁置"或现状维持的时间越长对中国越有利。为了避免未来形成有利于中国的解决方式和规则,周边国家倾向的策略是在中国实力获得压倒性优势之前,将己方对于争议海域和岛礁的实际控制巩固为法理控制。② 而美国重返亚太的战略和制衡中国的企图进一步鼓励了中国周边国家,使之更加有恃无恐和极其高调地采取预防性战略,在海洋争端中主动寻求改变现状。

为了在海洋边疆争议中占据主动,日本前首相安倍晋三上台之后,以"俯瞰地球仪"的姿态倾力推动其所谓的"战略外交",试图通过"合纵连横"的手法,构筑所谓的跨亚洲"民主安全菱形","意图在围绕中日争端的国际博弈中,对中国造成'软威慑'和战略压力"。③ 对于钓鱼岛问题,由于涉及国家主权和地区主导权的双重竞争,安倍内阁表现更是强硬,一口咬定"与中国之间不存在需要解决的领土主权问题,也不存在应该搁置的问题";"拒绝承认中国划设的东海防空识别区,要求日本航空公司不向中国递交飞行计划";"特别是在军事部署上不断强化在钓鱼岛海域的巡逻力量与军事存在,公然声称要击落在钓鱼岛上空侦查的中国

---

① 周方银:《周边战略需着力维护几个平衡》,《现代国际关系》2013年第10期。
② 高程:《周边环境变动对中国崛起的挑战》,《国际问题研究》2013年第5期。
③ 吴怀中:《安倍"战略外交"及其对华影响评析》,《日本学刊》2014年第1期。

无人机，摆出一副不惜与中国军事对抗的架势"。①

而在南海问题上，菲律宾和越南等国一直以来信奉的地缘政治理念都是"大国均势中的平衡"和"夹缝中的生存"。为了实现自身撬动地缘政治走势力量的最大化，他们竭力引进非南海争端国，借以增强其南海谈判的议价能力。菲律宾总统阿基诺三世上台之后，不断突破《南海各方行为宣言》，抛弃"南海问题谈判应该严格地在东盟国家和中国之间举行，不需要美国或其他任何第三方介入"的原则，在南海问题上明确执行激进而且亲美的政策，强调美国是菲律宾唯一的战略伙伴，多次公开要求美国在南海部署军事力量，以保护该地区弱小国家的权利。②而越南也通过借力打力的方式，主动为美国施压中国创造各种条件。菲、越等国积极推动南海问题国际化也得到了区域外国家的积极应和，美国高调宣布"重返亚太"上下其手；日本打着维护南海自由通行的幌子，积极介入南海争端；澳大利亚等国则借口"南海航行权"关系到国家利益，表示"不能对此视而不见"。③

中国与周边国家的领土争议，相关利益方在东海与南海展开的海洋边疆争夺，潜藏着极为众多而敏感的"主权纠纷引爆点"，使得中国国家利益和国家安全的维护与建构面临着极大的压力，而且更重要的是，当前中国在崛起过程中，周边国家因为"霍布斯恐惧"而不断寻求的军事合作和政治合作，使中国深陷大国崛起不得不面临的"战略包围"。周边国家的战略包围和边疆争夺，成为掣肘中国崛起的一个重要节点，如何创造性地化解当前中国所面临的边疆争夺压力，积极建构和推进中国周边战略，是当前中国崛起和国家治理不得不予以直面的一个重大问题。

三 境外势力越境渗透中的边疆威胁④

在当今世界多元民族、多元宗教、多元文化组合而成的民族国家体系

---

① 刘慧、赵晓春：《挑战与应对：2013年中国国家安全形势》，载刘慧主编《中国国家安全报告（2014）》，社会科学文献出版社2013年版，第6—7页。
② 鞠海龙：《菲律宾南海政策中的美国因素》，《国际问题研究》2013年第3期。
③ 巩建华：《中国南海海洋政治战略研究——论南海争端中的中国作为》，《太平洋学报》2012年第3期。
④ 朱碧波：《论我国边疆地区的宗教渗透与治理》，《理论月刊》2015年第3期。

中，和平与发展虽然是时代的主流，但是国家之间的博弈与角力、竞争与对抗却依然是一种不可避免的政治常态，并且当代国际政治舞台上的竞技，已经不仅仅局囿于国家军事、经济、科技等硬实力之间"有形的争锋"，而更加体现于国家文化软实力"无声的较量"。边疆作为国家地理空间的边缘性部分，是国家地缘政治角力和文化较量的前台，国家与国家之间的博弈与竞技、控制与反制在边疆区域也就显得更为淋漓和激烈。中华人民共和国成立之后，尤其是改革开放以来，中国的地缘政治力量逐渐显现，国际政治格局中的一些既得利益者忧惧中国的崛起挑战和妨害其既得利益，往往一以贯之地对中国边疆区域展开有组织、有计划、系统性的文化入侵和宗教渗透，试图扰乱中国的意识形态安全、文化安全和边疆稳定。自从21世纪以来，境内外一些敌对势力更是变本加厉，利用中国宗教文化全面复兴的契机，开展所谓的"松土工程""撒种计划"，进行各式各样的宗教渗透活动。

在新疆地区内外，西方国家通过"美国之音""自由亚洲之声""英国BBC"等电台，"每天24小时用维、哈、柯等多种语言轮番播出，对新疆的现行政策进行大肆攻击，煽动宗教狂热和人们的'独立'意识"。[①]境外一些宗教组织和机构也通过各种途径对新疆地区进行渗透，其中影响较大的一些组织有美国基督教组织"航海者""全球基督教复临安息日总会""美国基督教传教团""世界基督教统一圣灵会"等，"他们在新疆秘密地开办培训班、义工班，建立地下教会，发展地下势力"，[②]大肆用各种民族语言偷印各种宣传"圣战"和煽动民族分裂的反动书籍。仅2005—2006年，新疆全区就收缴非法宗教书刊15000余本，录音带和光碟2500多盘，鼓吹民族分裂、威胁、恐吓基层干部群众和爱国宗教人士等内容的反动标语、传单、信件3000多份。[③] 2007年上半年，新疆喀什市共查获非法宗教书刊1000余本，非法光盘29张；和田地区共查获非法

[①] 张先亮等：《边疆多民族地区构建社会主义和谐社会研究——以新疆为例》，经济科学出版社2012年版，第259页。

[②] 张先亮等：《边疆多民族地区构建社会主义和谐社会研究——以新疆为例》，经济科学出版社2012年版，第255页。

[③] 阿不都热扎克·铁木尔、董兆武、刘仲康：《2006—2007年新疆经济社会形势分析与预测》，新疆人民出版社2006年版，第321页。

宗教音像制品 6500 余张（盒），非法宗教书刊近 10000 本，查获非法印有宗教图案的日用品竟然高达 30000 多件。[①] 在云南地区，据不完全统计，涉嫌利用基督教进行渗透的组织就多达 80 多个，其中，活动最为频繁、影响最为恶劣一些分裂组织包括"扎谍老佛祖""全世界文蚌民族同盟会""印缅'爱与行动'组织""缅甸基督教傈僳会""缅甸傈僳族神召会""仰光华人基督教会"等。这些组织除了直接入境"传教"和境外"交流"之外，还特别善于利用现代媒介（包括广播、电视和互联网等）进行"空中布道"和"虚拟传教"。仅云南边境沿线地区，目前能收听到的境外所谓的"基督福音"广播电台就多达 20 余个，而且往往采取长时间、大功率、广覆盖的方式，用英语、汉语及多种少数民族语言进行广播。例如，早年在怒江传教的美国传教士摩尔斯父子，最近就在菲律宾首都马尼拉建立了一个傈僳语的福音广播电台，每天晚上 8 点用地道的怒江州福贡地区傈僳语准时开播，怒江州许多信徒每晚准时收听福音广播已经成为一种习惯。又如，境内外一些敌对势力在泰国北部清迈还设有佤语、拉祜语"福音"广播电台，并在靠近中缅边境沿线地区的境外设有多个转播站，重点针对西双版纳、普洱、临沧等地区的沿边少数民族进行宗教宣传。[②]

当前境外的敌对势力，以"拯救灵魂""传播福音"为口号，在宗教外衣神圣性的掩护下，干的是颠覆中国社会主义制度、解构国家主流意识形态、挤压社会主义文化空间的勾当，他们针对边疆民众发动的一场场"争夺灵魂的战争"，带有明显的分裂国家的恶意性、仇视政府的反动性和极端文化的排他性。比如，新疆一些宗教极端势力就极力宣扬宗教至上论，鼓吹除了安拉什么都不能信，并以安拉的名义来反对党的领导，号召"政教合一"，以伊斯兰教法来反对现行法律和人民政权，主张只有建立在"安拉意愿"基础上的国家政权才具有合法性。他们以安拉的名义来排斥一切，把信奉安拉和服从党的领导、遵守国家法纪置于水火不容之境

[①] 阿不都热扎克·铁木尔、董兆武、刘仲康：《2007—2008 年新疆经济社会形势分析与预测》，新疆人民出版社 2007 年版，第 257 页。

[②] 张桥贵：《云南跨境民族宗教社会问题研究》，中国社会科学出版社 2008 年版，第 68 页。

地，认为既信安拉又跟着共产党走就不是真正的穆斯林，是"叛教者""卡菲尔"，这些宗教极端势力具有强烈的反政府倾向和赤裸裸的分裂民族、分裂国家的政治目的，叫嚣要"把祖国从异教徒的统治中拯救出来"，"创建一个符合伊斯兰的组织和国家"。他们公开叫嚣着不承认现政府及其法律，"要打倒异教徒"，把矛头直指中国共产党和人民政府。[①] 境内外敌对势力联手炮制的宗教渗透，极尽污蔑抹黑之能事，以精细化的渗透计划和隐蔽化的渗透手法，极具目的性地针对中国边疆区域部分生活欠佳寻求关怀的弱势群体、价值迷茫寻求慰藉的空虚群体、孤独索居寻求归属的寂寞群体、涉世未深易受蛊惑的青年群体，大肆地开展宗教渗透，严重地影响到了边疆民众的政权取向和政党取向，尖锐地挑战既有的政治秩序。此外，境内外的暴力恐怖势力、宗教极端势力、民族分裂势力还号召"圣战"，主张以"圣战"来实践"主命"，频频炮制各种暴力恐怖事件，彰显其存在感，不但严重地威胁了边疆区域的安全与稳定，而且在现代传媒的扩散与放大之下，导致整个社会产生了一定程度的心理恐慌和安全焦虑。[②]

四 当代社会急遽变迁中的边疆隐患

改革开放以来，随着现代化浪潮的汹涌，中国社会发生了急遽而深刻的整体性变迁，由一个传统社会走向了现代社会、由总体性社会走向了异质性社会、由人治型社会走向了法治型社会、由封闭型社会走向了开放型社会。在中国社会整体性变迁的同时，边疆社会也不可避免地发生了强制性的制度变迁和社会形态演进。边疆区域一方面在西部大开发战略和兴边富民工程等国家战略层面的支持下获得了前所未有的压缩式跨越型发展；另一方面，随着市场经济在社会资源分配中基础性作用的彰显，边疆区域与核心区域的发展差距又不断凸显，边疆依然难以摆脱忧惧在国家发展格局中的边缘化。边疆在现代化和市场经济浪潮中不断滋生各种新型的非传统安全问题，与固有的边疆安全风险相互叠加与重合，使当前边疆安全的

---

① 王希恩主编：《20世纪的中国民族问题》，中国社会科学出版社2012年版，第609—610页。
② 朱碧波：《论中国边疆地区的宗教渗透与治理》，《理论月刊》2015年第3期。

隐患不断趋于深化。概而论之，当前边疆社会急遽变迁中衍生的安全威胁主要有：

其一，区域分化与边疆安全压力。中国边疆区域自古以来就与核心区域存在明显的发展差距。由于地理区位、传统文化、资源禀赋、发展能力等诸多方面的影响，边疆区域在王朝国家的发展格局中一直处于相对边缘的地位。王朝统治者的边疆治理一贯秉持"不使其失，亦不使其兴"的态度，往往十分重视边疆稳定而忽视边疆发展的问题。中华人民共和国成立以后，十分关注边疆区域的发展，但由于国家实力所限，边疆区域与核心区域的发展差距并没有得到明显的弥合。改革开放以后，中国实行的是优先发展东部地区的非均衡发展战略，再加上市场经济天然的马太效应，中国边疆区域虽然从历时态的角度而言，取得了十分明显的发展，但与核心区域横向相较，两者的发展差距并没有得到明显的改观，反而有逐渐拉大的趋势，而且即便在当前西部大开发逐渐向纵深推进的当下，边疆区域发展的相对滞后性依然是难以否认的事实。边疆区域发展的相对滞后性，直接导致边疆区域在国家发展格局中的边缘化忧惧，使得国家区域发展格局存在失衡与断裂的风险，加大了国家整合的难度，也弱化了边疆安全防卫和边疆稳定建构的根基，而且由于边疆区域往往又是少数民族聚居之地，边疆区域与核心区域的区域二元结构长期难以改观在某种程度上也意味着族际发展的失衡，从而容易诱发民族关系安全等问题。

其二，社会紧张与边疆安全压力。改革开放以来，中国边疆区域在现代文化和市场经济浪潮的冲击之下，在阶层、民族、职业、城乡、区域等各方面都发生了严重的分化，传统整体性的利益结构受到了极大的解构与重组，边疆民众原初被压制的利益意识和自主意识迅速觉醒迸发，民众个体性和集体性的权利诉求不断趋于旺盛。然而，在社会严重分化的过程中，边疆社会由于"分配的正义"的缺失，底层民众和弱势群体在边疆社会利益关系重构出现下行和边缘化的状态，所谓的中产阶层面临中国日益滋生的"中等发达国家陷阱"，也失去了其应有的理性平和，社会心态趋于浮躁和偏激，各种社会不良情绪不断滋生和累加。更重要的是，面对当前边疆社会变迁中不断凸显的结构性紧张形势，地方政府却并未相应地建构各种社会不良情绪疏导机制，导致边疆社会各种结构性紧张形势难以排遣与化解，并直接诱发了各种社会越轨行为和社会冲突事件，给边疆安全的建构造成了很大的压力。

其三，政治嬗变与边疆政治认同压力。改革开放以来，中国的政治体制和政治生态发生巨大的变迁，传统社会时期的高度集权型体制向威权型体制进行转化。随着国家管控色彩的褪化和政治对社会的松绑，社会自主性大为增强，思想多元化现象日益突出。尤其是改革开放以来，中国逐渐以开放的姿态融入世界，中国境内世界上各种众语喧哗的政治思潮和社会思潮一拥而入，传统社会时期封闭环境下政府依靠共产主义意识形态进行的政治合法性的自我论证，遭遇到了思想文化多元化的强烈挑战。在宏大的时代变迁之下，政府将经济发展和国家崛起作为政治合法性自我论证的重要资源。然而，在国家经济取得重大发展的同时，边疆区域却由于种种原因并未能实现与核心区域协调而均衡的发展，这既影响到了政府关于政治合法性的自我论证，也从深远上影响了边疆民众的政治认同。此外，边疆治理的过程中，由于传统文化和民族文化根深蒂固的影响，边疆政府权力本位和政府本位的思想还十分浓厚，由于中国在由人治社会向法治社会切换的过程中，传统以道德自觉为特征的内律机制趋于衰颓，而以法治约束为特征的外控机制又尚在建构之中，权力异化、权力寻租和与民争利现象屡见不鲜，一些政府官员对社会情绪的变化和民生疾苦的损益患有严重的"体制性迟钝"[①]，边疆社会的公共服务供给还十分薄弱，如此种种，都从根本上影响着边疆民众的政治认同。

第四节 边疆日趋繁重的反恐防恐任务

中国是一个饱受恐怖主义威胁的多民族国家。各种暴力恐怖势力与民族分裂势力、宗教极端势力相互勾连杂糅，宛如打开的潘多拉魔盒一般，不断在中国边疆炮制各种挑战人类社会共同秩序和人类文明共同底线的暴力流血事件和社会恐慌事件。随着当代恐怖主义政治心态和宗教情结的进一步极端化，恐怖主义活动的暴力色彩更加浓厚，产生的社会危害更加严重。如何尽最大努力铲除或挤压恐怖主义的生存土壤与活动空间，乃是当前中国建构国家安全和边疆稳定必须予以直面的重大问题。

---

① 杨顺清：《边疆多民族地区政治文化的失谐与治理》，《思想战线》2015年第4期。

一 边疆恐怖主义的现行态势与主要特点

中国是一个深受恐怖主义毒害的国家,暴力恐怖主义、宗教极端势力与民族分裂势力近些年来不断勾连合谋,频频在中国境内炮制各种暴力恐怖事件,给人民的生命财产造成了极大的损失。据不完全统计,自 1990 年至 2001 年,仅"东突"恐怖势力就在中国新疆境内"制造了至少 200 余起恐怖暴力事件,造成各民族群众、基层干部、宗教人士等 162 人丧生,400 多人受伤"。[①] 2002 年后,"东突"恐怖主义在恐怖袭击数量、危害程度、卷入全球"圣战"运动的程度持续上升,他们先后在新疆境内制造多起暴力恐怖事件,持续推升中国的恐怖主义指数。据澳大利亚经济与和平研究所发布的《全球恐怖主义指数报告》,中国所面临的恐怖主义威胁持续上升,从 2002 年到 2013 年,中国的恐怖主义指数从 3.27 上升到 5.21,排名由 43 位上升至 25 位。[②] 其中 2009 年 7 月 5 日发生在乌鲁木齐的暴力恐怖事件给各族人民造成的创痛尤为惨烈。2010 年以来,中国境内的恐怖主义势力持续活跃,仅 2013 年暴力恐怖分子就在中国境内制造了十余起暴力恐怖事件,导致警方与民众 51 人死亡,101 人受伤。[③] 2014 年,中国境内的暴力恐怖事件依然热度不减,据公安部的数据,截至 2014 年 11 月 22 日,仅在新疆地区就先后打掉暴恐团伙 115 个,抓获在逃犯罪嫌疑人 334 名,52 名涉恐犯罪嫌疑人投案自首。

中国近些年发生的暴力恐怖事件,通过砍杀、暗杀、绑架、爆炸、投毒、纵火、策划骚乱、传播疫病等诸多手段,针对特定人群或无辜平民展开大规模轰动性的杀伤,借此彰显自身的存在感,并给政府施加政治压力,以达到极其险恶的政治目的。纵观当前中国边疆暴力恐怖事件,与传统暴力恐怖事件相比,呈现出诸多新型的特点:

其一,恐怖主义活动高位徘徊。20 世纪 90 年代以来,在全球性民族分离思潮的刺激与影响之下,中国边疆的民族分裂势力与宗教极端势力不

[①] 国务院新闻办公室:《"东突"恐怖势力难脱罪责》,《人民日报》2002 年 1 月 22 日。
[②] Global terrorism index, 2002 – 2013, institute for economic and peace Australia, http://www.ivsionofhumanity.org/#page/indexes/terrism-index.
[③] 本数据根据新华网、人民网、天山网等官方网站公开报道的数据汇总统计而成。

断分进合流,频频制造暴力恐怖事件,并呈现出恶性膨胀的态势。虽然我们一以贯之地强调对待恐怖主义要"打早打小、露头就打",并对恐怖主义保持着持续性的政治高压和军事打击,然而,毋庸讳言的是,由于恐怖主义高度的国际关联性、形成机理的复杂性、运行轨迹的难以预知性,以及恐怖主义精明的算计等诸多因素的深度掣肘,当代中国恐怖主义的综合治理与彻底根除,依然处于上下求索的艰难行进之中,恐怖主义活动也依然呈现出高位徘徊的态势。

其二,恐怖主义取向极端残酷。20世纪70—80年代的恐怖主义活动往往是针对特殊群体(尤其是身份敏感的政治人物)展开的暴力活动,带有明显的"受迫幻想",并试图通过暴力恐怖活动传达本群体的反抗精神和政治诉求,他们并不排斥对自身恐怖主义活动的"正义性论证",通常带有博取他者认同和同情的目的,所以其暴力恐怖活动止于"让更多人的看,而不是让更多的人死"。然而,当代中国恐怖主义活动"群体极化"现象和极端思潮蔓延体现得更为明显,驱动其不断炮制暴力恐怖的政治心理已经由传统的"极端政治诉求"转向"极端政治诉求与炽热的复仇心理"相结合,对于恐怖主义来说,他所攻击的那个社会群体的所有成员都是罪行深重的,"不属于他们群体的人都是恶魔。他们渴望通过暴力释放自己的永恒的愤怒"。[1] 在这样一种政治心理的驱动下,当代恐怖主义势力在施暴受众的选择上,由特定的身份群体转向非确定性随机抉择,通过极具嗜血性犯罪手法,强调"让更多的人看,也让更多的人死"。传统恐怖主义对自身暴力恐怖行为的"正义性论证"并试图赢得他者认同与支持的做法,在当代正在发生重大转向,恐怖主义不再谋求外在的认同,而只在意自身教派的支持与认可,[2] 他们更多地强调通过暴力恐怖活动挑动民族"我者"与"他者"界别意识的尖锐,不断煽动民族排斥、民族敌视与民族仇恨,以达到分裂国家之险恶目的。

其三,恐怖主义手法无限多样。在传统社会时期,恐怖主义采取的手法主要是砍杀、暗杀和绑架,目标群体相对固定,手法相对简单,社会影响也相对较小。随着时代的发展和社会的变迁,尤其是第三次科技革命的

---

[1] http://www.terrorism.com/terrorism/bpartl.com。
[2] 王逸舟等:《恐怖主义溯源》,社会科学文献出版社2010年版,第31页。

兴起，现代科学技术和军事工业获得狂飙猛进式的发展，各个国家的知识普及程度和教育程度都有了大幅度的提升，客观上为各类武器的制造与扩散提供了便捷性条件。国际恐怖主义组织发动暴力恐怖活动的武器库也日趋丰富，犯罪手法的选择余地也大为增加，爆炸、投毒、纵火、策划骚乱、传播疫病等恐怖手段相继催生。国际恐怖主义手法的爆炸式增长，对当代中国恐怖主义活动产生了非常直接的影响。由于种种历史原因，中国境内外的恐怖主义相互勾连，沆瀣一气，境外恐怖主义经常对中国境内恐怖分子进行骨干分子培养、犯罪手法培训，甚至直接参与犯罪活动策划，中国认定的恐怖组织如"东伊运"也经常派遣成员至阿富汗"塔利班"武装、本·拉登"基地"组织的武装训练基地参加军事训练，学习各种暴力恐怖技术，由此也直接导致中国境内恐怖主义采取的恐怖手段和施暴方式日趋多样化、残暴化和国际化，给中国的防恐反恐带来了十分沉重的压力。

其四，恐怖主义后果放大扩散。随着恐怖主义思想进一步极端、恐怖主义手法更加多样，以及恐怖犯罪能力进一步提升，恐怖主义给当代中国社会造成的杀伤性和威胁度也持续走高。尤其2014年以来，恐怖分子在使用爆炸物的次数、频率与用量都明显超过以往，恐怖主义伤害社会的能力呈现出递增式发展的态势。而且当代恐怖主义在犯罪过程为了追求恐怖效应的最大化，更加强调施暴受众的非确定性、犯罪地点的高度敏感性、犯罪群体的团伙联动性、犯罪现场的视听冲击性，并以此制造整个社会的群体性焦虑与普遍性恐慌。再加上发达的现代传播媒介与日益精进的摄制技术，使得恐怖主义罪行的报道与揭露无不向民众传达着切肤之痛般的"现场感"。新闻媒介在恐怖犯罪报道中扮演的角色，一方面保障了民众的知情权，激发了民众对"超出法理的残忍"的恐怖主义的愤怒；另一方面，现代传播媒介的天性就是追求新闻报道的最大轰动性，一些新闻媒介在跟踪报道恐怖活动犯罪现场之时，由于缺乏必要的"媒介自我约束"（Media Self-Restrain），在全方位饱合式揭露恐怖主义罪行的同时，无意中也使得恐怖效应呈几何型放大与扩散。

二 边疆恐怖主义的发展趋势与基本走向

恐怖主义是隐匿在"黑暗丛林"中的政治瘟疫，自20世纪80年代以来，中国边疆的恐怖分子以急遽而隐蔽的姿态迅速蔓延，在制造难以计数的道德灾难和人道犯罪的同时，更进一步显露出一些值得警惕的发展走向。

其一，传统恐怖主义向超级恐怖主义的升级。传统恐怖主义围绕着特定的政治诉求制造各种恐怖活动，虽然折射出"人道的迷失"，但依然持有"残存的理性"。从整体性而言，传统恐怖主义承认，"不加选择地制造过多伤亡会破坏其动机的合法性"，"暴力行动的目的是赢得公众，对政治家施加压力使其接受恐怖分子的要求，而不是彻底消灭敌人"，因此，传统恐怖主义"使用暴力之前，通常会预先对可能的伤亡人数进行审慎的计算"。[1] 而随着当代宗教极端主义的进一步蔓延，在国际恐怖主义的影响之下，传统恐怖主义存在向超级恐怖主义升级的风险，即恐怖分子抛弃"残存的理性"，走向"致命的疯狂"，表现出传统恐怖袭击向核生化恐怖袭击突破性变革的趋势，尤其是"鉴于有关核、生化武器知识的泛滥，前苏联核、化学材料被窃与走私，薪水微薄的核武器专家向支持恐怖主义的国家或恐怖分子出卖技术等原因"，"恐怖分子动用大规模杀伤性武器发动恐怖袭击的威胁日益迫近"。[2]

其二，现实恐怖主义与网络恐怖主义的合流。随着个人计算机与国际互联网的迅速发展，国际社会进入了一个计算机与网络时代，网络甚至成为信息时代最具代表性的时代标签。网络的普及性与现代生活对网络的依赖性，给极端恐怖分子拓展了一个新型攻击领域，网络恐怖主义的攻击风险也应运而生。网络恐怖主义是恐怖主义与网络空间的结合，极端恐怖主义利用互联网全方位的信息覆盖、零壁垒的信息交流、超时空的信息传播，以及高伪装的身份隐藏等诸多特点，一方面通过超级蠕虫、制造病毒、信息隐藏、数据篡改等手段攻击各种军用设施和民用设施，如电力设施、供水系统、油气能源等；另一方面在网上恣意地散布和传播各种恐怖信息，制造社会恐慌，更为严重的是网络恐怖主义还与现实恐怖主义不断

---

[1] ［英］安东尼·菲尔德、吕楠：《从"传统恐怖主义"到"新恐怖主义"：革命抑合演变？》，《当代世界政治与社会主义》2009年第6期。
[2] 方金英：《"恐怖"的预言——〈终极恐怖者〉介评》，《现代国际关系》2002年第4期。

合谋,传播恐怖主义思想、传授恐怖犯罪技术、进行恐怖活动动员等。虽然当前中国尚未发现严格意义的网络恐怖主义攻击,但新疆"7·5"打砸抢烧严重暴力犯罪事件发生之前,网络世界关于民众在乌鲁木齐人民广场、南门举行游行示威的相关信息异常喧嚣,就已经折射出暴力恐怖主义利用网络空间组织暴力恐怖活动的征兆。此外,被中国公安部认定为恐怖主义组织的"东突信息中心"就特别擅长利用互联网进行恐怖主义、极端主义、分裂主义的宣传、煽动和教唆。"如果这种新恐怖主义致力于信息战",尤其与现实恐怖主义不断结合的话,"那么它的破坏力将远远超过它过去运用的任何手段的破坏力——甚至比生物和化学武器还要厉害"。[1]

其三,边疆暴力恐怖主义向其他区域的蔓延。随着边疆暴力恐怖事件的猖獗与升级,边疆区域也与随之进入了全局反恐的时代。在这样一场非对称性的战争中,边疆区域以狮子搏兔之势,通过网格化的防控体系,极力狙击暴力恐怖主义蔓延之趋势。尤其是作为中国防恐反恐前沿阵地和主战场的新疆地区,面对暴力恐怖势力的肆虐,在开展"严厉打击暴力恐怖活动专项行动"同时,不断将防恐反恐常态化和持久化,取得了阶段性的成果。面对新疆地区防恐反恐力度的持续提升,暴力恐怖分子一方面极力寻求新疆防恐反恐的软肋,另一方面不断开辟暴力恐怖主义肆虐的第二场地。由于中国很多区域暴力恐怖势力鲜有涉足,暴力恐怖事件鲜有发生,防恐反恐的力度相对薄弱,这也给暴力恐怖主义活动以可乘之机。北京的"10·28"暴力恐怖袭击事件和昆明的"3·01"暴力恐怖事件彰显了暴力恐怖主义从边疆区域向国家核心区域与民族团结示范区域蔓延的征兆。而由于现代大中型城市普遍性的高密度人口聚焦和爆发式信息扩散,一旦暴力恐怖事件发生,对整个社会产生的伤害和冲击将更为严重。

其四,暴力恐怖主义与毒品犯罪问题的勾连。当代国际暴力恐怖主义的肆虐与蔓延是建立在其资金雄厚的基础之上的。资金是恐怖组织和恐怖分子生存、发展、壮大和从事恐怖主义活动的基础和关键。为了最大限度地获取恐怖活动培训、运作与袭击的资金,恐怖主义组织通过贩毒、绑架等有组织的犯罪作为恐怖主义资金来源的主要渠道。其中,毒品走私产生

---

[1] Walter Laqueur, "Postmodern Terrorism", *Foreign Affairs* (*USA*), Sep./Oct. 1996, p. 35.

的高额利润成为恐怖主义资金运作中越来越重要的来源，尤其是随着《制止向恐怖主义提供资助的国际公约》的通过，恐怖主义资金来源与融资越来越依赖于毒品犯罪，恐怖主义与毒品犯罪将会在不久的将来实现越来越密切的合流。当前国际社会的一些迹象也逐渐显示恐怖主义与毒品合流的走向，非洲几内亚比绍和马里的毒品，流入欧洲，赚取巨额利润，又回流到非洲的伊斯兰极端组织手里，然后又变成瞄准伦敦的炸弹。中国的恐怖主义与国际恐怖主义有着千丝万缕的联系，国际社会的毒恐合流趋势也影响和刺激了中国恐怖主义与毒品犯罪的结合，昆明"3·01"暴力恐怖事件之中，极端恐怖分子的藏身区域、转移路径和云南传统毒品集散地、贩毒通道高度重合，昭示着在中国恐怖主义与毒品犯罪的结合正在日益成为一个严峻的现实。

其五，陆地恐怖主义与海上恐怖主义的汇聚。近些年以来，陆地疆域一直是暴力恐怖活动的高发地带，也是防恐反恐的主要阵地。随着当前陆地疆域防恐反恐的全面升级，恐怖分子的嚣张气焰必将遭受重大打击。如果恐怖分子在陆地疆域的生存空间遭受空前挤压，那么，暴力恐怖活动要么重新走向蛰伏，伺机作乱，要么重新选择开辟恐怖活动的"异度空间"，乘虚而起。恐怖分子重新选择暴力恐怖活动的场域，大体而言，主要包括以下三大因素：寻求中国防恐反恐短板、追求恐怖活动的冲击性、效仿国际恐怖主义活动。如果以这三大尺度来评判我国恐怖主义活动的场域变迁，拥有广袤空间和无限自由度的海洋很有可能成为我国恐怖活动高发的下一个场域。这里面深层次的原因在于：首先，当前我国海上恐怖活动的防范意识和应对能力都相对较弱，为恐怖主义犯罪留下了上下其手的空间。其次，海上恐怖活动打击困难，恐怖分子容易脱身，而恐怖活动一旦发生，产生的危害却极为巨大，这符合恐怖分子思考问题的逻辑和恐怖活动策划的原则。最后，当前以"基地"为代表的国际恐怖组织正在谋求陆地恐怖活动与海洋恐怖活动的合流，这很有可能引起我国陆地恐怖组织的效仿。

三 边疆恐怖主义的形成根源与思想基础

恐怖主义自产生之日起，其形成的机理与原因就是一个难以索解的"斯芬克斯之谜"，它可以发生在任何时期、任何地方以及任何社会政治和经济环境之中,它可能在经济繁荣时期凸显,也可能在经济衰落时期爆发;它可能在大城市里肆虐,也可能在小城市里妄为;它可能在单一民族国家里孕育,也可能在多民族国家里滋生。[1] 恐怖主义的根源和诱因是如此的复杂,以至于当前学术界并没有形成一个普适而公认的解释模式。我国学术界对恐怖主义形成的根源与机理也展开了诸多探讨。一般认为,我国边疆暴力恐怖活动与边疆地区发展的相对滞后[2]、边疆文化异质性、社会变迁中分配正义的缺失、边疆地区宗教渗透[3]等存在或隐或显的关联。不过,暴力恐怖活动形成原因虽然复杂,但透过暴力恐怖活动的种种表象,民族分裂势力和宗教极端主义在其生成与演化过程中无疑扮演着至关重要的角色。正如习近平总书记在考察新疆时明确指出的:"暴力恐怖活动根子是民族分裂主义,思想基础是宗教极端。"[4]

其一,暴力恐怖活动的深层根源是民族分裂主义。

民族分裂主义是民族主义极端化的典型体现。民族分裂主义是集聚和生活在特定地域上的民族将其政治诉求与脱离现有政治共同体相联系的一种民族主义的特殊形式。[5] 民族分裂主义是暴力恐怖活动生成的根源。暴力恐怖活动只不过是民族分裂主义为了实现其险恶的政治目的而策划的社会恐怖和社会恐慌事件。它服务于民族分裂主义的政治目标和政治诉求。从两者的关系来看,暴力恐怖活动是表,民族分裂主义是里;暴力恐怖活动是手段,民族分裂主义是根源。正是在民族分裂主义的鼓噪之下,我国边疆地区(特别是新疆地区)才成为暴力恐怖活动的多发之地。新疆地区作为多元文化的会冲之地,它地处亚欧大陆腹地,是中华文化、印度文明、伊斯兰文明和希腊四大文明的会冲之地。新疆独特的地缘位置使得新疆成为各种外来文明植入与渗透的前沿地带。境外特定国家主体或力量,出于自我利益的考虑,往往利用一定的历史文化或地缘联系,选择支持某

---

[1] Walter Laqueur, *The Age Terrorism*, London: I. B. Little, Boston: Brown and Company, 1987, pp. 164–167.

[2] 兰迪:《恐怖主义之罪因》,《国家检察官学院学报》2014 年第 4 期。

[3] 杨晖:《反恐新论》,世界知识出版社 2005 年版,第 18 页。

[4] 参见新疆中国特色社会主义理论体系研究中心《认清宗教极端思想的实质和危害》,《红旗文稿》2014 年第 14 期。

[5] 王建娥:《民族分离主义的解读与治理》,《民族研究》2010 年第 2 期。

一群体的少数成员，并借其进一步召唤、动员和组织其他社会成员共同行动，形成解构既存国家政权的力量，导致民族分裂主义的滋生，[①] 并进一步诱发暴力恐怖活动的产生。

当前我国边疆地区最为典型的民族分裂主义就是泛伊斯兰主义和泛突厥主义。泛伊斯兰主义试图超越国家、民族及地域的界线，将所有伊斯兰信徒糅入宏大的泛民族共同体。[②] 泛突厥主义则是一种主张将土耳其、俄罗斯、伊朗、阿富汗、中国及中亚诸国等境内所有操突厥语的民族联合为一体，建立"大突厥斯坦"的跨国民族主义思潮和势力[③]。泛伊斯兰主义与泛突厥主义本质上都带有裂变国家的恶意性、极端的民族排他性、意识形态的攻击性等特点。泛伊斯兰主义与泛突厥主义挑战现代国际社会公认的主权法则，破坏我国疆域完整与主权统一的底线，因此必然会受到我国的抵制、清剿与铲除。正如有学者指出："由于民族分裂主义的政治目标触及了现行主权国家'主权唯一'的政治底线，因而在面对民族分离主义时，国家一方几乎没有余地对其妥协，只能寄希望于主体民族的强行同化，抑或利用国家机器对其严厉打压。"[④] 在国家机器的严厉打击之下，以泛伊斯兰主义和泛突厥主义为代表的民族分裂势力深知缺乏足够的力量抵抗来自国家力量的清剿，因此转而采取"以最小的代价换取最大程度的杀伤"，将暴力恐怖活动作为意见表达和政治报复的手段。这也正如威尔金森（Paul Wilkinson）所说：在当代的国际体系中，恐怖主义之所以变得如此普遍，一个主要原因就是，对于任何群体或政权来说，暴力恐怖活动都被证明是一种低成本、低风险，并且可能是一种高收益的极端行动。[⑤]

其二，暴力恐怖活动的思想基础是宗教极端主义。

宗教极端主义是一种披着宗教外衣的、偏激而极具攻击性的意识形

[①] 周竞红：《百年回溯：民族分裂主义在新疆生成存续的国际因素管窥》，《兰州学科》2018年第2期。

[②] 张友国、董天美：《泛伊斯兰主义的逻辑演化与现实悖论》，《中国人民大学学报》2018年第5期。

[③] 余建华：《民族主义：历史遗产与时代风云的交汇》，学林出版社1999年版，第340页。

[④] 严庆：《民族分离主义及其治理模式研究》，《国际安全研究》2015年第4期。

[⑤] Max Taylor and John Hogan（ed.），*The Future of Terrorism*，London：Frank Cass，2000，p.66.

态。宗教极端主义是宗教的异化物,但宗教极端主义本身并不属于任何宗教的教派和学派。它只不过是对宗教信仰、宗教思想的一种片面的、谬误的和有害的解释,是一种具有显著政治性和暴恐性的意识形态。[1] 宗教极端主义之于暴力恐怖活动正如鱼与水、苗与土的关系。宗教极端主义是生成暴力恐怖活动的基础,暴力恐怖活动是宗教极端主义的必然走向。我国边疆地区(特别是新疆地区)暴力恐怖活动之所以蔓草难除,正是因为宗教极端主义以宗教为外衣,迷惑、欺骗和裹挟部分信教群众产生的恶果。宗教极端主义对暴力恐怖活动的激发主要体现为:

首先,宗教极端主义以其欺骗性培育暴力恐怖活动的土壤。宗教极端主义是扭曲宗教正信正传的政治怪胎。它脱胎于宗教而又对宗教教义进行亵渎性和歪曲性的阐释。宗教极端主义利用普通民众朴素的宗教情感,扭曲宗教的教义和精神,解构普通信教民众的公共理性和公民德行,影响他们对暴力恐怖活动的认知。比如,当今世界各大宗教普遍强调"行善进天堂",但宗教极端主义却将其转换成"杀异教徒进天堂""圣战殉教进天堂"。为了践行宗教极端主义臆想的"主道",宗教极端主义鼓吹可以不问对象、不分场合、不择手段、不顾后果地清除异教徒。这种对宗教教义的亵渎性和扭曲性解释,容易蛊惑和荼毒一些宗教信仰虔诚而宗教学识欠缺、宗教素养不足的民众,使他们不能正确地看待暴力恐怖活动。

其次,宗教极端主义以其排他性明确暴力恐怖活动的受众。宗教极端主义把宗教泛化、极端化、绝对化,煽动宗教狂热,拒绝科学理性。它将一切不符合其价值的宗教或信仰都视为"异端",并主张采取一切可能的措施将其消灭或毁坏。宗教极端主义打着宗教的旗号,人为地建构"我者"与"他者"的界线,挑拨不同民族群体之间的敌视和仇恨,不断为暴力恐怖活动蓄势蓄力。事实上,在宗教极端主义的鼓噪下,我国边疆地区一度出现了"泛清真化"的问题,一些边疆的文化样态还出现了"去中国""逆现代""反世俗"的不良倾向。这些问题和倾向,实际上就是宗教极端主义敌视其他群体和排斥现代文明的典型体现。这种深刻仇视其他群体和其他文明的倾向,本质上是一种对暴力恐怖活动受众的"确认",它客观上构成了暴力恐怖活动的前奏。

---

[1] 吴云贵:《当代宗教极端主义简论》,《世界宗教研究》2017年第2期。

最后，宗教极端主义以其狂热性助推暴力恐怖活动。宗教极端主义煽动宗教狂热，鼓吹以极端手法践行他们自认为的"主道"。"他们反对同异教徒和平共处，宣称当代伊斯兰世界的一切问题都只能通过战斗来解决，不但要与异教徒和无神论进行战斗，而且要与穆斯林中的叛教者进行战斗。"① 宗教极端主义不仅鼓吹暴力恐怖活动，而且还为暴力恐怖活动提供"合法性证明"，甚至赋予暴力恐怖活动以"神圣的意义"。宗教极端主义将暴力恐怖活动美化为"执行安拉的意志"，是对"恶人"的惩罚。这种蛊惑性言论和狂热性失智不但导致暴力恐怖活动的频频发生，而且还使得暴力恐怖活动即便在多方围剿之下依然存在死灰复燃的可能。

四 边疆反恐防恐的历史使命与基本任务

当前在中国边疆日益滋生蔓延的恐怖主义给国家安全造成严重的威胁，它不但严重地威胁了民众的生命财产安全，而且各种恐怖事件也在不同程度上撕裂了渊源共生的民族关系和民族情感。恐怖主义对当前国家安全和边疆稳定深远而恶劣的影响，决定了防恐反恐乃是当前边疆治理和边疆安全建构中无法回避的核心议题。恐怖主义根深蒂固的形成原因，决定了恐怖主义治理是一个长期而艰苦的标本兼治的过程。当前中国边疆的防恐反恐，不但要注意政治高压[②]、军事打击、金融监控和"软目标"的保护[③]，而且还要强调防恐反恐的法理支撑，[④] 构建完善的反恐法制格局，[⑤] 更要从根源上挤压恐怖主义的生存空间，保障民众平等地获取资源和可持续发展的能力。[⑥] 此外，中华民族文化共同体的整合，[⑦] 全球性的国际反

---

① 托乎提·肉孜、郗建：《遏制宗教极端，维护新疆稳定》，《实事求是》2000 年第 1 期。
② 孙先伟：《"东突"恐怖势力的活动特点及其对中国安全环境的影响》，《中国人民公安大学学报》2004 年第 1 期。
③ 朱素梅：《恐怖主义加强"软目标"袭击现象评析》，《现代国际关系》2014 年第 4 期。
④ 高永久、潘卫杰：《遏制"东突"恐怖分裂势力的政治机制构建》，《新疆社会科学》2007 年第 4 期。
⑤ 罗刚、黄金成：《论国际恐怖主义犯罪发展的新趋势及中国应对机制》，《云南大学学报法学版》2009 年第 4 期。
⑥ 张家栋：《恐怖主义与反恐怖：历史、理论与实践》，上海人民出版社 2012 年版，第 253 页。
⑦ 潘志平：《"三个代表"重要思想指引下的"文化整合"——联系新疆稳定与发展的思考》，《新疆社会科学》2003 年第 5 期。

恐合作机制的建构,[①] 对于当前边疆防恐反恐的推进都是不可或缺的。不过，考虑到恐怖主义生存土壤的清除、发展趋势的遏制与前瞻性治理，当前防恐反恐还需要尤为注意以下几个方面。

其一，铲除恐怖主义滋生的土壤。当前中国恐怖主义的滋生蔓延与边疆区域独特的地缘政治文化生态有着十分密切的关联，铲除恐怖主义滋生的土壤，要求我们必须对边疆区域的经济贫困、教育欠缺和社会不公进行深层次的矫正与救济。首先，当前反恐防恐应以民生改善为核心，围绕边疆的长治久安，按照"最少受惠者的最大优惠"原则，切实保障边疆底层民众的切身利益，保证边疆底层民众的幸福指数与国家发展水平呈正相关的增长。其次，边疆防恐反恐要提升边疆区域的教育水平，积极推进双语建设，强化中华民族历史观教育、中华民族共同体意识的培育、中华民族共有精神家园的建设，形塑边疆民众的国家认同、中华民族认同、中华文化认同、政治认同和公民身份认同。再次，边疆防恐反恐应该推动边疆区域整体性发展，将"贫困地区扶助"与"弱势群体帮扶"结合起来，在社会资源权威性分配过程中，加大对边疆区域和弱势群体的倾斜性照顾，避免民族身份（少数民族）、区域身份（边疆区域）和阶层身份（社会底层）的复合叠加，不断弱化区域二元结构和民族二元结构，推动区域经济协调发展和各民族福利的普惠型增长。

其二，遏制宗教极端主义的蔓延。当前我国边疆恐怖活动滋生的思想根源在于宗教极端主义的蔓延，而宗教极端主义的蔓延又源于民族分裂主义对宗教思想正知正觉、正信正传的恶意扭曲。因此，当前我国边疆地区的防恐反恐必须着力于以下两个方面：第一方面是消解宗教极端主义的源头。我国宗教极端主义具有外源性的特点，其源头正是来自东亚的"祸水东渐"[②]。这决定我国狙击宗教极端主义要针锋相对地"战略西进"，借助"一带一路"倡议，大力开展中亚地区的经济合作，联手从源头上遏制宗教极端主义。第二方面，清剿宗教极端主义生成的根基。宗教极端主义是建立在对宗教教义的亵渎性和扭曲性解释的基础之上的。这决定了边疆地区遏制宗教极端主义的蔓延要着眼于宗教教义的正信正传，借助一支

---

① 李伟：《对恐怖主义问题的几点思考》，《现代国际关系》2001 年第 10 期。
② 叶小文：《防范和遏制宗教极端主义》，《中央社会主义学院学报》2015 年第 2 期。

强大的爱国宗教队伍,通过民众喜闻乐见和通俗易懂的方式,批判宗教极端主义对宗教教义本意的肢解和扭曲,不断推进"去极端化"运动,捍卫宗教信仰的纯洁性与和善性,不断消除以宗教名义从事各种亵渎宗教教义的行为。进而言之,当前我国要强调社会主义核心价值观对多元宗教的引领作用,"弘扬中华民族优良传统,用团结进步、和平宽容的观念引导广大信教群众,支持各宗教在保持基本信仰、核心教义、礼仪制度的同时,深入挖掘教义教规中有利于社会和谐、时代进步、健康文明的内容,对教规教义做出符合当代中国发展进步要求、符合中华民族优秀传统文化的阐释"[1]。

其三,加强超级恐怖主义的预防。当前中国超级恐怖主义的发生概率相对来说还是比较低的,但是,以核恐怖主义和生化恐怖主义为代表的超级恐怖主义在当前却并不是凭空出现的假想,世界大量涉核、涉生化的恐怖主义事件都在不断地佐证恐怖主义进一步演变的趋势。当前中国核恐怖主义的风险主要包括恐怖主义组织窃取或购买裂变材料制造简易核装置,攻击并破坏核电设施,或者非法购买放射性材料以制造并引爆放射性散布装置(即"脏弹"),而生化恐怖主义的发生风险主要体现为恐怖分子通过新型病毒或者有毒化学物质对各类群体进行灾难性袭击。生化恐怖主义与核恐怖主义作为同一级别的"终极的非对称性威胁",它们对人类社会的伤害是不可估量的,因此,当前中国恐怖主义的治理,要加强对超级恐怖主义的预防,从国际合作、源头管控、应急方案、危机处理等诸多方面及早谋划。

其四,强化网络恐怖主义的管控。网络恐怖主义治理是一场真正的不见硝烟之技术攻防战和心理争夺战。面对网络恐怖主义的网络攻击、情报窃取、恐怖宣传,以及线上线下的联动勾结,当前我国网络防恐反恐要在反恐立法、反恐体制、反恐队伍、网络监控和舆论引导等方面全面提升网络防恐反恐的技术和水平。在这其中,要尤为注重网络反恐队伍素质提升和虚拟世界的自我规范问题。网络防恐反恐是一项极具技术含金量的活动。网络防恐反恐迫切需要我们打造一支高技术水准的网络精英队伍,充分利用大数据时代全球定位技术、信息收集技术和数据分析技术,全面提

---

[1] 中共中央统战部编:《中国共产党统一战线史》,中共党史出版社2017年版,第591页。

升虚拟世界的技术对抗能力。此外，当前网络防恐反恐还要尤为注意"虚拟世界"和"匿名社会"的自我治理问题。如果说传统的熟人社会是"一种群体性的自治"，现代的陌生人社会是"一种制度性的他治"，那么当代网络中"虚拟世界"和"匿名社会"则更加要求一种"个体自治"①。这也就是说在网络防恐反恐上，作为网络操作主体的网民要强化网络行为的自我规范，增强自我对网络涉恐信息的敏感度、辨识能力和拒斥能力，进而再在群防群治的基础上实现对网络恐怖主义的围堵、追剿和肃清。

其五，建构恐怖主义风险预警系统。面对边疆恐怖主义活动高位徘徊的态势，当前的防恐反恐除了要对恐怖主义进行压倒性摧毁和精准性打击之外，还要不断完善恐怖主义风险预警系统，建构恐怖主义的前瞻性治理模式。恐怖主义风险预警系统的建构，应该坚持指标的完备性与精练性，兼顾指标的科学性与可行性，坚持静态指标与动态指标相结合、科学指标与实际工作需要相结合，仔细衡量当前与恐怖主义活动高度关联的社会控制因素、先兆行为因素、地缘政治因素、社会紧张因素、民族宗教因素、利益冲突因素，② 开展恐怖主义的等级划分、烈度区分、风险识别、风险预警与快速反应，尽一切可能的力量将恐怖主义活动扼杀在萌芽状态。

第五节　边疆安全呼唤强大的军事保障

中国的崛起始终面临着内外复合的双重安全压力，一方面中国的崛起引致传统地缘政治格局的变迁，诱发了传统地缘政治格局中世界性大国和周边一些国家的猜忌，中国面临的边疆争夺、边疆挤压等传统安全问题的热度有所提升；另一方面，中国边疆区域"三股势力"与国际恐怖主义组织沆瀣一气，恐怖主义手段不断升级，恐怖主义活动趋于活跃，给中国边疆安全造成了很大的压力。当前中国边疆及疆域安全内外复合的双重压力，呼唤着中国强化军事安全保障方面的建设，为边疆的安全保驾护航。

---

① 张乾友：《匿名、匿名社会及其治理》，《社会学评论》2015年第3期。
② 王存奎：《关于"东突"暴力恐怖活动预警的相关理论思考》，《中国人民公安大学学报》（社会科学版）2009年第2期。

一 陆地边疆的安全依赖陆地边防的巩固

在中国边疆概念的历史演变中,陆地边疆始终是传统边疆概念核心部分,现代民族国家建构以来,边疆概念实现了立体化复合型的突破性发展,而陆地边疆依然是边疆概念体系的根基。没有陆地边疆的依托和支撑,海洋边疆、空中边疆等硬性边疆就失去赖以存在的根基,而利益边疆、战略边疆等软性边疆概念也不复拥有存在的意义。因此,中国疆域及边疆的安全与防卫首先就要求巩固陆地边疆与陆地边防。

首先,近代中国国家疆域沦陷的历史昭示着陆地边疆的安全巩固需要强化陆疆防卫。国家疆域是国家之所以成为国家的最基本的要素,没有了疆域,则构成国家基本要素的主权、政府与人民都将失去赖以生存的根基。陆地边防作为维护国家疆域安全最为根本的一道防线,其巩固与否,将直接关系到国家疆域的安全与主权的巩固。近代中国国家疆域沦陷割让的惨痛历史已经反复昭示了边疆的稳定与边防的强大与否直接关系到国家的安危、兴衰和荣辱。自19世纪中叶以来,由于清王朝政治腐朽、经济衰颓,边防衰败,有边无防,导致中国在面对外敌入侵时节节败退,割地赔款,丧权辱国。按照清王朝1820年纂修的《嘉庆重修一统志》及其所附的"皇舆全图"推定中国的陆疆大约有1400万平方千米,海疆有1个内海、5个共有海域,另有许多属(国)部。然而,自19世纪中叶以降,随着清王朝国力衰微,武备废弛,俄(苏)、英、法三国及周边的日本、越南、锡克等国(特别是沙俄—苏联),他们或明火执仗地强占,或暗度陈仓地蚕食,先后攫取了中国陆地疆域大约350万平方千米。[①] 近代中国疆域沦陷的历史启示着我们,没有边疆的安全,就没有国家的安全,陆地边疆的安全是国家安全的根基,在当前国际政治体系还没有实现永久和平之前,我们依然需要强化陆地边防的建设,尤其是在当前中国还面临着外部敌对势力的颠覆破坏、周边国家的多元威胁和大面积领土争端的情况下,更需要把巩固边防、建设边防置于国家安全战略的重要位置,通过加强边疆的政治建设、经济建设、文化建设和军事建设,有效地震慑和遏制

---

① 于逢春:《时空坐标、形成路径与奠基:构筑中国疆域的文明板块研究》,黑龙江教育出版社2012年版,第374—375页。

外敌的领土扩张和边缘蚕食的图谋，保卫国家领土主权不受侵犯。[1]

其次，陆地边疆独特的军事地位决定了必须强化边疆安全防卫。边疆作为国家疆域的边缘性部分，肩负着保卫国家安全的军事使命和拱卫核心区域的政治重任。边疆的存在为国家的安全与防御、核心区域的稳定与发展提供了至关重要的战略纵深和安全保障。也正是因为如此，边疆才会以国家军事战略要冲称名于世。中国的边疆是一个辽阔广袤的地带，是国家安全的重要屏障和战略支撑。如果按照区域来划分，可以划分为东北边疆、华北边疆、西北边疆、西南边疆、华南边疆五大战略方向。中国东北边疆包括黑龙江、吉林、辽宁三省的行政范围，不但为国家腹心地区安全提供了广阔的战略回旋余地，而且其边境地区（如以辽宁的丹东市、吉林的通化市、黑龙江的牡丹江市和内蒙古的呼伦贝尔盟为代表的一些城市），还是确保祖国首都侧翼安全的国防屏障和策应华北安全的战略要塞。中国的华北边疆区域则是保卫京、津地区安全的战略要冲。至于西北边疆，在国防上，其东部以兰州为依托，西部以天山为依托，南部以西藏阿里为屏障，策应西南。而西南边疆位于中国西南部，是面向南亚、东南亚两个国际次区域的辐射中心、重要门户和战略支点，至于华南边疆则是保卫祖国南疆、阻敌北犯的前沿地带，也是面向东南亚对外开放的重要通道，战略地位十分重要。[2] 可以说，正是由于边疆在国家安全中至关重要的战略地位和军事地位，决定了当前中国疆域防卫的巩固必须加强边疆防卫建设。

再次，大国崛起的时代使命需要加强陆地边疆安全防卫建设。改革开放以来，尤其是进入 21 世纪以来，中国的国家实力得到了整体性提升，中国的崛起与腾飞已是一个不争之事实。然而，我们也应当看到，中国崛起的过程也并不是一帆风顺的，还面临着诸多的国际性障碍和历史性问题，其中，边疆问题和边界问题就是影响和迟缓中国崛起的重大问题。国际政治格局的既得利益者，利用领土争端、民族分裂、宗教纠纷、资源争夺等问题，在中国边疆区域频频制造各种矛盾，不但分散国家治理的精力，而且迟滞中国崛起的步伐。境内外的一些敌对势力也利用中国边疆复

---

[1] 罗崇敏：《中国边政学新论》，人民出版社 2006 年版，第 378 页。
[2] 郑汕：《中国边疆学概论》，云南人民出版社 2012 年版，第 16—18 页。

杂的民族宗教形势和地缘政治环境，一以贯之地进行一些分裂国家疆域和颠覆国家政权的犯罪活动，严重地威胁到了国家安全与疆域完整。这决定了中国崛起的过程中，必须充分重视边疆的军事战略地位和国家防卫功能。边疆作为中国的积极防御的战略前沿、首站决胜的重要战场和自卫反击的前沿阵地，它的安全巩固与防卫建设，不仅是中国反抗外敌入侵的基石，而且还是中国反渗透、反分裂、反颠覆斗争的前哨。在某种程度上，边疆防卫与建设的力度甚至决定着中国的崛起所能达到的高度和实现的程度。

二 海洋边疆的安全期待海防力量的强大

中国作为一个陆海边界线都很漫长的陆海复合型大国，陆海兼备的地缘属性和独特的地理区位使得中国天然地具有发展成为一个世界性大国的潜质，同时却也不得不承受地缘政治"战略上的两难和安全上的双重易受伤害性"。[①] 在中国王朝国家时期，国家文明是一种典型的封闭的农耕文明。农耕文明最大的特征在于其本身的自给自足性，这使其缺乏拓展海洋贸易的欲望，再加上又无须担心来自海洋的外敌威胁，从而使其形成了重陆轻海的地缘战略取向。然而，随着近代以来航海技术的迅速发展和当代全球化浪潮的迅猛推进，中国国家经济日益融入全球化的世界体系，不管是作为国家体量基石的海洋资源，还是作为国家能源生命线的海洋通道，其重要性和价值性都在日趋凸显，甚至在某种意义上可以说，海洋边疆和海洋权益将决定国家发展的未来。

当前中国的崛起和国家发展对海洋依赖性决定了我们必须强化海防力量，掌控必要的事关国家安全生命线的制海权。首先，强化海防力量和建构必要的制海权是保障海洋通道安全的基础。随着中国经济的发展和对外贸易的蓬勃，中国正在由"传统农耕性质的内向型经济"转向"依赖海洋通道的外向型经济"，国家对于海洋通道安全的渴求日趋旺盛。尤其是支撑中国崛起的众多战略资源进口绝大多数都是依赖于海洋运输，更加凸显海洋通道安全对于国家发展之重要意义。然而，当中国对海洋通道的依

---

① 邵永灵、时殷弘：《近代欧洲陆海复合国家的命运与当代中国的选择》，《世界经济与政治》2000年第10期。

赖前所未有的增强之时,海上通道安全却处于极度脆弱而且高度不确定性之中。波斯湾、印度洋、南海海上的运输节点,尤其是马六甲海峡几乎时刻处于其他海上力量(包括海盗和海上恐怖主义)的威胁之下,导致中国经济发展的命脉在很大程度上操控于他人之手。当前国家海外利益的维护和战略物质的安全呼唤着国家经济力量加快转换成国防力量(尤其是海防力量),提升中国的远洋作战与护航的能力,保卫国家海洋通道和战略物质输送的安全。"建立适度强大远洋海军并非要争霸,而是维护合理的国家海外利益的需要,用合理的军事威慑保护国家的海外利益。"①

其次,强化海防力量和调适海防理念是建构中国海洋资源安全的根本要求。中国是一个海洋资源种类繁多、储量惊人的国家,各种海洋生物、石油天然气、固体矿产、可再生能源等资源十分丰富,极具开发潜力。②随着当前中国陆地资源不断枯竭和耗散,海洋资源对于国家崛起的意义日重一日。然而,中国虽然是一个海洋资源大国,中国合理正当的海洋权益却没能得到周边国家的足够尊重,岛礁被侵占、海域被瓜分、资源被掠夺的局面即便到了当代也没有得到根本改善。周边国家对中国海洋资源的盗采和窃取,不但严重地损害了中国正当的海洋权益,而且对中国韬光养晦的战略形成了极其尖锐的挑战。当前中国海洋资源被窃取和海洋边疆被挤压的事实,要求我们有必要超越韬光养晦的战略,强化海防力量,调适海防理念,加强对周边国家不友好动作的威慑,通过实际行动展示中国维护海洋利益的意志和决心。实际上,适度的威慑不仅不会加剧冲突,反而会预防冲突的恶化与升级。③

最后,强化海防力量,提升国家海防硬实力,是维护国家安全的基本前提。中国作为一个陆海兼备的国家,陆地边疆安全与海洋边疆安全互为犄角,陆地边疆是海洋边疆安全的后盾与支点,而海洋边疆又是陆地边疆安全的战略纵深和安全屏障,陆地边疆安全要求海防力量的强大和海洋边疆的安全。作为一个陆海复合型的大国,如果失去了海洋边疆的防护与拱

---

① 倪乐雄:《文明的转型与中国海权》,新华出版社2010年版,第118页。
② 参见《全国海洋经济发展规划纲要》,http://www.gov.cn/gongbao/content/2003/content_62156.htm。
③ 胡波:《中国海权策:外交、海洋经济及海上力量》,新华出版社2012年版,第140页。

卫，陆地边疆安全也将难以得到保障。地缘政治的规律表明，"在陆权强国与海权强国的对峙中，无论是进攻还是防御，陆权强国都处于明显的劣势。海权强国可充分利用海上力量的机动性，迅速集结兵力，对陆权国家某一点进行致命打击；而相反，陆上力量难以快速聚集，即便能形成有力拳头，也将隔海而望洋兴叹，进攻效率因而大打折扣"。[1] 历史上荷兰的崛起与没落，英国的辉煌与衰微，都与海洋权力的丧失密切相关。因此，在当今中国的国家利益不断外溢，海洋权利不断凸显的背景下，我们尤其要注重海洋力量的培养、转化与凝聚。在当今世界政治大棋局的博弈中，世界性大国和崛起的区域性大国，都在努力提升海防力量，寻求维持或建构国家安全的制海权，中国也应该不失时机地提升和强化中国的海防力量，建构维护中国海洋疆域和海洋生命线的能力。

三 空中边疆的安全需要空防能力的提升

空中边疆是一国领土和领海范围内全部上空的边界，是一国领土的组成部分。随着现代航天航空技术的发展，空中边疆的概念开始出现，并逐渐成为国际政治体系的共识。空中边疆概念的出现，使边疆概念从平面化走向立体化，国家安全的建构不仅包括陆地边疆的安全、海洋边疆的安全，而且还包括空中边疆的安全，这就决定了国家疆域的防御与管控，不仅需要掌握制陆权、制海权，而且还要需要掌控制空权。如果说"陆权的意义是控制一块土地和该土地上包括人口在内的一切资源。海权的意义是控制通行权，是控制以海上交通为方式的商业或军事的海上交通线。而随着新技术的大量应用，制空权则完全是以一种三维空间包围地球表面的二维空间的态势，是一种全方位扩大自己的自由、限制对手自由的近似无限的权力"，在制空权横行的时代，"一切和空天帝国存在时间差的权力形态都必将面临被迅速击灭的危险"。[2]

随着科学技术的发展和制空权时代的到来，各种高新技术在航空航天方面得到充分运用，国家面临的空中威胁发生了重大变迁。其主要表现

---

[1] 胡波：《中国海权策：外交、海洋经济及海上力量》，新华出版社2012年版，第100页。
[2] 戴旭：《制空权时代·序言》，载［以］马丁·范克里韦尔德《制空权时代》，王祥兵、李婷婷译，新华出版社2013年版，第2—3页。

为,其一,世界主战飞机发生了跃进式升级与换代。以美国为代表的空天帝国完成了第四代战机的更新换代,"已经部署 F-22 和 F-35 两型四代机。而我周边其他国家和地区也在积极研制或准备引进,未来我周边可能成为世界上四代战机部署最密集的地区"。① 其二,空中攻击的手段不断趋于丰富多元。传统相对单薄的有人驾驶飞机和无人侦察机,已经被日新月异的"四代机、无人机、巡航导弹、弹道导弹、临近空间武器、太空武器、跨大气层武器"② 等"七种武器"取而代之。其三,攻击距离由远到超远。现代远程航空弹药,已经可以在远离对方领空之外的区域实行外科手术式精准打击。其四,攻击高度从高到超高。现代科学技术的发展使得飞行高度超过 10 万米的弹道导弹、太空武器、跨大气层武器层出不穷,传统的制空权争夺有向更为高层的制天权争夺演变的趋势。其五,攻击速度从快到超快。"传统空袭武器的飞行速度是 2 倍音速,而弹道导弹、太空武器、跨大气层武器、临近空间武器飞行速度少则 3 倍音速,高则达到 25 倍音速。"③ 其六,空中攻击的危害由强到超强。由于当前空中攻击武器的更新换代,空中攻击的杀伤性和破坏性也呈现爆发式的增长。④

对于中国的空中安全而言,除了要面对因为科技日新月异的发展而带来的潜在安全压力之外,中国的空防还不得不直面因为国家陆地疆域与海洋边疆争端而衍生出来的空疆安全威胁。由于海洋边疆和陆地边疆是划定空中边界的基准,中国与周边国家在陆地疆域与海洋疆域上的领土、领水争端最终也不能不影响到领空纷争。比如,近几年以来,随着中日钓鱼岛纷争热度的不断走高,中国维护国家正当合理海洋权利的意识与决心不断高涨,引发了日本方面的高度关注,他们不仅强化了对中国海洋维权活动的空中侦察,还频频跟踪干扰我国公务飞机正常巡航飞行和军机例行巡逻训练。而美国一直以来都在谋求空中霸权的压倒性建设,致力于追求

---

① 王明亮:《维护空防安全是新世纪新阶段的国家使命》,http://opinion.china.com.cn/opinion_83_68783.html。
② 王明亮:《维护空防安全是新世纪新阶段的国家使命》,http://opinion.china.com.cn/opinion_83_68783.html。
③ 王明亮:《维护空防安全是新世纪新阶段的国家使命》,http://opinion.china.com.cn/opinion_83_68783.html。
④ 王明亮:《维护空防安全是新世纪新阶段的国家使命》,http://opinion.china.com.cn/opinion_83_68783.html。

"全球警戒、全球到达、全球力量"，"一个小时打遍全球"。面对中国的崛起，美国不仅试图通过岛链的建构来围堵中国，而且还倚仗其制空权优势，频频给中国施加空中压力。不管是其锋芒毕露"空海一体战"的张扬理念，还是改头换面的"全球公域介入与机动联合"的内敛更名，都暗含着遏制中国的战略企图。此外，中国空中疆域的安全威胁，除了国家行为体之间军事竞技引发的安全风险之外，还潜藏着非国家行为体有可能针对民航和航空业进行恐怖袭击和破坏的风险，空防安全系统存在的漏洞也有可能被敌对势力或者别有用心的人所利用。

当今信息空天时代，空天领域上升为对全维国防和军事斗争全局影响至大、至深的主导领域。敌之空天袭击是对国家安全长远的、首要的、致命的威胁。防止"空天珍珠港事件"是新的历史条件下运筹军事安全的首要命题。[①] 当前中国在空天领域尤其是空中边疆面临的种种潜在风险和现实威胁，启示我们"除非拥有一支在战争中能夺得制空权的空军"，否则，"充分的国防不可能得到保证"[②]。空军在国家疆域安全和边疆安全中举足轻重的地位，要求我们不断强化空军战略性军种的意识，提升空军的整体实力，强化空天领域的攻防能力，打造"空天一体、攻防兼备"的强大人民空军。即在中国空军的未来建构中，要不断拓展空军的活动空间和完善空军的力量结构，实现航空与航天一体、防空与防天一体、空天进攻与空天防御一体的完美结合。[③]

四 利益边疆的安全呼唤军事实力的保障

在全球化时期，中国的国家利益外溢出本国疆域，开始呈辐射状向境外进行扩散，而中国维护利益边疆安全的努力却遭遇外生性风险和内源性压力的双重困境。中国崛起不被理解的痛苦使得国际社会始终对中国崛起之后的前景抱有各种疑虑，中国为自身和平崛起所做的理论自证迄今为止也并未得到国际社会的充分接纳，从而导致中国在维护利益边疆过程中存

---

① 董文先：《制胜空天，空军应有战略担当》，《中国国防报》2014年6月17日。
② [意]朱里奥·杜黑：《制空权》，曹毅风、华人杰译，解放军出版社1986年版，第32页。
③ 董文先：《制胜空天，空军应有战略担当》，《中国国防报》2014年6月17日。

在诸多外生性风险。而当前中国"非均衡性崛起"中的固有缺陷又构成利益边疆建构中的内源性风险。改革开放以来，中国虽然迈向国家崛起和民族复兴的历史性征程，但中国崛起整体格局，更近于一种硬实力张扬挺拔与软实力内敛困顿的二元并存格局。而且即便是硬实力的张扬挺拔，也主要是经济实力的一枝独秀，作为硬实力重要构成部分的军事力量的提升依然任重而道远。中国不断崛起的客观现实和崛起过程中的潜在困境，使中国的利益边疆不断凸显，而利益边疆的防卫却显得十分滞后。海上交通要道的脆弱、海外资产安全风险和海外公民人身安全威胁都成为影响国家发展和国家安全的重大隐患。在这样一种时代背景下，为了建构利益边疆的安全，中国就必须矫正以往利益边疆防卫中的短板，完成利益边疆的边界确定、实践重构和理论自证。这不但是全球化时期维护国家利益外溢的客观要求，而且也是一个大国在不断崛起中应有的理性与担当。

其一，明确中国利益边疆的基本边界。维护利益边疆安全的一个基本前提就是厘清利益边疆的基本边界与范围。只有厘清了利益边疆外溢的基本范围，我们才能进一步去建构利益边疆的安全。全球化时期世界资本处于不断的流动之中，中国海外的国家利益也处于不断变动之中，与此相应的是国家的利益边疆也处于不断的动态盈缩之中。但在固定的时空领域之中，利益边疆的形态却是相对稳定的，这就要求我们在厘清利益边疆的基本边界之时，既考虑利益边疆的动态变迁性，又要考虑利益边疆的常态稳定性。此外，在厘清利益边疆的基本边界之时，还要审慎地考虑中国利益边疆的限度。随着当前全球化的纵深推进，世界经济日益一体化，中国海外利益呈放射形向全球扩散，我们却并不能将全球范围都纳入国家利益边疆的范畴。如果我们单纯地认定，"我们的利益走向哪里，我们的安全边界就得走向哪里，我们的军事力量就得走向哪里"，[①] 那么不但有模糊并放大利益边疆的边界之嫌疑，而且也容易加深国际社会对中国崛起之后的安全焦虑与战略误判，更何况全球范围的军事力量抵达能力也远超中国既有的军事力量储备，而且即便中国的军事力量增长有朝一日足以比肩美国式军力的"全球抵达，全球打击"，中国军事力量的海外投射也应该是灵活多元和有限度控制的。

---

① 张文木：《论中国海权》，海洋出版社2014年版，第69页。

在当前中国与世界的交相互动日益频仍的过程中，中国利益边疆安全的建构必须在国家利益边疆的边界确认与全球安全信任中达成一个良好的平衡。面对国际社会对中国利益边疆外移和防卫力量提升的质疑，中国既不能傲慢地置之不理，更不能迫于压力让国家利益孤悬海外。"中国需要在与国际体系的和平互动中，综合利用经济、外交、文化等手段加强与其他国家的沟通，明确利益边界，以重新建构彼此的身份和位置。中国需要尽快认识到世界大国的身份所赋予的国际责任与义务，中国也需要在与国际体系的互动中，让国际社会接受中国作为一个世界大国的基本利益边界。"[1] 在明确国家基本利益边界的基础上，中国还有必要按照海外利益对国家安全和国家发展的不同影响进行优先序列的认证和排序，进一步明确国家的核心利益边疆、重要利益边疆、一般利益边疆和边缘利益边疆,[2] 并针对不同的利益边疆类型，进行相应安全力量的梯度配置，最大限度地从总体上维护利益边疆的安全。

其二，促进中国海权建设的转型与重构。在当今国际政治格局中，一个国家利益边疆的安全建构，是国家整体性硬实力、软实力和巧实力多元复合相互支撑的结果，而在国家多元的实力形态中，硬实力尤其是军事实力在很大程度上更具有基础性的意义。没有硬实力的支撑，仅仅靠外交威慑、国际斡旋和道德感召，利益边疆安全的建构难免存在向壁虚构的嫌疑。因此，利益边疆安全建构的需求决定了我们必须随着利益边疆拓展程度建构起相匹配的军事力量。而在当前国际社会"海陆空天电网一体化"的军事力量体系中，如果从实践效果、可行性和运作成本来考虑，海权的建构对于利益边疆安全的维护无疑具有更为重要的意义。从世界地缘政治历史大势来看，"世界范围内的政治利益冲突集中在世界权力掌握者和对霸权秩序的挑战者之间。控制世界的核心在于控制市场与资源。连接世界市场和资源流动过程的是海洋。海洋过去是，现在仍然是国家间政治利益争夺的集中地"[3]。中国的和平崛起，虽然着眼于和平崛起与和谐世界，无意于谋求世界性霸权，但中国作为海洋权利极为巨大的

---

[1] 胡波：《中国海权策：外交、海上经济及海上力量》，新华出版社2012年版，第76页。
[2] 杨成：《利益边疆：国家主权的发展性内涵》，《现代国际关系》2003年第11期。
[3] 鞠海龙：《中国海权战略》，时事出版社2010年版，第43页。

发展中的大国，为了维护国家生存安全和发展安全，都必须掌控必要的海洋权力。

长期以来，中国作为一个陆海复合型国家，海洋边疆的太平无事和陆地边疆的不测之忧使得国家安全防卫的焦点始终放在陆地边疆而不是海洋边疆，中国地缘政治战略取向上也形成了"重陆轻海"传统，海权建设缺乏相应历史智识的积累和支撑。近代以来，随着中国海洋危机的深重，以及海洋对于国家安全意义的凸显，中国对海洋的关注度逐渐提升，传统的国家安全战略也逐渐由"以陆制海""近岸防御"向"近海防御"进行转化。然而，随着当前中国利益越发深入地走向远洋和深海，仅仅局囿于"近海防御"战略已经不能满足国家利益边疆维护之需求了。面对中国利益弥散性向遥远大洋彼岸的辐射，维护利益边疆的客观现实决定了中国的海权必须实现转型与重构，即在海权建构的目标指向上，中国要由一个海洋大国走向海洋强国；在海权建构的战略转向上，中国要超越传统守土有责与近海防御的理念，逐步实现"近海防御型"向"近海防御与远海护卫型结合"；在海权建构策略择取上，中国要超越传统"维稳优先"的海洋策略，摒弃"以权益换稳定"既有思维，实现"维权与维稳"兼顾，并在维护法定海洋权利的基础，针对国家利益不断外向拓展的现实，逐步由"维护海洋权利"向"持有海洋权力"迈进。

第六节 完善全方位的边疆安全建构体系

随着中国的迅猛发展和国家外向性特征的日益突出，在传统意义的硬性边疆概念之外不断催生了各种软性边疆概念，边疆的内涵与外延得到了前所未有的丰富。而随着地缘政治的变迁与全球化风险社会的来临，边疆安全的形势也比以往历史上任何时期都要复杂。不断发展的边疆概念和日趋复杂的边疆安全形势要求我们与时俱进地革新边疆安全理念、创制边疆安全理论、完善边疆防卫体系和提升边疆安全建构能力。

一 总体边疆安全理念的形成发展

"我国的边疆概念是在特定的社会历史条件下形成的，蕴涵着丰富的民族文化内涵,并随着社会历史条件的变化而变化。"① 中国自秦汉之际确立了边疆之后,便形成具有特定内涵的边疆观念和边疆安全观念。② 在中国传统的农耕社会,自给自足的小农经济使得国家缺乏海外拓殖的内在冲动,广袤的海洋构成的天堑又使王朝国家毋庸担忧海外外敌入侵的外在风险,由此导致王朝国家时期边疆观念与边疆安全理念主要局囿于陆地边疆的军事安全。在中国民族国家建构的历史里程中,随着科学技术的发展,人类征服自然的能力迅速提升,海洋边疆和空中边疆等新型的边疆概念不断被创制并成为世界公认的国际法则,与此同时,国家边疆安全的防卫也就从扁平化的陆地边疆安全走向立体化的陆疆安全、海疆安全和空疆安全。国家边疆安全观念及其由此产生的防卫体系虽然产生了革命性的变革,但此种意义的边疆安全观念依然是以国家安全为旨归的传统安全观,强调的是国家主权安全、政治安全与军事安全。

20世纪90年代,随着苏联的解体和冷战的结束,国际体系遭受全面军事对抗和整体性毁灭的风险大大降低,③ 各种非传统安全问题逐渐凸显出来,并日益演化成为影响人类的"生存性威胁"和"跨国性威胁",造成人们的"主体性焦虑"和"持续性恐惧"。④ 边疆作为国家疆域非常独特的一部分,是国家各种非传统安全的主要聚合之地和叠加之地。尤其是改革开放以来,中国边疆区域在现代化浪潮的冲击之下,正在发生一场深刻的社会转型,种种前工业社会所存在自然风险、工业社会风险和后工业社会风险聚合为一处,使得边疆风险呈现出明显的复合性、叠加性、共生性,极大地提升了边疆安全建构的难度。⑤ 再加上边疆区域本身就是中国经济发展相对滞后、社会治理能力相对欠缺的边缘性区域,边疆自身防御风险能力相对不足,导致边疆安全的脆弱性更加明显。

全球化时代风险社会的来临、地缘政治格局的变迁,以及当代中国深

---

① 周平:《中国边疆概念的历史演变》,《云南行政学院学报》2008年第4期。
② 周平:《国家视阈里的中国边疆观念》,《政治学研究》2012年第2期。
③ 朱碧波、王砚蒙:《地缘政治变迁中的边疆安全风险研究》,《青海民族大学学报》(社会科学版)2014年第2期。
④ 余潇枫:《非传统安全与公共危机治理》,浙江大学出版社2007年版,第21页。
⑤ 朱碧波:《中国边疆社会管理模式的转型与重构研究》,《西南边疆民族研究》2013年第1期。

刻的社会转型，不但导致边疆安全的内涵从"边疆"和"安全"两个维度都展开前所未有的拓展和深化，也使得边疆区域面临的形势前所未有的复杂。在日新月异的边疆安全形势面前，传统着眼于国家疆域安全、政治安全和军事安全的边疆安全观，逐渐与各种新型边疆安全形态的建构相乖违了。边疆安全形势的变化发展和边疆安全建构，客观上要求我们革新传统边疆安全观中的"重传统安全，轻非传统安全""重自助安全，轻合作安全""重硬性边疆安全，轻软性边疆安全""重国家生存安全，轻国家发展安全"的种种不足，建构一种总体边疆安全的新型边疆安全观念。这种总体边疆安全观，是基于各种边疆形态和安全形态相互杂糅而从整体性、系统化、全方位地考量边疆安全的新型边疆安全观。从边疆的维度上讲，总体边疆安全观是陆地边疆、海洋边疆、空中边疆、战略边疆、利益边疆、信息边疆等多种复合型边疆形态的安全；从安全维度上考查，总体边疆安全观则涉及国家和边疆区域的政权不被颠覆、疆域不被侵略、军事免受威胁、经济不被绑架、文化不被解构、社会免于恐惧、生态不被破坏的多元安全防卫。

总体边疆安全的当代建构，是边疆形态不断深入发展和边疆安全场域不断变迁的必然要求。面对当前边疆内涵的多维拓展和边疆安全场域的日趋繁复，任何着眼于单一边疆形态安全的努力——不管是着眼于陆地边疆、海洋边疆，抑或是空中边疆的安全——都不足从整体上保障中国边疆的安全。这就决定了我们必须运用辩证的、联系的观点来看待传统边疆与新型边疆、传统安全与非传统安全之间的内在关联。在总体边疆安全中，硬性边疆安全是边疆安全防卫体系的基础和核心，也是建构软性边疆安全的前提。没有硬性边疆的支持，软性边疆安全的建构只能是一种梦幻泡影。而软性边疆安全为硬性边疆提供广泛的战略回旋和安全屏障，是硬性边疆安全建构的重要支撑，在当前中国国家经济形态不断由内向型经济转型为外向型经济的今天，没有软性边疆安全的保障，硬性边疆安全也难以从根本上得以实现。在总体边疆安全观中，边疆的传统安全与非传统安全也是一对相互关联、相互支撑的安全场域。以主权安全、政治安全和军事安全为依托的传统安全，是边疆非传统安全治理的基础，没有传统安全的保障，非传统安全的建构将成为无源之水，无根之木；如果没有非传统安全保障，边疆区域在境外势力宗教渗教、文化侵略，以及边疆社会风险不断叠加的压力之下，也会出现军事安全脆化、政治安全软化等各种传统安全风险。边疆类型和安全场域内部各种错综复杂的相互关联，决定了当前边疆安全的追求首先就要求我们建构一种总体边疆观，只有在总体边疆观的观照之下，我们才有可能最大限度地从宏观和微观两个层面保障中国边疆的安全。

二 中国特色边疆安全话语的创制[①]

在当前国际政治大棋局的博弈与地缘政治格局的国家较量中，世界先发型大国因为国家利益的外溢和国家能力的提升，不断创制出利益边疆、战略边疆、信息边疆等新型边疆理念与边疆话语，并与固有的陆疆、海疆、空疆等硬性边疆理论相互组合支撑，占尽边疆话语竞逐中理论言说的先机。在边疆话语体系建构的基础上，西方国家又不断衍生出来各种边疆安全范式和话语表达，如制海权、制空权、制天权、制网权等。西方国家创制出来的边疆理论体系和边疆安全范式，已经主导了世界范围边疆话语的表达、交流与对话。中国的崛起与边疆理论的发展，也离不开对西方边疆话语体系的接纳与运用。然而，西方国家在历史演进过程中基于国家利益而创制的边疆理论体系和边疆安全范式，要么在理论本色上带有浓重的殖民主义与零和对抗色彩，要么在实践指向具有强烈的帝国思维和霸权意味。中国利用西方边疆理论和边疆安全范式来阐释中国崛起的新型边疆形态和边疆安全需要之时，却陷入一种难以言说的"悖论"：不承认西方边疆理论话语和边疆安全范式，则中国无法与国际主流边疆话语进行对接与勾连；承认西方两极对抗下产生的带有浓厚帝国思维和霸权色彩的软性边疆话语体系和边疆安全范式，又无法解读中国包容和合的国家理念与和平崛起。因此，如何在当前中国边疆言说的左右为难与进退维谷中创制出一种具有生命力和阐释力的中国特色、中国风格和中国气派的边疆安全的理论范式，就成为建构当代中国在国际边疆话语体系中主体性的一个重要前提。

当代中国边疆话语的表达和安全范式的建构，是对西方边疆理论

[①] 朱碧波：《论我国边疆理论的言说困境与创制逻辑》，《云南师范大学学报》（哲学社会科学版）2015年第1期。

(也包括地缘政治理论)所蕴藏的霸权思维和强权逻辑的颠覆式否定,是植根于中国的本土实践和本土经验,并贯注了中国"包容和合"的精神理念,倡导互信、互利、平等、协作的新型安全范式的重构。关于新型的边疆安全范式,余潇枫教授针对传统国家安全的"危态对抗",相应地提出了"和合主义"的概念。"和合主义"是一种体现人类价值的国际交往行为,它"既跨越现实主义与理想主义的历史鸿沟,又超越物质主义与观念主义的二元对立",追求的是"和而不同"的别具一格的坦途。[1] 在"和合主义"的国家安全范式之下,当代的地缘政治和国际交流将从"危态对抗"走向"优态共存"。[2] "和合主义"和"优态共存",既渊源于"天下大同""和合中庸"的中华传统文化,又符合中国建设和谐世界的政治理想,这种与传统国家安全迥异的理论范式,随着中国国家影响力的提升,将会具备更为广阔的实践图景。

当前中国边疆话语的再造和边疆安全范式的重构,既不能够摒弃国际社会通行的边疆概念,又必须对传统两极对抗下创制的边疆概念作凤凰涅槃似的重铸。以利益边疆安全为例,利益边疆是传统地缘政治理论催生出来的一个新型概念,按照传统地缘政治理论解读,一个国家为了保障自身的生存、安全与发展,必须扩大和拓展其所控制的空间,进而获得更大的权力,同时应当注意限制其他国家的权力外向投射,避免对本国构成威胁。[3] 可见,利益边疆在西方国家使用伊始,就具有浓厚的大国霸权意味和帝国思维色彩。[4] 如果以如此浓厚霸权意味和帝国思维的利益边疆来解读中国和平的崛起的话,与中国和平崛起的客观事实相悖,又给西方敌对势力留以遏制和围堵中国的口实。然而,中国作为一个正在崛起的大国,发展的外部性特征日益突出,海外利益的汇聚点日趋凸显,利益边疆日益显现却是一个不争之事实。如果我们对中国国家发展过程中利益边疆安全建构的选择性失语,不仅有违学术的道德使命和责任担当,而且也不利于

---

[1] 余潇枫:《和合主义:中国外交的伦理价值取向》,《国际政治研究》2007 年第 3 期。

[2] 余潇枫:《从危态对抗到优态共存——广义安全观与非传统安全战略的价值定位》,《世界经济与政治》2004 年第 2 期。

[3] 于沛等:《全球化境遇中的西方边疆理论研究》,中国社会科学出版社 2008 年版,第 244 页。

[4] 周平:《中国应该有自己的利益边疆》,《探索与争鸣》2014 年第 5 期。

当前中国总体边疆安全的实现，这就决定中国在利用西式边疆概念、探讨新型边疆安全之时，就必须彰显出西式边疆话语霸权挤压之下的理论自觉与理论自信，以中国特色、中国风格和中国气派去吸纳、改造与重铸西方边疆概念和边疆安全范式。当前中国学界对利益边疆内涵的重铸和利益边疆安全的探讨，在某种程度上就可以看作边疆安全范式的自主性表达的可贵尝试。

当前中国利益边疆安全的建构，与美苏争霸时期美苏等世界性大国利益边疆的建构谋取的是一种全球性的霸权迥然不同，美苏争霸时期利益边疆理论背后隐藏的是世界性大国侵蚀和掌控他国主权的政治意图。而当前中国的利益边疆安全，强调的是，其一，国家权力投射的有限性，中国利益边疆建构是以维护本国的生存与安全为基本目的，中国不会对超出国家力量所能达到的范围进行干涉，也不会谋求世界霸权，更无意于以本国形象去塑造世界。其二，国家权利的交错性。中国利益边疆的建构是在承认国家共同利益，尊重他国主权基础上展开的，它谋求的并不是中国国家权力在疆域之外的绝对性和排他性的投射，而是寻求对国家之间共同利益的呵护。其三，安全建构的多元性。与西方国家基于军事力量的刚性建构不同，中国利益边疆的建构是一种基于国家硬实力与软实力相结合的韧性、弹性，软性甚至是柔性的控制，是在发展共同利益的基础上，通过平等协商的方式处理与相关国家的关系，是在坚持和平共处五项原则下的安全建构。[①] 其四，利益共生的双赢性。传统利益边疆的划定，以国家利益的拓展线为参照，划定国家的边疆范围。为了实现国家安全的最大化，各个大国都试图拓展国家利益边疆，侵蚀、压缩甚至威胁其他国家的利益边疆。这种国家之间利益边疆"无声的较量"常常导致"零和博弈"和"修昔底德陷阱"。而当前中国在大国崛起的过程中，一直积极倡导和呼吁国际社会应该建立一种"以合作求安全"的新型安全观，强调国家与国家之间国际协作、政治包容、经济互补和文化宽容，从而使得新型安全观指导下中国利益边疆安全的建构与西方霸权式的利益边疆呈现出根本性的不同。

---

① 周平：《中国应该有自己的利益边疆》，《探索与争鸣》2014年第5期。

三 边疆全域立体防卫范式的建构

随着全球化进程不断深化和中国崛起进程的迅猛推进，传统地缘政治格局正在发生着明显的变迁，大国博弈已经进入了新的战略磨合期，国际战略关系酝酿着新一轮的分化组合，大国军事战略进入了全面调整的新型阶段。中国崛起与国际环境的变迁，使边疆安全的建构出现了一系列的阶段性特征。

其一是国家发展的重要战略期与边疆安全建构的复杂期并存。21世纪以来，世界权力分配格局的均衡化发展和全球化时代各国相互联系和相互依存的程度空前加深，使和平与发展依然是当今世界发展的主流。这也意味着21世纪的前20年，对中国来说，依然是一个必须紧紧抓住并且可以大有作为的重要战略机遇期。然而与此同时，中国边疆面临的安全形势也更加趋于复杂，不但存在社会转型期边疆社会结构性紧张诱发的安全风险，而且存在因为海洋边疆权益争端凸显的安全压力，更加存在因为利益边疆外移而产生的安全挑战。

其二是国家实力整体性加速崛起与地缘政治安全压力不断加大并存。21世纪以来，中国依然延续改革开放以来国家加速崛起的发展势头，并成长为全球第二大的经济实体。中国整体性崛起为疆域防御和边疆安全奠定了坚实的基础，但是，与此同时，中国整体性崛起也引致传统地缘政治格局的变迁，一些全球性大国和周边一些国家担心中国崛起挑战或威胁自身的传统利益，于是相互勾结合谋，不断对崛起的中国进行围堵和制衡，使中国面临的地缘政治安全风险不断加大。

其三是国家海洋维权行动的坚定化与海洋权益纠纷多发化的态势并存。中国是一个陆海复合型的地缘政治大国，长期以来，在传统内陆型文明滋润下，中国形成了重陆轻海的地缘政治战略取向。随着中国国家形态的现代转型，海洋对国家发展的意义日趋突出，中国海疆意识和海权意识日渐清晰，中国试图改变岛礁被侵占、海域被瓜分、资源被掠夺的现状，维护海洋权利的决心和追求海洋权力的意志日趋坚定。然而，与此同时，中国维护正当海洋权利的主张和发展必要海洋权力的做法却遭到了周边海洋利益攸关国的强烈抵制，他们试图将侵蚀中国海洋权益的现有局面永久化，并直接与中国海洋维权产生了或明或暗的碰撞，导致中国与周边国家海洋权益纠纷多发的态势持续走高。

其四，海外利益攸关区逐渐形成与利益边疆安全保障的艰难并存。改革开放以来，传统闭合型的中国启动了加速融入开放的世界的旅程，并逐渐由一个内向型经济国家走向外向型经济国家，对外依存度不断提高，海外利益日益清晰化和聚积化，海外利益攸关区逐渐形成。但是，与海外利益攸关区相生相随的是，中国利益边疆安全问题日益突出，利益边疆安全的脆弱性十分明显，安全保障的难度极大。当前中国利益边疆安全保障的种种困难，不但拷问着国家利益边疆维护与保障的能力，而且还直接关系到了国家安全与国家发展。

世异则事异，事异则备变，在当前国际环境不断变迁和中国边疆安全阶段性特征日趋凸显的当下，中国传统的地缘政治取向、军事力量结构体系、边疆安全防卫范式已经逐渐不能适应世界军事变革加速发展的新潮流了。长期以来，中国军事力量结构体系都是针对机械化战争条件下为应对大规模地面战争准备而建立起来的，更多表现为"陆战型""近战型""本土纵深防御型"的力量结构体系。随着当前信息技术和互联网的广泛运用，整个国际社会已经进入了一个信息化时代，中国传统针对机械化战争和打大规模地面战争而创建的军事力量结构体系已经不能满足信息化时代战争发展的要求，既难以有效维护中国在海洋、空天、网络等领域的战略利益，也难以匹配反恐维稳、应急救援等多样化军事任务的需求。[①] 中国边疆安全阶段性特征的日益凸显和信息化战争时代的到来，决定了当前中国应该遵循信息化时代战争的特点，按照军事力量结构的建构匹配国家安全（尤其是利益边疆安全）的需求，按照"立体攻防、陆海空天和远中近能力合理搭配及非线式、非接触、非对称作战的要求"，[②] 完成国家安全和边疆安全防卫范式的转型与重构。

具体而言，其一，"陆军要按照机动作战、立体攻防的战略要求，实现区域防卫型向全域机动型转变"[③]。当前中国陆军部队的指挥体制基本

[①] 王伟海：《加快构建中国特色现代军事力量体系》，《前线》2013年第5期。
[②] 王伟海：《加快构建中国特色现代军事力量体系》，《前线》2013年第5期。
[③] 《中国的军事战略》白皮书，http://www.fmprc.gov.cn/ce/cebenin/chn/zxxx/t1267845.htm。

上是按照区域防卫型的要求构建的，以战区为基础，条块分割较多，一方面指挥力量冗余较大，另一方面许多指挥机构又缺乏驾驭全域军事行动的责权与能力。[①] 随着战争形态进一步向信息化演进，战场向陆、海、空、天、电等多维空间全方位拓展，作战形式向诸兵种一体化联合作战方向迅速发展，部队的战斗力集中体现为诸兵种一体化联合作战的能力，[②] 这客观上决定陆军要成为一体化联合作战的重要一环，就必须超越传统区域防卫型的力量建构模式，全面提升陆军的全域机动作战能力。

其二，"海军要按照近海防御、远海护卫的战略要求，逐步实现近海防御型向近海防御与远海护卫型结合转变"。[③] 在中国传统的海洋边疆战略中，受制于国际地缘政治环境、国家整体实力和海军力量存量缺陷，中国海军长期以来实行的都是近岸海域防御作战的战略。20世纪80年代中期，随着国门的开放和国家利益的外溢，中国海军建设从近岸防御逐渐转向近海防御。随着当前中国进一步的崛起和国家利益进一步的对外投射，传统近海防御型的海军已经不能适应维护国家利益边疆之时代需要，这也决定了当前中国海军建设必须兼备强大的近海防御能力与远海护卫能力。

其三，空军要秉承"空天一体、攻防兼备"之战略准则，遵循"平战一体、全域反应、全疆到达"的战备原则，完善空军的武器装备，提升空军的"反介入和区域拒止"的能力，实现国土防空型向攻防兼备型转变。[④] 在当今及未来战争中，国家疆域安全以及利益边疆的维护越来越依赖于制空权的夺取。现代战争越来越青睐于以太空技术为特征，通过"远距离、大威力、高精确、短时间"的空中袭击，实行"外科手术式"的精准打击。世界军事发展的潮流以及中国的疆域安全和利益边疆安全，决定了中国的空军都必须由单纯的国土防空型走向攻防兼备

[①] 秦长江、汪长传、肖本新：《推进陆军实施全域机动作战训练的思考》，《国防科技》2011年第1期。

[②] 汤晓华、李杰：《推进我军军事训练转变的时代条件》，《南京政治学院学报》2012年第S1期。

[③] 《中国的军事战略》白皮书，http://www.fmprc.gov.cn/ce/cebenin/chn/zxxx/t1267845.htm。

[④] 《中国的军事战略》白皮书，http://www.fmprc.gov.cn/ce/cebenin/chn/zxxx/t1267845.htm。

型，强化"以侦察预警、空中进攻、防空反导、战略投送为重点的作战力量体系建设，发展新一代作战飞机、新型地空导弹和新型雷达等先进武器装备，完善预警、指挥和通信网络，提高战略预警、威慑和远程空中打击能力"。[1]

四 边疆安全风险防控能力的提升

边疆安全的建构是一个多元而复杂的系统，不仅需要对各种硬性边疆形态和软性边疆形态进行全域和立体化的防卫，而且还需要对陆地边疆存在的各种非传统安全进行有效的防控。随着全球化时代风险社会的到来，中国边疆安全风险出现了与传统社会时期迥然不同的变化，边疆安全风险的类型趋于繁复，爆发的时间节点具有不确定性，风险的敏感性增加，风险后果的扩散性增强。全球化时代边疆安全风险全新的发展态势，已经超出了传统边疆安全建构的能力储备。边疆安全的建构，迫切需要我们不断利用现代社会创新发展了的科技成果，提升边疆风险防控技术，推动边疆风险防控能力的现代化。

中国边疆安全风险防控能力的现代化，是一个涉及边疆安全风险预警能力、风险处置能力和风险监控能力的复杂系统。其中，安全风险的预警能力是前提、处置能力是关键、化解能力是基础。首先，边疆安全风险预警能力是安全风险防控能力的前提。与其临渴而掘井，不如未雨而绸缪。在当前这样一个风险全球化的时代，边疆安全风险具有社会转型的时空压缩性、民族宗教的敏感性、地理空间跨国性等多重复合特质，如果我们对边疆各种非传统安全的风险源缺乏敏感性，一旦边疆非传统安全问题突破临界点而爆发，不但政府治理起来更为棘手，而且所耗费的政治成本、经济成本和社会成本也将更为庞大。为了避免边疆各种安全风险爆发之后的应急性治理之弊，当前中国边疆安全的防控要尤为注意建构各种非传统安全风险的预警指标体系，提升非传统安全风险的预警能力。换而言之，在边疆安全风险防控过程中，我们要有针对性对边疆各种非传统安全风险的内在缘由、运行机理、演变程式、扩散方式和社会危害进行审慎分析，并

---

[1] 国防白皮书：《中国武装力量的多样化运用》，http://www.mod.gov.cn/affair/2013-04/16/content_4442839.htm。

在系统分析和评估的基础上,对未来可能发生的高风险类型进行重点关注并展开相关预警工作。

其次,风险处置能力是边疆安全防控能力现代化的关键。随着当今科学技术的迅猛发展,人类的技术理性也得到了前所未有的张扬,各种非传统安全风险的预警能力也得到了重大提升,然而,由于人类理性本身局限性和安全问题的永恒性,人们并不可能穷尽各种安全风险的预警和防范,各种安全风险依然以难以预知的形态凸显并突破其临界点而爆发出来。人类世界各种安全风险爆发的必然性,决定了中国边疆安全防卫不但要加强安全风险的预警能力,而且还要提升安全风险处置能力。边疆安全风险处置能力,是一个包含风险消除、风险置换、风险隔离、风险分散、风险延缓、风险补偿等各种各样具体内容的复杂体系。风险消除意味着从源头上尽可能铲除风险滋生的土壤,包括推动边疆发展,实现社会利益分配正义,拓展制度化的利益表达渠道和权利救济机制,等等;风险置换意味着两害相权取其轻,降低风险发生的等级,减轻风险发生的后果,使其保持在社会可以接受的范围之内;风险隔离意味着当安全风险发生之后,要及时捕获风险源并及时切断风险的传播路径,限制风险的活动范围与扩散区域,尤其是在当前社会高速流动和自媒体话语旺盛的时期,更加要注重对风险扩散路径的扼制;风险分散意味着扩大风险发生的受力面,避免风险毁坏过度集中于某一时间或者地点,降低风险发生的烈度;风险延缓则主要是指迟滞风险爆发的时间,为风险应对赢得时间;风险补偿意味着在无法避免或消减风险的情况下预先准备好补偿资源,以降低风险承担主体的实际损失。[①]

最后,风险监控能力是边疆安全防控能力现代化的基础。边疆安全风险的处置是边疆安全风险防控的关键环节,但边疆安全风险的成功处置和化解并不意味着边疆安全防控的终结。边疆作为国家传统安全和非传统安全问题的高发之地,其安全风险是一个不断地滋生—治理—再滋生—再治理的循环往复的过程。边疆安全风险的周期性再生产决定了边疆安全建构必须对边疆安全风险处置成果进行后期性监控与反馈性追踪,也只有通过对风险处置成果的追踪和监控,才能反思和总结风险处置的成败得失,提

---

① 张成福、陈占锋、谢一帆:《风险社会与风险治理》,《教学与研究》2009 年第 5 期。

升边疆安全风险处置的技术水平，最大限度地预防边疆安全风险的变异和重生。此外，随着当前国际信息技术的迅速发展，现代科学技术的革命性进展不但使边疆安全风险治理后续的追踪式监控与反思提供了可能，而且为边疆安全风险的预判和治理提供了科学而理性的技术支撑。"从世界范围来看，现代信息技术已经广泛地应用于社会风险与公共危机的预测、预警与管理。通过现代信息技术人们有可能迅速获取社会矛盾和风险的相关信息，并对庞大的信息进行快速的识别、鉴定、筛选、浓缩，或分解、重组、综合、推断，准确地找到最关键的变量和有支配影响力的因素"，[1]从而为社会风险和公共危机的治理奠定重要的基础。也只有充分意识到当前中国边疆安全风险的多元性、流变性和复杂性，以及边疆安全风险监控的重要性，努力实现边疆风险监控的长期化、常态化、制度化和技术化，我们才能最大限度地推动边疆安全建构能力的现代化，不断地促进中国边疆区域的稳定、安宁与祥和。

---

[1] 丁烈云等：《中国转型期的社会风险及公共危机管理研究》，经济科学出版社 2012 年版，第 129 页。

第九章

国外边疆理论的新发展及其启示

第二次世界大战以后，在多重因素的作用下，国家疆域形态发生了重大改变，新形态边疆也随之产生。边疆的拓展、边疆的战略和边疆的治理在国家发展中的意义也日渐凸显出来。在此背景之下，西方主要国家和地区新的边疆理论纷纷出现，并在与边疆实践的互动中相互促进，促成了边疆理论的进一步发展。这些边疆理论在各个国家、地区乃至世界范围内都产生了广泛影响，直接推动了边疆形态的演变，以及边疆战略和边疆治理实践的调整。对于中国而言，也应当从这些理论当中汲取有益的启示，以更好地适应时代发展的需要，推动国家边疆治理理论和治理实践的发展与完善。

第一节 国家疆域形态流变及其对边疆理论的影响

国家疆域形态变化是新的疆域和边疆理论产生和发展的基本前提。第二次世界大战以后，国家间关系得到了新的调整，随着旧的殖民体系瓦解以及主权国家大量出现，国际体系与国际秩序被重新构建。此外，全球化进程加速推进，国家利益开始溢出传统的领土范围，逐渐呈现出跨国界覆盖与交织的态势。与此同时，科学技术的大发展，极大地拓展了人类的活动空间。在这样的背景之下，国家的疆域形态发生了重大转变，非领土疆域和软性疆域大量出现，这对边疆理论的新发展产生了根本性的影响。

一 全球化之前的疆域形态

疆域并非一种纯粹的自然地理空间，而是由国家占有和控制的空间范围，因此疆域是同国家联系在一起的，疆域的根本属性就是国家属性。因而国家类型与国家要素的变迁，也必然会引发疆域形态的改变。在国家形态的演变历程当中，主权体制的出现对疆域形态的影响是根本性的，直接导致了疆域形态的变迁。根据主权要素，可以将全球化之前的疆域形态分为前主权时代和主权时代两个阶段。

1. 前主权时代的疆域

作为现代国家最为基本的要素，主权体制并不是自古就有，也绝非伴随着国家现象的出现而出现的。在近代之前的人类历史中并无主权的概念，更没有规制国家疆域的主权原则。此时的疆域形态可称为非主权时代的疆域，主要表现为以下几个特点。

首先，疆域范围的变动性突出。此时的疆域没有主权框架的限制，"只取决于国家发展的需要、国家自身的能力、最高统治者的野心，以及当时的历史条件提供的可能性"[1]。在这样的过程当中，国家疆域的外部分界线并不明确和固定，而是以变动的方式存在，疆域范围也随之拓展或萎缩。当国力强盛，统治者又有开疆拓土的雄心之时，国家的疆域会随之向外扩张，将大面积的地理空间纳入国家政权统治范围之内；反之当国势衰落，疆域往往又向内收缩。在中国历史上，王朝时代的国家疆域范围消长盈缩就十分明显。不同朝代的中央王朝所控制的疆域面积各不相同，同一朝代不同时期的国家疆域也有所差异。中国第一个王朝国家秦帝国和最后一个王朝清相比，二者的疆域大小简直不可同日而语。在西方历史上，从罗马的扩张到帝国的崩溃，国家的疆域范围也呈现出不断变动的特征。这样的例子表明，在前主权时代，"人类还没有创建起约束国家行为以及国家对疆域占有的有效规则。当然，对此时的国家疆域拓展行为，也不适宜于用主权规则来评判"[2]。

其次，疆域格局的异质性明显。在前主权时代，在世界范围内先后产生过许多形态各异的疆域规模庞大的国家。这些国家实体，为实现对庞大疆域

---

[1] 周平：《论边疆的国家属性——我国边疆若干基本问题析论》，《云南行政学院学报》2014年第6期。

[2] 周平：《论边疆的国家属性——我国边疆若干基本问题析论》，《云南行政学院学报》2014年第6期。

的有效治理,往往会将疆域划分出不同的部分,采取不同的方式加以统治和管理。其中,最为常见的方式便是划分出核心区和边缘区域,也就是内地和边疆。在这样的格局中,疆域的不同部分往往有不同的特点,充满了异质性。核心区是国家权力中心所在之地,也是国家财富和国家力量聚集的区域;边缘区域则处于国家权力链条的末端,社会发展程度也较为落后。此外,这两种区域在国家疆域构造中的地位也不相同,核心区往往被视为国家生存和发展的根本,处于主体地位;边缘区域则经常被看作拱卫核心区的战略地带或者国家攫取财富的来源,因此处于从属地位。在这样的条件下,国家疆域的异质性就突出表现为"核心—边缘"的二分化格局。

再次,疆域形态的平面性特征。在前主权时代,国家的疆域主要由陆地和海洋构成,表现为一种平面性的形态。在国家这种政治形式产生的早期,根据所在的自然环境和主要的生产方式,可分为三种基本类型,即农业文明的国家、牧业文明的国家和海洋文明的国家。前两种类型的国家,以陆地范围为主要活动空间,总体上缺乏海洋意识。而海洋文明的国家,出于生产与贸易的需要,较早地形成了对海洋空间控制和利用的观念。然而就国家权力的占有和控制这一层面来看,即便是海洋文明国家也没有真正地将海洋空间纳入到国家疆域的范畴。在《理想国》一书中,柏拉图曾对城邦国家的地理位置做过论述,在其看来国家及其居民的活动空间应限制在陆地范围(主要是岛屿),而尽量少地从事海洋性活动。[①] 对于早期的海洋文明国家而言,"沿海国家的海上往来更多的是一种维持生计的被迫举动。而对于国家,海洋既是维护自身安全的天然屏障,也是边疆继续拓展的天然界限"[②]。随着认识能力的增强与科技手段的进步,人类在海洋空间的活动日渐增多。特别是随着西方资本主义向全世界的发展和扩张,临海国家纷纷提出对海洋管控的权力诉求。这样一来,国家的疆域形态也逐步从陆地走向了海洋,由陆地与海洋共同构成的平面性疆域随之初步形成。

2. 主权时代的疆域

在人类政治文明的发展进程中,主权体制最早产生西欧的王朝国家时

[①] 转引自王恩涌《政治地理学》,高等教育出版社1998年版,第6页。
[②] 张健:《国家视域中边疆与边疆观念的演变:内涵、形态与界限》,《云南师范大学学报》(哲学社会科学版)2012年第1期。

代。它先是由布丹提出的,后来又经过了格劳秀斯等人的系统论述。在实际的国际政治中,主权体制是通过1648年的威斯特伐利亚体系被正式确立为处理欧洲国家间疆域争端的基本原则。此后,民族国家时代的到来,照样也继承并巩固了主权原则。在第二次世界大战以后主权体制逐渐扩散到全世界,成为国际关系中的一项重要原则。随着主权原则的逐渐形成,国家这种政治形式首次获得了一种以主权进行地理空间治理的方式,国际社会也渐进形成以主权体制作为处理国际关系特别是疆域争端的准则。这样,国家疆域形态的演变进程进入了主权阶段,这样的疆域形态表现为以下几个方面的特征:

第一,国家疆域的主权化。"在国家主权确立以后,国家的疆域就转变成为主权管辖的范围,从而实现了国家疆域的主权化。这样一个由国家主权管辖的范围,便是国家的领土。"[1] 此后,国家的疆域便以领土的形态存在,并处于主权框架的管辖保护之下。领土范围是由主权国家通过条约确定的边界围合而成,国与国之间以边界的方式确立各自疆域范围。同非领土性疆域相比,领土疆域的范围更加清晰和稳定。一方面,边界的划定方式要比以往的疆域界线更为精准和清晰。主权国家的边界主要有三种类型,即自然边界、几何边界和人文地理边界[2],而无论何种边界类型,在国家版图上都是以"线"的形式存在的。这样,"人为的线条状边界取代了自然的平面状边界"[3]。另一方面,主权国家间通过边界谈判并订立条约的方式确定领土的范围。对于主权国家之间的关系,德国学者乌尔里希·贝克等曾指出:"主权国家之间的关系可以成为国际协议与国际法的对象,但是国际协议与国家法要产生效力,则必须得到各个国家的同意。"[4] 这样一来,边界和领土范围就因为国际协议和国际法的保障,而获得了较强的稳定性。

---

[1] 周平:《全球化时代的疆域与边疆》,《中国边疆史地研究》2014年第3期。
[2] 关于这三种边界的界定,参见陈振华编《核心利益之领土主权》,测绘出版社2013年版,第188页。
[3] 张健:《国家视域中边疆与边疆观念的演变:内涵、形态与界限》,《云南师范大学学报》(哲学社会科学版)2012年第1期。
[4] 参见[德]乌尔里希·贝克、哈贝马斯等《全球化与政治》,王学东等译,中央编译出版社2000年版,第12页。

第二，国家疆域的整体化。在主权时代，国家将占有和控制的地理空间范围视为国家的领土。在国家的疆域范围内，无论是核心区域还是边缘区域都是国家领土中不可分割的部分。当然，国家疆域不同部分之间必然会存在一定差异，尤其是内地和边疆之间的差异可能还十分突出，但是就都属于国家领土并且都处于国家主权管辖之下这一根本性的属性而言，国家疆域是整体性的。主权体制所带来的疆域整体化，在民族国家时代表现得更加明显。民族国家人民性、民族性①的基本特征，进一步确立了人民和国族对国家领土的所有权，越发强化了国家疆域的整体性。

第三，国家疆域的立体化。如果说前主权时代，国家疆域是以平面性的形态存在的话，那么在进入主权国家时代以后，国家疆域逐步实现了立体化。随着生产力的发展，科技特别是交通技术的进步，人类的活动区域逐渐从陆地拓展到了海洋和天空。出于国家利益（尤其是安全利益）的考虑，国家力量也开始延伸到这些空间领域。随着对这些空间争夺的日趋激烈，为协调各国利益主张，主权体制逐步被引入海洋、空中的空间范围，并由此产生了领海、领空的疆域形态。国家疆域的范围在这个意义上也得到扩大，并由陆海二维的平面形态转向了陆海空三维的立体形态。

二 全球化时代的疆域形态

真正意义上的全球化浪潮发端于第二次世界大战后，并在20世纪90年代以后得到充分凸显。在这个过程中，布雷顿森林体系等制度机制的创设以及联合国的成立，将全球各个国家和地区在经济和政治上紧密联系在一起的，在根本上推动了世界经济一体化与全球化的进一步发展。② 在冷战结束以后，全球化进程得以加速推进，并成为影响当今国际社会和各国发展最为重要的力量。在全球化巨大影响之下，国家的疆域形态以及国家控制地理空间的方式都发生了重大转变。

首先，各国的利益已经大大超越其领土范围，并彼此交织在一起。自20世纪后半叶以来，随着全球化的不断推进，发达国家的国家利益日渐超越本土，开始向全世界蔓延。但是，在当今由民族国家构成的世界体系

---

① 周平：《对民族国家的再认识》，《政治学研究》2009年第4期。
② 徐蓝：《试论第二次世界大战后国际秩序的建立与发展》，《世界历史》2003年第6期。

下,这些国家再也不能肆意将主权管辖下的疆域范围无限制地向外扩张了,国家利益和固有主权领土之间便产生了矛盾关系。此外,在全球化的冲击之下,民族国家的主权体制在经济、信息、环境等多重领域中所发挥的作用日显乏力,"主权逐渐失去了昔日的辉煌和尊严,主权的神圣不可侵犯性已经大不如前"[①]。在这样的情形之下,主权体制的疲软与超主权的国际规则开始显现。这样一来,为维护自身的利益,国家的活动范围必然需要超出主权和领土限制,转而采取新的政治行为在全世界范围内去谋求发展。

其次,有限的地理空间与无限的利益追求,这二者之间的矛盾带来了"国家拥挤"现象[②]。二战以后,帝国主义的殖民体系在亚非拉民族解放运动的浪潮下土崩瓦解,新兴的民族国家迅速涌现。190余个拥有独立主权的国家,其领土形态的疆域业已基本划定。如此众多的主权国家,都在谋求各自的国家利益。通过边界形式圈定的领土范围显然无法满足国家利益的无限发展,而现有的人类活动的地理空间也无法满足各国通过硬性占有的方式拓展疆域的需要。如此一来,"国家拥挤"的现象必将导致国家间的政治地理空间关系更为复杂和紧张。面对这个问题,全球或地区范围内国家间或者通过边疆争夺、边疆战争的方式来实现主权领土诉求,或者通过迅速占有新的地理空间的方式来缓解国家发展对已有空间的压力。

再次,新的科学技术革命进一步拓展了人类活动空间。在信息技术、生物技术、新材料技术、新能源技术、空间技术和海洋技术等高新科学技术不断发展的背景下,人类的活动范围不仅从传统的陆地、海洋、空中拓展到底土、深海、太空等空间领域,还开拓出了如互联网的虚拟空间。这些新的空间领域,一方面蕴藏着国家长远发展的潜在资源,另一方面也为维护既有的国家利益提供了新的维度。正因如此,世界各国纷纷投入大量精力发展高新科技,开拓和控制更大地理空间,俨然在全球范围内掀起了新的"圈地运动"。当国家的利益、国家的力量延伸和渗透到这些新的空间,并形成有效地治理,就赋予了这些空间政治属性或国家属性,也就形

---

① 周平:《全球化时代的疆域与边疆》,《中国边疆史地研究》2014年第3期。
② 关于"国家拥挤"的相关论述,可参见周平《边疆在国家发展中的意义》,《思想战线》2013年第2期。

成了新形态的国家疆域。

最后，全球化时代的反全球化运动也对国家的空间概念产生了较大的刺激作用。全球化浪潮在将世界各国凝聚成一个新的共同体的同时，也带来了两个饱受诟病的后果。一是全球化对国家特性的消解。对此，时下有种说法叫作"世界是平的"，意指全球化使得世界变得平坦化，其实质是强势的西方文明对其他地区产生的巨大影响，是一个西方化的过程。二是全球化也将局部问题扩大化，使之容易蔓延成为世界性的问题。这个现象不仅停留在经济领域，还表现在政治问题、环境问题、人口问题、信息安全问题和文化问题等多个方面。正是因为全球化带来的这些弊端，导致全球化进程也伴随着反全球化运动。这些运动有些是为了保持国家的或民族的特性，维护国家认同和民族认同，有些则是围绕国家文化安全、信息安全、生态安全与制度安全等方面而展开的。在反全球化运动的刺激下，为抵制全球化给国家利益（尤其是安全利益）带来的威胁，人们创制出了文化边疆、信息边疆、生物边疆等多种边疆概念。如果说，全球化带来的是"扩张型"的疆域形态，那么由反全球化带来的则是"防御型"的疆域形态。

以上这些因素，在全球化时代相互激荡、相互作用，对国家疆域形态的演变产生了综合性的影响。在这样的影响之下，一些新的疆域形态和疆域概念逐渐浮出水面。其中战略边疆、利益边疆、信息边疆等疆域理论的提出引发了极大关注，并且逐渐凸显为重要的疆域形态。如果说传统的领陆、领海和领空是"主权疆域"的话，这些新形态的疆域则可称为"超主权疆域"，其对于国家发展的意义日益重要。当然，"这样的超主权疆域，并不是对主权性疆域的否定和排斥，它是在主权性疆域的基础上形成的，是对主权性疆域的补充"[①]。

同全球化之前的疆域形态相比，全球化时代形成的这种超主权疆域的存在形式有以下几个基本特征：一是新形态疆域的构建是以国家利益为主要依据的。无论是战略边疆、利益边疆、高边疆、底土边疆还是在虚拟空间构建的信息边疆、文化边疆，或是在地球公地上割据的超主权疆域，无

[①] 周平：《论边疆的国家属性——我国边疆若干基本问题析论》，《云南行政学院学报》2014年第6期。

一不是服务于国家的利益和国家的发展。二是新形态疆域的范围并不固定。同前主权时代的国家疆域相似的是,新的疆域形态并没有形成一套主权框架,也尚未在国际关系上形成较为成熟的约束机制。因此新形态疆域范围的大小,主要取决于国家的实力和国家的利益。三是新形态疆域以多样性的形式存在。既有实体疆域,又有虚拟疆域;既有硬性疆域,又有软性疆域。当然,尽管全球化时代的新形态疆域有其不同以往的特征,但是其根本属性依然是国家属性,是国家占有和控制的空间范围。

三 疆域形态变化对边疆理论的影响

边疆理论是在一定的疆域形态下产生的,是对特定疆域与边疆现实的一种系统性、逻辑性的理性认识。因此,国家疆域和边疆形态发生变化,也自然会刺激与之相适应的边疆理论的出现。以全球化时代为分水岭,前后的疆域与边疆形态存在着巨大的反差,而在此基础上形成的边疆理论也发生了较为明显的转变。

传统的边疆理论主要是对陆疆、海疆和空疆等主权性疆域形态的思考和解释。这种边疆理论最早起源于对陆地疆域和边疆形态的思考。具体来说,1893年美国历史学家特纳在其著名的《边疆在美国历史上的重要性》一文中,首次提出了"边疆假说"。此后,特纳的"边疆假说"获得了学界和政府的普遍重视和认可,成为解释美国国家发展、国民精神和社会文明渊源的重要思想,美国的"边疆学派"由此奠定并形成。此后,随着人类活动拓展到海洋、空中的空间领域,人们对海洋疆域、空中疆域的思考和认识也逐步加深。1890年,马汉在《海权对历史的影响(1600—1783)》一书中第一次提出了"海权"概念,将人们的视线由陆地边疆引向了广阔的海洋疆域。[1] 1921年意大利人杜黑的《制空权》一书问世,对20世纪上半叶的边疆问题,特别是对空中边疆问题产生了重要的影响。[2]

---

[1] George Modelski and William R. Thompson, *Seapower in Global Politics*, 1949 – 1993, Seattle: University of Washington Press, 1988, pp. 13 – 26.

[2] 于沛等:《全球化境遇中的西方边疆理论研究》,中国社会科学出版社2008年版,第127页。

二战以后,随着全球化的加速推进,传统的边疆理论由于无法有效解释和服务于现实形势,而面临着严峻挑战。首先,边疆理论的研究对象无法涵盖疆域与边疆的现实形态。全球化时代,国家的疆域及边疆形态发生了重大转变,不仅包括陆疆、海疆和空疆等传统的主权性边疆,还包含了超主权性的边疆形态。与此相适应,相关的边疆理论也应该突破原有疆域形态的限制,变得越发多样化。其次,边疆理论难以解释国家对新型空间领域的占有行为。传统的边疆理论是在主权国家时代形成的,它很好地解释了国家对疆域和边疆的主权性管辖和治理。然而,在全球化时代国家在领土之外谋求发展空间的行为,显然是突破了主权体制的框架。对此,传统的边疆理论很难提供合理地解释。再次,边疆理论难以指导边疆治理实践。尤其是在国家领土之外的国家利益如何维护这一根本性的问题上,传统的边疆理论难以给出令人满意的答复。

"理论作为一种系统化、逻辑性的理性认识,既是现实发展的产物,也是对现实不满的一种反映。"[1] 面对全球化时代疆域及边疆形态的转变,传统的边疆理论产生了描述性和解释性的困境,因此开始发生调整和重构。一种超主权的边疆理论开始产生,这一理论不仅关注领土空间内的边疆,还关注非领土性的边疆。这种边疆理论迎合了全球化时代国家利益日益溢出国土之外,国家间利益不断交融与国家发展对新的空间领域的迫切需求,主动地将更多样的空间概念引入到边疆理论当中,[2] 从而形成了一种开放性的理论体系。此外,新的边疆理论还试图构建一种非主权性的疆域治理工具,进而为国家疆域的拓展和维护提供有力的理论支撑。

第二节 二战后疆域与边疆理论的演变

在人类历史上,第二次世界大战的影响无疑是巨大而深远的。此后,帝国主义殖民体系土崩瓦解,主权国家大量涌现,主权体制作为处理国际

---

[1] 张健:《国家视域中边疆与边疆观念的演变:内涵、形态与界限》,《云南师范大学学报》(哲学社会科学版)2012年第1期。

[2] 如底土边疆、高边疆、信息边疆等边疆理论,正是将空间概念与边疆概念嫁接而形成的。

关系的根本性原则逐步建立起来。对于国家疆域与边疆而言，由于其主权性和领土性得到了外部承认和尊重而变得稳定。冷战结束以后，随着全球化的加速推进，国家的疆域与边疆再次面临着重大转型，并由此形成了当前多元化的边疆形态和边疆理论。

一 二战对国际边疆格局的影响

第二次世界大战直接导致了殖民体系的瓦解，主权体制在国际社会中被极大推广，国际秩序以新的方式被重新构建起来。在此背景之下，国家类型、国家疆域都受到了根本性的影响，国际上的边疆格局和地缘政治格局也得到了明显的调整。

1. 主权体制下边疆格局的"马赛克"样式

国家主权原则的最初确立，是在西欧王朝国家时代由1648年10月签订的《西荷和约》所确认的威斯特伐利亚体系而完成的。这一国际体系曾对国家疆域与边疆产生了重大影响，它"承认了国家在其疆界内的最高权威或主权，终结了教会的跨国政治权威"[①]。然而，此时确立的主权体制不仅发挥作用的范围有限，而且产生的实际效力也十分脆弱。

主权体制在世界范围内的广泛形成，并成为处理国际关系核心原则，发生在第二次世界大战以后。随着殖民体系的逐步瓦解，亚非拉民族独立运动的不断兴起，主权原则才真正开始覆盖全球，"国际体系不再是一些国家拥有主权，另一些国家被剥夺主权的不平等体系"[②]。联合国的成立也为主权体制的形成和维系提供了有力的保障，其中《联合国宪章》对各成员国主权平等有了明确的规定，以暴力方式侵犯、夺取他国领土的行为也被明文禁止。这样一来，殖民扩张时代依据"先占""征服""割让""时效"等原则扩张殖民边疆的方式开始退出世界历史的舞台。此外，二战以后，随着海域划界立法、空间立法不断成熟，新兴的主权国家逐步学会使用国际法来维护主权独立和领土完整。依靠国际规则尤其国际法的方式变更或划定领土边界，成为维持疆域与边疆格局的主流做法。

[①] All cited from Andreas Osiander, "Sovereignty, International Relations, and the Westphalia Myth", *International Organization*, Vol. 55, No. 2, Spring 2001, pp. 260–261.

[②] 韦宗友:《殖民体系、后殖民体系与大国崛起》,《国际展望》2013年第6期。

时至今日，全世界已经有 190 多个主权国家，其中很大一部分是在第二次世界大战后建立或获得独立的。在上述国际体系和国际秩序的维系之下，这些国家的疆域主要以主权管辖下的领土作为存在形式。这样一来，地球表面的地理空间就被人类以边界的形式支离成不同国家的领土，这些领土空间大体上界线分明，显得如此稳定而牢固，由此国际边疆格局呈现出了"马赛克"的样式。

2. 边界问题与边界冲突广泛分布

二战给人类带来战争的灾难，同时也为人类带来和平的红利，其中主权原则的确立对于消解国家间的利益冲突和疆域纷争起到很大作用。然而，国家间的领土争议并非就此终结，甚至可以说由于主权体制在本质上是排他性的，因此主权所管控的领土空间的范围和外缘必然需要廓清。这也强化了相邻国家解决边界问题的紧迫性和激烈程度。

在这个问题上，非洲的例子就十分具有代表性。非洲的边界是在殖民主义时期人为强加的，根据苏联专家安德烈·葛罗米柯的研究，"非洲边界 44% 是按经纬线划的，30% 使用几何方法划分，只有 26% 是由河流、湖泊或山脉构成的自然边界线"。[①] 这种由殖民主义者划定的边界导致非洲的一些民族或部落被人为分离。二战以后，随着风起云涌的独立运动高潮的掀起，非洲大陆上获得主权独立的国家共同体大量涌现。按照主权原则，独立后的国家纷纷确定了自己的领土范围和边界位置。然而，从殖民体系时代留下来的传统边界线，导致了复杂的边界问题和跨界民族问题。"不是同一民族被简单分割，而是同一人群的不同部分受到不同经济、政治和文化的塑造，人为地制造了难以弥合的鸿沟，造成了后来的种种争端和冲突"，这"往往不是一国的问题，而是两国甚至多国乃至整个区域的问题"。[②]

类似非洲的边界问题在世界范围内也是广泛存在的，并引发了边界、边疆战争的不断上演。除主权体制的刺激以及殖民时代遗留的问题以外，

[①] 刘雪莲：《关于经济全球化背景下国家主权实质的认识》，《政治学研究》2004 年第 2 期。

[②] 刘伟才：《"跨界民族—国际移民综合症"与非洲国家冲突——以科特迪瓦为中心》，《世界民族》2012 年第 6 期。

二战期间形成的雅尔塔体系也对国家间的边界冲突产生了巨大的负面影响。正如有学者所言："雅尔塔协定是由几个大国按照东西方两大阵营对峙和各大国的国家利益需要而拟定的，因而产生了严重的负面效应，有些条款甚至成了当今世界边境争端的重要原因。"[①]

3. 超主权边疆格局的形成

二战以后，联合国的成立和布雷顿森林体系的构建，促进了新的国际政治秩序和经济秩序的形成。在新的国际格局和国际秩序下，全球化的进程快速推进，以前所未有的能量将世界的各个国家和地区席卷进来。国家的利益溢出了领土空间范围，国家的行为也超出了主权体制限定的框架。

在全球化的背景之下，国际的边疆格局逐步超越了以边界为主要划分方式的"马赛克"样式，转而呈现出超主权和超领土的边疆构造。这种边疆格局同以往时期都很不相同。在殖民体系中，殖民边疆的逻辑前提是有足够的地理空间可供大国殖民和掠夺。在这一边疆格局形成过程中，寻求的是帝国主义的单方利益，并带有对他国疆域和人口物理占领的强制或战争行为，有学者称之为"寻求生存必需型战争"[②]。而此时的超主权边疆格局的形成基础是双边或多边的"互为利益"，更多的是以经济、外交等非战争手段来推动的。此外，与主权性边疆的排他性占有和控制不同，在超主权边疆格局中，同一边疆领域的利益存在和占有方式是可重叠性的，国家对这种边疆的控制方式是一种非主权的"软控制"[③]。

除了全球化以外，二战所带来的另一个副产品就是科学技术的大发展。一些原本应用于战争，或打算为战争服务的新科技手段，在战后逐步转化到空间的利用和开发上来，由此拓展了国家疆域的范畴。在这些新的空间领域中，超主权的边疆格局也慢慢被凸显出来。

二　冷战期间边疆理论的发展

1947年3月，旨在遏制"共产主义扩展"的杜鲁门主义出笼，它标

---

① 毛振发：《当代世界的边界争端探源》，《国际展望》1995年第4期。
② 参见张春、潘亚玲《战争的演变：从寻求生存必需到维护生存质量》，《国际论坛》2002年第4期。
③ 周平：《中国应该有自己的利益边疆》，《探索与争鸣》2014年第5期。

志着美苏全面冷战的开始。此后,随着马歇尔计划的出台,北约、华约两大对立军事政治集团成立,美、苏两极对峙的政治格局最终形成。冷战期间两极格局下的国际秩序,有几个鲜明的特征:一是在美苏两国的对立中,各自为争夺地缘政治优势,而采取了划分势力范围并实施分而治之的策略①;二是无论是美国还是苏联,都有将"两极体制"变为"一极体制"的冲动,双方试图主导世界秩序和全球事务,并在世界范围推行强权主义和霸权政治;三是美苏争霸,尤其是"核竞赛""核均衡"带来的核威慑,在客观上维持了国际秩序的稳定。这个特殊时期的国际秩序和国际格局,对世界范围内的政治地理空间的划分产生了决定性的影响。边疆观念和边疆理论也伴随着地缘政治格局和边疆格局的重新规划,而发生了新的变化。

1. 边疆理论对主权原则的应用和援引

第二次世界大战以后,主权体制逐渐成为公认的处理国际关系的基本原则,从而实现了在全世界范围内的最终确立。随着国家占有和控制空间的多样化,主权体制也开始向这些空间领域延伸。在这个过程中,冷战期间的主权原则对于边疆及边疆理论的发展起到决定性的作用。一方面,主权原则的应用,使得领土概念的外延得到扩展,逐渐从单一的陆地内涵转向立体化的海、陆、空概念,并逐步形成了多元化的有关领土边疆的理论;另一方面,主权原则的援引,也为厘清非领土性的边疆形态提供了主要依据。

这一时期,主权性边疆及边疆理论的发展主要体现在海疆层面。在人类历史上,曾有过四次对海洋空间的分割,② 分别是:16 世纪西班牙和葡萄牙主导的海疆划分,18 世纪法国和英国主导的海疆划分,20 世纪初由马汉理论引发的海洋分割,以及 1982 年联合国第三次海洋法会议对海疆的划分。前三次的尝试,由于缺乏必要的现实条件,都没能在全球范围实现对国家海洋边疆的有效划分。冷战时期,由于主权原则的广泛确立,为第四次海洋分割的成功创造了先决条件。从 1958 年到 1982 年,为化解各国间的海洋争端,满足各国的海疆主权诉求,联合国先后召开了三次海洋

---

① 高恒:《对战后两极格局下国际秩序的历史评价》,《世界经济与政治》1991 年第 10 期。
② 参见牛宝成、史鸿轩《人类四次分割海洋》,《环球时报》2004 年 7 月 5 日,第 19 版。

法会议，并终于在第三次会议上通过了被称为"海洋宪章"的《联合国海洋法公约》。该公约包含了对领海、毗连区、专属经济区、大陆架和国际海底区域和资源勘探开发等问题的系统规定。《联合国海洋法公约》最值得称道之处就是规定了国家和国际水域的分界线，从而形成了国家的海洋边疆范围。这样一来，以国际法形式确立下来的海疆形态以及海疆概念，为海疆理论的发展奠定了坚实的基础。

在援引主权原则的过程中，非主权性边疆理论也得到一定进展，这主要表现在国际法中有关"全球公地"空间领域规定的发展与不断成熟。首先，国际空间法的发展，形成了太空边疆的基本原则。在1963年12月联合国大会通过的《各国探索和利用外层空间活动的法律原则宣言》特别阐释了"共同利益原则""自然探索和利用原则""不得据为己有原则"等外太空的开发利用原则。这些原则对各成员国开发外太空的宗旨、原则和手段做了相关规范，同时也确定了这一空间领域的非主权属性。其次，1959年《南极条约》签署，也以援引主权原则的方式冻结了相关国家对南极空间的主权领土诉求。最后，1982年《联合国海洋法公约》做出了"国家管辖范围以外的海床和洋底区域及其底土以及该区域的资源为人类共同继承财产"的规定。[①] 这些国际法的相关规定，为后来"非主权"边疆理论的形成做了铺垫，也为一些新形态边疆概念的性质、特征的相关讨论提供了"非主权"的前提条件。

2. 边疆理论同地缘政治理论的汇集

冷战期间，边疆的政治属性得到了更深层次的加强，不仅表现在国内政治层面上，而且表现在国际政治层面上。边疆不仅是国家内部的一块政治空间，还成为国际地缘政治格局中的构成部分。在两大阵营对垒的国际秩序中，边界"不仅存在于不同的国家之间，而且还存在于不同的政治集团之间。不仅可以是有形的，而且可以是无形的"。[②] 在很多时候，边界不单单是主权和领土的外部界线，还是两股国际政治力量较量和角逐的

[①] 于沛等：《全球化境遇中的西方边疆理论研究》，中国社会科学出版社2008年版，第298页。

[②] 于沛等：《全球化境遇中的西方边疆理论研究》，中国社会科学出版社2008年版，第243页。

产物。由边界分割开来的往往也不只是两个国家的疆域空间，还是两种不同的政治势力、意识形态、政治体制和经济体制。在这期间，德意志民主共和国与德意志联邦共和国之间边界的形成，就是边界这一特征的典型代表。而作为紧邻边界的区域，边疆的地缘政治意义就这样被凸显出来。

这样的客观现实，在理论层面就集中体现在边疆理论和地缘政治理论的交叉、汇集。从整个国际地缘政治格局中思考边界问题，成为这一时期边疆理论的重要特征。从地缘政治视野来看，这一时期东欧与西欧国家间的边界划分就具有非同凡响的意义。在地缘政治理论中，英国人麦金德曾提出著名的"大陆心脏说"，其核心观点可总结为"谁统治了东欧谁就控制了心脏地带，谁统治了心脏地带谁就控制了世界岛，谁统治世界岛谁就控制了世界"。在冷战期间，出于遏制东欧社会主义阵营的需要，麦金德的陆权学说开始得到西方主要国家的重视，并在东西欧国家的边界划分中得到了深刻的体现。在这一点上，正如有学者认为的，"东西欧的划分并不是纯粹的自然地理意义上的划分，而是政治地理意义上的概念"。[①]

此外，随着新的边疆和边疆理论的出现，边疆的范畴渐渐超出领土空间，开始随着国家利益的扩张而在全球范围推广开来。而地缘政治学的研究对象，是因地理因素而形成的政治形态，主要关注的焦点是国际政治格局中的地缘关系。这样一来，超主权的边疆理论就必然同地缘政治理论交织在一起。地缘政治学的早期研究成果，为超主权的边疆理论提供了参考和借鉴价值，从而促进了边疆理论的发展。

3. 边疆理论的研究路径得以拓宽

系统性的边疆理论研究滥觞于美国学者特纳，当时的边疆概念主要指向北美大陆的西部地区。特纳学派的研究路径，主要是从历史学的视角来阐释美国文明的渊源，并为美国的国家发展提供理论支持。而随着二战以后，国家利益向领土之外的扩张以及新形态空间领域的开拓，边疆理论的研究领域也不断得到拓宽。到了冷战时期，边疆理论已不仅关注领土边疆，还开始研究新的疆域形态。此时，历史学或历史地理学的研究范式显然已不能满足现实需要。虽然特纳时代"边疆假说"的核心思想仍旧发

[①] 于沛等：《全球化境遇中的西方边疆理论研究》，中国社会科学出版社 2008 年版，第 243 页。

挥着深远的影响，但是就边疆理论的研究路径而言，已经大大超出了历史学的分析框架。

这样的变化首先来自特纳学派的内部。随着战后国际形势与美国国家发展形势的巨大变化，传统的特纳学派的理论观点对现实的解释功能愈显乏力。面对这种情况，特纳学术衣钵的继承者们开始尝试采取新的研究方法来改造原有理论，这样的学术流派被称为"新特纳学派"。具体来说，"新特纳学派"采取了微观历史的实例研究以及计量史学的方法，试图拓宽边疆理论的研究路径。[①] 但是这样的学术改良并未能挽回史学研究在边疆领域的颓势，其产生的实际影响也较为有限。

这一时期，边疆理论研究真正的突破在于采用了政治学，尤其是国家主义的研究视角和研究路径。从美国的"新边疆""利益边疆""高边疆"等边疆概念的提出，到苏联服务全球扩张的边疆理论，其背后的逻辑都是政治性的。在上述的边疆理论同地缘政治理论交叉之后，边疆理论的这种国际视野和政治学的研究路径显得更为突出。边疆理论不但关心特纳式或拉铁摩尔式的对一国文明史的解释，更加关心在国家治理层面如何拓展边疆、维护边疆的现实问题。可以说，这个时期边疆理论在研究路径上的拓展，为冷战后全球化进程中的边疆研究做了很好的铺垫。

三 冷战后边疆理论面临的冲击

冷战结束以后，国际格局和政治秩序都发生了深刻的变化。两极格局与两大阵营对抗体制逐步瓦解，自由贸易原则真正在全球得到贯彻，世界各国利益不断交融进而联结为一体。人类的科技手段再次得到突飞猛进式的发展，开拓了新的活动空间。在这些新形势下，形成于冷战思维框架下的边疆及边疆理论开始受到严重的冲击。

首先，东欧剧变和苏联解体，使美国一举成为世界上唯一的超级大国，国际秩序由两极主导模式转换为一极独霸。形成于美苏争霸背景下的边疆理论已然不能适应美国主导世界秩序，以及在全球范围谋求国家利益的需要。对于美国而言，从两极格局视域下看待和认识到的边疆，同一极格局中看到的边疆是不一样的。冷战时期由于受到以苏联为首的社会主义

[①] 杨生茂：《美国历史学家特纳及其学派》"前言"，商务印书馆1984年版，第16—17页。

阵营的制约，所形成的边疆理论对于此时已攫取世界霸主地位的"新美利坚帝国"[①]而言，已经显得保守而不合时宜。此时美国为实现在全球范围内进行利益空间谋划和战略空间的布局，更加需要构建起一种扩张性更强的边疆理论。

其次，冷战以后，通过国内政治体制、经济体制的锐意改革，搭着全球化进程中自由贸易的便车，中国、印度、巴西等新兴大国呈现出群体性崛起的势头。这些新兴大国为谋求与自身的国际地位和国家发展的需要，必然要形成自己的边疆理论和边疆战略。其中，中国的快速崛起，最为引起全世界的瞩目。现如今中国"已是亚洲乃至世界经济增长的最主要引擎之一"[②]，也是冷战以后世界地缘政治格局中的最大变量。同殖民主义时代的大国崛起和二战后美苏两国的全球争霸不同，中国正试图探索一条和平崛起之路。而原有的西方国家边疆理论显然无法完全适应中国等新兴大国实现和平崛起的需要，因此需要进一步调整和创新。

再次，全球化进程的快速推进，对民族国家的主权性构成了巨大的挑战，也使得主权性的边疆及边疆理论受到了严重冲击。国家间利益的交织、国际组织的跨国界行动、资本在全世界范围的流动、信息时代的来临等构成全球化的核心要素，成为碾平世界的强大动力。正如有的学者所言，"民族国家几乎已经成为一个夹在外部、超国家的和全球力量与内部的、地区或地方主义离心力量之间的'三明治'"[③]。国家的主权、领土和边界，在全球化面前其神圣性和绝对性都不再那么突出，主权原则在解释和解决各国间的边疆问题也不再那么管用了。

最后，随着新科技革命的持续推进，人类又拓展出新的空间形态。尤其是信息技术和互联网技术的高度发展和成熟，创造出了信息边疆、数字边疆等非地理性的虚拟边疆形态。"20世纪90年代以后，信息技术构建了原先并不存在的空间。成千上万台计算机和众多的局域网、城域网和广域网通过各种通信线路连接在一起，组成一个全球信息技术空间。"[④] 显

[①] 张西明：《新美利坚帝国》，中国社会科学出版社2003年版，第3页。
[②] 韦宗友：《殖民体系、后殖民体系与大国崛起》，《国际展望》2013年第2期。
[③] 葛汉文：《批判与继承：二战后法国的地缘政治思想》，《世界经济与政治》2011年第2期。
[④] 杨剑：《开拓数字边疆：美国网络帝国主义的形成》，《国际观察》2012年第2期。

然，冷战时期基于实体空间而形成的边疆理论，无论是主权性边疆理论还是非主权性的边疆理论，都无法将这种虚拟的空间领域界定和解释清楚。这样，理论同现实之间的巨大反差，就对原有的边疆理论构成了挑战和冲击。

四 当前边疆理论的进一步调整

冷战结束以后，根据实现情况的转变，各国的边疆及边疆治理理论得到了进一步调整。由于国家发展阶段、国家的规模体量、国家的战略目标以及国家的政治文化的差异，各国的边疆理论也有所不同。但是从总体情况来看，以下几个方面的调整明显成为当前边疆理论发展的大致方向和总体趋势。

第一，边疆及边疆理论更加受到重视。历史上，边疆曾呈现出多重属性，如政治性、文化性、地理性、经济性和战略性。但是作为国家占有和控制的一个空间领域，边疆的根本属性就是政治地理空间性。冷战以后，两大阵营对垒的国际格局解构，和平与发展成为时代的主题。各国在相对和平的国际环境下，为实现国家利益和国家发展，无不在努力寻求发展空间。在主权体制下，以"先占""征服""割让""时效"等方式获得国家疆域的方式已经变得不太可能。此时，摆在各国面前的大概有两种选择：一是在主权体制以外拓展新的空间领域；二是重新规划整合国家的国土空间。海外利益较大、软硬实力均较强势的国家往往以第一种方式，在领土之外拓展国家的疆域和边疆，而另外一些国家则选择了大规模地开发建设具有发展潜能的领土内的边疆地带。然而无论做出怎样的选择，都必然要更加重视边疆及边疆理论。虽然有些时候，各国对于政治地理空间的观念和治理实践，并不以"边疆"的字眼来表示，但从其基本思路和逻辑上来看仍旧属于边疆和边疆理论的范畴。

第二，边疆理论努力适应全球化时代。冷战时期，受到两极格局的制约，全球化的进程相对缓慢。大部分国家的利益还主要存在于领土空间之内，受到国家主权的维护和保障。国家的边疆理论和边疆战略也由此局限在领土性边疆层面，正如于沛所言，"直至20世纪80年代末，大多数国家的生存与发展利益仍基本局限于本土疆域之内，军事战略普遍奠基于地理边疆之上"。① 冷战结束后,国际社会真正进入了"经济和文化方面交流的不可抗拒、不可扭转的全球化"。② 为适应全球化时代的要求,边疆理论不断得到调整和扩充,利益边疆、政治边疆、文化边疆、经济边疆、信息边疆、战略边疆等边疆新概念纷纷出现。从这些边疆理论和边疆概念的创制逻辑和创制目的来看,大抵包括两个方面:一是要在全球范围内拓展自己的利益和势力范围,这是一种外向型的边疆理论;二是要在全球化的浪潮中构筑自己的利益防线和安全防线,这是一种带有防御目的的内向型的边疆理论。面对全球化的滚滚浪潮,那些想在国际格局中谋求或维持大国地位的国家,大都选择了第一种边疆理论。

第三,边疆理论努力适应新的空间领域。近年来,边疆的范畴不仅从领土性空间拓展到了非领土性空间,还从有形空间拓展到无形空间,从实体空间拓展到了虚拟空间。而有关边疆的理论研究,也随之日渐多样化和丰富化。除了与全球化相关的利益边疆、战略边疆、文化边疆、经济边疆等边疆概念外,适应新科技革命下的新空间领域的边疆理论的构建也提上日程。冷战时期形成的"高边疆"理论已被广泛接受,由此引发的各国对太空疆域的开拓和治理也愈演愈烈。此外,"底土边疆""数字边疆""生物边疆"等全新的边疆理论也正在形成。

第四,传统的地缘政治理论的复兴与发展。在经历了第二次世界大战带来的巨大灾难之后,世界范围内普遍形成了一种反对国家疆域扩张的思潮。作为与国家疆域理论直接相关的地缘政治理论也饱受诟病,甚至被视为替纳粹主义服务的侵略理论。冷战以后,随着两极格局的解体,束缚在国家身上的枷锁被打开了。西方各国为谋求自身的发展空间,又再次转向了曾被唾弃的地缘政治理论。尤其是德国学者,对于滥觞于其国家的地缘政治学理论进行彻底辩护与反思。他们指出,地理决定论是地缘政治学的核心思想,地缘政治学者历来坚信,"国家强大的原因在于其地理基础与自然环境特性,而勿论其属于哪个种族"③"历史的进程及大国的兴衰本

---

① 于沛:《从地理边疆到"利益边疆"——冷战结束以来西方边疆理论的演变》,《中国边疆史地研究》2005年第2期。
② [美]迈克尔·哈特、[意]安东尼奥·奈格里:《帝国——全球化的政治秩序》,杨建国、范一亭译,江苏人民出版社2005年版,第1页。
③ 葛汉文:《"退向未来":冷战后德国地缘政治思想刍议》,《欧洲研究》2011年第4期。

质上是空间决定而不是人所决定"①,这从本质上将地缘政治学理论同纳粹主义的种族理论区别开来了。

总之,当前的边疆理论涉及的空间领域越来越广泛,大有将人类活动的一切空间纳入研究范畴之势。然而应当引起注意的是,任何的学科或理论研究都存在一定的界限,无限制地拓展研究对象将会导致理论的泛化,而最终丧失解释能力。对于边疆理论而言,其最为根本之处在于牢牢把握住边疆的国家属性,将边疆视为国家疆域的边缘部分,将边疆视为国家占有和控制的一个政治地理空间。因此,无论边疆理论如何发展,其根本的国家属性和国家视角不会发生变化。

第三节 西方主要国家和地区的边疆理论

在中国的发展高度融入世界的今天,无论是边疆形态、边疆治理还是边疆观念的发展,都要紧紧把握国际视野。因此,中国边疆理论的创新也就离不开对西方主要国家和地区主流边疆理论的关注和追踪。从二战以后的边疆及边疆理论的演变进程来看,以美国为代表的西方主要国家已经走在了前面。这些国家和地区能够及时把握国际局势和历史机遇,适时调整自己的边疆理论,并将边疆的拓展同国家的发展有机地结合起来。对其边疆理论和实践进行必要的总结,对于中国而言具有重要的启发和借鉴意义。

一 美国的边疆理论

作为当今世界头号资本主义强国,美国的国家发展同其边疆治理的成功是密不可分的。其边疆理论的形成与演进,不仅推动了美国国家综合实力的急剧增长,还对国际格局和国际秩序产生了深刻而长远的影响。美国边疆理论最为突出的特点是,能够根据国家利益和国家发展的需要,及时地调整、扩充边疆概念和边疆观念,并在实际的治理实践中将其很好地运用。根据边疆的形态,可以将美国边疆理论归纳为以下几种类型。

---

① [英]杰弗里·帕克:《地缘政治学:过去、现在和未来》,刘从德译,新华出版社2003年版,第48页。

第一，陆地边疆理论。美国的边疆理论发轫于陆地边疆理论。1893年，特纳发表《边疆在美国历史上的重要性》一文，从边疆拓展的角度对美国文明的渊源进行了全新的阐释。在这篇论文中，特纳指出："直到现在为止，一部美国史在很大程度上可说是对于大西部的拓殖史。一个自由土地区域的存在，及其不断的收缩，以及美国定居的向西推进，可以说明美国的发展。"① 这样的论述奠定了特纳边疆理论的三个核心论点，即"边疆假说""自有土地"和"移动的边疆"。在特纳看来，在开发西部边疆的过程当中，美国形成了"混合性"的民族特性和"拓荒者"的民族精神。此外，特纳认为，边疆地区自由土地的大量存在为美国的社会发展提供了"安全活塞"，它为美国阶级矛盾和社会冲突的转移提供了广阔的空间。特纳的边疆理论在美国产生了深远的影响。"自从特纳于一八九三年发表那篇著名的论文后，他的边疆学说，几乎未经批评的检验就为美国的一些历史学家迅速地、几乎一致同意地所接受。"② 在1948年，美国历史学家理事会曾推荐出6名已故的最伟大的历史学家，特纳被置于第一位。

在特纳"移动的边疆""安全活塞"理论的影响之下，美国的陆地边疆治理模式也别具特色并卓有成效。美国官方曾将陆地边疆界定为每平方英里人口为2—6人的前沿地区，并宣称这个地域范围在1890年前后就消失了。然而这样的陆疆观念是传统型的，它仅仅是"印第安商人的边疆""牧牛人的边疆"以及"农民的边疆"③，与其相适应的边疆治理也是初步的较为有限的"农业开发阶段"。此后，随着国家发展层次的不断提升，美国对西部边疆地区的治理也不断升级，依次经历了"工业开发阶段"和"科技开发阶段"。④ 在这样的过程中，美国的陆疆不断得到有效治理，国家也从开发边疆中先后获得了发展农业、工业、科技的巨大空间，二者形成了相得益彰的关系。由此可以看出，陆疆地区具有持续开发

---

① ［美］弗雷德里克·杰克逊·特纳：《美国边疆论》，董敏等译，中国对外翻译出版有限公司2012年版，第2页。

② 丁则民：《"边疆学说"与美国对外扩张政策（下）》，《世界历史》1980年第3期。

③ ［美］弗雷德里克·杰克逊·特纳：《美国边疆论》，董敏等译，中国对外翻译出版有限公司2012年版，第10页。

④ 何顺果：《美国边疆史——西部开发模式研究》，北京大学出版社1992年版，第385页。

的潜力，因而需要不断以新的方式推动陆地边疆治理现代化，从而在地理空间上支撑国家的进一步发展。

"移动的边疆"的思想为美国边疆理论的发展种下了"扩张性"的基因，也对后来美国边疆政策乃至对外政策产生了巨大的影响。尤其特纳那句著名的论断——"一个自由土地区域的存在及其不断的收缩，以及美国向西的拓展，就可以说明美国的发展"，直接道出了美国从一个区域性弱国走向世界头号强国的基本原理和精神底蕴。当然，除了特纳以外，美国其他一些重量级学者的边疆理论也很有分量。其中特别是拉铁摩尔的中国亚洲内陆边疆研究，为美国陆地边疆理论的发展起到了极为重要的推动作用。

第二，海洋边疆理论。1890年，美国海军上校马汉在《海权对历史的影响（1660—1783）》一书中，正式提出了"海权"概念和海权理论。在这本著作中，马汉认为海权对国家乃至世界历史进程的演进产生了关键性的作用。通过对地理位置、自然结构、领土空间、人口数量、民族性格和政府能力等方面的系统分析，马汉认为美国具有发展海上力量、掌握海权的绝对优势。马汉海权理论提出以后，受到了政界人士的关注和热捧。美国总统西奥多·罗斯福就对此书大为赞赏，并指出这本著作是"这类著作中讲得最透彻、最有教益的大作"。[①] 此后，美国的海洋边疆战略显然是受到了马汉海权论的刺激和鼓励，夏威夷、菲律宾、波多黎各、威克岛、关岛、萨摩亚、巴拿马运河区、科恩群岛、维尔京群岛的相继获得都与此不无关系。冷战期间，里根政府提出了美国的全新"海军战略"，强调要控制世界海洋16条海上战略要道，使马汉的"海权"理论得到复兴。20世纪80年代，面对太平洋地区特别是亚太地区的迅速变化，美国的经济战略重心逐渐向西移动，时任美国总统的里根曾明确表示，"美国是地道的太平洋国家"，把太平洋变成美国的边疆与"私有湖"这样的言论也逐渐兴盛起来。[②]

当前美国的海洋边疆理论又有了新的进展。其中最有代表性的当属美

[①] 转引自于沛等《全球化境遇中的西方边疆理论研究》，中国社会科学出版社2008年版，第118页。

[②] 万青：《美国的老边疆、新边疆、高边疆战略》，《世界知识》1986年第6期。

国兰德公司高级研究员、奥巴马总统的首席情报顾问大卫·C. 龚培德的观念。《海权和美国在西太平洋的利益》和《升级原因：五角大楼新战略会如何引发与中国的战争》等论述中，龚培德指出"美国的海洋战略逐渐从西太平洋发展到东亚海洋，主要原因是出于经济利益和安全利益，目的是扩大贸易区域，推动国内经济增长。如此一来，美国就能拥有全球大半的海洋权利，能够在世界的军事实力上成为绝对的主导力量"，"海上力量不仅仅是海面力量，而是整个海洋领域，包括天空、海面以及海下的军事力量"[1]。这样的论述很明显是"海权论"在新时期的升级版。

第三，"新边疆"政策与相关理论。正如格雷厄姆所言，"美国具有开拓边疆的历史传统"[2]，尤其是在特纳提出"移动的边疆"理论之后，美国的政治文化、内外政策、政府行为都被深深地打上了边疆的烙印。在冷战时期美苏争霸的历史背景下，为解决美国面临的内外问题，肯尼迪总统提出了"新边疆"政策，主要指代"未知的科学与空间领域，未解决的和平与战争问题，尚未征服的无知与偏见的孤立地带，尚无答案的贫困与过剩的课题"[3]。在"新边疆"政策的感召下，美国采取了一系列的拓展边疆行为。越南战争的发动，就同美国力图在欧亚大陆边缘地带上拓展"新边疆"十分相关。此外，为进一步推动"新边疆"政策在世界范围的影响力，"肯尼迪政府对亚洲、非洲、拉丁美洲的不发达国家提供了大量援助，试图用这种软方法来笼络发展中国家，阻止它们向苏联靠拢"[4]。

新边疆的概念不仅停留在政策层面，理论界也展开了大量研究。其中，以新边疆的视角研究美国城市化进程的理论，形成了广泛影响。查德·韦德的《城市边疆：1790 至 1830 年间美国西部城市的兴起》、卡尔·艾博特的《大都市边疆：当代美国西部城市》以及肯尼思·杰克逊的《马唐草边疆：美国郊区化》等著述，将美国的城市史看作边疆研究

---

[1] 夏善晨：《美国海权的升级版——浅析〈海权和美国在西太平洋的利益〉》，《太平洋学报》2014 年第 7 期。

[2] ［美］丹尼尔·奥·格雷厄姆：《高边疆——新的国家战略》，张建志等译，军事科学出版社 1988 年版，第 1 页。

[3] 转引自于沛等《全球化境遇中的西方边疆理论研究》，中国社会科学出版社 2008 年版，第 118 页。

[4] 于沛等：《全球化境遇中的西方边疆理论研究》，中国社会科学出版社 2008 年版，第 312 页。

的新领域。① 在这些著述中,边疆理论的研究者们对特纳的边疆学说提出了质疑,认为"特纳学说过于强调地理环境对西部乃至整个美国社会的影响,而且偏重于农业,而西部的真实历史却是城市边疆开发的'先导',或至少是城市边疆和农业边疆并存"②。

第四,高边疆理论。1958 年美国第一颗人造卫星的发射以及 1969 年阿波罗登月计划的实施,使美国成功地进入了宇宙空间领域。由此,美国的边疆战略从陆海空战略发展到了宇宙空间战略。面对苏联军事力量增长对美国的威胁,以及美苏两国核力量势均力敌的局面形成,格雷厄姆等人认为应该用"确保生存战略"代替"确保相互摧毁战略"。为实现这一目标,格雷厄姆提出了"高边疆"战略,试图利用美国空间技术的优势来确保其战略上的安全地位。1982 年《高边疆——新的国家战略》这份研究报告抛出以后,迅速受到美国政府的高度评价和广泛重视。1983 年里根总统发表了著名的"星球大战"计划演说,1984 年在国情咨文中正式将"高边疆"列入国家战略目标,1985 年里根总统在国情咨文中进一步把"开发和利用太空作为美国第二次革命的重要目标"。③ 1986 年,格雷厄姆《空间防御概况》一书中,进一步将"高边疆"战略分为"战略防御倡议"(即"星球大战"计划)与"太空工业化构想"两个部分,而丹尼尔·杜尼在《空间:展望中的高边疆》中详细勾画了太空工业化的蓝图。④ 这样,美国在"高边疆"领域不仅取得了极大的成功,也构建起来相对完善的立体化边疆理论。通过高边疆的构建,美国的国家疆域形态、疆域规模和疆域结构都得到调整和拓展,为美国赢得美苏争霸增添了动力。

第五,利益边疆理论。"20 世纪 80 年代中期,美国等西方大国从维护自身利益的需要出发确定战略控制范围,首先使用了'利益边

---

① 王旭:《肯尼思·杰克逊与美国郊区化研究——〈马唐草边疆〉评介》,《东北师大学报》(哲学社会科学版) 2000 年第 1 期。

② 王旭:《肯尼思·杰克逊与美国郊区化研究——〈马唐草边疆〉评介》,《东北师大学报》(哲学社会科学版) 2000 年第 1 期。

③ 朱听昌、刘菁:《争夺制天权:美国"高边疆"战略的发展历程及其影响》,《军事历史研究》2004 年第 3 期。

④ 参见朱听昌、刘菁《争夺制天权:美国"高边疆"战略的发展历程及其影响》,《军事历史研究》2004 年第 3 期。

疆'概念"。① 美国空军参谋长迈克尔·瑞安就明确强调:"商业发展到哪里,我们的国家利益伸展到哪里,军队就应该跟到哪里,不管是在陆地、海洋还是空中。"② 关于美国的利益,美国21世纪国家安全委员会在其报告中将其划分为:"生存利益"(survival interests)、"关键利益"(critical interests)和"重要利益"(significant interests)三个层面。③

根据这些利益需要,在全球化高度发展的今天,美国早已在全世界范围内划定了利益范围,确定了超主权体制的利益边疆。在克林顿政府时期,美国宣称在全球拥有利益并负有责任,④ 并通过"参与和扩展"战略来推进和扩大所谓"市场民主制国家"的范围,确保美国的跨世纪霸权。在此总体战略规划下,美国在欧洲启动了北约东扩进程以扩大自身的战略空间,在亚洲努力构建"新太平洋共同体",在美洲打造"北美自由贸易区"。自此以后,美国已开始将利益和战略触角全面伸向了全世界的各个地区,逐步形成了全球性利益边疆的总体布局。时至今日,奥巴马政府推动的美欧自由贸易区、"重返亚太"战略、"跨太平洋伙伴关系协议"、重建"美洲联盟"等重大国际战略举措均与美国的全球利益密切相关,或者说都是在美国利益边疆理论的导引下展开的。

为配合利益边疆的拓展和维护,美国还提出了"战略边疆"的概念。关于战略边疆的形成,有学者指出:"20世纪冷战时期美苏争夺地缘政治优势的斗争,使少数强国利益突破本土地理疆界,迅速向更大的地缘'势力范围'延伸,从而产生了以国家利益拓展线划界的'战略边疆'概念。"⑤ 可见战略边疆理论同利益边疆理论是相辅相成的,但二者之间又有一定差异。"如果说'利益边疆'回答的是国家利益的范围,'战略边疆'则是回答国家利益的战略要求。"⑥ 通过利益边疆和战略边疆的构建

---

① 于沛:《从地理边疆到"利益边疆"——冷战结束以来西方边疆理论的演变》,《中国边疆史地研究》2005年第2期。

② 参见周平《中国应该有自己的利益边疆》,《探索与争鸣》2014年第5期。

③ 参见杨成《利益边疆:国家主权的发展性内涵》,《现代国际关系》2003年第11期。

④ 梅孜:《美国国家安全战略报告汇编》,时事出版社1996年版,第245页。

⑤ 王西华:《全球化时代的国家利益边疆与积极防御战略的转换》,《南京政治学院学报》2011年第3期。

⑥ 于沛:《从地理边疆到"利益边疆"——冷战结束以来西方边疆理论的演变》,《中国边疆史地研究》2005年第2期。

和扩张，美国不仅保障了自身在单极世界中的霸主地位，还借此获得了国家进一步发展的持续动力。

第六，信息边疆理论。信息边疆主要指，"在遥感技术、卫星通信、网络技术和多媒体技术等信息技术迅速发展和广泛应用的条件下，主权国家为了保护自身的信息资源同时获取和创造新信息的空间和领域"[①]。作为第三次科技革命发源地，美国是信息空间领域的开拓者，也是信息边疆理论的先知先觉者。在2000年，美国战略学家杰弗里·R.库珀就曾指出："新的信息技术的发展，互联网爆炸性的成长导致了数字空间的产生。这些的确创造了一个新的领地，也就是说打开了一个新的边疆视角。而美国作为开拓和利用新边疆经验最丰富的国家，应当有这样的文化传统来抓住信息边疆所提供的机会。"[②]

在实际治理层面，美国通过"国家信息基础设施：行动计划""全球信息基础设施计划"和"互联网域名与地址管理机构"[③]在信息边疆的空间领域占尽了先机。通过全球性网络的建立，美国不仅在相关信息产业的发展中获得了巨大商机，并且通过行使信息边疆领域的"封疆权和路由权"[④]，形成了另外一种影响甚至掌控世界政治经济局势的重要权力。在此基础上，美国政府于2005年进一步提出了"21世纪美国标准战略"，在世界范围的信息空间范畴里强势推进"美国化"，构建新型的美国霸权。与其他实体形态的边疆一样，信息边疆也需要维护和管理。在这个方面，美国政府最为关注的是信息边疆的安全治理问题，并先后制订或出台了《联邦信息安全管理法案》《国家网络安全综合计划》《信息技术空间国际战略》等重要的政策性文件。与此同时，美国还在信息边疆的治理过程中，大力推广美国文化和价值理念，从而将信息边疆与文化边疆的建设和拓展紧密地结合起来，进一步加强了美国的国家软实力。

---

① 徐黎丽：《国家利益的延伸与软边疆概念的发展》，《云南师范大学学报》（哲学社会科学版）2011年第5期。
② 转引自李朝辉《中美两国边疆观形成与演进对比研究》，《云南师范大学学报》（哲学社会科学版）2015年第1期。
③ 李朝辉：《中美两国边疆观形成与演进对比研究》，《云南师范大学学报》（哲学社会科学版）2015年第1期。
④ 杨剑：《数字边疆的权力与财富》，上海人民出版社2012年版，第109页。

二 苏联—俄罗斯的边疆理论

俄罗斯从16世纪初地处东欧一隅的莫斯科公国，成长为地跨欧亚两洲的大帝国，乃至于今日国土面积仍处于世界第一位，其国家规模发展所依靠的根本动力正是边疆的不断拓展。在这一过程当中，俄罗斯也积累了大量的值得参考的边疆及边疆治理理论。其中，在20世纪的大部分时期里，苏联凭借强大的国家能力所形成的边疆战略和边疆政策，依旧对今日的俄罗斯边疆理论的发展起到深远影响。

1. 苏联的边疆理论

十月革命以后，在列宁的领导下苏俄、苏联形成了以"民族自决"为核心的边疆理论。在对沙俄时期压迫性的边疆民族理论和民族政策深刻批判的基础上，列宁逐步提出了以"民族自决权"为核心的边疆民族理论。在这一理论指导下，苏俄宣布放弃帝国主义时代剥夺侵占的疆域，允许东欧的一些国家成为独立的主权国家，并同一些国家划分了边界线。在建立苏维埃社会主义共和国联盟的过程当中，列宁选择了"民族联邦制"的国家结构形式，强调原沙俄时期边疆地区的国家以自愿和平等原则加盟苏联。

苏联成立以后，拥有广阔的边疆，也面临着极为复杂和突出的边疆问题。在进行边疆治理的过程中，斯大林的民族理论发挥了决定性的作用。一方面强调民族团结和民族平等，反对俄罗斯的大民族主义和其他少数民族的地方民族主义；另一方面，将阶级斗争的观点引入民族理论当中，在边疆地区推动了轰轰烈烈的肃反运动，并通过强制迁移边疆少数民族的方式进行族际政治整合。对于边疆地区的周边安全，二战之前斯大林从地缘政治的角度，建立了防御性的边疆安全防控体系。除构建稳定的周边环境外，苏联此时还否认了归还中国等被侵占领土的承诺，同时通过鼓动外蒙、新疆独立来扩大自己的战略纵深。

二战期间，在战争的影响下，苏联对边疆政策和边疆理论做出较大调整。首先，根据战争的需要，苏联有效地利用了边疆地区的空间优势，将中亚地区作为大后方来支持卫国战争。不仅将政府、企业、学校向这里疏散，还通过对边疆地区的开发经营，获取大量的战争物资和兵源补给。其次，苏联在战争期间通过武力入侵和外交谈判的形式，扩张自己的疆域和边疆范围，在地缘格局中谋求有利的地位。

二战以后，苏联的边疆理论呈现出更多的扩张性的特点。在与美国争霸世界的几十年中，苏联形成了一套对外扩张的边疆理论。"无产阶级国际主义"的口号，为苏联的扩张性边疆理论的形成起到了极大的推动作用。勃列日涅夫时期，"有限主权论""国际专政论""社会主义大家庭论"都是遵循了"苏联利益代表全人类"的逻辑。[①] 在陆地边疆上，苏联一方面宣扬以平等、互相尊重的方式解决边界问题，另一方面又在边界线上通过陈列重兵以及对邻国发动武装冲突的方式，努力在边界外围扩大战略纵深。在海洋边疆上，大力发展远洋海军，"在辽阔的世界大洋上胜利地完成赋予它保障国家安全和保卫国家海上利益的任务"。[②] 在战略边疆上，力图在欧亚大陆边缘谋求突破西方包围的出口，在战略要地设立军事基地[③]，以拓展战略边疆的范围。在高边疆上，大力发展空间技术，并为国家军事战略服务。总之，苏联的边疆战略可谓全面出击，这与同一时期美国的边疆及边疆理论可谓如出一辙。

2. 俄罗斯的边疆理论

苏联解体以后，俄罗斯的综合国力与地缘环境均发生了根本性的转变。与苏联相比，俄罗斯的人口数量下降了四分之一，领土面积失去了近二分之一，它在高加索地区的疆界退回到了19世纪，在中亚则退回到19世纪中叶，西部边界甚至戏剧性地退回到15世纪左右。[④] 不仅如此，俄罗斯的地缘政治环境也急剧恶化，地缘战略空间大幅压缩，出海通道受到严重制约，周边环境也极不稳定。诚如美国学者布热津斯基所言，"俄罗斯已从一个超级大国变成一个第三世界的仍具有重大核潜力的地区大国"。[⑤] 俄罗斯的边疆理论正是在这样的国内和国际环境下重构起来的。与美国的边疆理论不同，俄罗斯的边疆理论往往不以"边疆"的概念来

[①] 于沛等：《全球化境遇中的西方边疆理论研究》，中国社会科学出版社2008年版，第316、318页。

[②] 转引自蒋建东《苏联的海洋扩张》，上海人民出版社1981年版，第30页。

[③] 参见叶自成《地缘政治与中国外交》，北京出版社1998年版，第124页。

[④] [美] 兹比格纽·布热津斯基：《大棋局——美国的首要地位及其地缘战略》，中国国际问题研究所译，上海人民出版社1998年版，第116页。

[⑤] [美] 布热津斯基：《你们本来可以成为富裕和幸福的国家》，俄《共青团真理报》1998年1月6日；转引自冯玉军《俄罗斯地缘政治战略取向》，《现代国际关系》1999年第10期。

界定，而是放在地缘政治学的分析框架之中。然而尽管如此，以边疆和边疆治理的视角来看待俄罗斯一些主要的地缘主张，实际上就是边疆战略和边疆理论的范畴。

冷战以后，随着国家总体战略的调整，俄罗斯的边疆理论经历了一个较为痛苦的转变过程。在俄罗斯独立伊始，国家奉行的是一种"大西洋主义"的外交政策，这是一种"一边倒"的亲西方的意识形态倾向。然而这种国家发展战略，非但没有换得美国等西方国家的援助和支持，反而因为北约东扩而丧失了更多的战略空间。此后，俄罗斯的外交策略又转向了"新东方政策"，即将战略中心放到东欧的"近邻外国"。但由于国家政治实力和经济实力有限，俄罗斯无法做到对这些周边地区产生有力的影响。由此，俄罗斯选择了"东""西"兼顾的"新欧亚主义"。在这样的一个过程中，俄罗斯边疆政策和边疆理论，也逐渐从谋求二流或三流国家发展的视野，转向为区域性大国、全球性大国的发展视野。对于当前俄罗斯而言，那些影响最为广泛的边疆理论基本上都是形成于俄罗斯国家发展战略的"新欧亚主义"时期。

第一，以"大空间"观点为核心的疆域理论。地缘政治学家拉采尔、豪斯霍弗、弗里德里希·瑙曼等人曾提出过国家发展的"大空间"与"空间征服"的观点。近年来，俄罗斯国内的杜金、弗拉基米尔·日里诺夫斯基等学者结合俄罗斯的地缘政治环境，继承和发展了这种"大空间"的疆域理论。这种理论观念认为，作为传统的陆权国家，俄罗斯始终处于一种拓展"大空间"的状态。俄罗斯在欧亚大陆"心脏地带"，这样的地缘优势能够促使它有能力也必须通过推动整个欧亚大陆的一体化融合进程，来重新控制整个欧亚大陆，这是俄罗斯的"天定命运"[1]。这种"大空间"的理论所追求的疆域范围，"不仅远远超出了俄帝国与前苏联的边境，甚至将东欧前社会主义国家，中国东北、西藏与新疆，蒙古，阿富汗甚至土耳其在内的几乎整个欧亚大陆统统都纳入其中"[2]。当然，这种疆域理论最终追求的并非对欧亚大陆庞大地理空间的主权控制，而是一种超

---

[1] Graham Smith, "The Masks of Proteus: Russian, Geopolitical Shift and the New Eurasianism", Transac-tions of the Institute of British Geographers, Vol. 24, No. 4, 1999, p. 484.

[2] 葛汉文：《冷战后俄罗斯的地缘政治思想》，《国际政治研究》2012年第2期。

主权的间接性影响。它无意以帝国主义的方式将这些区域都纳入俄罗斯的国家版图，而是为俄罗斯的发展谋求更大的利益和战略空间。

第二，以"心脏地带说"为基础的陆疆理论。在传统的地缘政治理论中，麦金德的"心脏地带"理论，对俄罗斯的地缘政治特色和优势进行了深刻的描述和分析。冷战后，俄罗斯学界和政界重新对麦金德的陆权学说进行发掘和重视，试图利用俄罗斯的地缘优势来振兴和恢复曾经的大国地位。俄罗斯联邦共产党领导人根纳季·久加诺夫认为，辽阔的内陆空间从根本上决定了俄罗斯的地缘政治，进而决定了俄的历史命运、文明形态、国家利益和发展战略。长期以来西方海洋国家，对俄的敌视与扼制，主要也是来自麦金德式的对俄地缘因素的畏惧。苏联时期，与美国在全球范围争夺权势的战略，完全脱离了地缘实际，导致国家力量分散，缺少对"鼻子底下"政治局势的控制，并最终导致了苏联的解体。[①] 因此主张，"当代俄罗斯必须从中吸取教训，应当在承认'心脏地带'有机统一特征的前提下，通过积极加强俄罗斯与'心脏地带'其他部分（即前苏联已独立的加盟共和国）在政治经济上的相互联系，积极应对西方文明的压迫与威胁，最终恢复'心脏地带'在政治上的统一，使俄罗斯能够在精神与物质资源上得到健康重生"[②]。

第三，以"国家海洋学说"为核心的海洋边疆理论。作为一个陆权国家，谋求出海口、走向海洋一直是俄罗斯国家发展战略中的核心目的之一。早在17世纪，彼得一世就说过："当俄国可以自由进入印度洋的时候，它就能在世界建立自己的军事和政治统治。"[③] 普京总统也曾指出，"俄罗斯必须摆脱受制于人的状况，俄罗斯需要自己的石油出海口"。[④] 近年来，随着地缘政治理论在俄罗斯的兴起，有关海权和海疆的论述也大量出现，并形成了所谓的"国家海洋学说"。

自普京执掌国家政权以来，非常重视俄罗斯的海权与海疆，相继推动出台了《俄联邦海军未来十年发展规划》、《2010年前俄联邦海上军事活

[①] Mark Bassin and Konstantin E. Aksenov, "Mackinder and the Heartland Theory in Post-Soviet Geopolitical Discourse", Geopolitics, Vol. 11, No. 1, 2006, pp. 104 – 106.
[②] 葛汉文：《冷战后俄罗斯的地缘政治思想》，《国际政治研究》2012年第2期。
[③] 林军：《俄罗斯外交史稿》，世界知识出版社2002年版，第42页。
[④] 王树春：《俄罗斯的地缘政治理念与对外政策》，《俄罗斯学刊》2011年第2期。

动的政策原则》和《2020年前俄罗斯联邦海洋学说》等政府文件。这些文件是"俄罗斯在国家一级为国家海洋政策的形成和制定奠定的基础"①，同时也构成了其海洋边疆理论的主要内容。归纳起来，以"国家海洋学说"为核心的海洋边疆理论主要包括：一是，俄罗斯海洋活动和海洋战略的主要目标为，通过海上力量的发展与利用，维护俄罗斯的海洋利益，推动并巩固俄罗斯的海洋强国地位。二是，国家海权发展的主要方向包括，大西洋、北极、太平洋、里海以及印度洋。三是，确立"海军战略"，提出了海军要面向世界大洋的宏大战略构想。② 四是，阐述俄罗斯对国家海洋在政治、经济和军事等方面的安全要求。

第四，以"近邻—远邦"概念为核心的战略边疆理论。在俄罗斯的边疆理论当中，"近邻—远邦"理论是最具特色的。"近邻—远邦"理论是在分析俄罗斯特有的地缘利益和发展战略的基础上提出的，首见于俄罗斯官方文件《俄罗斯联邦军事学说的基本原则》。这一理论的核心思想是，将独联体地区看作俄罗斯的利益区，摒除西方敌对势力在这一区域的染指。所谓"近邻"指的是俄罗斯的东欧、中亚的邻国，而"远邦"则指以美国为首的西方国家。

此外，俄罗斯还从"近邻—远邦"理论的基础上，演绎出了"内部边界"与"外部边界"的概念。其中，"内部边界"指的是"俄罗斯与近邻国家之间以及近邻国家相互之间的边界"，其特点是"互不设防，并在海关、居民出入境等方面执行较为宽松的制度"。与此相对，"外部边界"则指"近邻"国家与其他国家之间的边界，这种边界应由俄罗斯和邻国来共同防御。③ 这实际上将俄罗斯的国防线向外推移的，使利益边界超出了行政边界。因而"近邻—远邦"理论和"内部边界—外部边界"理论实际上是一种战略边疆和利益边疆的理论。

---

① ［俄］伊·卡皮塔涅茨：《冷战和未来战争中的世界海洋争夺战》，岳书播等译，东方出版社2004年版，第547页。
② 江新国：《海权对俄罗斯兴衰的历史影响》，《当代世界社会主义问题》2012年第4期。
③ 葛瑞明：《地缘政治思想对俄罗斯外交政策的影响》，《解放军外语学院学报》1998年第4期。

三 欧盟的边疆理论

欧洲联盟作为当今世界最具典型性和影响力的区域性国际组织，既是一个欧洲经济共同体，也是一个政治共同体。并且由于其成员国已将部分国家权力（包括货币、金融政策、内部市场、外贸等领域的国家权力）转交给组织，使欧盟越来越像一个联邦制的国家。甚至有西方学者认为，欧盟终究会成为一种取代民族国家形态的"区域性国家"[①]。正因如此，作为一个特殊性的政治实体，欧盟也就有了类似于国家一样的疆域和相应的边疆理论。当然，尽管欧盟的内部一体化已高度发达并将持续强化，但其在成为一种真正的国家形式的道路上，依然是任重道远。这样的现实也导致了，欧盟的各个成员国仍旧保留着各自相对独立的疆域，而且彼此所持有的疆域和边疆理论也不尽相同。

1. 西欧一体化与边疆的拓展

欧洲历史上的旷日持久的战争大都与边疆和边界有关，二战以后为避免再次遭受战争的灾难，实现欧洲联合逐渐成为各国政治家的共识。作为欧盟的奠基人，莫内的思想产生了巨大的作用。他认为，"只有在欧洲实现主权让渡，把各国的主权逐步转移到共同权力机构手中，才能实现欧洲的统一"[②]。而欧洲一体化进程的不断推进以及欧洲联盟的最终形成，所遵循的逻辑正是如此。从 1951 年《欧洲煤钢联营条约》、1957 年《罗马条约》[③]、1965 年《布鲁塞尔条约》到 1993 年生效的《欧洲联盟条约》，欧洲一体化进程逐步从煤钢共同体、原子能共同体、经济共同体，走向了"欧洲共同体"和欧洲联盟。在整个过程中，欧洲尤其是西欧各国间逐渐形成了一套超主权的地区协调机制，由主权体制确立的领土、边界等疆域界线慢慢地被淡化了。对此，有学者认为"虽然地缘政治和领土范畴在西欧国家关系中仍然发挥作用，但这些因素在国家政治和经济发展中的地

---

① [美]莱斯利·里普森：《政治学的重大问题——政治学导论》，刘晓译，华夏出版社 2001 年版，第 305 页。

② 转引自于沛等《全球化境遇中的西方边疆理论研究》，中国社会科学出版社 2008 年版，第 326 页。

③ 1957 年西欧六国在罗马签订的《建立欧洲经济共同体条约》和《建立欧洲原子能共同体条约》，统称为《罗马条约》。

位已经有下降的趋势"①。在此条件下，西欧各国在一定程度上能够突破由国家规模狭小带来的发展上的困局，为资本的流通和市场的扩大提供了更为广阔的地理空间。这实际上以一种特殊的方式，实现了国家疆域和边疆的拓展。

2. 欧盟空间一体化发展战略

在空间治理领域，欧盟最为引人瞩目的行为便是空间一体化战略的推进。"在欧盟一体化进程中，为解决各成员国之间的发展不平衡问题，以及超越国家边界的资源、环境等问题，迫切需要协调一致的空间发展战略和行动。"②为此，欧盟制定了跨区域的空间规划，从而开启了欧盟空间一体化发展战略。

对于空间规划，尚未形成统一的概念界定，但其基本内涵就是"设定空间发展框架和原则，以引导空间开发和基础设施的布局"③。在欧盟统一的空间规划之前，各成员国已经纷纷提出了一些区域规划和空间治理的政策、理论。然而这样的空间发展策略，无法解决跨国界存在的区域性问题。对此，欧盟在20世纪80年代就提出了"空间规划"的概念，并在1999年《欧洲空间发展展望（ESDP）》的官方文件中正式提出了空间规划的总体构想。空间规划"本身并没有固定的空间范畴，理论上它适用于从地方层面到国家层面甚至跨国界的各级空间层面。更重要的是'空间规划'并不局限于行政空间界限"④。也就是说，"空间规划"并非一般意义上的区域规划或土地利用规划，其所指的空间为一个连续的功能区，这个功能区的规划不受到行政区划的甚至国家边界、主权的限制。为推动以"空间规划"为主要内容的空间一体化战略，欧盟提供了基金、政策、监管评估机制，整个工作内容十分精细、充分和科学。⑤

欧盟是世界上最早提出并实施跨国空间规划的政治共同体，或许也是

---

① 于沛等：《全球化境遇中的西方边疆理论研究》，中国社会科学出版社2008年版，第331页。
② 张丽君：《欧盟空间一体化发展战略》，《中国国土资源报》2010年7月26日，第3版。
③ 刘慧等：《欧盟空间规划研究进展及启示》，《地理研究》2008年第6期。
④ 钱慧、罗震东：《欧盟"空间规划"的兴起、理念及启示》，《国际城市规划》2011年第3期。
⑤ 关于欧盟空间规划研究的主要内容，可参见刘慧等《欧盟空间规划研究进展及启示》，《地理研究》2008年第6期。

在可预见的未来时期内对空间规划最为成功的地区。这种全新的跨越主权、边界的空间治理理念，以及如此精细系统的治理工具，都将对整个世界的政治地理空间治理产生深远影响。欧盟的空间一体化发展战略，在无形之中拓展了各成员国的政治空间，不仅颠覆了主权性的边疆理论，也颠覆了以"对抗"和"扼制"为主要特点的传统地缘政治思维，从而为疆域与边疆理论的研究开拓了新的视角和方向。

3. 欧盟主要成员国的疆域及边疆理论

欧盟是全球化时代区域经济、政治一体化的典型，由其提出和实践的国家疆域、边疆理论都具有鲜明的特征。但是正如欧盟本身不是铁板一块的，欧盟各成员国的边疆实践和边疆理论也不是完全趋同的，这主要体现在同疆域和边疆相关的地缘政治理论层面。

首先，德国的疆域及边疆理论。历史上，拉采尔、约瑟夫·帕奇、弗里德里希·瑙曼等人的地缘政治思想曾对德国的疆域拓展以及二战时期的侵略战争，起到很大的鼓动作用。因此，在战后的相当长一段时期德国人对地缘政治理论讳莫如深。而冷战结束以后，这种有关国家发展空间的研究传统开始在德国复兴。部分德国当代学者开始着力改造传统的"国家有机体"理论，将"有机体"的指代对象由国家转换为"人民"或"民族"。而国家对"生存空间"的诉求，也悄然转变为因民族因人口增长而产生的对生活空间的需要。[①] 基于这样的理论重构，一些德国学者认为，德国的外交政策需要进一步作出调整：一是，突出德国的地缘优势，将回到欧洲"中部"并发挥"东方"与"西方"之间的桥梁沟通作用，"作为理解德国对外政策与欧洲国际关系的关键"[②]。二是，采取"东进"战略，即在原苏联地区谋求德国的"命定空间"。

其次，法国的疆域及边疆理论。冷战以后，法国的疆域理论和疆域观念发生了较为明显的转变。二战前后，法国的主流学者与政治家曾一度鼓吹欧洲一体化，认为这种机制将在根本上改变因领土、边界因素引发的战争灾难。然而，随着全球化与区域一体化的推进，法国学者开始注意到二者对于民族国家功用的挑战和冲击，并站在民族国家的立场提出了捍卫民

---

① 葛汉文：《"退向未来"：冷战后德国地缘政治思想刍议》，《欧洲研究》2011年第4期。
② 葛汉文：《"退向未来"：冷战后德国地缘政治思想刍议》，《欧洲研究》2011年第4期。

族文化、保持民族特性的观点。此外，相比以往的国家疆域理论，法国学者的理论研究更为重视民族、文化、经济、社会等非领土因素引发的地缘政治问题，"这与传统的'物质决定论'与'领土—权力'视角迥然不同"[①]。

再次，英国的疆域及边疆理论。英国的疆域理论最为明显的特点就是对立体化国家发展空间的构建。除了地表平面性的国土空间的规划和利用之外，英国一直在努力开发地下空间和外层空间。在地下空间的利用上，"英国是世界上最早大规模综合开发利用地下空间的国家"[②]。"地下火车"的概念最早就是由英国人提出，世界上第一条地铁也是出现在英国的伦敦。近年来，随着地下空间开发的逐渐增多，由此引发了许多问题。为加强对地下空间的治理，英国政府越来越重视法律体系和规划管理建设，2011年英国议会提出了《地下开发利用议案》对此加以规范和治理。在外层空间上，英国非常重视太空领域对于国家利益、国家安全和国家发展的重要性，并先后出台了《英国民用航天战略：2008—2012年及更远》《国家空间安全政策》。在后一部文件中，英国政府将空间安全定义为："安全、可靠、可持续地获取空间能力，有充分的抗毁能力应对威胁与灾害"[③]，其实质包含了空间生存安全和空间发展安全两种空间安全。[④] 从边疆及边疆治理的视角下来看，同美国《国家空间安全战略》一样，英国《国家空间安全政策》等文件的出台从实质上也是在太空领域拓展国家的疆域与边疆。

四 日本的边疆理论

单就领陆空间而言，日本的疆域面积较为有限，甚至经常被视为"小国"。但是如果将海洋等边疆范围计算在内，日本便绝非"小国"，反而可算作一个疆域大国。实际上，也正是因为陆地本土的疆域较为狭小限

---

① 葛汉文：《批判与继承：二战后法国的地缘政治思想》，《世界经济与政治》2011年第2期。
② 杨滔、赵星烁：《英国地下空间规划管理经验借鉴》，见中国城市规划学会《城乡治理与规划改革——2014中国城市规划》，中国建筑工业出版社2014年版。
③ 慈元卓：《英国发布首部〈国家空间安全政策〉》，《卫星应用》2014年第8期。
④ 王若衡、桐慧：《英国〈国家空间安全政策〉解读》，《中国航天》2014年第8期。

制了国家发展空间，才使得日本极为注重领陆之外边疆范畴的拓展，从而也产生日本独具一格的边疆理论演进轨迹。

二战以前，"大陆扩张论"曾在日本的边疆理论中占据主导地位。这种边疆理论首先源自"海外扩张补偿"的需要，即面对近代以来西方国家在军事、政治和经济上的侵略，日本国内兴起"失之于俄美者，应由朝鲜、满洲之土地以为偿"①的论调。此后，通过对亚洲邻国的领土扩张，日本不断地拓展自己的殖民地边疆，进而将这种"大陆扩张论"进一步付诸实践。在此期间，日本接纳并改造了带有扩张倾向的德国地缘政治思想，而且形成了地缘政治协会派和京都学派两股研究地缘政治的主要流派。围绕"陆权论"的核心思想，日本的边疆扩张理论呈现出"北进"和"南进"并举的特点，既要在北部确保其在东亚大陆的地位，又要向南方海洋空间发展。②

二战以后，日本吸取战争惨败的教训，边疆理论由"大陆扩张论"转向了"海洋国家论"，并提出了明确的"海洋国家日本的构想"③。这一边疆理论的核心观点为，日本的边疆存在于浩瀚的海洋空间，因此日本是海洋国家，海洋边疆决定日本的未来。④ 对于这样一种态势，西方学者也早有定论："从外交战略层面来看，日本与其注重陆疆扩张不如重视海权发展。"⑤ 在这种海洋边疆认识的基础上，日本的边疆理论还呈现出对"大陆国家"予以遏制防范的倾向。当然这种思想在理论源头上应归因于地缘政治上"海权"与"陆权"之间的制衡原理，即位于"心脏地带"的大陆国家一贯被视为海洋国家的现实威胁或假想敌。为实现对中国、俄罗斯等"大陆国家群"的扼制，谋求自身更为有利的地缘政治地位，日本政府及其智库极力鼓吹"全球性海权和地区性海权的合作"，而美日安保同盟更是被视为此种战略思路的典型。⑥

---

① 沈予：《日本大陆政策史（1868—1945）》，社会科学文献出版社2005年版，第36页。
② 刘从德主编：《地缘政治学导论》，中国人民大学出版社2010年版，第139页。
③ 这一理论最早由日本京都大学的高坂正尧于1960年代提出。
④ [日]高坂正尧：《海洋国家日本的构想》，中央公论社2008年版，第250页。
⑤ Akihiro Iwasshita, "An Invitation to Japan's Borderlands: At the Geopolitical Edge of Eurasian Continent", Journal of Borderlands Studies, Vol. 26, No. 3, 2011, p. 279.
⑥ 段廷志、冯梁：《日本海洋安全战略：历史演变与现实影响》，《世界经济与政治论坛》2011年第1期。

近年来，日本"越来越不甘心只做偏安于东洋一隅的经济大国和政治、军事'侏儒'，很自然地产生了对与自身经济实力相当的国际政治地位的追求，要重新在世界舞台上扮演'政治大国'的角色"[1]。2013年在《国家安全保障战略》中，日本政府更是指出，日本作为"主要的全球参与者，将发挥更加积极的作用"[2]。在这种情形下，日本的边疆战略和边疆理论逐步突破了以日本本土为地理核心的陆疆和海疆范畴，开始在全世界范围谋求超主权的新形态边疆。在这个过程中，曾一度被视为地球公地的北极空间，越发成为各国间进行利益角逐的场所，日本也将其视为关乎国家利益的"新边疆"[3]，并加大了对北极资源的开发力度还伙同其他国际组织加紧北极治理。此外，安倍在2014年进行非洲访问期间，曾直言不讳地提出"对于日本外交来说，非洲是边疆"，此后又言明"中东是日本安全保障的最前线"。这样的言论一出旋即引发全世界的关注和猜疑，并被媒体戏称为安倍政府的"地球仪外交"。从中可以看出，日本也在谋求超越领土范畴的新的边疆空间。

第四节　疆域与边疆理论调整的重要影响

西方主要国家和地区的疆域及边疆理论是服从和服务于国家和地区利益的，其显著特征便是能够根据国家发展的需要以及外部环境的改变而及时做出反应。在二战以后，随着全球化进程的快速推进以及新的空间领域的产生，这些边疆理论不断得到调整和创新，不仅适应和推动了西方国家的国家利益，为国家的进一步发展创造了更为广阔的地理空间，而且对非西方国家和地区，乃至整个世界地缘政治格局都产生了巨大的作用。

一　边疆在国家发展中的意义更加凸显

历史上，西方大国的国家规模和体量的剧增、国家财富的急剧积累、

---

[1] [日] 中曾根康弘：《21世纪日本的国家战略》，李寒梅等译，社会科学文献出版社2000年版，第38页。
[2] 葛汉文：《冷战后日本的地缘政治思想》，《和平与发展》2014年第4期。
[3] 阎德学：《地缘政治视域的日本北极战略构想》，《东方早报》2013年8月2日，第A18版。

国家从一隅小国走向世界大国，都伴随着疆域和边疆的拓展。从曾经号称"日不落"的大英帝国，到今天独霸世界的美国，无不遵循着这样的逻辑。在全球化的时代背景下，西方国家边疆理论的全面调整，再次为其国家的发展提供了新的动力。以美国为代表的西方国家，凭借强大的国家实力，得以在全球范围内谋求广阔的发展空间。这样的结果反过来又增进了国家的综合国力以及在国际上的影响力，从而使边疆拓展和国家发展形成一种相得益彰的关系。

首先，巩固和拓展了国家规模。西方的边疆理论自产生之日起就带有扩张性的基因，在这一点上，美国的边疆拓展和边疆理论的发展，以及二者之间形成的互动关系尤为具有代表性。美国在1776年宣布独立时，其面积只有90多万平方千米，仅仅包括北美大西洋沿岸的原英属13个殖民地。1783年通过和英国签订《巴黎条约》，美国的疆域面积扩大了1.5倍左右，达到了230多万平方千米。[①] 此后，随着美国西进运动的推进，"从1803年购买路易斯安那地区到1867年购买阿拉斯加地区，这64年领土又扩大了约700万平方千米，比1783年增加了2倍有余。"[②] 美国国家的疆域空间的扩大，正是通过这种拓展边疆的方式来实现的，这样的特征也一直延续到今天。对于这一点，有人认为美国从本土走向世界的历史进程，正是其"大陆边疆""海外边疆"和"全球边疆"的不断形成的进程。[③] 在这个进程中，"'边疆学说'中贯串了一种扩张主义思想，宣告美国之向新领土扩张乃美国历史发展的基本规律"[④]。美国之外的一些国家，也主要是通过这样的方式来拓展国家的地理空间的，苏联在二战前后将边界的向外推移，近期俄罗斯对克里米亚的吞并，都是这种扩张性边疆理论的现实写照。随着扩张性边疆理论大行其道，以及主张并践行该种理论的政治实体的开疆拓宇活动的持续开展，相关国家的疆域规模和综合体量也

[①] 白建才、戴红霞：《美国：从殖民地到唯一超级大国》，三秦出版社2005年版，第11—15页。

[②] 李朝辉：《中美两国边疆观形成与演进对比研究》，《云南师范大学学报》（哲学社会科学版）2015年第1期。

[③] 石庆环：《从"大陆边疆"到"全球边疆"——美国走向世界的历史进程》，《辽宁大学学报》（哲学社会科学版）2005年第4期。

[④] 丁则民：《"边疆学说"与美国对外扩张政策（上）》，《世界历史》1980年第3期。

在不断扩充。时至今日，国家规模和体量的增长已然不再以领土扩张为主要样式，转而以占有和控制新型空间形态为主要方式。在这个过程里，西方边疆理论的新发展起到了不容置疑的推动作用。

其次，增加国家的物质财富。传统意义上的陆疆与海疆本身就蕴含着重要的自然资源，控制广阔的边疆则意味着国家能够获得丰富的战略资源，获得持续发展的原材料，还意味着拥有更加广阔的市场。殖民主义时代，西欧国家在广大殖民地边疆便攫取了巨大的财富，从而为资本的原始积累提供了动力。[1] 只不过，这种竭泽而渔式的掠夺并未给边疆本身带来多少收益，从而丧失了持续获得财富的能力。在当今世界，高边疆、底土边疆的开发利用，同样具有极大的获取资源和创造财富的潜能。而美国率先提出的利益边疆、战略边疆，则更是为国家利益的海外拓展提供了广阔基地，为美国在全世界聚集财富提供了重要平台，同时也为维持美国主导的单极世界格局增添了持久动力。

再次，为国家发展提供安全保障。国家形态及疆域范式的变迁导致了边疆形态日益多样化，从现实的情况来看，以下几种形态边疆在国家安全中扮演了重要角色。陆地边疆自古以来就是拱卫腹地的安全地带；海洋边疆则为保卫沿海地区提供了战略纵深；空中边疆可在地缘政治上形成"制空权"，从而在现代的国土防御中起到关键作用；高边疆、底土边疆的维系，也越来越凸显出潜在的国防价值。此外，作为陆疆、海疆、空疆、高边疆之外的"第五边疆"，信息边疆在维系国家信息安全中作用也日渐得到重视，甚至有学者指出"谁掌握了信息，控制了网络，谁就能控制世界"。[2] 其实，即便是利益边疆、战略边疆也无不在保障国家安全，尤其是在非传统安全中产生全局性的影响。不仅如此，这些传统边疆与新型边疆在安全功能方面，还存在着一强皆强、一损皆损的联动关系，这进一步使得每种边疆形态对于维护国家安全都具有决定性的意义。

二 边疆形态和边疆范围进一步拓展

在人类历史上，边疆形态的演变大致经历了三个阶段，即前主权时代

---

[1] 在历史殖民统治时期，宗主国往往将殖民视为实际意义上的边疆。相关论述参见于沛等《全球化境遇中的西方边疆理论研究》，中国社会科学出版社 2008 年版，第 51—58 页。

[2] 黄立军：《信息边疆》，新华出版社 2003 年版，第 13 页。

的边疆、主权时代的边疆以及超主权时代的边疆。由边疆形态和边疆范围所构成的边疆现实,对边疆观念和边疆理论的形成与演进起到了决定性的作用。然而边疆理论并非完全被动地对边疆现实加以解释,而是能够对边疆现实产生巨大的反作用。在西方主要国家和地区边疆理论逐步调整的情况下,边疆形态和边疆范围不断得到拓展。

在边疆形态的演变过程中,一些边疆理论直接刺激和推动了新的边疆空间的开拓。在全球化时代之前,美国人特纳的陆地边疆学说激发了美国人对开拓边疆的热情,导致其领土空间的不断扩大;马汉的"海权说"则刺激了各个海洋国家对海权和海洋空间的重视,对领海制度和海洋边疆的产生起到了催生作用;意大利学者杜黑"制空权"的提出,则直接推动了空疆领域的开拓。20世纪中后期以来,随着新技术革命影响力的不断加深,人类的活动空间进一步扩大,并延伸到了外层空间。对此,美国人格雷厄姆适时地提出了"高边疆"理论,为里根政府开启"星球大战"计划奠定了理论基础。此后,借助于空间技术的进步,美国人逐渐在外层空间占据了优势,形成了真正意义上的"高边疆"。对此,格雷厄姆不无自豪地指出:"当空间的近海——大气层——成为人类活动的新领域时,美国凭借自己在航空方面最有效的军用和民用能力赢得了极大的战略优势。今天,当人类对空间进行了史诗般的载人和不载人的探索之后,我们将会看到总会有一个国家能把与英国商船队和海军舰队相匹敌的东西送入太空。"[1]

在全球化时代,西方的边疆理论不断向新的空间领域进军,从公海到南北极,再到底土空间,无不渗透着西方边疆理论的扩张因子。西方的边疆理论同当初将其孕育的美国西部运动一样,带有原始的冲动的扩张热情,一直以占有和控制未知的地理空间为重要目的。在这种边疆理论的导向下,西方国家和地区又得以通过占有和控制新形态地理空间的方式来拓展了国家疆域与边疆的空间规模。

三 边疆治理成本的急剧增加

如上所述,西方边疆理论的一个重要特征就是带有扩张性的基因。这

---

[1] [美]丹尼尔·格雷厄姆:《高边疆——新的国家战略》,张健志等译,军事科学出版社1988年版,第5页。

样的边疆理论在带给西方国家大量的福利之外,也产生了诸多的负面效应。其中最为主要的就是,随着边疆范围和边疆形态的不断拓展,由此产生的治理成本也急剧增加。边疆治理不过是国家运用公共权力进行空间治理的一种表现。既然是公共权力的运用,就离不开权力资源的支撑。国家进行边疆治理的过程当中,所消耗的正是这样的权力资源,这也就是边疆治理成本。

边疆的治理需要支付足够的成本,才能巩固边疆、拓展边疆,并从国家的整体角度获得边疆发展带来的利益最大化。然而,这样的支付能力是需要以强大的综合国力作为支撑的。离开这样的支撑,不但不能维持和发展边疆,"还会使得边疆治理丧失可持续性"[1],甚至带来边疆的崩塌和丧失。综合国力是反映当今各个民族国家的国力的主要依据。国际上尚无统一的计算方法来界定和衡量一个国家综合国力,但通常认为战略资源的组合是构成国家综合国力的核心要素,主要包括经济资源、人力资本、自然资源、资本资源、知识技术、政府资源、军事实力以及国际资源等。边疆治理需要大量资源消耗,而承担和支付这样的成本则主要依靠强大的综合国力。在其他外部变量确定的情况下,一国的综合国力越强,其支付边疆治理成本的能力也就越强,而边疆的巩固和发展也就越有保障。二战以后,美国和苏联所拓展和维持的庞大边疆范围,所依赖的正是国家的综合国力的支撑。

在陆地边疆层面,一方面要求国家将陆疆纳入整个国家的政权体系中来,要加强国家认同与政权合法性认同的建设;另一方面需要有强大的武装力量以及灵活的外交手段来克服周边安全问题。而这就必然要支付大量的制度成本、合法性成本以及安全成本,离开了这些成本支付就有可能导致边疆的丧失。在海洋边疆层面,海疆的安全和开发,同样需要强大的治理成本支付能力。这首先表现在维系一支强大的海军力量,增强海权实力,其次还表现在对海洋、海岛的占据与开发利用。此外,对于新形态边疆如战略边疆、利益边疆而言,治理成本支付能力的降低同样会导致边疆的衰退。这样的边疆形态由于超越了领土的范围,得不到主权框架的保护,对边疆的治理技术以及治理成本提出了更高的要求。在国家拥挤、边

---

[1] 孙保全:《论中国陆地边疆治理体系的转型与重构》,《昆明学院学报》2015年第5期。

疆争夺日益激烈的国际环境下，如不能及时支付边疆治理成本，边疆的崩塌也就难以避免了。

二战以后，美国、苏联等西方主要国家都选择了具有扩张性的边疆理论，并在此基础上拓展了广阔的、形态多样的边疆范围。不仅包括领土边疆，还包括非领土边疆以及非地理性的边疆形态。而为了维持和治理这样的边疆空间，这些西方大国也付出了极高的边疆治理成本。其中，对于苏联而言，这样的边疆治理成本极大地消耗了国家的经济实力和时间精力。因此有学者认为，苏联最终解体的很大原因就是其在边疆拓张上的"过度扩张"①。二战后的美国同样也拓展了多种形态的边疆，拥有广阔的新形态边疆，但同时也承担着巨大的维护边疆安全的成本。如高边疆的构建为美国带来了巨大的战略优势的同时，也存在产与生俱来的应对攻击的脆弱性。尽管为此美国在确立国际太空行为规范、建立太空伙伴关系等方面做了很多努力，然而一直无法完全摆脱高边疆面临的难以化解的战略安全窘境。② 而美国的信息边疆也同样面临着严峻的安全问题，奥巴马政府对此也坦然承认："网络安全是美国面临的最严重的经济和国家安全挑战"。与此同时，遍布全世界的利益边疆和战略边疆的维护和管理同样都需要巨大的成本开支，而一旦国家实力不济或突然出现新的边疆问题，就很有可能在国家安全上发生多米诺骨牌效应。

四 世界地缘政治格局的深刻变化

第一，传统边疆形态在国家战略安全中的地位下降。在地缘政治上，边疆可以为国家在国际格局中占据有利地位创造条件。传统上，边疆对于国家战略安全的影响主要是停留在陆地边疆层面。英国地缘政治学家麦金德的"心脏地带"理论，正是在分析陆地边疆的对于国家战略安全意义的基础上得出的结论。随着人类活动空间的扩大，海洋通道和空中领域对于国家安全的影响逐步加强。美国学者马汉的"海权说"以及意大利学者杜黑的"制空权"的提出，从地缘政治的角度提醒了西方国家应当重

---

① [美]基辛格：《大外交》，顾淑馨等译，海南出版社1998年版，第706页。
② 何奇松：《脆弱的高边疆：后冷战时代美国太空威慑的战略困境》，《中国社会科学》2012年第4期。

视海洋边疆和空中边疆的重要性。然而，随着边疆理论的调整以及边疆形态的转变，传统边疆形态在国家战略安全中的地位有所下降。"国际政治领域已从地缘空间、外层空间扩展到网络空间，从现实空间扩展到虚拟空间。人类社会更加紧密的联系在一起，从而导致了国际地域空间的压缩化。"[1] 空间格局的这种变化，实际上也压缩了传统的陆地边疆、海洋边疆和空中边疆的地理空间，从而削弱了这些边疆形态对于国家安全的战略缓冲作用。

第二，"国家拥挤"与边疆争夺的加剧。无限性的国家利益与有限性的世界空间，这对矛盾势必产生"国家拥挤"的现象。[2] 在这样的情势下，各国在地缘政治上的竞争将愈演愈烈，其中边疆的争夺则作为其最为典型的表现形式被凸显出来。在当下的国际政治领域，陆疆、海疆等传统边疆形态发生主权变更已十分困难。因而，"西方大国在利益边疆、战略边疆等理论影响下形成的边疆争夺愈演愈烈，从而形成了为占据或控制超领土边疆的'新圈地运动'。这是当今国家发展和国家竞争中的新现象，已经并将继续对地缘政治格局和国际形势产生深刻的影响"。[3] 其中战略边疆、利益边疆的有效拓展，将导致国家在领土外的某些地区产生核心利益，并进行精心战略部署，其他国家再想染指将变得十分困难，这将使国家在国际格局中获得先发制人的有利地位。基于这样的认识，对于这两种边疆形态的争夺显得更为激烈和突出。

第三，新形态边疆的地缘政治意义凸显。在全球化时代，随着各国间利益的交织和新科技革命的推动，疆域及边疆的形态"已突破一维和二维的边界范围而成为多维的立体范畴"[4]。西方主要国家和地区的利益已经远远超出了传统的主权框架和领土范畴。在这样的条件下，西方边疆理论的研究范畴适时地做出了拓展，不断地将新出现的边疆形态纳入进来，

---

[1] 颜旭：《心理边疆：信息时代国家安全内涵的新发展》，《西安政治学院学报》2006年第1期。

[2] 关于"国家拥挤"的论述可参阅周平《边疆在国家发展中的意义》，《思想战线》2013年第2期。

[3] 周平：《国家治理须有政治地理空间思维》，《探索与争鸣》2013年第8期。

[4] 何明：《边疆观念的转变与多元边疆的构建》，《云南师范大学学报》（哲学社会科学版）2013年第5期。

并通过政治地理空间的思维加以描述和阐释。同时，在边疆理论的积极引导下，西方国家对于如何认识边疆、界定边疆、划分边疆和治理边疆都有了新的思考。正如提出"高边疆"理论的格雷厄姆所言，"一个国家若能从人类活动的一个领域最有效地迈向另一个新的领域，就能取得巨大的战略优势"①，西方国家的边疆理论，正是引导和鼓动国家从一个空间领域迈向另一个空间领域的重要力量。

通过多种疆域和边疆形态的开拓，西方国家可以在更为广阔的空间范围内谋取地缘上优势地位进而攫取国家利益。随着边疆理论的不断发展，西方国家越来越重视运用新形态的边疆来服务于国家的战略安全。对此，有学者指出"在全球化和信息化时代，领土边界维护国家安全和国家利益的'防火墙'功能大幅度弱化，于是一些具有实力的国家在本国领土之外的其他国家和太空建构具有以往领土边疆'防火墙'功能的无形边疆，最终目的仍然是维护本土长远的军事、经济、文化、政治等诸方面的安全和利益并保持与增强本国在全球范围内的竞争力"②。通过新形态边疆占领安全战略高地的做法，以美国的"高边疆"理论最为典型。冷战期间，美国为消解苏联对其造成的战略威胁，提出了"高边疆"的理论，并在此基础上形成了所谓的"星球大战"计划。这使美国主导的"确保生存战略"代替了苏联采取的"确保相互摧毁战略"，使美国的战略安全大大提升。

第五节　疆域及边疆理论调整对于中国的启示

从特纳边疆假说的提出到全球化时期疆域及边疆理论的新发展，整个边疆理论体系和话语体系都是在西方国家的主导下完成的。对于这样的边疆理论，中国需要以客观的视角加以审视，并从中发掘对中国国家治理有益的成分，加以改造和利用。以此为理论基础，中国必须与时俱进地更新

---

① ［美］丹尼尔·奥·格雷厄姆：《高边疆——新的国家战略》，张建志等译，军事科学出版社1988年版，第1页。

② 何明：《边疆观念的转变与多元边疆的构建》，《云南师范大学学报》（哲学社会科学版）2013年第5期。

边疆理论，以适应国家发展和国家治理的总体需要。

一 对西方边疆理论的客观审视

"西方国家创制出来的边疆范式与边疆话语，已经主导了世界范围边疆话语的表达、交流与对话。中国的崛起与边疆理论的发展，也离不开对西方边疆话语体系的接纳与运用。"[1] 在这样的条件下，中国要想与时俱进地构建起自己的边疆架构，并在边疆治理中推动国家的持续发展，就不得不首先对西方边疆理论进行客观的审视。

应当看到，西方的边疆理论是在较长的历史时期内逐步形成，它的内涵十分丰富，体系也比较完整。从特纳时代的陆地边疆理论到全球化时代的利益边疆、战略边疆等新形态边疆的理论，西方主要国家的边疆理论一直处于调整和完善之中。其中一个十分鲜明的特征就是，边疆理论所关注的对象从领土之内逐渐转移到领土之外，从陆地空间逐渐转移到了多元空间。在这其中，有两大因素起到了决定性的影响，一是主权因素，二是科技因素。西方的边疆理论正是围绕这两个因素的变化而渐进发展转变的。在前主权时代，西方国家的边疆理论主要关注的是陆地上的疆域空间，其次是海洋空间，并采用先占、征服、割让以及时效等原则来拓展海外殖民地，进而形成了殖民地边疆。在主权时代，边疆理论将主权领土原则吸纳进来，形成了领陆、领海、领空范围内的边疆形态。在全球化时代，边疆理论再次将目光转移到领土空间之外，进而构建了多形态的边疆理论。从这个过程中可以看到，西方的边疆形态正如特纳所说的，是"活动的边疆"，是对"自由土地"的不断开拓。而与之相伴随的边疆理论也始终处于变动之中，甚至可以说是与时俱进的。

西方的边疆理论虽然是变动不居的，但始终贯穿着一个宗旨或价值取向，就是服务于国家利益和国家发展。关于国家发展与地理空间的关系，地缘政治学家拉采尔曾认为国家是一个有机体，要保证国家的生命活力就必须在疆域规模上不断成长扩大，而地理空间拓展的停滞就意味着这一政治有机体的衰老和凋亡。当然拉采尔的学说未免太过危言耸听，但离开了

---

[1] 朱碧波：《论我国边疆理论的言说困境与创制逻辑》，《云南师范大学学报》（哲学社会科学版）2015 年第 1 期。

广阔的地理空间，国家的发展会受到极大限制却是个不争的事实。西方的边疆理论自创立之初就十分强调边疆对国家发展的意义，边疆学派的创始人弗里德里克·杰克逊·特纳就指出："直到现在为止，一部美国史在很大程度上可说是对于大西部的拓殖史。一个自由土地区域的存在，及其不断的收缩，以及美国定居的向西推进，可以说明美国的发展。"① 直至今日，西方主要国家的边疆理论，无不是从国家立场出发，为国家利益和国家发展服务的。从陆地边疆理论到新形态边疆理论，其根本目的都是在千方百计地为国家的发展谋求更为广阔的空间。

当然，也不得不承认西方的边疆理论充斥着帝国主义和霸权政治的色彩。从历史演进的维度来看，西方的边疆理论可分为殖民地边疆理论、领土边疆理论和多元边疆理论。② 最早的殖民地边疆理论中所蕴含的霸权主义意味和帝国主义思维，一直贯穿着西方边疆理论的演变历程。在历史上，"海权论""陆权论"和"控权论"的提出，背后无不带有扼制地缘要道、谋求一国独霸的政治意图。冷战时期，这样的边疆理论逻辑显得更为突出。美国地缘政治战略家科恩就曾指出："在欧亚大陆外围建立海外盟国，就是企图阻止苏联控制'心脏区'，进而控制世界岛。由于共产主义传入东亚打开了一个大缺口，美国遏制中国的目的就在于把'世界岛'东亚近海区域的其余部分封锁起来。"③ 至于今天美国所推行的战略边疆、利益边疆等边疆理论，依然带有这样的霸权主义和强权政治的逻辑。其中，运用三条"岛链"对中国海洋通道的封锁和围堵，就是其边疆理论特征的重要表现。

总之，在大国崛起的背景下，面对西方边疆理论的新发展，中国应当以理智而客观的态度来加以审视，并以此来反观中国的边疆理论。一方面，不应当对这些边疆理论毫无保留地全盘接受；另一方面，也大可不必

---

① ［美］弗雷德里克·杰克逊·特纳：《美国边疆论》，董敏等译，中国对外翻译出版有限公司2012年版，第2页。

② 周平认为，西方国家的边疆在变的过程中，其形态大致可概括为三种类型：一是殖民地边疆，二是领土边疆，三是多元边疆。而本章对于边疆理论的阶段划分是对其观点的进一步演绎。关于西方国家边疆的三种类型可参见周平《中国边疆观的挑战与创新》，《云南师范大学学报》（哲学社会科学版）2014年第2期。

③ 转引自朱碧波《论我国边疆理论的言说困境与创制逻辑》，《云南师范大学学报》（哲学社会科学版）2015年第1期。

对这些理论讳莫如深或谈其色变。而应当采取一种扬弃的方式和"拿来主义"的态度来看待这些边疆理论，并结合中国的国情全面构建起中国特色的边疆及边疆治理战略。

二 创新边疆观念

同西方国家的这些新的边疆理论相比，中国的边疆观念则显得较为内敛而传统。一方面这样的边疆观念将边疆的范围局限在领土范围之内，而且主要指的是陆地边疆，因此是内敛和保守的；另一方面，强调边疆的民族和文化内涵，缺乏看待边疆的政治地理空间视角，因此还带有中国传统边疆观念的特点。面对西方国家日新月异的边疆理论，中国实在不宜抱残守缺、固步自封，而应适应时代和国家发展需要，及时地更新边疆观念。

第一，应树立起一种疆域思维，或者是政治地理空间的思维。国家自产生之日起就占有、控制着一定的地理空间，这就是国家的疆域。任何国家都是有疆域的，无疆域便不能成为国家。[1] 因此从国家本质上来看，疆域一直是构成国家的核心要素，因此对于国家和国家治理的认识就应该树立一种疆域思维。在西方的边疆理论中，地理空间思维十分明确且处于重要位置，并在促进国家发展方面发挥了重要作用。中国在进行国家治理中也应该树立起这样一种思维方式，保持对国家发展空间的敏感度，将疆域、边疆的空间治理作为专门的领域加以看待。

第二，应突破以国界为边疆外缘的单一边疆观，建立适应全球化时代变化的多元边疆理念。在全球化时代，资本、文化、信息都可以跨边界流动，"领土边疆无论海关控制多么严密，也无论企业监管多么精细，都无法成为国家利益外溢的牢固栅栏"[2]。以国界作为边疆固定的外缘线的边疆观念，显然远远滞后于现实条件。总观西方的边疆理论，其关注的视角早已从领土的边缘部分转向了更为广阔的全球空间甚至是宇宙空间。面对空间领域竞争日益激烈的国际形势，中国必须与时俱进地形成多元化的边疆架构，才能在这种竞争格局中占据有利地位。

---

[1] 周平：《国家治理须有政治地理空间思维》，《探索与争鸣》2013年第8期。
[2] 何明：《边疆观念的转变与多元边疆的构建》，《云南师范大学学报》（哲学社会科学版）2013年第5期。

第三，应充分认识边疆的意义，在准确把握国家发展对边疆观的要求的基础上，重新定位边疆的价值。边疆及边疆治理对于国家的利益和国家发展而言具有决定性的意义。一是边疆可以巩固和拓展国家规模，国家通过拓展边疆能够开拓出新的疆域，国家权力能够在更大规模的地理空间内得以运用。二是边疆治理可以增加国家的物质财富。控制广阔的边疆往往意味着国家能够获得丰富的战略资源，获得持续发展的原材料，还意味着拥有更加广阔的市场。三是边疆为国家发展提供安全保障。四是边疆在地缘政治上，为国家在国际格局中占据有利地位创造条件。在中国崛起的背景之下，应充分认识到边疆对国家发展的意义，充分地开拓边疆、开发边疆、经营边疆，使得边疆"不仅仅是'守土固边'的'哨所'"，而且是走向世界的通道，"其功能定位必须由以对外防御为主向以对外发展为主转变"。①

三 更新边疆理论

全球化时代以来，西方国家的边疆拓展与边疆治理已经从一个"自为""自在"的状态转向了一种"自觉"的国家行为。或者说这一时期的边疆治理实践，是国家有意识地将国家发展同空间治理相结合的产物。在这样的背景下，边疆理论的前瞻性和对治理实践的导向性作用显得越发重要。中国若要在未来多元化的空间领域中有所作为，就不能采用一种"摸着石头过河"的方式，而是必须有意识地创制出中国特色的边疆理论，并在此基础上为中国崛起和中华民族的伟大复兴谋求更为广阔的发展空间。中国边疆理论的构建不应是白手起家，也不该是另起炉灶、另搞一套，而应该充分重视、梳理和吸收西方的边疆理论。在此基础之上，创制出具有中国特色、中国风格、中国气派的边疆理论。

西方边疆理论的新发展所凸显的最大特征就是，对边疆的界定和理解更加宽泛，由此形成了多元化的边疆理论。此外，西方的边疆理论是以国家视角展开研究的，它所关注的是国家的利益和国家的发展。这对中国的边疆研究和边疆理论的构建是具有启示性价值的。中国传统的边疆理论所

---

① 何明：《边疆观念的转变与多元边疆的构建》，《云南师范大学学报》（哲学社会科学版）2013年第5期。

关注的大都是主权性边疆，尤其是陆地边疆，这显然是受到传统国家中将"治边"等同于"治夷"的理论范式的深刻影响。这样的边疆理论，显然不能适应边疆形态多元化的时代要求，并容易导致两种弊端：一是无法形成与西方超主权的边疆理论和话语体系形成平等地对话；二是以此理论为指导的边疆治理，将在未来的国家地缘政治格局中受制于人，沦为劣势。因此，应当汲取西方多元化的边疆理论，构建更加完整的边疆理论体系。此外，中国的边疆理论应当服务于国家建设和国家发展，要准确把握国家发展对边疆理论的要求。"今天中国的发展，对国家占有和控制的地理空间范围提出了新的要求，也对如何看待和界定边疆提出了新的要求。"① 面对这样的现实，必须通过对疆域和边疆的重新认识，构建适应国家发展需要的新边疆理论。

在吸收西方边疆理论的有益成分的同时，我国还应看到其存在的问题和缺陷，并在边疆理论构建过程中保持中国自己的特色。对此，有学者指出，"西方边疆理论虽然五花八门，不断翻新，但万变不离其宗，那就是极力推行强权政治、霸权主义"②。确实，西方的边疆理论从产生之日到今天新的发展，一直贯穿着扩张性、对抗性的特征，这同中国和平崛起的愿望显然是格格不入的。照搬此种理论，不仅会加剧国际上"中国威胁论"的论调，还会使得中国边疆理论的"思想、思维'被殖民'状况"③ 的产生。因此，中国新型的边疆理论，应当包含着一种不同于西方的价值观念和道德内涵的"和合主义"④ 的理论取向，在促进中国发展的同时照顾到相关国家的利益。这既是对中国传统边疆理论中"和谐"因素的继承和发展，也符合中国和平崛起的现实要求。

四 构建新形态边疆

在全球化时代，国家疆域和边疆形态进入了新的阶段，超领土的边疆

---

① 周平：《中国边疆观的挑战与创新》，《云南师范大学学报》（哲学社会科学版）2014 年第 2 期。

② 于沛等：《全球化境遇中的西方边疆理论研究》，中国社会科学出版社 2008 年版，第 417 页。

③ 郑永年：《边疆、地缘政治和中国的国际关系研究》，《外交评论》2011 年第 6 期。

④ "和合主义"的概念由余潇枫提出，它是针对西方传统的"危态对抗"的国家安全观而提出的，主要倡导"优态共存"与"合作共建"的发展理念。参见余潇枫《从危态对抗到优态共存——广义安全观与非传统安全战略的价值定位》，《世界经济与政治》2004 年第 2 期。

形态不断凸显出来。在边疆理论的指引下,西方国家采取积极的态势主动去构建出新的空间领域,并将其纳入国家的疆域范畴加以治理和拓展。在这样的背景之下,中国也不能作茧自缚,将国家的疆域形态局限在领土空间之内,而应该采取主动的态度去构建新的边疆形态。就目前的国际形势来看,以下几种边疆形态的构建显得尤为重要和紧迫。

一是国家的利益边疆。"20世纪80年代中期,美国等西方大国从维护自身利益的需要出发确定战略控制范围,首先使用了'利益边疆'概念"。[1] 而这种边疆形态绝非停留在理论和观念层面,从当今的国际地缘政治格局来看,美国等西方大国确实在全世界范围内形成了自己的利益范围。"'利益边疆'的存在已是事实,并成为全球化时代维护国家主权和制订国家战略的重要基点"。[2] 这样利益边疆范围还呈现出不断扩大的态势,以至于这些国家认为世界上没有任何地方是与其利益不相关的。[3] 在这样的形势下,随着国家发展对外依存度不断提高,中国也应根据自己的国家利益尤其是海外利益积极构建起自己的利益边疆,并且必须"根据国家海外利益的意义划分不同的圈层,如将其划分为核心区域、拓展区域、边缘区域等,确立海外利益格局的构成,并用国家的力量对其进行维护",[4] 从而在国际格局中谋求有利的地位。但是值得注意的是,在进行利益边疆拓展的过程中,需要保持清醒的头脑,对于局势特别复杂地区的介入需要谨慎,既要根据国家实际量力而行,又要尽量避免边疆治理中得不偿失的"蚀本"问题。

二是国家的战略边疆。战略边疆通常被看作"一国国力和影响力所能达到的、可控制的地理与空间区域,它是国家实力、战略意志以及国家战略能力的投射范围"[5]。从地缘政治的角度来看,战略边疆的构建意味着在一些关键性的地理空间形成国家力量的存在,以在整个世界或地区的

---

[1] 于沛:《从地理边疆到"利益边疆"——冷战结束以来西方边疆理论的演变》,《中国边疆史地研究》2005年第2期。

[2] 于沛:《从地理边疆到"利益边疆"——冷战结束以来西方边疆理论的演变》,《中国边疆史地研究》2005年第2期。

[3] 董欣洁:《冷战期间西方边疆理论的发展》,《中国边疆史地研究》2005年第2期。

[4] 周平:《国家视阈里的中国边疆观念》,《政治学研究》2012年第2期。

[5] 陈迎春:《战略边疆:助推中国和平发展的切入点》,《世界地理研究》2011年第6期。

地理格局中，谋求有利的位置。战略边疆的意义不仅是军事上，它对于维持和保障国家的海外利益也具有极为重要的战略意义，因此同利益边疆等新形态边疆构成了一种相互配合呼应、相得益彰的关系。

三是国家的高边疆和底土边疆。随着科技手段的进步，人类的活动空间早已从地球表面拓展到了高空甚至底土。美国等西方国家早就注意到了太空空间的重要意义，并在20世纪后半期就制定了"星球大战计划"。更有人预测，"如果全球大国发生军事冲突，那么国家间的对决将首先发生于太空"[1]。因此，为做到未雨绸缪，中国需要尽早考虑构建自己的高空边疆。此外，底土边疆也不容小觑，其对于国家的安全利益也将产生不可估量的影响。对于这一新型的边疆形态，也值得引起中国足够的重视。

四是，国家的信息边疆。作为陆疆、海疆、空疆、高边疆之外的"第五边疆"，信息边疆在维系国家信息安全中作用也日渐得到重视。在信息全球化的今天，甚至有学者指出"谁掌握了信息，控制了网络，谁就能控制世界"[2]。信息边疆（或称数字边疆）是由美国开拓出来的，因此美国在这个虚拟空间领域掌握着主动权甚至是霸权。为保障国家的信息安全并力求在这一空间领域中有所作为，中国就不应满足于构建一套信息安全防御体系，而是在信息空间内力求获得相当独立的、不受人辖制的自主权力。

五　形成边疆及边疆治理战略

从目前中国的边疆治理来看，缺少一套完整的边疆及边疆治理战略。随着边疆在国家发展中意义的凸显，以及世界范围内愈演愈烈的边疆争夺，形成中国的边疆战略显得十分必要。这"将会为国家各种形态的边疆的确定（调整）及相互间关系的构建、边疆的维护和安全保障、边疆对国家发展的支撑、国家的安全保障的构建等提供总体性的依据"[3]。中国边疆及边疆治理战略的构建至少要包含以下三个层面。

---

[1] 周平：《国家治理须有政治地理空间思维》，《探索与争鸣》2013年第8期。
[2] 黄立军：《信息边疆》，新华出版社2003年版，第13页。
[3] 周平：《中国的崛起与边疆架构创新》，《云南师范大学学报》（哲学社会科学版）2013年第2期。

首先，领土性边疆治理战略的构建。中国的边疆治理是不系统的，甚至呈现碎片化的状态。对于陆地边疆的治理而言，缺乏对于这个特定区域一种整体性的空间概念。"关于国土空间格局，我国历来注重的是东部、中部和西部的划分方式。对于这些区域的发展也有较为成熟的战略模式，概括起来为东部腾飞、中部崛起、西部开发，以及振兴东北老工业基地的总体布局。在这样的国土格局中，边疆地区并没有占有明确的位置，只是以碎片化的方式散落在西部与东北部之中。"① 对于海疆而言，长期以来更是缺乏持续有效的治理，当今中国面临的海疆领土争端问题，同海疆治理的欠缺也不无关系。领土性边疆治理战略的构建，需要在国家治理层面将陆疆治理和海疆治理统筹起来，并在领土边疆范围内形成合理的空间格局规划，形成长远的战略目标、战略任务，以及国家制度、机构和政策的合理安排。

其次，非领土性边疆治理战略。在现代的边疆架构中，边疆是一个多维立体的概念，其涉及的范畴也超出国家主权管辖的领土范围。因此在一个完整的边疆战略中，应当包含对非领土边疆的治理规划。在非领土性边疆治理战略的构建过程中，首要做得就是要根据国家发展的需要，谋划国家的利益所在的空间范围。在此基础上，强化国家的力量所在，增强国家的占有和控制能力。当然，这种控制为非主权性的控制，而利益的范围实际上也主要是一种"互为利益"，即多边或双边的利益重合和利益交叉。当然，要避免非领土性边疆治理对领土性边疆产生"挤出效应"，应当将两种边疆形态的战略目标结合起来，形成相互配合、分步推进的总体战略方案。

再次，将边疆战略同国家整体的战略规划衔接起来，使得边疆治理成为国家治理的有机组成部分。一方面，边疆及边疆治理战略要服从国家的整体发展战略的需要，尤其是边疆战略要对外交战略和军事战略等国家战略提供支持和安全保障；另一方面，边疆战略的构建要从国家的综合国力和内外环境的基本国情出发，适时适度地逐步推进。与此同时，边疆战略的形成也有赖于国家其他战略的支持和配合，进而获得可持续性的发展动力。

---

① 孙保全：《论中国陆地边疆治理体系的转型与重构》，《昆明学院学报》2015年第5期。

第十章

构建中国特色的边疆及边疆治理理论

回顾历史，中国在长期的历史发展中形成的边疆理论和边疆治理理论的内容丰富且庞杂，并对边疆制度的构建、运行以及边疆治理实践产生着实质性的影响；放眼世界，国家的边疆理论、边疆治理理论以及发挥着基础性影响的疆域理论都不是一成不变的。相反，它们是变化和发展着的，并在不同时期具有不同的内容和特点。那些在近代率先建立民族国家体制的西方国家，尤其是二战后迅速崛起的美国，已经在疆域理论和边疆理论的创新方面走在了前面并占尽了先机；面向现实，中国的发展已进入全新的阶段并处于前所未有的巨大的地理空间场域之中，该地理空间以及边疆、边疆治理对于国家的治理和发展的意义日渐凸显，国家发展需要与新的形势相适应并有助于边疆治理的一套边疆及边疆治理理论；检视理论，中国现有的边疆及边疆治理理论基本上是传统理论的延续，其中的许多内容已经与今天的现实存在相当的距离，与发达国家的边疆及边疆治理理论相比更是差距明显，已无法满足国家发展的需要，部分内容甚至有碍国家发展；回应现实，在理论与现实的差距日渐凸显的现实面前，通过全面的理论创新来构建新型的边疆及边疆治理理论，才是正确的选择，并且时不我待。然而，构建适应国家发展需要的边疆及边疆治理理论，必然会碰到许多现实的难点以及理论上的若干敏感且人们长期不愿触碰的问题，因而须有敢于吃螃蟹的精神并经长期努力，才能逐渐达成目标。

第一节　中国的疆域形势已经发生根本性变化

国家的边疆以疆域为基础，并在国家疆域的范围内划定。国家疆域的状况或疆域形势，直接影响着边疆及边疆的治理。今天，中国在快速发展的基础上已经将领土的不同部分结合成为一个整体来进行治理，并在此基础上来谋划国家的发展。与此同时，在中国越来越融入世界的条件下，国家在领土外的活动和国家利益的外溢也越来越突出，因此就必须在一个更加广泛的范围内来谋划国家的治理和发展。由此来看，中国的疆域形势与历史上的情形已经迥然不同。忽视这一点或置此于不顾，就无法对中国今天的边疆和边疆治理做出合理的说明。

一　国内现行的疆域理论存在误区

全面审视中国今天的边疆便不难发现，中国对于疆域的界定并不清晰，在疆域问题上存在着诸多的模糊甚至混乱。这样的状况又与现行的疆域理论不无关系，二者之间存在着直接且明确的联系。与当前世界的疆域形势相比，国内现行的疆域理论不仅明显滞后，而且也明显存在着误区。

中国疆域理论的误区有多种表现，其中有两个方面表现得尤为明显：一是混淆了领土与疆域的区别，将历史久远的"疆域"概念等同于近代民族国家的"领土"概念，因而不仅把历史上的疆域定义为"领土"，而且不承认当代领土以外的疆域形态；二是在疆域或领土问题上，重视陆地上的国土，轻视海洋国土，排斥和拒绝其他形态的疆域。

首先，今天中国涉及国家政治地理空间的各种论述，都把疆域界定为领土，甚至直接把英文单词 Territory 解释为领土[①]。因此，在论述国家的构成的时候，总是把领土作为基本的构成要素；在涉及中国历史上各个朝代的地理空间范围的时候，也是用领土或领土主权等来进行界定，进而以

[①] 其实，英文中"Territory"一词的基本含义是土地、地区、区域、领域。当它被用于指称近代以来的民族国家拥有主权的区域时，它指的才是领土。但是，当它在民族国家被广泛地用以指称领土时，也不排除它在其他意义上的使用，当然也不排除用来指称或描述超越于主权的国家疆域形态。

此为基础而展开论述。

其实,"领土"概念不过是用国家主权来解释或界定国家疆域的结果,与主权有着不可分割的联系,并且以国家主权的形成为前提。国家主权并不是国家的伴生物,而是16、17世纪的产物。国家主权的概念是由让·布丹(Jean Bodin, 1530-1596)在1576年出版的《国家论六卷》中提出的,他认为主权是"在一个国家中进行指挥的一种绝对的、永恒的权力",这是"超乎公民和臣民之上,不受法律限制的最高权力"[1]。雨果·格劳秀斯(Hugo Grotius, 1582-1645),则从国际法的角度对国家主权进行了较为完整的论述。在格劳秀斯看来,国家必须拥有主权,"主权的共同主体是国家"[2]。不过,布丹和格劳秀斯都只是提出并在理论上论述了国家主权的观点和学说。国家主权原则的最终确立,则是在王朝国家时代由1648年10月签订的《西荷和约》所确认的威斯特伐利亚体系而实现的。取代王朝国家的民族国家将主权作为国家的基本条件和国家间处理相互关系的基本原则,并通过民族国家世界体系的建立而巩固了国家主权原则,进而建立了民族国家的主权体制,不仅对国家发展史产生了历史性的影响[3],也对国家的疆域产生了深刻的影响。国家拥有主权的地理空间范围,就是国家的领土。

在民族国家向全球拓展的情况下,民族国家的世界体系逐渐建立。国家主权体制也逐渐具有世界性的意义。在此条件下,通过主权来界定国家的疆域才具有普遍的意义。从这个意义上说,以主权来界定国家的疆域并将其明确为"领土",这是民族国家时代的产物。

然而,国家的形成、存在和发展,都以占据或控制一定的地理空间范围为前提。国家占据或控制的地理空间范围,就是国家的疆域。在主权形

---

[1] J. C. Laire, *Six Books of Commonwealth*, City of Oxford the Alaen Press, 1755, p. 6.

[2] Hugo Grotius, *De Jure Belli Ac Pacis Libri Tres*, translate by Francis W. Kelsey, with an introduction by James Bown Scott, Clarendon Press, 1925, p. 102.

[3] 德国学者乌尔里希·贝克在论及影响国际政治局势的因素时,将过去三个世纪中产生影响的原则概括为三条:一是"领土原则:国家拥有确定的边界,这些边界划定并确立国家的统治范围";二是"主权原则:国家及其代表拥有采取行动和实行统治的主权";三是"合法性原则:主权国家之间的关系可以成为国际协议与国际法的对象,但是,国际协议与国家法要产生效力,则必须得到各个国家的同意"。([德]乌·贝克、哈贝马斯等:《全球化与政治》,王学东等译,中央编译出版社2000年版,第11—12页)

成以及通过主权来界定疆域从而形成领土概念以前，国家的疆域早已存在，并且已经经过了数千年的发展。领土只是国家疆域发展中特定历史阶段采取的特定形式，只不过是疆域的一种形态。在全球化时代出现以后，随着国家间的联系日渐密切、全面和深入，国家超越于领土的活动已经成为新常态，超越于主权的国家规则日渐凸显并发挥着越来越大的作用，国家在主权之外控制地理空间范围的活动也越来越普遍。于是，国家超越于主权而占据或控制地理空间范围的活动也越来越多和越来越频繁，从而使得以主权来界定疆域的传统做法面临着严峻的挑战，无法用领土概念和理论来描述和分析的疆域形态逐渐增多且愈显突出。这样的现实表明，以主权来界定领土并不是绝对的，而是有条件限制的。

将通过主权来界定疆域的做法绝对化，把中国历史上的疆域都界定为领土，并以主权和体现主权含义的边界等概念去描述和分析中国历史上的疆域，必然会导致理论上的谬误和对历史事实的误判。而在当下，仅以主权管辖的领土作为国家的疆域，拒绝一切非领土形态的疆域，就会给国家活动范围的拓展造成理论上的障碍，甚至阻碍了国家根据全球化时代疆域形势的变化而对本国疆域进行的调整，导致国家错失全球化时代在疆域问题上提供的新的历史机遇。

中国学术界在国家疆域问题上将主权和领土绝对化倾向的形成，具有理论和现实的双重根源。从理论上看，中国近代以来社会科学知识体系主要是从西方传入的，而西方传入中国的社会科学知识皆以民族国家为基本预设或基本前提。中国在20世纪中叶完成民族国家的构建以后，所接受的国家理论基本上也是关于民族国家的论述。因此，民族国家理论中关于主权和领土的内容，也就被国内的学术界奉为不变的经典，因而也忽略了主权、领土等概念和理论自身的局限性。从实践上看，西方普遍建立民族国家并形成民族国家世界体系以后，中国还保持着王朝国家的形态。在深受西方民族国家列强欺凌之后，中国才选择了民族国家形态，于20世纪初开启了构建民族国家的进程，并在20世纪中叶完成了民族国家的构建。中华人民共和国就是中华民族的民族国家。在此条件下，中国一方面要用民族国家的理论来论述自己的国家、领土和主权，构建一个对这些根本性问题的阐释系统，另一方面由于一直在世界民族国家体系中处于弱势，领土主权经常受到忽视甚至侵犯，因此要以主权理论为武器来争取和捍卫自己的疆域，并维护疆域的安全。在这样的形势下，中国的学术界将民族国家的主权、领土等概念和理论擢升到至上的地位甚至将其神圣化也就不足为奇了。

另外，当代中国在界定和论述国家的疆域或领土的时候，往往是重视陆地疆域，轻视海洋疆域，漠视或不承认其他形态的疆域。中华人民共和国成立后仍然用断续线标明了中国的海洋疆域，但在相当长的时间国内的许多的教科书乃至正式文件在谈及中国的国土面积的时候，往往只关注陆地面积，不关注海洋面积，甚至还有意无意地忽略，在此情况下，其他形态的疆域那当然就更加无从谈起了。

然而，作为国家占据和控制的地理空间范围的疆域，它本身是发展和变化着的。随着人类认识和改造世界能力以及活动范围的不断拓展，疆域本身也是变化着的。而且，随着海权时代、制空权时代、海洋时代、太空时代的先后到来，人类以及国家活动的范围日渐扩大，不仅国家的疆域范围、疆域形态日渐多样化，而且海洋疆域、空中疆域、太空疆域的地位也日渐凸显。在全球化时代，国家的活动范围不仅迅速拓展，而且超越于领土范围已经成为常态，从而导致了超越于领土的疆域形态逐渐浮出水面并愈显突出。

在这样的形势下，我们只关注和重视陆地疆域，而不重视海洋疆域和其他形态的疆域，就会弱化国家保卫、捍卫和维护其他形态疆域的决心和意志，就会对国家活动和国家维护疆域安全的行动形成无形和有形的束缚。今天中国东海、南海上的一些争端的形成，或多或少与我们自己对海洋国土的重视不够、维护海洋国土的安全和权利的决心、意志不够坚定直接相关。

而此种状况的形成，则既有历史的根源，也有现实的原因。从历史来看，中国虽然在两汉时期就开始了海洋活动，明清时期更是以国家的方式和名义进行了大量的海洋活动，但在国家治理思维中尤其是在疆域问题上则长期只是重视疆域的核心区而轻视边缘区，处于国家疆域之外围和边缘的海洋疆域自然不会受到重视。从现实来看，中华人民共和国成立并完成中国民族国家的构建以后，海洋疆域受到了前所未有的重视，但历史上形成的疆域观根深蒂固并发挥着基础性的影响，再加上国力有限和长期在封闭的环境中搞建设，维护国家的海洋国土、开发海洋、拓展国家的海上通道等，都未能及时地提到国家治理的重要位置。只有到了新的千年过去12年和中国由于经济总量超越日本而居于世界第二位以后，中国才于2012年的党的十八大提出"坚决维护国家海洋权益，建设海洋强国"的要求，对海洋给予了前所未有的重视。中国政府网也对中国的国土面积作了新的表述："中国位于亚洲东部，太平洋西岸。陆地面积约960万平方千米，东部和南部大陆海岸线1.8万多千米，内海和边海的水域面积约470多万平方千米。海域分布有大小岛屿7600多个，其中台湾岛最大，面积35798平方千米。"[1]

总括起来看，中国现行疆域理论的症结在于，把某个特定历史时期的疆域理论神圣化和绝对化，将其抬升到永恒真理的地步，进而不加区别地将其运用于该历史时期之前和之后的疆域实践，以其解释该历史时期之外的其他疆域现象和相关问题，这自然就会得出似是而非的认识和不恰当的结论。在疆域问题的领域，理论上的差之毫厘，往往就会导致实践中谬以千里的后果。

二 全球化时代的疆域具有新的特点[2]

回顾人类迄今为止的历史，第二次世界大战在人类历史发展的历程中具有转折性的意义。第二次世界大战以后，人类历史发生了重大和根本性的变化，从而具有了全新的面貌。人类以社会的方式生存，社会是通过国家来治理的。第二次世界大战后人类历史的新变化，以国家的活动和国家之间关系的变化最为显著，其他方面的变化也与国家活动和国家间关系的变化具有直接的和明确的关联。

从国家活动和国家间关系的角度来看，第二次世界大战之后，随着帝国主义殖民体系的瓦解，传统的帝国体系也退出了历史舞台，民族国家已经遍及全世界，并成为主导性的国家形态。但也正是在第二次世界大战之后，各种在民族国家基础上将世界各国紧密地联系在一起的规则和机制也

---

[1] 中华人民共和国中央人民政府网：http://www.gov.cn/。
[2] 这里的一些论述，为作者在项目研究中取得的中期成果，已在学术期刊上发表过：(1)《全球化时代的疆域与边疆》，《中国边疆史地研究》2014年第3期；(2)《国家的疆域：性质、特点及形态》，《四川大学学报》（哲学社会科学版）2015年第1期。

纷纷建立起来。其中，联合国的建立，以及以国际货币基金组织、世界银行和关税及贸易总协定为三大支柱的布雷顿森林体系等，发挥了基本性和根本性的作用。正如有学者指出的那样："布雷顿森林体系在带动各国经济增长，加深国际经济联系，推动发展中国家参与国际经济合作，从而促进世界经济一体化与全球化的进一步发展等方面，功不可没。"① 受这些因素的影响，贸易自由化、投资自由化和便利化、跨国公司普遍化等在20世纪五六十年代得到迅速发展。20世纪70年代布雷顿森林体系崩溃了，关税及贸易总协定也在1994年被世界贸易组织所取代，但国际货币基金组织、世界银行、关税及贸易总协定和联合国对全球各个国家间关系模式的模铸作用是十分深刻的。从今天的情况来看，"联合国、国际货币基金组织、世界银行和世界贸易组织等最为重要的全球性的国际政治经济组织，仍然是支撑和协调21世纪的世界政治和经济秩序的主要支柱"。② 如此一系列的将全球各个国家紧密联系在一起的规则和机制的形成并发挥作用，极大地推动了全球化的发展。"到20世纪80年代末，经济全球化趋势已经相当明显。"③

20世纪90年代以后，苏联的解体将长期存在的世界两极格局彻底摧毁，全球各个国家联系为一体的政治障碍随之消除。于是，全球的国家和地区之间的联系在深度和广度方面出现了迅猛发展和根本性的变化，从而使人类生活在全球的范围内展开和发展成为必然。人类社会生活发生了前所未有根本性的变化。"我们眼前所发生的一切足以与美洲新大陆的发现相提并论。"④ 在此条件下，用以描述这种变化的"全球化"一词迅速而广泛地流传。导致如此深刻变化的"全球化"形成、充分显现并发挥影响的历史时段，就是全球化时代。

虽然全球化时代凸显于20世纪90年代，但导致全球化的各种机制都是在第二次世界大战后逐步建立起来的。从这个意义上说，全球化时代应该是肇始于第二次世界大战之后。在全球化时代于第二次世界大战后逐步

---

① 徐蓝：《试论第二次世界大战后国际秩序的建立与发展》，《世界历史》2003年第6期。
② 徐蓝：《试论第二次世界大战后国际秩序的建立与发展》，《世界历史》2003年第6期。
③ 杨雪冬：《全球化：西方理论前沿》，社会科学文献出版社2002年版，第103页。
④ ［德］乌·贝克、哈贝马斯等：《全球化与政治》，王学东等译，中央编译出版社2000年版，第5页。

形成的同时，人类的科学技术发展也进入了一个全新的时代。此前用"浪潮"来形容的科学技术革命的高潮一再出现，人类的科学技术进入了快速发展的时期。科学技术革命的新成果，不仅为全球化的发展提供了有利的条件，也大大拓展了人类活动的范围，促进了社会生产力翻番式的发展，并且也导致了人类在地球的两极、深海海底、地球深处、太空和外太空活动的活跃。其中，此类活动的大部分都是以国家行为的方式推动的。

全球化尤其是全球化时代，对国家疆域的影响是十分深刻的。如前所述，国家的疆域即国家占据或控制的地理空间范围，是国家活动稳定覆盖的区域。国家的疆域不是一成不变的，它往往处于变化的过程中。而导致国家疆域变化尤其是形态变化的主要因素，一是在当时的历史条件下得到认可或被接受的国家活动方式，二是人类活动范围的拓展。在国家的活动方式和人类活动范围拓展的情况下，往往会导致国家疆域形态的改变。这些因素在全球化时代都出现了，不仅持续存在且日渐显著，这就不可避免会导致国家疆域出现新的变化和具有新的特点。

首先，国家活动的地理空间范围前所未有地拓展。在高潮迭起的科学技术革命的推进下，人类社会生产力发展的速度明显加快，人类活动的范围不断扩大。在此基础之上，国家活动的范围也得到迅速地拓展。就目前的形势来看，国家活动的范围已经大大地超越于传统区域，相继发展到远海、大洋深处、大洋海底、地球的两极、地层深处、太空、外太空。国家不仅将自身的活动稳定地覆盖于上述区域，而且对以上述区域的某个部分形成实际控制的现象已经出现。于是，一些国家便在领土之外在把自己国家活动稳定覆盖且已经形成实际控制的区域，当作了自己的新疆域。而且，此种现象已经呈现出越来越突出之势。

其次，国家控制地理空间范围的方式发生了改变。全球化的根本特征是，共处于地球上的各个国家之间的联系在深度和广度上迅速发展。在全球化时代，全球化已经达到了相当高的水平。一方面，在日渐深化的全球化过程中形成的各种投资、贸易、金融、经济、通讯、环保、气候、文化等方面的共有和共享机制，加深了各个国家之间的联系；另一方面，在前一个方面的基础上，超越于国家主权的国际规则日渐增长并在全球治理中发挥着越来越重要的作用。基于这样的联系，国家之间的利益交融和利益依存也达到了相当高的程度并仍在不断发展，一个国家的利益溢出领土范围的现象在广度和深度上也达到了相当的程度并在不断发展。在这样的条件下,国家在主权管辖之外占有或控制更加广泛的地理空间范围的行动日渐普遍并得到了相当程度的认可:一是依托于主权而对毗连区的管制权、对专属经济区的主权权利和管辖权、对大陆架行使主权权利等,得到了《联合国海洋法公约》的承认;二是因为对领土外的大洋海底的科学考察和对南极、北极的科学考察而形成的对考察区域或考察站的控制,以及对外层空间的利用而形成的某个特定区域的控制等,得到相关国际公约、国家组织和国家的认可;三是在国家利益深度交融的情况下,一些国家对其他国家领土范围内的某个或某些区域的控制(这里的控制是依托于经济和军事的硬实力而形成的控制,实为在主权基础上进行的再控制),也得到了相关国家的接受和认可。这样一来,就在民族国家以主权来确认国家对地理空间控制的合法性的规则之上又出现了新的控制方式。

三 疆域实践已走在疆域理论的前头

社会生活总是这样,人们为了解释现实和服务现实而创造了理论,而理论也总是要在与现实的结合中实现自己的价值并不断地丰富。但是,理论往往不能与现实同步,总是会滞后于现实。这也恰恰证明了列宁在此问题上所特别强调的"一个不容置辩的真理",那就是"马克思主义者必须考虑生动的实际生活,必须考虑现实的确切事实,而不应当抱住昨天的理论不放,因为这种理论和任何理论一样,至多只能指出基本的和一般的东西,只能大体上概括实际生活中的复杂情况"。为了说明这一点,列宁还援引了《浮士德》中的一句名言:"我的朋友,理论是灰色的,而生活之树是常青的。"[①]

在疆域问题上,理论与现实的关系正是如此。维护、捍卫已有的疆域和争取新的疆域,是国家基本的和重大的行为。这样的行为需要理论的支撑,但又不受既有理论的束缚。历史学家在对国家疆域问题进行全面考察的基础上,也特别地强调:"边疆问题本身就远远不是理论问题,更主要

[①] 《列宁选集》第3卷,人民出版社2012年版,第27页。

是一个实践问题。"① 纵观国家的疆域历史,实践总是走在理论的前头。这在近代以来的历史中,尤其是全球化时代浮出水面以来的近半个多世纪中,表现得尤为突出。

世界近代以来的疆域理论,皆以民族国家为基本预设,并基于民族国家和民族国家世界体系而构建,而且服务于民族国家的疆域实践。然而,那些率先构建民族国家进而又构建了近代以来的民族国家疆域理论的西方国家,并没有把疆域理论绝对化,更没有被自己创造的理论束缚住手脚,而是根据自己的需要和能力以及所处的形势而积极地推进疆域实践,并提出了一系列的新概念和理论,为自己的行为进行论证甚至进行辩护。正如有的专家指出的那样:"在边疆理论形成和发展的过程中,西方国家在全球逐步展开殖民扩张,并把它的理念、边疆观念带到亚非拉地区,而且在殖民扩张、争夺过程中不断调整、发展各自的理论。"②

在民族国家时代,民族国家的领土主权原则和相关理论基本得到了大多数民族国家的遵循,但那些构建了民族国家的西方国家,在通过民族国家这种政治形式与国族相得益彰而增强了国家以后,便以此为凭借而向外拓展疆域,采取了帝国主义的政策,对其他国家实施殖民统治。英国的疆域扩张在西方国家中具有典型性。英国构建民族国家以及通过工业革命而使国家强大以后,便以民族国家的坚船利炮为后盾和以商品贸易为手段来拓展自己的疆域。由于海上贸易在英国对外关系中占有重要地位,英国也就特别看重海上的扩张,并在海上扩张中着重于夺取制海权。正如美国海军上将马汉所言:"与以前的霸权国家不同,英国的扩张和进取不是朝向欧洲,而是针对其外的世界。这也许是我们今天所称的'世界政治'的开端。在对外扩张方面英国独树一帜,这不是说它是首先进行扩张的国家或没有竞争对手,而是指尽管它对外扩大殖民地有永不知足的欲望,但它所重视的不是从殖民地探到多少财富,而是将英国自身的制度推及于它。在这方面,英国的殖民地和罗马的开拓地相似,无论在政治上还是产业上

---

① 于沛等:《全球化境遇中的西方边疆理论研究》,中国社会科学出版社2008年版,前言,第3页。
② 于沛等:《全球化境遇中的西方边疆理论研究》,中国社会科学出版社2008年版,前言,第9页。

都是母国的翻版。"① "到第一次世界大战前夕，英国的扩及世界各大洲，占全球总面积的四分之一，被称为'日不落帝国'。"②

美国是西方世界中对外进行疆域拓展延续时间最长以及取得的收益最大的国家。美国的 1776 年宣布独立时，其疆域局限于大西洋沿岸，共 30 多万平方英里。1783 年《巴黎和约》签订时，美利坚合众国的领土面积也才 88.8811 万平方英里。但新生的美利坚合众国并不满足于现状，随后便开始了长期持续的疆域拓展。这样的疆域拓展首先是北美大陆的西进运动。"美国向西部领土的推进，以 1803 年从法国购买路易斯安那开始。拉丁美洲爆发革命后，美国趁机夺取西班牙的殖民地佛罗里达。之后，美国领土扩张主要沿着两个方向继续推进。在西南方面，美国首先策划了得克萨斯名为'独立'、实为分裂的运动，直到将其公然兼并，到 1848 年共割去墨西哥一半的领土。在西北方面，美国迫使英国放弃对俄勒冈的领土要求。最后，这两条扩张路线在加利福尼亚会合，从而完成了对整个西部的占领。"③

在此过程中，美国还提出了对其疆域拓展以及世界疆域史造成重要影响的"移动的边疆"的理论。美国著名的历史学家弗雷德里克·杰克逊·特纳，于 1893 年发表的《边疆在美国历史上的重要性》一文，开创了美国的边疆学派，也成为美国边疆理论的典型代表。特纳认为："美国边疆的最重要的一点是，它位于自由土地这一边的边缘上。""边疆是向西方移民浪潮的前沿——即野蛮和文明的会合处。""边疆是一条极其迅速和非常有效的美国化的界限。"④ "开初，边疆是大西洋沿岸。真正说起来，它是欧洲的边疆。向西移动，这个边疆才越来越成为美国的边疆。"⑤ 根据美国疆域不断变动的现实，特纳得出结论说："直到现在，一部美国史大部分可说是对于大西部的拓殖史。一个自由土地区域的存在及其不断

---

① [美]艾尔弗雷德·塞耶·马汉：《海权论》，萧伟中、梅然译，中国言实出版社 1997 年版，第 138 页。

② 于沛等：《全球化境遇中的西方边疆理论研究》，中国社会科学出版社 2008 年版，第 53 页。

③ 于沛等：《全球化境遇中的西方边疆理论研究》，中国社会科学出版社 2008 年版，第 46 页。

④ 杨生茂：《美国历史学家特纳及其学派》，商务印书馆 1984 年版，第 5 页。

⑤ 杨生茂：《美国历史学家特纳及其学派》，商务印书馆 1984 年版，第 6 页。

的收缩，以及美国向西的拓殖，就可以说明美国的发展。"①

1898年美西战争开始，美国又将"移动的边疆"理论运用于向"太平洋前进"。在发动美西战争并取得胜利以后，美国逐步将菲律宾、波多黎各、关岛、古巴、夏威夷、巴拿马运河、海地、多米尼加等纳入自己的疆域范围。在两次世界大战期间，美国又以各种方式在海外建立海军基地，增强了自己的海权力量，逐步实现了对海上战略通道和要地的控制，不仅扩大了疆域规模，而且优化了疆域结构，使美国从海权大国发展为海权强国，进而成为兼有强大的海权和陆权的复合型国家。

总而言之，"在20世纪中期西方列强的殖民体系崩溃以前的几百年间，列强的殖民地、半殖民地或者以'保护国'、'势力范围'等控制的地区遍布亚非拉地区，它们在论述自己的领土时，往往强调'一国的领土，应认为是在该国主权、宗主权、保护或委托统治下的陆地区域及其邻接的领水'②，所以谈到自己的'边疆'问题时往往既包含本土的疆界，又包括其'宗主权、保护或委托统治下的陆地区域及其邻接的领水'的疆界"③。

第二次世界大战之后，在全球化时代逐步形成的过程中和进入全球化时代以后，西方国家在国家疆域方面的拓展和创新的步伐也没有停止。其中，美国抓住全球化时代世界范围内国家疆域调整和变动的先机，在提出高边疆、利益边疆、战略边疆、底土边疆等概念和理论来对自己超越于主权的疆域拓展进行论证和辩护的同时，相继开拓了自己的太空边疆、利益边疆、战略边疆和底土边疆，极大地拓展了自己的疆域。欧洲国家在殖民体系瓦解以及失去了大量的海外殖民地疆域后，一方面极力维护自己的海外疆域，一方面则将多个国家的疆域结合为一个整体，从而为各个国家的发展营造有利的地理空间条件。

相比较而言，美国的疆域拓展不但持续时间长，而且为美国的发展创造了有利的地理空间条件。正是由于如此，所以有学者指出："一部美国

---

① 杨生茂：《美国历史学家特纳及其学派》，商务印书馆1984年版，第3页。
② 《国际民用航空公约》，1944年。
③ 于沛等：《全球化境遇中的西方边疆理论研究》，中国社会科学出版社2008年版，第7页。

历史，是不断拓展'边疆'的历史。从大西洋西岸向太平洋东岸的移动、从北美大陆向海外进而向地球各个角落的延伸、从地球表面向外层空间的发展，是美国从北美'大陆边疆'向'全球边疆'的发展过程。"正因为如此，"美国能够在短短的两百多年里，从英属北美 13 个殖民地壮大为一个独立的民主共和国、从一个位于大西洋西岸的孤立国家演进为一个影响巨大的世界大国、从一个并不先进的农业国发展成为一个世界顶级的工业强国"[①]。

纵观西方国家的疆域发展过程，国家的疆域实践本质上就是维护和拓展国家地理空间范围的活动。拥有或控制的地理空间范围对于国家来说，是国家发展和强大的基本条件，对国家的发展来说是一个根本性的或刚性的制约因素。在国家间的竞争越来越激烈的情况下，国家拥有或控制的地理空间范围的意义更加凸显。因此，各个国家为了自身的生存和发展，总是不可避免地会根据国家以实力为基础的需求和当时的形势而从事疆域实践。与此同时，也不断创造出各种各样的"理论"来为自己的行为辩护或论证。

中国实行改革开放以后，由改革开放推动的现代化乘着全球化的东风，快速地推进并取得了举世瞩目的成就。与此同时，中国快速的现代化本身也是全球化的组成部分，中国也成为了民族国家世界体系的重要成员。在中国逐渐成为世界性大国的同时，中国的利益也遍及全球，中国在世界全球事务中发挥着越来越重要的作用。在此条件下，中国也依循全球化时代的疆域规则，开始了创新性的疆域实践，不仅在东海和南海对 200 海里专属经济区行使主权权利，而且对得到国际海底管理局批准的实验区、南极和北极的科学考察站实行有效管控，还在太空领域占有一席之地。最近又有学者提出，在全球化的背景下中国已经成为全球行动者，因此不能再将自己定位为北极的"域外国家"，"极地已成为新形势下我国'战略新疆域'的重要组成部分"[②]。总而言之，"随着中国从地区性大国

[①] 石庆环：《从"大陆边疆"到"全球边疆"——美国走向世界的历史进程》，《辽宁大学学报》（哲学社会科学版）2005 年第 4 期。

[②] 郭培清：《北极是中国战略新疆域，外国对华恶意解读减少》，《环球时报》2015 年 9 月 18 日。

走向全球性强国,中国的国家利益早已超出地理疆域,向网络、太空、深海和极地拓展"①。

面对全球化时代疆域形势的新变化,传统的疆域理论已经显得滞后并受到了严峻的挑战。在全球化时代的疆域出现的新变化或新动向的条件下,近代以来以主权为核心的领土理论虽然并不排斥新的疆域实践,但却难以对这样的疆域实践进行合理的论证,更遑论给予这些新的疆域实践以支持。不过,理论只是对现实事象的阐释,尽管对实践具有指导意义,但现实的发展并不依理论为转移,更不会按理论的要求去发展。相反,现实已经发展了和实践已经超越了理论的界限的时候,正是理论创新的紧迫性凸显之时,更应该通过科学的理论创新,对新的现实和实践做出更加合理的阐释。全球化是人类历史的一个新的和特别的阶段,其疆域现象与历史上过往有所区别是再正常不过的事。在这样的时代,应该有新的疆域理论出现,对新的疆域实践作出合理的阐释。

四 崛起的中国须重新审视自己的疆域

在全球化日渐深化的背景下,中国自身也发生了巨大而深刻的变化。首先,由于现代化的快速推进并取得显著成效,中国的经济总量已经于2010年超过日本而居于全球第二,而且有可能在不久的将来超过美国而列全球首位,从而使综合国力大为增强;其次,由于在全球化背景下的快速现代化,中国融入世界的程度在深度和广度上都达到了非常高的水平。中国已经成为当代国际体系的重要成员,既受到世界的格局的深刻影响,也深刻地影响着世界;再次,由于中国的快速发展,中国在世界格局中的地位迅速提升,"崛起"已经成为描述此种状况的常用词汇。而且中国崛起虽然会遇到多种困难和一些国家的极力阻挠,但中国的崛起也势不可挡。以上这些巨大的变化,全面而彻底地改变了中国落后的面貌,从而使今天的中国与改革开放之初的中国判若天渊。

中国自身的快速发展,已经致使中国的疆域环境发生了一系列深刻的变化,其中比较突出的有以下几个方面:一是陆地边疆的地位凸显。一方

---

① 郭培清:《北极是中国战略新疆域,外国对华恶意解读减少》,《环球时报》2015年9月18日。

面，陆地边疆开发和建设对于国家整体发展和综合实力增强的意义更加凸显。相对于国家的核心区来说，陆地边疆的开发和建设明显滞后，经济社会发展程度相对较低，贫困人口数量较大，因而成为国家经济社会发展和全面实现小康中的短板。另一方面，在中国与周边国家的关系日渐紧密的条件下，陆地边疆成为国家周边战略和其他一系列战略实施的支撑性区域。而随着综合国力的增强，国家也有能力投入更多的资源于陆地边疆的开发和建设。因此，陆地边疆将会成为国家发展的新着力点和综合国力发展的新增长点。

二是海洋边疆受到前所未有的重视。中国早在两汉时期就开始了海洋活动，中华人民共和国成立后更是将海疆的巩固提高到国家安全的突出位置，但受到国家治理传统思维中重核心区轻边缘区、重陆地轻海洋，以及国家经济发展水平和综合国力的双重限制，国家的海权没有受到应有的重视，海疆的管控和海洋国土的开发及利用未受到足够的重视，海疆处于衰弱状态。中国也自觉不自觉地将自己界定为陆权国家。从今天的形势来看，在国力增强和快速崛起的过程中，海疆的衰弱和海洋开发的不足已经成为国家崛起的巨大障碍。在此情况下，作为国家最高决策性文件的党的十八大报告明确提出：要"提高海洋资源开发能力，发展海洋经济，保护海洋生态环境，坚决维护国家海洋权益，建设海洋强国"①，从而把开发和建设海洋疆域提升到国家战略的层面。

三是领土的边缘区即边疆与核心区被结合成为一个整体。就客观事实而言，中国的领土是个完整的整体，这是毋庸置疑的。但是，在国家治理及国土的开发和建设中，核心区和边缘区、陆地边疆和海洋边疆是分别加以考虑和谋划的，而且陆地边疆的治理长期被置于服从于和服务于核心区治理的地位，海洋边疆的开发和治理长期被忽视，从而就形成了一种领土空间被分割或割裂的状态。② 但是，这种状况在今天已经彻底改变了，领土的边缘性区域与核心区在国家治理和国家发展中已经被作为一个整体来

---

① 胡锦涛：《坚定不移沿着中国特色社会主义道路前进 为全面建成小康社会而奋斗——在中国共产党第十八次全国代表大会上的报告》。

② 此种状况在国家发展的一定阶段和水平上出现也具有必然性，甚至就是国家发展特定时期的一种迫不得已的选择。我们不能用今天的现实去要求或苛求历史，但我们也必须对此问题有一个客观的判断和全面的把握，更不能将其绝对化。

考虑和谋划。党的十八大明确提出了"国土空间"概念，强调要"优化国土空间开发格局""建立国土空间开发保护制度"，从而将领土的不同的区域纳入国家治理的总体中考虑和谋划之中。

四是国家的超主权疆域受到了重视。中国在越来越融入世界的过程中，国家活动已经覆盖全球，并且已经成为了常态。与此同时，国家利益在地理空间范围上迅速拓展，国家利益溢出到领土之外的现象也越来越广泛、越来越重要。从总体上看，国家利益外溢已经成为新常态，并在海外形成诸多的利益积聚区和节点性区域。这些国家利益积聚和交汇的海外区域，对于国家的发展具有根本性的影响，一旦受到攻击、破坏、失控和丧失，就会使国家陷入困境，甚至中断中国崛起的进程。因此，如何维护中国的海外利益，就被提到了国家治理的关键性位置。对于这样一些国家在海外的利益积聚区和节点性区域，美国等西方国家是用"利益边疆"概念去进行描述的。由于各种原因，中国在很长时间内都不愿意接受"利益边疆"的概念，更不用说以这样的概念来描述和界定中国海外利益的重要区域。但是，2015年5月26日发表的《中国的军事战略》白皮书，却明确提出了"海外利益攸关区"的概念，并把"维护海外利益安全"作为中国军队担负的战略任务之一。这就表明，中国已经将"海外利益攸关区"作为要以国家力量去维护的重要区域。这样的表述，已经蕴含着对超主权疆域的肯定。

上述几个方面的变化结合在一起，就凸显了一个十分重要的事实：中国国家治理和国家发展已经处于一个前所未有的巨大的地理空间范围之中。如此一个巨大的地理空间场域，是国家发展的十分重要和基础性的条件，直接攸关中国的崛起。在此条件下，能否对此地理空间进行有效的认识、谋划和管控，能否在如此巨大的地理空间中维护国家利益，直接关系到中国崛起目标的实现，直接关系到中华民族伟大复兴的中国梦的实现。

从这样的角度来看，凡中国占有和控制的地理空间范围，都可以也应该视为自己的疆域。中国按照近代以来主权国家的领土规则占有的地理空间，即国家的领土，是疆域的主体但并非全部。除此之外，中国拥有管辖权或按照国际法实际使用和管理的地理空间范围，也属于中国疆域的范畴。甚至那些中国国家活动稳定覆盖且已经成为国家海外利益的聚积区，同时中国又对其拥有主导性的影响力的区域，也可用疆域的概念去进行描述和界定。从总体上看，中国的疆域大致应该包括这样几个部分：一是拥有主权的区域，即中国固有的领陆、领海、内水及其领陆、领海、内水的上空和地下；二是行使主权权利和管辖权区域，如专属经济区和大陆架；三是运用国家力量去保护的海外利益聚积区和关键性区域；四是依据国际法和国际规则而实际使用和管理的公共区域，如进行科学考察的国际海底区域，南极北极的科学考察站，将来的地球轨道空间站，等等。

这些区域实际上已经同中国直接而紧密地联系在一起，打上了深深的中国烙印，并已经成为中国国家存在、发展的基本条件。总之，领土及那些中国管辖或管控的地理空间区域，都是承载中国国家利益的地理空间或地理基础。这些区域的安全能否得到有效的维护，直接关系到中国的国家利益，影响着中国的发展和崛起。

2013年9月和10月，国家主席习近平在访问中亚四国和印度尼西亚时分别提出了"丝绸之路经济带"和"21世纪海上丝绸之路"的战略构想。关于"一带一路"的性质和地位，中国政府作了这样的表述："'一带一路'致力于亚欧非大陆及附近海洋的互联互通，建立和加强沿线各国互联互通伙伴关系，构建全方位、多层次、复合型的互联互通网络，实现沿线各国多元、自主、平衡、可持续的发展"；"以政策沟通、设施联通、贸易畅通、资金融通、民心相通为主要内容"；"中国政府倡议，秉持和平合作、开放包容、互学互鉴、互利共赢的理念，全方位推进务实合作，打造政治互信、经济融合、文化包容的利益共同体、命运共同体和责任共同体"。[①] 以政策沟通、设施联通、贸易畅通、资金融通、民心相通为主要内容的"一带一路"，贯穿欧亚大陆，东连亚太经济圈、西接欧洲经济圈，涵盖政治、经济、外交、安全等诸多领域，涉及亚欧非65个国家（含中国）共44亿人口。它的推行和逐渐取得成效，将会对中国的崛起和中国国家活动的地理空间范围产生重大的影响。

在全球化时代国家疆域具有了新的形态、疆域实践出现了新的动向，以及中国自身的疆域环境已经发生显著变化的条件下，如果仍然抱持传统的疆域理论和疆域观念，墨守成规、固步自封，拒绝承认、认可和接受新

[①] 国家发展改革委、外交部、商务部：《推动共建丝绸之路经济带和21世纪海上丝绸之路的愿景与行动》，2015年3月28日授权发布，见《人民日报》2015年3月29日第4版。

的疆域现实，不愿意根据全球化时代疆域变化的新形势来调整自己在疆域问题上的思想、观念和理论，就是在疆域问题上自缚手脚，必然会使中国丧失重新规划自身疆域的历史性机遇，从而无法在全球化时代充分开拓有利于国家发展的地理空间，最终迟滞国家崛起的步伐。

在疆域问题上的正确或恰当的做法应该是，准确把握形势的变化和历史提供的难得机遇，因势而谋、因势利导、因势而为，一方面，全面审视自己的主权性疆域，包括领土内的陆地疆域和海洋疆域，以及领土外其他形式的疆域，明确自己的疆域范围和疆域形态，使疆域实践面向现实、面向未来，构建与国家治理体系和治理能力现代化要求相适应的疆域体系和边疆治理体系，助力国家的发展和崛起；另一方面，要改变传统的疆域观念，创新疆域理论和边疆理论，构建与时代发展和国家发展要求相适应的疆域理论和边疆理论，促进疆域实践创新和边疆治理创新，既充分利用国家在发展中已经拥有的地理空间资源，也积极为国家发展营造良好的地理空间条件。

第二节 边疆及其治理对国家发展的意义凸显

纵观中国历史上的国家治理，历朝历代都将边疆治理置于国家治理的重要位置，并因此而促进了国家发展。但今天这样一个全球化时代，尤其是全球化越来越将世界各国紧密地联系在一起并使整个地球成为一个地球村的条件下，随着国家间的竞争日趋激烈，整个地球也成为了各个国家的竞技场。在此背景下，国家占据或控制的地理空间范围对国家发展的意义更显突出和重要。而国家地理空间范围的意义和问题，往往又突出地体现于边疆区域。因此，对于越来越融入全球化的中国来说，边疆及其治理对国家发展的意义也愈显突出。

一 中国的边疆已经具有新面貌

讨论边疆及边疆治理对于国家发展的意义，首先要看到或注意到是，今天中国边疆的形态已经发生了显著的变化，边疆的形态更加多样并具有了新的面貌。形态多样化的边疆，从若干个不同的侧面凸显了边疆及其治理对于国家发展的意义。

在中国传统的边疆观念中，边疆就是国家陆地疆域内一个相对于核心区来说的边远区域，而且其范围并不明确。"它最初只是泛指相对于中原地区的'四夷'，其地域并不确定。以后由于中国疆域的逐步拓展，边疆的概念才逐渐明确，至清代，一个清晰完整的中国边疆展现在世界面前，并给中国和世界的历史带来巨大的影响。"[①] 还有学者指出："今天之'边疆'或'边陲'，古代主要是指封建王朝统治核心区域的外围部分，尤其与其他政权实体相毗连附近的地区。古代边疆与当代边疆最明显的区别，是后者以较稳定的国界为限明确划分彼此的疆土，靠近国界的部分称为'边疆'；而古代的'边疆'通常指一个较大的地域范围，同时古代边疆还因种种原因处于经常变动与调整的过程中。"[②]

不仅如此，中国历史上的边疆概念还具有多种含义。正如有学者指出的那样："中国历史上边疆并不是一个纯地理的概念，而是与经济、政治、文化的发展水平密切相关的。""在古代，中国的边疆概念始终是作为一个模糊不清的以经济、文化为内涵的定义。"[③] 马大正就不仅得出了"边疆是一个含义较广的概念"[④] 的结论，而且归纳出了边疆概念的六大要点：边疆是一个地理概念，它处于国家的边远地区；作为历史概念，边疆伴随着多民族国家的建构和演变而慢慢积淀下来；边疆是一个政治概念，它反映着中央政府与地方政府之间的公权力关系；边疆是一个军事概念，它是国家的边防地区、国防前沿；边疆是一个经济概念，它往往是经济发展水平滞后的代名词；边疆是一个文化概念，它具有文化多元、文化差异之特点。

这样的边疆观念是在历史上形成的，但它经历了两千多年的发展以后已经根深蒂固，并作为传统而影响到了当代。中华人民共和国成立以来，在学术文献和政治文件中边疆就越来越多地被定义为"边疆民族地区"，甚至常常用"民族地区"来指称边疆，并把边疆问题等同于民族问题。在国家治理体系中，边疆问题的解决和边疆治理也被置于民族问题的框架

---

① 成崇德：《清代前期边疆通论（上）》，《清史研究》1996年第3期。
② 方铁：《古代治理边疆理论与实践的研究构想》，《社会科学战线》2008年第2期。
③ 杜文忠：《边疆的概念与边疆的法律》，《中国边疆史地研究》2003年第4期。
④ 马大正：《中国边疆经略史》，中州古籍出版社2000年版，第1页。

内由国家民族来负责。近年来专门针对边疆地区的治理举措——"兴边富民行动",也是由国家民委倡议和推动的。"兴边富民行动"的范围为,全国135个边境县(旗、市、市辖区)和新疆生产建设兵团的56个边境团场,共191个管辖边境的县级行政单位。

以上关于边疆的界定,尽管各有特点且范围也有所不同,但针对的都是国家的陆地疆域,其所指都为陆地边疆,而且范围十分有限和狭小。当然,这样的"边疆"在国家治理和国家发展中的意义也是十分重要的。但从今天中国疆域的现实来看,边疆的范围不仅更加广阔,而且形态也更加多样。

在今天这样一个全球化愈益深化的时代,国家的疆域范围和疆域形态已经发生了重大改变,一些国家在疆域方面的实践不仅已经动摇了传统的疆域理论,也根本性地改变国家疆域的现实。在日益融入世界的过程中快速崛起的中国,既需要对自己的疆域进行重新审视,也有必要借鉴西方国家的观念和实践。从这样的角度来看,中国的疆域空间是十分巨大的。在国家的疆域形势已经发生根本变化的情况下,传统的边疆观念已经与现实之间存在着相当大的距离。在此情况下,我们不能固步自封、食古不化,必须从今天的现实出发,并根据中国的疆域现状来重新界定国家的边疆。

依据中国今天的疆域现实,中国的疆域不仅广大且具有多种形态,或者说,中国的边疆是多种形态的国家疆域的边缘性区域,主要有以下几种类型:一是陆地边疆。这是中国领土中陆地部分的边缘性区域。二是海洋边疆。这是中国国土中的海域部分,包括拥有主权的岛屿、堡礁及其相关的领水、毗连区、专属经济区和大陆架。三是空中边疆。这是中国疆域的天空部分,包括中国主权管辖下的领陆、领水的空气空间,以及中国设立的防空识别区。四是底土边疆。这是中国领土的地下层部分,包括领陆的底土、领水的水床及底土。五是利益边疆。这是中国具有维护能力的海外利益聚积区和节点区域,大致相当于中国的"海外利益攸关区"。六是太空边疆。这是中国在开发和利用太空实践中因为实际的使用而管控的区域,即太空疆域中中国实际使用和管控的部分。有学者指出:"太空疆域(天疆)既不是一个有形的空间,也不依赖于一国的领陆、领海、内水而存在。它被称为继陆、海、空后的'第四空间'或'第四疆域'。"① 七是战略边疆。战略边疆通常被看作"一国国力和影响力所能达到的、可控制的地理与空间区域，它是国家实力、战略意志以及国家战略能力的投射范围"②。中国的战略边疆，主要是指中国在本土外国家战略能力的投射范围。

以上各种形态的边疆，在总体上又可划分为两种基本的类型：一是主权性边疆。主权性边疆是中国拥有主权的边疆区域，以及依托于主权而享有主权权利的区域。这样的区域，中国拥有排他性的权利，因此也可称为硬边疆；一是超主权边疆。超主权边疆是中国在领土之外根据相关国际规则、惯例或通过与相关国家的政府间协议而实际管理和拥有主导性影响的地理空间范围。

中国当前的边疆已经呈现出种类多、范围广、立体化的特点，已经与历史上的边疆具有本质的区别。或者说，这样的边疆与历史上的边疆已经完全不同，甚至无法用历史上的边疆概念、边疆观念和边疆理论来进行解释。这是新形势下中国疆域的边缘部分，也是全球化时代疆域形势发生根本变化的产物。如果不对这样多样化的边疆进行确认，也就无法理解中国今天的疆域。

二 边疆关乎国家的核心利益

今天的边疆具有多种形态，但它作为国家疆域之边缘性区域的基本属性并没有改变。全球化时代国家间联系及利益依存度的加深，以及由此导致的国家间的竞争日渐激烈，又进一步凸显了疆域对于国家发展的意义。而在疆域对于国家的意义不断凸显的情况下，国家在维护自身疆域的实践中遇到的问题也越来越多，并主要是出现于国家的边疆区域。因此，各种形态的边疆成为国家疆域中最敏感和最令人关注的部分，事关中国发展的地理空间范围的开拓和维护。总之，各种形态的边疆集中地体现着国家发展中地理空间条件方面的矛盾和问题，对于国家的治理和发展具有根本性的影响。

---

① 刘小冰：《中国国家疆域的宪法定位》，《学海》2004年第3期。
② 陈迎春：《战略边疆：助推中国和平发展的切入点》，《世界地理研究》2011年第6期。

首先，边疆与中国的核心利益直接相关。国家核心利益是国家最根本的利益。它不免会受到威胁却又不容妥协，一旦受到了威胁，国家就会不惜一切手段去捍卫和维护它。中国政府已经向全世界宣称："中国坚决维护国家核心利益。中国的核心利益包括：国家主权，国家安全，领土完整，国家统一，中国宪法确立的国家政治制度和社会大局稳定，经济社会可持续发展的基本保障。"[①] 中国维护国家核心利益的谋划和行动，相当多地发生在边疆。这里所明示的国家核心利益的六个方面，都与边疆具有高度的关联。

从国家主权来看，国家主权最基本的体现，便在于领土之上，即对某个地理空间的拥有权和管辖权。而国家主权最为直接和明确的损害、破坏和威胁，也在于领土。而领土主权受到的损害、破坏和威胁，一般不会发生于领土的核心区域，通常出现在领土的边缘性区域，即边疆。从现实的情况来看，中华人民共和国成立以来国家的主权之争、主权回归等，都发生于边疆的范围之内。中国被印度非法占据的领土即藏南地区，就处于中国的陆地边疆。中国拥有主权却又未能行使的钓鱼岛和南海岛礁，也处于海洋边疆范围中。

从国家安全来看，国家安全是国家没有受到干涉、威胁和侵略的状态，具体又可划分为主权安全、领土安全、政治安全、军事安全、经济安全、金融安全、文化安全、生态安全、信息安全等若干具体的方面。其中，主权安全、领土安全、军事安全是基本的内容。一旦这些方面受到干涉、威胁和侵犯而产生安全危机，就会影响到国家安全的其他方面和整个国家的正常运行。而国家在主权、领土和军事方面受到的威胁和侵犯，又主要发生于边疆地带。今天中国在这几个方面受到的直接威胁，也主要发生于陆地边界附近和东海、南海等海疆区域。另外，地缘政治环境也对国家安全产生着不可忽视的影响。而地缘政治环境对中国安全的影响，更是与中国的利益边疆、战略边疆等紧密地联系在一起；太空边疆的巩固，对国家安全的影响国家更是不可小觑。

从领土完整来看，中国在近代沦为帝国主义的殖民地和半殖民地的情况下，由于受到其他国家的威胁和侵犯而出现的领土完整问题，并不仅仅

[①] 《中国的和平发展白皮书》，国务院新闻办公室 2011 年 9 月 6 日发布。

局限于边疆。但对于今天的中国来说，可能会出现的对领土安全的破坏和威胁因素，却都只出现于边疆。就目前的情况来看，中国领土被其他国家非法侵占的地区，无一不是在边疆地带，具体来说，一是陆地边疆的藏南地区，二是东海的钓鱼岛和南海的岛礁。而且随着美国重返亚太并拉拢一些国家对中国进行围堵，对中国领土完整形成的威胁还会进一步加大，但具体来说也主要是表现于海洋边疆方面。

从国家统一来看，中国由于台湾尚未置于中央政府的直接管辖之下而使国家处于分裂状态。这样的分裂状态是历史造成的，但对中国今天的发展和国际地位的影响却是巨大的。今天的世界性大国，除中国外没有一个是分裂的。中国的崛起能否最终完成，与国家统一的实现具有不可分割的联系。但这样的分裂，也是出现于边疆。从中国疆域的整体来说，台湾就是中国海洋边疆的一部分。从这个意义上看，台湾的统一问题，既是中国的边疆问题之一，也是中国边疆问题中最特殊的部分。

从政治社会稳定来看，政治社会稳定与国家发展和稳定不可分割地联系在一起，因而成为了国家的核心利益。而在全国的政治社会稳定中，边疆地区（主要是陆地边疆）由于历史、文化、区位、经济和社会发展水平以及境外影响突出等原因，是比较容易在政治社会稳定方面出现问题的。换句话说，较之于疆域的其他区域，边疆地区在政治社会方面出现不稳定因素的可能性更大。近年来，新疆、西藏的一些地区受暴力恐怖势力、民族分裂势力和宗教极端势力的影响，成规模的政治社会稳定问题多次发生，并对国家政治社会稳定的大局造成影响，也表明边疆在政治社会稳定方面的敏感性和特殊性。

从经济社会发展来看，经济社会稳定发展是国家面临的一切问题得到解决的希望所在，是国家核心利益的一个特别重要的方面。而中国经济社会的稳定发展，也是与边疆息息相关的。这种相关性明显地体现在三个方面：一是陆地边疆既是中国经济社会发展的新增长点，也是国家实施的有利于国家经济社会发展的外向战略的支撑点，对整个国家的经济社会发展发挥着重要影响；二是海洋经济是中国经济发展的重要支撑；三是利益边疆、战略边疆对经济社会发展的支撑作用也越来越突出。美国曾有人预言，只要封锁马六甲海峡，就能遏止中国经济的发展。能否破除马六甲困局，就要看中国能否有效地维护自身的利益边疆和战略边疆。

其次，边疆攸关国家崛起和中国梦的实现。在今天这个特定的历史条件下，"崛起"是描述中国在全球化时代国家间竞争日趋激烈背景下的快速发展，以及中国在现有的国际格局中确立自己的地位并发挥根本性影响的过程和状态。"中国梦"的内涵是中华民族的伟大复兴，说的是中华民族要再铸历史上长期处于世界巅峰那样的辉煌。这既是中华民族的追求，也是能够有效凝聚中国人民共识和力量的标识。中华民族伟大复兴的目标，只有通过崛起才能实现。因此，中国崛起和实现中国梦是完全一致的，只是"中国崛起"偏重于中国在当代世界体系中的地位，实现"中国梦"则偏重于中华民族自身的发展。但是，不论是中国崛起还是中国梦的实现，都与中国的地理空间条件不可分割地联系在一起，并因此而与中国的边疆息息相关。

中国的崛起，是国家发展的内部因素与外部条件结合的产物。内部因素主要就是国家综合实力的增强，外部条件则主要是中国在现有的国际关系格局中处于有利地位。而这两个方面都与边疆直接相关。从国家综合实力的增强来看，陆地边疆、海洋边疆和利益边疆均在其中发挥着重要的作用。从国际关系格局来看，中国在现有国际关系格局中地位的改变和作用的发挥，与中国的利益边疆、战略边疆和太空边疆等的状况直接相关。如果中国不能在有效维护自己的利益边疆、战略边疆和太空边疆等方面有良好的表现，也就不可能在现有国际格局中占据有利地位。

相对而言，今天中国崛起的主要障碍来自于守成大国的阻挠。而今天最大的守成大国美国对中国的围堵和阻挠表现得最突出的区域，就在亚太并主要集中于东海和南海。大国之路始于海洋、起步于海疆。中国的崛起，必须壮大自己的海洋力量，维护好自己的疆域，巩固和维护好自己的海权。显然，东海和南海恰恰是中国目前最薄弱的区域，也是外部势力和对手着力攻击的地方。因此，东海和南海成为了中国崛起过程中的软肋和命门。美国"重返亚太"以后，拉拢一些国家围堵中国，蓄意挑起南海争端，意在攻击中国的软肋和命门，遏止中国的崛起。这是一场典型的边疆战争。这也从一个侧面说明，边疆在中国崛起和实现中国梦的过程中，是一个关键性的区域，直接攸关中国的崛起。

以上的情况进一步表明一个事实：边疆乃国家疆域的特定区域，边疆问题虽然产生并存在于边疆，但它的影响却是整体性的，它会对整个国家的发展和稳定产生深刻的影响。

三 国家发展须挖掘边疆潜力

在边疆与国家核心利益高度关联并影响中国的崛起和中国梦实现的情况下，边疆本身的开发、建设和治理的水平、程度，以及国家投入在边疆治理方面的资源，却与边疆在国家发展中的地位不相称，显得明显地滞后。而这种状况的形成和持续，既有历史影响也有现实原因。

中国的疆域辽阔且疆域的不同区域间存在着明显的差异，并受到国家经济社会发展水平以及由此决定的自身能力的限制，自古以来的国家治理都无法在各个区域平均用力，也无法将国家资源均衡地用于不同的区域。纵观中国历史上的国家治理，国家在对不同区域进行治理的过程中，往往将力量和资源主要地投入核心区，并且使边疆的治理和发展服从于和服从于核心区。

这样的状况在中华人民共和国成立后也仍然在延续，并在区域发展战略中突出地表现出来。在中华人民共和国成立至20世纪60年代中期，国家经济建设的重心是在中部地带，重点发展重工业。毛泽东在《论十大关系》中专门谈到了沿海与内地的关系，但这里的"所谓沿海，是指辽宁、河北、北京、天津、河南东部、山东、安徽、江苏、上海、浙江、福建、广东、广西"，仍然是国家经济文化的核心区。从60年代中期到70年代末，国家以建设大三线为战略目标，将经济布局的重心放在西部地区，但重点是发展军工企业。改革开放以后，为了让一部分地区先富起来，国家实施"非均衡发展战略"，按东、中、西部三大地带序列分阶段、有重点地开展布局，并实行东、中、西部的梯度政策，在相当长的时期内优先发展沿海地区。到了上世纪末，才在继续巩固沿海地区优势的同时，逐步加快中西部地区的发展。进入21世纪以来，国家实施西部大开发，加大对西部开发的力量，并实施"兴边富民"行动。诚然，在东部和西部都有边疆部分，但无论是东北部还是西部的发展，重点都不在边缘部分。只有"兴边富民"行动，才是针对边境的县和新疆生产建设兵团的边境团场的。[1] 相对于陆地边疆，海洋边疆治理方面投入的力量和资源

---

[1] 周平：《强化边疆治理，补齐战略短板》，《光明日报》2015年6月10日。

就更少了。至于领土外的利益边疆等，更是长期不受重视，就连描述和分析海外利益的"利益边疆"概念都不为学界所接受。

国家治理中的这样一种方式或格局，是符合国家发展自身规律的。纵观人类的国家发展史和中国自身的国家发展，国家发展既是一个国家自身结构和治理方式的发展、成熟和完善过程，也是国家经济社会发展的过程。而且后者具有基础性的意义。而国家发展大体上会经历三个阶段：一是自由选点开发阶段。在这一个阶段，国家内各个区域的开发程度较低，国家的总体实力有限，因此，国家的发展主要依赖于社会力量自由选择那些有利于经济发展的区域的开发和建设。在此阶段，那些有利于生产和生活的区域，被自由迁徙的人们自由的开发，从而导致人口的聚积和生产的发展，并因此而成为国家发展的促进力量。二是重点开发和建设的阶段。由于有前一阶段的发展和积累，国家实力往往都有较大程度的发展，国家能够动员的资源增加。在此基础上，国家往往集中资源于某些重点领域或区域，进行重点建设，以此来迅速增加国家能力。三是全面发展阶段。由于有前面两个阶段发展奠定的基础，国家实力大为增强，国家能够动员的资源迅速增加。因此，国家往往把综合国力的全面增长作为国家发展的最大追求。中国的发展，长期处于前面两个阶段。中华人民共和国成立后的几十年，国家发展发展也主要处于第二个阶段，所以主要着力于重要领域和重要区域的发展。

经历了国家发展的第一阶段和第二个阶段，尤其是改革开放以来在若干重要领域、核心区域等的建设，中国的综合国力得到了大幅提升，从而为中国在全球的地位奠定了基础。但也导致了一个结果，那就是核心区尤其是其中的若干具体区域，如东部沿海、长江三角洲地区、珠江三角洲地区，以及中部一些省份，经济保持高速增长，而范围广大的边疆区域的经济社会发展则相对较慢，边疆与内地尤其是与上述高速发展的地区相比，差距逐渐拉大，而且还会越来越大。海洋边疆则长期处于衰弱状态。今天南海的许多争端的出现，也与国家在海洋边疆的开发和建设方面投入力量不足直接相关。中国在海外利益维护方面，尤其是能源供给地、石油和商品运输通道、地缘政治资源条件方面受制于人，则与对利益边疆、战略边疆的认识和治理资源的缺乏直接相关。

跨入21世纪以后，中国经过四十多年改革开放，现代化"三步走"

战略的第一阶段已经实现并向第二阶段转变,"人民生活总体上实现了由温饱到小康的历史性跨越"[①]。国家由注重区域发展转向注重整体发展。中国已经由国家建设时期转变为国家发展时期,国家发展也从重点建设转向全面发展。2010年中国的GDP超越日本而居于世界第二位以后,中国崛起已经浮出水面。国家在整体发展方面向着更高的目标迈进。在这样的情况下,如果陆地边疆的建设、发展和治理仍然滞后,相对于核心而处于弱化或衰弱的状态;如果海疆衰弱、国家不能有效维护海洋利益、利益边疆不保、战略边疆的空间狭小和太空边疆仅停留于理论上,那么,国家发展的目标将无法实现。相反,如果国家加强边疆的开发、建设和治理,在边疆治理上投入更多的资源,那么,边疆也会转化为最具潜力的区域。

在国家间竞争日趋激烈的今天,中国的建设和发展以及完成国家的崛起,都必须尽最大的努力去挖掘边疆的潜力,充分地发挥边疆的作用。而与此同时,经过改革开放推动下的现代化的快速发展,中国的国力明显增强,国家也完全有可能在边疆的开发、建设、管控和治理方面投入更多的资源,更加重视和强化边疆治理。因此,在促进国家发展的努力中,挖掘边疆的潜力既是必要的选项也是重要的选项。

在中国的发展正在走强的今天,完全可以作这样的展望或预期:在以国家治理现代化为目标的国家治理体系和治理能力建设中,边疆治理必将会进一步地加强。随着陆地边疆治理的加强,国家将会投入更多的资源用于陆地边疆的开发和建设。而陆地边疆经济社会发展程度的提高,既能补齐国家整体发展中的短板,也能成为综合国力增强的新增长点;海洋边疆将得到有效治理,中国建成了海洋强国,成为了兼具陆权与海权的海陆复合型国家,从而为国家综合国力的增强提供强有力的支撑;利益边疆、战略边疆等得到有效维护,有效扩大和维护了国家的利益空间、战略空间和安全保障,地缘政治资源大幅增强。而这样的时候,也就是中国完成崛起和中国梦实现之时。

[①] 江泽民:《全面建设小康社会,开创中国特色社会主义事业新局面——在中国共产党第十六次全国代表大会上的报告》。

四 边疆治理的地位空前凸显

边疆对国家发展具有重要意义，但这并不是说边疆一定能够对国家发展提供有利的支撑。其实，边疆只是为国家发展提供了客观条件，或者说，它对国家发展的意义主要表现为一种可能性。在人类的国家发展史上，国家的边疆由于治理不力、经营不善而导致边疆衰弱或崩塌，最终拖垮国家的例子并不少见。罗马帝国灭亡就与其广大的边疆治理和经营不善而衰弱直接相关，从一定意义上说，罗马帝国最终是被庞大而衰弱的边疆拖垮的。

边疆是国家疆域的边缘部分。国家的疆域本质是国家占据或控制的政治地理空间。从这个意义上说，边疆只是为国家发展提供了一定的地理空间。该地理空间能为国家的发展提供资源和条件，也能为国家发展提供安全支持，其对国家发展的意义是根本性的。但是，边疆这个特定的地理空间由于其所处的位置特殊，常常会面临着诸多复杂的因素，因而也会面临多种多样的挑战。首先，边疆处于核心区的外围，并且往往为高山、大川、草原和沙漠地区，交通条件有限，而且开发和建设的难度较大，国家力量难以通达和深入；其次，由于社会生存环境迥异于核心区，边疆往往在长期的历史发展中形成不同于核心区的生产方式、生活方式、风俗习惯和价值观念，边疆地区的社会文化与核心区之间往往存在相当大的差异；再次，它是一个国家与其他国家相邻的部分，因而边疆总是不可避免地受到其他国家在经济、社会、文化和政治方面的诸多影响，甚至会受到他国发生的重大事件的牵连；最后，边疆是国家疆域中最容易受到其他国家干涉和威胁的区域，边疆安全常常面临挑战并成为国家面临的难题。由于面临着诸多的挑战，边疆地区就成为了国家疆域中问题和矛盾最多的区域。

边疆对于国家发展的意义重大，边疆又会由于诸多的问题和矛盾而对国家发展构成挑战，这是一对客观存在的矛盾。解决这对矛盾的合理选择，就是加强对边疆的治理。只有通过有效的边疆治理来解决国家面临的各种边疆问题，边疆对于国家发展的意义才能得到有效和充分地发挥。而且边疆对于国家发展的意义越是重要和突出，边疆治理的必要性和意义也愈加突出。从这个意义上说，边疆治理直接关乎国家发展目标的实现。

在中国已经实现了由国家建设时期向国家发展时期转变，正在快速地崛起并越来越融入全球化的今天，边疆对于国家发展的意义也越发突出，而且常常体现为边疆对国家发展的刚性制约。但是，边疆自身的问题和挑战也是十分突出的。一是边疆的自然条件较差，历史上国家在边疆治理方面投入的资源较为有限，边疆的经济和社会发展水平与内地存在较大的差距；二是边疆社会存在多种矛盾且各种矛盾相互纠缠，稳定和安全的压力都比较大；三是边疆尤其是海洋边疆，受到了其他国家和势力的严重挑战，安全风险凸显；四是利益边疆、战略边疆、太空边疆的构建，仍然困难重重。在这样的形势下，只有全面加强边疆治理，才能有效应对各种边疆问题的挑战。

　　从现实来看，全面加强边疆治理也是完全可能的。一方面，经过长期的建设和发展，中国的国力已经明显增强，这就为国家将更多的资源投入于陆地边疆的开发和建设、海洋边疆的维护和开发，以及利益边疆和战略边疆的构建等，提供了物质条件。另一方面，加强边疆治理已经在国家决策中有所体现。党的十八大报告明确表明，中国在发展过程中遇到和面临的各种问题，要通过全面深化改革来加以应对。而全面深化改革的总目标是完善和发展中国特色社会主义制度，推进国家治理体系和治理能力现代化。这就表明，作为执政党的中国共产党将在全面深化改革的过程中推进国家治理体系和治理能力现代化，进而通过有效的国家治理来应对国家面临的各种问题。其中，当然也包含着加强对边疆的治理。因此，对执政党决策的角度来看，边疆治理也被提升到了一个十分重要的位置。

　　与此同时，中国维护新形态边疆的努力也已经见诸行动。这一点的突出表现就是，过去长期被忽视的海外利益边疆的问题受到了重视。2015年5月月26日中国政府发表的《中国的军事战略》白皮书就明确提出，要加强海外利益攸关区的国际安全合作，维护海外利益安全。这是中国政府第一次提出"海外利益攸关区"的概念，并以此来阐述中国的海外利益。从本质上看，"海外利益攸关区"，就是一个利益边疆的概念，或者说是利益边疆的另外一种表述。这不仅表达了中国政府对海洋利益的重视，也表明了对海外利益的重视，同时也传达出了国家保护中国在全球的各种海外利益的决心。

　　总而言之，在中国快速崛起并越来越融入世界的条件下，形态多样的边疆在国家发展中扮演的角度越来越重要，边疆治理内涵越来越丰富，在国家治理的地位也越来越重要。在此条件下，通过推进边疆治理体系和治理能力的现代化，构建一个"核心—边缘"的双向互动模式，定能为国家发展注入新的活力。

第三节　国家发展呼唤边疆架构的创新与发展

边疆意义的凸显和边疆治理地位的提升，不可避免地将反映国家边疆总体面貌的边疆架构凸显也出来。然而，中国现行的边疆架构乃历史上边疆架构在民族国家构建中增添新的内容后的产物，本质上仍然是一种传统的边疆架构。相对于中国今天所处的形势和国家发展的要求来说，这样的边疆架构已经明显滞后，难以为国家发展提供积极而有效的支持，因而必须对其进行改革，进而实现边疆架构的创新。

一　传统型边疆架构的面貌和特点

疆域规模较大且疆域内不同区域间差异性明显的国家，都会形成并存在关于认识边疆、划定边疆、调整边疆和治理边疆的一系列观念、制度、方略、政策和措施。其中，由边疆认知、边疆制度和边疆治理等形成的稳定结构，从总体上体现着国家边疆和边疆治理的总体面貌，这就是国家的边疆架构。中国在秦汉之际把疆域的边缘性部分区分出来并采取专门的措施进行统治和治理，也就逐步形成了稳定的边疆制度，国家治理中的这样一种制度安排，既有一套相应的边疆观念与之相适应，又需要一系列的边疆治理措施与之相配套，于是便逐步形成了内容丰富的边疆架构。这样的边疆架构又在实践中不断发展和完善，对国家的治理和发展发挥着重要而深刻的影响。

中国现行的边疆架构，并不是中华人民共和国成立后重新构建的，而是历史上形成和不断丰富起来的边疆架构的继续。中华人民共和国的成立，实现了中华民族国家的构建。在此背景下，历史上延续下来的边疆构架，按照民族国家的制度构架和时代的要求增添了许多新的内容，从而在一定程度上达成了边疆治理与中华人民共和国成立后国家治理之间的契合。但是，传统的边疆架构并没有被全新的边疆架构所取代，它仍然在延续，只是进行了补充和丰富。

中国历史上边疆架构的形成，可以追溯至秦代。秦统一六国后，便面临着一个统一而巨大的疆域。为了对这片前所未有的巨大疆域进行统治和治理，王朝中央不仅将全国划分为多个行政区域而由王朝中央直接统治和治理，而且将先秦时期的"一点四方"和"五服""九服"观念运用于疆域治理，进而以王畿为中心而将王朝核心区以外的边缘性区域确定为夷狄之区，并采取有针对性的特殊方式进行治理，从而开了建立边疆制度的先河。汉承秦制，并按照"内诸夏而外夷狄"的原则，将针对广大疆域进行治理的这样一种制度安排延续下来并增添了新的内容，从而形成了具有特定内涵的中国边疆制度。

如此一种边疆制度的形成和稳定，就把关于疆域边缘部分的各种认识和观念转变成为了现实的安排，从而把国家疆域范围内的特定区域确定为边疆，因而不仅巩固了既定的边疆认知（尤其是边疆观念），而且为边疆治理的展开提供了制度保障，同时又促进了对边疆和边疆治理的思考和研究，深化了对边疆的认知。总之，历史上的边疆架构一旦形成，便在长期的历史发展中不断地丰富和完善。

在这样的边疆架构中，边疆以王朝中央的所在地或中原为中心来划定，"主要是指封建王朝统治核心区域的外围部分，尤其与其他政权实体相毗连附近的地区……通常指一个较大的地域范围"[1]，并具有多种含义：首先，边疆是王朝国家统治的边缘性区域或王朝国家统治能力所及的外围性区域，王朝国家有必要在这些地方设置机构，实施政治统治并进行开发和经营；其次，边疆是华夏之外的其他民族群体生活的区域，有着完全不同于中原文化的夷狄文化，有待于中原文化的传播并对其开化；再次，边疆为山川阻隔，是远僻之地，不易通达，人烟稀少，经济落后，风俗迥异；最后，边疆是国家的外防区域和腹心区的缓冲地带，拱卫着国家的中心地带，是军事设防的重要区域，具有重要的战略意义和军事价值。[2]

这样的边疆架构形成后，便在长期的历史过程中依据自身的逻辑而发展和演变。但到了17、18世纪，它却遭遇到了外部力量的巨大冲击。1643—1653年的10年间，沙俄三次将势力扩张到中国的黑龙江流域。清

---

[1] 方铁：《古代治理边疆理论与实践的研究构想》，《社会科学战线》2008年第2期。
[2] 周平：《我国边疆概念的历史演变》，《云南行政学院学报》2008年第4期。

王朝分别在 1685 年和 1686 年进行了两次反击，才使沙俄向东部的扩张受到遏制。在清政府的要求下，中俄通过谈判于 1689 年 8 月 27 日签订了《尼布楚条约》。随后，又在 1727 年 9 月 1 日签订《布连斯奇条约》。[①] 由于这两个条约，王朝国家开始有了固定的边界，从而在古老的国度中开了以条约方式确定国家边界的先河。因此，世界近代以来民族国家的主权观念以一种特殊的方式从外部嵌入了王朝国家之中。王朝国家有了边界以后，长期存在的那种以中原为中心并由内而外划定边疆，把远僻的夷狄之区界定为边疆的传统观念受到了根本性的挑战：边疆不仅要由内及外地划定，也要由外及内地确定。于是，边疆不仅具有内部分界线，也逐渐形成了明确的外部边际线，向外推移的可能性大大降低了。这样的思维和做法，强化了从疆域的角度划定边疆的思维，使边疆的文化含义受到削弱，地域的含义开始增强，从而引起了传统边疆观念的根本性变化。自此以后，人们便逐渐开始从地域的角度来看待和确定边疆。[②]

不过，历史上边疆架构的根本性转变，是在中国由王朝国家转变为民族国家的背景下发生的。中国历史上的边疆架构是在秦代建立起统一的中央集权制王朝国家的基础上形成的，并在王朝国家的框架内不断地发展和丰富，因此也打上了王朝国家的深刻烙印。但是，20 世纪初的辛亥革命以后，中国开启了构建民族国家的历史进程。而在人类国家形态演变的历史上，民族国家是完全不同于王朝国家并最终取代王朝国家的国家形态，与王朝国家有着本质的区别，从而对国家的边疆认知、边疆制度和边疆治理都提出了新的要求。因此，随着民族国家构建进程的不断深入，尤其是民族国家构建的基本完成，民族国家的构建和民族国家本身对传统的边疆架构形成了深刻而巨大的冲击，古老王朝国家的边疆架构也因此而发生了根本性的变革。

中华人民共和国成立后，传统边疆架构中的边疆观念在民族国家的框架下进行了全面的调整：一是将边疆置于国家主权和领土的框架下对待，

---

① 通过条约确定国家的边界，这在中国国家发展史是一个具有划时代意义的事件。至此，王朝国家统治范围和边疆有了具有法律约束力的边际线，既遏止了王朝国家边疆向外拓展的态势，也从根本上改变了自秦以来的边疆的形态。

② 周平：《我国边疆概念的历史演变》，《云南行政学院学报》2008 年第 4 期。

从国家主权和领土结合的角度界定边疆,特别是重视了以边界为依据来划定边疆的做法,并采取灵活的方式解决历史上遗留下来的边界问题;二是更加重视海洋边疆,对海洋和海岛问题给予了高度的关注,并将其纳入国家的边疆构架之中;三是把边疆作为维护国家主权和领土安全的关键区域,采取大规模的实边、稳边行动[①],全面加强边防和边境管理,把边境的安宁作为维护边疆稳定的重要环节;四是在全面开展边疆政权建设和社会改造的基础上,从国家和民族整体利益的角度,对边疆进行了全面和持续的治理,促进了边疆的巩固、稳定和发展;五是把边疆置于国际形势尤其是地缘政治格局的总体形势中来看待,注重运用国际规则来解决与我国边疆有关的国际争端。

经过这样一个全面的调整和补充,历史上长期存在的边疆架构增添进了新的内容,从而焕发了新的生机和活力,适应了国家由王朝国家向民族国家的转变。然而,当代中国的边疆架构本质上不过是对历史上边疆架构进行增补的产物,并没有对历史上的边疆架构进行结构性的改变,因而与历史上的边疆架构并无本质的区别,它仍然属于传统的边疆架构的范畴。从今天的形势来看,这样的边疆架构具有以下几个显著的特点:

第一,边疆观念的内敛性。现行的边疆架构虽然把边疆置于民族国家的视野下,从主权、领土的角度来看待国家的边疆,既由内而外地界定边疆,也由外而内地界定边疆,但它也仅仅从领土的角度来看待边疆,而且仍然从国家核心区的角度来界定边疆,因而重视陆地边疆而轻视海洋边疆,不承认其他形态的边疆,甚至对"利益边疆"这样由西方国家率先倡导和实践的新形态边疆持拒斥的态度。[②] 这样的边疆观念,将国家的边疆锁闭于领土的范围内,封闭地看待边疆的演变,把边疆视为核心区的外围,看作国家的远僻之地。

第二,边疆制度的文化性。在边疆的划定和边疆治理的实践中,虽然已经将边疆作为国家主权管辖的领土的一部分,突出了边疆的国家政治地

[①] 中华人民共和国成立初期在边疆的驻军、屯垦、移民、开发等,都是在宏大的边疆思维和一定的边疆战略的框架下实施的,对边疆及整个国家的稳定和建设发挥了重要的影响。

[②] 关于这一问题,可参阅周平的《中国必须有自己的利益边疆》一文,载《探索与争鸣》2014年第5期。

理空间性质，但仍然把边疆界定为"边疆民族地区"，甚至直接用"民族地区"来指称边疆，并且将边疆治理置于民族问题的构架中谋划和实施，由主管民族事务的机关——国家民族委员会——来具体负责，并以"族际主义"的取向来推动边疆治理。[①] 因此，当代中国边疆的界定和治理中，主要还是着眼于文化性的民族因素。

第三，边疆形态的残缺性。中国历史上的边疆架构，是为了解决王朝国家广大疆域内差异性明显的不同区域的治理问题而构建的。这样的边疆制度主要针对陆地疆域，历史上的边疆也主要是陆地边疆。明清时期中国的海洋活动加剧以后，虽然海洋对于国家发展的意义受到关注，但海洋并未成为边疆关注的重点。中华人民共和国成立后，海洋边疆被纳入边疆的范畴中，但并未在国家治理中得到应有的凸显。20世纪末以来，西方国家在全球化的背景下根据国家疆域的变化而从多个角度界定边疆，因而使边疆形态日渐多样化和立体化，但中国的边疆却仍然只重视陆疆，不承认其他形态的边疆，这样的边疆自然是不完整的。

第四，边疆治理的依附性。当代的边疆治理，尤其是中华人民共和国成立至20世纪末的边疆治理，仍然延续了历史上边疆治理的总体格局，主要是陆地边疆治理。在国家的疆域治理的总体格局中，核心区的治理总是处于中心地位，边疆治理则被置于服从于和服务于核心区治理的位置，总体上是围绕着核心区的治理而开展，并总是显得时断时续。改革开放以来的相当长时间内，西部地区的发展仍要服从于核心区尤其是沿海的发展。在这样的大背景下，边疆的治理和发展不可避免地置于从属性的地位，而海洋边疆的开发和治理则长期被忽视。

二 现行边疆架构滞后于国家发展的要求

现行的边疆架构与传统边疆架构一脉相承，是传统边疆架构的延续。而传统的边疆架构是在特定历史条件下为适应国家治理的需要而构建起来的，并在长期的历史发展中形成了完整的结构，积淀了丰富的内涵，适应

[①] 关于当代中国边疆治理的"族际主义"取向问题，可参阅周平的《中国的边疆治理：族际主义还是区域主义?》，《思想战线》2008年第3期；以及《陆疆治理：由"族际主义"走向"区域主义"》，载《国家行政学院学报》2015年第12期。

了历史上国家治理的需要，并在促进国家发展的过程中发挥了重要的作用。

回顾历史可以看到，在漫长的王朝国家时期，国家疆域的逐步拓展、异质性十分突出的不同部分和区域的整合、国家综合实力的增强和地缘政治条件的改善，以及族际关系的调整和族际政治整合的实现等，都与这样的边疆架构不可分割地联系在一起。历史上国家发展取得的辉煌成就，与这样的边疆架构直接相关，边疆架构功不可没。中华人民共和国成立后，边疆的巩固、稳定和发展，以及国家的统一、稳定和强大，也与边疆架构不可分割地联系在一起。总而言之，这样的边疆架构在过去的国家治理和国家发展中发挥重要的作用。

但是，这样的边疆架构不论是形成、发展还是近现代的重大转变，都是在过去的社会历史条件下实现的，是特定的社会历史条件的产物。首先，它在王朝国家的框架内形成并经历了长期的发展，尽管在民族国家构建的进程中和民族国家构建起来以后增添了新的内容，但历史上对边疆的看法、边疆的划定、边疆治理的方式等已经成为强大的传统力量，仍然在顽强地发挥着作用。中华人民共和国成立以来的边疆观念，基本就是历史上边疆观念的继续。其次，它是在较为狭小的地理空间条件下形成和发展起来的。中国自古以来就是大国，拥有广大的疆域，但王朝国家时期的中国是在一个封闭的环境中发展的，王朝中央在国家治理中明显是重视核心区而轻视边缘区即边疆。中华人民共和国成立后，历史上形成的边疆架构根据新的形势进行了改造并增添了新的内容，但国家在改革开放前一直是在封闭的环境中搞建设谋发展。传统的边疆架构就是在这样一个有限的地理空间范围形成并逐渐增添新内容的。再次，它是国家能力较为有限的条件下构建和发展起来的。中国历史上曾经出现若干的盛世，处于"盛世"的王朝往往盛极一时，但相较于对广大疆域的治理来说仍然显得力有不逮，国家无法对疆域的边缘地区进行全面的开发和建设。在国家的内部矛盾激化和外部危机出现的时候，国家仍然为了保核心区而放弃边疆，因而便形成了将边疆及其治理置于服从于和服务于核心治理的位置。最后，它是在传统的国家治理思维中建立和发展起来的。传统的国家治理主要运用国家政权的力量，立足于国家的经济社会稳定发展，追求的目标主要是国内不发生突出的矛盾和骚乱，外部没有其他势力对国家构成威胁，即国家不存在内忧外患，人民能安居乐业。基于这样的国家治理思维，传统边疆架构中往往把边疆的稳定作为治理的基本目标，因而重稳定、轻发展。由于以上几个方面及其他方面的原因，传统的边疆架构具有突出的历史局限性，它曾经在历史上的国家治理中发挥了重要作用，却未必能够适应今天国家治理和发展的需要。

如前所述，今天的世界已经处于全球化时代。中国就是在全球化的背景下实现发展和崛起的。全球化时代的形成肇始于第二次世界大战之后。第二次世界大战后，随着一系列将世界各国紧密联系在一起的规则和机制的逐渐建立，全球的各个国家和地区日渐紧密地联系在一起，超越于主权国家的各种规则在全球治理中发挥着越来越重要的作用。与此同时，全球各个国家和地区之间的互动也日渐频密，国家间的竞争越来越突出和激烈。中国的改革开放以及在改革开放推动下的快速现代化，都是在全球化的背景下实现的，并且本身就是现代化的组成部分。因此，中国越是发展也就愈加融入世界，融入全球体系的广度和深度都在不断地发展，国家发展的外部性特征越来越突出。尤其是在经济领域，中国已经与世界经济深度地融合在一起。在此条件下，中国也不可避免地处于与其他国家的激烈的竞争之中。中国国家利益的维护和国家发展，都是在这样的激烈竞争中实现的。与此相适应，中国的发展已经处于一个前所未有的地理空间之中，并且只能在这样的空间条件下实现自己的国家发展目标。

为了适应国家发展地理空间环境的变化，以及充分利用这样的地理空间形势变化提供的机遇来维护和实现国家利益、促进国家发展，中国就必须通过对边疆的恰当界定、有力维护和有效治理来拓展和巩固国家发展的地理空间。国家地理空间范围即疆域的拓展和维护的敏感区域和关节点均在边疆。今天中国维护领土主权的斗争，就主要发生于东海、南海。中国维护海外利益的行动，也聚焦于海外利益的聚积区和节点区域。而有效地巩固国家各种形态的边疆，实现对边疆的有效治理，就需要边疆架构给予有力的支持和配合。然而，现行的边疆架构却与现实的需求之间存在着相当大的距离，并不能有效支持现实的要求。

现行边疆架构仅从领土的角度来界定边疆，而且主要是从国家核心区的角度来认识和界定边疆，突出边疆的文化内涵而忽视边疆的政治内涵，把边疆认定为"边疆民族地区"或"民族地区"，因而在事实上就仅把边疆局限于陆地疆域，不仅忽视海洋国土的地位，[①] 弱化了海洋边疆的开发和建设，还淡化了全民的海洋意识和海权意识。今天中国南海岛礁出现的问题，与这样的观念和思维不无关系。中国在对外开放的程度日益深化和海外利益日渐凸显的条件下，维护海外利益的力量配置、能力建设和机制建设滞后，地缘政治条件改善的程度明显落后于经济发展的水平等，也与边疆架构中边疆的认识和界定的单一性和对边疆治理重视不够直接相关。而在中国迅速发展的过程中，边疆的开发和建设方面投入的力量不足，边疆与内地的发展差距日渐拉大，以及在此基础上出现的各种矛盾爆发式增长并影响到社会政治稳定，则与传统边疆架构中将边疆治理置于服从和服务于核心区治理，以及边疆治理中重稳定轻发展和以稳定规制发展的思维有着千丝万缕的联系。总之，不论是在国家治理总体框架中谋划边疆治理，还是具体的边疆的划定和边疆治理战略的确定，新形态边疆的认定等，都明显地感觉到传统边疆架构的束缚和消极作用。[②]

改革开放以来，中国的现代化得益于改革开放的推动而快速发展，在经济发展方面创造了举世瞩目的中国速度，凸显了中国模式的全球意义。然而，国家发展必须以经济发展和经济发展水平为基础，但仅仅靠经济发展水平并不能实现国家发展的目标。换句话说，中国的崛起必须以经济的快速增长为前提，中国的崛起正是在2010年中国的经济总量超越于日本而居于世界第二时才浮出水面的，但中国的崛起仅靠经济发展和经济总量是远远不够的。这也是为什么中国的经济总量已经居于世界第二位了，但中国在现行国际体系的地位和对国际秩序的影响力还是远远落后的重要原因。在中国的发展以及中国崛起的过程中，通过对疆域边缘地带即边疆的合理建构、恰当界定、有效治理和强力捍卫来维护国家的疆域、维护国家发展的地理空间，也是一个根本性和具有重大影响的选择。

在这个方面，美国提供了一个通过边疆架构来促进国家发展的典型案例。纵观美国的国家发展史，边疆架构在促进国家发展方面发挥了重大的

[①] 正是由于对海洋国土的认识不足，所以中国长期未将海洋国土纳入国家疆域的范围，仅仅从陆地疆域的角度把中国的国土界定为960万平方千米，而没有将海洋国土包括在内。

[②] 关于现行边疆架构滞后性和不适应性，可参阅周平的《中国的崛起与边疆架构创新》，《云南师范大学学报》（哲学社会科学版）2013年第2期。

作用。美国是民族国家时代对边疆的重视力度最大、最为持久的国家,在立国之初便构建了完整的边疆架构,并且总是抓住历史提供的疆域发展的契机并根据国家治理的需要而及时地调整和充实自己的边疆架构。这就使得美国的边疆架构有力地支持了国家发展。具体来说,陆地边疆架构推动美国成为北美陆权强国、海洋边疆架构推动美国成为海权霸主、立体化边疆架构助推美国称霸全球、超主权性边疆架构支撑了美国的单极时代。[1] 因此,有学者指出:"一部美国历史,是不断拓展'边疆'的历史。从大西洋西岸向太平洋东岸的移动、从北美大陆向海外进而向地球各个角落的延伸、从地球表面向外层空间的发展,是美国从北美'大陆边疆'向'全球边疆'的发展过程。"正因为如此,"美国能够在短短的两百多年里,从英属北美13个殖民地壮大为一个独立的民主共和国、从一个位于大西洋西岸的孤立国家演进为一个影响巨大的世界大国、从一个并不先进的农业国发展成为一个世界顶级的工业强国。"[2]

中国是一个疆域巨大的国家,边疆的范围广大、形态多样。今天,中国的发展已经处于一个巨大的地理空间场域之中,需要在一个巨大的地理空间中谋求国家发展,并最终完成国家的崛起。这样的形势自然对国家的边疆架构提出了新的要求,但现行的边疆架构却明显滞后,不仅无法适应国家发展的需要,而且已经成为了边疆实践创新的障碍,对国家发展和国家崛起造成了消极影响。

三 边疆架构须进行改革和创新

现行的传统型边疆架构已经不能适应今天国家发展的形势和要求,无助于国家的发展和崛起,那么,对这样的边疆架构进行全面改革并根据新的形势进行边疆架构创新,就成为合理的选择,并且势在必行。

从国家的角度来看,今天中国的发展,就是内部结构的调整和社会转型朝着合理化、规范化、制度化的方向转变,国家实力在可持续发展机制

---

[1] 可参阅李朝辉《美国的边疆架构与国家发展》,博士学位论文,云南大学,2015年。李朝辉是周平指导的博士研究生。

[2] 石庆环:《从"大陆边疆"到"全球边疆"——美国走向世界的历史进程》,《辽宁大学学报》(哲学社会科学版)2005年第4期。

的支持下稳步增强，人民生活水平稳步提高。从外部来看，就是国家在全球规则的制定和国际事务中发挥主导性的作用，国家利益得到有效的维护，国家拥有良好的外部环境。概而言之，就是国家的崛起。这样一个实现民族复兴的伟大追求，就是中国梦。但是，今天的中国正处于迅速发展的过程中，国家崛起尚处于过程之中，中国梦的最终实现还有待时日。而中国的发展、崛起和中国梦的实现，都是在全球化日渐深化和国家间竞争日趋激烈的背景下开展的。一些西方大国为了遏制中国的发展和崛起，极力压缩中国发展的地理空间范围，破坏中国发展的地缘政治条件，通过一系列政治的和军事的战略对中国各种形态的边疆构成了严重的挤压。这实际上是一场国家间的边疆战争。为了赢得这场国家间的边疆战争，中国必须在边疆观念、边疆划定和边疆治理方面采取积极进取的态度，进而通过积极的边疆实践来支持国家的发展和崛起，最终实现中华民族伟大复兴的中国梦。而对现行边疆架构的改革和创新，就是为达此目的而采取的积极作为。从这个意义上说，边疆架构的改革和创新是中国发展和崛起的必然要求。

因此，边疆架构改革和创新的目标也是十分明确的，那就是构建一个适应国家发展要求，有利于国家边疆的拓展、巩固、管控和治理，并与中国的国际地位相匹配的边疆架构。这样的边疆架构应具有几个基本的特点：一是开放性。今天的中国不能仅在领土的范围内以核心区的某个点为中心来看待和划定边疆，而必须把中国的发展置于全球化进程之中，从中国在世界格局中的地位和国家自身发展的立场来认识、界定和治理边疆。二是全面性。随着全球化时代国家疆域立体化和多样化的凸显，以及许多国家在疆域和边疆划定方面已经进行了大量成功的实践，中国也应该要全面地认识、界定边疆和治理边疆，其所指的边疆应该是陆地边疆与海洋边疆相结合、平面边疆与立体边疆相结合、领土边疆与利益边疆相结合、现实边疆与战略边疆相结合的立体的和全方位的边疆。三是动态性。新型边疆架构中的边疆并不是凝固不变的，而是要随着全球的国家间关系和疆域形势的变化而变化，根据形势的变化而适时增添新的内容，从而使国家的边疆架构处于一个发展的过程之中，并实现与时俱进。四是适应性。新型的边疆架构，既要适应外部形势的变化，也要适应国家发展的要求，不能把自己的边疆架构搞成在边疆实践中束缚自己手脚的东西。

然而，这样一个适应国家发展需要的边疆架构的构建，并不是纯粹自主自为地创造，只能在对传统边疆架构进行改革和创新的过程中逐步实现。诚然，传统的边疆架构已经不适应今天的形势和国家发展的需要，但它经历了两千多年的发展，已经根深蒂固，其中的许多内容已经内化于民众的心中，并积淀成为传统文化的一部分。而且其中包含着历史上人们认识边疆、界定边疆、规划边疆和治理边疆的过程中的若干经验和教训，也蕴涵着人们处理边疆问题的丰富智慧。这样的现实表明，抛弃和摆脱传统边疆架构的任何努力，最终都只能是徒劳；传统的边疆架构也是一座资源含量极高的富矿，应该珍惜并妥善地开发和利用。因此，今天进行边疆架构的改革和创新，要以科学的态度来对待传统的边疆架构，要在对历史上形成并在当代增添了丰富内容的边疆架构进行全面研究的基础上，剔除其不适应现实要求的内容，改革和利用能够在今天的边疆划定和边疆治理中发挥积极作用的因素，汲取那些凝聚着民族智慧的东西，进而将那些积极和合理的内容置于新的视野中进行提炼和升华。

构建适应国家发展需要的边疆架构，也必须借鉴世界上其他国家的成功经验。中国曾经创新了辉煌灿烂的古代文明，曾经以灿烂的文明和强大的国力而雄踞于世界的东方。但在近代以来的历史进程中，中国渐渐地落伍了。近代以来，西方国家一方面凭借民族国家构建而形成的强大的民族和国家整合能力，另一方面依靠在科学技术革命基础上形成的工业革命创造的生产能力及其带来的财富，形成了强大的国家能力并在全球范围内四处扩张，因而从根本上改变了国家之间的关系，促成了国家地理空间形态和范围的根本变革。在此过程中，一些国家以边疆拓展的方式改变了国家的疆域，进而构建了近代意义的边疆架构，极大地促进了国家发展。英国通过海外扩张而形成广大的殖民地边疆，从而支撑起英国称霸世界野心。美国的强盛并能够在世界范围内发挥独特作用，更是与其内涵丰富并不断调整的边疆架构直接相关。对于西方在民族国家的框架下形成的边疆架构，尤其是有效促进国家发展的边疆架构，应该以科学的态度来对待并积极地加以借鉴，以意识形态标签简单地否定和排斥西方国家的边疆观念和边疆实践的做法，不仅无助于自己国家的发展，而且会对中国的崛起形成阻滞。

构建中国特色的现代边疆架构，还必须面向现实并从现实出发。从边疆架构的角度来看，最值得关注的现实主要是两个方面：一是中国快速发展尤其是中国的崛起，是在全球化时代中形成和推进的。全球化时代已经导致国家间关系和国家疆域形态的巨大改变，超越于主权的新疆域形态已经形成并越来越突出，一些国家已经在根据国家疆域形态的变化而改变自己的边疆架构方面走在了前头并获得了巨大的利益。二是中国经过改革开放推动下的现代化的快速发展，综合国力大幅提升，并且越来越融入世界体系当中。中国的发展和崛起，需要在激烈的国家间竞争中去维护和拓展自己的地理空间条件。这是中国的全面发展和崛起最终实现的必然选择。而中国维护和拓展自己的疆域空间，并以此来维护国家利益，主要是在边疆的范畴中进行和实现的。对于适应国家发展需要的边疆架构的构建来说，沉溺于历史和意识形态的雄辩都无济于事，而必须采取现实主义的态度，并根据现实的情况和需要来进行积极的构建。

另外，适应国家发展需要的新型的现代边疆架构，并不是将传统的边疆架构中积极的、有效的和对今天的边疆治理仍有积极意义的内容提炼出来，再总结出其他国家边疆架构中可供借鉴的内容，进而把中国关于边疆架构的现实要求总结出来，最后把以上几个方面的内容综合起来并糅合在一起。诚然，以上几方面的工作在新型边疆架构的形成中都是十分重要的和缺一不可的，但新型的边疆架构的形成应该是在上述工作基础上进行创新的产物。只有通过边疆观念创新、边疆制度创新、边疆政策创新、边疆治理创新，才能最终构建起适应国家发展需要的新型边疆架构。

第四节　新型边疆及边疆治理理论的基本内容

边疆架构的创新与边疆及边疆治理理论的创新之间存在着不可分割的联系。不论是对传统边疆架构的改革，还是构建适应国家发展要求的边疆架构，都提出了对边疆及边疆治理理论进行改革和创新的要求。只有进行边疆及边疆治理理论的创新，构建起适应国家发展需要的新型边疆理论和边疆治理理论，才能促成边疆架构的创新，进而充分发挥边疆和边疆治理的作用，支持和促进国家发展。然而，今天中国的发展面临着全新的内部条件和外部环境，国家发展对边疆理论和边疆治理创新的要求是全面的系统性的。构建一个完整的边疆及边疆治理理论体系，才能适应国家发展的需要。而新型的边疆及边疆治理理论体系的构建，是一项庞大的创新工程，既需要全面研究国家边疆和边疆治理的历史，总结历史上的经验和教训，也需要研究和把握当下国家治理和国家发展的现实，明确国家发展对边疆和边疆治理的要求，还必须研究今天这个时代边疆及边疆治理理论发展的动态，把握边疆及边疆治理理论发展的趋势，更需要进行艰苦的理论创造，提炼出具有时代内涵的概念、观点和论断。

一　边疆是国家疆域的边缘性区域

边疆既不是天然存在的，也非自然形成的，而是国家为了实现有效治理而在自己疆域的范围内划定的。中国历史上把疆域的特定区域认定为边疆，始于秦汉之际。秦统一中国后不仅拥有巨大的疆域，也面临着对范围巨大且各区域间差异性极大的疆域如何进行统治和治理的问题。秦王朝并没有沿袭历史上把疆域划分为不同的区域，然后再封王侯进行统治和治理的传统做法，而是将王朝的权力集中于中央，着眼于有效统治和治理，把全国划分为郡和县两个层级的行政区域，由中央派遣官员去进行统治和治理。在此过程中，王朝还把差异性特征明显的边缘区域区分出来，建立专门的行政建置，采取特殊的方式进行治理，因而开了在疆域中划定边疆的先河。这样的做法为汉代所承袭，并逐渐巩固。这个王朝疆域中被区分出来并采取特殊方式进行治理的区域，即为边疆。

中国历史上的边疆在王朝国家的条件下形成和发展，因而不可避免地受到了王朝国家的政权性质、制度体系、行为方式和国家治理方式的长期影响，从而打上了王朝国家的深刻烙印。首先，王朝国家奉行"以力为雄"原则并推行强权政治，因此，王朝国家凭借国家力量占有和控制一定的地理空间范围，并将该区域作为自己的疆域；进而按"普天之下莫非王土"的观念而将疆域视为王朝的私产，王朝既可为自身利益而放弃某些边疆区域，也会将某些边疆区域与其他王朝进行交换。因此，边疆具有不确定性。其次，王朝国家以王朝所在的区域为中心来划定边疆，因而特别重视作为传统统治区域的核心区，并将边疆视为核心区的外围区域、异文化区和核心区的拱卫地带。于是，边疆就不可避免地具有突出的文化内涵。而这样的不确定性和文化内涵，又导致了王朝国家边疆的模糊性。因此，"在古代，中国的边疆概念始终是作为一个模糊不清的以经济、文化为内涵的定义"①。

中国历史上的边疆观和对边疆进行的界分，作为当时社会历史条件的产物，曾经是必然的和合理的。但是，中国历史上延续数千年的王朝国家终究在近代被民族国家取代了。中华人民共和国的成立，标志着中国民族国家构建的基本完成。中华人民共和国就是中华民族的民族国家。在中国已经构建了自己的民族国家，并以民族国家的身份加入民族国家的世界体系之后，传统的边疆观念和对边疆的界分就失去了合理性和存在的理由。

然而，这样一种传统的观念却由于历经数千年的发展而根深蒂固，并以其巨大的惯性而在当代继续发挥影响。中华人民共和国成立以来的相当长的时间内，不论是官方文件还是学术文献中都用"边疆民族地区"来指称边疆，甚至直接用"民族地区"来指称边疆。这样的边疆观念，不仅扩大和强化了边疆的文化内涵，缩小或淡化了边疆的政治属性，而且把边疆限制于陆地疆域的边缘，忽视了海洋边疆和海洋国土，实际上是人为压缩了边疆的范围。

这样的状况再也不能延续下去了。中华人民共和国成立的时候，中国已经实现了由古老的王朝国家向民族国家的根本性转变。中华人民共和国是典型的民族国家。民族国家不仅是得到民族认同的国家政治共同体，也凸显了国家的政治地理空间属性，淡化边疆的文化内涵。民族国家是严格意义上的政治地理空间单位，作为民族国家的中国也应该从国家政治地理空间的角度来看待和界定自己的边疆，把边疆作为国家疆域的一部分。从这个意义上看，中国的边疆就是也只能是疆域的边缘性区域。

在中国越来越融入世界的今天，从国家疆域的角度来看待边疆和界定边疆的必要性和迫切性愈加突出。在此情况下，必须彻底摒弃将边疆等同于"民族地区"的观念和做法，严格地把边疆界定为国家疆域的边缘性区域。也只有这样，才能对中国的边疆做出客观、准确的界定。

作为国家占有和控制的地理空间，疆域与国家的活动不可分割地联系在一起。随着国家自身形态、活动方式和活动范围的变化，国家的疆域也必然发生或大或小的改变。国家的疆域并非一成不变，它总是处于变化的过程中。中国在完成民族国家的构建以后，尤其是在全球化时代进行改革

---

① 杜文忠：《边疆的概念与边疆的法律》，《中国边疆史地研究》2003 年第 4 期。

开放和推进现代化以后，已经越来越融入全球化的进程。因此，中国不仅要按照民族国家的疆域规则，从领土的角度来看待和界定自己的边疆，也要从全球化时代国家疆域发生巨大变化的现实出发，根据国家间联系日渐深化和国家活动范围迅速拓展，以及国家占有和控制地理空间范围出现新的方式，新的疆域形态已经形成并趋向稳定的特点，从一个更大的范围来看待自己的疆域，进而认识和界定自己的边疆。

从这样的标准来看，中国的边疆可划分为两个基本的部分：一是主权性边疆；二是非主权性边疆。主权性边疆是中国拥有主权的范围即领土的边缘性区域，具体又可分为几个方面：一是陆地边疆，二是海洋边疆（拥有主权的岛礁，以及主权权利区），三是空中边疆，四是底土边疆。非主权性边疆是中国虽然不拥有主权但又按照现行的规则实际控制的区域，具体又可分为几个方面：一是利益边疆，二是战略边疆，三是太空边疆，四是中国按照国际规则取得使用权并形成实际控制的其他区域。从总体上看，中国的边疆具有多种形态，是由多种形态边疆组成的一个立体结构，是一个具有复杂结构的整体。

这样一多形态、大范围、立体化的边疆，对于中国的发展来说，既是重要的物质资源和条件，也是一笔巨大的战略性资产。它为国家发展提供了巨大的地理空间范围，以及战略性的回旋余地和地缘政治条件。

二 国家因治理的需要而划定和调整边疆

边疆是由于国家治理的需要而划定的。离开了国家本身或国家的治理，边疆就不可能被划定，也无法被理解。纵观世界各国，并不是所有的国家都有边疆。只有那些疆域规模较大且疆域内不同区域之间存在明显差异的国家，国家因为要采取专门的和有针对性的政策和措施来对差异性突出的边缘区域进行治理，才会把疆域的边缘部分有意识地区分出来，并将其界定为边疆。因此，边疆是客观条件基础上主观构建的产物，与国家治理有着不可分割的联系。

边疆由国家治理的需要而确定，国家治理本质上是国家政权或政府运用政权的力量并在全国的范围动员和调配资源去解决面临的突出问题的行动和过程。国家或政府是国家治理的核心主体。因此，在边疆的确定和调整的过程中，国家或政府都扮演着关键性的角色。

中国正是在秦统一六国后，拥有了规模巨大且区域间差异突出的疆域的条件下，为解决对边缘性区域进行有效治理的问题，才将疆域的边缘性区域划分出来并界定为边疆的。尽管划定边疆区域的过程十分复杂，借用了此前存在的以朝廷所在地为核心来认识周围世界的过程中形成的思想和观念来界定边疆，突出了边疆的文化内涵和文化属性，但最终都是为了解决国家治理的现实问题，并且国家政权在其中发挥着根本性的作用。

　　既然边疆是国家根据治理的需要而划定的疆域的边缘性部分，那么，国家的边疆就不是一成不变的，而是变动着的。首先，国家的疆域是变动着的。在历史上，不论是城邦国家、帝国还是王朝国家，其疆域往往会因国力的变化而发生盈缩变化。在全球化时代，国家的疆域向外拓展以及国家间在主权之上对某个地理空间重复控制的现象也越来越多。在疆域变化的情况下，如果疆域内的核心区与边缘区的分界线不发生改变，边疆的范围会因疆域的盈缩变化而变化。其次，在国家疆域范围确定的情况下，由于边疆治理成效的取得和不断积累，边疆与核心区的同质性就会逐渐减小甚至消失，陆地疆域的核心区与边疆的分界线就会渐次向外推移，边疆的范围也因此而逐渐缩小。最后，国家也可根据疆域内不同区域之间的差异性的变化，尤其是依新的标准而判定的新的区域差异性，从国家治理的需要出发而重新把某些边缘性的区域界定为边疆。

　　中国自秦汉之际构建边疆制度以来，边疆的范围就不是一成不变的。由于中国在漫长的王朝国家时期的疆域的界线和范围具有模糊性，这样的变化在短时间并不易察觉，只有从一个较长的历史时段来看才能确定这样的变化。从总体上看，历史上相当长的时期内国家疆域是逐渐扩大的，边疆的范围也因此而在总体上呈扩大的趋势。

　　中华人民共和国成立后，随着现代民族国家体制的建立，以及国家以民族国家的身份加入世界体系，中国就必须按民族国家的规则来界定自己的疆域，进而以此为基础来界定自己的边疆。不过，在中华人民共和国成立后的相当长时间，传统的边疆观念仍然在延续，而且国家对疆域和边疆管控和治理的能力也十分有限，因此，我们主要还是从领土的陆地部分来看待和界定边疆，把边疆看作"边疆民族地区"或"民族地区"。

　　可是，随着国家自身的发展以及越来越融入世界，中国看待疆域的方式也在逐渐发生变化，基于此的边疆界定也随之变化。一方面，国家深化了对主权性边疆的性质和范围的认识，对自己的主权性边疆进行了越来越细致的描述和界定：一是提升了对空中边疆的认识，明确了自己空中边疆的范围，确定了东海防空识别区，加大了保卫国家领空的力度；二是逐渐加强了对海洋边疆的认识，尤其是中共十八大提出"坚决维护国家海洋权益，建设海洋强国"的战略以后，国家不仅明确了对海洋边疆的界定，而且加强了维护海洋边疆能力的建设，提升了维护海洋边疆的力度；三是学术界已经开始使用"底土"或"底土边疆"概念来论述中国领土下层地理空间的性质和范围。另一方面，国家深化了对非主权边疆的认知，逐步开始了对非主权边疆的接受和认定。对于非主权边疆的认知和接受，首先出现在学术的层面，有识之士逐渐接受了西方提出的太空边疆、利益边疆和战略边疆的概念，并用这些概念来论证中的太空边疆、利益边疆和战略边疆。随后，中国政府2015年发布的《中国的军事战略》白皮书，不仅首次将海洋、太空、网络和核力量明确为重大安全领域，而且首次提出"海外利益攸关区"的概念，宣示了国家对非主权边疆的认可。

值得注意的是，在中国传统的陆地边疆中，随着边疆治理成效的取得和逐渐积累，那些靠近核心的地带或区域已经逐渐失去了自身的特殊性，实现了与核心区的同质化，因而自然也就丧失了边疆的性质，而且也不再被当作边疆看待和治理了[①]，陆地边疆的范围因此而大大缩小了。而国家实施的"西部开发"战略，则明显具有将在区域、经济发展方式和发展水平以及文化方面具有明显特殊性的广大区域，作为新的边疆来进行开发和建设的意味，已经出台的相关政策明显具有边疆治理的性质。

从近些年的实践来看，当代中国的边疆明显处于变动的过程中，时代特征越来越明显，也越来越与国际接轨，边疆的范围已经从领土拓展到领土之外，从平面走向立体，范围也越来越宽广，是国家治理和发展的一个特殊而广阔的空间。

三 边疆需要运用国家力量去维护

中国的疆域宏大且经历了数千年的发展。在如此一个巨大的疆域空间

[①] 国家推出的专门针对陆地边疆的"兴边富民"行动，就没有把传统的陆地边疆区域完全地纳入政策中，仅仅针对135个边境县（旗、市、市辖区）和新疆生产建设兵团的56个边境团场。

中，把核心区的外围划定为边疆，是历史地形成的。其根据就在于，处于疆域边缘部分的区域，与核心区之间存在着根本性的差异。处于核心区外围和疆域边缘部分的边疆，因为与核心存在着明显的差异，也具有了突出的复杂性。

较为典型是，相对于国家的核心区来说，边疆不可避免地具有一定的脆弱性。首先，绝大多数类型的边疆，都与其他的国家或地区、势力的疆域直接接触或相邻，因而不仅面临着复杂的外部性利益关系，而且往往面临着竞争对手国或敌对国的战略挤压。其次，边疆具有突出的文化多样性和差异性，社会矛盾更加多样和复杂，且经济社会发展水平总体较低，因而会持续面临社会政治不稳定的压力。再次，边疆在国家战略中处于核心区的外部屏障的位置，担负着拱卫核心区的战略使命，因此，边疆为核心区或国家的整体利益而作出牺牲的可能性始终存在，并在历史上多次成为了现实。历史上曾经数度出现过为核心的稳定和发展而放缓边疆开发和建设速度的做法。这些因素都是客观存在，它们结合在一起就导致了一个结果，就是边疆的脆弱性难以避免。

具体来说，边疆常常面临着巨大的社会政治压力：一是安全压力。这样的压力表明，边疆的局部或某些类型的边疆，在各种因素的作用之下，国家对其拥有的控制和管理权可能会被严重削弱，甚至完全丧失，从而有可能导致边疆丧失的严重后果。这样的情况不仅会发生于领土的范围（钓鱼岛和南海大量岛礁的丧失，就是典型的例子），也会发生于海外，如中国在海外利益聚积和节点区域控制权的丧失。二是分裂的压力。在内部矛盾和复杂的外部因素的作用下，某些边疆区域会出现分裂主义的思想和行动——台独、疆独、藏独和港独，都是其典型的例子，不仅使领土统一的进程面临更加严峻的挑战，而且使某些边疆区域始终存在着分裂出去的危险。三是稳定的压力。由于边疆自身复杂的矛盾，现实的矛盾又会唤醒和激发历史上的矛盾和问题，竞争对手国和外部势力也把挑起边疆的矛盾作为攻击中国的手段而频繁使用，邻国的矛盾和冲突也会蔓延至我国边境，因此，边疆地区社会政治不稳定的因素不仅长期存在，而且会在某些地区和时候凸显和持续发酵，给边疆的稳定造成巨大压力；四是发展的压力。边疆地区经济社会的发展的自然条件远不如核心区，历史上形成的经济社会发展滞后不可能在短期内消除，可能对经济社会发展造成直接影响的社会政治矛盾会长期存在并在某些时候表现得较为突出，这就不可避免使得边疆地区的发展面临着更大的阻碍和压力，而发展滞后又会进一步强化业已存在的各种社会政治矛盾。

如果边疆那些纠缠在一起的各种矛盾不能得到有效化解，压力无法及时地舒缓或排除，矛盾和压力积累到一定的程度就会导致边疆危机。常见的安全危机、分裂危机、社会危机、政治危机、发展危机等，既会单个发生，也会纠缠在一起而相互激荡；既会发生于某个特定类型的边疆或边疆的特定区域，也会发生于整个边疆领域。晚清和民国时期的边疆危机，就是整体性的。边疆危机的形成，表明边疆既不巩固更不强大，而是处于一个衰弱状态。

而不论是边疆出现危机还是边疆衰弱，其产生的影响绝不止于边疆，而是对整个国家的影响。具体来说，主权性边疆的危机，就会危及国家的统一、稳定和发展，[①] 对中华民族的整体利益造成严重的破坏，甚至扰乱国家发展的进程，迟滞国家崛起的进程。非主权边疆的危机，不论是利益边疆危机，还是太空边疆危机，都不仅会直接威胁国家安全，还会影响国家发展的外部条件，导致国家的外部战略失效或失败，"一带一路"建设难以为继，甚至导致中国崛起进程的中断。

面对如此严峻的形势，国家必须运用政权的力量，最大限度地对边疆进行维护。首先，要维护国家的领土主权，如保证中国的领土主权不受侵犯，努力实现国家的统一，并逐步实现对各种被占领土的收复；其次，要维护国家的海外权益，如海外利益攸关区，以及对太空和国际海底的开发和利用；再次，要维护边疆的稳定，打击边疆的分裂势力、极端势力和暴力恐怖活动；最后，要维护边疆地区经济社会的发展，促进人民生活的改善。

维护边疆是国家的责任，必须全面运用国家力量，动员和投入国家资源。国家对边疆的维护，既要采取行政手段，也要采取政治手段、外交手段、科技手段和军事手段。其中，政治手段是主导，国家的边疆治理方略和政策，对边疆的维护具有根本性作用；军事手段是关键，国家维护边疆

---

① 2008年发生于拉萨的"3·14事件"、2009年发生于乌鲁木齐的"7·5事件"，都对整个国家的发展和稳定造成了巨大的冲击。

的能力和行动,都必须强大的军事力量为支撑。

四 边疆治理在国家治理中不可或缺

中国自秦汉之际为实现国家的有效治理而把疆域划分为核心区与边缘区以后,国家治理也就自然地形成两个基本的部分:一是核心区的治理,一是边缘区即边疆的治理。而且核心区的治理与边疆治理之间,并不是截然分开和各自孤立进行的。相反,核心区的治理和边疆治理共处于统一的国家治理的总体框架中,它们相互作用、相互影响、相互支撑。从总体上看,核心区的治理是根本,支撑着边疆治理;反过来看,边疆治理又从根本上影响着核心区的治理。因此,自古以来的中央政权或统治者都十分重视边疆治理。中华人民共和国也从国家治理的全局着眼,给予边疆治理以高度的重视。当下的治国者更是明确地提出"治国必治边"[①],不仅在新的形势下彰显了边疆治理的决心,而且也凸显了边疆治理在国家治理中的地位和作用。

诚然,我国边疆范围广大,国家拥有着巨额的边疆资产。这是国家巨额的宝贵财富,也是国家发展和崛起的重要条件。但是,边疆只有在得到有效治理的情况下,才能发挥自身的功能。如果治理不当、治理不力、治理不善,边疆也会衰弱、出现边疆危机,甚至全面崩塌,从而成为国家发展的累赘,成为国家的负资产。边疆不稳,全局必乱。因此,治国必治边,现代化的国家治理必然要包含并依托于有效的边疆治理,必须把边疆治理放在国家治理的重要地位。

中国的边疆治理,是运用国家力量去解决突出的边疆问题的行动和过程。边疆所面临的问题,虽然形成和存在于边疆,其影响却不局限于边疆。边疆问题从根本上说,是国家的问题;把边疆治理好,既是国家面临的重大课题,也是国家的责任。在边疆形成以后的长期的历史过程中,边疆治理都主要是由国家实施的。今天,一些新的社会主体参与到边疆治理中来,也成为了边疆治理的主体,但国家仍然是边疆治理的核心和主导性

[①] 在 2015 年 8 月 24—25 日于北京召开的中央第六次西藏工作座谈会上,习近平总书记出席会议并发表了讲话。习近平在讲话中指出:在治藏方略中必须坚持治国必治边、治边先稳藏的战略思想,坚持依法治藏、富民兴藏、长期建藏、凝聚人心、夯实基础的重要原则。

力量。边疆治理的对象或客体，是突出并影响重大的边疆问题。在边疆这样一个特殊的区域，旧有的问题解决了，新的问题又会产生，因此，边疆治理不可能毕其功于一役。边疆治理是一个过程，在不同的社会历史阶段会有不同内容、特点和方式。

边疆治理在国家治理和国家发展中，不仅占据着重要的地位，而且也发挥着十分重要的作用。在历史上，边疆的划定和边疆制度的形成，就是为了解决国家治理中对差异性突出的边缘性区域的有效治理问题。而在把边疆区分出来并采取有针对性的专门措施进行治理以后，边疆及边疆治理也不负众望，在国家治理和国家发展中发挥了重要的作用。不论是疆域的拓展、国家体量的增大、国家整体实力的增强和国家竞争力的增强等，都与边疆治理的成效直接相关。而且通过有效的边疆治理，边疆对于国家发展的意义得到巩固，直接形成了一个边疆支持核心区发展的结构。

中华人民共和国成立以后，在国家的边疆架构发生重大变化的情况下，边疆治理得到了进一步的加强。与此同时，边疆治理也对国家治理和国家发展发挥了重要的作用。中华人民共和国在民族国家的框架下实现的领土主权的维护，边防海边的充实，边疆的巩固，边疆地区经济社会制度与内地的一体化，边疆经济社会的发展，国家综合实力的增强，都与边疆治理及其绩效之间存在着直接的联系。

今天，随着中国边疆形态的多样化和范围的拓展，边疆已经成为对国家发展尤其是国家崛起具有根本性影响的地理空间，直接攸关国家发展的地理空间环境、国家的海外利益和国家的持续发展。在这样的条件下，边疆治理的内涵更加丰富、方式更加多样和复杂，扮演的角色也更加重要，直接关乎国家发展目标的实现和崛起过程的持续推进。

然而，现行的边疆治理并不能满足国家发展对边疆治理的要求和期待，尚不能达成边疆治理的全部目标。因此，加强边疆治理成为国家发展的迫切要求。国家必须从国家发展的地理空间场域变化（扩大）和全球战略的角度来看待和加强边疆治理，彻底改变将边疆治理置于服从和服务于核心区治理和发展的状况，根本提升边疆治理的地位，把边疆治理置于国家治理体系和治理能力现代化的总体框架中来规划，投入更多的资源于边疆治理，构建一个现代化的边疆治理体系。

五 边疆治理须不断创新和发展

边疆治理的核心，是有效地解决国家所面临的突出的边疆问题，从根本上说是一个治理的效率问题。诚然，在边疆治理的总体格局中，以及边疆治理的具体操作中，都会遇到公平问题，如边疆治理与核心区治理、边疆与内地的平衡发展，以及边疆不同人群的利益平衡问题等。但是，边疆与内地的平衡发展问题由来已久，边疆发展的滞后是历史上形成的，应该由国家治理的总体战略去解决，另外，边疆地区不同人群的利益平衡问题，本身就需要通过边疆的有效治理来解决。因此，在边疆治理中突出效率问题，切实提升边疆治理的绩效，才是边疆治理的分内之责，应该是边疆治理的重中之重。

为了切实有效地解决国家面临的突出边疆问题，边疆治理必须不断创新。因为在长期的历史发展过程中，边疆自身的形态和具体状况、边疆问题生成和演变的方式、凸显出来的边疆问题、国家治理的要求、边疆治理的手段等，都处于变化的过程中。中国完成由王朝国家向民族国家的转型以来，尤其是在改革开放以及改革开放推动的现代化快速推进的背景下，边疆的形态、范围、类型、边疆治理的形态和特点、国家治理的方式、边疆治理的手段等，更是处于快速变化的过程中。要实现有效解决国家面临的突出边疆问题的目标，边疆治理就必须与时俱进并不断地创新。

从秦汉之际开始形成边疆制度并进行边疆治理以来，中国的边疆治理已经延续了两千多年。在这样一个漫长的边疆治理历史过程中，不仅积淀下了边疆治理的丰富的经验和教训，也凸显了若干边疆治理中行之有效的思想、方略和方法，它们已经成为中国国家治理的宝贵财富，是一座富含边疆治理思想资源的富矿，今天的边疆治理应该对其进行充分的挖掘，并从中汲取养料。但是，历史上边疆治理的经验教训、卓有成效的治理思想、方略和方法，毕竟是在王朝国家时代特定的历史下形成的，并打下了当时时代的深深的烙印。中国今天边疆的形势已经与历史的状况判若天渊，许多新的边疆问题更是不能与历史上的同日而语。因此，我们要尊重历史经验，采取古为今用的态度，却不能固步自封、食古不化，更不能为历史所困并自缚手脚，而要以批判的态度对待历史上的经验，既要从中汲取精华，更要善于把历史经验与现实结合起来，形成能够有效解决今天边疆问题的思想、方略和方法。

在今天这样一个前所未有的历史条件下，面对着全新的边疆状况和日渐凸显的边疆问题，边疆治理必须坚持创新，在创新中构建现代化的边疆治体系和治理能力。而这样的创新并不是单向度的，而是多向度和全方位的。其中，以下几个方面的创新具有特别重要的意义：

一是治理方略的创新。中国历史上在长期的边疆治理中，形成了一系列的边疆治理方略，如"守中治边""守在四夷""德泽洽夷"和"以夷治夷"等，尤其是"守中治边""守在四夷"，不仅对历史上的边疆治理产生了深刻的影响，也对当代的边疆治理产生了重要的影响。但是，这些曾经发挥过重要作用的治理方略：第一是只涉及陆地边疆，第二是仅从核心区的角度来看待和谋划边疆治理，第三是基本上是以夏夷关系为核心而展开的，与今天中国的边疆形势和凸显的边疆问题之间并不协调。因此，必须进行边疆治理方略的创新。新型的边疆治理方略，应该针对和涵盖多种类型边疆的治理，凸显边疆治理的整体性和全面性。

二是治理结构的创新。在传统的边疆治理中，不论是历史上的边疆治理，还是中华人民共和国成立以来相当长时间的边疆治理，边疆治理的主体都仅仅是国家，治理的主体单一。但是，一方面，今天中国的边疆形势已经发生了根本性的变化，边疆问题也日渐多样和复杂；另一方面，随着中国社会由传统向现代转型，社会主体和社会力量日渐多元化。在这样的背景下，为了有效解决各种边疆问题，必须在国家或政府的主导下把各种社会主体动员起来，使其积极地参与到边疆治理中，从而实现边疆治理主体的多元化，以便形成边疆治理的最大功能。

三是治理思维创新。在边疆形势已经发生根本性改变，以及边疆问题日渐多样和复杂的情况下，传统的围绕着族际关系展开、着重于解决不同民族群体发展不平衡问题和贫困问题的治理思维已经不能适应今天的现实的需要，不能全面应对多样化和复杂化的边疆问题。因此，必须对传统的边疆治理思维进行创新，要从简单治理转向全面治理和复杂治理。

四是治理方式创新。传统的边疆治理，不仅涉及范围有限，关注的问题较为简单，而且主要依靠政治方式来推进，通过国家的各种政策来实现边疆治理，而且常常是运动式的治理，把边疆治理当作政治任务来完成。而在今天这样新的形势下，边疆治理的方式尤其需要创新。边疆治理固然需要通过政治方式来推进，在某些特定的情况下，也可将边疆治理当作政治任务来完成，但更需要通过法律的方式、行政的方式、经济的方式、社会治理的方式、文化的方式、外交的方式和军事的方式来实现，把边疆治理日常化、常规化，并融入日常的国家治理过程之中。

六 陆地边疆治理应采取"区域主义"取向

在中国多种形态的边疆中，陆地边疆占据着十分重要和特殊的位置。中国自秦汉之际确定边疆制度以来，所谓的边疆在相当长时间内指的都是陆地边疆，陆地边疆的历史最为悠久。在海洋边疆受到关注和重视以后，陆地边疆不仅仍然是边疆的主体，而且常常也是边疆的代表。即使是近年来中国边疆的形态日渐多样化，边疆已经是一个由多种形态边疆构成的复杂体系，陆地边疆仍然在其中处于核心地位。

在整个王朝国家时期，国家的边疆治理基本上就是陆地边疆。所谓的边疆治理方略，其实就是陆地边疆的治理方略。所谓的边疆治理的经验教训，也是陆地边疆治理的经验和教训。从这个意义上说，陆地边疆的治理是中国边疆治理的缩影。在边疆的形态多元化以后，陆地边疆治理仍然是边疆治理的主体和主要内容。即使在中国边疆形态已经多样化的条件下，在官方文件和学术文献中仍把陆地边疆治理作为我国边疆治理的基本内容，直接将边疆治理等同于陆地边疆治理的情形也经常出现。今天关于边疆治理的调整等，在相当大程度上也针对陆地边疆的。

回顾中国历史上的边疆治理，王朝国家时期的边疆治理总体上都是围绕着族际关系开展的，核心内容都是协调族际关系。尽管在通过条约的方式来划定陆地边界以后，以解决区域问题为主的治理也逐渐付诸实践，从而使"区域主义"的治理逐渐萌生，但这样的治理并未得到发展。因为陆地边疆的主体乃被视为"夷狄之区"，边疆治理主要是治理夷狄之事，即处理"华夷关系"。因此，边疆治理的政策和方式，自然地就成了"圣王制御蛮夷之道"[①]。于是，"族际主义"就成为了边疆政策的基本价值取向，"族际主义"的治理在长期的发展中逐渐成为了传统。

中华人民共和国成立后，边疆治理的结构和具体内容都发生了重大的

[①] 《汉书》卷94下《匈奴传》，颜师古注引《左传》昭公二十三年。

变化，并根据民族国家的要求和新的形势而增添了反映民族国家制度特性和国家发展需要的内容，但边疆治理中的"族际主义"取向占据绝对的主导地位的事实并未发生改变，甚至还加入了更多的民族因素，[1] 从而使陆地边疆的"族际主义"治理得到了强化和全面化。

在"族际主义"传统延续的条件下，陆地边疆治理主要围绕族际关系而展开，并形成了一些趋势性的特点：一是突出边疆的民族特性，把边疆等同于或直接界定为"边疆民族地区"；二是把族际关系问题当作边疆问题的核心，进而围绕族际关系问题来开展陆地边疆治理；三是与前面两点相适应，陆地边疆治理被纳入民族问题的框架中谋划，由主管民族事务的机关——国家民族事务委员会——来主管和负责。

当代中国的陆地边疆治理总体上是成功的，并取得了良好的绩效，不仅在中华人民共和国成立初期成功地疏通了历史上形成的复杂的族际关系，为边疆地区政权重建和社会改造任务的落实创造了条件，实现了边疆的巩固和稳定，推动了边疆的建设和发展，为国家整体的稳定和发展提供了有效的支撑。但"族际主义"治理的长期实施，尤其是相关政策越来越细化并涉及非常具体的族际关系问题，也造成了一系列的矛盾和问题：一是边疆地区主体民族与少数民族、少数民族与少数民族之间的关系被固定化、刚性化；二是促进了某些民族群体利益要求的发展和提升，进而使民族政策的边际效用递减；三是由于有区别的族际政策导致边疆地区各个少数民族群体享受到政策带来的好处有所区别，一些区域内相邻少数民族群体间的关系出现了新的紧张，导致了族际关系中新的不平衡；四是没有把陆地边疆治理提升到应有的高度，迟滞了边疆的建设和发展。从总体上看，这些矛盾和问题正在呈现逐渐凸显之势。

今天的中国，陆地边疆已经处于一种与过去完全不同的形势之下，其性质和地位也发生了根本性的改变。首先，陆地边疆的文化因素或民族因素逐渐淡化，而地理空间特征则日渐突出。其次，陆地边疆在国家发展中

---

[1] 这里所说的民族，是中华民族形成和民族国家构建起来以后的民族群体，是中华民族的组成部分。作为国族的中华民族，是政治性民族；而组成中华民族的各个民族群体，是历史上长期存在并在新的国家形态中具有全新面貌的历史文化共同体，因而是文化民族。关于政治民族与文化民族的划分，可参阅周平的《论民族的两种基本类型》，载《云南行政学院学报》2010年第1期。

的地位明显上升。在新的形势下，陆地边疆已经从传统的边缘地带凸显为对国家发展具有重要影响的区域，战略地位愈加突出。再次，陆地边疆治理的意义更加突出。今天的陆地边疆治理，在国家发展和治理中承载着更多的责任，与国家的地缘政治战略、全球战略、外交战略尤其是周边战略等直接相关，对整个国家的治理和发展的影响也更加突出。

这样的情况表明，陆地边疆治理的"族际主义"取向已经明显不符合形势发展的需要了，必须通过根本性的改变而实现与时俱进。而这样的改变不能是对传统做法简单的修修补补，而必须以新的价值取向来取而代之，从而实现陆地边疆治理的根本性转变。对于中国的陆地边疆治理来说，能够适应国家疆域和边疆形势发展的变化，并能够取代"族际主义"治理取向的，只能是"区域主义"的治理取向。

陆地边疆治理中的价值取向，是陆地边疆治理追求的价值目标，它指明了陆地边疆治理的方向，决定着陆地边疆治理的内容选择。陆地边疆治理中"族际主义"与"区域主义"，存在着根本性的差别："族际主义"取向，把陆地边疆界定为"边疆民族地区"，把族际关系的矛盾和冲突视为边疆问题的核心，因而把协调族际关系作为边疆治理的主要内容。"区域主义"取向，则把陆地边疆界定为国家陆地疆域的边缘性区域，把解决这个具有突出特殊性区域的各种问题作为边疆治理的主要内容，着力解决区域性问题。因此，陆地边疆治理从"族际主义"转向"区域主义"，是一种根本性的转变。

"区域主义"同"族际主义"一样，都不是陆地边疆治理的具体政策，而是陆地边疆治理的总体方向。也可以说，它们是陆地边疆治理中不同的"元政策"。如果说，"族际主义"的边疆治理取向，已经促成了一个独特的政策观念系统并产生了一整套以解决族际关系问题为核心的具体政策——主要是民族政策——的话，陆地边疆转向"区域主义"的取向以后，也必然要构建相应的政策观念，进而制订一系列的区域性的治理政策，以解决日渐增多的各种边疆问题。

七 崛起的中国需要一个完整的边疆战略

在中国的边疆形态日渐多样以及边疆和边疆治理的意义日渐突出的情况下，全面和充分地发挥边疆及其治理对于国家发展的作用，就成为了具有历史必然性的选择。而要达此目标，在对边疆和边疆治理全面研究的基础上形成一个科学的顶层设计就显得十分必要。而这样一个顶层设计的核心，就是在国家层面构建一个包括边疆的规划和治理在内的整体战略，即边疆战略。

回顾中国历史上的边疆治理，由于没有形成边疆及边疆治理的整体战略，边疆及其治理的功能并未得到全面和有效的发挥。在王朝国家时期，各个王朝以及同一王朝的不同统治者对边疆的认知和对边疆治理的重视程度有所不同，往往各行其是。中华人民共和国以来的相当长时期，边疆治理受到了重视但却未能持之以恒，突击式、运动式的治理在边疆治理中不时发生，而且陆疆不同区域的治理之间、陆疆的治理与海疆治理之间、主权性边疆的治理与非主权性边疆的治理之间，往往被割裂开来并各自进行、各行其道、各行其是，因而就难免各吹各打。由于缺乏整体性的统筹和规划，边疆治理中随机性、碎片化以及突击式治理的问题就无法避免，边疆及边疆治理的功能也因此被削弱甚至出现事倍功半的结果。

历史上的这些做法固然与统治者的治国思维直接相关，但也有一定的客观原因。回顾自古以来国家的治理和发展，大致经过这样几个阶段：一是自由选点开发阶段，即不同地区根据各自所处的环境，选择最有利经济和社会活动的地点进行开发；二是重点建设阶段，即国家和政府根据国家治理和发展的需要，选择若干区域和领域进行重点建设；三是全面规划和发展阶段，即国家对整个国家或疆域进行整体规划，从总体上部署治理，全面推进国家发展。中国漫长的王朝国家时期基本上处于自由选点开发阶段，中华人民共和国成立以来的相当长时期则处于重点建设阶段，因而都未能对国家的边疆和边疆治理作出全面的统筹规划。但是，今天的情况不同了，不仅国家的边疆形态更加复杂，边疆治理的涉及面更加广泛，而且国家已经处于全面规划和全面发展阶段，国家需要也有条件对边疆和边疆治理做出全面的规划。

世界上有的国家，把边疆及其治理的功能发挥到了极致，从而有效地推进了国家发展。美国就是这样的典型。美国自从确定了边疆开发计划以后，边疆在国家发展中一直扮演着关键性的角色，对国家的发展、壮大和强盛产生了直接的影响。通过对美国的边疆及其治理进行研究，可以得到一个有益的启示，即要充分发挥边疆及其治理对于国家治理和发展的作用，就必须避免碎片化的治理，因而要对边疆和边疆治理进行统筹规划，进而实现对边疆进行全面的、整体性的治理，并将边疆治理作为国家治理的重要部分持续推进，实现边疆治理的制度化。

今天的中国，边疆的类型日渐多样化，边疆也不局限于陆地疆域的边缘这样的狭小空间，边疆对国家治理和发展的影响更加突出。与此同时，国家治理的格局也更加宏大，国家治理体系和治理能力现代化已经被确定为全面深化改革的目标。在这样的情况下，更应该在国家层面构建一个包括对边疆形势的判断、边疆的认定、边疆范围的调整、边疆的维护和边疆治理等内容的边疆战略，形成一个关于边疆和边疆治理的顶层整体设计。

制定国家层面的边疆战略，首先，要把中国的边疆放到中国发展所处的整个国际乃至全球环境当中来看待，从而对中国的边疆形成一个全面、完整的认识；其次，要对当前中国边疆的形态和类型有一个全面的界定，明确边疆的范围和结构；再次，要根据各种类型边疆和边疆总体结构的状况，确定维护边疆的资源配置和能力配置方案；最后，要形成包括主权性边疆与非主权性边疆、陆地边疆与海洋边疆结合的边疆治理规划，并使之与国家治理的总体战略相结合。

这样的边疆战略，涉及国家治理和发展的全局，是国家的大战略。因此，边疆战略不能自行其是，而要与国家的其他相关战略结合起来，进行全面的统筹和谋划。首先，要与国家的全球战略和区域战略结合。中国已经成为全球大国，这也是中国崛起的题中应有之义。与此相适应，中国必须有自己的全球战略和区域战略。而不论是全球战略还是区域战略，都与边疆及其治理紧密相关。因此，边疆战略与之相结合，这也是制订和实施边疆战略的必然要求。其次，要与国家的地缘政治战略结合，尤其是要与"一带一路"架构结合起来。不论作为一个日渐融入全球化进程的大国，还是在全球和区域中发挥重要影响的国家，中国都必须有自己的地缘政治战略。中国目前推行的"一带一路"建设本身，也具有突出的地缘政治意义。[①] 国家的边疆战略的内容与地缘政治战略和"一带一路"倡议具有相当程度的重合。因此，必须将它们结合起来统筹考虑。再次，要与国家

---

① 关于这一点，可参阅周平的《"一带一路"面临的地缘政治风险及其管控》，《探索与争鸣》2016 年第 1 期。

的外交战略结合。由于边疆与其他国家直接接触，边疆治理的过程和影响都会涉及其他国家。因此，边疆战略中必须考虑到通过外交活动来支持边疆战略的实施，并促成相关机制的构建。最后，要与国家的军事战略结合。维护国家的边疆和开展边疆治理，最终都必须依托于军事力量。因此，国家已经把维护国家的海外利益攸关区纳入了国家军事战略的考虑之中。而国家的边疆战略的制订和实施，都要充分考虑到通过军事战略来支持边疆战略的问题，并促成相关机制的构建。

边疆治理的主体是国家，尤其是中央政府。诚然，在社会多元化快速发展的条件下，边疆治理须要逐步由单一主体向多元主体转变，但国家或政府必须是核心和主导。其中，代表国家的中央政府处于特别重要的地位。因此，国家的边疆战略，应该由中央政府组织力量来制定。

八　国家发展需建"边缘—核心"双向互动模式

自古以来中国就是一个疆域范围广大的国家，而且国家的疆域还在国家发展的过程中逐渐拓展。而在如此广大的疆域内，不同区域间的差异是十分突出的。其中，边缘区与核心区之间的区别尤其突出，具体又表现在自然条件、历史文化、发展水平，以及各自在国家治理的总体格局中的地位等诸多的方面。为了实现有效的治理，秦汉时期的王朝中央便将边缘区区分出来，采取专门的措施进行治理，由此便在国家治理中形成了边缘区即边疆的治理与核心区的治理之分。此后，虽然国家的疆域发生了许多的变化，但国家治理中的"边缘"与"核心"的关系和格局始终存在，并对国家的治理和发展发挥着全局性和整体性的影响。

历史上的国家治理中形成"边缘"与"核心"的结构以后，虽然各个政权和各个历史时期"边缘"与"核心"的内容有很大的不同，但基本上是形成了一个以"核心"的发展为中心，使"边缘"的发展服从和服务于"核心"的模式。这一点在王朝国家时期体现得十分突出，"边缘"的治理总是围绕"核心"而展开，王朝会为了"核心"区的利益而中断对"边缘"的治理，甚至放弃"边缘"的某些区域，以其来保全"核心"，或换取"核心"的稳定和发展。中华人民共和国成立后，"边缘"与"核心"的关系有所调整，并被赋予了新的内涵，但"边缘"服从和服务于"核心"的单向关系的模式被延续下来了，边疆的开发和建设总体上是以核心区的发展为轴心，因而总是重稳定而轻发展。

国家治理中这样一种"核心—边缘"单向作用模式的形成，并不是无缘无故的。一方面，边疆形态的单一性和边疆的模糊性，都对其在国家治理和发展中的地位产生了重要的影响。另一方面，国家的建设和发展大致经历了自由选点开发、重点建设和全面发展三个阶段。在国家发展的前两个阶段，边疆的开发和建设在国家治理的总体格局中的地位不可避免地处于次要和从属地位。

历史上国家治理中要"边缘"服从和支持"核心"的单向作用模式，也曾经在国家治理和发展中发挥了重要的作用。正是由于"边缘"在边疆治理中得到巩固、拓展和发展，以及"边缘"对"核心"的支撑和支持，有效地推进了国家的总体发展。中国历史上国家发展取得了辉煌的成就，"核心—边缘"单向作用模式功不可没。

不过，这样一种在历史上发挥过重要作用的国家治理模式，今天已经不适应国家发展的要求，其与国家发展要求之间的矛盾也越来越突出。中国在跨入21世纪的时候，尤其是在2010年中国的经济总量居于世界第二并因此而凸显了国家崛起的条件下，中国已经实现了由重点建设阶段向全面发展阶段的转变，以及由国家建设阶段向国家发展阶段的转变，全面发展和整体发展成为了基本的目标。在这样的条件下，边疆及其治理对于国家发展的意义得到极大的和前所未有的凸显。与此同时，中国边疆的形态和空间范围都发生了巨大改变，对于国家发展的影响也更加突出。在这样的条件下，尤其是国家推动"一带一路"建设的背景下，国家的治理和发展需要对边疆及其治理更加重视，使处于国家疆域边缘的边疆及其治理发挥更加重要的作用。历史上长期存在的"核心—边缘"单向作用模式不能有效发挥边疆及其治理在国家治理和发展中的作用，无法达成这个目标。因此，必须对其进行调整，不仅更加重视边疆及其治理，而且要促成"边缘"与"核心"积极的相互作用，构建一个能够充分发挥边疆及其治理作用的"核心—边缘"双向互动模式。

"核心—边缘"双向互动的根本，是在国家治理中使"边缘"与"核心"的作用都得到充分的发挥，并使二者在积极地相互作用中形成和产生对于国家发展的更大功能，以求形成"1+1>2"的功效。因此，在国家治理中构建"核心—边缘"双向互动模式，一方面，要重视边疆并加大边疆治理的力度。另一方面，要在"互动"上下功夫。

第一，要重新认识今天中国边疆的新形势，进而重新认识和界定边疆及其治理对于国家发展的意义，明确边疆及其治理在国家治理和国家发展的总体格局中的地位，进而对边疆及其治理进行统筹规划。其中的关键是，改变过去长期存在的只注重"核心"的单极带动的状况，形成既注重"核心"，也注重"边缘"的两极带动的思路和格局。

第二，要在现有的综合国力已经大幅度提升的基础上，依托核心区的综合实力和发展能力，加大促进陆地边疆开发、建设和治理的力度，投入更多的资源，着力培育陆地边疆的发展能力，促进其综合实力的提升，培植"边缘"反推或带动"核心"的能力和机制。

第三，要加强对海洋边疆开发和建设的力度，实施海洋强国战略，巩固和拓展中国的海权，力争用两到三个"五年规划"的时间，把中国建设真正的海洋强国，使中国成为海陆兼备的复合型国家，创新"边缘"促进"核心"的方式和机制，增强"边缘"推动"核心"的能力。

第四，要充分利用国家推进"一带一路"战略的机遇，稳定拓展中国的海外利益，巩固中国的海外利益攸关区，真正形成中国利益边疆的大格局，并逐步形成和发展海外利益攸关区或利益边疆回馈、反哺国内经济社会发展的能力，拓展"边缘"推动核心的机制和能力。

第五，要着眼于国家治理和国家发展的全局，把边疆的维护和治理置于国家治理和发展的顶层设计中谋划，强化对边疆的维护加强国家维护边疆的能力建设，巩固中国的战略边疆，全面维护好中国的海洋边疆、利益边疆或不断凸显的海外利益攸关区，增强"边缘"服务和促进"核心"的可持续发展能力。

第五节　在国家治理中凸显政治地理空间谋划

今天中国边疆及边疆治理的凸显，是国家治理和国家发展的地理空间条件变化的结果。边疆及边疆治理在国家治理中凸显并受到重视，又必然地引出了一个更深层次的问题，那就是国家治理中的地理空间规划问题。在国家治理和国家发展的地理空间条件发生了巨大改变并因此而面临着新情况的形势下，在国家治理中凸显地理空间谋划，不仅极为必要也十分迫切，已经成为国家崛起过程中必须直面的重大问题。中国要成为全球性的大国和强国，就必须有效地处理好地理空间的规划和治理问题。换句话说，能否对国家的治理和发展进行有效的地理空间规划，直接攸关国家发展目标的实现。

一 地理空间规划已成为国家治理的重大课题

在国家治理中凸显地理空间思维，加强地理空间谋划，从根本上说是由国家的本质属性决定的。国家是为了治理的需要而创设的一种政治形式。当然，国家也是迄今为止人类所创造的最为有效的政治形式。但是，社会中构建起来的国家在长期的运行过程中，又把一定的社会成员联结为一个整体，从而构建了稳定的政治共同体。不过，不论是从政治形式来看还是政治共同体来看，国家都处于一定的地理空间之中，并给其活动稳定复盖的地理空间范围打上深深的国家烙印。这样的地理空间范围，也成为国家存在和发展的前提条件。从这个意义上说，国家也是一个政治地理空间单位。既然国家同时具有政治治理形式、政治共同体和政治地理空间单位的三重属性，那么，国家治理必须兼顾以上三个维度，必须从以上三个不同的侧面展开。尤其是在国家治理走向成熟和日渐系统化以后，在每个维度或侧面上都应该形成完善的制度安排。

国家治理中的地理空间思维，具体表现为国家治理中的地理空间谋划。从地理空间的角度来谋划国家治理，主要涉及以下几个方面的问题：一是全面认为国家的地理空间条件，合理界定国家的地理空间范围，把解决国家面临问题的行动置于这样的地理空间场域中进行规划；二是全面研究国家地理空间范围的结构和区域特征，并根据国家自身的发展水平和能力，有计划地开发和利用不同的区域空间；三是在国家能力具备的条件下，通过对不同区域进行有计划和合理地开发和建设，以达到地理空间在促进国家发展中的功能最大化；四是运用国家力量去维护国家拥有的地理空间，进而谋取或巩固自身在与区域或全球的其他国家关系中的有利地位。

国家治理中的地理空间谋划，在中国历史上的国家治理中已经有所体现。其中最为明显的是，秦统一六国并建立了中央集权的王朝国家以后，统一的王朝便面对着所拥有的前所未有的统一和广大的疆域，而且疆域内的不同部分存在着巨大的差异。为了应对王朝疆域的治理问题，王朝便运用先秦时期的"一点四方""五服"和"九服"等有关地理空间的观念和认识于国家治理，对疆域内的核心区和边缘区采取不同的治理之策。汉代在承袭秦代做法的基础上，又引入了"内诸夏而外夷狄"的思想，明确了把疆域的边缘部分区分出来采取专门措施进行治理的边疆制度，并在"外夷狄"的总体思想下采取了若干有效的政策来治理之，以求达成在当时条件下对该地理空间区域的有效利用。

此后，在漫长的王朝国家历史进程中，统一的王朝不仅通过对疆域范围内不同区域的开发、利用和防卫部署等，有区别地利用疆域的不同区域，还通过开凿运河、建立商品贸易通道、文化传播甚至都城的迁移等方式，加强和改善疆域的不同区域间的联系，推动疆域不同区域的整合，从而在国家治理中运用和凸显了地理空间的思维。历史上的国家发展，尤其是疆域的巩固、拓展、整合以及不同区域的有效利用等，都彰显了地理空间谋划在国家治理和国家发展中运用的成效。中国历史上的国家治理和国家发展成就的取得，与这样的地理空间谋划存在着不可分割的联系。

中华人民共和国成立以来，地理空间的思维和谋划在国家治理中体现得更加突出。中华人民共和国成立初期在边疆地区采取了特殊的方式开展基层政权建设，在边疆地区推行了民主改革等不同于内地的社会改造运动，第一个五年计划期间156个重点项目的精心分布，20世纪六七十年代的"三线"建设，改革开放以来的东中西梯度发展战略，东部发展和西部开发的"两个大局"战略，以及全国主体功能区的规划等，都是国家治理中地理空间思维的具体运用。这样的地理空间谋划，对于国家的治理和发展来说，都发挥了十分重要的作用，积累了丰富的经验也提供了值得吸取的教训。中华人民共和国成立以来的建设和改革成就的取得，也与这样的地理空间谋划分不开。

但是，不论是历史上国家治理中的地理空间谋划，还是中华人民共和国成立以来国家治理中的地理空间规划，都具有突出的针对当时所面临问题而运用地理空间思维的特征，具有突出的自发性质和随机性甚至是权宜性。换句话说，虽然地理空间的思维和谋划在解决国家治理中面临的重大问题方面发挥了重要作用，但地理空间的谋划尚未在国家治理的总体结构中占据一个稳定的地位，国家治理层面尚未形成地理空间谋划的制度机制。历史上边疆治理中的地理空间谋划为今天的国家治理提供了宝贵的资源，其中大量的经验和教训可以成为今天国家治理的参考，但却无法适应今天国家治理的地理空间形势及其要求。

今天的中国，一方面，国家基于全面提升整体实力的考虑，需要更加着力于边疆的开发和建设，把边疆作为国家综合实力提升的新增长点。随着国力的增强，国家有能力投入更多的资源于边疆的开发和建设，尤其是能够将海洋边疆的开发和建设提高到国家战略的高度。因此，国家的陆地边疆、海洋边疆的开发和建设，与核心区的开发和建设被置于一个统一的框架中规划，领土空间的整体性在国家治理中得到了前所未有的凸显。另一方面，中国在改革开放的进程中，尤其是在全球化的背景下越来越融入世界的情况下，国家的海外利益快速拓展，并且对国家的影响越来越大，中国的疆域空间已经延伸到主权之外。于是，国家的治理和发展便处于一个巨大且整体性越来越强的地理空间之中。今天中国的治理和发展，就是在如此一个巨大的空间场域中进行的。因此，国家的治理和发展布局中应该更加注重地理空间思维的运用，从而进一步凸显地理空间谋划的意义，把更加广泛、更高水平的地理空间谋划变成自觉的行动。如若不然，地理空间规划就有可能演变成为国家治理中的"短板"，进而成为有可能迟滞国家崛起进程的一个因素。因此，加强国家治理的地理空间谋划的能力和建设，已经成为一个必须面对的重大现实问题。

同时还必须看到，当中国以一个全球大国的身份和要求来进行地理空间谋划的时候，不可避免地会遭到在现行国际秩序中处于优势地位的国家，以及在全球地理空间中占据优势的国家的抵制和阻挠。一些西方大国，已经在全球的政治地理空间变化中率先采取行动并取得了优势，拥有了巨大的地缘政治资源，也由此获得了巨大红利，进而还以此来对正在崛起的中国进行排斥和挤压。因此，中国在全球范围内来对中国自身的发展进行地理空间谋划的过程，也是中国谋求在现行国际秩序中的应有地位的过程，当然也是中国逐步崛起的过程。

二　国家治理体系现代化须有地理空间的内涵

自中共十一届三中全会开启改革开放以后，改革开放便成为了中国现代化的最为强劲的推动力。在改革开放不断推进的过程中，对生产关系中不适应生产力以及上层建筑中不适应经济基础的环节和方面的调整以及日渐扩大的对外开放，不仅有效地调动了社会成员的积极性，也全面激发了社会、市场和政府的活力，从而有力地推动着中国的现代化的快速发展，并取得了举世瞩目的成就。但是，在改革开放不断深入的情况下，原有体制和结构中的深层次问题仍然积弊难除，社会全面激发活力过程中的矛盾和问题日渐显现，社会由传统向现代转型过程中的矛盾也逐渐暴露，社会发展中的失范和失序现象十分突出，经济和社会发展中活而不稳、活而不强的现象仍然十分普遍。在这样的情况下，在一个科学的顶层设计的指导下，充分运用国家的力量，对社会中的各种矛盾、问题和冲突进行全面的整治，成为必然且合理的选择。通过对整个国家的各种矛盾、问题和冲突进行全面的整治，才能实现国家的稳定持续发展，提升国家发展的水平和层次，最终完成国家的崛起。

中共十八届三中全会，提出了中国全面深化改革开放的整体方案，注定要在中国的国家发展史上留下浓墨重彩的一笔。这样一个将会对中国的改革和发展产生重大影响的决策，明确提出："全面深化改革的总目标是完善和发展中国特色社会主义制度，推进国家治理体系和治理能力现代化"[1]，不仅前所未有地凸显了"国家治理"问题，也彰显了国家最高决策层通过有效的国家治理来解决中国面临的各种矛盾和问题的决心。

推进国家治理体系和治理能力现代化，核心是构建现代化的国家治理体系。现代化的国家治理体系，是形成现代化治理能力的基础和关键。[2]现代化的国家治理体系，首先是相对于过去的国家治理体系而言的。中华人民共和国成立以来，党在领导人民治理国家的实践中，逐渐构建了较为完善的国家治理体系，并在国家治理中发挥了重要的作用。但是，这样的国家治理体系也必须与时俱进，并在全面的建设中逐渐地现代化。现代化的国家治理体系，应该更加科学、更加完备和更加有效，能够在国家治理中发挥出更强的能力，能够有效地服务于国家发展目标的实现。

这样的国家治理体系，首先就必须是完备的，应该在国家治理的总体

---

[1] 《中共中央关于全面深化改革若干重大问题的决定》。
[2] 可参阅周平《推进国家治理体系现代化是全面深化改革的客观要求》一文，《人民日报》（理论版）2013年12月5日。

结构和国家治理的所有面向上都形成完善的体制和机制,形成及时回应现实挑战的方式和有效解决问题的能力。中国在全球化的背景下经历了现代化的快速推进以后,融入世界的广度和深度都达到了前所未有的程度。在这样的形势下,国家治理和发展的地理空间环境和条件已经发生了深刻而巨大的变化,地理空间条件对于国家发展的意义也前所未有的凸显。因此,能否形成完善和卓有成效的地理空间治理机制,直接影响着国家治理的能力和水平的提升。纵观全球化时代的各个国家,那些大国、强国和快速崛起的国家,在地理空间谋划方面都有不俗的表现。地理空间谋划的水平,已经成为国家治理水平的一个重要标志。可谓形势逼人,中国着力构建的现代化的国家治理,必须在地理空间谋划方面有所作为,必须逐渐构建起地理空间规划的健全机制。

今天的中国,不论是要通过全面而强有力的国家治理来应对新的挑战,在国家发展中彰显自己的国家治理水平,还是要崛起成为一个全球性的大国,在世界事务中发挥更加积极和更加有效的作用,都必须在国家治理的地理空间谋划方面有所作为、有所建树并有所成就。如果国家治理中地理空间谋划因为能力不济而成为"短板"的话,其影响将会是全局性的,国家发展的进程也将因此而迟滞。

三 国家治理中地理空间谋划的若干重要向度

国家治理中的地理空间谋划,首先是一种治理思维,它要求在国家治理中建立地理空间的维度,从地理空间的角度来思考、研究、部署和规划国家治理。国家治理中的地理空间谋划,也是一种治理的框架和结构,即从地理空间的角度来应对和处理国家发展中面临的各种问题的框架和机制。因此,在推进国家治理体系和治理能力现代化的过程中,凸显地理空间的谋划,不仅要在国家治理中体现地理空间的思维,而且要构建起一套完善的地理空间治理的机制。

在过去的国家治理中,地理空间的思维和规划一直存在且发挥了十分重要的作用。今天在边疆治理体系现代化的过程中凸显地理空间谋划,核心是要构建一套从地理空间角度来处理国家治理问题的完善的体制和机制,从而在国家治理中把地理空间谋划从自发变成自觉,从随机性的运用变成制度化的安排。

在国家治理中构建一套地理空间谋划的完整机制，是一项巨大的工程，任务十分艰巨，不可能一蹴而就，必将经历一个长期的过程。但是，就其内容而言，它必须涉及以下几个基本的向度。

第一，规划国家发展的地理空间范围和形态。应该看到，中国拥有的地理空间范围并不是凝固不变的，而是处于变动的过程之中。在全球化时代，随着国家开发利用地理空间能力的增强和国家间关系的变化，国家拥有地理空间的形势发生了深刻变化，一些国家率先在占有和控制地理空间方面进行了有效的实践。因此，中国既不能因循守旧、固步自封，更不能拘泥于传统而自缚手脚，而必须根据全球化时代的形势，对自己国家发展的地理空间范围进行全面的界定，进而明确本国地理空间的形态。

第二，规划国家主权性地理空间的开发和利用。中国拥有主权的地理空间即领土空间，已经从国家治理的需要出发而在实践中进行了多重划分，因而形成了多种形态或样式的地理空间区域，如陆疆、海疆和空疆，内地和边疆，东部、中部和西部，以及不同的主体功能区等。这些不同的空间划分及其结果，在国家治理的总体布局中发挥了积极作用。但是，这些不同形态的空间，也必须纳入国家治理的总体框架中进行审视和规划，并根据当下国家治理的需要和国家的综合实力，形成对其进行治理的总体安排，以便全面提升不同空间开发及利用的效率和效益。

第三，规划国家非主权性空间的开发和利用。在全球化时代，随着国家活动的范围、形式和相关国家间关系的改变，以及中国越来越融入世界，国家在海外的活动和海外利益越来越多，中国在主权之外控制和拥有的地理空间范围也越来越多样化和越来越广泛。在这样的条件下，国家就需要对这些海外的地理空间范围和形态进行全面的审视和规划，不仅要全面维护中国海外利益攸关区，维护好国家的利益边疆，而且要在推动"一带一路"建设的过程中，拓展中国的非主权空间，改善中国的地缘政治条件。

第四，规划国家全部地理空间的功能优化。中国今天已经置身于一个巨大的地理空间场域之中。这并不是一个是否从主权的角度进行认定的问题，而是一个现实的存在。然而，这样一个巨大的地理空间不仅是前所未有的，也是由多种形态的空间构成的有机整体，是一个复杂的结构。在特定的条件下，国家管控和利用这个地理空间的能力是有限的。因此，国家治理中就必须处理好如何配置资源、如何投入力量,以及如何有效发挥这个地理空间的功能,或地理空间功能最大化的问题。

第五,规划国家全部地理空间的维护和管控。中国虽然处于一个巨大的地理空间之中,自身占有和控制的地理空间范围十分巨大,但这个空间整体或其中的各个部分为我占有或控制的事实并不是固定不变的。只有在运用国家力量去有效维护的条件下,该地理空间及其不同的区域才能为我占有或控制,成为我国自身发展条件。因此,如何运用国家的经济力量、文化力量、军事力量,以及地缘政治的影响力,来维护国家的地理空间条件,也必须在国家治理体系中进行合理的规划。

参考文献

著作类：

1. ［英］安东尼·吉登斯：《民族—国家与暴力》，胡宗泽等译，生活·读书·新知三联书店1998年版。

2. ［美］艾尔弗雷德·塞耶·马汉：《海权论》，萧伟中、梅然译，中国言实出版社1997年版。

3. 陈霖：《中国边疆治理研究》，云南人民出版社2011年版。

4. ［美］丹尼尔·奥·格雷厄姆：《高边疆——新的国家战略》，张建志等译，军事科学出版社1988年版。

5. ［英］厄内斯特·盖尔纳：《民族与民族主义》，韩红译，中央编译出版社2002年版。

6. 方铁主编：《西南通史》，中州古籍出版社2003年版。

7. 方铁：《方略与施治：历朝对西南边疆的经营》，社会科学文献出版社2015年版。

8. 费孝通主编：《中华民族多元一体格局》（修订本），中央民族大学出版社1999年版。

9. ［美］费正清：《中国：传统与变迁》，张沛译，世界知识出版社2002年版。

10. ［美］弗雷德里克·杰克逊·特纳：《美国边疆论（英汉双语）》，董敏等译，中国对外翻译出版有限公司2012年版。

11. 国家海洋局：《中国海洋21世纪议程》，海洋出版社1996年版。

12. 国家海洋局海洋发展战略研究所课题组：《中国海洋发展报告(2013)》，海洋出版社2013年版。

13. ［西］胡安·诺格：《民族主义与领土》，徐鹤林、朱伦译，中央民族大学出版社 2009 年版。

14. 胡波：《中国海权策：外交、海洋经济及海上力量》，新华出版社 2012 年版。

15. 黄刚：《中华民国的领海及其相关制度》，（台湾）商务印书馆 1986 年版。

16. 黄立军：《信息边疆——无影无形的"第五边疆"》，新华出版社 2003 年版。

17. 何顺果：《美国边疆史——西部开发模式研究》，北京大学出版社 1992 年版。

18. ［英］杰弗里·帕克：《地缘政治学：过去、现在和未来》，刘从德译，新华出版社 2003 年版。

19. 鞠海龙：《中国海权战略》，时事出版社 2010 年版。

20. ［美］亨利·基辛格：《大外交》，顾淑馨等译，海南出版社 1997 年版。

21. 金泽、邱永辉主编：《中国宗教报告（2010）》，社会科学文献出版社 2010 年版。

22. 罗崇敏：《中国边政学新论》，人民出版社 2006 年版。

23. 刘慧主编：《中国国家安全报告（2014）》，社会科学文献出版社 2013 年版。

24. ［美］莱斯利·里普森：《政治学的重大问题——政治学导论》，刘晓等译，华夏出版社 2001 年版。

25. 梁双陆：《边疆经济学：国际区域经济一体化与中国边疆经济发展》，人民出版社 2009 年版。

26. ［美］拉铁摩尔：《中国的亚洲内陆边疆》，唐晓峰译，江苏人民出版社 2008 年版。

27. 路遇、滕泽之编著：《中国人口通史》，山东人民出版社 2000 年版。

28. 吕一燃主编：《中国近代边界史》（上卷），人民出版社 2013 年版。

29. 李治安：《元代行省制度》，中华书局 2011 年版。

30. 刘中民：《世界海洋政治与中国海洋发展战略》，时事出版社 2009 年版。

31. ［英］马丁·阿尔布劳：《全球时代：超越现代性之外的国家和社会》，高湘泽、冯玲译，商务印书馆 2001 年版。

32. 马大正、刘逖：《二十世纪的中国边疆研究：一门发展中的边缘学科的演进历程》，黑龙江教育出版社 1997 年版。

33. 马大正主编：《中国边疆经略史》，中州古籍出版社 2000 年版。

34. 梅孜：《美国国家安全战略报告汇编》，时事出版社 1996 年版。

35. 穆立立：《欧洲民族概论》，中国社会科学出版社 1998 年版。

36. ［美］玛莎·费丽莫：《国际社会中的国家利益》，袁正清译，浙江人民出版社 2001 年版。

37. 马玉华：《国民政府对西南少数民族调查之研究（1929—1948）》，云南人民出版社 2006 年版。

38. 倪乐雄：《文明的转型与中国海权》，新华出版社 2010 年版。

39. 史筠：《民族事务管理制度》，吉林教育出版社 1991 年版。

40. ［德］乌·贝克、哈贝马斯等：《全球化与政治》，王学东等译，中央编译出版社 2011 年版。

41. 汪段泳、苏长和主编：《中国海外利益研究年度报告（2008—2009）》，上海人民出版社 2011 年版。

42. 汪洪亮：《民国时期的边政与边政学（1931—1948）》，人民出版社 2014 年版。

43. 王明珂：《游牧者的抉择：面对汉帝国的北亚游牧部族》，广西师范大学出版社 2008 年版。

44. 王辑思主编：《中国国际战略评论 2013》，世界知识出版社 2013 年版。

45. 王希恩主编：《20 世纪的中国民族问题》，中国社会科学出版社 2012 年版。

46. 王逸舟等著：《恐怖主义溯源》（修订版），社会科学文献出版社 2010 年版。

47. 徐亮：《帝国兴衰与帝国边疆的崩塌》，法律出版社 2011 年版。

48. 徐晓萍、金鑫：《中国民族问题发展报告》，中国社会科学出版社

2008年版。

49.［以］马丁·范克里韦尔德：《制空权时代》，王祥兵、李婷婷译，新华出版社2013年版。

50.［意］朱里奥·杜黑：《制空权》，曹毅风、华人杰译，解放军出版社1986年版。

51.［美］亚历山大·温特：《国际政治的社会理论》，秦亚青译，上海人民出版社2000年版。

52.［俄］伊·马·卡皮塔涅茨：《"冷战"和未来战争中的世界海洋争夺战》，岳书瑶等译，东方出版社2004年版。

53. 于逢春：《时空坐标、形成路径与奠基：构筑中国疆域的文明板块研究》，黑龙江教育出版社2012年版。

54. 于沛等：《全球化境遇中的西方边疆理论研究》，中国社会科学出版社2008年版。

55. 杨生茂编：《美国历史学家特纳及其学派》，商务印书馆1984年版。

56. 杨剑：《数字边疆的权力与财富》，上海人民出版社2012年版。

57. 余潇枫等著：《非传统安全概论》，浙江人民出版社2006年版。

58. 阎学通：《中国国家利益分析》，天津人民出版社1997年版。

59.［美］兹比格纽·布热津斯基著：《大棋局——美国的首要地位及其地缘战略》，中国国际问题研究所译，上海人民出版社1998年版。

60. 朱锋、［美］罗伯特·罗斯主编：《中国崛起：理论与政策的视角》，上海人民出版社2008年版。

61.［英］詹宁斯、瓦茨修订：《奥本海国际法》，王铁崖译，中国大百科全书出版社1998年版。

62. 周平：《多民族国家的族际政治整合》，中央编译出版社2012年版。

63. 周平主编：《中国边疆政治学》，中央编译出版社2015年版。

64. 周平：《中国边疆治理研究》，经济科学出版社2011年版。

65. 郑汕：《中国边疆学概论》，云南人民出版社2012年版。

66. 张家栋：《恐怖主义与反恐怖：历史、理论与实践》，上海人民出版社2012年版。

67. 张世明等编:《空间、法律与学术话语:西方边疆理论经典》,黑龙江教育出版社 2014 年版。

68. 张炜、方堃主编:《中国海疆通史》,中州古籍出版社 2003 年版。

69. 张文木:《论中国海权》,海洋出版社 2014 年版。

70. 张西明:《新美利坚帝国》,中国社会科学出版社 2003 年版。

71. 张羽新、张双志编纂:《民国藏事史料汇编》(第二卷),学苑出版社 2006 年版。

72. 张蕴岭、邵滨鸿主编:《中国发展战略机遇期的国际环境》,社会科学文献出版社 2014 年版。

73. 张植荣:《中国边疆与民族问题——当代中国的挑战及其历史由来》,北京大学出版社 2005 年版。

74. 邹逸麟编著:《中国历史地理概述》(修订版),上海教育出版社 2005 年版。

75. 李寒梅等著:《21 世纪日本的国家战略》,社会科学文献出版社 2000 年版。

76. 《马克思恩格斯选集》第 4 卷,人民出版社 2012 年版。

77. George Modelskiand William R. Thompson, Seapower in Global Politics, 1949 – 1993, Seattle: *University of Washington Press*, 1988.

78. J. C. Laire, *Six Books of Commonwealth*, Oxford: *Alaen Press*, 1755.

79. Max. Taylorand John Hogan (ed.), *The Future of Terrorism*, London: *Frank Cass*, 2000.

80. Walter Laqueur, The Age of Terrorism, London: *I. B. Little, Brownand Company*, 1987.

论文类:

1. 阿班·毛力提汗:《新疆宗教极端主义是其恐怖主义的思想根源》,《红旗文稿》2014 年第 14 期。

2. 成崇德:《清代前期边疆通论(上)》,《清史研究》1996 年第 3 期。

3. 陈迎春:《战略边疆:助推中国和平发展的切入点》,《世界地理研究》2011 年第 6 期。

4. 陈伟恕：《中国海外利益研究的总体视野——一种以实践为主的研究纲要》，《国际观察》2009 年第 2 期。

5. 陈积敏：《论中国海外投资利益保护的现状与对策》，《国际论坛》2014 年第 5 期。

6. 孙先伟：《"东突"恐怖势力的活动特点及其对中国安全环境的影响》，《中国人民公安大学学报》2004 年第 1 期。

7. 段廷志、冯梁：《日本海洋安全战略：历史演变与现实影响》，《世界经济与政治论坛》2011 年第 1 期。

8. ［日］岛田美和：《战时国民党政权的边疆开发政策》，《社会科学研究》2014 年第 5 期。

9. 杜文忠：《边疆的概念与边疆的法律》，《中国边疆史地研究》2003 年第 4 期。

10. 董欣洁：《冷战期间西方边疆理论的发展》，《中国边疆史地研究》2005 年第 2 期。

11. 丁则民：《"边疆学说"与美国对外扩张政策（下）》，《世界历史》1980 年第 4 期。

12. 方铁：《论古代边疆演变的内在机制——基于人类学视角的考察》，《天府新论》2015 年第 2 期。

13. 方铁：《历代治边与云南的地缘政治关系》，《西南民族大学学报》（人文社会科学版）2011 年第 9 期。

14. 方铁：《土司制度与元明清三朝治夷》，《贵州民族研究》2014 年第 10 期。

15. 方铁：《古代治理边疆理论与实践的研究构想》，《社会科学战线》2008 年第 2 期。

16. 方盛举、王志辉：《我国边疆治理的一般客体与特殊客体》，《思想战线》2015 年第 5 期。

17. 方盛举、吕朝辉：《中国陆地边疆的软治理与硬治理》，《晋阳学刊》2013 年第 5 期。

18. 方盛举、吕朝辉：《论我国陆地边疆的合作型治理》，《社会科学研究》2015 年第 4 期。

19. 方金英：《"恐怖"的预言——〈终极恐怖者〉介评》，《现代国际关系》2002年第4期。

20. 费孝通：《费孝通致"兴边富民行动"领导小组的一封信》，《民族团结》2000年第3期。

21. 傅勇：《非传统安全与中国的新安全观》，《世界经济研究》2004年第7期

22. 葛汉文：《"退向未来"：冷战后德国地缘政治思想刍议》，《欧洲研究》2011年第4期。

23. 葛汉文：《批判与继承：二战后法国的地缘政治思想》，《世界经济与政治》2011年第2期。

24. 葛汉文：《冷战后俄罗斯的地缘政治思想》，《国际政治研究》2012年第2期。

25. 葛瑞明：《地缘政治思想对俄罗斯外交政策的影响》，《解放军外语学院学报》1998年第4期。

26. 高程：《周边环境变动对中国崛起的挑战》，《国际问题研究》2013年第5期。

27. 高恒：《对战后两极格局下国际秩序的历史评价》，《世界经济与政治》1991年第10期。

28. 高敬文、节大磊：《海外公民的保护、主权和不干涉内政》，《国际政治研究》2013年第2期。

29. 高永久、潘卫杰：《遏制"东突"恐怖分裂势力的政治机制构建》，《新疆社会科学》2007年第4期。

30. 巩建华：《中国南海海洋政治战略研究——论南海争端中的中国作为》，《太平洋学报》2012年第3期。

31. 关凯：《发展与稳定：边疆中国的话语政治》，《学术月刊》2014年第8期。

32. 关凯：《被污名化的"边疆"：恐怖主义与人的精神世界》，《文化纵横杂志》2014年第3期。

33. 郭渊：《20世纪50年代南海地缘形势与中国政府对南海权益的维护》，《当代中国史研究》2010年第3期。

34. 何明：《边疆观念的转变与多元边疆的构建》，《云南师范大学学报》（哲学社会科学版）2013年第5期。

35. 何明:《国家认同的建构——从边疆民族跨国流动视角的讨论》,《云南师范大学学报》(哲学社会科学版) 2010 年第 4 期。

36. 何奇松:《脆弱的高边疆:后冷战时代美国太空威慑的战略困境》,《中国社会科学》2012 年第 4 期。

37. 黄毅:《论"边疆观"及其空间表征的历史考察》,《西北民族大学学报》(哲学社会科学版) 2013 年第 5 期。

38. 鞠海龙:《菲律宾南海政策中的美国因素》,《国际问题研究》2013 年第 3 期。

39. 江新国:《海权对俄罗斯兴衰的历史影响》,《当代世界社会主义问题》2012 年第 4 期。

40. 李崇林:《边疆治理视野中的民族认同与国家认同研究探析》,《新疆社会科学》2010 年第 4 期。

41. 李伟:《对恐怖主义问题的几点思考》,《现代国际关系》2001 年第 10 期。

42. 李东燕:《联合国的安全观与非传统安全》,《世界经济与政治》2004 年第 8 期。

43. 李国强:《民国政府与南沙群岛》,《近代史研究》1992 年第 6 期。

44. 刘宏、汪段泳:《"走出去"战略实施及对外直接投资的国家风险评估: 2008—2009》,《国际贸易》2010 年第 10 期。

45. 刘伟才:《"跨界民族—国际移民综合症"与非洲国家冲突——以科特迪瓦为中心》,《世界民族》2012 年第 6 期。

46. 刘慧等:《欧盟空间规划研究进展及启示》,《地理研究》2008 年第 6 期。

47. 吕朝凤等:《国际发展援助趋势与中国援助管理体系改革》,《国际经济合作》2014 年第 11 期。

48. 罗刚、黄金成:《论国际恐怖主义犯罪发展的新趋势及中国应对机制》,《云南大学学报》(法学版) 2009 年第 4 期。

49. 门洪华、钟飞腾:《中国海外利益研究的历程、现状与前瞻》,《外交评论》(外交学院学报) 2009 年第 5 期。

50. 毛振发:《当代世界的边界争端探源》,《国际展望》1995 年第

4期。

51. 钮松:《"越境打击"索马里海盗与中国外交转型》,《太平洋学报》2012年第9期。

52. 潘亚玲:《从捍卫式倡导到参与式倡导——试析中国互不干涉内政外交的新发展》,《世界经济与政治》2012年第9期。

53. 潘志平:《"三个代表"重要思想指引下的"文化整合"——联系新疆稳定与发展的思考》,《新疆社会科学》2003年第5期。

54. 苏长和:《论中国海外利益》,《世界经济与政治》2009年第8期。

55. 邵永灵、时殷弘:《近代欧洲陆海复合国家的命运与当代中国的选择》,《世界经济与政治》2000年第10期。

56. 石庆环:《从"大陆边疆"到"全球边疆"——美国走向世界的历史进程》,《辽宁大学学报》(哲学社会科学版)2005年第4期。

57. 石之瑜:《走出"核心利益"的陷阱》,《文化纵横》2012年第4期。

58. 史春林:《1990年以来中国近代海权问题研究述评》,《史学月刊》2009年第1期。

59. 谭其骧:《历史上的中国和中国历代疆域》,《中国边疆史地研究》1991年第1期。

60. 王存奎:《关于"东突"暴力恐怖活动预警的相关理论思考》,《中国人民公安大学学报》(社会科学版)2009年第2期。

61. 王金强:《现实建构主义视野下的中国海外利益分析》,《当代世界社会主义问题》2010年第1期。

62. 王树春:《俄罗斯的地缘政治理念与对外政策》,《俄罗斯学刊》2011年第2期。

63. 王旭:《肯尼思·杰克逊与美国郊区化研究——〈马唐草边疆〉评介》,《东北师大学报》(哲学社会科学版)2000年第1期。

64. 王逸舟:《国家利益再思考》,《中国社会科学》2002年第2期。

65. 王逸舟:《创新不干涉原则,加大保护海外利益的力度》,《国际政治研究》2013年第2期。

66. 魏建国:《全球化时代与法治范式的转换——从"民族国家"范

式到"世界主义"范式》,《思想战线》2011年第5期。

67. 汪段泳:《中国海外公民安全:基于对外交部"出国特别提醒"(2008—2010)的量化解读》,《外交评论》(外交学院学报)2011年第1期。

68. 万青:《美国的老边疆、新边疆、高边疆战略》,《世界知识》1986年第6期。

69. 韦宗友:《殖民体系、后殖民体系与大国崛起》,《国际展望》2013年第6期。

70. 徐黎丽、梁世甲:《论边疆与安全的关联性》,《西北师大学报》(社会科学版)2012年第2期。

71. 徐蓝:《试论第二次世界大战后国际秩序的建立与发展》,《世界历史》2003年第6期。

72. 徐勇:《大碰撞:国家一体化进程中的边疆治理》,《南国学术》2015年第3期。

73. 夏莉萍:《从利比亚事件透析中国领事保护机制建设》,《西亚非洲》2011年第9期。

74. 夏善晨:《美国海权的升级版——浅析〈海权和美国在西太平洋的利益〉》,《太平洋学报》2014年第7期。

75. 余潇枫:《从危态对抗到优态共存——广义安全观与非传统安全战略的价值定位》,《世界经济与政治》2004年第2期。

76. 于沛:《从地理边疆到"利益边疆"——冷战结束以来西方边疆理论的演变》,《中国边疆史地研究》2005年第2期。

77. 杨成:《利益边疆:国家主权的发展性内涵》,《现代国际关系》2003年第11期。

78. 杨剑:《开拓数字边疆:美国网络帝国主义的形成》,《国际观察》2012年第2期。

79. 杨思机:《20世纪30年代内蒙自治声中蒙藏委员会改组刍议》,《民族研究》2010年第5期。

80. 赵明刚:《中国特色对口支援模式研究》,《社会主义研究》2011年第2期。

81. 周方银:《周边战略需着力维护几个平衡》,《现代国际关系》

2013年第10期。

82. 周平:《论边疆的国家属性——我国边疆若干基本问题析论》,《云南行政学院学报》2014年第6期。

83. 周平:《国家视阈里的中国边疆观念》,《政治学研究》2012年第2期。

84. 周平:《新中国边疆少数民族地区政治建设的演进》,《云南民族大学学报》(哲学社会科学版)2005年第3期。

85. 周平:《国家治理须有政治地理空间思维》,《探索与争鸣》2013年第8期。

86. 周平:《陆疆治理:从"族际主义"转向"区域主义"》,《国家行政学院学报》2015年第6期。

87. 周平:《全球化时代的疆域与边疆》,《中国边疆史地研究》2014年第3期。

88. 周平:《中国应该有自己的利益边疆》,《探索与争鸣》2014年第5期。

89. 周平:《中国的崛起与边疆架构创新》,《云南师范大学学报》(哲学社会科学版)2013年第2期。

90. 周平:《国家发展中的疆域安全问题》,《中共浙江省委党校学报》2015年第4期。

91. 周平:《论中国的边疆政治及边疆政治研究》,《思想战线》2014年第1期。

92. 周平:《"一带一路"面临的地缘政治风险及其管控》,《探索与争鸣》2016年第1期。

93. 周平:《边疆在国家发展中的意义》,《思想战线》2013年第2期。

94. 张春、潘亚玲:《战争的演变:从寻求生存必需到维护生存质量》,《国际论坛》2002年第4期。

95. 张成福、陈占锋、谢一帆:《风险社会与风险治理》,《教学与研究》2009年第5期。

96. 朱素梅:《恐怖主义加强"软目标"袭击现象评析》,《现代国际关系》2014年第6期。

97. 郑晓云：《当代边疆地区的民族认同与国家认同从云南谈起》，《中南民族大学学报》（人文社会科学版）2011年第7期。

98. 郑永年：《边疆、地缘政治和中国的国际关系研究》，《外交评论》（外交学院学报）2011年第6期。

99. Allcited from Andreas Osiander, "Sovereignty, International Relations, and the Westphalia Myth", *International Organization*, Vol. 55, No. 2, 2001.

100. AkihiroIwasshita, "AnInvitation to Japan's Borderlands: At the Geopolitical Edge of Eurasian Continent", *Journal of Borderlands Studies*, Vol. 26, No. 3, 2011.

101. Deborah Brautigamand Tang Xiaoyang, "Economic Statecraft in China's New Overseas Special Economic Zones: SoftPower, Business, or Resource Security?", *International Affairs*, 88: 4, 2012.

102. Graham Smith, "The Masks of Proteus: Russian, Geopolitical Shiftand the New Eurasianism", *Transac-tions of the Institute of British Geographers*, Vol. 24, No. 4, 1999.

103. James McKay, "An Exploratory Synthesis of Primordial and Mobilizational Approaches to Ethnic Phenomena", *Ethnic and Racial Studies* 5 (1982).

104. Mark Bassinand Konstantin E. Aksenov, "Mackinder and the Heartland Theory in Post-Soviet Geopolitical Discourse", *Geopolitics*, Vol. 11, No. 1, 2006.

105. Prasenjit Duara, "Deconstructing the Chinese Nation", *The Australian Journal of Chinese Affairs*, No. 30 (Jul. 1993).

106. Tao Xie & BenjaminI. Page, "What Affects China's NationalImage? ACross-National Study of Public Opinion", *Journal of Contemporary China*, Volume22, Issue83, 2013.

107. Walter Laqueur, "Postmodern Terrorism", *Foreign Affairs*, Sep./Oct. 1996.

后　记

作为一部涉及面广泛、内容丰富的成果，本著作由多人共同完成。全书由周平拟定研究和写作提纲，多人共同研究并分工撰写，最后由周平统稿、定稿。具体的分工如下：

前　言，周　平

第一章，周　平

第二章，方　铁

第三章，方　铁

第四章，孙保全

第五章，白利友

第六章，刘俊珂

第七章，夏维勇

第八章，朱碧波

第九章，张　健

第十章，周　平

由于我们的水平有限，书稿中难免会有缺点、遗漏甚至错误，敬请学界前辈、专家和同仁不吝指正。

周　平

2017 年春